郭錫良 唐作藩 何九盈 蔣紹愚 田瑞娟 編著

古代漢語

修訂本

上

创于1897
商務印書館
The Commercial Press

圖書在版編目(CIP)數據

古代漢語　上册/郭錫良等編著.—北京:商務印書館,2010(2025.4 重印)
ISBN 978-7-100-02602-4

Ⅰ.古…　Ⅱ.郭…　Ⅲ.漢語—古代—高等學校—教材
Ⅳ.H109.2

中國版本圖書館 CIP 數據核字(98)第 01401 號

GŬDÀI HÀNYŬ

古代漢語

(修訂本)

上　册

郭錫良　唐作藩　何九盈　蔣紹愚　田瑞娟　編著

商務印書館出版
(北京王府井大街 36 號　郵政編碼 100710)
商務印書館發行
北京市白帆印務有限公司印刷
ISBN 978-7-100-02602-4

1999 年 1 月第 1 版　　開本 850×1168　1/32
2025 年 4 月北京第 45 次印刷　　印張 19⅛　插頁 1

定價:58.00 元

改版説明

本書初版是 1981 年由北京出版社出版的，至 1989 年印刷了十次，總印數一百三十多萬部。1990 年修訂以後，改由天津教育出版社出版，1991 年第一次印刷，至今又印了十次，總印數也達二十多萬部。修訂稿完成交付出版後，適逢我赴美國斯坦福大學訪問研究，未能看校樣，回國後發現排印錯誤頗多，立即校閲一遍，但遲遲未獲挖改，很是對不起讀者，只得在此致歉了。現在我們同天津教育出版社的出版合同已經到期，承商務印書館表示，樂意出版這部書，這使我們很高興。但是我們没有時間，也没有新的研究或想法，只校閲了一遍，作了一些小的修改；同時，遵從商務印書館編輯部的意見，把原來的三册併成了兩册。本書承各方面的厚愛，給了我們許多獎勵，除八十年代兩次獲獎外，1995 年又獲得全國第三届優秀教育圖書一等獎；同時也先後收到了許多專家和廣大讀者的寶貴意見，幫助我們改正錯誤，提高質量。對各方面的鼓勵和關懷，我們在此再一次表示深深的謝意，並望大家繼續給予批評指正，以便我們進一步修改。

郭錫良

1999 年于北京大學暢春園

修訂本序

我們這部《古代漢語》問世後，得到廣大讀者的熱情鼓勵和有關方面的充分肯定。先被許多高校同行所採用，繼被國家教委文科教材辦公室選作推薦教材，又被國家教委自學高考委員會列爲指定教材；我們也曾用來在中央廣播電視大學進行講授，得到全國電大師生的好評。1986 年和 1987 年先後獲得北京大學首屆科學研究成果著作二等獎和國家教委首屆高等學校優秀教材一等獎。

但是，初版至今，歷時已近十年，教學情況在變化，又陸續收到不少寶貴意見，也發表了一些評論文章，有鼓勵，也有批評，我們深感有進行修訂的必要。國家教委文科教材辦公室十分關心本書的修訂工作，1986 年 8 月在遼寧丹東召開了本教材的討論會，邀請全國部分同行專家對本書進行了充分討論。參加會議的除編寫組成員外，有丁貞渠（遼寧大學）、向熹（四川大學）、洪成玉（北京師範學院）、唐啟運（華南師範大學）、許威漢（上海師範大學）、許紹早（吉林大學）、張之强（北京師範大學）、解惠全（南開大學）、劉宋川（湖北大學）等同志。國家教委文科教材辦公室的曾芝蘭同志和北京出版社的吴坤定同志、李樹青同志也參加了會議。

與會同志一致肯定：本書既堅持了王力先生首創的古漢語教材的三結合體例，又作了許多改進，有自己的特色。選文由易到難，由淺入深，體現了循序漸進的原則；常識部分相當精練，重點突出，又比較全面；詞義分析舉例注重教給學生分析詞義的方法，有舉一反三之效，而且在内容上有一定的深度和廣度，在方法上有一定的獨創性，對古漢語詞義研究起了促進作用。

與會同志也提了許多修改意見和建議，主要是針對文選部分的。由於本書上册、中册是七十年代編寫的，文選的起點太低，和現在文科大學生的程度已不相適應；有好些篇目與現行中學語文課本重複；個别篇目語言典範性不强。有的同志建議充實常識内容，加强系統性；建議詞義分析舉例再增加一兩百個常用詞，還有的建議增加練習。

會後，編寫組認真討論了與會專家們的意見，商討了修訂計劃。隨後由郭錫良提出修訂方案：上册删去文選十六篇，新增十三篇；中册删去文選七篇，新增九篇；下册删去詩歌六首，新增十一首。全書散文增删篇目在三分之一以上，並增加了六個練習。新增篇目先分工注釋，然後由郭錫良修改統一，再經全組傳閲商定。常識、詞義分析舉例和保留的原書文選由郭錫良根據各方面的意見統一修訂或改寫，並經全組傳閲，訂正補充。由於全部修訂工作都是在業餘時間進行的，經過三年多的努力，才將全書上、中、下三册修訂完畢。

最後應該説明，王力先生是我們的業師，先生爲本書初版（特别是上册）的編寫花了不少時間和精力，林燾先生也曾經參預其事。他們是本書初版的校訂人，在此我們表示深切的懷念和謝意。修訂工作開始，王先生已經謝世，林先生也因事忙未能寓目。因此，修訂本的缺點、失誤只能由編寫組（首先是我）負責。天津教育出版社的領導和編輯同志十分熱情，樂意承擔本書修訂本的出版，我們也深表感謝。

此次修訂，編寫組雖然作了相當努力，終因水平有限，加之不能全力以赴，許多好的意見或未能採納；在此，對所有關懷本書，或鼓勵，或指瑕正誤的同志，謹致謝忱。經過修訂，原有的缺點、失誤，當可减少，而新的缺點、失誤又可能産生，還望同行專家和廣大讀者繼續批評指正。

郭錫良
1990.3.15
于北京大學暢春園

重排説明

2010年本書改版本第26次印刷時需要重排，遵照商務印書館編輯部的意見，編寫組校閲了一遍，意見匯集後，由我統一作了一些修改。

郭錫良
2010年2月16日
于海口市燕燕居

今年3月商務印書館編輯部查閲了大量文獻典籍，認真通審教材全書，寄來了統一體例的修改意見272頁。

首先是引用書名準確統一問題。原書引用的經史子集典籍衆多,前後多有不統一準確者。例如,《周易》《尚書》大多印作《易經》《書經》,《三國志・魏書》有的卻引作《三國志・魏志》。不但書名不統一準確,引文也時有衍漏錯誤。例如:詞義分析舉例(四),《引申義分析例(下)》"張"字條引文,《後漢書・明帝八王傳》:"有強弩數千～。"(738 頁)應改為《後漢書・孝明八王列傳》:"寵(劉寵)有彊弩數千～。"又如:第二十四節常識《古代漢語的修辭方式》引文,"似逢我公,車邊病是也。《後漢書・華佗傳》"(880 頁)實際上出自《三國志・魏書・華佗傳》。更有甚者,詞義分析舉例(六)《同源詞探求例》第一組引文之一:"鑒(jiàn)"。《説文》:"剛也。"……《藝文類聚・人部》引晉楊泉《物理論》:"在金曰鑒,在草木曰緊,在人曰賢。"(1112 頁)商務的通審意見是:"核古籍庫《藝文類聚》,無此書證。"我只得找此探求例的執筆人商討,才弄清楚是引自《太平御覽》402 卷,"晉楊泉"三字當删,《物理論》後要加"曰"字,引文第一句是"在金石曰鑒"的五字句。還有《古今詞義不同辨析例》"睡"字條(115 頁),更作了兩百多字的修改,對《説文》大徐本、段注和《玉篇》有所批評。

此外,由於漢字簡化的影響,繁體字書籍的排印難度加大。造成"游遊"不分,"于於"互易;"云曰雲雨"不分,"饑荒飢餓"亂套;"《廣韻》"錯作"《廣韵》","莊公"錯作"庄公"。通過這次通審,这些錯字也改正了。總之,本教材的質量由此提高了一步,這是值得告慰的。

郭錫良

2019 年 4 月 28 日

于北京守拙齋

凡　　例

一、本書分上下兩册，每册分爲三個單元，每單元都有文選、古代漢語常識、詞義分析舉例三部分。

二、文選大體上按體裁編排，上册是各種體裁的散文，下册是先秦諸子和駢文、辭賦、詩詞。這樣編排的目的，是爲了更好地體現由淺入深的原則和文體的語言特點。同一體裁的作品，按時代先後排列。

三、每篇選文前面都有作家或專書的簡要介紹以及選文内容的簡要説明。同一作家或專書第二次出現時，不再重複介紹。

四、文選的注釋力求準確鮮明，通俗易懂，便於自學。除注釋詞義外，還適當地作了一些串講和語法分析。注釋中的語法分析不可能很系統、很詳盡，可與古代漢語常識中的有關章節互相參看。

五、注釋詞義一般是注該詞本身固有的意義。如果用“指”、“這裏指”、“相當於”、“等於説”等説法，表示的是這個詞在該語言環境中的解釋，並非其固有的詞義。

六、注釋一般不採用兩説。歷來有兩種解釋的，選擇其中較爲合理的一説。遇到確實難解的地方，採取實事求是的態度，不强作解釋。或注明“未詳”、“疑有錯字”等，或姑且引用一説以供參考。

七、注音一般不注舊讀和異讀，但羣衆中較爲習用的舊讀（如

"王天下"的"王"讀 wàng),仍予注明。

八、文選的正文採用較好的版本,文中明顯的錯字,照其他版本或後人的校訂徑改。

九、古代漢語常識的重點是語言範圍内應解決的問題,如詞彙、語法、文字、音韻等;也包括學習古代漢語所必備的一些其他基本知識,如工具書、句讀、文體、修辭、文化常識等。

十、古代漢語常識中的例句,盡量選用本書文選中出現過的句子,但也並不局限於這一範圍。凡從文選中選用的例句,出處標文選中擬定的題目,以便和文選相參照(如"陳勝者,陽城人也"出處標《史記·陳涉起義》,不標《史記·陳涉世家》)。

十一、詞義分析舉例,主要是引導讀者學會分析詞義的方法。全書選取了兩百多個常用詞,分成六個單元,從不同角度進行分析,並非對每個詞的詞義都進行全面的分析。

序

學習古代漢語，不同時期有不同的內容和方法。解放後，古代漢語的教與學有了長足的進步，並編寫了一些這方面的讀物。1961年文科教材會議組織編寫的《古代漢語》，總結了前人的經驗，是一部學習古代漢語的重要著作。多年來在全國高等學校和廣大社會讀者教學、研究的實踐過程中，又積累了不少的經驗。我们由於教學的急需，並攷慮到社會的要求，在集體研究的基礎上，努力吸取以往的成就和經驗，編寫了這部《古代漢語》。

在編寫中，我們首先重視感性認識和理性認識的結合，把文選和古代漢語常識擺在同等重要的地位。其次，選文既重視語言的典範性，又重視文章的思想內容，努力貫徹批判繼承的精神。第三，在編排上注意體現由淺入深的原則；在注釋上比較詳細，並力求用詞確切，重視語法分析，因此，本書雖然是作爲大學教材編寫的，卻也盡量照顧到便於一般具有中等文化水平的讀者自學。

本書的編寫者，主要是北京大學中文系古代漢語教研室的成員。編寫工作由郭錫良主持，主要執筆人還有唐作藩、何九盈、蔣紹愚等三位同志；王力先生和林燾先生參加了校訂工作，並撰寫了部分章節；田瑞娟同志參加了中册和下册的編寫工作；此外，張衛東、王若江和古代漢語進修生劉宋川、許青松、吕堅、李學忠、蕭燕翼、田寶來等同志也先後參加過某些部分的編寫工作。

在編寫過程中,我們曾徵詢了中國社會科學院語言研究所、北京師範大學、北京師範學院、北京市中小學教材編寫處、武漢大學、武漢師範學院、華中師範學院、復旦大學、上海師範大學、南京大學、南京師範學院、山東大學、山東師範學院、南開大學、天津師範學院等單位有關同志的寶貴意見(按時間先後排列),稿成後,又承北京出版社文史編輯室細加審閱,在排印方面給予大力支持,謹在此表示深切的謝意。

由於我們水平有限,本書肯定還存在不少缺點、錯誤、懇切地希望從事古代漢語教學、研究工作的同志和廣大讀者批評指正。

郭錫良

1979 年

目　録

緒　論

中國人民有着幾千年的文明史，擁有極其豐富的文化遺産。批判地繼承這一份珍貴的遺産，是中國人民一項長期而又艱巨的任務。

文化遺産中最主要最大量的部分是用書面形式保存下來的文獻資料，要利用這些文獻資料，就必須克服語言文字的困難。學習古代漢語的基本目的也正是爲了增進讀者閲讀古書的能力，批判地繼承古代的文化遺産，以發展繁榮社會主義的文化事業。從語言學的要求來説，學習、研究古代漢語可以幫助我們認識現代漢語和古代漢語之間的繼承、發展關係，正確地吸收"古人語言中有生命的東西"，提高運用和分析現代漢語的能力。由此可見，學習古代漢語對漢語規範化、漢字改革以及改進文風都有密切的關係。所以，推進社會主義的語言科學事業的發展，是我們學習古代漢語的又一個重要目的。

古代漢語所研究的内容和對象是非常廣泛的。從時間上看，在"五四"以前的悠久的歷史時期内漢族人民所使用的語言都可以稱爲古代漢語，即以有文字記載的歷史來算，也有了三千多年。語言是隨着社會的發展而發展的，各個時期的語言必然有某些發展變化；但古人的口語今天已無從聽到，我們能接觸到的是它三千多年來的書面語形式。漢語的古代書面語大致有兩個系統：一個是以先秦口語爲基礎而形成的上古漢語書面語以及後代用這種書面語寫成的作品，即通常所説的文言；一個是六朝以後在北方話基礎上形成的古白話。文言和古白話都不是一時一地的語言，不同時代不同地點的語言資料，在語音、語法、詞彙方面必然有很大的差異。全面地、系統地研究這些差異，即它們發展、演變的歷史，這是漢語發展史所要解決的問題。本書所研究的對象是文言。文言是我國古代文獻資料所使用的一種最基本的書面語形式，而這種書面語不僅與現代漢語很隔膜，就是與秦漢以後的歷代口語也嚴重相脱離。至於古白話，它只用於民間文學和筆記語録等部分作品中，它和現代漢語的差别要小一些，一般來説，能閲讀文言文，也就能看懂古白話。因此，我們不把古白話作爲本書研究的對象。

前人學習古代漢語，不外乎兩種方式：一種是死記硬背式。"五四"以前的歷代文人都是用的這種方法，他們皓首窮經，花費了大量的精力，才獲得一定的閲讀能力，由於缺乏理論認識，往往還是半通不通，或者是知其然不知其所以然。另一種是學習所謂的系統的古代漢語知識。"五四"以後解放以前的各大學，開設文字、音韻、訓詁、文法等課程，就是這種方式。這種學習方式比起它以前的歷代文人的學習方式當然是一個進步，但它的目的不在於培養學生閲讀古籍的能力，而是傳授分析古代漢語，研究漢語發展史的專門知識。

我們認爲，學習古代漢語必須把感性認識與理性認識很好地結合起來。感性認識是學習語言的必要條件，應該予以足够的重視。怎樣才能獲得感性認識呢？接觸原始材料，即閲讀古代的文言作品是一個主要途徑。作品讀得越多，掌握得越牢固、越熟練，古代漢語的感性認識也就越豐富、越深刻，閲讀古書的能力也就會隨着提高。但是，這種感性認識又不同於死記硬背式，它必須有一定的理性認識作爲指導，而且又要上升爲理性認識。因此，對古代漢語的詞彙、語法、文字以及修辭表達、文體特點等方面的基本知識也要有所瞭解,以便把讀過的作品與常識部分互相印證,獲得古代漢語的系統知識,使感性認識深化,發展到理性認識階段。

與古代漢語有關的其他知識非常廣泛,它幾乎涉及古代的哲學、文學、歷史以及自然科學如天文、曆法等各個方面,這些文獻資料都是用文言記載下來的,要讀懂它,就得有這方面的知識,但我們首先要掌握的是古代漢語所必備的帶有普遍意義的基本知識,其中包括語音知識、語法知識、詞彙知識等。我們尤其要重視詞彙知識,因爲詞彙的系統性比語法複雜得多,它經常處在變化的狀態中,古今差異甚大,需要花更多的工夫才能掌握。詞是語言的建築材料,掌握了這些常用建築材料的性能、作用,閱讀古書的困難也就解決了一大半。掌握文言詞彙主要靠閱讀典範作品,所以,文選是本書的一個重要內容。學習這些文選,一方面是要鍛煉分析、鑑賞的能力,一方面是要積累詞彙知識,學會分析古今詞義的異同、同義詞的差異、多義詞的各個詞義之間的關係以及詞的本義、引申義等問題。爲了幫助讀者掌握詞義分析的方法,我們還安排了詞義分析舉例的內容。

我們雖然强調通過作品來學習詞彙的重要性,但並不是說可以輕視對作品思想內容的分析。我們反對把古代漢語當作單純的工具來學。語言是思想的直接現實,離開了思想內容就無所謂語言;任何一篇作品都與作家的政治立場、社會意識、思想感情密切相關,如果對作家缺乏瞭解,對作品的內容缺乏正確的認識,就不可能真正把一篇作品讀懂。所以,專從語言角度去增進讀者閱讀古書的能力是有局限的,毫無疑問,堅持"古爲今用"和"批判繼承"的原則,分清精華、糟粕,這是一條堅定不移的方針。

文言是與現代漢語差異非常大的書面語,對一個初學者來說,當然會感到生疏難懂。但是只要肯下苦功,熟讀幾十篇典範作品,並學習一些有關古代漢語的基本知識和常用詞彙,就一定能學會古代漢語,掌握好這一批判繼承古代文化遺産的有力工具。

文　選

精衛填海　《山海經》

【《山海經》介紹】《山海經》是我國最早的一部地理書，作者已不可考。它成書大約在戰國時代，秦漢時又有增删。書中記述了古代傳説中的山川、道里、部落、物産，保存了很多遠古的神話人物、故事傳説，對研究古代文化、歷史、地理，有一定的參考價值。其中的神話故事，曲折地反映出遠古人民的生活和思想狀態，雖然敘述比較簡單，但富有浪漫色彩，對後代文學的發展有一定影響。

《山海經》通行的是晉郭璞的注本，清人郝懿行有《山海經箋疏》。

【説明】本篇選自《山海經・北山經》。這是一篇很有教育意義的神話。女娃因游東海被淹死，變成小鳥，決心口銜高山的木石，去填塞大海。這種至死不屈的鬭争精神和頑强的毅力，象徵着勞動人民征服自然的强烈願望和堅强決心。

又北二百里，曰發鳩之山，其上多柘木①；有鳥焉：其狀如烏，文首，白喙，赤足②，名曰“精衛”，其鳴自詨③。是炎帝之少女④，名曰女娃。女娃游於東海，溺而不返，故爲精衛⑤。常銜西山之木石，以堙於東海⑥。漳水出焉，東流注於河⑦。

注　釋

① 發鳩(jiū)之山：山名。據晉代郭璞注，在今山西長子縣西。　其：代詞，指發鳩山。　柘(zhè)木：落葉灌木或小喬木，葉子可以喂蠶，皮可以染黄色。

② 焉：指示代詞兼語氣詞，相當“於是”，即“在那裏”。　其狀：它的形狀。　如烏：像烏鴉。　文首：花腦袋。　白喙(huì)：白色的嘴。喙：鳥獸的嘴。　赤足：紅色的脚。

③ 其鳴自詨(xiào)：它的叫聲很像自己呼叫自己。　詨：呼叫。

④ 是：指示代詞，指這隻鳥。　炎帝：傳説中原始社會的部落首領。少女：小女兒。

⑤ 游：游歷。　東海：泛指我國東邊的大海。　溺(nì)：淹没，指淹死在海裏。　故：所以。爲：成爲，變成。

⑥ 以：介詞，表示兩件事之間的關係，後者是前者的目的。略等於“用來”。　堙(yīn)：填塞。

⑦ 漳水：指濁漳河，在山西省東南部。　出焉：發源於發鳩山。今濁漳河發源於山西省長子縣。　東流：向東流。　注於河：流進黄河。今濁漳河流至河北與清漳河匯合成漳河，流入海河。東漢時黄河改道以前，漳河是注入黄河的。　河：上古專指黄河。

夸父逐日　《山海經》

【説明】本篇選自《山海經·海外北經》。它集中地反映了我國古代勞動人民敢於向大自然挑戰的雄偉氣魄。

夸父與日逐走[①]。入日,渴,欲得飲[②]。飲於河、渭,河、渭不足,北飲大澤[③]。未至,道渴而死[④]。棄其杖,化爲鄧林[⑤]。

注 釋

① 夸父(fǔ):神話中的英雄。 父:古代用在男子名後的美稱,又寫作“甫”。 逐走:競走,賽跑。

② 入日:意思是追趕上了太陽。據《山海經·大荒北經》載,夸父在太陽落下去的地方(禺谷)趕上了太陽(“逮之於禺谷”)。 飲:用作名詞,喝的水。下面兩個“飲”字是動詞,喝。

③ 河、渭:黄河和渭水。渭水是黄河的最大支流,在陝西省中部。 不足:指水不够喝。 北飲大澤:到北邊去喝大湖的水。 大澤:大湖。

④ 没有到達〔大湖〕,就在半路上口渴而死。 道:路上,用作渴的狀語。

⑤ 鄧林:即桃林。《山海經·中山經》載,有夸父之山,“其北有林焉,名曰桃林”。

女媧補天[①] 《淮南子》

【《淮南子》介紹】《淮南子》是在西漢淮南王劉安(公元前179—前122年)主持下由他和他的門客撰寫的一部著作。本名《鴻烈》,劉向校定後稱《淮南》,《漢書·藝文志》著録内二十一篇,外三十三篇,列入雜家。現只流傳内二十一篇。《隋書·經籍志》始題作《淮南子》。全書以道家思想爲主,糅合先秦儒、法、陰陽等家的學説。這部書在闡明哲理時,常引用一些神話故事,因此書中保存了不少古代神話。

注本有東漢高誘《淮南鴻烈解》,今注本有劉文典《淮南鴻烈集解》。

【説明】"女媧補天"是古代一個著名的神話傳説。這個傳説反映了遠古時代嚴重的自然災害及人類征服自然的積極進取精神。而女媧就是人類這種精神在神話中的體現。

本文選自《淮南子·覽冥訓》,題目是後加的。

往古之時,四極廢,九州裂②,天不兼覆,地不周載③。火爁焱而不滅,水浩洋而不息④。猛獸食顓民,鷙鳥攫老弱⑤。於是女媧鍊五色石以補蒼天,斷鼇足以立四極⑥,殺黑龍以濟冀州,積蘆灰以止淫水⑦。蒼天補,四極正,淫水涸⑧,冀州平,狡蟲死⑨,顓民生。

注　釋

① 女媧(wā):古神話中女神名。傳説在開天闢地時她捏黄土作人,創造了人類,成爲人類的始祖。

② 四極:天的四方極遠之處。傳説天的四方有支撑着的柱子。　廢:指倒塌。　九州:古時稱中國爲赤縣神州,神州之内有九州;神州以外又有九州,稱大九州。這裏泛指大地。

③ 天不能普遍地覆蓋萬物,地不能全面地容載萬物。　兼:同時具備若干方面,廣泛地。　周:普遍。

④ 爁焱(lànyàn):疊韻聯綿詞,火勢蔓延的樣子。焱:火花。原作"炎",依王念孫説改。　浩洋:水勢浩大的樣子。

⑤ 顓(zhuān)民:善良百姓。　顓:善良。　鷙(zhì)鳥:猛禽。　鷙:凶猛。　攫(jué):用爪抓取。

⑥ 鼇(áo):傳説中海裏的大龜。

⑦ 濟:拯救。　冀州:《淮南子·地形訓》:"何謂九州?……正中冀州曰中土",即古人所説的"四海之内",泛指中國。　淫水:洪水。

⑧ 涸(hé):水乾枯。

⑨ 狡蟲:凶猛的鳥獸,指上文的“猛獸”、“鷙鳥”。　狡:猛。　蟲:古代包括禽獸。

蝜蝂傳　　柳宗元

【作者介紹】柳宗元(公元 773—819 年),字子厚,河東(今山西永濟市)人,唐代著名的文學家和唯物主義思想家。

中唐時期,宦官專權,藩鎮割據,社會矛盾非常尖鋭。公元 805 年春,王叔文執政,採取了一些改革政治的措施,柳宗元積極參與了這一改革,被任爲禮部員外郎。不久,王叔文爲宦官、藩鎮所攻擊而失敗,柳宗元也被貶爲永州(今湖南永州市)司馬(實際是閒職)。十年後,又調到更荒遠的柳州任刺史。最後死在柳州。

在漫長的貶逐生涯中,柳宗元堅持自己的政治主張,寫作了許多戰鬬性很强的哲學、政治論文,並創作了大量揭露當時社會黑暗、反映人民疾苦的優秀文學作品。他還是唐代古文運動的主要倡導人之一,歷來都把他和韓愈並稱。柳宗元的詩文有較高的藝術性:山水記清新秀麗,寓言簡練而深刻,都富於創造性;詩歌幽峭清朗,具有獨特風格。他的著作現存有《柳河東集》。

【説明】這則寓言用蝜蝂的生活習性同“嗜取者”的思想行爲作對比,深刻地諷刺了那些貪得無厭的財迷和拚命往上爬的貪官污吏,指出他們實際上跟小蟲一樣的愚蠢,結果必然要自取滅亡。

蝜蝂者,善負小蟲也[①]。行遇物,輒持取,卬其首負之[②]。背愈重,雖困劇不止也[③]。其背甚澀,物積因不散,卒躓仆不能起[④]。人或憐之,爲去其負,苟能行,又持取如故⑤。又好上高，極其力不已，至墜地死⑥。

注　釋

① 蝜蝂（fùbǎn）：《爾雅·釋蟲》作"負版"，一種黑顏色的小蟲。　善負：喜愛背東西。

② 輒（zhé）：副詞，總是。　卬（áng）：高舉着（頭）。　之：指"物"。

③ 背愈重：背上的東西越來越重。　困劇：勞累非常。

④ 其：它的。　甚澀：非常不光滑。　積：堆積，積存。　不散（sǎn）：不散落，不掉下來。　卒：副詞，終於。　躓仆（zhìpū）：跌倒。這裏是被東西壓倒的意思。

⑤ 或：無定代詞，有的。　爲：介詞，替。　去其負：去掉它背的東西。負：用作名詞，指背的東西。　苟：連詞，如果。　如故：像從前一樣。

⑥ 上高：往高處爬。　極其力：用盡了它的氣力。　不已：不停止。墜地：墜落在地上。

今世之嗜取者，遇貨不避，以厚其室①，不知爲己累也，唯恐其不積②。及其怠而躓也，黜棄之，遷徙之，亦以病矣③。苟能起，又不艾④，日思高其位，大其祿⑤，而貪取滋甚，以近於危墜，觀前之死亡不知戒⑥。雖其形魁然大者也，其名人也，而智則小蟲也⑦，亦足哀夫⑧！

注　釋

① 嗜（shì）取者：指貪得無厭的人。　遇貨不避：見到錢財就撈一把的意思。　厚其室：充實他的家産。　厚：用作使動，加厚，充實。

② 累：負担。　其：代詞，指財貨。

③ 及：等到　怠而躓：因疏忽大意而垮下來的意思。　也：句中語氣詞，表提頓。　黜（chù）棄：罷官。　遷徙（xǐ）：被降職調往邊遠地區。之：兩個"之"字都是人稱代詞，代"嗜取者"。　亦以病矣：也已經困苦不堪了。　以：通"已"。　病：疲困。

④ 艾(yì):停止,悔改。

⑤ 日:天天。　高:用作使動,提高。　大:用作使動,加大。　禄:俸禄。

⑥ 滋甚:更加厲害。　近於危墜:接近摔死。　前之死亡:指以前由於極力求官貪財而自取滅亡的人。

⑦ 其形:他的形狀。　魁然:龐大的樣子。　其名人也:他的名稱是人。　智則小蟲:見識却和小蟲一樣。

⑧ 亦足哀夫:也太可悲了。　夫:句尾語氣詞,表感嘆。

桃花源記　　陶淵明

【作者介紹】陶淵明(公元365?—427年),字元亮,又名潛,潯陽柴桑(今江西九江市附近)人。出身没落的官僚家庭,做過參軍、縣令等小官。他生活的時代,我國正處在南北分裂的局面,東晉和劉宋王朝政治腐敗,門第森嚴,封建統治的上層社會虚僞齷齪。他對當時這種黑暗現實不滿,四十一歲任彭澤令時,棄官隱居。

陶淵明長期隱居田園,寄情詩酒,他的作品一般比較平和,時常流露出逃避現實、樂天知命的老莊思想,因此過去被視爲"田園詩人"。但他實際上對世事並没有遺忘和冷淡,不論是他的詩歌還是散文,都在平淡中包含了不滿和憤慨之情,並有"金剛怒目"式的作品。詩文的語言樸素自然,具有獨特的風格,對後代的作家影響較大。有陶澍編注的《靖節先生集》。

【説明】這篇文章是《桃花源詩》的序言。作者用浪漫主義的創作方法和白描的手法描繪出一個理想社會,在這個與世隔絶的社會中,人們不必負擔賦税徭役,不受王朝更迭的影響,過着自給自足的淳樸、安樂的生活。這自然只是"烏托邦"式的空想,但表現了作者對當時封建黑暗現實的不滿，也反映了在動蕩不安時代人民要求安定生活的願望。同時，它也表現出作者逃避現實、寄託空想的消極態度。正因爲如此，“世外桃源”才爲後世企圖逃避現實鬬争的人所津津樂道。

晉太元中，武陵人捕魚爲業①，緣溪行，忘路之遠近②。忽逢桃花林，夾岸數百步③，中無雜樹，芳草鮮美，落英繽紛④。漁人甚異之。復前行，欲窮其林⑤。

注　釋

① 太元：東晉孝武帝的年號(公元376－396年)。　武陵：東晉郡名，郡治在今湖南常德市附近。
② 緣：沿着，順着。
③ 步：古代長度單位，三百步爲一里。
④ 英：花。　繽紛：紛繁凌亂的樣子。
⑤ 欲窮其林：想要走到桃花林的盡頭。　窮：窮盡，這裏用作動詞。

林盡水源，便得一山①。山有小口，髣髴若有光。便捨船，從口入②。初極狹，纔通人，復行數十步，豁然開朗③。土地平曠，屋舍儼然，有良田美池桑竹之屬④。阡陌交通⑤，雞犬相聞。其中往來種作⑥，男女衣著，悉如外人⑦。黄髮垂髫，並怡然自樂⑧。

注　釋

① 林盡水源：桃花林的盡頭便是溪水的源頭。
② 捨：捨棄，離開。
③ 纔：僅僅。　豁(huò)然：開闊的樣子。
④ 儼(yǎn)然：整齊的樣子。　屬：類。

⑤ 阡陌(qiānmò):田間小路,南北叫阡,東西叫陌。　交通:交錯通貫。
⑥ 種作:耕種勞動。
⑦ 悉如外人:都和外面的人一樣。　悉:都。
⑧ 黄髮:指老人。古人認爲老人頭髮由白轉黄是一種長壽的象徵。　垂髫(tiáo):指兒童。　髫:兒童下垂的頭髮。　怡(yí)然:安適愉快的樣子。

見漁人,乃大驚,問所從來。具答之①。便要還家②,設酒殺雞作食。村中聞有此人,咸來問訊③。自云先世避秦時亂,率妻子邑人來此絶境④,不復出焉,遂與外人間隔。問今是何世,乃不知有漢,無論魏、晉⑤。此人一一爲具言所聞,皆歎惋。餘人各復延至其家⑥,皆出酒食。停數日,辭去。此中人語云:"不足爲外人道也⑦。"

注　釋

① 具:皆,都。
② 要(yāo):邀請。
③ 咸來問訊:都來打聽消息。　咸:都。　訊:消息。
④ 先世:上代,祖先。　邑(yì)人:同鄉人。　絶境:與外界隔絶的地方。
⑤ 乃:竟然。　無論:不要説,不用説。
⑥ 餘人:其餘的人。　延:引進,邀請。
⑦ 此中人:指桃花源裏的人。　不足爲外人道也:不值得對外面的人説。這是委婉地要求漁人不要把桃花源裏的情況講出去。

既出,得其船,便扶向路,處處誌之①。及郡下,詣太守②,説如此。太守即遣人隨其往,尋向所誌,遂迷,不復得路。

注　釋

① 扶：依靠，這裏是沿着的意思。　向路：舊路，指漁人來時的路。向：原來，從前。　誌：做標記。

② 及：到。　郡下：郡治所在地，指武陵。　詣(yì)：拜見。

南陽劉子驥[①]，高尚士也。聞之，欣然規往[②]。未果，尋病終[③]。後遂無問津者[④]。

注　釋

① 南陽：今河南南陽縣。　劉子驥：名驎之。《晉書·隱逸傳》説他蔑視權貴，不願做官，好遊山水。

② 規往：計劃要去。　規：謀劃，打主意。

③ 未果：没有實現。　尋：不久。

④ 問津：本指探詢渡口，這裏是訪求的意思。

巫山、巫峽　《水經注》

【《水經注》介紹】《水經》是我國古代一部記載全國水道的地理著作。舊題漢代桑欽著，據明代、清代人考證，著者可能是三國時人，姓名已不可考。《水經》記載大小河流一百三十七條，内容十分簡略。

《水經注》的作者酈道元(公元 466？—527 年)，字善長，南北朝時北魏范陽(今河北涿州市)人。曾任尚書主客郎、東荆州刺史、御史中尉等官。後派出作關右大使，途中被企圖反叛北魏的雍州刺史蕭寶夤(yín)所殺。酈道元廣泛地收集了前人有關全國水道的著作，再加上自己遊歷各地山川的見聞，在《水經》原有的基礎上大量地加以補充修訂，寫成《水經注》四十卷，資料超過原書二十倍，記載了全國水道一千二百五十二條。用因水記山、因地記事的方法，詳細地描述了書中所載河流的源流支派以及流經之地的地形、氣候、土壤、物產等，並介紹了沿岸城邑的建制沿革，有關的歷史事跡和神話傳説等。《水經注》不僅是研究我國古代地理、歷史、文化的重要參考文獻，其中許多篇章也是優秀的遊記體散文，語言簡潔，文筆優美，對後代文學發展有較大的影響。

作者生活在南北朝分裂時期，許多地方未能實地考察，因此他的某些記述與實際地理不符。由於時代的局限，作者在描寫山水時不免流露出封建士大夫的情感。

《水經注》現在通行的版本是清人戴震校刊的四十卷本。

【説明】本篇選自《水經注》卷三十四《江水》。它通過歷史記載和神話故事，記述了巫山、巫峽的地理位置，用形象生動的語言描繪了大巫山挺拔巍峨的氣勢和三峽兩岸美麗如畫的四季景色，展現出祖國河山的雄偉秀麗，是長江萬里錦綉圖中一幅出色的畫卷。全篇文筆簡潔精練，語言生動，富有傳神的力量，是《水經注》的一篇代表作。

江水又東，逕巫峽[①]，杜宇所鑿以通江水也[②]。郭仲産云[③]："按地理志，巫山在縣西南，而今縣東有巫山，將郡縣居治無恒故也[④]！"江水歷峽，東，逕新崩灘[⑤]。此山漢和帝永元十二年崩[⑥]，晉太元二年又崩[⑦]。當崩之日，水逆流百餘里，湧起數十丈。今灘上有石，或圓如簞，或方似笥[⑧]，若此者甚衆，皆崩崖所隕，致怒湍流[⑨]，故謂之新崩灘。其頹巖所餘,比之諸嶺,尚爲竦桀[10]。其下十餘里[11],有大巫山,非惟三峽所無[12],乃當抗峯岷峨,偕嶺衡疑[13],其翼附羣山,並概青雲,更就霄漢辨其優劣耳[14]!神孟涂所處[15]。《山海經》曰:“夏后啟之臣孟涂,是司神於巴[16],巴人訟於孟涂之所,其衣有血者執之[17],是請生,居山上,在丹山西[18]。”郭景純云:“丹山在丹陽,屬巴[19]。”丹山西卽巫山者也。又帝女居焉[20]。宋玉所謂:“天帝之季女,名曰瑤姬,未行而亡,封于巫山之陽。精魂爲草,寔爲靈芝[21]。”所謂“‘巫山之女,高唐之阻[22],旦爲行雲,暮爲行雨,朝朝暮暮,陽臺之下[23]。’旦早視之,果如其言[24]。故爲立廟,號朝雲焉[25]。”其間首尾百六十里[26],謂之巫峽,蓋因山爲名也[27]。

注　釋

① 江:長江。　東:用作動詞,向東流。　逕:經過。　巫峽:在四川巫山縣東。

② 杜宇:古代傳説中蜀國的一個帝王,據説他派人鑿通巫峽。

③ 郭仲産:南朝劉宋時人,曾著《荆州記》。

④ 按照《漢書・地理志》,巫山在巫山縣西南,可是現在巫山在巫山縣的東邊,這大概是郡縣政府所在地不固定的緣故吧!　地理志:指《漢書・地理志》。《漢書・地理志》巫縣下應劭注:“巫山在西南。”將:副詞,表揣測語氣,略等於“大概”。　居治:指政府機關所在地。居:居停,停留。　治:治所。漢代刺史“居無常治”,卽没有固定的治所。

⑤ 新崩灘:在今湖北巴東縣西,重慶巫山縣東。　灘:水淺多石而水流急的地方。

⑥ 永元十二年:公元100年。　永元:東漢和帝(劉肇)的年號。此句見《後漢書・五行志》,記載的是秭歸山。

⑦ 太元二年：公元377年。　太元：東晉孝武帝（司馬曜）的年號。

⑧ 簞（dān）：古代盛飯的圓形竹器。　笥（sì）：古代盛飯或盛衣服的方形竹器。這裏都是形容石頭的形狀和大小。

⑨ 像這樣的石頭非常多，全是從高處崩塌的山崖落下來的，使得湍急的江水更加洶湧。　隕（yǔn）：從高處下落。　致：以致。　怒湍（tuān）流：使激流水勢洶湧。　怒：指水勢洶湧。這裏用作使動。　湍流：流得很急的水。

⑩ 那崩塌的山崖剩下的部分，比起其他各個山嶺，還算是高聳突出的。　頽（tuí）：傾頽，坍塌。　巖：高峻的山巖。　竦桀（sǒngjié）：高聳的樣子。　竦：通"聳"，聳立。　桀：突出。

⑪ 其：它的，指新崩灘。

⑫ 非惟三峽所無：不只是三峽所没有。　非惟：不只是。　三峽：瞿（qú）塘峽、巫峽、西陵峽的總稱。在重慶奉節縣和湖北宜昌市之間，地處長江上游，山高灘多水急。　瞿塘峽：在重慶奉節縣東。　西陵峽：在湖北宜昌市西。這句的意思是，大巫山是三峽最高峻的山峯。

⑬ 乃當：而是應當。　抗峯岷峨：跟岷山、峨嵋山争高低。　抗峯：比山峯的高低。　岷：岷山，在四川松潘縣北。　峨：峨嵋山，在四川峨嵋山市西南。　偕嶺衡疑：同衡山、九疑山相並列。　偕嶺：指山嶺同樣高。　偕：共同，用作動詞。　衡：指南岳衡山，主峯祝融在湖南衡陽市南岳特區。　疑：指九疑山，在湖南寧遠縣。

⑭ 大巫山遮護統領周圍的各個山峯，高與雲平，還要到霄漢去衡量它們的高低啊！　翼：翅膀，用作動詞，遮護的意思。　附：用作使動，使……依附，這裏是統領的意思。　並、概：都是平列的意思。　青雲：藍色的雲。　更：還，還得。　就：到……去。　霄漢：指天。霄：雲霄。　漢：銀河。　其：它們的，指大巫山與霄漢。　耳：句末語氣語，表示感嘆。這三句是在説了大巫山是三峽的最高峯和應當與岷、峨、衡、疑四大名山相比兩層意思之後，進一步贊嘆大巫山的高，也就是説，除非拿霄漢來比較，纔顯得大巫山不高。

⑮ 所處：居住的地方。

⑯ 夏后：夏朝的君主。　啟：夏禹之子。　是：指示代詞，這人，指孟涂。司神於巴：在巴地主管神靈之事。　巴：古地名，在今四川東部，包括今湖北秭歸縣以西地區，周時爲巴國，秦代設置巴郡。

⑰ 訟(sòng):訴訟。 執:逮捕。孟涂司神兼管民事。這句是説,理屈的人衣服有血,因此就把他抓起來了。

⑱ 是:指被抓起的巴人。 請生:請求讓他不死。 居山上:是説赦免了他,讓他住在巫山上。這段引文見《山海經·海内南經》,引文與原書略有出入。

⑲ 郭景純:郭璞的字,晉代人,曾給《山海經》作注。 丹陽:古地名,在今湖北秭歸縣。 屬巴:屬於巴郡管轄的範圍。 這幾句應是郭璞給《山海經》作的注,在今本《山海經》上誤作《山海經》本文。

⑳ 帝:天帝,上帝。 居焉:住在那裏,指住在丹山西,也就是巫山。

㉑ 宋玉:戰國後期楚國文學家。 季女:最小的女兒。 瑶姬:傳説中的神女。 未行:指未嫁。 封:埋葬。 陽:山的南面。 精魂爲草:靈魂變成草。 寔爲:這就是。 寔:通"是"。這。 靈芝:一種中藥材。古代傳説稱爲仙草。這段引文今見《文選》所收宋玉《高唐賦》李善的注,引自《襄陽耆舊傳》。注文除最後兩句没有外,文字還略有出入。

㉒ 高唐:戰國時楚國臺館名,在雲夢澤中(今湖北監利縣以北,安陸市以南)。 阻:險阻。這段引文見《高唐賦》,文字略有出入。這句的"高唐"原賦作"高丘",是寫神女與楚懷王遇合後離去時自稱住在巫山很險阻的地方。

㉓ 旦:早上。下文"旦早"的"旦"是第二天的意思。 這四句是寫神女自敍行止變幻不定,早上變爲朝雲,晚上變爲雨霧。 陽臺:山名,在巫山縣境内。

㉔ 旦早:第二天早晨。 其言:指上面神女所説的話。

㉕ 立廟:是説楚懷王給神女立廟。 號朝雲:叫做"朝雲"。

㉖ 其:指巫峽。 首尾:從頭到尾,即全長。

㉗ 蓋因山爲名也:是因爲巫山而得名的。 蓋:句首語氣詞,表示揣測。

自三峽七百里中①,兩岸連山,略無闕處②。重巖疊嶂,隱天蔽日③;自非亭午夜分,不見曦月④。至於夏水襄陵,沿泝阻絶⑤;或王命急宣⑥,有時朝發白帝,暮到江陵[7]，其間千二百里[8]，雖乘奔御風，不以疾也[9]。春冬之時，則素湍緑潭，迴清倒影[10]；絶巘多生怪柏[11]，懸泉瀑布，飛漱其間[12]；清榮峻茂，良多趣味[13]。每至晴初霜旦，林寒澗肅[14]；常有高猿長嘯，屬引淒異[15]，空谷傳響，哀轉久絶[16]。故漁者歌曰："巴東三峽巫峽長，猿鳴三聲淚沾裳[17]！"

注　釋

① 自：這裏是"在"的意思。　七百里：三峽路程根據現在計算是二百零九公里。　本段是引用劉宋時盛弘之所作《荆州記》，文字略有删改。

② 江兩岸一個山峯連着一個山峯，一點也没有中斷的地方。　略無：一點也没有。　闕：通"缺"，空缺。

③ 層層疊疊的高山險峯，擋住了天空，遮蔽了太陽。　嶂(zhàng)：形勢高險像屏障似的山。

④ 除非正午或半夜，就看不見太陽或月亮。　自非：除非。　亭午：正午。　夜分：半夜。　曦：日光。

⑤ 到了夏天的江水漫上山陵的時候，上行和下行的船都被阻絶了。　襄陵：指水漫上山陵。出自《尚書·堯典》"蕩蕩懷山襄陵，浩浩滔天"。　襄：動詞，上，冲上。　沿：順流而下。　泝(sù)：同"溯"，逆流而上。

⑥ 或者皇帝的命令必須急速傳達。　或：副詞，或者。這裏表假設的情況。

⑦ 白帝：城名，在今重慶奉節縣東邊的山上。　江陵：在今湖北荆州市。

⑧ 其間：指從白帝城到江陵之間。　千二百里：現在計算約三百五十公里。

⑨ 即使騎着快馬，駕着長風，(和行船比起來)也不算快。　雖：連詞，表示假設的讓步，相當於"即使"。　奔：指飛奔的馬。　御：駕馭。　不以：不以爲。這裏指算不上。

⑩ 素湍：潔白的急流。　綠潭：碧綠的深潭。　迴清：迴旋着的清流。承上面的“素湍”。　倒影：倒映着的影子。承上面的“綠潭”。這是一聯對偶句，每句用兩個並列的名詞性詞組，作爲一幅幅畫面呈現在讀者面前。

⑪ 絶巘(yǎn)：極高的山頂。　巘：山頂。　怪柏：形狀奇特的柏樹。

⑫ 懸泉：從山崖上流下來的泉水。　飛漱(shù)：飛騰地沖蕩。　飛：作狀語。　漱：沖蕩，沖刷。

⑬ 清榮峻茂：水清，樹榮，山高，草茂。　良多趣味：的確富有吸引人、使人感到愉快的特色。　良：的確。　趣味：風味，情趣。這兩句是總結上文水、樹、山、泉的畫面而説的。

⑭ 晴初：雨後剛放晴。　霜旦：下霜的早晨，指秋季。　林寒：山林中氣候寒冷。　澗肅：山溝裏氣氛清冷。　澗：夾在兩山之間的水溝。　肅：清冷。

⑮ 常常有山高處的猿猴拉長聲音呼叫，叫聲像一種悠長的歌曲非常凄涼特别。　嘯(xiào)：獸類拉長聲音叫。　屬引：“屬音引調”的意思。古時指人的歌唱，在此形容猿嘯，是一種擬人寫法。

⑯ 空曠的山谷傳送着猿啼的回聲，悲哀宛轉很久纔消失。　響：回聲。

⑰ 巴東：古郡名，在今四川東部雲陽縣、奉節縣和巫山縣一帶。　淚沾裳：眼淚浸濕了衣裳。

王子坊　《洛陽伽藍記》

【《洛陽伽藍記》介紹】本書是記述北魏都城洛陽的佛寺情況的著作。伽(qié)藍是梵語音譯詞，就是佛寺。南北朝時佛教盛行，北魏自太和十九年(公元495年)遷都洛陽之後，王公大臣争建佛寺，數十年間僅洛陽城内就建有佛寺一千餘所。北魏末，洛陽屢經戰亂，諸寺多成廢墟。

《洛陽伽藍記》的作者楊衒(xuàn)之是北魏至北齊時人，曾任北魏的撫軍府司馬、北齊的期城(今河南泌陽縣西北)郡守等官。

他在東魏武定五年(公元 547 年)因事重過洛陽,看到洛陽城荒蕪的景象,追憶過去寺觀的侈麗,都城的繁盛,寫成這部書,用來寄託他對北魏覆亡的哀悼。全書五卷,所記除佛寺外,還有許多有關的歷史事實和傳説故事,也揭示了一些貴族荒淫、奢侈的生活,是研究北魏社會、政治、宗教的重要史料。

本書善用簡潔的文字敍述故事和人物,語言流暢,雖然夾有駢儷成分,但基調是散文,成爲南北朝時期不可多得的散文名著之一。

今人周祖謨的《洛陽伽藍記校釋》和范祥雍的《洛陽伽藍記校注》搜集的資料較完備,可以參考。

【説明】本文選自《洛陽伽藍記》卷四"城西"。題目是本書編者加的。

作者在這段文字裏描述了北魏幾個王侯的奢侈生活、腐朽思想和貪婪性格,有助於我們認識當時封建貴族對勞動人民的殘酷剝削。但是作者對北魏"河陰之役"以前的政治是加以美化了的,對統治階級的豪華生活也流露出了欣賞的情調。

自退酤以西,張方溝以東①,南臨洛水,北達芒山②,其間東西二里,南北十五里,並名爲壽丘里,皇宗所居也③,民間號爲王子坊④。

注　釋

① 退酤:北魏洛陽城西的里弄名。　張方溝:在洛陽城西,有石橋,名張方橋。

② 臨:臨近,靠近。　洛水:今河南洛河,發源於陝西洛南縣,經洛陽城南,流入黄河。　芒山:即邙(máng)山,也稱北邙,在洛陽北面。

③ 並:副詞,一起。 皇宗:皇帝的宗族。

④ 坊:住宅區的一種名稱。

當時四海晏清,八荒率職[1],縹囊紀慶,玉燭調辰[2],百姓殷阜,年登俗樂[3]。鰥寡不聞犬豕之食,煢獨不見牛馬之衣[4]。於是帝族王侯、外戚公主[5],擅山海之富,居川林之饒[6],争修園宅,互相誇競[7]。崇門豐室,洞户連房[8],飛館生風,重樓起霧[9]。高臺芳榭[10],家家而築;花林曲池,園園而有。莫不桃李夏緑,竹柏冬青。

注釋

① 當時:大概指公元495年北魏遷都洛陽之後到公元528年"河陰之役"(詳後)以前。 四海:指全國。 晏清:本指日出無雲,引申指天下太平。 八荒:八方邊遠的地方。 率職:遵循職守。 職:職守。這裏指納貢交税等。兩句意思是,全國太平,邊遠各族都服從北魏。

② 縹(piǎo)囊:盛書的口袋。這裏指書。 縹:青白色的帛。 玉燭:《爾雅·釋天》:"四氣和謂之玉燭。"意思是四季和光照耀叫做"玉燭"。 辰:時,季節。 兩句意思是,文章著作記載着國家的吉慶,和光普照調節着四季的風雨氣候。

③ 殷阜:富庶。 年登:莊稼豐收。 俗樂:社會風氣很歡樂。

④ 鰥(guān)寡:老而無妻叫鰥,老而無夫叫寡。引申指貧苦無依的人。煢(qióng)獨:孤獨無依的人。 牛馬之衣:指披在牛馬身上粗糙的織物。漢代董仲舒形容當時人民的貧困生活有"故貧民常衣牛馬之衣,而食犬彘之食"的話(見《漢書·食貨志上》),這裏變化來形容社會富足。以上一段頌揚北魏統治者,實際上,下層人民的生活是非常困苦的。

⑤ 於是:在這時候。 外戚:帝王的母親和妻子娘家的親屬。

⑥ 擅:占有。 山海之富:山海所出産的財富。 川林之饒:山水景物很多的地方。 兩句形容權貴財富很多,他們的莊園占據着風景幽

美、物産富足之處。

⑦ 誇競：誇耀比賽〔豪華〕。

⑧ 崇：高。　豐：大。　洞：深。　兩句用四個偏正結構形容門高屋大，内宅深幽，房屋衆多。

⑨ 飛館、重樓：都指高峻的建築物。　生風、起霧：都是形容建築物高聳空中，風霧像從它們中間發生、興起。

⑩ 榭(xiè)：築在臺上的一種房屋。

而河間王琛最爲豪首①，常與高陽争衡②。造文柏堂，形如徽音殿③。置玉井金罐，以金五色績爲繩④。妓女三百人，盡皆國色⑤。有婢朝雲，善吹篪，能爲團扇歌、隴上聲⑥。琛爲秦州刺史，諸羌外叛⑦，屢討之，不降。琛令朝雲假爲貧嫗⑧，吹篪而乞。諸羌聞之，悉皆流涕⑨，迭相謂曰⑩："何爲棄墳井⑪，在山谷爲寇也？"即相率歸降⑫。秦民語曰："快馬健兒⑬，不如老嫗吹篪。"

注　釋

① 河間王琛(chēn)：元琛，北魏皇族(北魏統治者是鮮卑族，本姓拓跋，後改姓元)，河間王是他的封爵。　豪首：豪華奢侈的首位。

② 高陽：指高陽王元雍，北魏皇族，孝明帝時爲丞相，以豪奢著名。　争衡：較量。

③ 徽音殿：北魏宫中殿名。徽音是美德的意思。

④ 繩：指井繩。

⑤ 妓女：指以歌舞等技藝服役的女子。　國色：全國最美的女子。

⑥ 篪(chí)：用竹管製成的一種樂器，與笛相近。　團扇歌：南朝樂府民歌吴聲歌曲的一種。　隴上聲：隴上的曲調，北朝樂府民歌的一種。隴上：指隴山(今甘肅隴西、清水等縣)一帶。

⑦ 秦州：北魏時的一個州，治所在今甘肅省天水市附近。　刺史：州的

最高長官。　羌:我國古代西部的少數民族。漢代以後,甘肅東部是羌人較多的地區之一。　諸羌外叛:北魏孝明帝時,被鮮卑貴族殘酷壓迫剥削的羌族民衆紛紛起事。

⑧ 假爲:裝做。　嫗(yù):老婦人。

⑨ 涕:淚。

⑩ 迭:輪流,更替。這裏用來强調"相謂"的頻繁。　謂:對〔某人〕説。

⑪ 何爲:爲什麽。　墳井:祖墳和鄉里。古人常稱家鄉爲"鄉井"。這裏是寫住在隴山一帶的羌人,因聽到鄉音"隴上聲"而産生懷鄉的情感。

⑫ 相率(shuài):一個領着一個。

⑬ 健兒:指士兵。

琛在秦州,多無政績[①]。遣使向西域求名馬,遠至波斯國[②],得千里馬,號曰"追風赤驥"。次有七百里者十餘匹,皆有名字。以銀爲槽,金爲鎖環[③]。諸王服其豪富。琛常語人云:"晉室石崇乃是庶姓[④],猶能雉頭狐腋,畫卵雕薪[⑤],況我大魏天王,不爲華侈?"造迎風館於後園。牕户之上,列錢青瑣[⑥],玉鳳銜鈴,金龍吐佩[⑦]。素柰朱李,枝條入簷[⑧],伎女樓上[⑨]坐而摘食。

注　釋

① 多:甚,很。　政績:政事上的成績。據《魏書》記載,元琛做秦州刺史,非常貪暴,"百姓患害,有甚狼虎"。

② 西域:這裏泛指我國新疆及中亞、西亞等地。　波斯:即今伊朗。

③ 鎖環:鎖鏈,鏈子。

④ 晉室:這裏等於説晉朝。　石崇:西晉人,曾做荆州刺史,生活極爲豪奢。　庶姓:皇室和外戚以外的姓。

⑤ 雉頭狐腋:指名貴的毛皮衣服。前者集雉(野鷄)頭毛而成,後者集狐狸腋下的毛皮而成。這裏用在能願動詞的後面,用作動詞,是穿雉頭狐腋毛皮衣服的意思。　畫卵:在吃的蛋上畫圖畫。　雕薪:在燒的

柴上雕刻花紋。兩句形容生活的極端奢侈。

⑥ 牕:同"窗"。列錢青瑣:窗子和門户上的裝飾樣式。前者雕刻成排列的錢幣圖案,後者雕刻成連環文,再以青色塗飾。瑣:連環。

⑦ 兩句描寫建築物上鑲嵌着玉石雕琢的鳳凰和黄金塑造的龍,口中分别銜着鈴和佩飾。

⑧ 素:白色。　柰(nài):蘋果的一種。　條:小枝。

⑨ 伎:通"妓"。

琛常會宗室[①],陳諸寶器,金瓶銀瓮百餘口,甌、檠、盤、盒稱是[②]。自餘酒器,有水晶鉢、瑪瑙盃、琉璃碗、赤玉巵數十枚[③]。作工奇妙,中土所無[④],皆從西域而來。又陳女樂及諸名馬[⑤]。復引諸王按行府庫[⑥],錦罽珠璣,冰羅霧縠[⑦],充積其内。綉、纈、紬、綾、絲、綵、越、葛、錢、絹等[⑧],不可數計。琛忽謂章武王融曰[⑨]:"不恨我不見石崇,恨石崇不見我!"

注　釋

① 常:通"嘗",曾經。　會:會合,邀集。　宗室:皇族。

② 陳:陳設。　甌:小盆。　檠(jìng):有脚的盤子。　稱(chèn)是:與此相稱。指與上述的金瓶銀瓮數量相當。

③ 自餘:其餘。　鉢(bō):形狀像盆但較小的盛器。　巵(zhī):古代盛酒的器皿。　枚:量詞,南北朝時用得很廣泛,相當於今天的"個"。

④ 中土:指中原地區。

⑤ 女樂(yuè):即歌女舞女。

⑥ 按行:巡行。

⑦ 罽(jì):毛織的毡子一類的東西。　璣(jī):不圓的珠子。珠璣連用就指珠子。　冰、霧:形容羅、縠的透明和輕薄。　羅、縠(hú):都是輕軟而稀疏的絲織品。縠和後來的縐紗相似。

⑧ 綉:有刺綉的絲織品。　纈(xié):染有花紋的絲織品。　紬(chóu):

綢緞的綢古代寫作紬。 綾：細的綢子。 綵：染色的絲織品。 越：越布，南方用植物纖維織成的一種布。 葛：葛布。 絹：較粗的生絲織物。

⑨ 章武王融：元融，北魏皇族，封章武王。

融立性貪暴[①]，志欲無限，見之惋歎[②]，不覺生疾。還家，臥三日不起。江陽王繼來省疾[③]，謂曰："卿之財産，應得抗衡[④]。何爲嘆羡，以至於此？"融曰："常謂高陽一人寶貨多於融[⑤]，誰知河間，瞻之在前[⑥]。"繼咲曰[⑦]："卿欲作袁術之在淮南，不知世間復有劉備也[⑧]？"融乃蹶起，置酒作樂[⑨]。

注 釋

① 立性：秉性，天性。

② 之：指元琛的財富。

③ 江陽王繼：元繼，北魏皇族。 省(xǐng)疾：探望病情。

④ 抗衡：匹敵，不相上下。

⑤ 常謂：曾經認爲。 寶貨：珍寶財物。這是聯合結構，不是偏正結構。

⑥《論語·子罕》："瞻之在前，忽焉在後。"本是顔淵讚嘆孔子學問高深莫測的話，元融引此文的意思，是説誰知河間王的財富也超過了我。

⑦ 咲(xiào)：同"笑"。

⑧《後漢書·呂布傳》載：袁術和劉備在淮水一帶對峙，袁術想聯合呂布打劉備，寫信給呂布，信中有"術生年以來，不聞天下有劉備"的話。元繼在這裏引用這個故事取笑元融。

⑨ 蹶(guì)起：蹶然而起，驚跳起來。 蹶：受驚而迅速動作的樣子，與下文"蹶(jué)倒"的蹶音義不同。 置酒：擺設酒席。 作樂(yuè)：演奏音樂。

於時國家殷富，庫藏盈溢①，錢絹露積於廊者，不可校數②。及太后賜百官負絹③，任意自取，朝臣莫不稱力而去④。唯融與陳留侯李崇負絹過任，蹶倒傷踝⑤。太后卽不與之，令其空出，時人笑焉。侍中崔光止取兩匹。太后問："侍中何少？"對曰："臣有兩手，唯堪兩匹⑥，所獲多矣。"朝貴服其清廉⑦。

注 釋

① 殷富：富足。 庫藏(zàng)：存放財物的地方。 盈溢：指財物多得放不下了。

② 露積：没有遮蓋地堆積。 校數：核計。 校：校核，核實。

③ 太后：指胡太后，北魏孝明帝的母親，曾臨朝聽政，是一個荒淫殘暴的統治者。 負：揹、扛。

④ 稱(chèn)力：按照自己的力量。

⑤ 李崇：北魏大臣，官至尚書令(魏晉以後，實卽宰相)，加侍中(本爲加官，侍從皇帝，以備顧問；魏晉以後，漸成要職，往往卽宰相)，陳留侯是他的封爵。 過任：超過自己的負擔能力。 蹶倒：跌倒。 踝(huái)：脚腕兩旁突起的骨頭。

⑥ 堪：動詞，經得起，這裏是"拿得了"的意思。

⑦ 朝貴：朝廷的顯貴。

經河陰之役，諸元殲盡①。王侯第宅，多題爲寺②。壽丘里閭，列刹相望③，祇洹鬱起，寶塔高淩④。四月初八日，京師士女多至河間寺⑤，觀其廊廡綺麗⑥，無不歎息，以爲蓬萊仙室，亦不是過⑦。入其後園，見溝瀆蹇産，石磴礁嶢⑧，朱荷出池，綠萍浮水，飛梁跨閣，高樹出雲⑨，咸皆嘖嘖⑩。雖梁王兔苑，想之不如也⑪。

注　釋

① 河陰之役：武泰元年（公元 528 年），胡太后毒死她的兒子孝明帝，獨攬朝政。北方部落酋長爾朱榮（後封太原王）起兵攻洛陽，殺胡太后，又在邙山北面的河陰（今河南孟津縣東）大殺元氏貴族和其他大臣。河陰之役即指此而言。

② 被殺王侯的府第，大多題上匾額，變成佛寺。　題：指在匾額上題寫寺院的名字。

③ 里閭：周代二十五家爲里，又稱閭。這裏聯合起來，泛指聚居的里巷。剎（chà）：佛寺，梵文剎多羅的省畧。　兩句意思是，壽丘里各聚居點，排列了很多佛寺，相距很近，可以望見。

④ 祇洹（zhīhuán）：梵語音譯詞，指精舍，爲佛教徒静修之地。也用作佛寺的别稱。　鬱（yù）：繁多的樣子。　高淩：高起。　淩：通"凌"，升，高出。

⑤ 四月初八日：我國佛教徒把農曆這天定爲浴佛節，舉行佛教儀式，"以香湯浴佛"。　京師：京城，首都。　士女：青年男女。　河間寺：河間王元琛的莊園改成的佛寺。

⑥ 廊廡（wǔ）：本來是指堂下周圍的遊廊、配屋。這裏泛指房舍。　綺麗：華麗。

⑦ 蓬萊：古代傳説東海中的神山，上有金銀建造的宫殿。　亦不是過：也不超過這些〔房舍〕。"是"在否定句中作動詞"過"的前置賓語。

⑧ 溝瀆（dú）：溝渠，水道。　蹇（jiǎn）產：曲折的樣子。　磴（dèng）：登山的石台階。　礁嶢（jiāoyáo）：山勢高的樣子。通常寫作"嶕嶢"。

⑨ 飛梁：凌空而起的橋。這裏指樓閣之間的天橋。　出雲：挺拔上插雲端。這裏是形容樹高。

⑩ 嘖嘖（zézé）：象聲詞，贊嘆的聲音。這裏作動詞用。

⑪ 雖：讓步連詞，即使。　梁王兎苑：西漢時文帝的兒子梁孝王築兎園（在今河南商丘市東），園中有山有池，宫觀很多，極爲豪奢。兎苑就是兎園。　想之不如：想來它也是比不上的。　之：指梁王兎園。

藍田縣丞廳壁記①　　韓　愈

【作者介紹】韓愈（公元 768—824 年），字退之，河南河陽（今河南孟州市)人,是唐代著名的文學家、哲學家。

韓愈生活在安史之亂以後,當時社會矛盾非常尖鋭,藩鎮割據勢力强大,寺院經濟與世俗地主之間的矛盾也日益激化。面對這些矛盾,韓愈竭力宣揚天命論、人性論,企圖以此挽救唐王朝的没落命運。但是,他反對藩鎮割據,極力批判佛老思想,這在當時有一定的社會意義。

韓愈是當時古文運動的倡導者。他提出“文以傳道”、“不平則鳴”、“文從字順”等主張,向六朝以來華而不實的形式主義文風發起了猛烈的進攻。他根據自己的理論和實踐爲文體改革作出了重大的貢獻,對後代散文的發展産生了相當深遠的影響。韓愈的文章氣勢渾厚,善於推理,敍事簡潔,語言流暢。他的詩歌具有散文化的傾向,某些作品着意追求奇險,開創了唐代一個重要的詩派。他的作品現存《韓昌黎文集》。

【説明】本文主要描寫當時縣丞有職無權的困難處境。縣令獨斷專權,吏胥仗勢欺人,縣丞只能聽由擺布,以此揭露了官場争權奪勢的醜惡現實。後一部分通過寫作者的朋友崔斯立任藍田縣丞後,由懷有抱負變得消沉下來,只得把公署當作書房,種松對竹,吟詩度日,自嘲吟詩就是公事。表現了作者對當時官場的黑暗和積弊的辛辣諷刺,對朋友懷才不遇的憤慨不平。

這篇文章文筆犀利生動,有很强的諷刺性。

丞之職所以貳令②,於一邑無所不當問。其下主簿、尉③。主簿、尉乃有分職④。丞位高而偪,例以嫌不可否事⑤。文書行,吏抱成案詣丞,卷其前,鉗以左手⑥,右手摘紙尾,雁鶩行以進⑦,平立,睨丞曰⑧:“當署。”⑨丞涉筆占位，署惟謹[10]。目吏[11]，問："可不可？"吏曰："得。"則退[12]。不敢略省，漫不知何事[13]。官雖尊，力勢反出主簿、尉下。諺數慢，必曰"丞"，至以相訾謷[14]。丞之設豈端使然哉[15]！

注　釋

① 藍田縣：在今陝西省。唐代是京城長安附近的畿縣。　丞：縣丞，縣令的副職，是輔佐縣令的。　壁記：是唐代興起的一種雜記文體，寫在官府的廳壁上，主要用來記載本處"官秩創置及遷授始末。原其作意，蓋欲著前政履歷，而發將來健羡焉"。（唐代封演《封氏聞見記》卷五）

② 貳令：輔佐縣令。　貳：副貳，輔佐。

③ 主簿：官名，負責簿籍，掌管印鑑。　尉：官名，掌管督察治安等事。

④ 分職：分掌各自的職務。

⑤ 偪（bī）：同"逼"，迫近。　例：照例。　嫌：嫌疑，這裏指侵權之嫌。可否：動詞，肯定否定。　兩句話的意思是縣丞職位高，與縣令地位接近。歷來縣丞爲避免侵權之嫌，對事情不置可否。

⑥ 成案：已成的案卷。即已經縣令批准辦好的案件文書。　詣（yì）：到。　卷其前：捲起公文的前邊，指不讓縣丞看到公文內容。　卷："捲"的古體。　鉗：夾持。

⑦ 雁鶩（wù）行以進：像鵝和鴨子一樣摇擺地行走着向前進。　雁鶩：鵝和鴨子，名詞用作狀語。

⑧ 睨（nì）：斜着眼睛看。

⑨ 署：簽名。

⑩ 涉筆：動筆。　占（zhān）位：觀測（簽名的）位置。　占：視。　惟：語氣副詞，表示肯定的語氣。　縣丞拿起筆看好位置，簽上名，實在是謹慎恭順。

⑪ 目：用作動詞，看。

⑫ 得：可以，行。　則退：就退出。

⑬ 略省：稍微察看（公文的內容）。　省：察看、檢查。　漫：完全。

⑭ 諺：諺語。　數（shǔ）：點數，計算。　慢：怠慢，指不盡職的官員。民

間談到不盡職的官,一定說到"縣丞"。　呰謷(zǐ'áo):詆毀。

⑮ 縣丞的設置難道本來使得是這樣嗎!　豈:副詞,難道。　端:本來。然:指示代詞,如此,這樣。

博陵崔斯立,種學績文①以蓄其有,泓涵演迤,日大以肆②。貞元初,挾其能,戰藝於京師③,再進,再屈千人④。元和初,以前大理評事言得失黜官,再轉而爲丞茲邑⑤。始至,喟然曰⑥:"官無卑,顧材不足塞職⑦。"既噤不得施用⑧。又喟然曰:"丞哉!丞哉!余不負丞,而丞負余。"則盡枿去牙角,一躡故跡,破崖岸而爲之⑨。

注　釋

① 博陵:今河北定州市。　崔斯立:名立之,字斯立。　種學績文:以耕織比喻勤奮學習,積累知識。　績:緝麻。

② 泓涵:包羅宏深。　演迤(yí):境界開闊。　兩句意思是說崔斯立的學問修養博大,日益高深。　肆:擴展。

③ 貞元:唐德宗年號之一(公元 785—805 年)。　挾:這裏指憑仗。戰藝:以才能和別人競争,即應科舉考試。

④ 再進:指兩次考試。崔斯立貞元四年中進士,六年中博學宏詞科。再屈千人:指崔斯立兩次科舉考試都出人頭地。　屈:動詞用作使動。

⑤ 元和:唐憲宗年號(公元 806—820 年)。　大理:大理寺,封建社會中管司法的機構。　評事:大理寺官名,掌平決刑獄。　黜(chù):貶官。　崔斯立原爲大理評事,因上疏論朝政得失而被貶官。　再轉:兩次遷謫轉調。　茲邑:指藍田縣。　崔斯立元和十年任藍田縣丞。

⑥ 喟(kuì)然:嘆息的樣子。

⑦ 顧:連詞,表轉折。　塞職:稱職。　這句話的意思是:官不論大小,都可以施展抱負,反而是自己的才能不能稱職,才做不出成績。

⑧ 得不到施展(才幹)已經默然。　噤(jìn):閉口不言。

⑨ 枿(niè)去牙角:砍去牙角。比喻磨去個人的鋒芒棱角,不觸犯他人。

栉：樹木砍伐後生長的嫩枝。名詞用作動詞，砍去的意思。　一躡(niè)故跡：完全按照過去縣丞的做法行事。　躡：踩。　破崖岸：指去掉辦事原則，隨和别人。　崖岸：都是水邊的意思，比喻做事的原則界限。

丞廳故有記，壞漏污不可讀，斯立易桷與瓦，墁治壁①，悉書前任人名氏。庭有老槐四行，南牆鉅竹千梃，儼立若相持，水㶁㶁循除鳴②，斯立痛掃溉，對樹二松，日哦其間③。有問者，輒對曰："余方有公事，子姑去。"考功郎中、知制誥韓愈記④。

注　　釋

① 桷(jué)：椽子。圓的叫椽，方的叫桷。　墁(màn)治壁：粉刷修整牆壁。　墁：塗飾，粉刷。

② 鉅竹千梃：大竹上千根。　儼立：整齊地排列。　㶁㶁(guóguó)：流水聲。　除：臺階。

③ 痛：徹底地。　溉：洗滌。　對樹：對稱地栽種。　樹：動詞，栽種。哦：吟哦。一本"哦"上有"吟"字。

④ 考功郎中：官名，掌管文武官員考績事項。　知制誥：官名，掌管草擬詔令事項。元和十年(公元815年)韓愈以考功郎中知制誥。壁記當作於此年。

鈷鉧潭西小丘記　　柳宗元

【説明】柳宗元貶官永州(今湖南永州市)後，寫了不少山水遊記。他用生動的筆觸，簡潔的語言，刻畫了祖國南方的錦綉江山，並寓情於景，以抒發他的憂憤。這些遊記在我國文學史上很有影響。

本文是著名的“永州八記”之一。文中静景動寫，情景交融，把一個小丘寫得非常清冷幽静。作者對小丘前後不同遭遇的描寫，是别有寓意的。所謂“唐氏之棄地”，正是作者的自喻。“賀兹丘之遭”，流露出作者希望被召回長安受到重用的幻想。

得西山後八日①，尋山口西北道二百步，又得鈷鉧潭②。潭西二十五步，當湍而浚者爲魚梁③。梁之上有丘焉④，生竹樹。其石之突怒偃蹇、負土而出⑤、争爲奇狀者，殆不可數⑥。其嶔然相累而下者⑦，若牛馬之飲於溪；其衝然角列而上者，若熊羆之登於山⑧。

注 釋

① 得：得到，這裏有“發現”的意思。 西山：在永州城西四五里。 八日：據柳宗元《始得西山宴遊記》，得西山在元和四年（公元 809 年）九月二十八日。八日後，當是十月初七。

② 尋：沿着。 步：古代六尺爲一步。 鈷鉧（gǔmǔ）潭：在今湖南永州市城西三里的小溪中。鈷鉧卽熨斗，因潭小而形狀像熨斗，所以叫“鈷鉧潭”。

③ 當湍而浚者爲魚梁：正迎着那水深流急的地方是一道魚梁。 湍（tuān）：水流急。 浚（jùn）：深。 魚梁：捕魚的水堰（yàn）。横貫小河用土石壘成堰，中間留有缺口，裝上竹製漁具，魚隨水流通過時，便落入漁具中。

④ 梁之上：靠近魚梁河岸的上游。

⑤ 突怒：形容石頭凸起、有鋒棱的樣子。 偃蹇（yǎnjiǎn）：盤曲高聳的樣子。 負土而出：形容石頭好像頂破泥土從地裏鑽出來一樣。

⑥ 殆（dài）不可數：多得幾乎數不清。 殆：幾乎，差不多。

⑦ 嶔（qīn）然：高聳傾敧的樣子。 相累：一個疊着一個。 下：動詞，往下。

⑧ 衝然：向上衝的樣子。 角列：像獸角一樣挺拔排列。 羆（pí）：熊的一種，毛棕褐色，能爬樹、游水。也叫“馬熊”或“人熊”。

丘之小不能一畝，可以籠而有之[①]，問其主，曰："唐氏之棄地，貨而不售[②]。"問其價，曰："止四百[③]。"余憐而售之[④]。李深源、元克己時同遊，皆大喜，出自意外[⑤]。卽更取器用[⑥]，剷刈穢草[⑦]，伐去惡木，烈火而焚之[⑧]。嘉木立[⑨]，美竹露，奇石顯。由其中以望[⑩]，則山之高，雲之浮，溪之流，鳥獸之遨遊[⑪]，舉熙熙然迴巧獻技，以效茲丘之下[⑫]。枕席而卧[⑬]，則清泠之狀與目謀[⑭]，瀯瀯之聲與耳謀[⑮]，悠然而虛者與神謀[⑯]，淵然而静者與心謀[⑰]。不匝旬而得異地者二[⑱]，雖古好事之士，或未能至焉[⑲]。

注　釋

① 丘的面積很小，不到一畝大，可以裝到籠子裏來占有它。這是形容丘很小，可以一覽無餘。　不能：不足。　籠：作動詞用，裝入籠中。　有之：占有它。

② 姓唐的人家荒棄的土地，要出賣却賣不出去。　貨：出賣。　不售：賣不出去。　柳宗元在這裏借"唐氏之棄地"，隱喻自己是唐王朝的棄人，被朝廷遺棄到這荒遠的地方來，有才能而得不到施展。

③ 止：只有，僅僅。　四百：指四百文銅錢。唐代最低的貨幣單位是"文"。

④ 憐：憐惜。　售之：使它賣出去，即把小丘買下來。

⑤ 李深源、元克己：都是柳宗元的朋友。　時：當時。　出自意外：是説對於得到這個小丘都没意料到。

⑥ 更取器用：更换着取用各種器具。　更：更替，更换。　器用：指鋤頭、鐮刀和斧頭之類除草伐木的工具。

⑦ 刈(yì)：割。　穢(huì)草：雜草。

⑧ 烈火：把火燒得旺旺的。　烈：火猛，這裏用作動詞，意思是猛烈地燒起。

⑨ 嘉：佳，美好。

⑩ 其：指小丘。　以：連詞，相當於"而"。

⑪ 遨（áo）遊：自由自在地活動。

⑫ 舉：全，都。　熙熙（xīxī）然：和諧愉快的樣子。　迴巧：指山巒回環、雲水縈繞。　獻技：指鳥獸呈獻出各種技藝。　效：呈獻。　兹：這。

⑬ 枕席：作動詞用，鋪上枕席。

⑭ 清泠（líng）：清涼。　謀：謀劃，商討。這裏是把外界景物人格化了。

⑮ 瀯瀯（yíngyíng）：形容山泉溪水流動的聲音。

⑯ 悠然：很遠的樣子。　虚者：和下面的"静者"都是講深遠幽静的景象，實際上是作者的感受。　神：精神。

⑰ 淵然：深沉的樣子。　這四句是寫人與小丘情景交融。大意是，清爽明净的景色和眼睛相交接，瀯瀯的流水聲和耳朵相交接，悠然虚渺的境界和精神相交接，深幽静止的狀態和思想相交接。這反映了作者被貶後思想上苦悶，只得把感情寄託於山水。

⑱ 不匝（zā）旬：不滿十天。　匝：經歷一周。　旬：十天爲一旬。　異地者二：指西山和小丘這兩處奇異的勝地。

⑲ 好（hào）事之士：這裏指愛好山水並到處搜奇選勝的人。　未能至：指没有能够在十天之内"得異地者二"。

噫！以兹丘之勝，致之灃、鎬、鄠、杜①，則貴游之士争買者，日增千金而愈不可得②。今棄是州也，農夫漁父過而陋之③，賈四百，連歲不能售④，而我與深源、克己獨喜得之。是其果有遭乎⑤？書於石，所以賀兹丘之遭也⑥。

注　釋

① 勝：景致優美。　致之：把它送到。　灃（fēng）：通"酆"，周文王的都城，在今陝西户縣東。　鎬（hào）：周武王的都城，在今陝西長安縣西

南。　鄠(hù):縣名,今作户縣。　杜:杜陵,在今陝西長安縣東南。四處都是唐朝京城長安附近的遊覽勝地。

② 貴游之士:泛指顯貴。　日增千金:指逐日給賣主增添很高的價錢。

③ 棄是州:遺棄在永州這個地方。　陋(lòu)之:輕視它。　陋:鄙陋。這裏用作意動,即"輕視"的意思。

④ 賈:價錢,漢以後這個意義一般寫作"價"。　連歲:多年。

⑤ 這大概果真是有一定的機會吧?　其:句中語氣詞,表推測的語氣。遭:際遇,一定的機會。下一句的"遭",是"碰上了好機會"。

⑥ 書於石:指把這篇文章寫在小丘的石頭上。　所以:同後面的"賀茲丘之遭"結合成一個名詞性結構,表示"書於石"是賀小丘的一種方式。

廬山草堂記

白居易

【作者介紹】白居易(公元 772—846 年),字樂天,原籍太原,祖上遷居下邽(guī,在今陝西渭南市)。早年曾任翰林學士、左拾遺等官,因觸怒權貴,被貶爲江州司馬,後轉任杭州、蘇州等地刺史。晚年任刑部侍郎、河南尹、太子少傅,以刑部尚書致仕,閒居洛陽香山,自號"香山居士"。

白居易是我國古代偉大的現實主義詩人。他明確主張"文章合爲時而著,歌詩合爲事而作";"非求宮律高,不務文字奇,惟歌生民病,願得天子知"。他是唐代"新樂府運動"的倡導者。他的詩歌創作貫徹了自己的主張,特别是早期的"諷諭詩",深刻地揭露了當時的黑暗現實和人民生活的痛苦。被貶江州以後,白居易對政治鬬争採取迴避態度,詩歌的戰鬬性逐漸減弱,特别是到了晚年,隨着官職的提高,生活的優裕,所寫的大多只是一些"閒適詩"。

白居易的詩歌語言通俗而優美,敍事曲折生動,在當時就廣爲流傳,對後世有很大影響。他的散文流暢自然,同他的詩歌風格是一致的。有《白香山集》。

【説明】唐憲宗元和十年(公元 815 年),主張削平藩鎮的宰相武元衡被刺死,御史中丞裴度被刺傷。白居易當時任左贊善大夫,上疏請追捕刺客,以越職言事,觸怒了權貴,又遭人誣陷"不孝",被貶爲江州司馬。白居易到江州(治所在今九江市)後,在廬山營造草堂,寫下了這篇《廬山草堂記》。

這篇文章描寫了草堂建造的樸實簡陋,陳設的雅致愜意,以及草堂周圍景色的山清水秀;進而寫到安適恬静的心情,表達了作者要"終於斯"的歸隱願望。文章中流露出士大夫在政治上失意後樂天安命,人生無常的消極思想。

文章敘事簡明扼要,寫景細密有致,文筆流暢,語言清麗,表現了較高的語言技巧,是一篇優秀的遊記散文。

匡廬奇秀,甲天下山①。山北峯曰香爐,峯北寺曰遺愛寺②。介峯寺間,其境勝絶,又甲廬山③。元和十一年秋,太原人白樂天見而愛之④,若遠行客過故鄉,戀戀不能去。因面峯腋寺⑤,作爲草堂。明年春⑥,草堂成。三間兩柱,二室四牖⑦,廣袤豐殺,一稱心力⑧,洞北户,來陰風,防徂暑也⑨;敞南甍,納陽日,虞祁寒也⑩。木斲而已,不加丹⑪;牆圬而已,不加白⑫。磩階用石,冪窗用紙⑬,竹簾紵幃,率稱是焉⑭。堂中設木榻四,素屏二⑮,漆琴一張,儒、道、佛書各三兩卷。

注　釋

① 匡廬:即廬山,又叫匡山,在今江西九江市南面。　甲天下山:在天下

名山中居第一位。 甲：動詞，居第一位。

② 香爐：香爐峯，因其狀似香爐而得名，在廬山西北面，爲一風景勝地。遺愛寺：即東林寺，東晉高僧慧遠所建，在香爐峯北麓。

③ 介峯寺間：處在香爐峯、遺愛寺的中間。

④ 元和十一年：公元816年，作者貶爲江州司馬的第二年。 太原：太原府，治所在太原（今山西太原市西南晉源鎮）。

⑤ 因：連詞，於是。 面峯腋寺：面對香爐峯，下近遺愛寺。 腋：人體肩臂內面交接處，用作動詞，夾在腋下的意思，這裏指遺愛寺在草堂旁邊靠下的地方。白居易《香爐峯下新置草堂即事咏懷》詩具體寫草堂的位置是“香爐峯北面，遺愛寺西偏”。

⑥ 明年：第二年，指元和十二年。

⑦ 牖（yǒu）：窗。這兩句是説草堂共三間，中爲堂屋，兩側爲室。正側三間，中間兩個大柱，兩個側室共四個窗户。

⑧ 廣袤（mào）：指面積，東西爲廣，南北爲袤。 豐殺（shài）：即大小。豐：寬大。 殺：狹小。 一稱心力：完全與心意相合，與財力相稱。

⑨ 洞：動詞，開。 户：單扇的門。 來：用作使動，使……來。 陰風：涼爽的風。 徂（cú）暑：盛暑。《詩經·小雅·四月》：“四月維夏，六月徂暑。”“徂”本“始”義，後人稱盛暑爲“徂暑”。

⑩ 敞：寬綽，用作使動，把屋脊南面蓋得寬敞、高聳些。今農村房屋仍多如此，南北屋頂不對稱。 甍（méng）：屋脊、屋棟。 納陽日：讓陽光照射進來。 虞：防備。 祁寒：嚴寒。僞古文《尚書·君牙》：“冬祁寒。”

⑪ 斲（zhuó）：砍。兩句的意思是建造房屋的木材只用斧子砍削，不用油漆彩繪。

⑫ 圬：塗泥。 加白：用石灰白粉之類粉刷。

⑬ 碱（qì）：同“砌”。 冪（mì）窗：用紙糊窗户。 冪：覆蓋。

⑭ 紵（zhù）幃：麻布做的帳幕。 率稱是焉：一切全都和草堂的簡樸格局相稱。 率：副詞，全部。 稱（chèn）：相當。 是：指草堂的簡樸。

⑮ 榻：狹長而低矮的坐卧用具。 素屏：素絹的屏風。

樂天既來爲主[①],仰觀山,俯聽泉,傍睨竹樹雲石[②],自辰及酉,應接不暇[③]。俄而物誘氣隨,外適内和[④];一宿體寧,再宿心恬,三宿後頽然嗒然[⑤],不知其然而然[⑥]。

注 釋

① 爲主:做了草堂的主人。

② 睨(nì):斜視,這裏是隨意瀏覽的意思。

③ 辰:辰時。古人以十二地支計時,辰時爲上午七時至九時。 酉:酉時。酉時爲下午五時至七時。這兩句是説從早到晚,美景很多,來不及一一觀賞。《世説新語·言語》:"從山陰道上行,山川自相映發,使人應接不暇。"

④ 俄而:頃刻,一會兒。 物:指景物。 氣:氣質,性情。 外:指外面的景物。 内:指内心。 和:平静和諧。這兩句的意思是:由於清幽景物的誘發,性情也隨之而變得恬淡;環境適宜,心情平和。

⑤ 一宿:住一夜。 心恬:心情平静安適。 頽(tuí)然嗒(tà)然:形容心曠神怡,物我兩忘。 頽然:安詳的樣子。 嗒然:心境空虚,物我兩忘的樣子。《莊子·齊物論》:"仰天而嘘,嗒焉似喪其偶。"

⑥ 這句是説不自覺地進入"頽然嗒然"的狀態。 然:指示代詞,這樣。

自問其故,答曰:是居也,前有平地,輪廣十丈[①];中有平臺,半平地[②];臺南有方池,倍平臺[③]。環池多山竹野卉[④],池中生白蓮、白魚。又南抵石澗[⑤],夾澗有古松老杉,大僅十人圍[⑥],高不知幾百尺。修柯戛雲[⑦],低枝拂潭,如幢竪,如蓋張,如龍蛇走[⑧]。松下多灌叢,蘿蔦葉蔓,駢織承翳[⑨],日月光不到地,盛夏風氣如八、九月時[⑩]。下鋪白石,爲出入道。堂北五步,據層崖積石,嵌空垤塊[⑪],雜木異草,蓋覆其上。緑陰蒙蒙,朱實離離[⑫],不識其名,四時一色。又有飛泉植茗,就以烹燀[⑬],好事者見,可以銷永日[14]。堂東有瀑布，水懸三尺，瀉階隅[15]，落石渠，昏曉如練色，夜中如環佩琴筑聲[16]。堂西倚北崖右趾[17]，以剖竹架空，引崖上泉，脈分綫懸，自簷注砌[18]，纍纍如貫珠，霏微如雨露，滴瀝飄灑，隨風遠去[19]。其四傍耳目杖屨可及者[20]，春有錦繡谷花，夏有石門澗雲，秋有虎谿月，冬有鑪峯雪[21]。陰晴顯晦，昏旦含吐[22]，千變萬狀，不可殫紀。覼縷而言[23]，故云甲廬山者。噫！凡人豐一屋，華一簀[24]，而起居其間，尚不免有驕矜之態[25]；今我爲是物主，物至致知，各以類至[26]，又安得不外適内和，體寧心恬哉？昔永、遠、宗、雷輩十八人，同入此山，老死不反[27]；去我千載，我知其心以是哉[28]！

注　釋

① 輪廣：方圓，指面積。南北叫輪，東西叫廣。

② 半平地：(平臺)占平地面積的一半。

③ 倍平臺：(方池)的面積比平臺大一倍。

④ 卉(huì)：草的總稱。

⑤ 石澗：石山間的水溝。

⑥ 僅：副詞，將近，差不多達到的意思。　十人圍：十人之圍，形容粗大。圍：兩手拇指和食指合攏的長度。十圍約當兩人合抱。

⑦ 修柯：長枝條。　戛(jiá)雲：上摩雲霄。　戛：擊。

⑧ 幢(chuáng)豎：像幢一樣豎立。　幢：旌幡之類。這是把織物圍成圓筒形，懸掛在直柄的頂端。　蓋張：像車蓋一樣張開。　蓋：車蓋，古代車上遮陽禦雨的工具。　龍蛇走：形容古松的盤曲伸展。

⑨ 蘿(luó)：女蘿，植物名。　蔦(niǎo)：植物名，蔓生。《詩經·小雅·頍弁》："蔦與女蘿，施于松柏。"　蔓(wàn)：藤蔓。　駢織：互相糾結交織。　承翳(yì)：互相承接遮蓋。

⑩ 風氣：指氣候。

⑪ 據：靠：憑藉。　層崖：高崖。　積石：指積石爲假山。　嵌(qiàn)

空:在(積石的)空凹處卡進。　垤(dié)塊:小土堆和土塊。

⑫ 蒙蒙:濃密的樣子。　朱實:紅色的果實。　離離:衆多的樣子。

⑬ 飛泉:從高處噴落下的泉水。　植茗:種的茶樹。　就:動詞,就着,趁着。　烹燀(chǎn):燒火煮。這是説:就着飛泉和植茗來烹茶。

⑭ 永日:長日,從早到晚。　這句是説:對着美景品茶,可以終日不去。

⑮ 階隅:臺階的角落。

⑯ 昏曉:從早到晚。　練:白綢子。　環佩:古代結在衣帶上的玉佩。這裏是用行走時環佩互相撞擊發出的和諧聲音形容夜静時的瀑布聲。　筑(zhú):古代打擊的絃樂器。

⑰ 北崖右趾:北面山崖的右側山脚。

⑱ 脈分綫懸:形容泉水流進竹管,像脈管一樣分出水流,細水從上流下,像細綫一樣懸掛空中。"脈"和"綫"都是名詞用作狀語。　簷:屋簷,指草堂的屋簷。　注:灌注,這裏指滴。　砌:石階。

⑲ 纍纍(léiléi):接連不斷的樣子。　貫珠:成串的珍珠。　霏微:疊韻聯綿詞,細微水點飄散的樣子。　滴瀝:水一點一點地往下落。

⑳ 耳目杖屨(jù)可及者:望得見、走得到的地方。　杖屨:指徒步。杖:手杖。　屨:鞋子。

㉑ 錦繡谷:廬山的一個山谷。因谷中奇花異草如披錦繡而得名。　石門澗:廬山北面馬耳峯下的山澗,是遊覽的名勝。　虎谿:在廬山東林寺前。舊有東晉高僧慧遠居東林,送客不過虎谿之説。　鑪峯:香爐峯。

㉒ 顯晦:明暗。　含吐:隱藏和出現。指烟雲的隱現。　殫(dān)紀:詳盡記述。

㉓ 覼(luó)縷:亦作"覶縷",原委本末。這裏指細説。

㉔ 豐一屋:建造一間高大的房屋。　豐:高大。這裏用作動詞。《周易·豐》:"上六,豐其屋。"　華一簀(zé):精製一張竹席。　華:精美,用作動詞。《禮記·檀弓上》:"華而睆,大夫之簀與?"

㉕ 驕矜(jīn):驕傲自負。一作"驕穩"。

㉖ 是物:指草堂及周圍景物。　物至致知:外界景物來到,啟迪人的心智。這是説,草堂周圍的各種美景紛至沓來,激發人們的思想感情。語出《禮記·大學》:"致知在格物。"　各以類至:這是説接觸什麽景物就産生什麽思想感情。

㉗ 永:東晉高僧慧永。　遠:東晉高僧慧遠。　宗:名儒宗炳。　雷:名

儒雷次宗。　十八人：除上面點名的四人外，還有僧人十個，即慧持、道生、曇順、僧叡、曇恆、道昺、曇詵、道敬（或作法安）、佛馱邪舍、佛馱跋陀羅，及名儒四人，即劉程之、張野、周續之、張銓。他們在東林寺結成白蓮社，研究佛學，號稱十八賢。

㉘ 去我：距離我。　千載：慧遠、慧永等十八人生活在東晉後期（五世紀初），距白居易寫此文時約四百年。"千載"是極言時間相距久遠。　以是：因爲這個。　"是"指廬山的美景。

矧予自思[①]：從幼迨老，若白屋，若朱門，凡所止[②]，雖一日、二日，輒覆簣土爲臺[③]，聚拳石爲山，環斗水爲池，其喜山水病癖如此！一旦蹇剥，來佐江郡[④]，郡守以優容而撫我，廬山以靈勝而待我[⑤]，是天與我時，地與我所，卒獲所好[⑥]，又何以求焉？尚以冗員所羈，餘累未盡，或往或來，未遑寧處[⑦]。待予異日弟妹婚嫁畢，司馬歲秩滿[⑧]，出處行止，得以自遂[⑨]，則必左手引妻子，右手抱琴書，終老於斯，以成就我平生之志。清泉白石，實聞此言[⑩]！時三月二十七日，始居新堂；四月九日，與河南元集虚、范陽張允中、南陽張深之、東西二林寺長老湊、朗、滿、晦、堅等凡二十二人，具齋施茶果以落之[⑪]，因爲《草堂記》。

注　釋

① 矧（shěn）：連詞，何況。

② 迨（dài）：等到。　若：或。　白屋：茅草蓋的屋子，貧賤人家所住。　朱門：紅漆大門，表示富貴人家。　所止：所居，指居住的地方。

③ 輒（zhé）：總是，往往。　簣（kuì）土：一簣之土。形容土少。下文"拳石"、"斗水"也是形容石小、水少。　簣：盛土竹器。

④ 蹇（jiǎn）剥：命運不順當。《周易・蹇》："蹇，難也。"《周易・剥》："剥，

不利有攸往。” 佐：輔助。唐代長史和司馬是輔助刺史的主要官員。但是白居易是貶官爲江州司馬，與正員不同，是有職無權的閒官。江郡：江州，今江西九江市德安、彭澤、湖口、都昌等縣地。

⑤ 郡守：此處指江州刺史，姓崔，名不詳。 優容：寬厚。 撫：安慰。《舊唐書·白居易傳》説白居易遊廬山“或經時不歸，或逾月而返。郡守以朝貴遇之，不之責”。 靈勝：神奇的美景。

⑥ 這句是説終於滿足了愛山水的癖好。

⑦ 冗(rǒng)員：没有專職的散官。 羈(jī)：束縛，牽制。 累：牽累。遑(huáng)：閑暇。這四句是説：我被閑散的司馬官所束縛，未能完全擺脱牽累，有時去九江，有時來廬山，没有閑暇安寧地住下來。

⑧ 歲秩：做官的任期。唐朝地方官一般是三年一任。

⑨ 出處行止：四個動詞連用，“出”、“行”指外出做官，“處”、“止”指在家不仕。 自遂：順遂自己的心願。

⑩ 這兩句話的意思是：廬山的清泉白石可以做我盟誓的證人。

⑪ 元集虚：河南(今河南洛陽市)人，曾任協律郎，博通經書。愛廬山之勝，隱居五老峯下，自稱山人，不復出仕。與白居易、柳宗元、韓愈等相友善。 張允中：范陽(今北京市)人。事蹟無考。 張深之：南陽(今河南南陽市)人。事蹟無考。 東西二林寺：東林寺，東晉慧遠建。西林寺，東晉慧永建。 長老：年高德重的僧人。 湊：法號神湊。《白氏長慶集》卷二四《唐故江州興果寺律大德湊公塔碣銘序》中説：湊公姓成，京兆藍田人。爲東林寺僧人。 滿：法號智滿。 堅：法號智堅。這兩個人也是東林寺僧人。朗、晦二人事蹟無考。 具齋：準備了齋食。 施：擺設。 落之：爲草堂舉行落成儀式。

岳陽樓記　　范仲淹

【作者介紹】范仲淹(公元989—1052年)，字希文，蘇州吴縣(今江蘇蘇州市吴縣)人。北宋前期的政治家。宋真宗大中祥符八年(公元1015年)考中進士。爲官後，多次批評朝政，觸怒了當時的權相吕夷簡，曾兩次被貶。宋仁宗康定元年(公元1040年)，范仲淹以龍圖閣直學士爲陝西經略安撫招討副使，他實行“屯兵營田，爲持久計”的政策，有力地抗擊了西夏貴族的侵擾。

宋仁宗慶曆三年（公元 1043 年）范仲淹任樞密副使，進參知政事（副宰相）。他採取了一些改良政治的措施，企圖緩和當時日益加劇的社會矛盾。但新政推行不到一年就遇到很大阻力，范仲淹也被免去參知政事職務，出爲地方官，先後出知鄧州（治所在今河南鄧州市），杭州，青州（治所在今山東青州市）。

范仲淹一生的主要精力，雖然多用於政治、軍事等方面，但在文學方面也留下了一些内容比較健康的散文和詩詞。著作有《范文正公集》。

【說明】本文選自《范文正公集》，是作者出知鄧州時寫的。

這是一篇寫景抒情的名作。它用鮮明的形象，生動地描繪了洞庭湖“浩浩湯湯”、“氣象萬千”的雄偉氣勢和壯麗景象。文章的結尾部分，主張要“不以物喜，不以己悲”，要“先天下之憂而憂，後天下之樂而樂”，這是作者在失意中堅持政治改革理想的自白，也是對同遭排擠的朋友們的勸勉。

本文的語言形式是駢散兼行，用散句論敘，以駢句描繪，音調鏗鏘，自成一格。

慶曆四年春①，滕子京謫守巴陵郡②。越明年③，政通人和，百廢具興④。乃重修岳陽樓，增其舊制⑤，刻唐賢今人詩賦於其上。屬予作文以記之⑥。

注　釋

① 慶曆四年：公元 1044 年。　慶曆：宋仁宗的年號（公元 1041—1048 年）。

② 滕子京：名宗諒，河南（今河南洛陽市）人。與范仲淹同年考中進士。謫（zhé）：貶，降官。慶曆二年，滕子京在涇州（今甘肅涇川縣）曾率軍民積極抗擊西夏入侵，"大設牛酒，迎犒士卒"。慶曆三年，被攻擊爲"枉費公錢"。四年，降官至虢州（今河南靈寶市一帶），又改貶岳州。守：做州郡的長官。　巴陵郡：即岳州，今湖南岳陽市。宋代有的州還保留古代的郡名。

③ 明年：第二年，指慶曆五年。

④ 政通：指政事順利。　人和：指上下和諧。　百廢：指各種廢弛的事業。　具：通"俱"，皆，全。　興：興起。這是作者對同遭貶謫的朋友滕子京的肯定，但事實上有其美化、粉飾的一面。

⑤ 岳陽樓：本岳陽西門的城樓，面對洞庭湖。唐開元年間張説始建，歷代多次重修，爲江南三大名樓之一。　增：指擴大。　舊制：舊時的規模。

⑥ 屬（zhǔ）：囑托，這一意義一般寫作"囑"。　予：我。　之：它，指重修岳陽樓這件事。

予觀夫巴陵勝狀，在洞庭一湖①。銜遠山，吞長江②，浩浩湯湯，橫無際涯③；朝暉夕陰，氣象萬千④。此則岳陽樓之大觀也⑤。前人之述備矣⑥。然則北通巫峽，南極瀟湘⑦，遷客騷人⑧，多會於此，覽物之情，得無異乎⑨？

注　釋

① 夫：指示代詞，那個。　勝狀：優美的景象。　洞庭：洞庭湖，在湖南北部，洪水期面積三千九百多平方公里。南納湘、資、沅、澧四水，北納長江汛期洩入的洪水，是我國第二大淡水湖。

② 銜遠山：包含着遠處的山峯。　吞長江：咽下長江。洞庭湖在岳陽城陵磯通長江。這兩句是描寫洞庭湖的氣勢雄壯。

③ 浩浩湯湯（shāngshāng）：水勢浩大的樣子。　橫：廣闊。　際涯（yá）：邊際。

④ 朝暉：早晨日光照耀。　暉：陽光，這裏名詞用作動詞，陽光照耀。夕陰：傍晚天色昏暗。　氣象萬千：景象千變萬化。

⑤ 此：指上文所述。 則：乃，就是。 大觀：壯觀，雄偉的景象。

⑥ 前人：指上文所説的唐賢（孟浩然、李白、杜甫等都有詩描寫洞庭湖）及范仲淹以前的宋人。 備：詳盡。

⑦ 然則：一種凝固的連詞結構，“然”字緊承上文，有“如此”的意思，“則”字表示轉折，引出下文，有“那麽”的意思。 巫峽：長江三峽之一，在四川巫山縣東。 南極：向南一直到。 極：動詞，直到。 瀟湘：湘江發源於廣西，流入湖南後，在永州匯合瀟水，在衡陽匯合蒸水，北流入洞庭。瀟水是湘江上游最大的一條支流，兩水匯合後，又稱瀟湘。古詩文中多以瀟湘泛指湘江。

⑧ 遷客：降職到外地做官的人。 騷人：卽詩人。戰國時楚國的詩人屈原作《離騷》，後來因稱詩人爲騷人。

⑨ 覽物之情，得無異乎：觀看自然景物的心情，能够没有差别嗎？這是説能不因時間景物的不同而産生悲喜不同的感情嗎。 得無：能不，能够没有。

若夫霪雨霏霏，連月不開①，陰風怒號，濁浪排空②，日星隱耀，山岳潛形③，商旅不行，檣傾楫摧④，薄暮冥冥⑤，虎嘯猿啼；登斯樓也⑥，則有去國懷鄉，憂讒畏譏，滿目蕭然，感極而悲者矣⑦！

注 釋

① 若夫：連詞，用在一段的開頭，引起論述。 霪（yín）雨：連綿不斷下得過量的雨。 霏霏（fēifēi）：雨雪紛紛降落的樣子。 連月：接連幾個月。 開：開朗，指天氣放晴。

② 排空：衝擊天空。形容浪頭很高。 排：擊。

③ 太陽和星星隱没了光輝，山山嶺嶺潛藏起形狀。 耀：光輝。 岳：高大的山。

④ 檣（qiáng）：船的桅杆。 傾：倒。 楫（jí）：船槳。 摧：折斷。

⑤ 薄暮：傍晚。 薄：迫近。 冥冥：昏暗的樣子。

⑥ 斯：這個。 也：語氣詞，表提頓。

⑦ 去國：離開國都，指被貶官。 懷鄉：懷念家鄉。 憂讒（chán）：擔

心別人説壞話。指怕別人在皇帝面前再進讒言。　畏譏：懼怕譏諷。蕭然：蕭條淒涼的樣子。　感極：感慨到了極點。　者：被飾代詞，這裏是“……的情況”。“去國懷鄉……感極而悲”是它的修飾語。

至若春和景明，波瀾不驚①，上下天光，一碧萬頃②，沙鷗翔集，錦鱗游泳③，岸芷汀蘭，郁郁青青④；而或長煙一空，皓月千里⑤，浮光躍金⑥，靜影沉璧⑦，漁歌互答，此樂何極⑧！登斯樓也，則有心曠神怡，寵辱偕忘，把酒臨風，其喜洋洋者矣⑨。

注　釋

① 至若：連詞，略等於“至於”。　春和：春天和暖。　景明：陽光燦爛。景：日光。　驚：指波浪翻騰。

② 上面的天色和下面的湖光相連成一片碧緑，寬廣無邊。　萬頃：形容廣大，不是實數。　頃：一百畝。

③ 沙鷗：一種水鳥。　翔集：時而飛起，時而停息在一起。　集：鳥羣停息在一起。　錦鱗：指魚羣。魚鱗閃閃發光，因稱“錦鱗”。用鱗代魚，這是修辭上的借代用法。

④ 芷(zhǐ)：一種香草。　汀(tīng)：小洲。　郁郁：濃鬱，形容芳香。青青：青葱茂盛的樣子。

⑤ 或：或者，這裏和轉折連詞“而”連用，表示再寫一種景象。　長煙：彌漫空間很遠的煙霧。　一空：完全消散。　皓(hào)月：潔白的月光。

⑥ 浮光：浮動在水面的月光。　躍金：閃着金光。這句是形容月夜微風時的景象。

⑦ 靜影：指靜靜的月影。　沉璧：形容水中的月影像沉下的一塊白玉。璧：圓形的玉。這句是形容月夜無風時的景象。

⑧ 打漁人的歌聲互相唱和，這種快樂哪有窮盡呢？　互答：互相對答。何極：哪有窮盡。

⑨ 心曠:胸懷開朗。 神怡:精神愉快。 怡:快樂。 寵辱:等於説"榮辱"。 偕:一起,一同。 把酒:端着酒。 把:持,端。 臨風:對着風。 洋洋:形容高興的樣子。

嗟夫①!予嘗求古仁人之心②,或異二者之爲,何哉③?不以物喜,不以己悲④;居廟堂之高,則憂其民⑤,處江湖之遠,則憂其君⑥。是進亦憂,退亦憂⑦。然則何時而樂耶⑧?其必曰"先天下之憂而憂,後天下之樂而樂"乎⑨?噫⑩!微斯人,吾誰與歸⑪!

時六年九月十五日⑫。

注 釋

① 嗟(jiē)夫:感嘆詞。這裏是對上面兩種情況表示惋惜。

② 嘗:曾經。 求:探求。 仁人:作者心目中品德高尚的人。心:這裏指思想感情。

③ 或:副詞,或許。 二者:指上面所説的兩種不同的表現。 爲:這裏指心理活動。

④ 不因外界事物的影響而悲哀歡喜,也不因個人的處境好壞而歡喜悲哀。這是修辭上的一種互文見義的用法。 物:指外界事物。 己:自己,這裏指個人的遭遇。

⑤ 居廟堂之高:指在朝廷做高官。 廟堂:指朝廷。 高:指高的職位。

⑥ 處江湖之遠:指貶謫到邊遠地方做地方官或隱居不仕。 憂其君:爲他的國君擔憂,就是憂慮國君能否實行作者心目中的好的措施,君權是否鞏固。

⑦ 是:這,指上面"古仁人"的表現。 進:指進朝做官。 退:退處,指退處江湖,不做官。

⑧ 耶:表疑問語氣詞。相當於"呢"。

⑨ 大概一定會説,"在天下人憂愁之前就憂愁,在天下人快樂之後纔快樂"吧? 其:表揣測的語氣詞,略等於"大概","恐怕"。 先:動詞,

在……之前。　天下：指天下的人。　後：動詞，在……之後。

⑩ 噫（yī）：感嘆詞。表示嘆息。

⑪ 如果不是這樣的人，我和誰在一起呢？　微：非，不是，表假設的否定副詞。　誰與：與誰。疑問句中代詞賓語前置。　歸：歸從，匯聚在一起。

⑫ 時：這時，指寫這篇文章的時候。　六年：指慶曆六年，公元 1046 年。

大龍湫記　李孝光

【作者介紹】李孝光（公元 1285—1350 年），字季和，號五峯。温州樂清（今浙江樂清市）人，少博學，後隱居雁蕩山五峯下，遠來受學的人很多。元順帝至正三年（公元 1343 年）應詔入京任著作郎，官至文林郎、秘書監丞。李孝光以文章負名當世，他的文章取法秦漢，不追逐世俗。有《五峯集》二十卷。

【説明】雁蕩山在浙江省境内，分南雁、中雁、北雁。南雁在平陽縣，北雁在樂清市。李孝光隱居雁蕩山家鄉，有《雁山十記》，主要是寫北雁，本文就是“十記”中的一篇。作者通過兩次大龍湫的記遊，寫出了大瀑布的奇特景色。第一次是水大時，大龍湫聲勢奪人；第二次是水小時，寫了大龍湫“乍小乍大”的奇觀以及周圍的秀麗景色。

作者善於運用各種手法，從不同的角度來寫。既寫了大龍湫本身的壯觀，又通過遊人對大龍湫的感受來加以襯托，使人讀後有一種變幻奇特，美不勝收的感覺。

大德七年秋八月，予嘗從老先生來觀大龍湫①，苦雨積日夜。是日大風起西北,始見日出。湫水方大,入谷,未到五里餘,聞大聲轉出谷中,從者心掉[2]。望見西北立石,作人俯勢,又如大楹[3]。行過二百步,乃更作兩股相倚立[4]。更進百數步,又如樹大屏風[5]。而其顛谽谺,猶蟹兩螯[6],時一動摇,行者兀兀不可入[7]。轉緣南山趾,稍北,回視如樹圭[8]。又折而入東崦[9],則仰見大水從天上墮地,不掛著四壁,或盤桓久不下,忽迸落如震霆[10]。東巖趾,有諾詎那庵[11],相去五六步,山風横射,水飛著人。走入庵避,餘沫迸入屋猶如暴雨至。水下擣大潭,轟然萬人鼓也[12]。人相持語[13],但見口張,不聞作聲,則相顧大笑。先生曰:"壯哉!吾行天下,未見如此瀑布也。"是後,予一歲或一至。至,常以九月、十月,則皆水縮,不能如向所見[14]。

注　釋

① 大德七年:公元 1303 年。　大德:元成宗年號。　老先生:這篇文章最後説:"老先生謂南山公也。"南山公即泰不華,蒙古人,字兼善,初名達普化。父爲台州録事,家居台州。元英宗至治進士,授集賢修撰。官至禮部尚書,出爲台州路達魯花赤(元代官名,蒙語譯語,長官的意思),方國珍起兵,被殺。　大龍湫:又名大瀑布,在雁山西谷。

② 心掉:心驚的意思。　掉:顫動。

③ 楹(yíng):廳堂的前柱。

④ 股:大腿。

⑤ 樹:動詞,竪立。

⑥ 其顛:指立石的頂端。　谽谺(hānxiā):雙聲聯綿詞,山谷空闊的樣子。　螯(áo):節肢動物前面的一對鉗夾。

⑦ 兀兀(wùwù):停止不前的樣子。

⑧ 緣:沿着。　趾:指山脚。　樹圭:立珪。　圭:同"珪",上尖下方的

玉。

⑨ 東崦(yān):東山。

⑩ 盤桓:徘徊不進。這裏指水在原處迴蕩。　迸(bèng):噴發,噴射。震霆:霹靂。

⑪ 諾詎那庵:即羅漢庵。

⑫ 下:方位名詞用作狀語。　擣(dǎo):"搗"的古字,撞擊,衝擊。　鼓:動詞,擊鼓。

⑬ 相持語:相互握着手講話。

⑭ 如向所見:像舊時(指第一次)見到的。　向:往昔,舊時。

今年冬又大旱,客入,到庵外石矼上①,漸聞有水聲。乃緣石矼下,出亂石間,始見瀑布垂,勃勃如蒼煙,乍大乍小②。鳴漸壯急③。水落潭上窪石④,石被激射,反紅如丹砂⑤,石間無秋毫土氣⑥。産木宜瘠黑,反碧滑如翠羽凫毛⑦。潭中有斑魚廿餘頭,聞轉石聲,洋洋遠去⑧,閒暇回緩,如避世士然⑨,家僮方置大瓶石旁⑩,仰接瀑水,水忽舞向人,又益壯一倍,不可復得瓶,乃解衣脱帽著石上,相持扼掔⑪,欲争取之,因大呼笑。西南石壁上,黄猿數十,聞聲皆自驚擾,挽崖端偃木牽連下,窺人而啼⑫。縱觀久之,行出瑞鹿院前⑬,日已入。蒼林積葉,前行,人迷不得路,獨見明月宛宛如故人⑭。

老先生謂南山公也。

注　釋

① 石矼(gāng):石橋。

② 勃勃:旺盛的樣子。形容瀑布像煙雲一樣蒸騰有生氣。　蒼煙:青煙。瀑布不大,從下仰望,由於青天的襯托,所以像青煙。　乍(zhà):忽然。

③ 鳴：指瀑布聲。　壯急：形容水聲洪大急促。這句是寫觀瀑時人前進離瀑布更近的感受，不是瀑布本身的變化。

④ 窪(wā)：凹下。

⑤ 兩句是説石頭被水沖激，本應把顏色沖洗掉，却反而红得像朱砂一樣。

⑥ 這句是説石頭被沖洗得一點泥土也没有。

⑦ 産木：生長的樹木。　瘠：枯瘠。　翠羽：翠鳥的羽毛。　鳧(fú)：野鴨。這兩句是説瀑布下面生長的樹木本該是枯瘠的，却反而碧緑柔滑得像翠鳥和野鴨的羽毛。

⑧ 斑魚：鱗片有斑點的魚。　轉石聲：石頭轉動的聲音。　洋洋：舒緩的樣子。

⑨ 回緩：即廻環，往復循環。雙聲聯綿詞。　避世士：隱士。

⑩ 僮：僕人。

⑪ 扼擥(èwàn)：用手握腕，這裏指一人抓住另一人的手腕。　擥：同"腕"，手腕。

⑫ 偃(yǎn)木：横倒的樹木。　牽連：互相拉着。　窺(kuī)：暗中偷看。啼：叫。

⑬ 縱觀：放眼遠望。

⑭ 宛宛：柔順依戀的樣子。

遊天都　　徐宏祖

【作者介紹】徐宏祖(公元1586—1641年)，字振元，别號霞客，江陰(今江蘇江陰市)人，是明代著名的地理學家和遊記文作家。

徐宏祖生於明末，自幼好讀有關山水地理的圖誌書籍，從二十二歲起，他用畢生精力對祖國的許多名山大川進行實地考察和研究，足迹遍於華東、華北和東南沿海。尤其是五十一歲以後，還以驚人的毅力，經浙江、江西、湖南，遠走廣西、貴州、雲南，歷盡辛苦，依靠勞動人民的幫助，用了四年時間，對我國西南地區的石灰巖地貌的分布和差異及其成因，進行了一次大規模的科學考察，並做了詳細的記述，成爲中外地理學史上第一個系統地研究石灰巖地貌的人。

徐宏祖在三十多年的艱苦旅遊生活中，堅持每天寫日記，對當天觀察到的自然地貌、水文、地質、植物等都做詳細的科學記録，打破舊日地理圖誌輾轉抄襲的舊習，開闢了地理學上系統考察和描述自然的新方向。這些日記體裁的遊記，是我國科學史上保存下來的最早的完整的野外工作日記，是世界地理學史上十分珍貴的文獻。作者飽含着熱愛祖國壯麗河山的激情，以清新生動的文筆，再現了祖國河山的瑰麗多姿，使遊記中的不少篇章成爲很好的文學作品。可惜，這些遊記在作者生前並未編印成書，現在傳世的四十多萬字的《徐霞客遊記》，只保存了部分遺稿。

【説明】本文節選自《徐霞客遊記》中的《遊黄山日記（後）》，題目是編者加的。作者在不到三年的時間裏，曾兩次遊黄山，都寫有日記。這是後一次所寫日記中的一部分。天都是黄山（在今安徽南部黄山市北面）三十六峯之一，比主峯蓮花峯（海拔一千八百六十米）略低，却遠比蓮花峯險峻。黄山風景雄偉秀麗，以雲海、奇松、怪石和温泉著名。作者在本文中真實而生動地記述了天都的石峯、霧海和松柏的瑰異景色，同時也表現了作者熱愛祖國河山、不畏險阻、勇攀險峯的精神。

初四日①。十五里，至湯口②。五里，至湯寺③，浴於湯池④。扶杖望硃砂庵而登⑤，十里，上黄泥岡。向時雲裹諸峯⑥，漸漸透出，亦漸漸落吾杖底。轉入石門⑦，越天都之脇而下[⑧]，則天都、蓮花二頂，俱秀出天半[⑨]。路旁一歧東上，乃昔所未至者[⑩]，遂前趨直上，幾達天都側[⑪]。復北上，行石罅中[⑫]，石峯片片夾起[⑬]，路宛轉石間[⑭]，塞者鑿之，陡者級之，斷者架木通之，懸者植梯接之[⑮]。下瞰峭壑陰森，楓松相間[⑯]，五色紛披，燦若圖繡[⑰]。因念黄山當生平奇覽[⑱]，而有奇若此，前未一探，兹遊快且愧矣[⑲]！

注　釋

① 初四日：指明萬曆四十六年（公元 1618 年）九月初四日。

② 湯口：黄山脚下一小鎮名，因"香溪温泉諸水所由出"而得名（據《遊黄山日記》）。

③ 湯寺：本名祥符寺，與湯泉隔溪，因而又名湯寺。

④ 湯池：即湯泉，在黄山南麓。

⑤ 硃砂庵：慈光寺的舊名，在硃砂峯下。

⑥ 向時：原來。　向：從前。　雲裹諸峯：隱没在雲霧中的各個山峯。

⑦ 石門：峯名。

⑧ 脇：從腋下到腰上的部分，這裏指山腰。

⑨ 蓮花：黄山的主峯。　秀出：特異出衆。　天半：半空。

⑩ 歧：岔路。　昔所未至：萬曆四十四年（公元 1616 年）二月，作者第一次遊黄山時，大雪封山，陰雨連天，因此天都等許多地方都没有能上去。

⑪ 幾（jī）：將近，差不多。

⑫ 罅（xià）：縫隙。

⑬ 石峯片片夾起：黄山由中生代巨大花崗巖侵入體構成。花崗巖富於節理，受侵蝕後，造成了各種奇峯。在垂直節理發育地帶，巖石分裂成片。　夾起：對峙而起。

⑭ 宛轉：彎彎曲曲的樣子。

⑮ 四句描述山路宛轉於石罅間的情形。　大意是：遇到石頭堵塞道路的地方就鑿通它，遇到陡壁就在它上面鑿出石階，遇到因巨石不相

連而路斷的地方就架設木橋連通它，遇到有懸崖的地方就立起梯子接通它。　級：台階，用作動詞，指在陡壁上鑿出石階。　植：樹起，立起。

⑯ 瞰(kàn)：俯視，從上往下看。　峭壑(hè)：陡而深的峽谷。　間(jiàn)：間隔，這裏指紅楓與蒼松雜處在一起。

⑰ 紛披：聯綿詞。紛繁的樣子。　燦：光彩鮮明。　圖繡：圖畫和刺繡。

⑱ 生平奇覽：一生中罕見的雄偉壯麗的景象。　覽：看，用作名詞，指看到的景象。

⑲ 奇：指奇異的景象。　前未一探：上次沒有探訪一下。　快且愧：快慰同時又感到慚愧。

時夫僕俱阻險行後，余亦停弗上①。乃一路奇景②，不覺引余獨往。既登峯頭，一庵翼然，爲文殊院③，亦余昔年欲登未登者。左天都，右蓮花，背倚玉屏風④，兩峯秀色，俱可手攀⑤。四顧奇峯錯列，衆壑縱横，真黄山絶勝處⑥。非再至⑦，焉知其奇若此？遇遊僧澄源至，興甚勇⑧。時已過午，奴輩適至⑨。立庵前，指點兩峯⑩。庵僧謂："天都雖近而無路，蓮花可登而路遥。祇宜近盼天都⑪，明日登蓮頂。"余不從，決意遊天都。

注　釋

① 夫僕：夫役和僕人。"夫"今又寫作"伕"。　阻險行後：被危險的山路所阻而走在後頭。　阻險：即"阻於險"。"險"作"阻"的補語。　弗：不。

② 乃：副詞，只是，表示輕微的轉折。

③ 翼然：形容屋頂四角翹起，像鳥兒張開翅膀一樣。　文殊院：寺名，位於天都、蓮花兩峯之間。

④ 文殊院的東邊是天都峯，西邊是蓮花峯，背後靠着玉屏風。　左：指

東邊。右:指西邊。 倚:靠着。 玉屏風:峯名。

⑤ 秀色:秀麗的景色。 手擥(lǎn):用手採取。形容天都、蓮花距離很近,秀麗景色盡入眼底。 擥:同"攬"。

⑥ 錯列:參差錯雜地排列。 絶勝處:極優美的地方。

⑦ 再:第二次。

⑧ 遊僧:雲遊四方的和尚。 澄源:和尚名。 興:興致,興頭。 勇:强烈、濃厚的意思。

⑨ 適至:剛好來到。

⑩ 指點:品評,議論。

⑪ 盼:看。

挾澄源、奴子仍下峽路①,至天都側,從流石蛇行而上②,攀草牽棘③,石塊叢起則歷塊,石崖側削則援崖④,每至手足無可着處,澄源必先登垂接⑤。每念上既如此,下何以堪⑥?終亦不顧,歷險數次,遂達峯頂。惟一石頂壁起猶數十丈⑦,澄源尋視其側,得級,挾予以登⑧。萬峯無不下伏,獨蓮花與抗耳⑨。時濃霧半作半止⑩,每一陣至,則對面不見。眺蓮花諸峯,多在霧中。獨上天都,予至其前,則霧徙於後⑪,予越其右,則霧出於左。其松猶有曲挺縱横者⑫,柏雖大幹如臂,無不平貼石上,如苔蘚然⑬。山高風鉅⑭,霧氣去來無定。下盼諸峯,時出爲碧嶠⑮,時没爲銀海⑯;再眺山下,則日光晶晶,别一區宇也⑰。日漸暮,遂前其足⑱,手向後據地,坐而下脱⑲;至險絶處,澄源併肩手相接⑳。度險,下至山坳,暝色已合㉑。復從峽度棧以上,止文殊院㉒。

注 釋

① 挾:攜同。 奴子:僮僕。 仍下峽路:重新下到那條宛轉石間的峽

谷小路。

② 流石:指光滑的石壁。 蛇行:在石壁上攀登,像蛇伏地而行。 蛇:名詞用作狀語。

③ 棘:荆棘。

④ 遇到大石林立的地方就越過石塊,遇到石崖像用刀側削過的險峻之處就攀援石崖。 歷:越過。 援:以手牽引身體而上。

⑤ 着處:接觸的地方,指手攀脚登的地方。 垂接:指在高處垂下手援接下面的人。

⑥ 堪:禁得起,受得了。

⑦ 壁起:像牆壁一樣直立起來。 壁:名詞用作狀語。

⑧ 挾予以登:拉着我登了上去。 以:相當於"而"。

⑨ 抗:抗衡,不相上下。

⑩ 作:起,這裏指濃霧浮動。

⑪ 獨上天都:唯獨上天都峯的時候。 其:指天都峯。 徙(xǐ):移動。

⑫ 曲挺縱横:盤曲、挺拔,枝幹縱横。

⑬ 如苔蘚然:像苔蘚一樣,形容柏樹貼附在山石上的樣子。

⑭ 鉅:同"巨"。

⑮ 碧嶠(qiáo):青玉般的山峯。形容陡峭的山峯在日光雲色的輝映下,猶如碧玉。 嶠:尖而高的山。

⑯ 銀海:形容白霧彌漫,猶如銀海。

⑰ 晶晶:明亮的樣子。 區宇:區域、境界。

⑱ 前其足:把脚朝前伸去。 前:方位名詞用作使動,使〔其足〕向前。其:指示代詞,那,那個。

⑲ 坐而下脱:坐在地上往下蹭。

⑳ 到了最危險的地方,澄源又是用肩又是用手來承接。 併:一起。相(xiāng):副詞,表示一方對另一方的動作。這裏没有"相互"的意思。

㉑ 度:過,越過,通過。 暝(míng)色:夜色。 暝:天黑。 已合:形容夜幕降臨,好像是從四面合攏來。

㉒ 棧(zhàn):棧道。在懸崖峭壁上,鑿孔架木,鋪板而成的道路。 止:止宿。

傳是樓記

汪琬

【作者介紹】汪琬(公元1624—1691年),字苕文,號鈍庵,晚年居住太湖堯峯山,世稱堯峯先生。長洲(今江蘇蘇州市)人。順治十二年(公元1655年)中進士,曾任户部主事、刑部郎中等官。康熙十八年(公元1679年)舉博學鴻詞科,授翰林院編修,纂修《明史》。他通經學,善古文;爲文崇尚唐宋,主張學習韓愈、歐陽修,要求明於辭義,合乎經旨。有《鈍翁類鈔》、《堯峯文鈔》等。

【説明】這是徐乾學請汪琬爲他的藏書樓寫的一篇記敍文。文中首先簡要地介紹了藏書樓的情況,然後着重論述藏書的意義。藏書的意義是分兩層寫的:第一層寫徐乾學提出了對子孫以傳書爲貴;第二層寫作者的看法。他認爲守書比藏書難,讀書又比守書難,最難的是能够從書中取立身處世之道,並身體力行。然後贊揚了徐乾學能運用從書中得到的知識來行事處世。

文章説理嚴密自然,層層深入,語言簡練確切。

崑山徐健菴先生築樓於所居之後,凡七楹①。間命工斲木爲橱②,貯書若干萬卷。區爲經史子集四種③。經則傳注義疏之書附焉,史則日録家乘山經墬史之書附焉④,子則附以卜筮醫藥之書,集則附以樂府詩餘之書⑤。凡爲橱者七十有二,部居類彙,各以其次⑥。素標緗帙,啟鑰爛然⑦。

注　釋

① 崑山:又作"昆山",今江蘇昆山市。古人稱人或自稱多冠以籍貫。徐健菴(公元1631—1694年),名乾學,字原一,號健菴。康熙九年(公元1670年)進士,授編修。曾任内閣學士,刑部尚書等職。奉命編纂《大清一統志》、《大清會典》及《明史》。編有《通志堂經解》、《讀禮通考》。康熙二十九年(公元1690年)告老還鄉,藏書很多,有《傳是樓書目》、《澹園集》。　七楹(yíng):横排的房子七間。　楹:廳堂前的柱子,引申爲房屋一間。

② 間(jiàn):隔些時候。　斵(zhuó):砍、削。

③ 分成經部、史部、子部、集部四類。這是古代常用的圖書分類法,稱做四部或四庫。

④ 傳注義疏:漢以前對儒家經書的訓釋叫傳。東漢以後,把古書的訓釋通稱爲注。義,即正義;疏,即注疏。義和疏是既解經文,又解傳注的。　附焉:附在經書的後面。　日録:按日記事的書,如日記、起居注之類。　家乘(shèng):家史,指譜牒之類。春秋時晉國史書名乘,後稱史籍爲史乘。　山經:記録山脈河流的地理書。　壄(yě)史:私家編撰的史書,也稱稗史。　壄:亦作"埜",同"野"。

⑤ 卜筮(shì):占卜。用龜甲稱卜,用蓍草稱筮。　樂府:本指漢代的音樂官署。後來指樂府官署採集創作的詩歌,也用來稱漢魏以來可以入樂的詩歌及後人仿效樂府古題的作品。　詩餘:詞的别稱。

⑥ 部居類彙:同門類放在一起,"部"、"類"都是名詞用作狀語。　部居:按部歸類。　各以其次:各種書都按次序排列。

⑦ 素標:白色的標誌。　緗帙(zhì):淡黄色的書套。　緗:淡黄色。　啟鑰(yuè):指打開書橱。　鑰:門鎖。　爛然:光彩奪目。

於是先生召諸子登斯樓而詔之曰①:"吾何以傳女曹哉②?吾徐先世,故以清白起家③,吾耳目濡染舊矣④。蓋嘗慨夫爲人之父祖者,每欲傳其土田貨財,而子孫未必能世富也⑤;欲傳其金玉珍翫鼎彝尊斝之物,而又未必能世寶也[⑥]；欲傳其園池臺榭舞歌輿馬之具[⑦]，而又未必能世享其娱樂也。吾方以此爲鑑[⑧]。然則吾何以傳女曹哉？"因指書而欣然笑曰："所傳者惟是矣。"[⑨]遂名其樓爲"傳是"，而問記於琬[⑩]。

注　釋

① 斯樓：這座樓。即所建造的藏書樓。　詔：告。

② 女(rǔ)曹：你們這輩人。　女：你，你們。　曹：輩。

③ 吾徐先世：我們徐家的前代。　故：本來。　清白：封建社會未從事倡優、皂隸、奴等所謂卑賤職業的，稱爲身家清白。　起家：興家立業。

④ 耳目濡染：所聞所見。也作"耳濡目染"。　濡(rú)：浸濕。　舊：久。

⑤ 慨：感慨。　夫：遠指代詞，那。　貨財：財物。　世富：世世代代富足。

⑥ 珍甀：珍貴的觀賞物品。　鼎彝(yí)尊斝(jiǎ)：古代四種貴重的器物。"鼎"是煮東西的，"彝"是泛指祭器；"尊""斝"都是盛酒的，形制不同。這裏泛指古文物。　世寶：世世代代寶藏。寶：用作動詞，珍藏的意思。

⑦ 臺榭(xiè)：在地上建築的高而平的建築叫臺，在臺上蓋的房屋稱榭。輿：車。　具：用具。

⑧ 鑑：戒鑑。

⑨ 惟是：只有這些。　是：指書。

⑩ 問記：求作記。　琬：汪琬，本文作者自稱其名。

琬衰病不及爲，則先生屢書督之[①]。最後復於先生曰：甚矣書之多戹也[②]！由漢氏以來，人主往往重官賞以購之[③]，其下名公貴卿又往往厚金帛以易之[④]，或親操翰墨及分命筆吏以繕録之[⑤]，然且裒聚未幾而輒至於散佚[⑥]，以是知藏書之難也。琬顧謂藏之之難不若守之之難[7]，守之之難不若讀之之難，尤不若躬體而心得之之難[8]。是故藏而弗守，猶勿藏也；守而弗讀，猶勿守也。夫既已讀之矣，而或口與躬違，心與迹忤[9]，采其華而忘其實，是則呻佔記誦之學[10]，所爲譁衆而竊名者也，與弗讀奚以異哉[11]？古之善讀書者，始乎博，終乎約[12]。博之而非誇多鬭靡也，約之而非保殘安陋也[13]。善讀書者，根柢於性命而究極於事功[14]。沿流以溯源，無不探也[15]；明體以適用，無不達也[16]。尊所聞，行所知，非善讀者而能如是乎？

注　釋

① 不及爲：没有來得及作。　屢書：屢次寫信。　督之：督促這件事情。之：指寫《傳是樓記》這件事。

② 甚矣書之多戹(è)：太多了，書的災難！這是一個倒裝句，"書之多戹"是主語，"甚矣"是謂語。　戹：災難。

③ 漢氏：漢朝。舊時可以在國名、朝代名後面加"氏"字來稱呼。　人主：皇帝。　重官賞：加重公家的賞賜。　購：懸賞徵求。

④ 厚：優厚，用作使動。　金帛：錢物。　帛：絲織品的總稱。　易：交换。

⑤ 操翰墨：拿着筆墨。　翰：毛筆。　筆吏：抄寫文字的小吏。　繕録：抄寫。

⑥ 裒(póu)：聚集。　輒(zhé)：副詞，就。

⑦ 顧：副詞，却。

⑧ 躬體：親身實踐。　心得之：心裏領會它。　之：指書中的義理(思想内容)。

⑨ 口與躬違：口頭上贊許，而自身做起來却違背。　與：贊許。　心與迹忤(wǔ)：心裏贊同，而行動上却抵觸。　忤：抵觸。

⑩ 華：花，指文章的辭藻。　實：果實，指文章的内容。　呻佔(zhān)：誦讀。《禮記·學記》："今之教者，呻其佔畢(簡册，"佔畢"連文，指

讀書吟誦)”。 佔:通“笘”,簡册之類。

⑪ 所爲:所謂。 譁衆:即“譁衆取寵”,用浮誇的言辭博取衆人的喜歡。 竊名:盜取名聲。 奚以:“憑什麽”、“有什麽”的意思。 以:介詞。 奚:何,介詞賓語,置於介詞前。

⑫ 始乎博:開始時博覽羣書。 乎:介詞,於。 終乎約:最後專一而精當。 約:簡要。

⑬ 博之:使讀書治學廣博。 博:使動用法。 之:指讀書治學。 鬭靡(mí):比賽奢靡。 安陋:安於淺薄,即不求深入理解。

⑭ 善讀書的人,把修養品德作爲根本,把建功立業作爲追求的目的。 根柢(dǐ):樹根,用作動詞,作爲根本。 性命:上天賦予人的本質。《周易·乾卦》:“乾道變化,各正性命。” 疏:“性者天生之質,若剛柔遲速之别;命者人所禀受,若貴賤夭壽之屬是也。”這裏指個人品德修養。 究極:動詞,窮極,追求。 事功:功業。

⑮ 沿着水流,追尋到源頭,没有不探求的。這句是説讀書治學要探本求源。 溯:逆水而上。

⑯ 明白了事物的根本,而適合於事物的功用,没有什麽做不到的。 體:古代哲學名詞,指事物的本體(如物質、心靈),與“用”相對。 用:古代哲學名詞,指事物的外在表現(如運動、思考),與“體”相對。

今健菴先生既出其所得於書者[①],上爲天子之所器重,次爲中朝士大夫之所矜式[②],藉是以潤色大業,對揚休命有餘矣[③]。而又推之以訓敕其子姓,俾後先躋巍科,取膴仕,翕然有名於當世[④]。琬然後喟焉太息,以爲讀書之益弘矣哉[⑤]! 循是道也,雖傳諸子孫世世,何不可之有[⑥]?

注 釋

① 出:指拿出來使用。 所得於書者:從書中得到的知識學問。

② 器重:指徐乾學做了内閣學士、刑部尚書等官,並奉命編纂《大清會典》、《明史》等書。 中朝:朝中。 矜(jīn)式:尊重效法。兩句是説

徐乾學既被皇帝重用,又被朝中官吏們尊重效法。

③ 藉(jiè):借。　潤色大業:建立大功業。　潤色:修飾。　大業:大功業。　對揚休命:對答宣揚皇帝的美好命令。　對:答。　休:美善。《尚書·説命下》:"敢對揚天子之休命。"

④ 敕(chì):也作"勅",告誡。　子姓:子孫。　俾(bǐ):使。　躋(jī)巍科:登高第的意思。　躋:登、升。　巍科:科舉考試,排在榜上前面的叫巍科。這裏指徐乾學的兩個弟弟元文、秉義先後考中狀元、探花。　取膴(wǔ)仕:獲得高官厚禄。　膴:美、厚。如徐元文官内閣學士、左都御史等,徐秉義官編修、右中允等。　翕(xī)然:一同。翕:合。

⑤ 喟(kuì)焉:嘆氣的樣子。　太息:長嘆。　弘:大。

⑥ 何不可之有:等於説"有何不可"。"何不可"是賓語,"之"是代詞,複指動詞前面的賓語。

若琬則無以與於此矣。居平質駑才下,患於有書而不能讀[1];延及暮年,則又跧伏窮山僻壤之中[2],耳目固陋,舊學消亡[3]。蓋本不足以記斯樓。不得已,勉承先生之命,姑爲一言復之[4],先生亦恕其老誖否耶[5]?

注　釋

① 居平:平時,指少壯之時。　質駑(nú):資質低下。　駑:本義是能力低下的馬,引申指能力低下。　患於有書而不能讀:擔心有書卻讀得不多和讀書不得法的意思。

② 跧(quán)伏:蜷伏,指隱居不出。

③ 耳目固陋:見識鄙陋。　舊學:往日所學的知識。

④ 姑:副詞,姑且,暫且。　爲一言:説一番話。

⑤ 恕:寬恕,原諒。　老誖(bèi):也作"老悖",年老昏惑。《戰國策·楚策四》:"先生老悖乎?"

古代漢語常識

（一）怎樣查字典辭書

字典、辭書是每一個學習、研究語言的人都必須利用的工具。初學古代漢語的人，因爲經常會碰到一些難懂的字、詞、成語、典故，所以就更有必要查閱字典和辭書一類的工具書。這裏，我們按查檢字音和字義、查檢詞語和典故、查檢虛詞和特殊词語等三方面，介紹一些學習古代漢語常用的字典、辭書以及虛詞等方面的著作，主要是爲了幫助初學者解決一個查檢方法問題，並不是要對這些工具書的内容進行全面的評價。

一、查檢字音和字義

遇到不認識的字，不了解它的讀音和意義，這就需要查字典。但一部字典裏收有成千上萬的字，我們怎樣才能找到被查的字所在之處呢？這就是懂得字典排列漢字的方法。目前漢語字典排列漢字的方法主要有三種：

1. 按音序排列。現在通行的是按照漢語拼音字母次序排列，只要學會漢語拼音方案，就能很快查出所要查的字。漢語拼音方案公布之前，有的字（詞）典按照注音字母ㄅㄆㄇㄈ的順序排列。

在古代,也有按平上去入四聲、一百零六韻排列的,這是早期的音序排列法。

2. 按部首和筆畫排列。這就是所謂的部首檢字法。把同一部首的字歸爲一類,部首的先後以筆畫的多少而定,同部首的字也以筆畫爲序。例如,"口"部是三畫,排在"木"部(四畫)之前;同在"口"部,"吹"字四畫(部首筆畫不算),排在"味"字五畫之前。

3. 按號碼排列。通行的是四角號碼檢字法。漢字一般是方形,都有四個角,角的形式分爲十種,用0至9十個號碼來代表。四角的順序是先左上角,次右上角,再次是左下角,最後是右下角,每字得四碼,如:

左上角　　右上角
＼　／
濟
／　＼
左下角　　右下角

"、"的代號是3,"亠"的代號是0,"㇀"的代號是1,"丨"的代號是2,"濟"的號碼就是3012。

以上三種漢字排列法各有利弊。音序排列查字迅速方便。但查字的人如果是爲了查讀音,既然不明該字的讀音,又怎麼知道被查的字排列在什麼地方呢?有些方言區的人,讀音不標準,也往往很難查到要查的字。部首排列和號碼排列不存在上述的缺點。但有的字究竟歸於哪一部首,不易確定。漢字簡化後,筆畫變化很大,其中有些字的歸類還沒有一致的意見。如"电",未簡化之前寫作"電",它的部首很明確,在"雨"部。簡化以後,《新華字典》歸"乙"部,新版的《辭海》歸"曰"部,《現代漢語詞典》則認爲歸"田"部。此外,有些舊的部首删掉了,如"干"、"首"、"齊"等;有些部首分化了,如"氵"從原來"水"部分出,"忄"從原來"心"部分出。這些變化都需要掌握。號碼排列也有些問題,有些角的歸類只能憑死記，如不常用，容易忘記。隨着簡化字形的變化，字的號碼也隨着有了變化，如繁體“語”是0166，簡化後的“語”則變爲3176。今後，漢字如果再有變化，部首排列和號碼排列的方法也必然要產生相應的變化，不可能一成不變。因此，在使用一部字典時，對它所收的漢字是繁體還是簡體，它的排列法有什麼特點，應有所了解。

《新華字典》 是目前最常見的字典。它收字（包括繁體字、異體字）在一萬個以上。它雖不是專爲閱讀古書編寫的，但也適當地收了一些古書中的常用字，如：

畀 bì：給與。　　瘳 chōu：①病癒。②損害。

罟 gǔ：〈古〉捕魚的網。　　彘 zhì：〈古〉猪。

在有些字的義項中也收了一些古代的用法，如：

走：⑥古代指跑。　　爵：①古代的酒器。

乃：①你，你的。　　說：㊂yuè 古代同“悦”字。

此外，還收了少數古漢語中特有的雙音詞，如：

囹圄 língyǔ：古代稱監獄。

帡幪 píngméng：古代稱覆蓋用的東西，指帳幕等。

《新華字典》釋義用現代漢語，注音也準確，對我們學習古漢語有一定的用處。例如，本書所選《觸龍説趙太后》一文，其中“質、徐、謝、竊、恃、殊、嗜、息、膏、腴”等字，都可以在《新華字典》中找到和原文意思基本相當的釋義。當然，《新華字典》畢竟是一部現代漢語字典，所收古字和古義是很有限的，不可能滿足我們學習古代漢語的需要，因此，還有必要查閱其他的字典。

《現代漢語詞典》 是一部記録普通話語彙的中型詞典，它反映了解放後現代漢語詞彙研究的成果，雖然同《新華字典》一樣，不是專爲閱讀古書編寫的，但它對所收的一萬多單字，注音比較準確，釋義比較精當，並收了一些古字古義，對初學古漢語的讀者，是很有幫助的。

《康熙字典》 成書於清代康熙五十五年(公元1716年),共收字四萬七千多個,一般字典上查不到的字,在它上面可以查到。

這本字典按部首排列,全書共分二百一十四個部首,這些部首又以筆畫爲序,分别歸入用十二地支標分的十二集中,每集又分上中下三卷。它釋字的體例,也是先注音,後釋義,各義之下一般引古書爲證,如:

籌 〔廣韻〕直由切〔集韻〕〔韻會〕陳留切〔正韻〕除留切並音儔籌算也〔儀禮鄉射禮〕箭籌八十〔註〕籌算也 又壺矢〔禮投壺〕籌室中五扶堂上七扶庭中九扶〔註〕籌矢也 又籌策〔史記高祖紀〕運籌帷幄之中 又〔集韻〕徒刀切音陶〔揚子方言〕戴也 又叶音除〔蔡洪圍棋賦〕攄妙思奮元籌飾服色玩騂駒

這個“籌”字用了三種注音法:(1)反切法,(2)直音法,(3)叶(xié)音法。

反切法是用兩個漢字合注一個漢字的音,上字取聲母,下字取韻母和聲調,合成被注字的音。如“毛,莫袍切”。“莫”的聲母 m 和“袍”的韻母、聲調 áo,合起來是 máo,正是“毛”字的讀音。在多數情況下,古代的反切和現在的讀音是一致的,只要我們掌握反切的基本用法,就能切出現在的讀音來。但由於古今語音的變化,有的反切已經切不出來現在的讀音了。如“籌”字的三個切音都有點問題。“直由切”的“直”,現在聲母是 zh,與“籌”的聲母 ch 不同。“陳留切”、“除留切”的“陳”“除”是已經改進了的反切上字,可以切出 ch 的讀音來,但反切下字“留”的韻母是 iou,在現代漢語中,ch 的後面是不能有 i 的,處理的辦法就是將 i 去掉,那麽,“陳留切”、“除留切”就能切出“籌”的讀音,其公式是 ch+(i)óu=chóu。“直”字爲什麽作爲“籌”的反切上字,而又切不出 ch 來呢?原來“直”、“籌”、“陳”、“除”在中古都是全濁聲母。“直”是入聲字,今讀不送氣聲母,後三字古平聲,今讀送氣聲母。這就是説必須掌握古今語音的演變情況及對應關係,才能對這些現象進行解釋,切出讀音。這種複雜情况,是初學者無法解决的。因此,除非遇到其他字典都查不到的生僻字,一般不要用《康熙字典》的反切來確定字的讀音。

直音法是用同音字來注音。"籌"下注"並音儔",就是指所引各韻書"籌"都與"儔"同音。直音法不如反切科學,有時找不到同音字,有時注音的字比被注的字還難認,這就失去了注音的作用。如"西,音粞","是,音姼",都不好認。

叶音法是一種應當否定的注音法。它認爲爲了押韻可以臨時改變讀音,這完全是主觀主義的産物。如"籌叶音除"就没有根據。事實上,明人陳第、清初顧炎武就已經批判了叶音法,《康熙字典》仍然引用,是錯誤的。

在釋義方面,《康熙字典》所做的工作主要是羅列舊説,排列古注,分别義項,引例爲證。如"籌"字列了四個義項:第一、二義項都有引文,有前人的注釋;義項三有引文,無舊注;義項四引證錯誤。《方言》卷十二:"燾,戴也。"戴震案:"燾,亦作幬,……或作熹。"所以讀爲"徒刀切"(tāo)。而《方言》有的版本把"燾"錯成了"籌",《康熙字典》也沿襲了這個錯誤。這就告訴我們,在利用這部字典時,一定要核對原文,不能以訛傳訛。清道光年間王引之曾作《字典考證》一書,指出它的錯誤有二千五百八十多條,很少涉及音讀的正誤;而《康熙字典》的注音也錯誤極多,王力先生著有《康熙字典音讀訂誤》。這兩本書是我們查閲《康熙字典》時的重要參考著作。

《漢語大字典》 是 20 世纪 80 年代才成書出版的一部大型字典,是目前收字最多的字典,在五萬六千個左右。在字形方面,它收列了能够反映形體演變關係的、有代表性的甲骨文、金文、小篆和隸書的形體;在字音方面,首先是用拼音字母盡可能注出所收字的現代讀音,然後收列它的中古反切,并標注它的音韻地位和上古所屬的韻部。它是查考漢字字形、字音和字義的大型工具書。可惜這部字典在釋義方面過於求細,忽視詞義的概括性,加以書成衆手，難免出現義項分合不當，釋義不確和古音標注失誤的情況。

《王力古漢語字典》是2000年才出版的一部中型古漢語字典。它特別重視詞義的概括性、系統性和時代性，專設有同義詞辨析、同源詞探討和聯綿詞闡釋等内容；它對閱讀古籍和提高古書閱讀能力是有幫助的。可惜成書匆促，未能達到主編原來的願望，有待未來修補。查考漢字上古音、中古音的專書還有郭錫良的《漢字古音手册》（增訂本）。

二、查檢詞語和典故

古代漢語有很多複音詞，我國豐富悠久的文化又給我們留下大量成語典故。這些古代詞語和典故不但在古文中出現，其中一部分直至今天還使用。查檢這些古代詞語和典故，最常用的是《辭源》和《辭海》。兩書除一般多音詞和詞組外，還包括人名、地名、成語、典故、社會科學和自然科學的用語以及翻譯名詞等。

《辭源》 出版於1915年（續編出版於1931年）。

《辭海》 出版於1936年。

兩書編輯體例大致相同，都是用的部首排列法，跟《康熙字典》一樣，分爲二百一十四個部首。先解釋單字的字義，其次再解釋複音詞或詞組的意義和用法。複音詞和成語典故等收在該詞語典故的第一字下面，按字數多少和第二、三字的筆畫數目分列先後。例如，要查成語“一鼓作氣”的意義和出處，就要先查“一”字，在“一”字下所收的四個字的詞語中按第二字“鼓”和第三字“作”的筆畫數目找到這個成語：

《辭源》〔一鼓作氣〕《左傳》“夫戰。勇氣也。一鼓作氣。再而衰。三而竭。”言鼓聲初起之時。戰士之勇氣。皆爲之奮作也。今喻人作事。宜乘初起之精神。恒用此語。

《辭海》〔一鼓作氣〕《左傳莊十年》："夫戰，勇氣也，一鼓作氣，再而衰，三而竭。彼竭我盈故克之。"按此爲魯曹劌對莊公語，今每用爲開始作事情精神興奮之喻。

由上例可以看出，兩書都用文言釋義，很不通俗。引用例句則盡可能以最初見於何書爲標準，卽所謂詞語典故的"出處"。《辭海》比《辭源》晚出版約二十年，無論引證出處，釋義，標點，都比《辭源》有很大改進。它引書注出篇名，這就便於查對。釋義也比《辭源》準確簡練，標點也不像《辭源》那樣一律用圈斷句。

雖然《辭海》比《辭源》有進步，但兩書所收詞條並不完全一致，例如《辭源》"仰"字下所收"仰仗、仰成、仰食、仰塵、仰攀"等，《辭海》都没有收。同樣，《辭海》也有一些詞條，《辭源》没有收，兩書可以互相取長補短。

由於編輯時代的關係，這兩部辭書的内容都比較陳舊、龐雜。有一些内容如自然科學和翻譯名詞等都已是幾十年前的用語，有的今天已完全不能適用。至於社會科學名詞和人名，不僅有些觀點欠妥，就是在釋義和引文方面也有不少科學性或技術性的錯誤。如《辭源》沿《康熙字典》之誤，在"舍"字下注的"師行一宿爲舍，或謂三十里爲一舍"，這本是兩個義項，不應合在一起。《辭海》在"低眉折腰"下注："杜甫詩：'安能低眉折腰事權貴'"。這裏，把李白誤成杜甫，把"摧眉"誤爲"低眉"。因此，使用這兩部辭書時，也要取分析批判態度。

1958 年，在國家的統一規劃下，開始對舊《辭源》和舊《辭海》進行修訂，使這兩部書各有分工，成爲性質不同的兩部工具書。《辭海》仍舊是綜合性辭書，包括成語、典故、人名、地名以及各門學科的名詞術語等等；《辭源》修訂爲閲讀古籍用的工具書和古典文史研究工作者的參考書。修訂後的《辭海》(未定稿)於 1965 年出版；修訂後的《辭源》分爲四册，第一册於 1964 年出版。1972 年以後，先後又組織人力對《辭海》(未定稿)和《辭源》(修訂稿)第一册做進一步修訂，於 1979 年出版了《辭海》(修訂稿)和《辭源》(修訂本)第一册。《辭源》(修訂本)第二、三、四册也陸續在 1980 年、1981 年、1983 年出版。這兩部辭書經過反復修訂以後，在收詞、注音、釋義和體例各個方面，都以嶄新的面貌出現，使我國工具書的編寫工作向前邁進了一大步。

《辭海》(修訂本)由於仍舊是綜合性辭書，古代詞語和典故只收比較常見的，釋義也比較簡單通俗。《辭源》(修訂本)是專爲解決閱讀古籍時關於語詞典故和有關古代文物典章制度等知識性疑難問題的，仍用繁體字排版，所收古代詞語和典故相當豐富，釋義精當，引文詳細註明出處，是學習和研究古代漢語很重要的工具書。

三、查檢虛詞和特殊詞語

古代漢語虛詞的用法比較複雜，這本是語法範圍内的問題，有不少關於虛詞的專著，實際上可以作爲備查檢的工具書來使用。

專門討論古漢語虛詞的著作，影響較大的有三四種，分别簡介如下：

《助字辨略》 清劉淇著。出版於 1711 年。共收字四百七十多個。全書按四聲分卷，依韻排列。取材從先秦到元代，内容包括經傳、諸子、史書、詩詞、小説，資料比較豐富。此書對“助字”的分類，標準不一，名目繁多。有的是從形式上分，有的是從語氣上分，有的是從意義上分。内部體例也欠嚴密。

《經傳釋詞》 清王引之著。出版於 1819 年。共收字一百六十個。全書分十卷，按古聲母排列。第一卷至第四卷爲喉音，第五卷爲牙音，第六卷爲舌音，第七卷爲半齒、半舌音，第八卷爲齒頭音，第九卷爲正齒音，第十卷爲唇音。它所收的虛字以經傳爲主，以子書和其他書的材料爲輔，東漢以後的一概不録。它的體例比較嚴密，引證博贍，解説詳備，有不少好的見解。它還能突破字形的框框，用同音假借的道理，説明一些虚詞的意義。但它所使用的語法術語與今天的術語很不一樣，初學者不易讀懂，對虚詞的分類也不如現在的分類科學，而且收字太少，也是本書的缺點。

《詞詮》 近人楊樹達編。出版於 1928 年。全書收古漢語虚詞五百多個，按注音字母順序排列，附有部首目録。對每個虚詞的解釋，都先標明詞類，然後解釋意義，再列舉大量例句，例句都注明出處。眉目清楚，系統性强。但語法用語比較陳舊，分類過於瑣細，如副詞就有十四類之多。釋義也有欠妥當的地方，還常用"無義"來解釋一些語氣助詞和嘆詞，等於没有解釋。這本書比較通俗，既没有《經傳釋詞》那種考據習氣，又不像《助字辨略》那樣駁雜。1999 年出版的《古代漢語虚詞詞典》收虚詞一千八百多條，是語言所集體研究的新成果，對初學古漢語的人比較適用。

關於古漢語詞彙的研究，一向存在着厚古薄今的傾向，對唐宋以後的詞語很少研究。近人張相著的《詩詞曲語辭匯釋》(出版於 1953 年)，很值得重視。它的研究對象主要是唐宋元明詩詞曲中習用的特殊語辭，這些語辭大半出於當時通俗口語，過去没有專著論及。全書共釋單字、詞語五三七項，附目六百有餘。每條排列的次序，先詩後詞再曲，引證相當豐富，對閱讀詩詞曲等作品很有參考價值。書後附有"語詞筆畫索引"，以備查檢。蔣禮鴻的《敦煌變文字義通釋》也是研究中古以後俗語詞的重要成果之一。

關於特殊語辭的專著，還有一些，這裏不一一介紹了。

（二） 漢字的結構和發展

漢字的字形和意義有密切的關係，分析字形有助於了解字義。因此，我們學習古代漢語，有必要了解漢字的形體構造及其發展概况。

一、"六書"與漢字的形體構造

關於漢字的形體構造,傳統有六書的説法。六書是象形、指事、會意、形聲、轉注、假借。許慎在《説文解字·敍》裏對六書進行了解釋,並舉了例字①。他説:"一曰指事,指事者,視而可識,察而見意,上下是也。二曰象形,象形者,畫成其物,隨體詰詘,日月是也。三曰形聲,形聲者,以事爲名,取譬相成,江河是也。四曰會意,會意者,比類合誼,以見指撝,武信是也。五曰轉注,轉注者,建類一首,同意相受,考老是也。六曰假借,假借者,本無其字,依聲託事,令長是也。"這成爲一千多年來六書説的依據。前人大多認爲,六書就是六種造字方法。應該指出,這是不太科學的説法。因爲,文字是社會發展到一定歷史階段的産物,是人民羣衆集體創造的,絶不是某一個人事先訂好了條例再着手造字的。六書只是戰國以後的人根據漢字的形體結構和使用情況,加以分析歸納出來的字體分類。因爲這種分類是從漢字的實際情況出發的,所以在漢字教學上能起一定的作用。但是,必須瞭解,實際上漢字的形體結構只有象形、指事、會意、形聲四種。假借只是一種用字的方法②。語言中有些詞,没有專門爲它造字,而借用一個同音字來表示,比如:難(难),本是鳥名(《説文》:"難,鳥也"),借用作"難易"的難;權(权),本是樹名(《説文》:"黄華木"),借用作"權衡"、"權力"的權;而,本是鬍鬚(《説文》:"須也,象形"),借用作表示語法關係的連詞。至於轉注,文字學家對它的解釋最紛繁,很難作出定論。

① 《説文解字》爲東漢許慎所著,成書約在公元100年,是我國最早的一部分析漢字形義的著作,簡稱《説文》。

② 許慎所舉假借的例字我們認爲是不妥的。

有的説，同一部首的字都是轉注；有的説，轉注就是互訓；有的説，轉注就是詞義引申。許慎除了在《敍》裏舉了兩個轉注的例字外，在分析字形時，一個轉注字都没有指出。總之，所謂轉注字，它的形體都不能超出象形、指事、會意、形聲四種形體的範圍。關於假借，本書下册將專題論述。關於轉注，只要了解它與漢字的形體結構無關就行了，這裏不再多講。如果進一步分析歸納，漢字的形體結構，也可以分成兩類：一類是不帶表音成分的純粹表意字（包括象形字、指事字、會意字），一類是帶表音成分的形聲字。

但是，爲了對字形和字義的關係有較深入的了解，下面仍按四類作一簡單介紹。

（一）象形

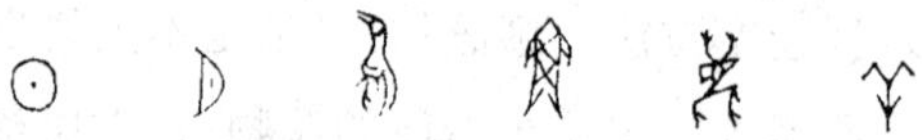

日　　月　　鳥　　魚　　鹿　　羊

這些字在甲骨文中很明顯地是把事物的輪廓或具有特徵的部分描畫出來①。

（二）指事

指事是一種用記號指出事物特點的造字方法。例如：

上　　下　　亦　　本　　末

前三字是甲骨文，後二字是金文②。甲骨文在一畫的上面加一短横指出“上”的意思，在一畫的下面加一短横指出“下”的意思。第

① 甲骨文是殷代的文字，刻寫在龜甲獸骨上，是我國現存體系比較完整的早期古文字。本書摹寫的古文字只能大抵相似。

② 金文是指殷、周兩代銅器上的銘文。

三個字是畫一個人，在人的兩腋之下加點指出“腋”的意思(“亦”本是腋字)。本、末二字在甲骨文中没有發現，金文裏是在木的根部加一圓點指出“本”的意思(樹根)，在木的梢頭加一圓點(或一短横)指出“末”的意思(樹梢)。這裏有的是純粹符號的指事字，如“上”“下”；有的是在象形字基礎上增加指示的符號，如“亦”、“本”、“末”。指事字數量不多。

(三)會意

會意是由兩個以上的形體組成，把它們的意義組合成一個新的意義，讓人們看了可以體會出來。例如：

步　逐　鬥　莫　牧

在甲骨文裏，“步”字由兩隻脚合起來，表示兩脚一前一後，意思是“行走”。“逐”字是一個人的脚在豕(shǐ，猪)的後面，表示“追逐”的意思。“鬥”字是兩個人手交手，打起來了，表示“搏鬥”的意思。“莫”字上下都是草，中間是太陽，表示日落草中，天黑了(本是“暮”字最初的寫法，後來借用作否定詞，於是再加一個“日”成爲“暮”)。“牧”字左上是一頭牛，右下是一個人的手拿着一根棍子，合起來表示“放牧”的意思。

(四)形聲

形聲字是由意符(也叫形符)和聲符兩部分組成的，意符表示意義範疇，聲符表示讀音類别。例如：

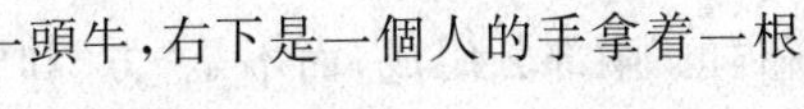

杞　問　物　江　裏

前三字是甲骨文，後兩字是金文。“杞”是木名，讀音與“己”相近，所以用木作意符，用己作聲符。“問”字是從口，門聲(由於語音的演變，聲符的讀音已經和字音相差很大，“江”的情況相同）。“物”字是從牛，勿聲，本是雜色牛的名稱。“江”字從水，工聲。“裏”字是從衣，里聲，與“表”相對。

四類字總的界限是清楚的，但有些字的歸屬有不同的看法，主要表現在象形和指事以及指事和會意之間。例如齊（齐）、飛（飞），許慎認爲象形，王筠則認爲指事；高、夾（shǎn），許慎認爲會意，王筠却認作指事。在會意和形聲之間也有個“亦聲”問題，就是説，有的文字學家把某些字看成會意字，而其中一個偏旁又代表這個字的讀音，叫做“亦聲”，實際上是認作會意兼形聲。例如“忘”，《説文》：“不識（記住）也，从心，从亡，亡亦聲。”這種歸類上的分歧，畢竟是少數；而且我們今天研究漢字的形體構造，重要的不在它是六書中的哪一種，而是要瞭解它的間架結構，由哪些部分組成和怎樣組成的。例如：齊，小篆作，甲骨文作，像禾麥吐出的穗平齊，現在農業上還説齊穗；飛，小篆作，像張開翅膀直向上飛的鳥；高，小篆作，甲骨文作，像高台上的房子；夾，小篆作，像一個人兩腋下偷藏着東西。我們弄清楚這些字的結構就行了，至於歸屬哪一類並不重要。又如：施，我們應該知道它是由“㫃”（yǎn，旗子飄揚的樣子）和“也”兩部分組成，而不是“方”和“㐌”（旌、族、旋也都從㫃不從方）；但拖却只能分成“扌”和“㐌”（本作“拕”，譌變成“拖”）。如果弄清了字形的間架結構，絶大多數字的歸屬也自然可以獲得解決。

二、形聲字的結構形式與漢字的部首

漢字從很早的時候起，就有百分之八九十是形聲字①，我們特别要瞭解哪部分是形，哪部分是聲。盡管漢字大多是採用“左形右

① 《説文解字》收字九千三百五十三個，形聲字占百分之八十以上。

聲”的結構形式,但别的形式的形聲字也很不少。歸納起來,主要有下列六種:

(一)左形右聲　　江棋詁超

(二)左聲右形　　攻期胡邵

(三)上形下聲　　空箕罟苕

(四)上聲下形　　汞基辜照

(五)内形外聲　　辯哀問閩

(六)内聲外形　　閣國固裹

第一種是形聲字的基本形式,第二、第三、第四種的形聲字也很多,第五、第六種的形聲字是少數。還有些形聲字,形符或聲符只占一個角或者一個很小的位置。例如:勝(從力,朕聲,簡化爲胜)、裁(從衣,𢦏 zāi 聲)、徒(從辵 chuò,土聲)、寶(從宀 miǎn 玉貝,缶 fǒu 聲,簡化爲宝)等。形聲字的形符和聲符的位置是約定俗成,經過長期發展才固定下來的。固定以後,却不能任意變動了。

我們對漢字形體結構的分析,目的在於學會通過字形弄清本義。有些字,我們今天所熟知的是它後來發展出來的意義,而古書常用到它的本義,閲讀時會遇到困難。例如《詩經・豳風・七月》:“塞向墐户。”“向”是什麽意思呢?據《説文・宀部》:“向,北出牖(yǒu)也,從宀,從口。”原來,“向”就是朝北的窗户。宀,像房屋;口,就是窗子。在農曆十月以後,黄河流域常刮西北風,所以要“塞向”(堵塞起北面的窗户)以防止冷空氣侵入。至於“方向”、“向着”這些我們熟知的意義是從它發展出來的。

分析漢字的形體結構,掌握部首是簡便有效的方法。一般説來,部首就是意符,意符是對聲符而言,部首是就它所統屬的字説的。部首最早是許慎提出來的,他在《説文解字》中按照六書的原則,把篆文的形體構造加以分析和歸類,從中概括出五百四十個偏旁作爲部首，凡同一偏旁的都統屬其下①。例如：情、懼、惟、憐、志、念、恥、悲、恭、慕等都歸入以心字爲首的心部②。心部的字大都與心理有關。部首就標示着該部字的本義所屬的意義範疇，《說文解字》五百四十部一般都體現了這一情況。但漢字從篆書到隸書、楷書，字體有了很大的變化，明清以後的字典通用的二百一十四部是檢字法原則的部首，與《說文解字》的部首有了很大不同。有的部首歸併不影響字形結構的分析，如木部和林部的歸併；有的部首歸併就打亂了字形結構的分析，如把匕(huà)部、北部合併于匕(bǐ)部之後，這一部所收的字，本義就不屬於同一個意義範疇了。還有一點，後代的字典因爲從檢字的方便出發，不少字的歸部也與《說文》有差異。例如：

所，從斤，户聲。本義是伐樹的聲音。《說文》歸斤部，《辭海》歸户部。

發(发)，從弓，癹(pō)聲。本義是發射(把箭射出去)。《說文》歸弓部，《辭海》歸癶(bō)部。

解放以後新編的字典，部首的分合又有些變化，由於簡化字的推行，歸部的差異更大一些。在檢字上，後來的分部比五百四十部方便一些，但對於分析字形結構，加深對詞義的理解，却必須根據文字學原則的部首。

三、漢字的形體演變與異體字、繁簡字

我們了解了漢字的結構以後，還需懂得它的發展情況。漢字的形體結構，直到今天雖然仍未超出表意字的範疇，但幾千年來經過了多次演變。在甲骨金文中漢字的字形還帶有不少的繪畫意

① 《說文》有少數部首，如三、彔、燕、五、甲等没有統屬的字。

② 忄、⺗是心的變體。

味，到了秦代的篆書，形體上已經起了一個很大的變化。例如：

鳥　　亦　　步　　逐　　物

篆書筆畫圓轉，雖然在一定程度上還保存着象形的意味，但符號性顯然大大加强。從篆書變成隸書，是一次更大的變化。例如：

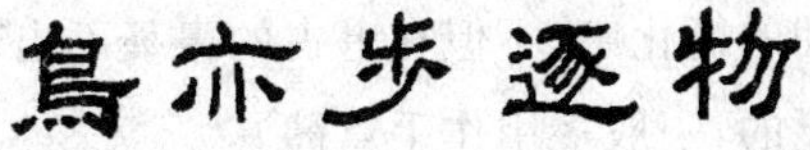

隸書是漢字演變史上重要的轉折點，是古文字和今文字的分水嶺。它把小篆不規則的曲線或勻圓的線條變成方折的筆畫，使字形變得平直方正，並改變了少數偏旁的形體（如"萅"變爲春，"書"省爲書），是一次重要的簡化。從此，漢字象形的意味大部分喪失了。從隸書到楷書字形結構基本上没有什麼變化，只是在書寫時把隸書的波勢挑法改變成定型的勾撇。

總的來看，漢字的發展，形體變化主要表現在兩個方面：一是結構，一是筆勢（筆畫的姿態）。從甲骨金文演變到楷書，固然有結構方面的變化，但主要是一種筆勢的變革。今天的古籍，基本上都是用楷書寫印的，因此，不認識隸書以前的古文字，對閱讀古書影響不大。但是，漢字在其發展過程中，從篆書以來，也有了兩千多年，在這漫長的時期中，由於時間和地域的關係，人們爲同一個詞造出兩個或更多的字來代表它，這是很自然的，因而形成了一大批形體結構相差很大的異體字，給我們閱讀古書帶來了一定的困難。

從古書上看，異體字可以分爲兩大類。第一類是兩個字並駕齊驅，都是常見的字。例如：

詠咏　睹覩　綫線　嶽岳　歎嘆　憑凭

俯俛　鷄雞　雁鴈　賸剩　煙烟　脣唇

第二類是一個字常見，一個字罕見。例如：

驅敺　地墜　俯頫　軟輭　時旹

蚓螾　坤堃　哲喆　笑咲　野埜

解放前出版的字典辭書裏所謂的俗字，是後起的異體字。例如：

袴褲　祕秘　蠶蚕　傑杰　夢梦

卻却　淚泪　礙碍　巖岩　點点

俗字大多是早期的簡化字，不但在上古的書裏不出現，在中古以後的書裏也是罕見的，一般多用作手寫體。

異體字形體上的分歧有幾種情況：

（一）會意字和形聲字的分别。如："憑"是形聲字，"凭"是會意字。"嶽"是形聲字，"岳"是會意字。"淚"是形聲字，"泪"是會意字。"巖"是形聲字，"岩"是會意字。

（二）意符的不同。如：詠咏、睹覩、歎嘆、驅敺、雁鴈、鷄雞等。

（三）聲符的不同。如：綫線、煙烟、時旹（㞢即之）、蚓螾等。

（四）意符聲符都不同。如："賸"，從貝，朕聲；"剩"，從刀，乘聲。

（五）變换各種成分的位置。有的是改變聲符和意符的位置，如：慚慙、和咊、鵝䳘鵞等。有的是改變了聲符或意符的寫法，如"雜"字本寫作"襍"，後來作"雜"，"衣"只占了左上角，並變了形狀，"集"下的"木"搬到左下角去了。

我們所説的異體字是音義完全相同，在任何情況下都可以互相代替的，因此有三種情況不能認爲是異體字：

第一，有些字，雖然意義相近，後代讀音也相同，但不能把它們當作異體字。例如，"寘"和"置"，就"放置"這一意義説，二者相通，可是"置"還有一些意義是"寘"所没有的，而且這兩個字的古音也不一樣，所以它們不是異體字。同樣的情況還有"寔"和"實"（实）等。

第二,有些字,雖然自古同音,但意義廣狹不同,有相通之處,也有不通之處,因而也不能看作異體字。例如:"遊"和"游"。"遊"的本義是關於行走的,"游"的本義是關於水的。但在實際應用上,凡關於行走的"遊",都可寫作"游"。《墨子》用"游"十二次,都是有關行走、交往的意思,本來都應寫作"遊";用"遊"一次,"子墨子南遊使衛"(《貴義》),一本也作"游"。可是關於水中的活動,却只能用"游",不能用"遊";《詩經·邶風·谷風》:"就其淺矣,泳之游之。"這是決不寫成"遊"的。又如:"沽"和"酤",在買酒和賣酒這一意義上是相通的,看來很像異體字;但是"酤"的對象只能是酒,而"沽"的對象可以是酒,也可以是玉,還可以是别的東西。因此這兩對字都不是異體字。其他像"修"和"脩"、"雕""彫"和"凋"等也是這樣。

第三,有些字只偶爾通用,更不能認爲是異體字。例如,《詩經·豳風·七月》中"八月剥棗",把"剥"用作"扑";又如"四之日其蚤",把"蚤"用作"早"。兩個字意義完全不同,只是聲音相同或相近,臨時借用,屬古音通假,在本書下册要專題論述。

漢字異體繁多,給人民羣衆學習文化帶來了不必要的負擔。文字是記録語言的符號,原則上一個字只要一個形體,不需要兩種以上的寫法。爲了解決這個問題,中國文字改革委員會,對異體字進行了整理,1955 年底公佈了《第一批異體字整理表》,收異體字八百一十組,被精簡的異體字共一千零五十五個(其中包括一些音義部分相同的通假字,如"雕、彫、凋、琱")。現在重印古籍,一般不再使用已經廢除的異體字,而改用統一規定的字體。但我們是需要接觸以前的版本的,對異體字必須有所了解。

漢字簡化以後,我們閱讀古書,還出現一個繁簡字的問題。從形體不同的角度來看,繁體和簡體也就是一種異體字。由繁趨簡,本是漢字發展的總趨勢。簡體字的出現可以追溯到甲骨文時代。漢代民間應用的簡體字就不少。北魏時代,"亂"字就已簡化爲

“乱”；宋元以後，簡體字又有進一步發展。全國解放以後，對漢字進行了簡化，1956 年 1 月，國務院公佈了《漢字簡化方案》。後來一共公佈了四批簡化字，共五百一十五個，連同偏旁簡化類推計算在内，1964 年編印的《簡化字總表》中，共收簡化字二千二百三十八個，1986 年重新發表《簡化字總表》時，對個别字作了調整，總字數爲二千二百三十五個。

這些簡化字，有的是採用歷代的簡體字或俗體，如“乱、体、宝、尽、对、办、继、杰”等；有的是採用人民羣衆創造的簡化字，如“队、阶、击、讲、币、彻、进、论”等；有的是採用古字和筆畫比較簡單的異體字或通用字，如“云、礼、弃、无、从、个、气、网”等；有的是採用同音代替，如“丑”（地支名）兼代“醜”（醜惡，又同類），“里”（長度單位，又鄉里）兼代“裏”（裏外）；有的是利用草書楷化的辦法，如“书、为、伟、乐、东”等。

漢字簡化的目的是爲了漢字使用簡便，易認易寫；因而有些簡化字比隸書和楷書（繁體）更進一步打破了漢字原來形體構造的方式，再不能全用六書的原則來進行分析了。我們知道，草書本是爲了書寫快速，完全打破了漢字的形體構造，連筆帶草，只保存字形的輪廓。草書楷化的簡化字自然也只略存輪廓，離原來的字形很遠了，如“尽（盡）、乐（樂）、头（頭）”等。簡化字中還有些是用簡單的符號代替原來筆畫較多的偏旁或原字的一部分的，如“汉（漢）、鸡（鷄）、对（對）、轰（轟）、办（辦）、协（協）”等，一個符號可以代替許多不同的偏旁，這也不能全用六書的原則來進行分析。

漢字簡化是人民羣衆的迫切需要，應該積極慎重地做好這件工作。但我們學習古代漢語還需掌握繁體字，因爲以前出版的古書都是用的繁體，不掌握它就會遇到很多困難。絶大多數的簡化字和繁體字是一對一的關係，掌握起來並不困難。只有少數是一對二、一對三或一對四的關係，這是由同音代替所造成的，需要引起注意，不要發生誤解。例如:簡化字“后”兼代了繁體字“后”和“後”。繁體“后”只有君主和皇后兩個意義,“後”只有先後和後代兩個意義。在先秦少數古籍中,曾以“后”代“後”,但不普遍,後代一般不再通用。《史記·孝景本紀》:“孝文在代時,前后有三男,及竇太后得幸,前后死,及三子更死,故孝景得立。”兩處的“前后”都指漢文帝的前妻,是“皇后”的意思,不能誤解成先後的“後”。又如,簡化字“余”,兼代了繁體的“余”(我)和“餘”(剩餘),我們讀到《離騷》的“僕夫悲余馬懷兮”時,決不能把“余馬”誤解成剩下的馬;相反,在讀杜甫的詩句“隔籬呼取盡餘杯”時,又不能把“盡餘杯”誤解成喝盡我的酒。同音代替的簡化字再舉幾個例子:

斗——斗(酒器,容量單位),鬬(鬥争)。

发——發(發出),髮(頭髮)。

谷——谷(山谷),穀(五穀)。

升——升(容量單位,量器),昇(升起),陞(提升)。

干——干(干戈),乾(乾濕),幹(才幹),榦(樹榦)[①]。

類似的情況還有一些,對同音代替的簡化字遇到困難時,可以查閱《新華字典》。例如“冲”有五個意義,《新華字典》在字頭後面括號内註明①②的繁體是沖,③④的繁體是衝。應該指出,⑤的繁體也是沖。“里”有五個意義,《新華字典》註明④⑤的繁體是“裏、裡”,可見①②③不能用“裏(裡)”。

總之,幾千年來,漢字形成了一套字形複雜、體系紛繁的符號系統,我們學習古代漢語,在掌握了簡化字的基礎上,還要學會繁體字,這自然需要花一定的功夫。但是,只要我們有了漢字的基本知識,經過一定努力,掌握它並不是十分困難的。

---

① “榦”,也寫作“幹”。

（三）古今詞義的異同

語言是發展的。尤其是詞彙，它的發展演變更爲突出。詞彙的發展除了舊詞消亡、新詞産生這種情况外，還表現爲詞義不斷演變。隨着社會的發展和人們認識的發展，絶大多數詞的意義都發生了程度不同的變化。所以，我們學習古代漢語時，要特别注意古今詞義的異同。

關於古今詞義的異同，概括起來有三種情况：

（一）古今意義基本未變。如“馬”、“牛”、“羊”、“山”、“水”、“日”、“月”、“人”、“手”等。這類詞數量不多，却是漢語的基本詞彙。正是由於這些詞的意義在長時間的歷史過程中基本没有發生變化，因而同發展緩慢的語法結構一起，保證了漢語的穩定性，也體現了古今漢語之間的繼承關係。從學習古代漢語的角度來説，很顯然，對這類詞的理解不會有什麽困難。

（二）古今意義完全不同。就是説，有一些詞，從形體看，古今一致；從意義看，迥然不同。如：

綢：古代是“纏繞”的意思。《爾雅·釋天》：“素錦綢杠。”郭璞注：“以白地錦韜（纏裹，套住）旗之竿（用白底子的錦把旗杆裹起來）。”《九歌·湘君》：“薜荔拍（一作柏）兮蕙綢。”王逸注：“綢，縛束也。”另外，《詩經》中有聯綿詞“綢繆”，原本也是纏裹的意思。現在有“未雨綢繆”這個成語，已不是纏繞的意思了。

該：古代的常用意義是“完備”。楚辭《招魂》：“招具該備，永嘯呼些。”王逸注：“該，亦備也。言撰設甘美招魂之具，靡不畢備，故長嘯大呼以招君也。”《方言》卷十二：“備、該，咸也。”在現代漢語中，“該”的常用意義是“應當”。成語有“言簡意賅”,這個“賅”字是完備的意思,不過,字形有所不同。

這些古今意義完全不同的詞,對初學古代漢語的人,是一種困難。但這種困難比較好克服,只要勤於查辭書、字典,即可避免導致理解上的錯誤。

(三)這是最應注意的一種,即:有相當數量的常用詞,古今意義之間,既有聯繫,又有發展;既有某些相同之點,又有各種不同之處。而這種差異有時很容易被忽略過去,人們往往以爲讀懂了,結果是用今義去解古義。所以,在異同的問題上,難處不在同,而在異;不在完全相異,而在同中有異。這一類詞,是我們學習古代漢語時應當重點掌握的,也是本節要着重加以討論的。

下面着重將這種同中有異的詞分爲兩類,分别舉例説明。

一、詞義範圍的差異

有些詞的詞義範圍古今是有差異的。例如:

菜:古今所表示的範圍很不一樣。古代的“菜”是專指蔬菜,不包括肉類、蛋類等在内。《説文》:“菜,草之可食者。”這是“菜”的古義。《禮記·學記》:“大學始教,皮弁祭菜。”注解説“菜,謂芹藻之屬”。《荀子·富國》:“然後葷菜百疏以澤量。”楊倞注:“葷,辛菜也。”所謂“辛菜”,就是葱蒜之類。郝懿行注:“葷菜,亦蔬耳。”另外,古書上常見的“菜羹”、“菜色”,這些“菜”都是指的蔬菜。直到宋代,“菜”還是不包括肉類等副食品。羅大經在《鶴林玉露》中記載了這樣一則故事。仇泰然對一幕僚説:“某爲太守,居常不敢食肉,只是喫菜;公爲小官,乃敢食肉,定非廉士。”這裏,肉和菜的區分是非常清楚的。

睡:在古代專指坐着打瞌睡。《説文》:“睡,坐寐也。”《史記·商君列傳》:"孝公既見衞鞅,語事良久,孝公時時睡,弗聽。"這裏所説的"睡"就是"坐寐"的意思,如果理解爲秦孝公時時躺下來睡大覺,不僅文義上講不通,情理上也是説不過去的。宋代歐陽修的《秋聲賦》中"童子莫對,垂頭而睡",就是耷拉着腦袋打盹兒,也是"坐寐"。現在的"打瞌睡"一詞就是由此而來。後來,"睡"的意義擴大了,不管是坐着睡還是躺下睡,白天睡還是夜晚睡,都可以叫做"睡"。

以上是詞義範圍擴大的例子。詞義擴大是詞義發展的重要途徑,它的特點是今義大於古義,古義包括在今義之中,"菜"、"睡"都屬於這種情形。也有些詞,古義所表示的範圍大於今義,也就是説,今義範圍縮小了。

宫:上古泛指房屋。《詩經·豳風·七月》:"上入執宫功。"《墨子·節用中》:"古者人之始生,未有宫室之時,因陵丘堀穴而處焉。"秦漢以後,一般民房就不能稱之爲"宫"了,只有封建帝王的殿堂、住房才能叫做"宫",如"阿房宫"、"未央宫",有的寺廟也可以叫做"宫",如"武夷宫"。隨着封建王朝的滅亡,"宫"字的意義範圍又進一步縮小了。除了某些叫"宫"的舊有名稱外,現在,只有某些文化娱樂場所才稱"宫",如"少年宫"、"勞動人民文化宫"。

瓦:古義比今義要廣。瓦的今義主要是指蓋房頂用的建築材料。另外還有"瓦盆"、"瓦罐"等。但古代,紡錘也可以叫做"瓦",《詩經·小雅·斯干》:"乃生女子……載弄之瓦。"這個"瓦"指的是上古時代的一種原始的紡錘。還可以説"瓦鍋",如楚辭《卜居》"黄鐘毁棄,瓦釜雷鳴","瓦釜"就是瓦鍋。許慎在《説文》中説:"瓦,土器已燒之總名",按照這個定義,"瓦"的古義相當於我們現在所説的

"陶器"。

以上是詞義範圍縮小的例子。還有一種情況是詞義的轉移,即由甲範圍轉移到乙範圍。它的主要特點是新義産生後,舊義就不存在了。而新舊意義之間又有一定的聯繫。例如:

暫:在表示時間範疇這一點上,古今義有聯繫,但具體的範圍却發生了轉移。"暫"在漢以前是突然、一下子的意思。《廣雅・釋詁》:"暫,猝也。"這是暫的本義。《説文》:"默,犬暫逐人也。"又:"突,犬從穴中暫出也。"所謂"犬暫逐人",就是犬不吠突然向人撲去。"從穴中暫出",就是突然從穴中出來。《左傳・僖公三十三年》:"武夫力而拘諸原,婦人暫而免諸國。"杜注:"暫,猶卒也"。也是突然、一下子的意思。大概在許慎的時候,"暫"字的意義已經開始轉移,由一下子、突然轉爲"不久也",這是"暫"字在中古時代的常用意義。如庾信《鏡賦》:"不能片時藏匣裏,暫出園中也自隨",這個"暫出"既不同於"穴中暫出"的"暫",也不同於我們現在所説的"暫時"的"暫",它是"短暫"的意思。王勃《滕王閣序》:"宇文新州之懿範,襜帷暫駐","暫駐"是短時間的停留。中古以後,"暫"的意義又發生了新的轉移,即現在"暫時的"意義。"暫時的"不僅與"突然"、"一下子"有明顯的區别,與"短時的"也不同。"暫時的"是對將來而言,如"暫時出去,將來還回來",而"短時的"只是表示時間短暫,並不包含將來要做的意思。

湯:本義是"熱水也"。《孟子・告子上》:"冬日則飲湯,夏日則飲水。"《九歌・雲中君》:"浴蘭湯兮沐芳。""湯"的今義則是菜湯、米湯等,作爲"熱水"的意義在普通話中已經不存在了。只有在"赴湯蹈火"這個成語中還保存着。

在詞義演變的歷史過程中，凡是不屬於擴大、縮小的，都可以看作是轉移。要真正弄清詞義古今轉移的情況，還要探索詞的本義和引申義的關係。在一般情況下，詞義轉移後，它的本義就不再存在了，今義與古本義的關係不易看出來，很容易產生誤解。

二、詞義感情色彩的差異

有些詞，古今意義的不同，不僅僅表現爲範圍的變化，而且在感情色彩上也有顯著的差別。或者是褒貶意義的不同，或者是詞義輕重的不同。從意義褒貶不同的情況看，有古代是褒義、現在是貶義的，如"復辟"、"爪牙"。

《明史·王驥傳》："石亨、徐有貞等奉英宗復辟。"

這裏"復辟"是指恢復君位，與今義很不一樣。

《國語·勾踐滅吴》："然謀臣與爪牙之士，不可不養而擇也。"

韓愈《與鳳翔邢尚書書》："今閣下爲王爪牙，爲國藩垣。"

這裏的"爪牙"是勇猛的得力幫手的意思，屬於褒義。今義的"爪牙"跟走狗差不多，完全是貶義。

也有古代是貶義，現在變爲褒義的。如"鍛煉"，在古代除了冶煉的意義外，還有玩弄法律對人進行誣陷的意思。

《漢書·路温舒傳》："則鍛煉而周内之。"《後漢書·韋彪傳》："鍛煉之吏，持心近薄。"注："鍛煉，猶成孰也。言深文之吏，入人之罪，猶工冶陶鑄鍛煉，使之成孰也。"

在現代漢語中，"鍛煉"完全是褒義，如"勞動鍛煉"、"思想鍛煉"、"鍛煉身體"等。

還有一些詞，古代無所謂褒貶，後來變成了貶義。如"謗"。

《左傳·襄公十四年》："士傳言，庶人謗。"杜預注："庶人不與政，聞君過則誹謗（普通百姓不能參與朝政，聽到國君有過錯就進行批評議論)。"《史記·夏本紀》:"女無面諛,退而謗予(你不要當面説好話,背後又議論我)。"

兩例中的"謗"字,包括杜注所説的"誹謗",都是批評議論的意思,與今義"誹謗"、"毁謗"大不一樣。而且這種批評議論多屬下級臣民對上級,並且往往不是面對面,而是在背後進行的,所以説"退而謗予"。如果我們掌握了古代"謗"義的這些特點,就能準確地理解原文。《戰國策·齊策一》中"能謗議於市朝,聞寡人之耳者",正是用的"謗"字的原義。在這裏,齊威王把"謗議"和"面刺"、"上書諫"分别爲三種情況,也證明"謗議"是背後議論,所以説"聞於寡人之耳"的"謗議"還能够"受下賞",這也證明不是貶義,不是造謡中傷的意思。

從詞義輕重的情況看,有些詞,古義輕,今義重。如"誅"最初只有責備的意思。《論語·公冶長》:"於予與何誅。"今成語有"口誅筆伐"。後來發展爲"殺戮"的意思,意義加重了。與此相反的情況是古義重,今義輕。如"感激",古義是憤激的意思。《異苑》卷五:"正月十五日,感激而死。"韓愈《張中丞傳後敍》:"皆感激爲雲泣下。""感激"而至於死,而至於"泣下",這個詞的意義是很重的,而今義只是"感謝"的意思,意義要輕多了。

在討論古今詞義的異同時,我們應當注意:所謂"古"這個一個歷史的概念。同樣屬於古代漢語,先秦的情況就和漢魏六朝不同,漢魏六朝又和唐宋不同。而且,"古"和"今"也不是一刀兩斷截然分開的。有些古義,先秦以後就消失了,只是作爲詞素在雙音節詞中保存它的原義,或許在成語中保存它的原義。有些今義,唐宋以後就出現了,不過,當時還不一定是常用意義。也有些詞古今意義的發展情況,由於缺乏必要的資料,我們還不能完全明白。

還應注意,古代漢語和現代漢語有一個很大的差别,現代漢語以雙音詞爲主,古代漢語以單音詞爲主。在古代漢語中,我們常常會碰到這樣一種情況，有的兩個字連在一起，很容易使人誤解爲現代漢語中的雙音詞，乃至用今義去解釋它。如“消息”，在古代漢語中最初是“消長”的意思。賈誼《鵩鳥賦》：“合散消息兮，安有常則。”這裏的“合”、“散”、“消（消亡）”、“息（生長）”是四個並列的動詞，“消息”二字跟今義迴然不同。又如“睡覺”，在古代是睡醒了的意思，并不是雙音詞。白居易《長恨歌》：“雲髻半偏新睡覺。”“新睡覺”就是剛剛睡醒的意思。至於古書中常見的“地方千里”，我們更不應把“地方”看作一個詞。它不但不是一個詞，也不是一個詞組。“方……里”是古代計算土地面積的一種表示法，相當於現在的“……里見方”。

上面我們大致地分析了古今詞義異同的情況，并提出了一些應當注意的問題。作爲一個學語言的人，應當怎樣才能學會辨析古今詞義的異同呢？首先，要有一個“求甚解”的態度，要認真。“求甚解”、“認真”，就會提出問題，發現疑義，就能發現用今義去解古義是不通的。這樣，我們就會動手去查字典，查前人的注釋，查有關的工具書，真正弄通弄懂。不過，有些詞的古義是前人没有注意到的，是字典、辭書没有説清的，這時，我們就應當積累資料，進行比較研究。任何一個詞的古義，總不是孤立存在的，它具有時代性，也具有社會性。我們掌握了它經常出現的語言環境、上下文的情況、與别的詞相搭配的情況，就能通過歸納比較，找出它的“古義”來。所以，積累第一手材料，掌握大量語言事實，這是辨析詞義古今異同的最有效、最可靠的辦法。

（四）詞的本義和引申義

所謂詞的本義，就是詞的本來意義，但不一定都是原始意義。這是因爲漢語歷史悠久，而記録漢語的漢字才不過幾千年的歷史，在漢字產生以前，一個詞的本義究竟是什麽，很難確切地考證清楚。我們現在所談的只是有語言文字材料所能證明的本義，探求這種本義，可以精確地掌握詞義，了解詞義演變的規律，這對於提高閲讀古文的能力也無疑是有幫助的。

漢字是表意文字，它的形體結構和意義有密切的關係，特别是甲骨文、金文、篆文，比起楷書來，離造字時代要近一些，象形的特點要明顯一些、多一些，這爲我們分析詞的本義提供了有利條件。因此，歷來的文字學家都是從分析字形入手探求本義的。東漢人許慎就是這樣做的，他的《説文解字》就是一部講本義的書。所謂“許書之要，在明文字之本義而已”（江沅《説文解字注·後敍》）。而他講本義的辦法主要是分析字形，“許君之立説也，推古人造字之由，先有字義，繼有字聲，乃造字形，故其説義也，必與形相比附”（王筠《説文釋例》）。如：

斤：斫木斧也。象形。

戒：警也。從廾(gǒng)戈，持戈以戒不虞。

刃：刀堅〔段注本作“鋻(鍔)”〕也。象刀有刃之形。

適：之也。從辵(chuò)，啻(chì)聲。

以上四例都是先講本義，然後分析字形以證明之。

例一“斤”是象形字，篆文作，甲骨文作，金文作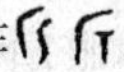。甲骨文的字形中，表示曲柄和斧背，表示斧刃。這種象形證明了“斤”的本義是砍伐樹木的工具。《孟子·梁惠王上》中“斧斤以時入山林”，用的就是本義。

例二“戒”是會意字。篆文作，表示雙手聚攏，戈是古代的一種兵器，雙手持戈，表示戒備，這就是“戒”的本義。《詩經·小雅·采薇》中“豈不日戒，玁狁孔棘”，正是用的本義。

例三“刃”是指事字。篆文作，刀上的一點是指事符號，表明這裏是刀刃的意思。

例四“適”是形聲字，篆文作，辵是行走的意思，“適”的本義是“往”、“到……去”，當然與行走有關。《莊子・逍遥遊》中“適莽蒼者”的“適”就是用的本義。

從造字方法看，象形最能反映本義。形聲字的意符并不等於本義，但本義與意符有密切關係，通過意符推求本義還是一個有效的辦法。這裏應當説明的是，并不是所有漢字的結構和意義之間的關係都像上述四例那樣簡明。這有兩個方面的原因：從字形方面來説，幾乎所有的字形在漫長的流傳過程中，多多少少總會有些變化，有的變得面貌全非，有的甚至發生訛傳，即使是小的變化，也會給分析本義帶來很大的麻煩。如“臣”字，許慎解釋爲“牽也。事君者。象屈服之形”。這個解釋就有問題。所謂“牽也”這是聲訓，有綑綁的意思，據此，有的文字學家就認爲“臣”字象一個人被綑起來的樣子。但是，我們一分析甲骨文、金文中的“臣”字的形體，就知道這個説法是不確切的。甲骨文寫作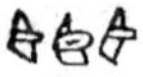，金文作，都象一竪目之形。郭沫若指出：人首俯則目竪，所以象屈服之形者。我們從若干從臣的字也可以證明“臣”爲竪目之形。如甲骨文、金文、篆文中的“望”字都從“臣”，作，或作，“望”的本義是往遠處看，字形象一個人站在地面上遠望或望月亮，這個“臣”無疑是表示眼睛的形狀。還有，從高處往下看的“臨”，也從“臣”。另外，“卧”字也從“臣”，表示閉目睡覺的意思。過去有的人不懂得“臣”是象眼睛之形，反而懷疑“卧”字的形體錯了，“當從几從臣(yí)，卧則臣隱於几也。”這樣解釋“卧”字的形體和本義，完全是從主觀出發的。從詞義方面來説，有些詞造字時候的本義已經失傳了，字形雖在，它原本的意義却不存在了，如“里”的本義，許慎説：“居也。从田从土。”從田從土與“居”這個意義没有必然的聯繫。按“里”的字形推斷，它應該還有一個本義，我們現在還説不明白。

以上兩種情況告訴我們,在探求詞的本義時,了解字形演變的歷史,特別要當心字體訛傳的情形,才能避免因訛生訓的錯誤。另外,要注意意義與字形之間的關係,如果意義與字形毫無聯繫,這個意義就可能不是本義。一般來説,一個字的形體結構所表現出來的意義與實際語言中作爲詞的意義相符合時,這就是造字時候的本義。所以,探求詞的本義時,不僅要分析字形,還必須要有語言資料來加以證實,這是檢驗本義是否可靠的重要依據。離開語言資料,作單純的形體分析,很容易流於主觀臆測。

在任何一種語言中,一個詞不可能只有本義。相反,一詞多義的現象是很普遍的。古代漢語也不例外。那麽,詞的多義性又是怎麽産生的呢?要回答這個問題,就涉及本義與引申義的關係問題了。所謂引申義,就是從本義引申出來的意義,它是造成一詞多義的根本原因。從引申義與本義的關係看,可以分爲兩類:一類叫直接引申,一類叫間接引申。

直接引申是指從本義直接派生出來的意義。如“月”字象月缺的樣子,本義是“月亮”。人們根據月亮運行的明晦圓缺這種周期現象,把從朔至晦稱爲一月,因此,“月”字産生了表時間的意義。“城”的本義是“城牆”,《左傳·鄭伯克段於鄢》“都城過百雉,國之害也”,“都城”是指都的城牆,這是“城”的本義。後來,由“城牆”直接引申爲城市的意思。杜甫《春夜喜雨》:“曉看紅濕處,花重錦官城。”直接引申的意義與本義的關係很近,産生的時間比較早,也比較容易辨認。

間接引申是由直接引申而再引申,即所謂“展轉爲他訓”。在許多情況下,本義和引申義不是直接關係,而是間接關係。“朝”的本義是早晨(《説文解字》:“朝,旦也”),引申爲朝見的“朝”。《左傳·成公十二年》:“朝而不夕。”疏:“旦見君謂之朝。”由朝見再引申爲朝廷,由朝廷再引申爲朝代。乍一看,“朝代”與“朝”的本義毫無聯繫，但把這種展轉爲訓的綫索清理出來，兩者之間的關係就可以得到合理的解釋了。“任”的本義是抱(《説文解字》:“任，保也。”就是抱的意思)。《詩經·大雅·生民》:“是任是負。”鄭箋:“猶抱也。”朱注:“肩任也。”這是動詞，是擔東西的意思。由擔東西直接引申爲兩組意思。第一組，指所擔的東西，即擔子(包括行李的意思)。《禮記·王制》:“輕任并，重任分，班白不提挈。”《孟子·滕文公上》:“門人治任(行李)將歸。”由擔子又引申爲責任、任務。《孟子·梁惠王下》:“以爲能勝其任也。”《孟子·告子下》:“故天將降大任於是人也。”由責任、任務再引申爲委用、任用。《尚書·大禹謨》:“任賢勿貳。”由委任、任用再引申爲聽憑。蘇軾《定風波》:“一蓑煙雨任平生。”屬於這一組意思的讀音都是去聲(rèn)。第二組，擔當的意思。舊注中常見的“任”:“當也”、“堪也”、“勝也”、“能也”都與擔當的意思相接近。《左傳·僖公十五年》:“重怒難任”，舊注:“任:當也。”《史記·白起王翦列傳》:“是時武安君病，不任行。”正義:“任:堪也。”由擔當的意思又引申爲擔保，《周禮·秋官·大司寇》:“使州里任之，則宥而舍之。”由擔保再引申爲信任，《詩經·邶風·燕燕》:“仲氏任只，其心塞淵。”舊注:“以恩相信曰任。”《周禮·地官·大司徒》還有“不任之刑”，注云:“謂朋友相任。”“不任”就是朋友之間不講信任。這一組意義的“任”字，都是動詞，它的讀音與本義一樣，讀爲 rén。只有信任的“任”後來也讀去聲了。

如果我們弄懂了詞義展轉引申的道理，再來看一些舊的字典、辭書，就會發現，無論是《康熙字典》還是舊版《辭源》、《辭海》，都没有把一個詞或字的多種意義之間的關係條分縷析清楚，它們往往是羅列了一大堆意義，而不得要領。該詞(字)的本義是什麽，哪些意義是引申出來的，怎麽引申出來的，都不甚清楚。例如一個“解”字，《辭海》收了四個讀音，列了二十七個意義。實際上，“解”字的意義并没有這麽紛繁，試看它的前九個意義:

(1) 判也,剖分也。《莊子·養生主》:“庖丁解牛”(按:《莊子》原文是“庖丁爲文惠君解牛”)。《左傳·宣公四年》:“宰夫解黿”(按:《左傳》的原文是“宰夫將解黿”)。

(2) 離散也。《漢書·陳餘傳》:“恐天下解也。”注:“謂離散其心也。”

(3) 説也,析言事理也。《荀子·非十二子》:“閉約而無解。”《史記·吕后紀》:“君知其解乎?”正義:“謂解説也。”

(4) 脱也,免除也。《禮記·曲禮上》:“解履(屨)不敢當階。”疏:“脱也。”《漢書·孔光傳》:“於法無所解”(按:《漢書》原文作“於法無以解”)。注:“免也。”

(5) 開放也。《後漢書·耿純傳》:“嚴城解扉。”注:“解猶開也。”

(6) 曉悟也。《三國志·魏書·賈詡傳》:“太祖後與韓遂、馬超戰於渭南……又問詡計策,詡曰:‘離之而已。’太祖曰:‘解。’”注:“謂曉悟也。”

(7) 意識也。詳見解條。

(8) 消釋怨隙也。如云和解。

(9) 達也。《莊子·秋水》:“無南無北,奭然四解。”

以上九個意義,從引申的道理來解釋,發展的綫索是很清楚的,關鍵在於抓住本義這個綱。“解”的本義是解牛,直接引申爲分解動物。由分解動物的意義再引申爲解體(“恐天下解也”),爲開放(按:《辭海》“解”字第九義的解釋是不準確的。成玄英注《莊子》云:“奭然無礙。”可見“四解”就是四面開放的意思。因此,應與第五義合併)。由分解動物的意義還引申爲解繩結(《荀子》:“閉約而無解。”約,繩結)。從解繩結的意義再引申則爲解脱,爲解説,爲曉悟,爲見解,爲和解。歸納起來,只有三個意義,如下表:

- 第一義:解牛 —— 分解動物
  - 第二義:解體 —— 開放
  - 第三義:解結
    - 解脱
    - 解説
    - 曉悟
    - 見解
    - 和解

詞義引申是一種複雜的語言現象。尤其是直接引申和間接引申的關係,如不詳細地佔有材料,進行系統的分析歸納,不容易把關係縷述清楚。清朝的文字學家段玉裁、朱駿聲在這方面做了一些工作,取得了一定的成績,但全面地、系統地進行整理、解説,還有待於語言文字工作者重新研究。

我們説詞義引申是一種複雜的現象,不等於説它没有規律可尋。詞義引申是客觀事物不斷發展,人類抽象思維日益發達的反映。從本義與引申義所表示的内容看,由具體到抽象,由個别到一般,是本義發展爲各種引申義的基本方式。如“網”的本義是用繩編織成的捕魚或鳥獸的工具。《周易·繫辭下》:“作結繩而爲網罟,以佃以魚。”後來引申爲廣泛搜求的意思,如《史記·太史公自序》:“網羅天下放失舊聞。”這就完全抽象化了。“踵”的本義是脚後跟。《戰國策·觸龍説趙太后》:“媪之送燕后也,持其踵,爲之泣。”由脚後跟引申爲繼承。《漢書·刑法志》:“踵秦而置材官於郡國。”蕭統《文選·序》:“蓋踵其事而增華。”這裏意義的演變,是由具體到抽象。由個别到一般的例子也是很多的,如“市”的本義是做買賣的地方。《孟子·滕文公上》:“雖使五尺之童適市,莫之或欺。”《舊唐書·黄巢傳》:“博野都徑還京師,燔掠西市。”直到唐以後,“市”的意義才由特指城市内的商業區而演變爲指整個城市、都市。劉克莊《玉樓春》:“年年躍馬長安市,客舍似家家似寄。”“特”

的本義是公牛(《説文》:"牛父也"),後來引申爲男性配偶,《詩經·鄘風·柏舟》:"髧彼兩髦,實維我特。"又引申爲傑出的人才,《詩經·秦風·黄鳥》:"百夫之特。"

在考察詞的本義與引申義的關係時,還要注意語音、字體的變化,這種變化容易掩蓋本義與引申義之間的關係,使人誤以爲是兩個毫無聯繫的詞。上文已談到的朝見的"朝"和朝夕的"朝",讀音就不一樣,前者讀 cháo,後者讀 zhāo,但前者是從後者引申出來的。"騎"字在古代也有兩讀。"騎"的本義是騎馬。《説文解字》:"跨馬也。"讀爲 qí。由騎馬的意義引申爲騎兵,《史記·鴻門宴》:"沛公旦日從百餘騎來見項王。"白居易《長恨歌》:"千乘萬騎西南行"。以上兩例在古代都讀作 jì,去聲。字形的變化有兩種情況:一種是代表本義的字形變了。如《詩經·曹風·候人》:"何戈與祋"。這個"何"字的本義是"儋"的意思,因爲假借作疑問代詞,後來,用"荷"字表示"儋"的意義,"何"字反而失去了本義。另一種情況是引申義的字形變了。這是由於引申義距離本義已經很遠,有的讀音也變了,有的一般人已經不再意識到它是一個意義的引申,爲了區别起見,就另造一個字來代表它。例如懈怠的"懈",原本作"解(xiè)",《詩經·大雅·烝民》"夙夜匪解",《孝經》引作"夙夜匪懈"。本來,由解散引申爲懈怠,這是很自然的。現代漢語有"鬆懈"一詞,"懈"正是"解"的引申義。又如"豎"字,《説文》:"豎,立也。"《廣韻·麌韻》:"豎"的俗字作"竪"。其實,"竪"的意義是與"樹"有關的。《説文》段注:"豎與尌音義同。"現代漢語還有"竪立"、"樹立"這個雙音詞。《後漢書·靈帝紀》:"御殿後槐樹自拔倒豎",假使寫作"倒樹",反而不好懂了。

詞義分析舉例

（一）古今詞義不同辨析例

愛 謗 幣 斃 兵 池 除 黨 貳 訪 憤 糞 羹
購 館 國 恨 給 憐 臉 賂 勤 窮 去 勸 乳
色 售 樹 睡 塘 涕 誣 寫 臭 淫 獄 逐 走

【愛】

“愛”字在上古有兩個常用的意義。一是親愛、疼愛。《左傳·鄭伯克段於鄢》：“～其母。”這是古今一致的。二是愛惜、吝嗇。《左傳·僖公二十二年》：“若～重傷，則如勿傷；～其二毛，則如服焉。”（二毛：指頭髮花白的老年人。）《老子》：“甚～必大費。”（過於吝嗇必然遭致巨大的浪費。）這個意義一直沿用到唐宋以後的文言文裏。《宋史·岳飛傳》：“文臣不～錢，武臣不惜死。”在現代漢語裏，“吝嗇”一義已經不用，在閱讀古書時就要特別注意，不要用今義去曲解古義。如《孟子·齊桓晉文之事》：“吾何～一牛？”“愛一牛”是吝嗇（捨不得）一頭牛，不能錯誤地理解爲“喜歡一頭牛”。

【謗】

“謗”字在上古只是指背後議論或批評别人的短處。《戰國策·齊策四》:“羣臣吏民,能面刺寡人之過者,受上賞;上書諫寡人者,受中賞;能～譏於市朝,聞寡人之耳者,受下賞。”“謗”是公然的評議,“譏”是委婉的諷刺。齊威王下令讓人們“謗譏”他的過失,並且有賞,當然不是指惡意的攻擊。《國語·周語》:“厲王虐,國人～王。”這也只是説百姓議論、批評厲王的過失,而不是毁謗,所以召穆公才勸諫厲王要廣開言路,不要鎮壓提出批評的人。

對有過失的人進行議論是批評,對没有過失的人進行議論就近乎毁謗了。《楚辭·九章·惜往日》:“何貞臣之無罪兮,被離(罹,遭受)～而見尤。”這裹雖然仍是議論、批評,但已包含了“毁謗”的意思。到了《史記·屈原列傳》:“信而見疑,忠而被～。”可能已經是指毁謗。《説文》:“謗,毁也。”許慎的解釋説明他已經不了解“謗”在先秦的意義了。

【幣】

“幣”字在先秦并没有貨幣的意義,而是指禮物。《説文》:“幣,帛也。从巾,敝聲。”這説明“幣”本指用來送人的絲織品。上古外交官帶的禮物一般有玉、馬、皮、圭、璧、帛等六種,稱爲“六幣”,因而又有“幣馬”、“皮幣”等説法。《周禮·夏官·校人》“飾～馬,執扑而從之”,《墨子·尚賢中》“外有以爲皮～與四鄰諸侯交接”,就是指以馬或以皮革作爲禮物。《莊子·讓王》“使者致～”,則是指魯國國君派到顔闔家的使者送上禮物,不能理解爲送錢。

到漢代“幣”已有了“貨幣”的意思。《史記·吴王濞列傳》:“誘受天下亡命罪人,亂天下～。”又《平準書》:“黄金以溢名,爲上～;銅錢識曰半兩,重如其文,爲下～;而珠玉龜貝銀錫之屬,爲器飾寶藏，不爲～。”這指的都是貨幣，而不再是禮物了。

【斃】

“斃”字在現代是“死”的意思，一般用於貶義；在上古都是“倒下去”的意思。先秦古籍用“斃”最多的是《左傳》，共二十三次，大多通“獘”，與“死”無關。其中有五次是“倒下去”的意思。《哀公二年》：“鄭人擊簡子，中肩，～於車中。”戰後趙簡子還自誇戰功，可見當時没有死。《定公八年》：“顔高奪人弱弓，籍丘子鉏擊之，與一人俱～，偃，且射子鉏，中頰，殪。”顔高“與一人俱斃”以後還能够“且射子鉏”，也可見他没有死。《僖公四年》：“六日，公至，毒而獻之。公祭之地，地墳。與犬，犬～；與小臣，小臣亦～。”犬和小臣喫了驪姬下了毒藥的胙肉和祭酒，可以肯定是死了。但《説文》在“獘”字下的解釋是“頓仆也。从犬，敝聲。春秋傳曰：‘與犬，犬獘’”，正好引用了這個例子。這説明許慎看到的《左傳》是寫作“獘”的，而且他認爲是“頓仆（倒下）”的意思，不是死。《説文》在“獘”後有“斃”字，指出“獘或從死”，這可以證明“斃”是後起字。“獘”字重在因疲乏或傷痍而倒下，倒下再起不來，那就是死了。到漢代“獘”字已有了“死”的意義，因而有人把它寫作“斃”，先秦古籍中的“斃”字應該也是漢以後的人改易的。

魏晉以後，“斃”無疑已是“死”的意思。在魏晉時就有人對先秦古籍中的“斃”字作出了錯誤的注解。如上舉《僖公四年》的史實，《國語·晉語》也有記載，三國時吴人韋昭在“犬斃”之後就注作“斃，死也”。《莊子·説劍》：“於是文王不出宫三月，劍士皆服～其處也。”晉人司馬彪注：“忿不見禮，皆自殺也。”其實“服斃其處”是説劍士見不着趙文王，都窮困趴倒在他們的客舍，并不是自殺。自然，當時也有注得正確的。如《左傳·鞌之戰》：“射其右，～於車中，……韓厥俛定其右。”晉杜預注：“右被射仆車中，故俯安隱之。”可見只是倒下,并没有死。但《春秋左傳讀本》中却注作"復射韓厥之車右,車右死於車中",這也是誤以後代的意義作注,是不正確的。

【兵】

"兵"字在上古主要指兵器,没有現代漢語士兵、戰士的意義。《左傳·鞌之戰》:"擐(huàn)甲執兵。"《山海經·大荒北經》:"蚩尤作~,伐黄帝。"《荀子·議兵》:"~不血刃,遠邇來服。"現代成語"短~相接"還保存了這個意思。

由兵器引申爲武裝力量,軍隊。《戰國策·觸龍說趙太后》:"必以長安君爲質,~乃出。"《荀子·議兵》:"~强海内,威行諸侯。"《史記·鴻門宴》:"函谷關有~守關。"又:"項羽~四十萬,在新豐鴻門;沛公~十萬,在霸上。""兵"指武裝力量,包括武器和人員。值得注意的是,先秦用作這一意義時,一般没有"兵多少"的説法,似乎重在武器;漢以後意義重點可能已轉爲指人員,相當於今天的"軍隊"了。

有時候"兵"字也指軍事、戰争、戰陣之類。《孫子兵法·謀攻》:"故上~伐謀,其次伐交。"《莊子·則陽》:"今~不起七年矣。"《左傳·隱公三年》:"公子州吁,嬖人之子也。有寵而好~。"

【池】

在上古,"池"字主要用來指護城河。《詩經·陳風·東門之池》:"東門之~,可以漚麻。"毛傳:"池,城池也。"《左傳·齊桓公伐楚》:"楚國方城以爲城,漢水以爲~。"《禮記·禮運》:"城郭溝~以爲固。""池"是有水的,於是也用來指"池塘"。《孟子·梁惠王上》:"數罟不入洿~。"《三國志·吴書·周瑜傳》:"恐蛟龍得雲雨,終非~中物也。""池塘"的意義在現代漢語中也還是常用意義。"城池"的意義則已經不用,只保存在成語"金城湯~"中。

【除】

“除”字在古代主要有兩種意義。一個是宫殿的臺階。《漢書·李廣蘇建傳》:“從至雍棫陽宫,扶輦下～,觸柱折轅。”引申爲一般的臺階。《世説新語·政事》:“聽事前～,雪後猶濕。”杜甫《南鄰》詩:“得食階～鳥雀馴。”這個意義早已不用。

另一個意義是“除去”。《荀子·勸學》:“～其害者以持養之。”《史記·魏其武安侯列傳》:“太后～竇嬰門籍。”(門籍:出入宫門的憑證。)引申爲除外。白居易《與元九書》:“～讀書屬文外,其他懵然無知。”以上意義古今是基本相同的。

但是,古代由“除去”一義引申的一些其他意義現在已不存在了。如《詩經·小雅·小明》“日月方～”,指新年後不久的初春季節,“除”有除舊生新的意思。《史記·魏其武安侯列傳》:“君～吏已盡未?吾亦欲～吏。”李密《陳情表》:“尋蒙國恩,～臣洗馬。”(洗馬:官名。)“除”指對官吏的任命,這個意義在古代很常見。《漢書·景帝紀》:“初～之官。”注:“如淳曰:‘凡言除者,除故官就新官也。’”可見也是從除舊生新的意思引申出來的。至於“除夕”、“歲除”指一年的最後一天,更是和除舊生新一義有關了。

【黨】

在古代漢語裏,“黨”有好幾個意義。最早是指一種居民組織單位。據《周禮》,一萬二千五百家爲“鄉”,五百家爲“黨”。《論語·子路》:“吾～有直躬者。”(直躬:坦白直率。)古代“鄉黨”常常連用,後來用來泛指鄉里(本鄉本土)。司馬遷《報任安書》:“僕以口語遇此禍,重爲鄉～所笑,以污辱先人。”

“黨”的另一個意義是指由利害關係結成的集團,這可能是由第一個意義引申來的。《左傳·襄公二十一年》:“皆欒氏之～也。”

《楚辭·離騷》:"惟夫～人之偷樂兮,路幽昧以險隘。"古代漢語的"黨"字指集團時,一般只用於貶義。現代漢語的"朋～","～羽","死～","結～營私"等就是由此而來的。

"黨"還有"偏袒"的意思,顯然是由"朋黨"引申出來的。《尚書·洪範》:"無偏無～。"《左傳·襄公三年》:"舉其偏,不爲～。"現在還有成語"～同伐異"。

現代漢語的"黨"一般是政黨的意思。政黨是資本主義社會以後的産物,它和朋黨的意思雖然有關係,但所指内容很不一樣。我們決不可以用今天"政黨"的意思去理解古書中的"黨"字。

【貳】

"貳"和"二"在古代就同音,但意義并不相同。現在"貳"字則只是"二"的大寫形式,音義毫無區别。

"貳"最早是"副"的意思。《周禮·秋官·大行人》中"～車九乘",指副車。《孟子·萬章下》有"～室",指副室,即副宫。在一定的上下文裏,"貳"後的名詞可以省去不説。《周禮·天官·大宰》中"乃施法於官府,而建其正,立其～","貳"和"正"相對,指副職。《周禮·秋官·大司寇》中"凡邦之大盟約,……皆受其～而藏之","貳"指盟約的副本。

先秦時期,"貳"的另一個常用意義是指重複一次。《論語·雍也》:"不～過。"同時從屬於兩個君主也叫"貳"。《左傳·鄭伯克段於鄢》:"既而大叔命西鄙北鄙～於己。"貳於己:在從屬原來君主的同時又從屬自己。由此進一步引申爲不專一或不一致,成爲"壹"(專一)的反義詞。《荀子·天論》中"脩道而不～,則天不能禍"是不專一的意思;《荀子·王制》中"法不～後王"是不一致的意思。先秦以後,"貳"的意義逐漸和"二"接近,到現在只作爲"二"的大寫形式保存下來。

【訪】

“訪”在現代漢語裏，一般是“探望”、“拜訪”的意思，例如“～友”，“來～”。上古漢語裏“訪”却不是一般的探望，而是諮詢，即向人徵求意見。《説文》：“汎謀曰訪。”例如《尚書·洪範》：“王～於箕子。”是説周武王向箕子徵詢關於“天道”的意見。《左傳·僖公三十二年》：“穆公～諸蹇叔。”是説秦穆公向蹇叔徵詢關於襲鄭的意見。這些都不是簡單的拜訪。“訪”的賓語是事，不是人。所以第一例有“於”字，和“箕子”組成介賓結構作補語，補充説明諮詢關於“天道”意見的對象。第二例有“諸”字，“諸”是“之於”的合音，其中“之”字是指襲鄭這件事。

“拜訪”是中古才產生的意義，杜甫《贈衛八處士》：“～舊半爲鬼，驚呼熱中腸。”引申爲“尋求”，“尋訪”。《晉書·儒林傳》：“博～遺書。”特指尋訪名勝、古跡。王勃《滕王閣序》：“～風景於崇阿。”這些意義還保存在現代漢語“訪問”、“尋訪”等雙音詞中。至於上古的“諮詢”一義，在現代漢語中已不存在了。

【憤】

“憤”字在上古是憋悶的意思。《論語·述而》：“不～不啓。”(不到學生想不明白因而感到憋悶時不去啓發他。)《楚辭·九章·惜誦》：“發～以抒情。”(發憤：把憋在心裏的話抒發出來。)“憤”和“懣”本是同義詞。《説文》：“憤，懣也。”司馬遷《報任安書》中“是僕終已不得舒～懣以曉左右”，就把“憤”和“懣”連用。上古時期“憤”字不常見，它和“怒”的意義差别很大，“發憤”和“發怒”的意義全不相干。現代漢語繼承了“發憤”這個詞，也完全不是“發怒”的意思。

從漢代開始，“憤”字才由憋悶引申爲因不滿而感情激動。鄒陽《獄中上梁王書》:"此鮑焦所以～於世也。"杜甫《秦州見敕目薛璩畢曜遷官》:"忠臣詞～激,烈士涕飄零。"它的意義也逐漸和"怒"接近。文天祥《指南録後序》:"北雖貌敬,實則～怒。"

中古以前"憤"和"忿"意義不相同。"忿"是怨恨、生氣的意思,和"怒"的意義一直很接近。中古以後,"憤"和"忿"的意義逐漸接近,兩字有時就可以通用了。

【糞】

在古代漢語中,"糞"字并不指糞便,而是"掃除"的意思。《荀子·彊國》:"堂上不～,則郊草不〔瞻曠〕芸。"("瞻曠"二字是衍文,從王念孫説。芸:鋤。)《説文》:"糞,棄除也。"也就是"除穢"的意思。古書中"糞除"常常連用。《左傳·昭公三十一年》:"將使歸～除宗祧以事君。""糞除宗祧"就是把宗廟掃除乾净。

"糞"字在古代另一個常用意義是給禾苗除草、培土和加肥料。《禮記·月令》:"可以～田疇。"孔穎達疏:"糞,壅苗之根也。"段玉裁在《説文解字》"糞"字下説:"凡糞田,多用所除之穢爲之,故曰糞。"這意見是正確的。《荀子·富國》:"多～肥田。"是指多除草、多培土能使田肥沃,如果用現代的意義理解爲"多糞便",就錯了。

古代"糞"也可以用作名詞,指被除的穢土(垃圾)。先秦常常"糞土"連用。例如《論語·公冶長》:"～土之牆不可杇也。"《左傳·襄公十四年》:"其言,～土也。"後來"糞"指糞便,顯然是由穢土的意義引申來的,這意義在漢以後已經出現。如《吴越春秋·句踐入臣外傳》:"今者臣竊嘗大王之～。"但這種用法在古書中并不多見。

【羹】

羹在上古是一種帶汁的肉食,不同於唐宋以後的羹湯。《爾雅·釋器》:"肉謂之羹。"《左傳·鄭伯克段於鄢》:"公賜之食。食舍肉。公問之。對曰:'小人有母,皆嘗小人之食矣,未嘗君之~,請以遺之。'"前邊説"肉",後邊説"羹",指的是一回事。《太平御覽》卷八六一在這段話下面引舊注説:"肉有汁曰羹。"

《詩經·商頌·烈祖》:"亦有和~。"鄭箋:"和羹者,五味調。"這是説,上古一般的羹都要加上五種配料。這五味就是梅、鹽、醯(xī,醋)、醢(hǎi,肉醬)和菜。其中菜是主要的。不同的肉羹用不同的菜。不加菜的羹,叫"臛(huò)",不加調五味的叫"大(太)羹"。上古祭祀時一般用"大羹"。

窮苦人吃不起肉,只能吃菜羹。菜羹也不是菜湯,而是煮熟了的野菜或蔬菜。孔子被困在陳蔡時,"藜~不糝",吃的是野菜,連點米粒也没有。《韓非子·五蠹》中"糲粢之食,藜藿之~",是指藜和藿做的野菜羹,不能解釋爲野菜湯。

【購】

古代"購"字和"買"的意思有很大的差别。《廣雅·釋言》:"購,償也。""購"字在古代是懸賞徵求的意思。購求的對象可以是敵人或罪犯,也可以是要争取的人。《史記·項羽本紀》:"吾聞漢~我頭千金,邑萬户。"《史記·淮陰侯列傳》:"有能生得者~千金。"《漢書·季布傳》:"高祖~求布千金。"除了人以外,也可以是珍貴的書畫。《漢書·張安世傳》:"後~求得書。"《新唐書·褚遂良傳》:"帝方博~王羲之故帖。"直到宋代,"購"字也只表示重價收買,和一般的"買"還是有差别的。蘇軾《送劉道原歸覲南康》詩:"十年閉户樂幽獨,百金~書收散亡。"

【館】

在上古漢語裏,"館"字的基本意義是客舍,相當於現代的招待所或賓館。《詩經・鄭風・緇衣》:“適子之～兮。”《左傳・襄公三十一年》:“乃築諸侯之～。”《説文》:“館,客舍也。从食,官聲。周禮五十里有市,市有館,館有積(儲備),以待朝聘之客。”在上古,“館”字還可用作動詞,是客居、暫住的意思。《左傳・僖公五年》:“師還,～於虞。”《孟子・萬章下》:“帝～甥於貳室。”(甥:女壻。貳室:副室,次於正殿的宫室。)“館人”是掌管賓館的人。《禮記・檀弓上》:“孔子之衛,遇舊～人之喪。”

漢以後,“館”的詞義有了發展。它可用來指宏偉華麗的宫殿。司馬相如《上林賦》:“離宫别～,彌山跨谷。”寫的是帝王在外遊息的宫殿。《洛陽伽藍記・王子坊》:“飛～生風,重樓起霧。”“飛館”和“重樓”都是指高峻的建築物。唐宋以後,“館”字又用於教學的地方。《宋史・何涉傳》:“所至多建學～,勤誨諸生,從之游者甚衆。”舊時私塾學堂稱“家館”、“蒙館”,就是沿用這個意思。

【國】

先秦時,“國”字常用來指諸侯的封地。如“齊國”、“魯國”、“秦國”。《論語・季氏將伐顓臾》:“丘也聞有～有家者。”《孟子・梁惠王上》:“寡人之於～也,盡心焉耳矣。”到西漢時,諸侯王的封邑也叫“國”。《史記・楚元王世家》:“吴王,老人也……今乃首率七～,紛亂天下,奈何續其後!”現代“國”指“國家”就是由古代“國”的這一意義發展出來的,它的意義範圍擴大了。

“國”字在上古還有首都的意思,這是今義所没有的。《左傳・鄭伯克段於鄢》:“先王之制,大都不過參～之一。”屈原《九章・哀郢》:“出～門而軫懷兮,甲之鼂(朝)吾以行。”《禮記・雜記下》:“一～之人皆若狂,賜未知其樂也。”“參國之一”即國都的三分之一。“國門”指首都的城門。“一國之人”指全首都的人。漢以後,除“國門”這種用法外,一般已不用“國”指首都了。

【恨】

“恨”在古代主要是“遺憾”的意思。先秦一般用“憾”,漢代以後才常用“恨”。《史記·淮陰侯列傳》:“大王失職入漢中,秦民無不～者。”司馬遷《報任安書》:“私～無窮。”諸葛亮《出師表》:“未嘗不嘆息痛～於桓靈也。”(痛恨:痛心和感到遺憾。)杜甫《八陣圖》:“遺～失吞吴。”引申爲悔恨。《史記·鼂錯傳》:“於是景帝默然良久,曰:‘公言善,吾亦～之。’”

《説文》:“恨,怨也。”“恨”在古代確實與“怨”的意思有時相近,例如:《荀子·堯問》:“禄厚者民怨之,位尊者君～之。”《史記·信陵君列傳》:“公子往而臣不送,以是知公子～之復返也。”《漢書·鼂錯傳》:“錯趨避東廂,甚～。”但古代“恨”的程度比“怨”輕,實際是“不滿”的意思;“仇恨”的意思一般只用“怨”,不用“恨”。到了現代則相反,“懷～在心”、“～之入骨”,程度都比“怨”重得多。

【給】

在上古,“給”的常用意義有二。一是形容詞,食用豐足的意思。《孟子·梁惠王下》:“春省耕而補不足,秋省斂而助不～。”“不給”就是不豐足。《史記·西門豹治鄴》:“至今皆得水利,民人以～足富。”“給足”就是“家給户足”的意思。

“給”的第二義是動詞,供應。《左傳·齊桓公伐楚》:“貢之不入,寡君之罪也,敢不共～?”《戰國策·齊策四》:“孟嘗君使人～其食用。”“給其食用”並不是把食用給他,而是供應他食用。

“給”的以上兩義都讀 jǐ,第一義在今義中已不存在,只保留在少數成語中。第二義也不常用,但在“供給”“給養”等雙音詞中仍作爲詞素保存着。“給”的今音主要讀 gěi,義爲“給予”,這個意義在上古還没有産生,古書中很少出現,上例中的“不給”、“給其食用”等都不能理解爲“給予”。此外,現在“給”還有表示被動的用法,如“錢給花完了”等,這也是古代所没有的。

【憐】

在古代漢語裏,“憐”字的常用意義是愛,這和現代的憐憫意義是不同的。《莊子·秋水》:“夔～蚿,蚿～蛇,蛇～風,風～目,目～心。”成玄英疏:“憐是愛尚之名。”《戰國策·觸龍説趙太后》:“丈夫亦愛～其少子乎?”“愛憐”是兩個同義詞結合,是珍惜愛護的意思,不能理解爲“喜愛並憐憫”。現代“憐”字的憐憫、哀憐意義大約是漢代以後才有的。鄒陽《獄中上梁王書》:“願大王孰察,少加～焉。”杜甫《月夜》詩:“遥～小兒女,未解憶長安。”但在唐以後的詩詞中,“憐”和“愛”交互運用的時候,“憐”字往往仍然是喜愛的意思。如劉長卿《西江雨後憶荆南諸公》:“既～滄浪水,復愛滄浪曲。”錢起《谷口書齋寄楊補闕》:“竹～新雨後,山愛夕陽時。”

在唐宋詩詞裏,“可憐”二字連用,除“可憐憫”、“可喜愛”的意思外,還有“可羨”、“可惜”、“可怪”等意義。白居易《長恨歌》:“可～光采生門户。”這是可羨的意思。韓愈《贈崔立之評事》:“可～無益費精神。”這是可惜的意思。陸游《平水》:“可～陌上離離草,一種逢春各短長。”這是可怪的意思。這些引申意義都必須根據上下文意細心體會,才能分辨出來。

【臉】

“臉”是後起字(《説文》没有收“臉”字),到中古時期它才被廣泛使用。古人所説的“臉”,範圍要比現在小得多。《韻會》:“臉,目下頰上也。”可見,“臉”僅僅是指顴骨部分。温庭筠《菩薩蠻》:“明鏡照新妝,鬢輕雙～長。”晏殊《破陣子》:“笑從雙～生。”“臉”是古代婦女搽胭脂的地方,所以,詩詞中常有“紅臉”、“桃臉”、“胭脂臉”

這些用語。陳後主《紫騮馬樂府》："紅～桃花色。"顧敻《虞美人》："香檀細畫侵桃～。"白居易《山石榴》詩："淚痕裛損胭脂～。"古人所説的"面"相當於現在的"臉"，"臉"和"面"的區分在古代是很清楚的，如歐陽炯《鳳樓春》："匀面淚，～珠融。"現在"臉"和"面"變成同義詞了。

【賂】

"賂"字在現代只用於"賄賂"一詞中，指用來賄賂别人的財物，也指用財物賄賂别人。古代"賂"可以單用，指贈送的財物，也指用財物贈送别人。《左傳・莊公二十八年》："數之以王命，取～而還。"又《桓公二年》："（宋）以郜大鼎～公。"今義"賄賂"正是由贈送一義引申而來，但由褒義變成了貶義。

今義"賄賂"在上古叫做"賕"。《漢書・刑法志》："吏坐受賕枉法。"注："謂曲公法而受賂者也。"古代"貨賂"兩字常連用，在指財物這一意義上，它們是同義詞，但"貨"另有一義和今義"賄賂"相同。《左傳・僖公三十年》："晉侯使醫衍酖衛侯。甯俞貨醫，使薄其酖，不死。"所謂"貨醫"，就是用財物買通醫生，向醫生行賄。

【勤】

在古代，"勤"字的基本意義是辛勞、辛苦。《論語・子路從而後》："四體不～，五穀不分，孰爲夫子？"《説文》："勤，勞也。""勤"和"勞"是同義詞。《孟子・滕文公上》："將終歲～動。""勤動"即"勞動"。《左傳・僖公三十二年》："勞师以襲遠，非所聞也。師勞力竭，遠主備之，無乃不可乎？師之所爲，鄭必知之。～而無所，必有悖心。"前面説"勞師"（使軍隊疲勞）或"師勞"（軍隊疲勞），後面説"勤而無所"（指軍隊辛勞之後而無所得），"勞"和"勤"前後互文，詞義相同。《左傳》有三處講到"勤民"，其中兩處等於説"勞民"，是

“使民勞苦”的意思。如《昭公十五年》:“獲城而弗取,～民而頓兵,何以事君?”另一處是“爲民辛勞”的意思。《僖公二十八年》:“非神敗令尹,令尹其不～民,實自敗也。”這個“勤民”則不能説成“勞民”。但三處“勤”字都是勞苦,辛勞的意思。現代漢語“勤”字的常用意義是努力工作、不偷懶,但在“勤務員”、“勤工儉學”、“辛勤勞動”等詞語裏,還保存了古義。

【窮】

“窮”字在古代主要是“極”、“盡”的意思。《禮記・樂記》:“～高極遠而測深厚。”《荀子・勸學》:“梧鼠五技而～。”《楚辭・九歌・雲中君》:“横四海兮焉～?”用作動詞則表示到盡頭。《莊子・秋水》:“今我睹子之難～也。”引申爲尋究。陶潛《桃花源記》:“欲～其林。”現代成語有“無～無盡”、“理屈辭～”、“日暮途～”。

古代“窮”字另一個常見意義是“生活困難,境遇不好”。《孟子・梁惠王下》:“老而無妻曰鰥,老而無夫曰寡,老而無子曰獨,幼而無父曰孤。此四者,天下之～民而無告者。”《戰國策・齊策四》:“振困～,補不足。”常用来特指不得仕進和不能顯貴。《論語・衛靈公》:“君子亦有～乎?”王勃《滕王閣序》:“～且益堅,不墜青雲之志。”在這個意義上,“窮”和“通”或“達”相對。《莊子・讓王》:“古之得道者,～亦樂。”《孟子・盡心上》:“～則獨善其身,達則兼善天下。”

“窮”和“貧”在古代不是同義詞。缺乏衣食錢財,一般叫“貧”不叫“窮”;生活困難或不得仕進叫“窮”不叫“貧”。“貧”的對面是“富”,“窮”的對面是“通”或“達”。這種區別在上古是比較清楚的。《左傳・昭公十四年》:“且撫其民,分貧振～,長孤幼,養老疾。”《莊子・德充符》中“死生存亡,～達貧富”,連舉四對反義詞,“窮”和“貧”的分别是很明顯的。

【去】

現代漢語的“去上海”，是到上海去，古代漢語則是“離開上海”，意思正好相反。“去”字上古最常用的意義是“離開（某地或某人）”。《孟子·公孫丑下》：“孟子～齊。”《詩經·魏風·碩鼠》：“逝將～女，適彼樂土。”現代管人死去叫“去世”，卽離開了人世，正是沿用了古代意義。有時候，“去”字不帶賓語，如《莊子·逍遥遊》：“～以六月息者也。”《戰國策·趙策三》：“遂辭平原君而～。”仍是離開的意思。現代還有成語“揚長而～”、“拂袖而～”。

“去”在古代也指離開或放棄某一職位，常與“就”相對。《史記·屈原賈生列傳》：“同死生，輕～就。”離開某地就是不停留在某地，所以又常與“留”相對。如陶潛《歸去來辭》：“曷不委心任～留。”

在上古，“去”還有“距離（某一空間或某一時間）”的意思。這也是由“離開”的意義引申來的。《孟子·離婁上》：“地之相～也千有餘里。”又《公孫丑上》：“紂之～武丁未久也。”這種意義在現代書面語裏仍然有時使用。

【勸】

古代的“勸”是勸勉、鼓勵的意思。《説文》：“勸，勉也。”《管子·立政》：“～勉百姓。”“勸”和“勉”是同義詞。《荀子》的“勸學”就是鼓勵學習；古代所謂“勸農”、“勸耕”、“勸穡”都是鼓勵農業生産。在上古，“勸”字總是用於積極的鼓勵，而不用於消極的勸阻。勸人爲善叫“勸”，鼓動别人做壞事則不能説“勸”。“勸”的反義詞是“懲”、“戒”或“沮（阻止）”。《左傳·成公十四年》：“懲惡而～善。”《墨子·非命中》：“明賞罰以～沮。”《漢書·古今人表序》：“顯善昭惡，～戒後人。”可見勸的是爲善，懲（戒、沮）的是爲惡。

現代“勸”的勸説義是由勸勉義引申來的。這在漢代就産生了。《史記·商君列傳》:“～秦王顯岩穴之士。”《三國志·魏書·武帝紀》:“洛陽殘破,董昭等～太祖都許。”

【乳】

上古時,“乳”本指生殖。《説文》:“人及鳥生子曰乳。”《禮記·月令》:“(季冬之日)鴈北鄉,鵲始巢,雉雊(gòu,鳴),雞～。”《史記·扁鵲倉公列傳》:“菑川王美人懷子而不～。”司馬貞索隱:“乳,生也。”

“乳”在古代還常用來形容哺乳期間的動物。《莊子·盜跖》:“案劍瞋目,聲如～虎。”《漢書·義縱傳》:“寧見～虎,無直甯成之怒。”顔師古注:“猛獸産乳,養護其子,則搏噬過常,故以喻也。”《荀子·榮辱》:“～彘觸虎,～狗不遠遊。”乳虎、乳彘、乳狗是哺乳期間的母虎、母猪、母狗。母猪在哺乳期間敢於頂老虎,母狗不遠走,都是爲了保護小猪、小狗。由於“乳”後來引申出“初生的(鳥)”一義,如鮑照《詠採桑》“～燕逐草蟲,巢蜂拾花藥(一作萼)”,因而很容易把“乳虎”誤解爲“初生的老虎”。讀古書時,要特别注意分辨。

“乳”的“生殖”和“形容哺乳期間的動物”兩項意義,現在已經不用了。現在常用的“乳房”、“乳汁”等意義,古代也有,這是古今相同的。

【色】

古代的“色”相當於現代的“臉色”。《孟子·梁惠王上》:“民有飢～。”《戰國策·觸龍説趙太后》:“太后之～少解。”《史記·蘇秦列傳》:“韓王勃然作～。”這些例中的“色”字都是指臉上表現出來的氣色、神情。在古代,“顔色”的意義和現代也不一樣。“顔”本指兩眉之間,“色”是臉上的神色。《楚辭·漁父》:“顔～憔悴,形容枯槁。”“顔色”和“形容”都是聯合結構詞組。現代的“顔色”是雙音詞，一般指某種色彩（如“紅顔色”），有時也指臉色，相當於古代的“色”（如“給他點顔色看”），但都不能與古代的“顔色”混爲一談。

至於指婦女美貌的意思，這是古今一致的。《孟子・梁惠王下》：“寡人有疾，寡人好～。”

【售】

“售”的今義是“賣”，古義則是“把東西賣出去”。《廣韻》：“售，賣物出手”，正是符合古義的解釋。《詩經・邶風・谷風》：“賈用不～。”柳宗元《鈷鉧潭西小丘記》：“貨而不～。”這裏的“不售”都不能誤解爲“不賣”，而是賣不出去的意思。柳宗元《鈷鉧潭西小丘記》：“余憐而～之。”“售”用作使動，“售之”是指“使它（小丘）賣出去”，而不是“賣它（小丘）”。

“售”本來是“讐”和“讎”的俗體字，古書有時把“售”寫作“讐”或“讎”。《墨子・經下篇》中“賈宜則讐”，是指價錢貴賤適當就能賣得出去。《漢書・宣帝紀》中“每買餅，所從買家輒大讎”，“大讎”是指餅大量賣出去，生意很好。但是，“讐”和“讎”的其他意義，如“仇讐”、“校讎”，則不能寫成“售”。

【樹】

“樹”字在上古經常用作動詞，是種植、栽種的意思。《孟子・梁惠王上》：“五畝之宅，～之以桑。”“樹木”在現代是聯合式双音詞，在上古則是動賓結構詞組。《管子・權修》：“十年之計，莫如～木；終身之計，莫如～人。”又王褒《四子講德論》：“～木者憂其蠹，保民者除其賊。”這裏“樹木”和“保民”對舉，詞性更爲明顯。在上古，不僅可以樹木，而且可以樹穀、樹草、樹麻、樹菽。如《詩經・衛風・伯兮》：“焉得諼（萱）草，言～之背（北堂）。”《管子・權修》：“一年之計,莫如～穀。"《吕氏春秋·任地》:"而～麻與菽。""樹"字在上古也有用作名詞的,《左傳·昭公二年》:"有嘉～焉,宣子譽之。"這種用法到漢代以後才逐漸多起來。

動詞"樹"用於抽象的意義就是樹立、建立的意思。《漢書·鄒陽傳》:"枯木朽株,～功而不忘。"這個意義還保存在現代"樹立"、"建樹"、"樹敵"等詞語中。

【睡】

古代"睡"字的意義比現代要窄,只指坐着打盹兒。《説文》:"睡,坐寐也。"《史記·商君列傳》:"孝公既見衛鞅,語事良久,孝公時時～,弗聽。"這裏的"睡"顯然是指坐着打盹兒。又如《莊子·列禦寇》:"夫千金之珠,必在九重之淵,而驪龍頷下,子能得珠者,必遭其～也。"賈誼《治安策》:"將吏被介胄而～。"這也都是打盹兒的意思。

上古的"睡"和"寐"有明確的分工。如"夙興夜寐"。後來"眠"替代了"寐"。《説文》:"寐,卧也。"段注:"俗所謂睡著也。"上古音:明母,真部。"眠",《説文》未收。大徐本、段注都認俗以爲"眠"是"瞑"的别體,"非是"!"眠"的上古音:明母,微部。"眠""寐"古音爲陽入對轉。《後漢書·第五倫傳》:"竟夕不眠。"大概在唐宋以後的口語裏,"睡"的詞義擴大,替代了"眠",意義才和現代一樣。如蘇軾《海棠》詩:"只恐夜深花～去。"應當注意的是,這時候的"睡覺"一語,是睡醒的意思,和現代很不相同。白居易《長恨歌》:"雲髻半偏新～覺,花冠不整下堂來。"程顥《秋日偶成》詩:"閑來無事不從容,～覺東窗日已紅。"這些都是指睡醒,而不是睡着了。這裏的"覺"要讀成 jué,而不宜讀 jiào。

【塘】

"塘"字現代一般指水塘,在上古則只有堤防、堤壩的意思。

《莊子·達生》:“數百步而出,被髮行歌而游於～下。”“塘下”是指堤壩的下面,不可能指水塘下面。

漢以前“塘”字一般寫作“唐”。《吕氏春秋·尊師》:“治唐圃。”《淮南子·主術訓》:“若發堿(kǎn,堤)決唐。”漢以後才廣泛使用“塘”字。我們讀古書時,必須注意不要用今天“水塘”的意思去理解“塘”字。如謝靈運《登池上樓》:“池～生春草,園柳變鳴禽。”這裏的“池塘”是指水池的堤岸,而不是水池本身。“塘”的這一意義還保存在現代漢語的一些詞語和地名中,如“海塘”、“河塘”、“錢塘”、“瞿塘”等。

“塘”指水塘大約開始於漢末。《廣雅·釋地》:“塘,池也。”杜甫《和裴迪登新津寺寄王侍郎》:“蟬聲集古寺,鳥影度寒～。”這裏的“寒塘”就是指寒冷的水塘。

【涕】

“涕”在古代指眼淚,并不指鼻涕。《詩經·衛風·氓》:“泣～漣漣。”《左傳·襄公二十三年》:“臧孫入,哭甚哀,多～。”《莊子·大宗師》:“孟孫才其母死,哭泣無～,中心不戚。”這幾例指的都是眼淚。現代成語“痛哭流～”、“破～爲笑”,正是保存了古代眼淚的意思。

上古鼻涕叫做“泗”或“洟(tì)”。“泗”、“洟”同“涕”的分别在上古是很清楚的。《詩經·陳風·澤陂》中“～泗滂沱”,毛傳:“自目曰涕,自鼻曰泗。”《周易·萃》中“齎咨～洟”,孔疏:“自目出曰涕,自鼻出曰洟。”

上古没有“淚”字,眼淚的意思都是“涕”。“淚”字到漢代才産生,從此“涕”才有了鼻涕的意思。漢王褒《僮約》中“目淚下落,鼻～長一尺”,是較早的材料,但只出現在歷代比較接近口語的作品中。漢以後的文章,包括詩歌,仍舊經常用“涕”指眼淚,如司馬遷《報任安書》:“士無不起,躬自流～。”庾信《哀江南賦序》:“自然流

～。”即使“涕淚”連用，一般也是單指眼淚，而不是指鼻涕眼淚，如司馬相如《長門賦》：“左右悲而垂淚兮，～流離而從橫。”杜甫《野望》詩：“海内風塵諸弟隔，天涯～淚一身遥。”

【誣】

《説文》：“誣，加言也。”所謂“加言”就是没有事實根據的虚言假語。《韓非子・顯學》：“無參驗而必之者，愚也；弗能必而據之者，～也。故明據先王，必定堯、舜者，非愚則～也。”《大戴禮記・曾子立事》：“不能行而言之，～也。”上二例中的三個“誣”字都是虚言假語的意思，不能用今義去理解。虚言假語帶有欺騙的性質，所以，誣又有欺詐的意思，這也是今義所没有的。《荀子・性惡》：“今與不善人處，則所聞者欺～詐僞也。”“誣”和“欺、詐、僞”并用，是近義詞。《禮記・樂記》：“桑間濮上之音，亡國之音也。其政散，其民流，～上行私，而不可止也。”司馬遷《報任安書》：“因爲～上，卒從吏議。”兩例中的“誣上”都是“欺上”的意思。

“誣”的今義是捏造事實構陷罪名，和“誹謗”、“毁謗”意義相近，如“誣蔑”、“誣陷”、“誣賴”、“誣告”等。今義顯然是由“誣”的古義引申來的。從“没有事實根據”這一點來説，它跟古義是一致的。但古義的“誣”只限於説假話，或以假話欺騙人，而今義則是誣陷别人。

【寫】

古代漢語的“寫”字没有書寫的意思。古代寫字不説“寫”，而説“書”。《左傳・宣公二年》：“大史書曰：‘趙盾弑其君。’”“寫”字在上古的常用意義是鑄刻（成某種人物形狀）。《國語・越語下》：“王命金工以良金～范蠡之狀而朝禮之。”劉向《新序・雜事五》：“葉公子高好龍，鈎以～龍，鑿以～龍，屋室雕文以～龍。”鑄刻都要按照一定的樣子或模子，所以摹擬、摹仿也説“寫”。《韓非子・十過》:"因静坐撫琴而～之。"("寫之"指摹仿一種新樂調。)《淮南子·本經訓》:"雷震之聲,可以鼓鐘～也。""寫"字在漢魏以後又有描繪、描畫的意思。《史記·秦始皇本紀》:"秦每破諸侯,～放(做)其宫室,作之咸陽北阪上。"《文心雕龍·情采》:"敷～器象。"現代仍然有"寫真"、"寫生"等美術專門用語。

"寫"字在漢魏以後還有謄寫、抄録的意思,這是由摹仿、描畫的意義引申來的。《後漢書·班超傳》:"爲官～書受直,以養老母。"《晉書·左思傳》:"於是豪貴之家,競相傳～,洛陽爲之紙貴。"現代"寫"字的意義就是從這種謄抄義進一步引申出來的。

在上古漢語里,"寫"字又是"瀉"的本字,意思是傾注、傾瀉。《周禮·地官·稻人》:"以澮～水。"(澮:田間水溝。)《詩經·邶風·泉水》:"駕言出遊,以～我憂。""寫憂"就是傾瀉憂愁。這種用法直到唐代還存在。杜甫《别贊上人》詩:"異縣逢舊友,初欣～胸臆。"這種"寫"字,現代都寫作"瀉"了。

【臭】

在上古漢語里,"臭"字不用作形容詞,而用作名詞和動詞。名詞"臭",當氣味講,是上古最常見的用法。如《周易·繫辭上》:"同心之言,其～如蘭。"《國語·晉語三》:"惠公即位,出共(gōng)世子而改葬之,～達於外。"《左傳·僖公四年》:"一薰一蕕,十年尚猶有～。"(薰:香草。蕕:臭草。)可見上古時期,無論是香氣還是臭氣,好聞的還是難聞的,都叫做"臭"。大約在漢代以後,用於惡臭的"臭"由名詞變爲形容詞,專指氣味難聞。劉向《説苑·尊賢》:"厨中有～肉。"《水經注·沔水》:"昔白起攻楚,引西山長谷水……死於城東者數十萬,城東皆～,因名其陂爲～池。"名詞"臭"在中古以後也就改讀 xiù,以别於專指惡臭的形容詞"臭"(chòu)。

上古"臭"作動詞用時,是用鼻子辨别氣味,聞的意思,讀 xiù。

《荀子·禮論》:"三～之,不食也。"這個意義後來寫作"嗅"。

【淫】

"淫"在上古較早的意義是"浸潤"。《周禮·考工記·匠人》:"善防者水～之。"(防:堤防。水淫之:指用水浸土。)這個意義并不常見,但保存在後代"浸淫"這個双音詞中。司馬相如《難蜀父老》:"浸～衍溢。"

"淫"在古代常見的意義是"過分,過度"。《尚書·大禹謨》:"罔～於樂。"(罔:毋,不要。)《左傳·莊公十一年》:"天作～雨,害於粢盛。"(粢盛:泛指糧食。)《論語·八佾》:"關雎樂而不～。"(關雎:《詩經》篇名。)賈誼《論積貯疏》:"～侈之俗,日日以長。"引申爲淫邪。《左傳·昭公三十一年》:"善人勸焉,～人懼焉,是以君子貴之。"《楚辭·離騷》:"謡諑謂余以善～。"特指不正當的男女關係。《左傳·宣公四年》:"～於䢵子之女。"(䢵 yǔn,國名。)《荀子·天論》:"内外無别,男女～亂,父子相疑。"這個意義到現在成爲"淫"的主要意義,其他意義都不常用了。

【獄】

漢代以前,"獄"指官司、案件,不是指監牢。《左傳·莊公十年》:"小大之～,雖不能察,必以情。"又《昭公二十八年》:"梗陽人有～,魏戊不能斷。"《墨子·非命下》:"聽～治政。"先秦時期"獄"和"訟"常連用,也常出現"斷獄"和"聽獄"的説法,都證明當時"獄"不是指監牢。

漢代以前監牢叫"囹圄(língyǔ)"。《禮記·月令》:"命有司,省囹圄,去桎梏,毋肆掠,止～訟。"《禮記》雖然是由漢代學者輯集成的,但從上舉例中可以看出"囹圄"和"獄"的分别是很清楚的。

"獄"指監牢,開始於漢代。《史記·鄒陽列傳》:"恐死而負累,乃從～中上書。”楊惲《報孫會宗書》:“妻子滿～。”但官司、訴訟的意義仍然一直沿用下來,如“獄辭”指官司訟辭,“獄吏”指處理訴訟的官吏,都不能把其中的“獄”理解爲監牢。

【逐】

在上古,“逐”字的基本意義是追趕、追捕。《尚書·費誓》:“臣妾逋逃,無敢越～。”《周易·睽卦》:“喪馬勿～。”《漢書·蒯通傳》:“秦失其鹿,天下共～之。”“逐”字用於戰事,則有追擊的意思。《左傳·莊公十年》:“遂～齊師。”“逐馬”、“逐鹿”是追上或追回來,而不是把它趕走;“逐齊師”也不是把齊軍趕走,而是爲了追上加以消滅。就這個意義看,上古“逐”和“追”是同義詞。《史記·田單列傳》:“齊人追亡～北,所過城邑,皆畔(叛)燕而歸田單。”“追亡”和“逐北”都是追擊敗逃者的意思。

“逐”字在古代還有驅逐、放逐(從朝廷里趕出來)的意思,是由它的基本意義引申出來的。《史記·李斯列傳》:“非秦者去,爲客者～。”《楚辭·哀郢》:“信非吾罪而棄～兮。”《史記·管晏列傳》:“吾嘗三仕,三見～於君。”這個意義的“逐”就不能説成“追”。

【走】

“走”字的古今詞義有明顯的差别。古代“走”字的基本意義是“跑”,《戰國策·觸龍説趙太后》:“老臣病足,曾不能疾～。”“疾走”就是“快跑”。《説文》:“走,趨也。”《釋名·釋姿容》説:“徐行曰步,疾行曰趨,疾趨曰走。”這正確解釋了古代“走”字的意義。又如“走舸”是跑得快的戰船,“走狗”本來是指跑得快的獵狗。

現代的“跑”字可以引申爲逃跑的意思(如“敵人跑了”),古代的“走”字也常用於逃跑。《戰國策·秦策四》:“三國疾攻楚,楚必～秦以急。”《孟子·梁惠王上》:“棄甲曳兵而～。”

在古漢語里,“走”字還可用作名詞,指被驅使的人。《左傳·襄公三十年》:“吏～問諸朝。”《經典釋文》注云:“走,走使之人也。”因此又用作自謙之詞。張衡《東京賦》:“～雖不敏,庶斯達矣。”這里的“走”就是“我”的一種自謙説法。

練習一

一　查閱下列各字在《康熙字典》(或《辭源》修訂本)中所屬的部首：

丹　之　亞　常　卍　受　嚴　隣

巡　希　幽　胡　怡　攻　書　民

煎　者　茁　貳　郊　望　平　術

二　“行”字在《康熙字典》和《辭源》中各有幾種讀音？兩者是否一致？“行簏”的“行”讀什麼音？

三　從《詞詮》中查出下列各句中加△的虛詞在句中的意義：

1. 以殘年餘力，曾不能毀山之一毛。(《列子·湯問》)

2. 居廟堂之高，則憂其民，處江湖之遠，則憂其君。(范仲淹《岳陽樓記》)

3. 既出，得其船，便扶向路。(陶淵明《桃花源記》)

4. 或圓如簞，或方似笥。(《水經注·巫山、巫峽》)

5. 自非亭午夜分，不見曦月。(《水經注·巫山、巫峽》)

6. 廣袤豐殺，一稱心力。(白居易《廬山草堂記》)

四　什麼是六書？每類主要特點是什麼？分別列舉象形、指事、會意、形聲字各五例。

五　什麼是詞的本義和引申義？了解詞的本義和引申義有什麼意義？怎樣辨別詞的本義？

六　下列句子中加△的字屬於六書的哪一類？根據字形判斷它們在句子中是本義還是引申義？

1. 北山愚公長息曰。(《列子·湯問》)

2. 投諸渤海之尾,隱土之北。(《列子・湯問》)

3. 芳草鮮美,落英繽紛。(陶淵明《桃花源記》)

4. 至若春和景明,波瀾不驚。(范仲淹《岳陽樓記》)

5. 沙鷗翔集,錦鱗游泳。(范仲淹《岳陽樓記》)

6. 每至晴初霜旦,林寒澗肅。(《水經注・巫山、巫峽》)

7. 而河間王琛最爲豪首。(《洛陽伽藍記・王子坊》)

8. 蓋本不足以記斯樓。(汪琬《傳是樓記》)

七　解釋下列兩組句子中加△號詞的意義,并説明哪個是本義,哪些是引申義。

(A)組:

1. 肉食者謀之,又何間焉?(《左傳・莊公十年》)

2. 又間令吴廣之次所旁叢祠中,夜篝火,狐鳴呼曰:……(《史記・陳涉起義》)

3. 晏子爲齊相,出,其御之妻從門間而窺其夫。(《史記・管晏列傳》)

4. 願足下假臣奇兵三萬人,從間道絶其輜重。(《史記・韓信破趙之戰》)

5. 間命工斲木爲櫥,貯書若干萬卷。(汪琬《傳是樓記》)

6. 對曰:"願少間。"(《史記・淮陰侯列傳》)

7. 臣誠恐見欺於王而負趙,故令人持璧歸,間至趙矣。(《史記・廉頗藺相如列傳》)

8. 郤至曰:"楚有六間,不可失也。"(《左傳・成公十六年》)

9. 韓信使人間視。(《史記・韓信破趙之戰》)

10. 少焉,月出於東山之上,徘徊於斗牛之間。(蘇軾《赤壁賦》)

(B)組：

1. 發使使燕。(《史記・韓信破趙之戰》)

2. 塗有餓莩而不知發。(《孟子・梁惠王上》)

3. 君子引而不發，躍如也。(《孟子・盡心上》)

4. 齊王使使者問趙威后，書未發。(《戰國策・齊策四》)

5. 夫鵷鶵發於南海。(《莊子・秋水》)

6. 春心莫共花爭發。(李商隱《無題》)

7. 舜發於畎畝之中。(《孟子・告子下》)

8. 退而省其私，亦足以發，回也不愚。(《論語・爲政》)

9. 文物以紀之，聲明以發之。(《左傳・桓公二年》)

10. 天無以清，將恐裂；地無以寧，將恐發。(《老子・第三十九章》)

八 解釋下列各句中加△的詞或詞組，并説明它們古今意義的變化，指出其中哪些是詞義的擴大、縮小，哪些是詞義感情色彩和輕重的變化：

1. 飲於河渭。(《山海經・夸父逐日》)

2. 子路從而後，遇丈人，以杖荷蓧。(《論語・子路從而後》)

3. 空谷傳響，哀轉久絶。(《水經注・巫山、巫峽》)

4. 不恨我不見石崇，恨石崇不見我！(《洛陽伽藍記・王子坊》)

5. 唐氏之棄地，貨而不售。(柳宗元《鈷鉧潭西小丘記》)

6. 書於石，所以賀茲丘之遭也。(柳宗元《鈷鉧潭西小丘記》)

7. 陰風怒號，濁浪排空。(范仲淹《岳陽樓記》)

8. 則有去國懷鄉，憂讒畏譏。(范仲淹《岳陽樓記》)

9. 由漢氏以來，人主往往重官賞以購之。(汪琬《傳是樓記》)

10. 則又跧伏窮山僻壤之中。(汪琬《傳是樓記》)

九 把下面的短文加上標點並譯成現代漢語：

謝公與人圍棋俄而謝玄淮上信至看書竟默默無言徐向局客問淮上利害答曰小兒輩大破賊意色舉止不異於常(《世説新語·雅量》)

昔齊人有欲金者清旦衣冠而之市適鬻金者之所因攫其金而去吏捕得之問曰人皆在焉子攫人之金何對曰取金之時不見人徒見金(《列子·説符》)

予謁告南歸以成化戊戌冬十月十六日過大鎗嶺抵大柳樹驛時日過午矣不欲但已問驛吏吏紿言須晚尚可及滁州也上馬行三十里稍稍聞從者言前有清流關頗險惡多虎心識之

抵關已昏黑退無所止即遣人驅山下郵卒挾銅鉦束燎以行山口兩峯夾峙高數百尋仰視不極石棧嶇崟悉下馬累肩而上仍相約有警即前後呼譟爲應適有大星光煜煜自東西流寒風暴起束燎皆滅四山草木蕭颯有聲由是人人自危相呼譟不已銅鉦鬨發山谷響動行六七里及山頂忽見月出如爛銀盤照耀無際始舉手相慶然下山猶心悸不能定者久之予計此關乃趙點檢破南唐擒其二將處玆遊雖險而奇當爲平生絶冠夜二鼓抵滁陽(程敏政《夜度兩關記》)

文　選

鄭伯克段於鄢①　　《左　傳》

【《左傳》介紹】《左傳》相傳是春秋晚期魯國史官左丘明所作，原名《左氏春秋》。西漢後期古文經學家認爲它是解釋孔丘的《春秋》的，改稱《春秋左氏傳》。唐以後，人們根據《左傳》的内容，考證它實際成書的年代，大約在戰國中期。

《左傳》是我國第一部敍事詳細的編年體歷史著作，起于魯隱公元年（公元前722年），止于魯哀公二十七年（公元前468年），實際記事到魯悼公十四年（公元前453年）。它是研究我國古代社會特别是春秋時期社會變革的重要歷史文獻。書中對各諸侯國之間的争霸鬭争，各諸侯國内部公室與公族之間以及公族與公族之間的争權鬭争，廣大勞動人民與統治階級之間的階級鬭争，和當時發生的一些重要的自然現象，都作了比較真實的記載，對統治者的凶惡殘暴、驕奢淫逸和腐朽的神權觀念也作了一定的批判。但是，《左傳》的作者對某些維護反動統治的政治措施、道德觀念，予以贊賞；對於被剥削階級的起義和統治階級内部的革新措施，則進行否定和攻擊，這反映了作者的局限性。

《左傳》善於用簡練的語言記述複雜紛繁的歷史事件(特别是大規模的戰争),也善於用寫實的手法,通過人物的言語行動,鮮明地表現出歷史人物的面貌和性格。這對後代文學、史學和語言的發展都有較大的影響。

東漢以後,爲《左傳》作注的很多,現在最通行的是十三經注疏中的《春秋左傳注疏》(晉杜預注,唐孔穎達疏)。

【説明】春秋時期,周王室逐漸衰微,各諸侯國之間開始了互相兼併的戰争,各國内部貴族之間争奪權勢的鬬争也同時加劇起來。本文記敍了春秋初期發生在鄭國的一個歷史事件。它描寫了鄭莊公的陰險狡詐,其母姜氏的偏心狠毒和其弟共叔段的貪婪愚蠢,表現了鄭國統治者母子兄弟之間爾虞我詐、互相傾軋的激烈鬬争。語言簡潔,形象生動,情節曲折,是一篇富有文學色彩的歷史散文。

本篇選自《左傳·隱公元年》(公元前 722 年),題目是後加的。

初,鄭武公娶于申,曰武姜②。生莊公及共叔段③。莊公寤生,驚姜氏,故名曰寤生,遂惡之④。愛共叔段,欲立之。亟請於武公⑤。公弗許。

注　釋

① 鄭伯:指鄭莊公。鄭屬伯爵,故稱鄭伯。　段:共(gōng)叔段。　鄢(yān):地名,在今河南鄢陵縣境。

② 初:當初。這是追述往事的習慣用詞。　鄭武公:姓姬,名掘突,鄭國第二代君主,鄭桓公的兒子。　申:國名,姜姓,在今河南南陽市。　武姜:武公妻姜氏。武是她丈夫的謚號,姜是她娘家的姓。

③ 共叔段:莊公的弟弟,名段。古代以“伯、仲、叔、季”表兄弟間排行,段比莊公小三歲,所以叫叔段。叔段後來失敗出奔共國,所以稱“共叔段”。　共:國名,在今河南輝縣市。

④ 寤(wù)生：胎兒出生時脚先出來，即難産。 寤：通“牾”，逆，倒着。驚姜氏：使姜氏吃驚。“驚”是動詞用作使動。 遂惡(wù)之：於是就厭惡他。 遂：副詞，於是，就。

⑤ 欲立之：想要立他〔作太子〕。 亟(qì)：屢次。

及莊公卽位，爲之請制[①]。公曰：“制，巖邑也，虢叔死焉[②]。佗邑唯命[③]。”請京，使居之，謂之京城大叔[④]。祭仲曰[⑤]：“都城過百雉，國之害也[⑥]。先王之制，大都不過參國之一[⑦]，中五之一，小九之一。今京不度，非制也，君將不堪[⑧]。”公曰：“姜氏欲之，焉辟害[⑨]？”對曰：“姜氏何厭之有[⑩]！不如早爲之所，無使滋蔓[⑪]。蔓，難圖也[⑫]。蔓草猶不可除，況君之寵弟乎[⑬]？”公曰：“多行不義，必自斃，子姑待之[⑭]！”

注　釋

① 及：到。 卽位：就位，指開始做國君。爲之請制：〔武姜氏〕替共叔段請求制這個地方〔作爲封邑〕。爲(wèi)：介詞，替，給。制：地名，在今河南滎(xíng)陽市汜(sì)水西，又名虎牢。原是東虢(guó)國的領地。東虢被鄭武公所滅，制就成爲鄭地。

② 巖邑：險要的城邑。 邑：人羣聚居的地方，大小不定。 虢叔：東虢的國君。 死焉：死在那裏。 焉：指代詞兼語氣詞，於是。並表示陳述、提示的語氣。

③ 佗：同“他”。 唯命：“唯命是聽”的省略。“唯……是……”是賓語前置的凝固格式。“唯”是語氣詞，“是”是代詞，複指前置的賓語。

④ 京：地名，在今河南滎陽市東南。 大：通“太”。

⑤ 祭(zhài)仲：鄭國大夫，字足，故一稱“祭足”或“祭仲足”。

⑥ 都會的城牆超過三百丈，是國家的禍害。 城：指城牆。 雉：單位名詞。古代城牆長三丈高一丈爲一雉。百雉就是城牆的面積長三百

丈高一丈。

⑦ 參國之一:國都的三分之一。　參:三。　國:國都。與上文"國之害也"的"國",詞義不同。當時的制度,侯伯的國都,城牆爲三百雉。三分之一就是百雉。

⑧ 不度:不合法度。　度:法度,制度。這裏用作動詞。　非制:不是先王的制度。　不堪:受不了。　堪:能忍受,能支持。

⑨ 焉辟害:怎麽能躲避禍害。焉:疑問代詞,哪裏,怎麽。經常用在動詞前做狀語,與用在句末的"焉"是兩個詞。辟:這個意義後來寫作"避"。

⑩ 姜氏有什麽滿足?　厭:通"猒(饜)",滿足。　何厭之有:等於説"有何厭"。"何……之有"是個固定格式。"之"是代詞,複指動詞"有"前面的賓語。

⑪ 不如早點給他安排個地方,不要讓他發展。爲之所:是個動詞帶雙賓語結構。　爲:動詞,這裏是安排的意思。　之:指共叔段,作"爲"的間接賓語。　所:處所,"爲"的直接賓語。　無:通"毋",不要。　滋蔓:滋長、蔓延。這裏指不斷發展自己的勢力。

⑫ 圖:圖謀,謀劃。這裏指想辦法對付。

⑬ 蔓延的野草還不能除掉,何況您的尊貴的弟弟呢?　猶:副詞,尚且,還(hái)。　況:連詞,何況,表示進一層意思。

⑭ 不義:指不義的事情。　自斃:自己摔跟頭。　斃:仆倒,倒下去。子:您。古時對男子的尊稱。　姑:姑且。　之:代詞,指共叔段自斃的事。

既而大叔命西鄙北鄙貳於己①。公子吕曰②:"國不堪貳,君將若之何③?欲與大叔,臣請事之;若弗與,則請除之④。無生民心⑤。"公曰:"無庸,將自及⑥。"大叔又收貳以爲己邑,至於廩延⑦。子封曰:"可矣。厚將得衆⑧。"公曰:"不義不暱,厚將崩⑨。"

注　釋

①既而：由副詞"既"和連詞"而"組成的固定結構，常用來表示一件事過去不久又發生另一件事。　鄙：邊邑。　貳於己：意思是使原來屬於鄭莊公管轄的西北邊邑也同時臣屬於自己。　貳：兩屬，臣屬於二主。

②公子吕：字子封，鄭國大夫。

③國家受不了兩屬的情況，您將對它怎麽辦？　若之何：對它怎麽辦（處置）。"若……何"是一種固定格式。

④〔如果您〕要〔把鄭國〕交給大叔，那麽就請允許我去侍奉他；如若不給，那麽就請除掉他。這裏並列用了兩個表示假設的複句。後一複句有連詞"若……"與"則……"，表示兩個分句之間的因果關係。　事：服事，侍奉。

⑤生民心：使民生心，就是使人民〔由於有兩個君主〕而産生二心。"生"在這裏是使動用法。

⑥無庸：不用，指用不着除之。　庸：用。　自及：自己趕上〔災禍〕，即自取滅亡。　及：趕上。

⑦共叔段又收取原來兩屬的地方作爲自己的郡邑，〔領地擴大〕到了廩延。貳：指以前兩屬的地方（"西鄙北鄙"）。　廩（lǐn）延：地名，在今河南延津縣北。

⑧厚：本義是山陵大，這裏指所佔領的土地擴大。　衆：指百姓。

⑨不義不暱（nì）：指對君不義對兄不親。"不義"和"不暱"是並列關係。暱：同"昵"，親近。一説"不義"和"不暱"是條件關係。意思是多行不義，别人就不會親近他。　崩：山塌，這裏指崩潰，垮臺。

大叔完聚，繕甲兵，具卒乘，將襲鄭①。夫人將啓之②。公聞其期③，曰："可矣。"命子封帥車二百乘以伐京④。京叛大叔段。段入於鄢⑤。公伐諸鄢⑥。五月辛丑，大叔出奔共[7]。

……

注　釋

① 完:修葺(qì),指修城。　聚:聚集,指聚集百姓。　繕甲兵:整修鎧甲和武器。　繕:修繕,修理整治。　具卒乘(shèng):準備好步兵和兵車。　具:備,準備。　襲:偷襲,襲取。

② 夫人:指武姜。　啓之:爲他開城門,即作内應。　啓:開門。

③ 其期:指共叔段襲鄭的日期。

④ 帥:率領。　車二百乘:戰車二百乘。乘是古代軍隊組織單位。一乘有甲士(帶盔甲的兵士)三人,步卒七十二人。二百乘共有甲士六百人,步卒一萬四千四百人。

⑤ 入於鄢:進入鄢,意即逃到鄢這個地方。

⑥ 諸:"之於"的合音字。其中"之"指代共叔段。

⑦ 五月辛丑:指隱公元年五月二十三日。古人以干支記日。　出奔共:出逃到共國〔避難〕。　出奔:逃亡到國外。　奔:急跑,逃跑。

遂寘姜氏於城潁,而誓之曰[1]:"不及黄泉,無相見也[2]。"既而悔之[3]。

注　釋

① 於是〔莊公〕就把姜氏放逐在城潁,並對她發誓説。　寘:放置,安置。城潁:地名,在今河南臨潁縣西北。

② 黄泉:地下的泉水。這句是説,不到死後不相見。也就是這輩子不見面了。

③ 之:指代安置姜氏於城潁和發誓的事。

潁考叔爲潁谷封人,聞之,有獻於公[1]。公賜之食[2]。食舍肉[3]。公問之。對曰:"小人有母,皆嘗小人之食矣,未嘗君之羹[4]。請以遺之[5]。"公曰:"爾有母遺,繄我獨無⑥!"潁考叔曰:"敢問何謂也⑦?"公語之故,且告之悔⑧。對曰:"君何患焉⑨?若闕地及泉,隧而相見⑩,其誰曰不然⑪?"公從之。公入而賦⑫:"大隧之中,其樂也融融⑬。"姜出而賦⑭:"大隧之外,其樂也洩洩。"遂爲母子如初⑮。

注　釋

① 潁考叔:鄭國大夫。　潁谷:鄭國邊邑,在今河南登封市西南。封人:管理疆界的官。　封:疆界。　獻:恭敬地送給。這裏用作名詞,進獻的東西。

② 賜之食:賞給他吃的。"食"用如名詞。這是動詞帶雙賓語結構。下文"語之故"、"告之悔"結構相同。

③ 舍:"捨"的古體。放着。現代"捨"又簡化爲"舍"。

④ 嘗:辨別滋味。這裏是"吃"的意思。　小人:潁考叔謙稱自己。羹(gēng):帶汁的肉食。

⑤ 請讓我拿去送給我的母親。　遺(wèi):贈與,送給。

⑥ 爾:你。　繄(yī):句首語氣詞,作用與"惟"相近。

⑦ 冒昧地問一下你說的是什麼意思。　敢:表謙敬的副詞,有"大胆"、"冒昧"的意思。　何謂:即"謂何"。疑問句中代詞賓語前置。下文"何患"結構相同。

⑧ 語(yù):告訴。　故:緣故。　悔:後悔。

⑨ 您在這件事情上憂慮什麼呢?　患:憂慮,擔心。　焉:於此。

⑩ 闕:通"掘",挖。　隧:隧道。這裏用作動詞,挖隧道。

⑪ 誰說不是這樣呢?　其:語氣詞,加强反問。　然:指示代詞,這樣。這裏指黄泉相見。

⑫ 入:指走進隧道。　賦:賦詩。

⑬ 其樂也:那快樂啊。　其:指示代詞,那。　也:語氣詞,放在主語後,表示提頓。　融融:形容和睦快樂的樣子。下文"洩洩(yìyì)"義近。洩洩:自由自在的樣子。

⑭ 出:指走出隧道。

⑮ 從此作爲母親和兒子像當初一樣。也就是恢復了母子關係。

齊桓公伐楚　《左　傳》

【説明】本文是記敍春秋初年齊楚兩個强國之間的一場鬬争。齊桓公任用管仲，控制了華夏諸國後，爲了稱霸天下，尋找藉口向楚國進軍；正在向北擴張的楚國也以武力作後盾，同齊國展開了尖鋭的外交鬬争。齊國君臣恃强威脅，咄咄逼人，楚國使者不甘示弱，針鋒相對。最後達成妥協，齊桓公許和退兵。文章很簡潔地表述了外交上的辭令應對。

本篇選自《左傳・僖公四年》，題目是後加的。

四年春，齊侯以諸侯之師侵蔡[①]。蔡潰[②]，遂伐楚。楚子使與師言曰[③]："君處北海，寡人處南海，唯是風馬牛不相及也[④]。不虞君之涉吾地也[⑤]，何故？"管仲對曰[⑥]："昔召康公命我先君大公曰[⑦]：'五侯九伯，女實征之，以夾輔周室[⑧]。'賜我先君履[⑨]：東至於海，西至於河，南至於穆陵，北至於無棣[⑩]。爾貢包茅不入，王祭不共，無以縮酒，寡人是徵[⑪]；昭王南征而不復[⑫]，寡人是問。"對曰："貢之不入，寡君之罪也，敢不共給[⑬]？昭王之不復，君其問諸水濱[⑭]。"師進，次於陘[⑮]。

注　釋

① 四年：指魯僖公四年，即公元前656年。齊侯：指齊桓公。齊屬侯爵，故稱齊侯。　以：介詞，用，憑藉。　諸侯之師：各諸侯國的軍隊。當時與齊國一道參加這次戰争的有魯、宋、陳、衞、鄭、許、曹等國。

蔡：蔡國。姬姓，侯爵。在今河南汝南、上蔡、新蔡一帶。蔡是楚的盟國，“侵蔡”是爲“伐楚”作準備。

② 潰：潰敗，被打垮。

③ 楚子：指楚成王。楚屬子爵，故稱楚子。　使：派遣使者。　與：介詞，和，跟。　師：指以齊國爲首的軍隊。

④ 處(chǔ)：居住。　北海、南海：這裏指北方、南方。齊國雖臨北海(即今之渤海)，但楚國邊境不到南海。故非實指，只是説齊楚兩國相距甚遠。　唯：句首語氣詞。　風：指牝(pìn)牡(mǔ)相誘。這句的意思是，你在北方，我在南方，相距很遠，本來互不相干。

⑤ 没料到你們進入我國的領地。　虞：料到。　涉：蹚水過河。這裏有進入的意思。不説侵入而説涉，是委婉的説法。　之：連詞，在這裏連接主語“君”和謂語“涉吾地”，使這個主謂結構變爲偏正結構，作動詞“虞”的賓語。

⑥ 管仲：齊國大夫。姓管，名夷吾，字仲。春秋時著名的政治家。

⑦ 召(shào)康公：周文王庶子，名奭(shì)，食邑在召(今陝西鳳翔縣)。武王時封於北燕(今河南郾城縣東)。成王時爲太保，“康”是他的謚號。　先君：後代君臣對本國已故君王的稱呼。　大(tài)公：即姜太公，名尚。齊國的第一個國君。　大：通“太”。　命：命令。下文就是引用當初召康公代表周王朝封太公於齊的命令中的話。

⑧ 五侯九伯：泛指天下諸侯。　五侯：指公侯伯子男五等爵位。　九伯：九州之長。　女(rǔ)：通“汝”，你。　實：句中語氣詞，表示命令或祈使。　征：征伐，討伐。　夾輔：輔佐。　這幾句是説周王室賜給太公可以征伐有罪諸侯的特權。

⑨ 履：踐踏。這裏用作名詞，指所踐踏的地方，即權力所至的範圍。

⑩ 海：指今黄海和渤海。　河：黄河。　穆陵：齊地名，即今山東臨朐(qú)縣南穆陵關。　無棣(dì)：齊國北部邊邑，在今山東無棣縣北。

⑪ 你應納貢的包茅没有交納，周王祭祀用品供給不上，没有用來縮酒的東西，我有責任查問這件事。　包茅：包成捆兒的菁茅。　茅：菁茅，楚國的土産。　共：供給，這一意義後來寫作“供”。　縮酒：滲酒。

古代祭祀時的一種儀式，即把酒倒在包茅上慢慢地滲下去，表示如鬼神喝了一樣。　是：代詞，指包茅不入的事，是動詞“徵”的前置賓語。徵：問，責問。下文“寡人是問”的“是問”，結構和意義同“是徵”。

⑫ 昭王：周昭王，名瑕，成王之孫。相傳昭王晚年南巡到漢水時，當地人民怨恨他腐敗，故意給了他一隻用膠粘的船渡江。結果行至江心，船沉而死。“南征而不復”指的就是這件事。　征：行，指巡行。　復：返回。以上都是齊國用以進攻楚國的藉口。

⑬ 貢之不入，寡君之罪也：這是個判斷句。主語“貢之不入”，又是一個用連詞“之”取消獨立性的偏正結構。謂語“寡君之罪”是個一般的用連詞“之”連接的偏正結構。　寡君：臣子對别國人謙稱自己的國君。敢：表謙敬的副詞，含有胆敢或豈敢的意思，這裏是豈敢。

⑭ 其：語氣詞，表示委婉語氣，用在祈使句裏含有“還是”的意思。　諸：之於。其中“之”字指代昭王之不復這件事。　水濱：水邊。

⑮ 次：臨時駐紮。　陘(xíng)：楚地名，在今河南郾城縣南。

夏，楚子使屈完如師①。師退，次於召陵②。齊侯陳諸侯之師，與屈完乘而觀之③。齊侯曰：“豈不穀是爲？先君之好是繼④。與不穀同好⑤，如何？”對曰：“君惠徼福於敝邑之社稷，辱收寡君，寡君之願也⑥。”齊侯曰：“以此衆戰，誰能禦之⑦！以此攻城，何城不克！”對曰：“君若以德綏諸侯⑧，誰敢不服？君若以力，楚國方城以爲城，漢水以爲池⑨，雖衆，無所用之⑩。”屈完及諸侯盟⑪。

注　釋

① 屈完：楚國大夫。　如：往，到……去。　師：指進駐陘的各諸侯國軍隊。

② 召(shào)陵：楚地名，在今河南郾城縣東。

③ 陳：陳列。把諸侯之師陳列出來，是向楚示威。　乘(chéng)：乘車。

④〔這次用兵〕難道爲了我?〔而是〕爲了繼承先君的友好關係。這是虛僞的外交辭令。　不穀:不善,諸侯謙稱自己。　是:前後兩個都是代詞,複指前置賓語。"賓語+是+動詞"是古漢語裏一種固定格式。

⑤同好(hǎo):共同友好。

⑥承蒙您向我國的社稷之神求福,收容我的君主爲同好,這本是我的君主的願望。　惠:敬詞,用於對方對待自己的行動。意思是,您這樣做是對我的恩惠。　徼(yāo):求。　敝邑:謙稱自己的國家。　社稷:土神和穀神。　辱:謙詞,表示承蒙。意思是,您這樣做是您蒙受了恥辱。

⑦衆:名詞,指衆將士,與下文"雖衆"的"衆"詞性意義都不同。　禦:抵擋。

⑧綏(suí):安撫。

⑨您如果憑藉武力〔進行威脅〕,我們楚國就拿方城作爲城牆,拿漢水作爲護城河。　方城:山名,在今河南葉縣南。在句中是介詞"以"的前置賓語。下句"漢水"的用法相同。　池:護城河。

⑩即使將士衆多,也没有用它的地方。

⑪盟:訂立盟約。

鞌之戰　《左傳》

【説明】鞌之戰是春秋時期一次著名的戰役。公元前589年,齊國出兵攻打魯國和衛國,魯、衛向晉國求援,于是在齊晉之間發生了這次戰争。《左傳》記述鞌之戰的文字較長,這里選的是其中的一部分。

《左傳》中,有不少關於春秋時期各諸侯國之間戰争的記載,特别是對幾次大的戰役,都能把事情的來龍去脈,各種人物的精神狀態,整個戰役的進展以及戰争中一些重要的細節清晰而生動地描繪出來,並在敍述中揭示出雙方或勝或負的原因。這些記述不僅是重要的歷史資料,而且有相當高的文學價值。如本篇就是通過對幾個主要人物的細節描寫，展示了鞌之戰的整個過程，揭示了這次戰爭勝負的原因是由於齊軍驕傲輕敵，晉軍同仇敵愾。當然，由于作者時代、思想的局限，不可能從各國政治、經濟的背景上來揭示戰爭的實質。至於那些占卜或做夢應驗之類的描寫，則是作者迷信思想的反映。

本篇選自《左傳・成公二年》，題目是後加的。

癸酉①，師陳於鞌②。邴夏御齊侯③，逢丑父爲右④。晉解張御郤克，鄭丘緩爲右⑤。齊侯曰："余姑翦滅此而朝食⑥！"不介馬而馳之⑦。郤克傷於矢⑧，流血及屨，未絶鼓音⑨。曰："余病矣⑩！"張侯曰⑪："自始合，而矢貫余手及肘⑫，余折以御，左輪朱殷⑬。豈敢言病？吾子忍之⑭。"緩曰："自始合，苟有險⑮，余必下推車。子豈識之⑯？——然子病矣⑰！"張侯曰："師之耳目，在吾旗鼓，進退從之⑱。此車一人殿之，可以集事⑲。若之何其以病敗君之大事也⑳？擐甲執兵，固即死也㉑。病未及死，吾子勉之㉒！"左并轡，右援枹而鼓㉓。馬逸不能止㉔，師從之。齊師敗績㉕。逐之，三周華不注㉖。

注　釋

① 癸酉：成公二年(公元前 589 年)六月十七日。

② 師：指齊、晉等國的軍隊。　陳：擺開陣勢。　鞌(ān)：齊地名，在今山東濟南市附近。

③ 邴夏：人名。　御：駕車。　齊侯：指齊頃公，名無野。

④ 逢(páng)丑父，人名。　右：車右，又稱驂乘。古代車戰時，尊者居車的左邊，御者居中(但君主或主帥居中，御者居左)，驂乘居右。驂乘都是有勇力的人，負責保衛尊者。

⑤ 解(xiè)張、鄭丘緩：都是人名。“鄭丘”是複姓。 郤(xì)克：晉大夫。在鞌之戰中是晉軍的主帥。

⑥ 姑：姑且。 翦滅：消滅。 翦：剪除。 此：指晉軍。 朝食：吃早飯。

⑦ 不介馬：不給馬披上甲。 介：甲。這裏用作動詞，是“披上甲”的意思。 馳之：指驅馬進擊晉軍。 馳：使勁趕馬。這裏指驅馬進擊。

⑧ 傷於矢：被箭射傷。

⑨ 血一直流到鞋上，仍然没有讓鼓音停下來。 屨(jù)：鞋。 鼓音：古代車戰，主帥居車中自掌旗鼓指揮三軍。鼓聲是前進的號令。

⑩ 病：古代凡是病勢很重，以及因極度的勞累或傷勢很重使得體力難以支持，都叫“病”。這裏指傷勢很重。郤克説這話是表示自己難以堅持了。

⑪ 張侯：即解張。姓解，字張，名侯。先秦名字連用，先字後名。

⑫ 從一開始交戰，箭就射進了我的手和胳膊肘。 合：交戰。 貫：穿通。

⑬ 左輪朱殷：左邊的車輪被血染成了深紅色。 朱：紅色。 殷(yān)：紅中帶黑。

⑭ 吾子：對人的尊稱。比稱“子”要親熱些。

⑮ 苟：如果。 險：險要的地方，這裏指難走的路。

⑯ 你難道知道這些嗎？ 豈：反詰副詞，難道。

⑰ 這是説鄭丘緩發現郤克確實傷勢很重不能堅持擊鼓了，表示一種非常惋惜的心情。

⑱ 三句意思是説，全軍都注視着我們的旗鼓，或進或退都聽從它的指揮。

⑲ 殿：指鎮守。 集事：成事。

⑳ 若之何：奈何，怎麽能。 其：語氣詞，加强反問語氣。 以：因。 敗：毁壞。 君：指國君。

㉑ 兩句意思是，參加戰鬬，本來就抱定了必死的決心。 擐(huàn)甲：穿上鎧甲。 執兵：拿起兵器。 固：本來。 即：動詞，走向。

㉒ 勉：努力。

㉓ 左并轡：左手把韁繩握在一起。御者本來是雙手執轡的。解張爲了代替郤克擊鼓，把轡并在左手。 轡：韁繩。 援：取過來。 枹(fú)：鼓槌。 鼓：動詞，擊鼓。

㉔ 逸：狂奔。
㉕ 敗績：軍隊崩潰。
㉖ 逐：追趕。　周：動詞，圍繞。　華不注：山名，在今山東濟南市東北。

韓厥夢子輿謂己曰[①]："旦辟左右[②]。"故中御而從齊侯[③]。邴夏曰："射其御者，君子也[④]。"公曰："謂之君子而射之，非禮也[⑤]。"射其左，越於車下[⑥]；射其右，斃於車中[⑦]。綦毋張喪車[⑧]，從韓厥曰："請寓乘[⑨]。"從左右，皆肘之[⑩]，使立於後。韓厥俛定其右[⑪]。

注　釋

① 韓厥：晉大夫。在這次戰役中任司馬（掌管祭祀、賞罰等軍政）。　子輿：韓厥的父親。
② 旦：早晨。　辟：避。　左右：指兵車左右兩側。這兩句是插敍頭天夜裏的事。
③ 中御：在車當中駕車。在一般的戰車中，尊者應居左，御者居中，韓厥因爲要避左右，所以居中代御者駕車。　從：指追趕。
④ 君子：指貴族。意思是説，那輛車上駕車的不是御者，而是將領。
⑤ 非禮：不合於禮。
⑥ 越：墜。
⑦ 斃：倒下。（注意：先秦時"斃"没有"死亡"的意思。）
⑧ 綦毋（qíwú）張：晉大夫。"綦毋"是複姓。　喪車：指兵車在戰鬬中毁壞了。
⑨ 寓乘：搭車。　寓：寄。
⑩ 站在左邊和右邊，（韓厥）都用肘撞他。　肘：用作動詞。"用肘撞"的意思。
⑪ 俛（fǔ）：同"俯"，低下身子。　定：指放穩當。　右：指上文"斃於車中"的那個車右。

逢丑父與公易位[①]。將及華泉[②]，驂絓於木而止[③]。

丑父寢於轏中，蛇出於其下，以肱擊之，傷而匿之[④]，故不能推車而及[⑤]。韓厥執縶馬前[⑥]，再拜稽首[⑦]，奉觴加璧以進[⑧]，曰："寡君使羣臣爲魯衛請[⑨]，曰：'無令輿師陷入君地[⑩]。'下臣不幸，屬當戎行[⑪]，無所逃隱，且懼奔辟而忝兩君[⑫]。臣辱戎士，敢告不敏，攝官承乏[⑬]。"丑父使公下，如華泉取飲[⑭]。鄭周父御佐車，宛茷爲右，載齊侯以免[⑮]。韓厥獻丑父，郤獻子將戮之[⑯]。呼曰："自今無有代其君任患者[⑰]，有一於此，將爲戮乎[⑱]？"郤子曰："人不難以死免其君[⑲]，我戮之不祥。赦之，以勸事君者[⑳]。"乃免之[㉑]。

注　釋

① 公：指齊侯。　易位：換位置。丑父估計到齊侯會被擒，所以乘韓厥"俛定其右"時與齊侯易位。

② 華泉：泉名，在華不注山下，注入濟水。

③ 驂（cān）：古代一車駕四匹或三匹馬，夾着車轅（當時是單轅）的兩匹馬稱"服"，服馬邊上的馬稱"驂"。　絓：絆住。　木：樹。

④ 轏（zhàn）：即"棧"，棧車，用竹木編成車箱的輕便車子。　肱（gōng）：手臂從肘到肩的部分。　匿：指隱瞞。這四句也是作者插敘頭天晚上的事，逢丑父願意當車右，所以隱瞞了手臂被蛇咬傷一事。

⑤ 及：趕上。這裏是"被趕上"的意思。

⑥ 韓厥拿着拴馬的繩子站在齊侯的馬前。　縶（zhí）：絆馬索。古代貴族出外，奴僕"負羈縶以從"。這句和下面兩句都是寫韓厥對齊侯修臣僕之禮。

⑦ 再拜稽（qǐ）首：拜兩拜，然後稽首。　稽首：古代一種最恭敬的跪拜禮。雙手至地，頭也至地。

⑧ 奉：捧。　觴：盛酒器。　璧：一種中間有孔的圓形玉器。　進：奉獻。

⑨ 韓厥這一段話都是委婉的外交辭令。這句話的意思是説，這次打仗不是我們要進攻齊國，而是我國國君讓羣臣替魯衛請求，請您不要進

攻魯衛。　寡君:指晉景公,在其他國家人的面前對本國君主的謙稱。

⑩ 無:通"毋",不要。　輿師:軍隊。　陷入:指深入。　君地:指齊國國土。

⑪ 下臣:韓厥在齊侯面前對自己的謙稱。　屬:恰巧。　當:對着,遇上。　戎行:兵車的行列,指齊侯的戰車。

⑫ 没有逃走隱藏的地方,而且怕因爲逃跑躲避會給兩國的國君帶來耻辱。　忝(tiǎn):辱。

⑬ 我不稱職地當了個戰士,冒昧地向您禀告,我遲鈍不會辦事,只是人材缺乏充數當了個官。三句言外之意是,我擔任了官職,就要履行職責,把你齊侯抓起來。　辱:使……受辱。　戎士:戰士。　敢:古人在對尊長説話時表示自己大膽冒昧的謙詞。　不敏:古人的謙辭,等於説"不才"。　敏:聰明。　攝官:代理官職。　承乏:指在人材缺乏的情況下承擔官職。

⑭ 如:到……去。　飲:喝的水。

⑮ 鄭周父、宛茷(fèi):人名。　佐車:副車。　免:免於被俘的意思。

⑯ 郤獻子:即郤克。

⑰ 自今:"自今以往"的省略。即從今以後的意思。　任患:承担患難。

⑱ 爲戮:被殺。

⑲ 難:用作意動,"把……看作難事"的意思。　免:用作使動。

⑳ 勸:鼓勵。

㉑ 免之:指不殺他。

吕相絶秦　《左　傳》

【説明】公元前580年,秦桓公與晉厲公約定在晉國的令狐會盟,當晉厲公到達令狐之後,秦桓公不肯過黄河來參與盟會,只派大夫史顆與晉侯盟,晉國就派郤犫(chōu)到河西與秦伯盟。不久,秦桓公背棄盟約,暗中挑撥狄族、楚國與晉國的關係,企圖利用狄、楚攻打晉國。於是,公元前578年晉侯派吕相出使秦國,與秦絶交。隨後晉軍及諸侯之師敗秦師於麻隧(今陝西涇陽縣北)。

《吕相絶秦》是春秋時代一篇著名的外交辭令。文中追敘了兩國交兵的歷史,列舉了大量的材料,指責秦國二三其德,有負於晉。全文言辭犀利,氣勢逼人。但稽之史實,某些指責實屬强辭奪理,自我開脱,委過於秦。

本文選自《左傳·成公十三年》,題目是後加的。

夏四月戊午①,晉侯使吕相絶秦②,曰:

昔逮我獻公及穆公相好③,戮力同心,申之以盟誓,重之以昏姻④。天禍晉國,文公如齊,惠公如秦⑤。無禄,獻公即世⑥。穆公不忘舊德,俾我惠公用能奉祀于晉⑦。又不能成大勳,而爲韓之師⑧。亦悔于厥心,用集我文公,是穆之成也⑨。

注　釋

① 戊午:指魯成公十三年(公元前 578 年)四月初五日。

② 晉侯:指晉厲公(公元前 580—前 573 年在位。)　吕相:魏錡之子,又名魏相,謚號宣,又稱吕宣子。　絶秦:與秦絶交。

③ 逮:自從。　獻公:指晉獻公(公元前 676—前 651 年在位)。　穆公:指秦穆公(公元前 659—前 621 年在位)。

④ 戮力:並力,協力。　申:申明。　之:指雙方的友好關係。　重:增益,加深。　昏姻:姻親。秦穆公於公元前 656 年娶晉獻公之女爲夫人。"昏"字在這個意義上後來寫作"婚"。

⑤ 天禍晉國:上天降禍於晉國。指公元前 655 年驪姬之亂。晉獻公聽信驪姬的讒言,迫使太子申生自殺,公子重耳流亡於齊楚等國,公子夷吾流亡至秦。　文公:即公子重耳(公元前 636—前 628 年在位)。如:往。　惠公:即公子夷吾(公元前 650—前 637 年在位)。

⑥ 無禄:無福,不幸。　獻公即世:晉獻公卒於公元前 651 年,在位二十六年。　即世:下世,去世。

⑦ 獻公死後，晉國内亂，秦國與齊國派軍隊護送公子夷吾回國，立爲國君。　俾：使。　用：介詞，賓語“此”省略。可譯爲“因此”。　奉祀：敬奉祭祀。意指立爲國君。

⑧ 大勳：大功。　韓之師：公元前 645 年秦穆公因晉侯背約，出兵伐晉，戰於韓原，晉惠公被俘。　韓：即韓原，晉地。當在今山西河津市、萬榮縣之間。　師：在這裏是戰爭、戰役的意思。

⑨ 悔於厥心：意爲秦穆公對俘獲晉惠公之事感到後悔。　厥：他的。指秦穆公。　用集我文公：因此成就我文公。公元前 636 年秦穆公幫助公子重耳返回晉國，立爲晉君。　集：成就。　穆：指秦穆公。成：成全，幫助。

文公躬擐甲冑[①]，跋履山川，踰越險阻，征東之諸侯虞、夏、商、周之胤而朝諸秦，則亦既報舊德矣[②]。鄭人怒君之疆埸，我文公帥諸侯及秦圍鄭[③]。秦大夫不詢于我寡君，擅及鄭盟[④]。諸侯疾之，將致命于秦[⑤]。文公恐懼，綏静諸侯[⑥]，秦師克還無害，則是我有大造于西也[⑦]。

注　釋

① 躬：副詞，親自。　擐(huàn)：穿。　甲冑：鎧甲、頭盔。

② 征：討伐。　東之諸侯：指東方的諸侯。即虞、夏、商、周之胤(yìn)。胤：後代。　朝諸秦：使之朝于秦。　諸：之于。“之”指代東之諸侯。舊德：指秦穆公幫助晉惠公、文公立爲晉君之事。

③ 怒：發怒。這裏是侵犯的意思。　埸(yì)：邊界。與“疆”同義。秦晉圍鄭，發生在魯僖公三十年(公元前 630 年)。圍鄭的原因是“以其無禮於晉，且貳於楚也”。並不是什麽“鄭人怒君之疆埸”。

④ 據《左傳·僖公三十年》載，是秦穆公與鄭人盟，吕相云秦大夫擅及鄭盟，乃委婉其辭。　詢：商議。

⑤ 秦晉圍鄭，並無其他諸侯參加，也未發生其他諸侯要與秦國拼命的事情，蓋吕相誇張其辭。　疾：憎恨。　致命：獻出生命。這裏是拼命的意思。

⑥ 綏静：綏靖，安撫。

⑦ 克還：能夠返回。　造：成就。這裏是功勞的意思。　西：西方。這裏特指秦國。

無禄，文公卽世，穆爲不弔[①]，蔑死我君，寡我襄公[②]，迭我殽地，奸絶我好[③]，伐我保城，殄滅我費滑[④]，散離我兄弟[⑤]，撓亂我同盟，傾覆我國家。我襄公未忘君之舊勳[⑥]，而懼社稷之隕，是以有殽之師[⑦]。猶願赦罪於穆公[⑧]。穆公弗聽，而卽楚謀我[⑨]。天誘其衷，成王隕命[⑩]，穆公是以不克逞志于我[⑪]。

注　釋

① 晉文公卒於公元前628年（魯僖公三十二年）。　穆：指秦穆公。不弔：不淑，不善。

② 蔑死我君：石經初刊作"蔑我先君"。《經典釋文·春秋左氏音義》云："本或以'我'字在'死'上，非。"從下文"寡我襄公"看，應作"蔑我死君"。詳説可參閲楊伯峻《春秋左傳注》。　蔑：輕蔑。　寡：孤，弱。用作意動，認爲孤弱可欺的意思。　襄公：指晉文公之子姬驩，其母爲秦穆公之女文嬴。（公元前627—前621年在位。）

③ 迭（yì）：通"軼"，突然侵犯。　殽（xiáo）：字亦作"崤"，山名。在今河南洛寧縣西北六十里。殽山險阨，爲晉之要道關塞。　奸（gān）絶：斷絶。　好：名詞。指晉國的友好國家，實際上就是指鄭國。秦軍通過晉國的殽地偷襲鄭國，影響了晉與鄭的關係。

④ 保城：同義詞連用。　保：後來寫作"堡"。指小城。　殄（tiǎn）滅：同義詞連用。毁滅。　費滑：卽滑國，春秋時候的一個小國，在今河南偃師市境。"費"本是滑之國都，這裏"費滑"連用，是國邑並舉，使文句整齊。秦師襲鄭，鄭已有備，秦乃滅滑而還師。

⑤ 兄弟：指與晉國同爲姬姓的鄭、滑二國。下句的"同盟"亦指鄭、滑。

⑥ 舊勳：從前的功勞。指秦穆公幫助重耳返國立爲晉君之事。

⑦ 殽之師：指公元前627年（魯僖公三十三年）秦晉殽之戰。晉軍乘秦

師滅滑而還途經殽地時，截擊秦軍，俘獲孟明等“三帥”。

⑧ 還是希望秦穆公能赦免晉國的罪過。這是外交辭令。本意是説晉國願與秦國和解，故主動釋放了孟明等人。其實，釋放孟明等人，乃因文嬴之請，晉國的將領對此甚爲不滿。

⑨ 即楚謀我：公元前 635 年，秦俘獲楚之申公鬭克，殽之戰後，秦釋放鬭克，企圖與楚聯合對付晉國。　即：接近，親近。　謀我：合謀對付我。

⑩ 天誘其衷：當時的習慣用語。意爲上天發善心。　誘：開，發。　衷：指善心。　成王：指楚成王。　隕命：喪命。公元前 626 年，成王爲太子商臣所逼，自縊。

⑪ 逞志：快意。殽之戰後，秦晉連年交兵。公元前 624 年（魯文公三年）秦穆公伐晉，“取王官及郊，晉人不出。遂自茅津濟，封殽尸而還”。這算是秦國對殽之役的報復。吕相所謂“不克逞志”，也是外交辭令。

穆、襄即世，康、靈即位①。康公，我之自出②，又欲闕翦我公室③，傾覆我社稷，帥我蝥賊，以來蕩摇我邊疆，我是以有令狐之役④。康猶不悛，入我河曲，伐我涑川，俘我王官，翦我羈馬，我是以有河曲之戰⑤。東道之不通，則是康公絶我好也⑥。

注　釋

① 穆：指秦穆公。　襄：指晉襄公。　即世：穆、襄都卒于公元前 621 年。　康：指秦康公。秦穆公之太子，名罃（公元前 620—前 609 年在位）。　靈：指晉靈公。晉襄公之太子，名夷皋（公元前 620—前 607 年在位）。

② 我之自出：即自我出。秦康公是晉國的外甥，他的母親穆姬爲晉獻公之女。

③ 闕（quē）：義同“缺”。虧損，毀壞。　公室：指國君之政權及力量。

④ 蝥（máo）賊：兩種傷害禾苗的害蟲。蝥食禾根，賊食禾節。這裏用“蝥賊”比喻晉公子雍。　令狐之役：晉襄公去世後，趙盾主張廢太子，立公子雍，於是派人赴秦迎公子雍，但太子夷皋之母穆嬴堅決反

對，趙盾害怕穆嬴，於是改變主意，當秦師送公子雍到達晉之邊邑令狐時，晉國秘密發兵，擊敗秦師。可見，令狐之役，責任全在晉國。令狐：在今山西臨猗縣西。

⑤ 康：指秦康公。 悛（quān）：悔改。 河曲：在今山西永濟市。黄河至山西永濟市南折而東流，故名河曲。 涑（sù）川：在今山西永濟市東北。 俘我王官：俘虜我王官的人民。 王官：地近涑水，當在今山西聞喜縣西。 翦：奪取。 羈馬：在今山西永濟市南。《左傳·文公十二年》載："秦爲令狐之役故，冬，秦伯伐晉，取羈馬。" 河曲之戰：發生在公元前615年。這次戰爭是秦康公爲復令狐之仇而主動發起的。據《左傳·文公十二年》載，河曲之戰秦晉雙方不分勝負。《史記·秦本紀》却説："六年，秦伐晉，取羈馬，戰於河曲，大敗晉軍。"

⑥ 東道之不通：意思是秦晉不再友好往來。晉在秦之東，故言"東道"。

及君之嗣也[①]，我君景公引領西望曰[②]："庶撫我乎？"[③]君亦不惠稱盟[④]，利吾有狄難[⑤]，入我河縣，焚我箕郜[⑥]，芟夷我農功，虔劉我邊垂[⑦]，我是以有輔氏之聚[⑧]。君亦悔禍之延，而欲徼福于先君獻、穆[⑨]，使伯車來命我景公曰[⑩]："吾與女同好棄惡，復脩舊德，以追念前勳[⑪]。"言誓未就，景公卽世，我寡君是以有令狐之會[⑫]。君又不祥[⑬]，背棄盟誓。白狄及君同州，君之仇讎，而我昏姻也[⑭]。君來賜命曰："吾與女伐狄。"寡君不敢顧昏姻，畏君之威，而受命于吏[⑮]。君有二心於狄[⑯]，曰："晉將伐女。"狄應且憎，是用告我[⑰]。楚人惡君之二三其德也[⑱]，亦來告我曰："秦背令狐之盟，而來求盟于我。昭告昊天上帝、秦三公、楚三王[⑲]，曰：'余雖與晉出入，余唯利是視[⑳]。'不穀惡其無成德，是用宣之，以懲不壹[㉑]。"諸侯備聞此言，斯是用痛心疾首，暱就寡人[㉒]。寡人帥以聽命，唯好是求[㉓]。君若惠顧諸侯，矜哀寡人[㉔]，而賜之盟，則寡人之願也[㉕]，其承寧諸侯以退，豈敢徼亂㉖？君若不施大惠，寡人不佞，其不能以諸侯退矣㉗。敢盡布之執事，俾執事實圖利之㉘。

注　釋

① 及：介詞，等到……的時候。　君：指秦桓公（公元前 603—前 577 年在位）。　嗣：繼位。

② 景公：指晉景公（公元前 599—前 581 年在位）。　引領：伸長脖子。形容盼望心切。

③ 庶：庶幾，或許。　撫：撫恤，安撫。

④ 惠：表敬副詞。表示對方的行爲是對自己的恩惠。　稱盟：舉行盟會。

⑤ 狄難：公元前 594 年晉滅赤狄潞氏。所謂“狄難”即指此。

⑥ 河縣：疑是“河曲”之變文（依劉文淇説）。　箕：今山西蒲縣箕城。部：在今山西祁縣西。

⑦ 芟（shān）夷：刈割。　農功：指農作物。　虔劉：二字同義。屠殺。邊垂：邊陲，邊境。

⑧ 輔氏之聚：即輔氏之戰。公元前 594 年，秦桓公伐晉，駐紮在輔氏，被晉將魏顆打敗。　輔氏：晉地。在今陝西大荔縣東。　聚：聚集。戰爭要聚衆聚糧，故“聚”引申爲戰爭。

⑨ 悔禍之延：對戰禍蔓延感到後悔。　徼（yāo）：求。　獻、穆：指晉獻公、秦穆公。

⑩ 伯車：秦桓公之子，名鍼，又稱后子。

⑪ 同好：共同友好。　惡（è）：惡行。在這裏指往日的仇恨、不友好的行爲。　脩：通“修”，修治。　前勳：從前的功績、好處。這是友好關係的表現。

⑫ 就：成就，成立。　景公即世：晉景公卒于公元前 581 年。　寡君：稱本國之君。這裏指晉厲公。厲公乃景公子，名州蒲（公元前 580—前 573 年在位）。　令狐之會：指公元 580 年秦晉令狐之盟。參閱“説明”。

⑬ 不祥：不善，不懷好意。

⑭ 白狄：狄之别種。其地在今陝西延安市安塞、延川、延長、宜川、黄龍、清澗等縣。 州：指雍州。 仇讎：這裏指敵國。 而我昏姻也：阮刻本作"而我之昏姻也"。關於白狄和晉的姻親關係，于史無據。杜預認爲："季隗廧咎如，赤狄之女也，白狄伐而獲之，納諸文公。"此説亦不足信。

⑮ 受命于吏：接受來使的辭命。 吏：指秦之使者。

⑯ 二心：異心。秦君一面約晉攻狄，一面又與狄暗通，故云"二心"。

⑰ 應：口頭上答應，應付。 憎：内心憎惡。 是用：是以，因此。 告我：告知我〔秦君挑撥狄晉關係〕。

⑱ 二三：用作動詞。反復改變的意思。 德：德行，行爲。

⑲ 昭告：明告。 昊(hào)：廣大無邊的樣子。 上帝：天帝。 秦三公：指秦穆公、康公、共公。 楚三王：指楚成王、穆王、莊王。

⑳ 出入：往來。 唯利是視："利"作"視"的賓語，前置。"是"複指賓語"利"。

㉑ 不穀：楚王的謙稱。 成德：全德，專一的德行。 宣：宣佈，公開。 壹：專一。

㉒ 備：副詞。全都。 斯：連詞，就。 暱：親近。

㉓ 帥：率領。賓語"諸侯"承上省。 以：連詞。連接行爲方式與目的。 聽命：聽從秦國吩咐。這是外交辭令，實際上是要借助諸侯的力量威逼秦國。 唯好是求：句式與"唯利是視"同。 好：友好。

㉔ 顧：顧念，考慮。 矜(jīn)：憐憫，同情。

㉕ 賜之盟：意思是願意跟我們結盟。這是動詞帶雙賓語結構。 之：指代晉國和諸侯。

㉖ 其：句首語氣詞。表示委婉語氣。 承寧諸侯：與上文"綏静諸侯"義同。 承寧：止息，安静。 豈敢徼亂：怎麽敢冀望發生戰亂？

㉗ 不施大惠：指不願意與晉方締結盟約。 不佞：不才。 以諸侯退：率領諸侯退却。

㉘ 敢：表敬副詞。冒昧地。 執事：對於對方的尊稱。意爲不敢直稱對

方之名，而通過左右管事人以達於對方。這裏的"執事"實指秦桓公。　實：副詞。認真地。　利之：對秦有利。　這兩句的大意是：我冒昧地向您把情況全部説出來，使您能認真地考慮一下秦國的利益。

子産論尹何爲邑　《左　傳》

【説明】子産（？—前 522 年）是春秋時期有名的政治家，名僑，字子産，一字子美。鄭穆公之孫，所以又稱公孫僑。他繼子皮相鄭簡公、鄭定公，執政二十餘年，在内政、外交方面都取得很大成績，使弱小的鄭國在晉、楚兩强的壓迫下，得以安定，并受到各國的尊重。本文是記載子産執政之初，勸説子皮不要派尹何任采邑大夫的事。通過對話，表現了子産深謀遠慮、爲政有方、又有推心置腹、長於辭令的政治才幹，也表現了子皮虚懷若谷、從善如流的品德。

本篇選自《左傳・襄公三十一年》，題目是後加的。

子皮欲使尹何爲邑①。子産曰："少②。未知可否。"子皮曰："愿，吾愛之，不吾叛也③。使夫往而學焉，夫亦愈知治矣④。"子産曰："不可。人之愛人，求利之也⑤。今吾子愛人則以政，猶未能操刀而使割也，其傷實多⑥。子之愛人，傷之而已，其誰敢求愛於子⑦？子於鄭國，棟也；棟折榱崩，僑將厭焉⑧，敢不盡言！子有美錦，不使人學製焉⑨。大官大邑，身之所庇也，而使學者製焉⑩。其爲美錦，不亦多乎⑪？僑聞學而後入政，未聞以政學者也⑫。若果行此，必有所害。譬如田獵，射御貫，則能獲禽⑬。若未嘗登車射御，則敗績厭覆是懼，何暇思獲⑭？"

注　釋

① 子皮:名罕虎,鄭國上卿。子産之前,鄭國由他執政。　尹何:子皮的年輕家臣。　爲邑:指擔任子皮采邑(領地)的邑大夫。

② 少:年輕。

③ 愿(yuàn):忠厚。　不吾叛:不會背叛我。"吾"作"叛"的前置賓語。

④ 夫(fú):指示代詞,指尹何,可譯作"他"。前一"夫"字作兼語,後一"夫"字作主語。

⑤ 之:前一"之"字是連詞,用在主謂結構中,使它變成名詞性的偏正結構,作全句的主語。第二個"之"字是代詞,指被愛的人。全句意思是:一個人喜愛别人,總是希望對被喜愛的人有利。

⑥ 吾子:對交談者親切的尊稱。這裏尊稱子皮。　以政:指把治理采邑的政事交給尹何。　猶:動詞,如同,好像。　未能操刀:不會拿刀子。　使割:等於説"使之割",即讓不會拿刀的人去割東西。　其傷實多:那受傷的情況必定很多。

⑦ 其:副詞,表委婉的反問語氣。

⑧ 棟:正梁。　榱(cuī):椽子。　僑:子産謙稱自己的名。　厭(yà):通"壓"。

⑨ 您有美錦,不讓别人學着做衣服。　人:别人,指没有做過衣服的人。

⑩ 庇(bì):庇蔭,這裏是"寄託"的意思。　學者:學習的人。　製:用縫衣服比喻治理政事。

⑪ 其:指大官大邑。　兩句意思是:大官大邑同美錦相比,不是更貴重得多嗎?

⑫ 學而後入政:學了然後才從政。　以政學:把治理政事〔來讓人〕學習。

⑬ 射御貫:射箭駕車熟練。　御:駕車。　貫:通"慣",習慣,熟練。　禽:鳥獸。

⑭ 敗績:指車輛崩壞。　厭(yà)覆:指車輛顛覆。　是:代詞,複指前置賓語"敗績厭覆"。　何暇思獲:哪有時間想到獵獲〔鳥獸〕。

子皮曰:"善哉!虎不敏①。吾聞君子務知大者遠者,小人務知小者近者②。我,小人也。衣服附在吾身,我知而慎之;大官大邑,所以庇身也,我遠而慢之③。微子之言,吾不知也④。他日,我曰⑤:'子爲鄭國,我爲吾家⑥,以庇焉,其可也⑦。'今而後知不足。自今請雖吾家,聽子而行⑧。"子産曰:"人心之不同,如其面焉⑨。吾豈敢謂子面如吾面乎?抑心所謂危,亦以告也⑩。"子皮以爲忠,故委政焉⑪。子産是以能爲鄭國。

注 釋

① 虎:子皮謙稱自己的名。 不敏:見《鞌之戰》注(141頁)。

② 務:致力,從事。

③ 遠而慢之:疏遠而輕視它。 之:指大官大邑。

④ 微:副詞,非,如果不是。

⑤ 他日:别的時候,這裏指從前。

⑥ 爲:治理的意思。 家:周代稱大夫的封地。

⑦ 其:副詞,表擬測語氣,相當於現在的"大概"。

⑧ 聽子而行:聽從您的意見行事。

⑨ 其面:人的面貌。 其:特指代詞,指前文提到的人。

⑩ 抑:表轉折的連詞,不過。 以:介詞,省略賓語"之"。

⑪ 委政焉:把政事委託給子産。 焉:代詞兼語氣詞,指代子産,並表提示語氣。

晏嬰論季世 《左 傳》

【説明】公元前539年,齊景公派晏嬰到晉國去聯親。在宴會上,晏嬰同晉大夫叔向彼此交談了本國的政治情況。晏嬰表述了齊國公室對百姓的殘酷剥削、壓迫和陳氏争取民心、進行奪權鬭争的事實,并預言陳氏必然要取代齊國的統治,這説明晏嬰具有一定的政治遠見。叔向也介紹了晉國統治者之間的關係變化,哀嘆晉國貴族的末日即將到來,表達了他自己對這一切的深切憂慮。這一段對話,對我們了解春秋末期的社會情況有一定的價值。

本篇選自《左傳・昭公三年》,題目是後加的。

齊侯使晏嬰請繼室於晉①。……

既成昏,晏子受禮②,叔向從之宴,相與語③。叔向曰:"齊其何如④?"晏子曰:"此季世也,吾弗知。齊其爲陳氏矣⑤。公棄其民,而歸於陳氏。齊舊四量:豆、區、釜、鍾⑥。四升爲豆,各自其四,以登於釜,釜十則鍾⑦。陳氏三量,皆登一焉,鍾乃大矣⑧。以家量貸,而以公量收之⑨。山木如市,弗加於山,魚鹽蜃蛤,弗加於海⑩。民參其力,二入於公,而衣食其一⑪。公聚朽蠹,而三老凍餒⑫,國之諸市,屨賤踊貴⑬。民人痛疾,而或燠休之⑭,其愛之如父母,而歸之如流水⑮,欲無獲民,將焉辟之⑯?箕伯、直柄、虞遂、伯戲,其相胡公大姬,已在齊矣⑰。"

注　釋

① 齊侯:指齊景公(公元前548—前490年在位),姜姓,名杵臼。　晏嬰:字平仲,齊國夷維(今山東高密縣)人,齊國大夫。　繼室:齊女少姜嫁給晉平公作妾,少姜死後,齊國還想和晉國保持婚姻關係,於是派晏嬰去説親,請以他女繼少姜。

② 成昏:指雙方肯定了婚姻關係。　昏:這一意義後來寫作"婚"。　受禮:受賓享之禮,即接受晉國的招待。

③ 叔向:羊舌氏,名肸(xī),叔向是他的字,晉國大夫。　從之宴:跟晏嬰一塊參加宴會。　相與:互相一起。

④ 齊國將怎麽樣呢?　其:句中語氣詞,表推測。

⑤ 季世:末世。　弗:不。　齊其爲陳氏矣:齊國恐怕要變爲陳氏的天

下了。　陳氏:卽田氏。陳與田古音相通。田氏的祖先陳完因陳國內亂,逃到齊國,在齊國任職。

⑥ 豆、區(ōu)、釜、鍾:齊國四種量器。

⑦ 各自其四:各種量器本身的四倍。這裏的"各"指"豆"和"區"。卽一豆的四倍爲區,一區的四倍爲釜。　自:自己,本身。　其:代詞,它的。　四:四倍。　以登於釜:以達到釜。　登:升。　釜十則鍾:十釜就成爲一鍾。

⑧ 陳氏的三種量器(指豆、區、釜)都在齊舊量的基礎上加一,於是鍾也就相應地增大了(陳氏的一鍾是八斛,齊舊量是六斛四斗)。　皆登一:都在原量上增加一,卽五升爲豆,區、釜自然都比舊量增加一份。

⑨ 用私家量器借出(糧食),但用齊公室的量器收回。兩句是說陳氏用大斗借出,用小斗收回。這是收買民心的辦法。

⑩ 把山上的木材運到市上去賣,并不比山裏的貴;魚鹽蜃蛤(shèngé)運到城裏去賣,也不比海上貴。　如:到……去。　蜃蛤:蛤蜊。

⑪ 老百姓把他們自己的勞動所得分成三份,兩份要交給公室,而自己的衣食只能占一份。　參:三分。用作動詞,分成三份。　其力:指老百姓的勞動所得。

⑫ 公室搜刮來的財物都腐朽和被蟲子蛀了,可是連三老這樣的小官都還在挨餓受凍。　聚:指聚斂的財物。　三老:下層的小官。　餒(něi):飢餓。

⑬ 都城的各個市場上,鞋的價錢便宜,假脚價格高。　屨(jù):鞋。　踊:假脚。　春秋末期齊國貴族爲了維護腐朽的統治,用酷刑鎮壓人民的反抗,使很多人遭受刖刑(砍掉左脚),所以市場上形成了"屨賤踊貴"的異常現象。

⑭ 痛疾:痛苦。　或:代詞,有人,指陳氏。　燠休(yùxǔ):同"噢咻",聯綿詞,撫慰病痛的聲音。這裏是慰問關切的意思。　之:指老百姓。

⑮ 其:代詞,他們的,指老百姓。兩"之"字,均指代陳氏。

⑯ 想要〔陳氏〕不獲得民衆,將怎麽免得了呢?　焉:疑問代詞,哪裏,怎麽。　辟:避。　之:指陳氏獲民的情況。

⑰ 陳氏的祖先箕伯、直柄、虞遂、伯戲,恐怕正要輔助陳氏(奪取齊國的天下),他們已經在齊國了。　箕伯、直柄、虞遂、伯戲:傳說四人都是舜的後代,陳氏的祖先。　其:語氣詞,表推測。　相:輔助。　胡公:名滿,田氏的祖先,周武王時始封於陳。　大姬:周武王的女兒,

胡公的妻子。這裏的“胡公大姬”是借指齊國的田氏。

叔向曰：“然。雖吾公室，今亦季世也①。戎馬不駕，卿無軍行②；公乘無人，卒列無長③。庶民罷敝，而宮室滋侈④。道殣相望，而女富溢尤⑤。民聞公命，如逃寇讎⑥。欒、郤、胥、原、狐、續、慶、伯，降在皁隸⑦。政在家門，民無所依⑧。君日不悛，以樂慆憂⑨，公室之卑，其何日之有⑩？讒鼎之銘曰：‘昧旦丕顯，後世猶怠⑪。’況日不悛，其能久乎？”晏子曰：“子將若何⑫？”叔向曰：“晉之公族盡矣⑬。肸聞之，公室將卑，其宗族枝葉先落，則公室從之⑭。肸之宗十一族，唯羊舌氏在而已⑮。肸又無子，公室無度⑯，幸而得死，豈其獲祀⑰。”

注　釋

① 然：是這樣的。　雖：連詞，卽使。　公室：諸侯的一家及其財産。

② 國君所乘戎車的馬不駕車，國卿不掌握軍隊。　戎：戎車，國君所乘的車。　卿：春秋戰國時諸侯國統軍執政的官，在公之下，大夫之上。晉國有六卿，担任軍帥，其中的中軍帥是主將，也是“正卿”。　軍行(háng)：指軍隊。

③ 國君的戎車左右没有好的人才，軍隊没有好領導。　卒：古代軍隊編制，百人爲一卒。

④ 老百姓非常疲乏困苦，而國君所住的宮廷非常奢侈。　罷(pí)敝：指人力物力受到嚴重消耗而不充足。　罷：通“疲”。　宮室：宮廷建築。晉國當時建的離宮就達幾里路長(據《左傳·襄公三十一年》載，晉國有“銅鞮之宮數里”)。　滋：愈加。

⑤ 道路上餓死的人到處都能看到，而嬖寵女家非常富裕優厚。　殣(jìn)：餓死在路上的人。　女富：指國君妻妾的娘家都很豪富。

溢:富裕。 尤:優異,優厚。

⑥ 寇:盜。 讎:仇敵。

⑦ 欒:欒叔的後代。 郤(xì):郤芮(ruì)的後代。 胥:胥臣的後代。原:原軫的後代。 狐:狐突的後代。 續:續鞫(jū)的後代。 慶:慶鄭的後代。 伯:伯宗的後代。 皁隸:在官府担任差役的人。皁:本是養馬的官。欒叔等八家都是晉國的舊貴族。

⑧ 政權落在各個大夫手裏,老百姓無所依從。 家:大夫的封邑叫做"家"。 無所依:是説大夫專權,國君再也控制不住老百姓了。

⑨ 國君一天天越來越不改過,用娱樂掩蓋憂患。 日:一天天,表示情況愈益發展。 悛(quān):改過,悔改。 慆(tāo):掩蓋。

⑩ 晉國公室的没落,還能有多少日子呢? 卑:衰微,没落。 何日之有:賓語前置的句式。 之:複指賓語"何日"。

⑪ 讒鼎:鼎名。 銘:銘文。"昧旦"兩句的意思是,天還没有亮的時候,就務求修明德政,而子孫仍有懶惰的。 昧旦:天將亮還未亮的時候。 丕顯:偉大光明。這裏是使德政顯明的意思。

⑫ 你將怎麽辦呢? 子:指叔向。

⑬ 公族:與國君同一族姓的人。 盡:指全已衰亡。

⑭ 我聽説,公室將近衰亡的時候,它宗族的枝葉先落了下來,那麽公室也就跟着衰亡了。 宗族:同一父系的家族。

⑮ 羊舌這一宗有十一個族,只有羊舌氏這一族還存在。

⑯ 無子:没有好兒子。指没有能够繼承統治的後代。 無度:無法度。

⑰ 卽使有幸能獲得個好死,難道還能得到後代子孫的祭祀嗎! 幸:幸運。 而:連詞,連接狀語和謂語。

句踐滅吴 《國 語》

【《國語》介紹】《國語》是我國最早的一部國别史。書中分别記載了周、魯、齊、晉、鄭、楚、吴、越等八國的史實。上起周穆王征犬戎，下至三晉滅智伯，歷時五百餘年（約公元前976—前453年）。

漢代的學者稱《左傳》爲《春秋内傳》，《國語》爲《春秋外傳》。其實，《國語》和《春秋》并没有必然的、内在的聯係。將《國語》"繫之《春秋》，殊爲不類"。（《四庫全書總目》語）《國語》和《左傳》的關係也難以定論。二書體裁顯然有别。《左傳》是編年體的記事文，《國語》則以記言爲主。《國語》所載八國史料，詳略頗爲懸殊。全書二十一卷，《晉語》有九卷之多，幾近全書之半。《國語》文辭深厚渾樸，記事遠不如《左傳》生動有趣，但作爲史料而言，與《左傳》具有同等價值。

關於《國語》的作者。司馬遷在《報任安書》中説："左丘失明，厥有《國語》。"但左丘爲何人，説法不一。至於《國語》一書究竟是否左氏所作，那就更成問題了。

現存的《國語》注本，以三國時吴國韋昭的注本爲最早，1978年上海古籍出版社出版了這個注本的校點本。清人董增齡的《國語正義》和近人徐元誥的《國語集解》均可參閲。

【説明】春秋末年，吴越争霸，勢不兩立。句踐三年，吴大敗越。越王句踐委曲求和，卑事夫差，忍辱負重，準備復仇。句踐還深刻反省自己的過錯，禮賢下士，團結國内各種力量，並採取一系列政策，鼓勵人口增殖。明耻教戰，上下一心。經過二十年的準備，終於在句踐二十四年（公元前473年）滅掉吴國。

吴王夫差由於親小人，遠賢臣，驕傲輕敵，剛愎自用，並且在戰略決策上根本失誤，終於導致國破身亡。

本文記敍了吴越興亡的歷史，富有深刻的教訓意義。全文選自《國語·越語上》，題目是後加的。

越王句踐棲於會稽之上[①]，乃號令於三軍曰[②]："凡我父兄昆弟及國子姓，有能助寡人謀而退吴者，吾與之共知越國之政。[③]"大夫種進對曰[④]："臣聞之，賈人夏則資皮，冬則資絺，旱則資舟，水則資車，以待乏也[⑤]。夫雖無四方之憂，然謀臣與爪牙之士，不可不養而擇也[⑥]。譬如蓑笠，時雨既至必求之[⑦]。今君王既棲於會稽之上，然後乃求謀臣，無乃後乎[⑧]？"句踐曰："苟得聞子大夫之言，何後之有[⑨]？"執其手而與之謀。

注　釋

① 越王句(gōu)踐：公元前496年即位，卒於公元前464年。句踐即位三年，吴王夫差爲報父仇，興兵大敗越兵。句踐率餘部五千退守會稽。　句踐：亦作"勾踐"，"鳩淺"(見1965年出土的越王句踐所用青銅劍銘文)。　棲：駐兵山上。　會(guì)稽：山名。在今浙江中部紹興、嵊州、諸暨、東陽間。主峰在嵊州西北。

② 三軍：在春秋時代，"三軍"有多種含義，這裏泛指軍隊。

③ 昆弟：兄弟。　國子姓：國子之與國君同姓的人，即與國君同姓的貴族子弟。子姓：子孫。　知：主管。

④ 大夫種：姓文名種，字子禽。楚國人，曾任楚國宛(今河南南陽市)令，後任越國大夫。句踐滅吴後，文種被迫自殺。

⑤ 賈(gǔ)人：商人。　資：囤積。　皮：指皮貨。　絺(chī)：夏天穿的葛細布。　旱：指旱災。　水：指水災。　乏：短缺，缺乏。

⑥ 四方之憂：指來自敵國的外患。　爪牙之士：勇猛的將士。　養：蓄養，培養。　擇：選拔。

⑦ 蓑(suō)笠：蓑衣和斗笠，用以遮雨，笠亦用於遮陽。　時雨：應時的雨，適宜於時令的雨。

⑧ 無乃：副詞性固定結構，相當於"恐怕"、"豈不"。多用在反問句中，與"乎"字相配合，表推測語氣。　後：遲，晚。

⑨ 苟：連詞。假如。　子大夫：指文種。在"大夫"之前冠以"子"字，表敬稱。　何後之有：賓語前置句式的一種。代詞"之"複指動詞"有"

前面的賓語“何後”。

遂使之行成於吴①。曰:“寡君句踐乏無所使,使其下臣種②,不敢徹聲聞於天王,私於下執事曰③:‘寡君之師徒不足以辱君矣④,願以金玉、子女賂君之辱⑤,請句踐女女於王⑥,大夫女女於大夫,士女女於士。越國之寶器畢從⑦,寡君帥越國之衆,以從君之師徒,唯君左右之⑧。’若以越國之罪爲不可赦也,將焚宗廟,係妻孥⑨,沈金玉於江,有帶甲五千人將以致死,乃必有偶⑩。是以帶甲萬人事君也,無乃即傷君王之所愛乎⑪?與其殺是人也,寧其得此國也,其孰利乎?⑫”

注　釋

① 之:指大夫文種。　行成:實行媾和。這裏是求和的意思。　成:媾和。

② 乏:缺乏。意爲缺乏合適的人才。　無所使:没有可派遣的人。　下臣:文種在吴王面前對自己的謙稱。

③ 徹聲:表達意見,即傳達越王句踐的意見。　天王:指吴王夫差。　私:用作動詞。私下交談。　下執事:指吴王左右的下屬。這是春秋時代常用的表敬之辭,并非實指。　兩句大意是不敢直接向吴王表達意見,只能向吴王的下屬私下説。

④ 師徒:軍隊。　不足以辱君:意思是不值得夫差親自來討伐了。　辱:玷辱。

⑤ 賂君之辱:酬謝您吴王的辱臨。　賂:贈送財物。這裏是用贈送財物(包括女子)表示酬謝。

⑥ 請:表敬副詞。請允許。　女(nǜ)於王:給吴王作婢女。　女:活用爲動詞。下文“女於大夫”、“女於士”之“女”與此同。

⑦ 畢從:全部隨同〔奉獻給吴國〕。

⑧ 左右:活用爲動詞。意爲任憑調遣。

⑨ 係妻孥:把妻子兒女綑縛起來。表示生死同命,不做吴國的俘虜。係:繫,綑縛。 孥(nú):兒女。

⑩ 帶甲:披甲的將士。 致死:效命,拼命。 乃必有偶:於是一定有加倍的勇氣。意思是五千人拼死作戰,一個人就會有相當於兩個人的戰鬬力。所以下文説“帶甲萬人”。

⑪ 是:複指前文若不許和、越軍將拼死一戰的情況。用作主語。 事君:侍奉吴王。這是外交辭令,實際上是説要與吴王決一死戰。 卽:就要。 傷君王之所愛:傷害吴王您所喜愛的東西。 所愛:指金玉、女子等。

⑫ 與其……,寧其……:聯合複句的關係詞語,表示在衡量兩項事物得失時加以選擇。“與其”的内容是説話人認爲應該捨棄的;“寧其”卽寧可、寧肯,表示應該選取的意思。 是人:這些人。卽上文所言“帶甲五千人”。 其孰利乎:哪種做法有利呢? 其:副詞,表擬測性的反問語氣。

夫差將欲聽與之成①。子胥諫曰②:“不可。夫吴之與越也,仇讎敵戰之國也。三江環之,民無所移③,有吴則無越,有越則無吴,將不可改於是矣④。員聞之,陸人居陸,水人居水。夫上黨之國⑤,我攻而勝之,吾不能居其地,不能乘其車⑥。夫越國,吾攻而勝之,吾能居其地,吾能乘其舟。此其利也,不可失也已,君必滅之。失此利也,雖悔之,必無及已。”越人飾美女八人,納之太宰嚭⑦,曰:“子苟赦越國之罪,又有美於此者將進之。”太宰嚭諫曰:“嚭聞古之伐國者,服之而已⑧。今已服矣,又何求焉!”夫差與之成而去之⑨。

注　　釋

① 與之成：跟越人媾和。

② 子胥：伍子胥，名員（yún）。楚人。其父兄被楚平王殺害，亡命至吳，爲吳王重要謀臣。吳封之於申，又名申胥。

③ 三江：吳松江、錢塘江、浦陽江。　之：指吳越兩國。　無所移：没有可遷移的地方。這兩句的意思是：三江環繞吳越兩國，兩國的人民不能向外遷移。

④ 不可改於是：對於這種局面是不能改變的。　是：指代上文"有吳則無越，有越則無吳"這種情況。

⑤ 上黨之國：指中原地區的國家。　上：高。　黨：所，處。

⑥ 不能居其地：因吳國與中原地區的人習俗不同，水土不服，故即使佔有其地也不能居處。　不能乘其車：吳人習于水戰，不長於車戰，故云。

⑦ 納：致送。　太宰嚭（pǐ）：太宰爲官名，姓伯名嚭，本楚人，逃奔吳。《左傳·定公四年》："楚之殺郤宛也，伯氏之族出。伯州犁之孫嚭爲吳大宰以謀楚。"

⑧ 服之：使之降服。

⑨ 去之：離開越國。

句踐説於國人曰①："寡人不知其力之不足也，而又與大國執讎，以暴露百姓之骨於中原②，此則寡人之罪也。寡人請更③。"於是葬死者，問傷者④，養生者，弔有憂，賀有喜⑤，送往者，迎來者⑥，去民之所惡，補民之不足。然後卑事夫差⑦，宦士三百人於吳，其身親爲夫差前馬⑧。

注　　釋

① 説：解説。

② 大國：指吴國。　執讎：結仇。　中原：原中，原野之中。

③ 更：更改，指改正錯誤。

④ 問：慰問。

⑤ 弔：弔唁。　有憂：指有喪事的人。　有喜：指有喜慶的人。

⑥ 兩句是説對於别國來往越國的人以禮迎送。

⑦ 卑：謙卑地。用作狀語。

⑧ 宦士：用士作宦豎。　宦：宫中服役的小臣。在這裏是名詞用作使動。使……作宦豎。　前馬：即先馬，馬前卒。

句踐之地，南至於句無，北至於禦兒，東至於鄞，西至於姑蔑，廣運百里[①]。乃致其父兄昆弟而誓之曰[②]："寡人聞古之賢君，四方之民歸之，若水之歸下也。今寡人不能，將帥二三子夫婦以蕃[③]。"令壯者無取老婦，令老者無取壯妻[④]。女子十七不嫁，其父母有罪；丈夫二十不娶，其父母有罪。將免者以告，公令醫守之[⑤]。生丈夫，二壺酒，一犬；生女子，二壺酒，一豚[⑥]。生三人，公與之母[⑦]；生二人，公與之餼[⑧]。當室者死，三年釋其政[⑨]；支子死，三月釋其政[⑩]。必哭泣葬埋之，如其子[⑪]。令孤子、寡婦、疾疹、貧病者，納宦其子[⑫]。其達士，絜其居，美其服，飽其食，而摩厲之於義[⑬]。四方之士來者，必廟禮之[⑭]。句踐載稻與脂於舟以行[⑮]，國之孺子之遊者，無不餔也，無不歠也[⑯]，必問其名。非其身之所種則不食，非其夫人之所織則不衣[⑰]，十年不收於國，民俱有三年之食[⑱]。

注　釋

① 句(gōu)無：山名。在今浙江諸暨縣南。　禦兒(ní)：在今浙江桐鄉

市西南。 鄞(yín):在今浙江寧波市鄞縣。 姑蔑:在今浙江衢州市北。 廣運:指土地面積。東西爲廣,南北爲運。

② 致:招致,召集。 誓之:對他們發誓。

③ 帥:率領。 二三子:春秋時代表複數的習慣用語,大體上相當於"你們",具體所指隨上下文而定。這裏指前文的"父兄昆弟"。 蕃:繁殖,特指蕃殖人口。由於戰亂死人甚多,越國人力不足,句踐採取許多措施,鼓勵人口蕃殖。

④ 取:指娶妻。在這個意義上後來寫作"娶"。

⑤ 將免者:將要分娩的人。 免:通"挽",字亦作"娩"。《説文》:"挽:生子免身也。" 公:官府。 守:守護,看護。

⑥ 丈夫:在這裏特指男孩。 豚(tún):小猪。官府給酒、給犬、給豚,都是爲了鼓勵生育。

⑦ 生三人:一胎生三個孩子。 母:指乳母。

⑧ 餼(xì):糧食。

⑨ 當室者:指嫡子。 釋:免除。 政:通"征"。指賦税徭役。

⑩ 支子:指庶子。

⑪ 如其子:像對待自己的兒子一樣。

⑫ 疾疹(chèn):有疾病的人。 疹:通"疢",病。 納宦其子:"納""宦"兩個動詞共帶一個賓語"其子"。"納其子"是官府收納養活他們的兒子,"宦其子"是讓他們的兒子到官府學習。 宦:《説文》:"宦:仕也。"朱駿聲注:"猶今試用學習之官也。"

⑬ 達士:知名之士。 絜其居:使其居處潔净。 絜:在這個意義上後來寫作"潔"。在句中用作使動。下文"美"、"飽"也用作使動。摩厲之於義:在義理方面砥礪他們。 摩厲:即磨礪。

⑭ 必廟禮之:一定在廟堂上款待他們。 廟:名詞作狀語。在廟堂上。禮:動詞,禮遇,以禮相待。

⑮ 稻與脂:大米與肉類。

⑯ 孺子:年輕人。 遊者:未仕而遊學的人。 遊:本亦作"游"。《周禮·地官·師氏》:"凡國之貴遊子弟學焉。"《疏》:"言游者,以其未仕而在學。" 餔(bǔ):〔給食物〕吃。 歠(chuò):〔給水〕喝。

⑰ 兩句是説句踐本人和他的夫人都參加生産勞動,衣食自給自足。

⑱ 不收於國:不在國内征收賦税。 三年之食:古有耕三餘一的制度。《禮記·王制》:"三年耕,必有一年之食;九年耕,必有三年之食。"

國之父兄請曰："昔者夫差耻吾君於諸侯之國，今越國亦節矣，請報之[①]。"句踐辭曰："昔者之戰也，非二三子之罪也，寡人之罪也。如寡人者，安與知耻？請姑無庸戰[②]。"父兄又請曰："越四封之内[③]，親吾君也，猶父母也。子而思報父母之仇，臣而思報君之讎，其有敢不盡力者乎[④]？請復戰。"句踐既許之，乃致其衆而誓之曰[⑤]："寡人聞古之賢君，不患其衆之不足也，而患其志行之少耻也[⑥]。今夫差衣水犀之甲者億有三千[⑦]，不患其志行之少耻也，而患其衆之不足也。今寡人將助天滅之。吾不欲匹夫之勇也，欲其旅進旅退也[⑧]。進則思賞，退則思刑，如此則有常賞[⑨]。進不用命，退則無耻，如此則有常刑[⑩]。"果行，國人皆勸[⑪]。父勉其子，兄勉其弟，婦勉其夫。曰："孰是君也，而可無死乎[⑫]？"是故敗吴於囿，又敗之於没，又郊敗之[⑬]。

注　釋

① 耻吾君：使我們國君蒙受耻辱。　耻：用作使動。　節：用作動詞。有節度。這句的意思是越國現在也建立了節度，〔恢復了常規〕。報：報復，報仇。

② 像我這樣的人，哪裏懂得耻辱呢？請暫時不要開戰。　與：介詞，後面省掉賓語"之"。　姑：姑且，暫且。　無庸：不用。

③ 四封：四境。

④ 而：連詞。兩"而"字均用於主從複句中從句主語和謂語之間，有表假設的作用，可譯爲"如果"。

⑤ 致其衆：召集將士。　衆：指將士，軍隊。

⑥ 志行：志向行爲。

⑦ 衣水犀之甲者：穿水犀皮鎧甲的將士。　億有三千：十萬三千。億：十萬。秦以前十萬爲億。　有：通"又"。

⑧ 匹夫之勇：個人的勇敢。　旅進旅退：與衆人共進共退。意謂統一行動聽指揮。《禮記·樂記》："今夫古樂，進旅退旅。"鄭玄注："旅猶俱也。俱進俱退，言其齊一也。"

⑨ 常賞：國家規定的賞賜。下文"常刑"，意爲國家規定的刑罰。

⑩ 進不用命：進攻時不聽從命令，而離隊獨進。　無恥：指不畏戮辱，不顧刑罰。

⑪ 果行：果真實行〔誓言〕。　勸：勉力。

⑫ 孰是君也：誰像這樣的國君呀。韋昭注："孰，誰也，誰有恩惠如是君者。"　無死：不拼死〔戰鬭〕。

⑬ 囿(yòu)：地名。韋昭注："笠澤也。"在今吴淞江一帶。越敗吴于囿，在魯哀公十七年，越王句踐十九年(公元前478年)。　没：吴地。所在不詳。　郊敗之：在吴國的城郊打敗吴國。　郊：名詞作狀語。吴國都城在姑蘇，今江蘇蘇州市。

夫差行成，曰："寡人之師徒，不足以辱君矣。請以金玉、子女賂君之辱。"句踐對曰："昔天以越予吴，而吴不受命；今天以吴予越，越可以無聽天之命，而聽君之令乎！吾請達王甬、句東①，吾與君爲二君乎！"夫差對曰："寡人禮先壹飯矣②，君若不忘周室，而爲弊邑宸宇，亦寡人之願也③。君若曰：'吾將殘汝社稷，滅汝宗廟。'寡人請死，余何面目以視於天下乎！越君其次也④。"遂滅吴。

注　釋

① 達王甬、句(gōu)東：把吴王送到甬、句以東去。　達：遣送。　王：指吴王夫差。　甬：甬江。一説爲今浙江舟山市定海區東之翁山。《左傳·哀公二十二年》："越滅吴，請使吴王居甬東。"　句：句章。今浙

江慈溪市西南。

② 禮先壹飯:按禮節説從前有恩於越,〔應當得到回報〕。　禮:名詞作狀語。　先:動詞。從前有……　壹飯:指壹飯之恩。意謂小小的恩惠。夫差曾經没有消滅越國,意味着有恩於越。今舊事重提,希望越國能同意媾和。

③ 不忘周室:吴與周王朝同姓,所以夫差希望越國看在周王朝的情分上,與己議和。　爲弊邑宸宇:意思是做吴國的保護人。　宸:屋霤。宇:屋檐。宸宇對人們有庇覆作用,這裏借喻爲"保護人"。

④ 其次也:就進駐〔吴國〕吧。　其:語氣副詞,表擬測、委婉語氣。次:舍,居住。

范 睢 説 秦 王①　《戰國策》

【《戰國策》介紹】戰國時期新興的封建制度剛剛確立,各諸侯國獨占一方,割據稱雄,幾個强大的諸侯國都想創建一個統一的中央集權制的封建王朝,於是,在兩百多年的時間内,各諸侯國之間在政治、經濟、軍事、外交等各個領域展開了錯綜複雜的鬭争。與此同時,各諸侯國内部也不斷進行着争權奪勢的鬭争。在這種形勢下,一批一批的游説之士應運而生,他們從不同諸侯國或不同政治集團的利益出發,紛紛發表自己的主張和策略,《戰國策》主要就是一些游説之士的言行録。

《戰國策》是一部歷史文獻,爲我們研究戰國時代的社會鬭争提供了資料。同時,它也是一部著名的散文集。它的文章議論風發,語言生動,人物逼真,善於用寓言、故事來説明抽象的道理。由於它不是一人之作,一家之言,前後難免有矛盾之處,作爲歷史著作,有些資料不够真實,且往往誇大游説之士的作用。

大概從戰國末年開始,這些游説之士的言論就被編爲各種不同名稱的册子，在社會上流傳着，到了西漢末年才由劉向編定爲《戰國策》。全書按國編排，分爲東周、西周、秦、楚、齊、趙、魏、韓、燕、宋、衞、中山十二國，共三十三篇，東漢高誘曾爲它作注，到宋代已有缺佚，今本是由北宋曾鞏補修而成的。1973 年在長沙馬王堆三號漢墓中出土了類似《戰國策》的帛書，定名爲《戰國縱横家書》，不僅可以補今本《戰國策》之不足，在校勘上也有很大的價值。

【説明】秦昭襄王時宣太后及其弟魏冉等外戚集團把持朝政，昭王察覺到這種情況愈來愈威脅着他的統治，正想剷除這股勢力。這時范雎從魏國來到了秦國。秦昭王求教心切，在宫中單獨接見了范雎。

范雎老練謹慎，他對昭王的求教，開始不做回答；待昭王情急，才先以古人作比喻，表明自己冒死不辭、忠於昭王的堅決態度以及又恐計言不用的顧慮，最後才點出宣太后和魏冉的問題，並表示對昭王處境的關切。他終於得到昭王的信任和重用。

本文記述了范雎初見昭王時的辭令。層次分明，語言明快，對話體現了人物的性格特徵。

本篇選自《戰國策·秦策三》。

范雎至秦，王庭迎②，謂范雎曰："寡人宜以身受令久矣③。今者義渠之事急，寡人日自請太后④。今義渠之事已，寡人乃得以身受命⑤。躬竊閔然不敏，敬執賓主之禮⑥。"范雎辭讓。

注　釋

① 范雎(suī)(？—公元前 255 年)：字叔，本楚國人。初事魏，因受誣陷笞辱，逃入秦國。遊説昭襄王，得到信任，拜爲相國。因食邑於應(今

河南寶豐縣西南)，故稱應侯。　説(shuì)：游説。　秦王：秦昭襄王嬴稷(一本作“則”)，公元前 306—前 251 年在位，秦武王的異母弟。先後任用魏冉、范雎等爲相，司馬錯、白起等爲將，推行東進的國策，不斷奪取重要的戰略地帶，發展國勢，爲後來秦統一全中國奠定了基礎。

② 庭：在宫庭，名詞用作狀語。

③ 寡人：君王自稱。　宜：副詞，應當，應該。　以身受令：指接受范雎的教導。

④ 今者：固定詞組，表示最近一段時間。　義渠之事：指義渠戎王與昭王的母親宣太后發生淫亂之事。《史記·匈奴列傳》：“秦昭王時，義渠戎王與宣太后亂，有二子。宣太后詐而殺義渠戎王於甘泉(在今陝西甘泉縣)，遂起兵伐殘(《漢書》作“滅”)義渠。”　義渠：古西戎國名，在今岐山、涇水以北甘肅涇川、合水、環縣一帶。周赧王四十五年即秦昭王二十七年(公元前 270 年)爲秦所滅。　日：時間詞做狀語，每日，天天。　請：謁見，拜見。

⑤ 今：副詞，略帶轉折，而現在。　已：完畢，結束。指義渠西戎國被滅。乃：副詞，才。

⑥ 躬：自身，本人。　竊：副詞，表示自謙。　閔然：憂慮的樣子。　不敏：古人自謙之詞。等於説“不才”。

是日見范雎，見者無不變色易容者①。秦王屏左右②，宫中虚無人。秦王跪而請曰：“先生何以幸教寡人③？”范雎曰：“唯唯④。”有間，秦王復請。范雎曰：“唯唯。”若是者三。秦王跽曰⑤：“先生不幸教寡人乎？”

注　釋

① 見者：指看到秦王以賓主之禮會見范雎的人。　變色易容：改變常態。　色：臉色。　容：面容。

② 屏(bǐng)：退避，這裏用作使動。　左右：指秦王身邊的人。

③ 幸：表敬副詞，表示對方的行爲是自己所希望和感到幸運的。

④ 唯唯：表示恭敬而順從的答應詞。“是是”、“好好”的意思。

⑤ 跽(jì):長跪,雙膝着地,挺身直腰。

范睢謝曰[①]:"非敢然也。臣聞始時呂尚之遇文王也[②],身爲漁父,而釣於渭陽之濱耳[③]。若是者,交疏也[④]。已,一説而立爲太師[⑤],載與俱歸者,其言深也[⑥]。故文王果收功於呂尚,卒擅天下[⑦],而身立爲帝王。卽使文王疏呂望而弗與深言[⑧],是周無天子之德,而文武無與成其王也[⑨]。今臣,羈旅之臣也[⑩],交疏於王,而所願陳者,皆匡君臣之事,處人骨肉之間[⑪]。願以陳臣之陋忠,而未知王心也[⑫]。所以王三問而不對者,是也。

注　釋

① 謝:謝罪,道歉。

② 始時:當初,過去。　呂尚:本姓姜,名望,字子牙,謚號姜太公;封於呂,又稱呂尚。周文王立他爲太師。輔佐周武王伐紂,有功,被尊爲師尚父。周成王時封於齊,爲齊國始祖。　文王:周文王,姓姬名昌。商紂王時封爲西伯,又稱伯昌。曾被囚於羑(yǒu)里(今河南湯陰縣北),釋放後蓄積力量,不斷拔除商的羽翼,爲武王滅商、建立周王朝打下基礎。

③ 渭陽:渭水的北岸。

④ 像這樣的情況,是由於他們本來没有什麽交情。　交疏:交往少,没什麽交情。

⑤ 已:隨後。　太師:軍事統帥。

⑥ 載與俱歸:和他同乘一輛車回去。　其言深:指文王和呂尚交談很深。

⑦ 果:果然。　收功:取得成功。　卒:終於。　擅:獨占,占有。

⑧ 卽使:假設連詞,如果。　疏呂望:疏遠呂望。

⑨ 文武:文王、武王。　無與成其王者:没有幫助他們成就王業(指完成

統一天下)的人。

⑩ 羈(jī)旅:長久旅居異鄉。

⑪ 可我所願意陳述的都是糾正君臣關係的大事,又是夾在人家骨肉親屬的中間。　匡:匡正,糾正。　骨肉之間:指昭王同宣太后、魏冉之間的關係。

⑫ 陋忠:粗淺的忠言。　王心:大王的心思。

"臣非有所畏而不敢言也。知今日言之於前,而明日伏誅於後①,然臣弗敢畏也。大王信行臣之言,死不足以爲臣患,亡不足以爲臣憂②;漆身而爲厲,被髮而爲狂③,不足以爲臣耻。五帝之聖而死,三王之仁而死,五伯之賢而死④,烏獲之力而死,奔、育之勇焉而死⑤。死者,人之所必不免也。處必然之勢,可以少有補於秦,此臣之所大願也,臣何患乎⑥?

注　釋

① 伏誅:伏法,被殺死。

② 信行:果真實行。　信:副詞,誠,果真。　患:禍患。　亡:逃亡在外。

③ 漆身:用漆塗身。古代一種刑法。　厲(lài):通"癘(癩)"。這裏指人體因中漆毒而生惡瘡。　被(pī):通"披",披散。

④ 五帝:黄帝、顓頊(zhuānxū)、帝嚳(kù)、堯、舜。一説指伏羲(太皞)、神農(炎帝)、黄帝、堯、舜。　聖:聖明,品德和智慧最高。　三王:夏禹王、商湯王、周文王。　仁:仁愛。　五伯:即五霸。有不同説法,一般指齊桓公、晉文公、楚莊王、秦穆公和宋襄公。　賢:賢能。

⑤ 烏獲:秦武王的力士。　奔、育:孟奔(又作"賁")和夏育,都是衛國的勇士。

⑥ 少有補於秦:對秦國稍有補益。　患:憂患,憂慮。

“伍子胥橐載而出昭關①；夜行而晝伏，至於蔆水，無以餌其口，坐行蒲伏，乞食於吴市②；卒興吴國，闔廬爲霸③。使臣得進謀如伍子胥，加之以幽囚④，終身不復見，是臣説之行也⑤，臣何憂乎？箕子、接輿，漆身而爲厲，被髮而爲狂⑥，無益於殷楚。使臣得同行於箕子、接輿⑦，可以補所賢之主，是臣之大榮也，臣又何耻乎？

注　釋

① 伍子胥（？—公元前 484 年）：名員（yún），春秋時楚國人。其父伍奢因直諫被楚平王殺死，禍及全家，他潛逃到吴國。後輔佐吴王闔廬（hélú）伐楚復仇，受封於申（今河南南陽市北），故又稱申胥。吴王夫差時，爲人所誣陷，被賜劍自刎而死。　橐（tuó）載：用口袋裝着載在車上。　橐：一種口袋。這裏用作狀語，藏在口袋裏的意思。　昭關：在今安徽含山縣北。春秋時楚國通吴國的關隘。

② 伏：躲藏。　蔆水：即陵水，也稱溧水，在今江蘇溧陽縣一帶。　餌其口：意思是用食物維持生活。　餌：糕餅，這裏用作使動，給……吃食。　蒲伏：雙聲聯綿詞，爬行。　吴市：吴國市鎮，約在今江蘇溧陽縣境内。

③ 興：復興。　闔廬：一作“闔閭”，姓姬名光，春秋時吴國國君，公元前 514—前 496 年在位，任用伍子胥攻破楚國，十年後被越王句踐打敗，受重傷而死。

④ 使：表假設連詞。　進謀：進獻計謀。　加之以幽囚：指將范雎自己幽禁起來。　之：這裏用來指自己。

⑤ 是：代詞，複指前文。　説：言論，主張。

⑥ 箕子：名胥餘，商紂王的叔父。官至太師，受封於箕（今山西太谷縣東北）。商紂拒諫，他披髮佯狂爲奴，被紂囚禁。周武王滅商後把他釋放。　接輿：姓陸名通，春秋時楚國隱士。

⑦ 同行於箕子、接輿：跟箕子、接輿有同樣的行爲，指漆身披髮裝作狂人。

“臣之所恐者，獨恐臣死之後，天下見臣盡忠而身蹶也①，是以杜口裹足，莫肯卽秦耳②。足下上畏太后之嚴，下惑姦臣之態③；居深宮之中，不離保傅之手④，終身闇惑，無與照姦⑤。大者宗廟滅覆，小者身以孤危⑥，此臣之所恐耳。若夫窮辱之事，死亡之患⑦，臣弗敢畏也。臣死而秦治，賢於生也⑧。”

注　釋

① 恐：擔憂，擔心。　蹶（jué）：跌倒。這裏“身蹶”指死亡。

② 杜口：堵塞嘴巴，即閉口不言。　裹足：指停步不前。　莫：没有誰。　卽：動詞，靠近，走向。

③ 太后：指宣太后，姓芈（mǐ）名八子，秦昭襄王的養母，曾同她的異父弟魏冉擁立秦昭襄王爲王。昭王封她爲宣太后，魏冉爲穰（ráng）侯。公元前 266 年被廢。　姦臣：不忠的臣子，指魏冉等。

④ 保傅：本指輔導太子和諸侯子弟的官員。這裏指左右近臣。

⑤ 闇惑：受蒙蔽迷惑。　無與照姦：没有人協助察明姦邪的人。　與：介詞，省略賓語“之”。

⑥ 宗廟：天子諸侯祭祀祖先的宫室。國君宗廟的存廢，表示其統治的延續或滅亡。　身以孤危：自身因此而孤立危險。　以：介詞，省略賓語“之”。

⑦ 窮辱：窮困與耻辱。　死亡：死去和逃亡。

⑧ 治：治理得好，指强盛起來。　賢於生：比活着還要好。

秦王跪曰：“先生，是何言也！夫秦國僻遠，寡人愚不肖，先生乃幸至此，此天以寡人慁先生①，而存先王之廟也。寡人得受命於先生，此天所以幸先王而不棄其孤也②。先生奈何而言若此？事無大小，上及太后，下至大臣，願先生悉以教寡人，無疑寡人也③。”范睢再拜，秦王亦再拜。

注　　釋

① 慁(hùn)：擾亂，打擾。

② 受命：受教，接受教誨。　幸：寵幸，偏愛。　其孤：先王的遺孤。昭王用以自指。

③ 悉：盡，全部。　無：通“毋”，不要。

觸龍説趙太后①　《戰國策》

【説明】戰國時期，由於世卿世禄制度的廢除，統治集團中的成員已經不能依靠單純的血緣關係來保持自己的禄位了。卽使長安君這樣高貴的寵兒，如“不及今令有功於國”，也無法“自託於趙”。這種情況的産生，是由當時的社會經濟條件決定的，是不以人們的意志爲轉移的。

這篇文章具體地反映了這一社會現實，並對觸龍和趙太后的情緒變化作了繪聲繪色的描述，語言簡潔，情節生動，表現力强，是一篇富有文學色彩的歷史散文。

本篇選自《戰國策·趙策四》，題目是後加的。

趙太后新用事，秦急攻之②。趙氏求救於齊③。齊曰：“必以長安君爲質，兵乃出④。”太后不肯，大臣强諫⑤。太后明謂左右：“有復言令長安君爲質者，老婦必唾其面⑥！”

注　　釋

① 觸龍：趙國的左師(官名)。“龍”《戰國策》原作“讋”，是“龍言”二字

連寫之誤，今按新出土的《戰國縱横家書》及《史記·趙世家》改正。

説(shuì)：用話勸説别人，使對方聽從自己的意見、主張。　趙太后：即趙威后，趙惠文王的妻子，趙孝成王的母親。

② 用事：指當權。公元前266年趙惠文王死，孝成王年幼，趙太后管理國政。　秦急攻之：孝成王元年(公元前265年)秦國加緊進攻趙國，攻佔了三座城市，趙國形勢危急。

③ 趙氏：即趙國。趙的祖先造父於周繆王時封於趙城，因此以趙爲氏。周幽王時，叔帶始建趙氏於晉國，事晉文侯。趙烈侯六年(公元前403年)，趙國正式立爲諸侯。

④ 長安君：趙太后幼子的封號。　質：抵押品，人質。　乃：副詞，才。

⑤ 强(qiǎng)：極力，竭力。

⑥ 明謂：明白地告訴。　左右：指太后身邊的人。　唾(tuò)其面：朝他臉上吐唾沫。

左師觸龍言：願見太后。太后盛氣而揖之①。入而徐趨，至而自謝曰②："老臣病足，曾不能疾走③，不得見久矣，竊自恕④，而恐太后玉體之有所郄也，故願望見太后⑤。"太后曰："老婦恃輦而行⑥。"曰："日食飲得無衰乎⑦？"曰："恃鬻耳⑧。"曰："老臣今者殊不欲食，乃自强步，日三四里，少益耆食，和於身也⑨。"太后曰："老婦不能。"太后之色少解⑩。

注　釋

① 願：希望，要。　盛氣：怒氣衝衝。　揖：拱手禮。《史記·趙世家》中"揖"作"胥"。"胥"通"須"，等待的意思。

② 徐趨：古代臣見君時，按禮節規定應當快步往前走，但觸龍病足，不能快走，只能徐趨。　徐：慢。　趨：快步走。　謝：道歉，告罪。

③ 病足：脚有了毛病。　曾(zēng)：副詞，起加强語氣的作用。　疾走：快跑。

④ 竊：謙詞，私自。　自恕：自己原諒自己。

⑤ 玉體：敬詞，即“貴體”的意思。 有所郄（xì）：有缺陷，這裏指身體有毛病。這是一種比較委婉的説法。 郄：本是“郤”的異體字，是“空隙”的意思，引申爲有毛病。 望見：這是一種謙恭的説法，表示不敢走近對方面前，只敢遠遠地望望。

⑥ 恃（shì）：依靠。 輦（niǎn）：古時用人拉着走的車子，後來多指國君乘的車。

⑦ 日：每天。 得無：常與“乎”字相呼應，表示“該不會……吧”。 衰：減少。

⑧ 鬻：同“粥”。 耳：語氣詞，罷了。

⑨ 今者：近來，這一向。 殊：很。 强（qiǎng）步：勉强散散步。 少益：兩個副詞連用，稍微漸漸地。 耆：通“嗜”，喜愛。 和：安適，舒服的意思。

⑩ 色：臉色。 解：和緩的意思。太后先是板起面孔，現在臉色稍微和緩一些了，所以叫“解”。

左師公曰[①]：“老臣賤息舒祺，最少，不肖[②]；而臣衰，竊愛憐之[③]，願令得補黑衣之數，以衛王宫。没死以聞[④]！”太后曰：“敬諾。年幾何矣[⑤]？”對曰：“十五歲矣。雖少，願及未填溝壑而託之[⑥]。”太后曰：“丈夫亦愛憐其少子乎[⑦]？”對曰：“甚於婦人[⑧]。”太后笑曰：“婦人異甚[⑨]！”對曰：“老臣竊以爲媪之愛燕后賢於長安君[⑩]。”曰：“君過矣，不若長安君之甚[⑪]。”

注　釋

① 左師公：即左師觸龍。加“公”，表示尊敬。

② 賤息：對别人謙稱自己的兒子。 舒祺：觸龍的幼子。 不肖（xiào）：原意是不像父親，後來泛指兒子不成材，或用於自我謙稱（多用於父母死後）。

③ 憐：疼愛。

④ 補黑衣之數：補充侍衛的數目。意思是在王宫當一名侍衛。 黑衣：

當時王宫的衛士穿黑色衣服,故稱衛士爲"黑衣"。　没(mò)死:卽冒死。冒昧而犯死罪的意思。"没",《史記·趙世家》作"昧"。　聞:使動用法,使聞,卽禀告的意思。

⑤ 敬:表示客氣。　諾:應對詞,表示答應,同意。　幾何:多少。這裏是問年齡有多大了。

⑥ 及:趕上,達到。　填溝壑(hè):這是對自己死亡的謙虚説法,意思是死後無人埋葬,屍體被扔在山溝裏。　託:託付。　之:指舒祺。

⑦ 丈夫:古代對男子的通稱。

⑧ 比婦人(愛得)厲害。

⑨ 異:特異,特别。

⑩ 以爲:認爲。　媪(ǎo):對老年婦女的稱呼。　之:連詞。　燕后:燕國的王后,這裏指趙威后的嫁給燕王爲妻子的女兒。　賢:超過。

⑪ 過:錯。　不若:不如,不像。

左師公曰:"父母之愛子,則爲之計深遠[①]。媪之送燕后也,持其踵爲之泣,念悲其遠也,亦哀之矣[②]。已行,非弗思也,祭祀必祝之[③],祝曰:'必勿使反[④]。'豈非計久長,有子孫相繼爲王也哉[⑤]!"太后曰:"然。"左師公曰:"今三世以前,至於趙之爲趙,趙主之子孫侯者,其繼有在者乎[⑥]?"曰:"無有。"曰:"微獨趙,諸侯有在者乎[⑦]?"曰:"老婦不聞也[⑧]。""此其近者禍及身,遠者及其子孫[⑨],豈人主之子孫則必不善哉?位尊而無功,奉厚而無勞,而挾重器多也[⑩]。今媪尊長安君之位,而封之以膏腴之地[⑪],多予之重器,而不及今令有功於國;一旦山陵崩,長安君何以自託於趙[⑫]?老臣以媪爲長安君計短也[⑬],故以爲其愛不若燕后。"太后曰:"諾,恣君之所使之[⑭]。"於是爲長安君約車百乘,質於齊,齊兵乃出[⑮]。

注釋

① 替他考慮得很長遠。 爲(wèi):介詞,替。 計:計算,考慮。

② 持其踵(zhǒng):握着她的脚後跟。這是寫送别燕后的情景,燕后已上車,趙太后在車下,還要摸着她的脚後跟,意思是非常捨不得她離去。 爲之泣:爲她(遠嫁)而掉眼淚。 念悲其遠:惦念感傷她要嫁到遠方去。 哀之:哀憐她。

③ 祝之:爲她禱告。

④ 一定别讓她回來。古代諸侯的女兒出嫁到别國,除非被廢黜或亡國是不能回到母家的,所以趙太后怕女兒回來。 反:後來寫作"返"。

⑤ 豈:反詰副詞,表示反問,難道。 子孫相繼爲王:子子孫孫世代相承做國王。

⑥ 世:代。父子相繼爲一代。 趙之爲趙:趙國成爲趙國,即趙氏立國的時候(趙烈侯時)。 侯:用作動詞,封侯。 繼:用作名詞,繼承者,指繼承侯位的人。

⑦ 微獨:不只是。 諸侯:指其他諸侯國。"諸侯"二字之下承上文省去"之子孫侯者,其繼"等字。全句的大意是,不只是趙國没有,就是其他諸侯國〔也上推三代,甚至推算到這些諸侯國立國的時候,他們的子孫封侯的,他們的後代〕現在還有在的嗎?

⑧ 不聞:没有聽説。

⑨ 此:指示代詞。指代前面所論之事。"此"字之前省略一個"曰"字,這是古文中常見的一種表達方式。 其:代詞,指趙主和諸侯之子孫侯者。 近者:距離禍患近一點的。 遠者:距離禍患遠一點的。

⑩ 奉:俸禄。這一意義的"奉",後來寫作"俸"。 勞:功勞。 挾(xié):挾持,擁有。 重器:象徵國家權力的貴重器皿,如鐘鼎之類。

⑪ 尊:用作使動。 膏腴(yú):肥沃。

⑫ 山陵崩:古代把國君的死比喻爲"山陵崩",這是委婉語。這裏指趙太后去世。 自託於趙:在趙國託身。就是在趙國站住脚的意思。

⑬ 以:認爲。 短:短淺。

⑭ 恣(zì):任憑。　所使之:指支使他的方式。　所:指示代詞,指代"使之"的方式。　之:指長安君。全句的意思是,隨便你怎麽支使他。

⑮ 約車:套車,準備車。　乘(shèng):四馬一車爲一乘。　質:動詞,抵押。

燕昭王求士　《戰國策》

【説明】在諸侯競相争雄的戰國時代,人才問題是關係着國家命運的大事。燕國的盛衰就很能説明這一點。燕昭王卽位時,内外交困,國勢衰弱。他聽取了郭隗的决策,廣泛招賢納士,於是"士争湊燕",樂毅、鄒衍、劇辛等人都來到燕國。從此,燕國由弱變强。樂毅率領五國聯軍,一舉破齊七十餘城。昭王去世後,樂毅被迫降趙,七十餘城得而復失。

郭隗雖説不像樂毅那樣,是克敵制勝、横掃千軍的上將之材,但見解之精闢,行爲之脱俗,亦不可多得。

本文選自《戰國策·燕策一》,題目爲後來所加。

燕昭王收破燕後卽位①,卑身厚幣以招賢者,欲將以報讎②。故往見郭隗先生曰③:"齊因孤國之亂而襲破燕,孤極知燕小力少,不足以報④。然得賢士與共國⑤,以雪先王之耻,孤之願也。敢問以國報讎者奈何⑥?"郭隗先生對曰:"帝者與師處⑦,王者與友處,霸者與臣處,亡國與役處⑧。詘指而事之。北面而受學,則百己者至⑨。先趨而後息,先問而後嘿,則什己者至⑩。人趨己趨,則若己者至⑪。馮几據杖,眄視指使,則廝役之人至⑫。若恣睢奮擊，呴籍叱咄，則徒隸之人至矣[13]。此古服道致士之法也[14]。王誠博選國中之賢者，而朝其門下，天下聞王朝其賢臣，天下之士必趨於燕矣[15]。”

注　釋

① 燕昭王：名職。燕王噲之子。公元前311年即位，卒于公元前279年，在位三十三年。　收破燕：公元前316年，燕王噲讓位於燕相子之，燕國演成大亂。公元前314年，齊宣王乘機攻打燕國，“五旬而舉之”(《孟子·梁惠王下》)，燕王噲和子之死亡。公元前311年公子職依靠趙國自立爲王。“收破燕”即指燕昭王復國一事。

② 卑身：降低自己的身分。　厚幣：〔用〕貴重的禮物。　欲將：打算。

③ 郭隗(wěi)：燕國賢士。

④ 孤：王侯謙稱。　襲：偷襲，襲擊。　報：報仇。

⑤ 與共國：與〔之〕共同治理國家。

⑥ 敢：冒昧地。謙詞。　奈何：怎麼辦。

⑦ 帝者與師處：成就帝業的人跟老師相處。意思是帝者能禮賢下士，以賢人爲師。

⑧ 亡國：指亡國之君。　與役處：與僕役相處。全句意思是亡國之君妒賢忌能，他們所信任的人只不過是一些唯命是從的僕役小人。

⑨ 詘(qū)指：即屈旨。能抑制甚至放棄自己的旨意(意圖、想法)。　事：侍奉。　北面：面向北。古人尊師，師位坐北面南，弟子面北。百己者：超過自己一百倍的人。

⑩ 趨：快步走。古代見了尊長要快步向前，表示尊敬，這是一種禮節。問：慰問，指對人親善。　嘿(mò)：同“默”。　什己者：超過自己十倍的人。這幾句是説：能謙恭友善，禮賢下士，那末，超過自己十倍的人就會來幫助自己。

⑪ 人趨己趨：指人家講禮節自己跟着講禮節。　若己者：跟自己水平相同的人。

⑫ 馮几(píngjī)：靠着几案。馮：通“憑”。　據杖：拄着手杖。　眄(miǎn)視：斜視，不正眼看。　指使：用手指示意。　指：名詞用作狀語。　廝役之人：服役打雜的僕人。

⑬ 恣睢(suī):疊韻聯綿詞。放縱暴戾。　奮擊:奮力擊人。　呴籍:《戰國策》吴師道補注:"呴籍,義亦不類,當是'跔藉'。見《韓策》。釋爲跳躍。此謂跳躍蹈藉也。"按吴注,"籍"亦當作"藉"。　跔(jū)藉:脚蹈地跳躍的樣子,形容態度粗暴。　叱咄(chìduō):大聲呵斥、指責。　徒隸之人:指罪犯奴隸。這裏指那些唯唯諾諾、唯命是從的人。

⑭ 服道:服事有道者。　致士:招納賢士。

⑮ 誠:副詞,果真。　博選:廣泛選擇。　朝:朝見,拜見。國君拜見賢者,這是尊賢的重要表現。　趨:奔赴,歸向。

昭王曰:"寡人將誰朝而可①?"郭隗先生曰:"臣聞古之君人②,有以千金求千里馬者,三年不能得。涓人言於君曰③:'請求之。'君遣之。三月得千里馬,馬已死,買其首五百金,反以報君④。君大怒曰:'所求者生馬,安事死馬而捐五百金⑤?'涓人對曰:'死馬且買之五百金,況生馬乎?天下必以王爲能市馬,馬今至矣⑥。'於是不能期年,千里之馬至者三⑦。今王誠欲致士,先從隗始;隗且見事,況賢於隗者乎?豈遠千里哉⑧?"

注　釋

① 誰朝:朝見誰。疑問代詞"誰"作賓詞,前置。

② 君人:國君。

③ 涓人:也作"鋗人"。宫中主灑掃清潔的人,也泛指國君親近的内侍。

④ 反:返回。在這個意義上後來寫作"返"。　以:介詞。後面賓語"之"(指代用五百金買的馬首)省略。

⑤ 安事:何用,哪裏用得着。　捐:捐棄。在這裏是浪費的意思。

⑥ 市:買。　今:表示事情即將發生。可譯爲"很快"。

⑦ 不能:不到的意思。　期(jī)年:周年。　三:表多數,非實指。在句中作謂語。

⑧ 見事:被事奉。　遠千里:以千里爲遠。　遠:形容詞用作意動。這句大意是:難道會因路程太遠而不來嗎?

於是昭王爲隗築宮而師之①。樂毅自魏往，鄒衍自齊往，劇辛自趙往，士争湊燕②。燕王弔死問生，與百姓同其甘苦。二十八年，燕國殷富，士卒樂佚輕戰③。於是遂以樂毅爲上將軍，與秦、楚、三晉合謀以伐齊④。齊兵敗，閔王出走於外⑤。燕兵獨追北，入至臨淄⑥，盡取齊寶，燒其宫室宗廟。齊城之不下者，唯獨莒、卽墨⑦。

注　釋

① 築宫：建造館舍。　師之：以之爲師。　師：用作動詞，作爲老師。

② 樂毅：魏人。爲魏昭王出使燕國，燕昭王以客禮待之，任爲亞卿。後任上將軍，領兵破齊，封昌國君。燕昭王死，惠王立，信齊反間，罷免樂毅，樂毅乃奔趙，封望諸君。　鄒衍：齊人。陰陽家。周遊列國，頗受尊重。赴燕，燕昭王擁彗（掃帚）先驅，"築碣石宫，身親往師之"。（《史記·孟子荀卿列傳》）　劇辛：趙人，後投奔燕。公元前242年與趙將龐煖戰，被殺。　湊：聚集。

③ 二十八年：指燕昭王二十八年，卽公元前284年。　樂佚（lèyì）：愉快安逸。　輕戰：輕視戰争，卽不怕戰争。

④ 三晉：指韓、魏、趙。關於這次合謀伐齊的國，史書記載不一。《史記》的《秦本紀》、《魏世家》、《趙世家》都説是燕、秦、三晉伐齊，《樂毅列傳》有楚無秦；《戰國策·燕策》載《樂毅報燕惠王書》也没提到秦。此處提出合謀伐齊的包括六國，但實際出兵的只有燕、趙、楚、魏四國。攻破齊國都城臨淄以後，楚又反過來派淖（zhuó）齒領兵救齊。

⑤ 閔王：也寫作"湣王"。公元前300至前284年在位。　出走於外：樂毅攻入臨淄，閔王出逃至衛、鄒、魯、莒等地。楚國派淖齒將兵救齊，相閔王，隨後淖齒殺閔王，與燕瓜分所佔之齊地。

⑥ 追北：追擊敗逃的敵軍。　北：指敗北之敵，此指齊之敗軍。　臨淄：齊國首都。在今山東淄博市東北。

⑦ 莒（jǔ）：在今山東莒縣。周時爲莒國，公元前431年爲楚所滅，後又屬

齊。 即墨：在今山東平度市東南，燕昭王去世後，由於樂毅罷官，逃往趙國，齊將田單以即墨爲據點，大舉反攻，收復七十餘城。

鴻門宴 《史記》

【《史記》介紹】《史記》原名《太史公書》或《太史公記》。它記載了我國從遠古直到漢武帝時的歷史，是我國第一部紀傳體通史。《史記》包括十二本紀、十表、八書、三十世家、七十列傳（內有自傳性質的《自序》一篇），共一百三十篇（其中有一小部分是西漢褚少孫等補的）。這種以人物傳記爲中心來記載歷史的體裁，稱爲“紀傳體”。兩千年來，我國封建社會的“正史”，大多數沿用了《史記》開創的這種體例。

《史記》不但是一部史學名著，而且也是一部文學名著。司馬遷善於用白描手法，通過人物自己的言語行動來刻畫人物的性格，往往寥寥數語，就使讀者如見其人，如聞其聲。《史記》的語言簡潔生動，而且接近口語，對後代的散文有很大的影響。

《史記》的作者司馬遷（公元前 145—前 90 年左右），字子長，夏陽（今陝西韓城市南）人，西漢著名的史學家和文學家。公元前 108 年任太史令（史官），公元前 104 年開始編寫《史記》。公元前 98 年因替投降匈奴的李陵辯護，下獄受宮刑。後被用爲中書令（皇帝身邊掌文書機要的宦官），繼續編寫《史記》。大約在公元前 93 年前後寫成這部史學巨著。

司馬遷生活在西漢前期，他爲了總結歷史經驗，給自己提出了“究天人之際，通古今之變”的任務。他肯定秦末農民起義領袖陳勝、吳廣的歷史功績，對於處在社會下層的游俠、商賈、倡優等各種人物，也給予一定的地位，爲之立傳。這些進步的思想觀點，在《史記》中占着主導地位。同時，司馬遷在編寫《史記》的過程中作了不少實際的調查，因此，《史記》的記事比較真實，特别是對西漢的社會政治經濟情況以及當時的社會矛盾，有較爲真實的反映。

但是，司馬遷在稱頌漢朝統治者的時候，又宣揚他們是“受命而帝”。他雖然承認社會是發展的，但又把這種發展歸結爲“終而復始”的循環。他這種英雄史觀和歷史循環論，是適應封建的中央集權的需要、爲封建王朝的統治服務的。

【説明】公元前206年，秦王朝在農民起義軍的沉重打擊下已瀕於覆亡。反秦力量中的兩大主力項羽、劉邦奉楚懷王之命向秦王朝的首都咸陽進擊，並約定：“先入咸陽者王之。”項羽因援救趙國，與秦軍精鋭經過艱苦奮戰取得勝利後，才揮師西進。這時，劉邦已由武關入秦，先佔領了咸陽。對此，項羽十分忿怒，想憑恃自己的强大實力，撕毁盟約，消滅劉邦，稱霸關中。劉邦在敵强我弱的形勢下，采納了張良的建議，親自到駐紮在新豐鴻門地方的項羽軍中謝罪，並表示：“不敢背項王。”這就是歷史上有名的“鴻門宴”。

《鴻門宴》詳細記載了這一事件的始末，反映了雙方在會見中所表現出來的錯綜複雜的矛盾鬬争，描述了宴會過程中劍拔弩張的緊張氣氛和充滿殺機的驚險場面，充分揭示出在勝利前夕，反秦力量的内部矛盾，主要是項羽、劉邦兩大勢力之間的矛盾，已發展到全面激化的程度。

本文語言生動活潑，人物性格鮮明，故事情節波瀾起伏，通過人物的對話和行動非常成功地展現了這場驚心動魄的鬬争，具有很高的文學價值。

本篇選自《史記·項羽本紀》，題目是後加的。

行略定秦地①。函谷關有兵守關②，不得入。又聞沛公已破咸陽[3]。項羽大怒,使當陽君等擊關[4]。項羽遂入,至於戲西[5]。沛公軍霸上[6],未得與項羽相見。沛公左司馬曹無傷使人言於項羽曰[7]:"沛公欲王關中,使子嬰爲相,珍寶盡有之[8]。"項羽大怒,曰:"旦日饗士卒,爲擊破沛公軍[9]!"當是時,項羽兵四十萬,在新豐鴻門[10];沛公兵十萬,在霸上。范增説項羽曰[11]:"沛公居山東時,貪於財貨,好美姬[12];今入關,財物無所取,婦女無所幸[13],此其志不在小。吾令人望其氣,皆爲龍虎,成五采,此天子氣也[14]。急擊勿失[15]!"

注　釋

① 行:行將,即將。　略:奪取土地。　秦地:指秦滅六國前的本土,中心地區在今陝西省。項羽在取得鉅鹿之戰的重大勝利後,又在今河北南部漳水一帶大敗秦軍,秦將章邯率軍投降。然後,項羽從河南向關中進軍,準備佔領秦地。

② 函谷關:從東方進入秦地的重要關口,在今河南靈寶市西南。

③ 沛公:即劉邦,他在沛(今江蘇沛縣)起兵反秦。　咸陽:秦王朝的首都,在今陝西西安市西北。

④ 當陽君:姓英名布,因曾受黥面之刑,改稱黥布。他後來歸附劉邦。

⑤ 戲西:戲水之西。戲水源出驪山,流入渭河,在今陝西西安市臨潼區東。

⑥ 軍:用作動詞,駐軍。　霸上:即霸水之西的白鹿原,在今陝西長安縣東。

⑦ 左司馬:武官名,主管軍法。

⑧ 王(wàng):用作動詞,稱王。　關中:大約相當於現在的陝西省。因爲東有函谷關,西有隴關(今陝西隴縣附近),所以稱關中。　子嬰:秦二世胡亥的侄子。二世三年(公元前 207 年)八月宦官趙高逼二世自殺,立子嬰爲秦王。一個多月以後,劉邦軍隊已到霸上,子嬰出降,但並未被任爲相。後子嬰爲項羽所殺。　有:占有。

⑨ 旦日：明日。 饗(xiǎng)：用酒肉款待。 爲：做。動詞"爲"在古代含義非常廣泛，隨上下文的不同，而附有臨時意義，這裏是"安排"、"準備"的意思。

⑩ 新豐：在今陝西西安市臨潼區東。秦時稱驪邑，漢高祖十年置新豐縣。 鴻門：指鴻門阪(阪是斜坡的意思)，在新豐東面。

⑪ 范增：項羽的主要謀士，居巢(今安徽桐城市)人。

⑫ 沛公居山東時：指劉邦未入關以前。 山東：上古泛指秦以外的六國之地爲山東，因在崤函之東而得名(崤指崤山，在今河南洛寧縣西，接近函谷關)。 財貨：錢財貨物。 好(hào)：喜好。 姬：指侍妾一類人。

⑬ 幸：寵愛，親近，多用於統治者對臣妾。

⑭ 望其氣：觀望他(劉邦)頭上的雲氣。據古代迷信的説法，帝王頭上常有奇異的雲氣。 皆爲龍虎：都是龍虎的形狀。 五采：青、黄、紅、白、黑五種顏色組合在一起。

⑮ 急擊：急速攻打。 勿失：不要錯過〔機會〕。

楚左尹項伯者，項羽季父也，素善留侯張良①。張良是時從沛公。項伯乃夜馳之沛公軍，私見張良，具告以事②，欲呼張良與俱去③。曰："毋從俱死也。"張良曰："臣爲韓王送沛公，沛公今事有急，亡去不義，不可不語④。"良乃入，具告沛公。沛公大驚，曰："爲之柰何⑤？"張良曰："誰爲大王爲此計者？"曰："鯫生説我曰：'距關，毋内諸侯，秦地可盡王也⑥。'故聽之。"良曰："料大王士卒足以當項王乎⑦？"沛公默然，曰："固不如也。且爲之柰何⑧？"張良曰："請往謂項伯，言沛公不敢背項王也⑨。"沛公曰："君安與項伯有故⑩？"張良曰："秦時與臣遊，項伯殺人，臣活之。今事有急，故幸來告良⑪。"沛公曰："孰與君少長⑫？"良曰："長於臣。"沛公曰："君爲我呼入，吾得兄事之⑬。"張良出，要項伯⑭。項伯卽入見沛公。沛公奉卮酒爲壽,約爲婚姻[15]。曰:"吾入關,秋豪不敢有所近,籍吏民,封府庫,而待將軍[16]。所以遣將守關者,備他盜之出入與非常也[17]。日夜望將軍至,豈敢反乎!願伯具言臣之不敢倍德也[18]。"項伯許諾。謂沛公曰:"旦日不可不蚤自來謝項王[19]!"沛公曰:"諾。"於是項伯復夜去,至軍中,具以沛公言報項王。因言曰:"沛公不先破關中,公豈敢入乎?今人有大功而擊之,不義也。不如因善遇之[20]。"項王許諾。

注　釋

① 左尹:官名。　項伯:名纏,字伯。　季父:叔父。　素:平素,往常。善:用作動詞,友好。　張良(公元前?—前189年):字子房。韓國舊貴族出身,劉邦的重要謀士,漢朝建立後封爲留侯(留,在今江蘇沛縣東南)。

② 之:往。　具告以事:把項羽打算消滅劉邦的事情全部告訴張良。具:全部。

③ 俱去:一同離開。

④ 公元前209年,爆發了陳涉起義,張良也拉起了一百多人的隊伍,投奔劉邦。公元前208年,張良又脱離劉邦,勸説項梁立韓公子成爲韓王,他就在韓王手下當了司徒。公元前207年,劉邦的軍隊西進取關中,經過韓地,張良率部下與劉邦配合,攻下十幾個城邑,於是,劉邦讓韓王成留守陽翟,張良隨劉邦繼續西進。所謂"臣爲韓王送沛公",就是指的這件事。臣,古代對别人常自謙稱"臣",不限於對君主。爲(wèi):介詞,替。　急:危急,急難。　亡:逃走。　語(yù):相告。

⑤ 對這件事怎麽辦?　之:指代上面所説的事。　柰何:怎麽辦。

⑥ 鯫(zōu)生:見識淺陋的小人。"鯫"的本義是小雜魚,這裏是表示鄙視。　説(shuì):勸説。　距:通"拒",抵禦,擋住。　内(nà):"納"的本字,接納,放進。　秦地可盡王:意思是,秦地可以全部佔有而

稱王。

⑦ 料:估量。　當:抵擋。

⑧ 固:本來,誠然。　且:將。

⑨ 背:違背,背離。

⑩ 安:怎麽。　故:指舊交情。

⑪ 遊:交遊。　活之:使之活。　之:指項伯。　據《史記·留侯世家》説:"項伯常殺人,從良匿(跟隨張良隱藏起來)。"　幸:形容詞,作狀語,修飾"來告良",表示得以免除困難的有利情況。

⑫ 跟您比,誰年紀輕誰年紀大?　孰與:古漢語中表比較的凝固結構,"跟……相比,哪一個……"。

⑬ 兄事之:當作哥哥一樣侍奉他。　兄:名詞,用作狀語,像哥哥一樣。

⑭ 要(yāo):邀請。

⑮ 奉巵(zhī)酒:兩手恭敬地捧上一杯酒。　巵:酒杯。　爲壽:也叫"上壽",古代給尊長獻上酒並祝健康長壽的禮節。　婚姻:親家。《爾雅·釋親》:"婦之父母,婿之父母相謂爲婚姻。"

⑯ 秋豪:獸類在秋天新長出來的細毛。比喻細微的東西。　豪:通"毫"。　籍吏民:登記官吏、人民。即造人口、户籍册。　將軍:指項羽。

⑰ 備:防備。　非常:指意外的變故。

⑱ 倍德:忘恩負義的意思。　倍:通"背"。

⑲ 蚤:通"早"。　謝:謝罪,道歉。

⑳ 因善遇之:就此機會好好對待他。

沛公旦日從百餘騎來見項王①。至鴻門,謝曰:"臣與將軍戮力而攻秦②,將軍戰河北,臣戰河南③。然不自意能先入關破秦,得復見將軍於此④。今者有小人之言,令將軍與臣有郤⑤。"項王曰:"此沛公左司馬曹無傷言之。不然籍何以至此⑥?"項王即日因留沛公與飲。項王、項伯東嚮坐[⑦]，亞父南嚮坐。亞父者，范增也[⑧]。沛公北嚮坐，張良西嚮侍[⑨]。范增數目項王，舉所佩玉玦以示之者三[⑩]。項王默然不應。范增起，出，召項莊[⑪]，謂曰："君王爲人不忍[⑫]。若入，前爲壽[⑬]。壽畢，請以劍舞，因擊沛公於坐，殺之；不者，若屬皆且爲所虜[⑭]。"莊則入爲壽[⑮]。壽畢，曰："君王與沛公飲，軍中無以爲樂[⑯]，請以劍舞。"項王曰："諾。"項莊拔劍起舞，項伯亦拔劍起舞，常以身翼蔽沛公[⑰]，莊不得擊。

注　釋

① 從百餘騎：讓百多個騎士跟從着，即帶着一百多人的隨從。　從：用作使動，使跟從。　騎：騎士。　見：拜見。

② 臣：劉邦對自己的謙稱。　將軍：劉邦對項羽的敬稱。　戮(lù)：合力。

③ 河北：黄河以北。　河南：黄河以南。當時諸將約定，由項羽率軍北上渡黄河救趙，劉邦率軍在黄河以南向關中進軍。後來劉邦從武關(今陝西商州市)進入關中。

④ 然：然而，可是。　不自意：自己没有料到。　得：能够。

⑤ 小人：指人格卑鄙的人。　郤(xì)：通"隙"，縫隙，這裏指感情上的裂痕。

⑥ 何以至此：怎麽會到這樣的地步。

⑦ 東嚮坐：面向東坐。古人的座位一般以東向爲尊(但君主朝見臣下則面向南坐)。　嚮：面向。

⑧ 亞父：僅次於父。當時范增年已七十，這是對他的尊稱。　亞：次。

⑨ 侍：侍候，在旁邊陪着。這裏指陪坐。

⑩ 數(shuò)：屢次。　目：用作動詞，以目示意，使眼色。　玦(jué)：有缺口的環形佩玉。古人用玦象徵與人斷絶。《荀子・大略》："絶人以玦，反絶以環。"　之：指項羽。　三：表示多數。這兩句是説，范增多次用使眼色和舉玉玦的方式向項羽示意，要他下決心殺死劉邦。

⑪ 項莊：項羽的堂弟。

⑫ 忍:狠心。

⑬ 若:你。 前:動詞,上前。

⑭ 不者:不然的話。 若屬:你們這些人。 且爲所虜:將被〔沛公〕所俘虜。

⑮ 則:卽,就。

⑯ 無以:没有什麽用來。 爲樂:作樂。

⑰ 翼蔽:像鳥的翅膀張開那樣掩護。 翼:名詞用作狀語。

於是張良至軍門見樊噲①。樊噲曰:"今日之事何如?"良曰:"甚急!今者項莊拔劍舞,其意常在沛公也②。"噲曰:"此迫矣!臣請入,與之同命③!"噲卽帶劍擁盾入軍門④。交戟之衞士欲止不内⑤,樊噲側其盾以撞,衞士仆地⑥,噲遂入。披帷西嚮立⑦,瞋目視項王,頭髮上指,目眥盡裂⑧。項王按劍而跽⑨,曰:"客何爲者⑩?"張良曰:"沛公之參乘樊噲者也⑪。"項王曰:"壯士!賜之巵酒。"則與斗巵酒⑫。噲拜謝,起,立而飲之。項王曰:"賜之彘肩⑬。"則與一生彘肩。樊噲覆其盾於地,加彘肩上,拔劍切而啗之⑭。項王曰:"壯士!能復飲乎?"樊噲曰:"臣死且不避,巵酒安足辭⑮!夫秦王有虎狼之心,殺人如不能舉,刑人如恐不勝⑯,天下皆叛之。懷王與諸將約曰:'先破秦入咸陽者王之⑰。'今沛公先破秦入咸陽,毫毛不敢有所近⑱,封閉宫室,還軍霸上,以待大王來⑲。故遣將守關者,備他盜出入與非常也。勞苦而功高如此,未有封侯之賞,而聽細説⑳,欲誅有功之人。此亡秦之續耳,竊爲大王不取也㉑。"項王未有以應㉒,曰:"坐。"樊噲從良坐㉓。坐須臾,沛公起如廁㉔,因招樊噲出。

注　釋

① 軍門：軍營的門。　樊噲(kuài)：沛人，隨劉邦起兵，屢立戰功，是劉邦的重要將領。

② 現在項莊拔劍起舞，他的真實意圖常在沛公身上。兩句意思是項莊想借舞劍作樂來刺殺劉邦。

③ 與之同命：和他同生死。　之：指沛公。

④ 擁盾：抱着盾牌。　盾：盾牌，古代用來抵擋刀箭等的防禦武器。

⑤ 交戟(jǐ)之衞士：持戟交叉着把守軍門的警衞。　戟：古代一種兵器。止：阻止，抵擋。

⑥ 仆地：跌倒在地。

⑦ 披帷：揭開帷帳。　帷：圍在四周的帳幕。古代軍隊駐地用帷帳。

⑧ 瞋(chēn)目：瞪大眼睛。　上指：向上直竪起來。　目眥(zì)盡裂：眼角全部裂開了。這是形容瞋目極怒的狀態，與"頭髮上指"都是夸張描寫的表現方式。　眥：上下眼皮接合的地方，眼角。

⑨ 按劍：握着劍把，一種準備拔劍的姿勢。　跽(jì)：古人席地而坐，兩膝着地，臀部坐在脚後跟上。如果臀部離開脚後跟，挺起上身，就叫做"跽"，一般是表示敬意或感到緊張時的一種動作。這裏指項羽緊張戒備的情態。

⑩ 客人是幹什麽的？

⑪ 參乘(cānshèng)：也作"驂乘"，站在車上右邊負責侍衞的人。

⑫ 斗卮(zhī)：盛一斗酒的大杯。古代一斗相當現在二升左右。

⑬ 彘(zhì)肩：猪的前腿。　彘：猪。

⑭ 覆其盾於地：把盾牌扣在地上。　覆：覆蓋。　加彘肩上：等於説加彘肩於其上，即把猪腿放在盾牌的上面。　加：把一物放在另一物的上面。　啗(dàn)：同"啖"，喫。

⑮ 安足辭：有什麽值得推辭的。

⑯ 殺人如不能舉，刑人如恐不勝(shēng)：殺人好像唯恐不能殺盡，對人用刑好像唯恐不够。　舉：全，盡。　勝：盡。

⑰ 懷王:項羽的叔父項梁起兵後,找到楚懷王的孫子名叫"心"的,作爲起義軍名義上的首領,仍號爲楚懷王。 王之:在那裏爲王。 之:處所補語,指秦地。

⑱ 毫毛:細毛。常用來比喻細微的東西。

⑲ 還軍霸上:劉邦進入秦都咸陽城,又從城内回至霸上駐軍。這是一種約束部下安定秦民的措施。 大王:指項羽。

⑳ 細説:小話,小人挑撥的壞話。

㉑ 意思是,這是繼續〔走〕已經滅亡的秦朝的老路,我替大王考慮,覺得不應該這麽做。 耳:句尾語氣詞。 竊:謙詞。 不取:不應該採取這種做法。

㉒ 未有以應:没有什麽話來回答。

㉓ 從良坐:挨着張良坐下。

㉔ 如:往,到……去。

沛公已出,項王使都尉陳平召沛公[①]。沛公曰:"今者出,未辭也[②],爲之柰何?"樊噲曰:"大行不顧細謹,大禮不辭小讓[③]。如今人方爲刀俎,我爲魚肉,何辭爲[④]?"於是遂去。乃令張良留謝。良問曰:"大王來何操[⑤]?"曰:"我持白璧一雙,欲獻項王;玉斗一雙,欲與亞父[⑥]。會其怒[⑦],不敢獻。公爲我獻之。"張良曰:"謹諾[⑧]。"當是時,項王軍在鴻門下,沛公軍在霸上,相去四十里[⑨]。沛公則置車騎,脱身獨騎[⑩],與樊噲、夏侯嬰、靳彊、紀信等四人持劍盾步走[⑪],從酈山下道芷陽閒行[⑫]。沛公謂張良曰:"從此道至吾軍,不過二十里耳。度我至軍中,公乃入[⑬]。"沛公已去,閒至軍中[⑭]。張良入謝,曰:"沛公不勝桮杓,不能辭[⑮]。謹使臣良奉白璧一雙,再拜獻大王足下[⑯];玉斗一雙,再拜奉大將軍足下[⑰]。"項王曰:"沛公安在[⑱]?"良曰:"聞大王有意督過之[19],脱身獨去,已至軍矣。”項王則受璧,置之坐上。亞父受玉斗,置之地,拔劍撞而破之[20]。曰:“唉!豎子不足與謀[21]!奪項王天下者,必沛公也,吾屬今爲之虜矣[22]!”沛公至軍,立誅殺曹無傷[23]。

注　釋

① 都尉:這裏是軍中參謀之類的副官。　陳平(公元前?—前178年):秦陽武縣户牖(yǒu)鄉(今河南蘭考縣)人。這時在項羽部下,後投奔劉邦,成了重要謀士,漢惠帝時做了丞相。

② 未辭:没有告辭。

③ 意思是説,做大事不考慮拘守小節,行大禮不講究在細小的地方辭讓。　大行:指大的作爲。　顧:關心,顧慮。　細謹:細小的謹慎。　辭:辭讓。

④ 俎(zǔ):切肉的案板,相當於現在的砧(zhēn)板。　何辭爲:告辭幹什麽。“何……爲”是一種表疑問或反詰的凝固結構。

⑤ 操:持,拿,這裏指攜帶。

⑥ 璧(bì):古代一種玉器,扁平,圓形,中間有孔,一般用作朝聘、祭祀、喪葬時的禮品。　斗:舀酒的一種勺。　與:贈給。

⑦ 會:適逢,正碰上。

⑧ 謹諾:恭敬地應允。　謹:表敬意的副詞,意義已相當虚化。

⑨ 相去:相距。

⑩ 置:放下,留下。　車騎:指來時所乘的車和跟從的騎士。　脱身:抽身溜掉。

⑪ 夏侯嬰、靳(jìn)彊、紀信:劉邦的勇將。紀信後來堅守滎陽,被項羽燒死;夏侯嬰、靳彊在滅楚後以功封侯。　步走:徒步逃跑。　走:跑。劉邦一人騎馬,樊噲等四將跑步跟隨。

⑫ 酈山:即驪(lí)山,在今陝西西安市臨潼區東南。　道:經由。　芷(zhǐ)陽:秦時縣名,在今陝西長安縣東。　閒(jiàn)行:秘密地走。

⑬ 度(duó):揣測,估計。　乃:才。

⑭ 去:離開。　閒至軍中:閒行回到軍營中。

⑮ 不勝桮杓(sháo):禁受不了酒力,即喝醉了的意思。這是一種委婉的

言辭。 桮杓：酒器，這裏指代酒。“桮”同“杯”。

⑯ 再拜：拜兩次。 足下：對人的敬稱，猶如説“左右”，表示不敢直接指稱對方。

⑰ 大將軍：指范增。范增在懷王派宋義、項羽救趙時，任爲末將，所以這裏尊稱爲大將軍。

⑱ 安在：在哪裏。

⑲ 督過：責備，問罪。

⑳ 撞：敲擊。

㉑ 竪子不足與謀：這小子不配一同商量大事。這句話明罵項莊，暗指項羽。 竪子：古代對人的一種蔑稱。

㉒ 吾屬今爲之虜矣：我們這些人現在要成爲他的俘虜了。 今：時間副詞，這裏表未成事實的假設。 之：指代劉邦，與“虜”同作“爲”的雙賓語。

㉓ 立：立即。

陳涉起義 《史 記》

【説明】秦始皇統一六國後，建立了我國歷史上第一個中央集權的封建國家，爲我國統一的多民族國家的形成和偉大祖國疆域的開發，奠定了初步基礎。但秦王朝爲了鞏固自己的統治，大力强化官僚機構，箝制人民思想，嚴刑酷罰，實行殘酷的政治壓迫；爲了滿足他們的奢侈生活和軍需的供應，大興徭役，横征暴斂，致使農民“常衣牛馬之衣，而食犬彘之食”。正是由於地主階級對於農民的殘酷的經濟剥削和政治壓迫，因而在公元前 209 年，爆發了陳勝、吴廣領導的我國歷史上第一次農民大起義。

陳勝正確地估計了當時的政治形勢——“天下苦秦久矣”，響亮地提出了“王侯將相寧有種乎”的口号，打破了等級森嚴的封建統治舊秩序，矛頭直指地主階級的政權。起義得到了廣大農民的熱烈響應,隊伍不斷壯大。在攻克陳縣後,建立了我國歷史上第一個農民革命政權"張楚"。在短短幾個月的時間裏,農民起義軍席捲了今安徽、江蘇、江西、河南、河北、陝西等廣大地區。

陳涉起義後不久,就兵敗而壯烈犧牲了,但這次起義沉重地打擊了封建地主階級的統治,推動了歷史的發展,建立了不可磨滅的歷史功勛,爲我國長期封建社會中大小數百次的農民起義樹立了光輝榜様。

司馬遷在《陳涉世家》中比較詳細地記載了陳涉起義的經過,是研究這次農民起義的重要歷史資料。司馬遷把陳涉列爲"世家",還把陳涉起義和"湯武征伐"並提(《太史公自序》),這在封建社會的歷史學家中是獨一無二的。但是,司馬遷不可能了解這次農民起義的真正的歷史意義。他的肯定,和我們今天對陳涉起義的肯定是有本質區別的。

本文是節選《史記・陳涉世家》的前半篇,題目是後加的。

陳勝者,陽城人也,字涉①。吴廣者,陽夏人也,字叔②。陳涉少時,嘗與人傭耕③,輟耕之壟上④,悵恨久之⑤,曰:"苟富貴,無相忘⑥。"庸者笑而應曰⑦:"若爲庸耕,何富貴也⑧?"陳涉太息曰⑨:"嗟乎,燕雀安知鴻鵠之志哉⑩!"

注　釋

① 陽城:在今河南登封市東南。　字:古人有名有字。對人稱字表示尊敬,只有尊長才對人稱名。

② 陽夏:在今河南太康縣。

③ 嘗:曾經。　與人:和别人一起。　傭耕:給人當雇工耕地。　傭:受雇爲人做工。也寫作"庸"。

④ 停止耕作，到田埂上去〔休息〕。 輟(chuò)：停止。 之：動詞，到……去。 壟：指田埂。

⑤ 心中憤憤不平了好大一會兒。 悵(chàng)恨：心懷不平。 之：代詞，這裏是虛指。

⑥ 苟：表假設的連詞，如果，假若。 無：通"毋"，不要。這句意思是説，咱們中間，如果將來有誰富貴了，互相不要忘記。

⑦ 庸者：卽"傭者"，指一塊兒傭耕的人。 笑而應曰：笑着回答説。

⑧ 你做雇工種地，哪裏能富貴得起來呢？ 若：你。 也：句末語氣詞，本來表示肯定的語氣，這裏與"何"搭配，起肯定反詰語氣的作用。

⑨ 太息：長嘆。

⑩ 燕雀：燕子。喻指庸者。 安：疑問代詞，哪裏，怎麼。 鴻鵠(hú)：卽黄鵠，今名天鵝，陳涉自喻。

二世元年七月①，發閭左適戍漁陽九百人②，屯大澤鄉③。陳勝、吴廣皆次當行，爲屯長④。會天大雨，道不通，度已失期⑤。失期，法皆斬。陳勝、吴廣乃謀曰⑥："今亡亦死，舉大計亦死⑦，等死，死國可乎⑧？"陳勝曰："天下苦秦久矣⑨。吾聞二世少子也，不當立，當立者乃公子扶蘇⑩。扶蘇以數諫故，上使外將兵⑪。今或聞無罪，二世殺之⑫。百姓多聞其賢，未知其死也。項燕爲楚將，數有功，愛士卒，楚人憐之⑬。或以爲死，或以爲亡。今誠以吾衆詐自稱公子扶蘇、項燕，爲天下唱，宜多應者⑭。"吴廣以爲然。乃行卜⑮。卜者知其指意⑯，曰："足下事皆成⑰，有功。然足下卜之鬼乎⑱！"陳勝、吴廣喜，念鬼⑲，曰："此教我先威衆耳⑳。"乃丹書帛曰"陳勝王"㉑，置人所罾魚腹中㉒。卒買魚烹食，得魚腹中書，固以怪之矣㉓。又閒令吴廣之次所旁叢祠中㉔，夜篝火㉕，狐鳴呼曰㉖："大楚興，陳勝王。"卒皆夜驚恐。旦日，卒中往往語㉗，皆指目陳勝㉘。

注 釋

① 二世元年:公元前209年。 二世:秦始皇的第十八個兒子,名叫胡亥。秦始皇死後,胡亥篡奪了帝位,稱二世。

② 徵發住在閭(lǘ)左的貧民九百人,罰他們去戍守漁陽。 閭左:秦代貴右賤左,讓窮苦的老百姓住在閭巷的左邊。 閭:里巷的大門,也可以指里巷。 適(zhé):通"謫",責罰。 戍(shù):防守。 漁陽:在今北京密雲縣西南。

③ 屯:駐紮。 大澤鄉:在今安徽宿州市西南。

④ 次當行:編排在這謫戍的隊伍中。 次:編次,編排。 屯長:戍卒的領隊。

⑤ 會:恰逢,正碰上。 度(duó):估計。 失期:誤了日期。 期:指規定到達的時間。

⑥ 乃:副詞,就,於是。 謀:商量。

⑦ 亡:逃亡。 舉大計:幹大事。指起義。

⑧ 等死:同樣是死。 等:等同。 死國:爲國而死。

⑨ 苦秦:苦於秦。秦王朝大興徭役,過度地加重了人民的負擔;特别是經常動用幾十萬人,修阿房宫,築驪山墓,把統治者的淫佚生活建築在殘酷壓榨農民的基礎上,破壞生産,給人民帶來了深重的苦難。

⑩ 秦始皇是巡行途中病死的。始皇死後本應由長子扶蘇繼承帝位,當時始皇諸子只有少子胡亥跟在身邊,宦官趙高與胡亥密謀,僞造秦始皇的遺詔,立胡亥做了皇帝。

⑪ 以數(shuò)諫故:因爲屢次勸諫〔秦始皇〕的緣故。 上:指秦始皇。使外將兵:指派扶蘇到上郡(郡治在今陝西綏德縣東南)去監軍。"使"字後邊省略了"之"。 將兵:帶領軍隊。

⑫ 或聞:有人聽説。 二世殺之:始皇死後,胡亥、趙高等除了僞造立胡亥爲太子的遺詔外,還僞造了始皇給扶蘇的詔書,逼扶蘇自殺。當時,這些事情在民間無疑已有所傳聞。

⑬ 項燕:戰國末年楚國的將領,項羽的祖父。秦始皇二十四年(公元前

223 年)滅楚國時,項燕兵敗自殺。　憐之:愛戴他。　之:指項燕。

⑭ 現在如果真能用我們這羣人冒充是公子扶蘇和項燕的隊伍,作爲全國的倡導,響應的人一定是很多的。　誠:副詞,果真。　詐:冒充。　唱:倡導,帶頭。

⑮ 行卜:去問卜。　卜:占卜。燒灼龜甲或牛骨用來問吉凶的一種迷信行爲。

⑯ 指意:意圖。　指:通"旨"。

⑰ 足下:對對方的敬稱。這句大意是,您問的事都能成功。

⑱ 然:表示輕微轉折的連詞,然而。　卜之鬼:卽卜之於鬼,向鬼問卜。之:指足下事。這裏是卜者暗示他們應該假託鬼神。

⑲ 念鬼:考慮向鬼神問卜的事。　念:考慮。

⑳ 此:指卜者的話。　威衆:指在戍卒中取得威望。　耳:語氣詞,而已,罷了。

㉑ 於是就用朱砂在一塊帛上寫了"陳勝王"三個字。　丹:朱砂。　王(wàng):用作動詞。做王。

㉒ 放在別人捕得的魚肚子裏。　罾(zēng):一種魚網,這裏用作動詞。

㉓ 固:本來。　以:通"已"。　怪之:以之爲怪。　之:指得魚腹中書。

㉔ 閒(jiàn)令:暗地裏使。　次所:臨時駐紮的地方。　叢祠:樹林中的神廟。

㉕ 篝(gōu)火:用竹籠罩住火。作用是使之隱約似鬼火,造成神秘氣氛。篝:竹籠,用作動詞。

㉖ 裝作像狐狸嚎叫一樣的呼喊。

㉗ 旦日:明日。　卒中往往語:戍卒中間到處互相議論。　往往:到處。

㉘ 指目陳勝:暗自指點注視陳勝。　目:用作動詞,"注視"的意思。以上是說,戍卒們已注意到連續發生的怪異現象,但不敢明講。

吴廣素愛人,士卒多爲用者①。將尉醉②,廣故數言欲亡,忿恚尉③,令辱之④,以激怒其衆⑤。尉果笞廣⑥。尉劍挺⑦,廣起,奪而殺尉。陳勝佐之,并殺兩尉⑧。召令徒屬曰[9]："公等遇雨[10]，皆已失期，失期當斬。藉弟令毋斬[11]，而戍死者固十六七[12]。且壯士不死卽已，死卽舉大名耳[13]，王侯將相寧有種乎[14]！"徒屬皆曰："敬受命[15]。"乃詐稱公子扶蘇、項燕，從民欲也[16]。袒右[17]，稱大楚。爲壇而盟，祭以尉首[18]。陳勝自立爲將軍，吴廣爲都尉[19]。攻大澤鄉，收而攻蘄[20]。蘄下，乃令符離人葛嬰將兵徇蘄以東[21]。攻銍、酇、苦、柘、譙，皆下之[22]。行收兵[23]。比至陳[24]，車六七百乘，騎千餘，卒數萬人[25]。攻陳，陳守令皆不在[26]，獨守丞與戰譙門中[27]。弗勝，守丞死，乃入據陳。數日，號令召三老、豪傑與皆來會計事[28]。三老、豪傑皆曰："將軍身被堅執鋭[29]，伐無道，誅暴秦[30]，復立楚國之社稷[31]，功宜爲王。"陳涉乃立爲王，號爲張楚[32]。

注　釋

① 素：平素，一向。　爲用：指爲吴廣效勞。

② 將尉：率領戍卒的尉。　尉：武官名。

③ 忿恚(huì)：惱怒，這裏是"使……惱怒"。

④ 使尉責辱他。　之：指吴廣。

⑤ 激怒：憤激惱怒，這裏是"使……憤激惱怒"。　其衆：指那些戍卒們。

⑥ 笞(chī)：鞭打。

⑦ 劍挺：劍脱出了鞘。　挺：脱出。

⑧ 並殺兩尉：把兩個尉一起殺了。　並：一並，一起。

⑨ 徒屬：部下。這裏指衆戍卒。

⑩ 公等：相當於説各位。　公：對人的敬稱。

⑪ 就算是不殺〔我們〕。　藉：連詞，假如，表假設。　弟令：連詞，但使，卽使，表讓步。　毋：不。

⑫ 戍邊死的人一定是十個裏頭有六七個。　固：必。　十六七：十分之

六七。

⑬ 況且好漢不死便罷,要死就要取得大名聲。 即已:則已,就作罷。舉大名:取大名聲。指起義。

⑭ 寧:反詰副詞,豈,難道。

⑮ 敬受命:聽從您的命令。

⑯ 從民欲:順從人民的愿望。

⑰ 露出右臂。這是作爲參加起義的標誌。 袒(tǎn):脱衣服露出上身的一部分。

⑱ 築起高台,在上面宣誓訂約,用尉的頭做祭品。 盟:在神前宣誓訂約。

⑲ 都尉:低於將軍的武官。

⑳ 收:指"收兵",即收集了大澤鄉起義的人民參加軍隊。 蘄(qí):在今安徽宿州市南。

㉑ 下:攻下。 符離:在今安徽宿州市。 徇(xùn):巡行並宣示命令,表示佔領了這些地方。

㉒ 銍(zhì):在今安徽宿州市西南。 酇(cuó):在今河南永城市西南。苦:在今河南鹿邑縣東。 柘(zhè):在今河南柘城縣北。 譙(qiáo):在今安徽亳(bó)州市。

㉓ 行收兵:一邊行軍一邊吸收羣衆參加起義軍。

㉔ 比:及,等到。 陳:在今河南淮陽縣。

㉕ 車:兵車。 騎(jì):騎兵。 卒:步兵。

㉖ 守令:郡守和縣令。當時陳縣是陳郡的郡治,所以有郡守和縣令。

㉗ 守丞:郡守的副職。 譙門:古代在城門上築樓瞭望敵人叫"譙"或"譙樓",下邊的門叫譙門。

㉘ 三老:掌教化的鄉官。秦代制度,十里一亭,設亭長。十亭一鄉,設三老。 豪傑:當地有勢力、有名望的人。 與:通"舉",全。 來會:來集會。 計事:商量事情。

㉙ 身:親身。 被(pī)堅執鋭:披着堅固鎧甲,拿着鋭利的武器。 被:披着。

㉚ 誅:討伐。

㉛ 社稷(jì):社是土地神,稷是穀神,爲古代國君所祭。祭祀土地神和穀神的地方也叫社稷。古代國君必立社稷,社稷的安危存亡就象徵着國家的安危存亡,因此,古代就把社稷作爲國家的代稱。

㉜ 張楚:這是取張大楚國的意思。

孫　臏　《史　記》

【説明】戰國時期,我國古代的軍事科學發展到了一個新的階段,出現了不少傑出的軍事家和系統的軍事著作。司馬遷在這篇傳記中,對戰國中期齊國軍事家孫臏的事迹和才能作了生動的描寫。作者先通過賽馬這件小事,顯示了孫臏的智慧,然後又通過“桂陵之役”和“馬陵之役”兩大著名戰役,寫出了孫臏卓越的軍事思想。這是《史記》通過典型事件刻畫人物的一例。

孫臏的兵法久已失傳。1972 年,在山東臨沂銀雀山發掘的西漢早期墓葬中,發現了《孫臏兵法》的部分竹簡,它反映了孫臏軍事思想的某些方面。

本篇選自《史記·孫子吴起列傳》,題目是後加的。

孫武既死①,後百餘歲有孫臏②。臏生阿、鄄之閒③,臏亦孫武之後世子孫也。孫臏嘗與龐涓俱學兵法。龐涓既事魏④,得爲惠王將軍,而自以爲能不及孫臏。乃陰使召孫臏⑤。臏至,龐涓恐其賢於己,疾之⑥,則以法刑斷其兩足而黥之⑦,欲隱勿見⑧。齊使者如梁⑨,孫臏以刑徒陰見⑩,説齊使。齊使以爲奇⑪,竊載與之齊⑫。齊將田忌善而客待之⑬。

注　釋

① 孫武：春秋時代著名的軍事家，著有《孫子兵法》。

② 臏(bìn)：古代的一種刑罰，挖去膝蓋骨。周代改臏刑爲刖(yuè)刑，砍斷兩足；但典籍中仍常用"臏"來指刖刑。孫臏的名字不傳於後世，因爲受過刖刑，所以稱之爲"孫臏"。

③ 阿(ē)：齊國地名，在今山東陽谷縣附近。　鄄(juàn)：齊國地名，在今山東鄄城縣。

④ 事魏：爲魏國服務。

⑤ 陰：暗地裏，秘密地。　使：派人。

⑥ 疾：妒忌。這個意義後來寫作"嫉"。

⑦ 以法刑斷其兩足：指對他實行刖刑。　以法刑：根據法律用刑。　黥(qíng)：古代的一種刑罰，刺面後塗上墨，又稱"墨刑"。

⑧ 隱：這裏是使動用法，"使……隱"，"使……不顯露"的意思。　見(xiàn)：出現。這句是說，想使孫臏不能露面。

⑨ 如：到……去。　梁：魏國從遷都大梁(今河南開封市)後，又稱爲"梁"。

⑩ 以：以……的身份。　刑徒：受過刑的罪犯。

⑪ 奇：指有特別的才能。

⑫ 竊載：偷偷地載到車上。　與之齊：和他一起到齊國去。"與"後面省略代詞賓語"之"(他)，文中的"之"是動詞，"到……去"的意思。

⑬ 田忌：齊國的宗室。　善：意思是認爲他有才能。　客待之：把他當作客人對待。"客"是名詞作狀語。

忌數與齊諸公子馳逐重射[1]。孫子見其馬足不甚相遠，馬有上、中、下輩[2]，於是孫子謂田忌曰："君弟重射，臣能令君勝[3]。"田忌信然之[4]，與王及諸公子逐射千金[5]。及臨質[6]，孫子曰："今以君之下駟與彼上駟[7]，取君上駟與彼中駟，取君中駟與彼下駟。"既馳三輩畢，而田忌一不勝而再勝[8]，卒得王千金。於是忌進孫子於威王[9]。威王問兵法，遂以爲師。

注　釋

① 數(shuò)：屢次。　諸公子：指諸侯的不繼承君位的各個兒子。　馳逐：駕馬比賽。　重(zhòng)射：下很大的賭注打賭。　射：打賭。

② 馬足：指馬的足力。　輩：等級。

③ 弟：但，只管。　臣：古人對人講話時常謙稱自己爲臣，並非只對君才能稱臣。

④ 信然之：相信孫臏的話，認爲孫臏的話對。這句中“信”、“然”共一個賓語“之”。

⑤ 逐射千金：下千金的賭注賭駕馬比賽的勝負。

⑥ 及：等到。　臨質：指臨比賽的時候。　質：雙方找人評定是非。這裏指比賽。

⑦ 駟：古代稱同駕一車的四馬爲“駟”。　與：對付。

⑧ 再勝：勝兩次。

⑨ 進：推薦。

其後魏伐趙，趙急，請救於齊。齊威王欲將孫臏①，臏辭謝曰：“刑餘之人不可②。”於是乃以田忌爲將，而孫子爲師③，居輜車中④，坐爲計謀。田忌欲引兵之趙，孫子曰：“夫解雜亂紛糾者不控捲⑤，救鬬者不搏撠⑥。批亢擣虛⑦，形格勢禁⑧，則自爲解耳。今梁趙相攻，輕兵鋭卒必竭於外⑨，老弱罷於内⑩。君不若引兵疾走大梁⑪，據其街路，衝其方虛⑫，彼必釋趙而自救。是我一舉解趙之圍而收獘於魏也⑬。”田忌從之。魏果去邯鄲⑭，與齊戰於桂陵⑮。大破梁軍⑯。

注　釋

① 將(jiàng)：以……爲將。

② 謝：婉言推辭。 刑餘之人：受過刑的人。

③ 師：此處指軍師，和上文"遂以爲師"的"師"不同。

④ 輜車：有帷的車。

⑤ 大意是，解亂絲不能整團的抓住了去拉。 雜亂紛糾：指亂絲。控：引，拉。 捲：指捲起來的亂絲。

⑥ 大意是，勸解打架不能在雙方相持很緊的地方去搏擊。 撠（jī）：彎起胳膊去拉住東西。這裏指打架的人互相揪住。

⑦ 批亢（gāng）：指打擊要害處。 批：擊。 亢：喉嚨。 擣虚：指衝擊敵人的空虚之處。 擣：後來寫作"搗"。

⑧ 形格勢禁：是兩個並列的主謂結構，指形勢禁止相鬭。 格：止。

⑨ 輕兵：輕裝的士兵。

⑩ 罷（pí）：通"疲"。

⑪ 走：趨向，奔向。 大梁：魏的國都，在今河南開封市。

⑫ 街路：指要道。 衝：同衝（現簡化爲"冲"）。 方虚：正當空虚之處。

⑬ 是：這樣。 收獘於魏：對魏可以收到使它疲憊的效果。 獘：通"弊"，疲憊，指力量削弱。

⑭ 邯鄲：趙的國都。在今河北邯鄲市。

⑮ 桂陵：魏地。在今山東菏澤市東北。"圍魏救趙"的事發生於魏惠王十七年（公元前 353 年）。

⑯ 根據銀雀山出土的《孫臏兵法》記載，在桂陵之戰中龐涓被擒。

後十三歲，魏與趙攻韓，韓告急於齊①。齊使田忌將而往，直走大梁。魏將龐涓聞之，去韓而歸，齊軍既已過而西矣②。孫子謂田忌曰："彼三晉之兵素悍勇而輕齊③，齊號爲怯④，善戰者因其勢而利導之⑤。兵法，百里而趣利者蹶上將，五十里而趣利者軍半至⑥。使齊軍入魏地爲十萬竈，明日爲五萬竈，又明日爲三萬竈⑦。"龐涓行三日，大喜，曰："我固知齊軍怯，入吾地三日，士卒亡者過半矣。"乃棄其步軍，與其輕鋭倍日并行逐之⑧。孫子度其行，暮當至馬陵⑨。馬陵道陜⑩，而旁多阻隘，可伏兵，乃斫大樹白而書之曰[11]:"龐涓死於此樹之下。"於是令齊軍善射者萬弩[12],夾道而伏,期曰:"暮見火舉而俱發[13]"。龐涓果夜至斫木下,見白書,乃鑽火燭之[14]。讀其書未畢,齊軍萬弩俱發,魏軍大亂相失[15]。龐涓自知智窮兵敗,乃自剄[16],曰:"遂成豎子之名!"齊因乘勝盡破其軍,虜魏太子申以歸[17]。孫臏以此名顯天下,世傳其兵法。

注　釋

① 馬陵之戰發生在魏惠王二十八至二十九年(公元前 342—前 341 年)。關於這次戰役,《史記·魏世家》説是"魏伐趙,趙告急齊",《史記·田敬仲完世家》的記載是"魏伐趙,趙與韓親,共擊魏,趙不利……韓氏請救於齊",和這裏不一樣。

② 齊軍已經越過〔國境〕而向西進了。

③ 三晉之兵:指魏軍。　三晉:指魏、趙、韓。晉是春秋時一個强大的諸侯國,後來它的三家大夫分晉,成了魏、趙、韓三國。

④ 號爲怯:被稱爲胆小的。

⑤ 因其勢:根據客觀情勢。　利導之:順着有利的方向加以引導。

⑥ 趣利:跑去争利。　趣(qū):通"趨",趨向。　蹶(jué):跌,挫折。這裏是使動用法,"使……受挫折"的意思。　軍半至:軍隊只有一半能到達,意思是在行軍途中軍隊損耗過半。這些話見《孫子·軍争》,文字不盡相同。

⑦ 竈:俗寫作"灶"。逐日减灶是爲了造成齊軍逐日逃亡的假象,引誘魏軍"倍日并行",使之處於"百里而趣利"的不利地位。

⑧ 輕鋭:輕兵鋭卒。　倍日并行:兩天的路程并作一天走。

⑨ 度其行:估量其行程。　馬陵:魏地,在今山東鄄城縣。

⑩ 陜:"狹"的本字,與"陝(陝)"不同。

⑪ 斫(zhuó)大樹白:把大樹砍白了。指把樹皮砍掉,露出白色。　斫:砍。　書:寫。

⑫ 善射者萬弩:善射箭的弩手一萬人。

⑬ 期:約。　發:〔箭〕射出去。

⑭ 見白書：見到樹白上的字。　書：字。　鑽火：鑽木取火，這裏指取火。　燭：照。

⑮ 相失：彼此失去聯繫。

⑯ 剄（jǐng）：用刀割脖子。《史記·魏世家》説龐涓是被殺的。

⑰ 太子申：魏惠王的太子，名申。馬陵之役，魏以太子申爲上將軍，以龐涓爲將。　以：而。

韓信破趙之戰　《史　記》

【説明】韓信（公元前？—前 196 年），秦末淮陰（今江蘇淮陰縣東南）人。初從項羽，後歸劉邦，拜爲大將，幫助劉邦打敗項羽，統一中國，戰功卓著，與蕭何、張良合稱漢興三傑。漢四年（公元前 203 年）立爲齊王，明年徙爲楚王，漢六年降爲淮陰侯，十一年被吕后殺害。

韓信破趙之戰，顯示了韓信卓越的軍事才能和虚心求教的大將風度。按照兵法規定，不宜背水爲陣。但韓信根據具體的地形條件，根據敵方的心理狀態，根據己方的士兵素質，靈活運用軍事理論知識，背水爲陣，使人自爲戰，不終朝就破趙二十萬衆。

趙之所以失敗，是因爲不聽廣武君的計謀，而韓信親自"解其縛"，待之以師禮，虚心求教。終以廣武君之策，順利平定燕齊。

本文選自《史記·淮陰侯列傳》，題目是後加的。

信與張耳以兵數萬，欲東下井陘擊趙①。趙王、成安君陳餘聞漢且襲之也②，聚兵井陘口，號稱二十萬。廣武君李左車説成安君曰③："聞漢將韓信涉西河，虜魏王，禽夏説，新喋血閼與④，今乃輔以張耳，議欲下趙⑤，此乘勝而去國遠鬬，其鋒不可當。臣聞千里餽糧[⑥]，士有飢色；樵蘇後爨，師不宿飽[⑦]。今井陘之道，車不得方軌，騎不得成列[⑧]，行數百里，其勢糧食必在其後。願足下假臣奇兵三萬人，從閒道絶其輜重[⑨]；足下深溝高壘，堅營勿與戰[⑩]。彼前不得鬬，退不得還，吾奇兵絶其後，使野無所掠，不至十日，而兩將之頭可致於戲下[⑪]。願君留意臣之計[⑫]。否，必爲二子所禽矣。"成安君，儒者也，常稱義兵不用詐謀奇計[⑬]，曰："吾聞兵法'十則圍之，倍則戰[⑭]。'今韓信兵號數萬，其實不過數千。能千里而襲我，亦已罷極[⑮]。今如此避而不擊，後有大者，何以加之[⑯]！則諸侯謂吾怯，而輕來伐我[⑰]。"不聽廣武君策，廣武君策不用。

注　釋

① 信：韓信。　張耳：秦末農民起義將領之一，被項羽封爲常山王。漢二年(公元前 205 年)爲陳餘所敗，投奔漢王劉邦。　井陘(xíng)：漢縣名，即今河北井陘縣之井陘口。

② 趙王：指趙歇。漢二年陳餘迎代王趙歇爲趙王。　成安君：陳餘的封號。趙王歇曾立陳餘爲代王，但陳餘留傅趙王，不之國。陳餘、張耳原本是摯友，在反秦戰爭中雙方産生矛盾。秦亡後，矛盾激化，終於成爲仇敵。　且：將。

③ 廣武君：趙國謀士李左車的封號。

④ 西河：張守節《正義》："即同州龍門河，從夏陽渡者。"今陝西韓城市南。　魏王：指西魏王魏豹，封地在河東(今山西境内)。魏豹本與劉邦一起擊楚，漢二年六月，他請求回封地省親，回封地後背叛劉邦，與楚約和。八月，劉邦派韓信擊魏，虜魏王豹。　禽：擒獲。在這個意義上後來寫作"擒"。　夏説(yuè)：代王陳餘的相國。陳餘立爲代王後，仍留在趙地，派夏説以相國守代。　喋(dié)血：踩着血行走。這裏指血戰。　閼與(yùyǔ)：在今山西和順縣西北。韓信破代在漢二年閏九月。

⑤ 輔以張耳：用張耳輔助〔他〕。 議欲下趙：決定要攻下趙國。

⑥ 千里餽（kuì）糧：從千里之外運送糧食〔給軍隊吃〕。 餽：通"饋"。送。

⑦ 樵：打柴。 蘇：打草。 爨（cuàn）：做飯。 宿：常，久。

⑧ 方軌：兩車並行。 方：並。 軌：車轍。《戰國策·齊策一》："徑亢父之險，車不得方軌，馬不得並行。"井陘爲太行八隘之一，多險阻，故戰車不能並排行進，騎兵也不能排成行列。

⑨ 假：暫時付與。 奇兵：出奇制勝的軍隊。 奇：軍事術語，與"正"相反。指不常見的，出人意料的軍事行動。 閒（jiàn）道：小道。 輜重：軍用物資。

⑩ 深溝：把護營的壕溝挖深。 高壘：把兵營的圍牆加高。 堅營：堅守營壘。深、高、堅都用作使動。

⑪ 致於戲（huī）下：致送到將軍的大旗之下。 戲：通"麾"，主將的大旗。

⑫ 留意：考慮。

⑬ 儒者：儒生，書生。 義兵：正義之師。

⑭ 十：指兵力十倍於敵軍。 之：指敵軍。 倍：指兵力倍於敵軍。 戰：對陣。這兩句話出自《孫子兵法·謀攻》。文字略有不同。

⑮ 罷（pí）：通"疲"。

⑯ 大者：大敵。 加：這裏是"勝"的意思。

⑰ 輕：輕易。

韓信使人閒視[①]，知其不用，還報，則大喜，乃敢引兵遂下[②]。未至井陘口三十里，止舍[③]。夜半傳發，選輕騎二千人[④]，人持一赤幟，從閒道萆山而望趙軍[⑤]，誡曰："趙見我走，必空壁逐我[⑥]，若疾入趙壁，拔趙幟，立漢赤幟[⑦]。"令其裨將傳飱[⑧]，曰："今日破趙會食[⑨]！"諸將皆莫信，詳應曰[⑩]："諾。"謂軍吏曰[⑪]："趙已先據便地爲壁[⑫]，且彼未見吾大將旗鼓，未肯擊前行[⑬]，恐吾至阻險而還。"信乃使萬人先行，出，背水陳[⑭]。趙軍望見而大笑[⑮]。平旦，信建大將之旗鼓，鼓行出井陘口[⑯]。趙開壁擊之，大戰良久。於是信、張耳詳弃鼓旗，走水上軍[17]。水上軍開入之，復疾戰[18]。趙果空壁争漢鼓旗，逐韓信、張耳。韓信、張耳已入水上軍，軍皆殊死戰[19]，不可敗。信所出奇兵二千騎，共候趙空壁逐利[20]，則馳入趙壁，皆拔趙旗，立漢赤幟二千。趙軍已不勝，不能得信等，欲還歸壁，壁皆漢赤幟，而大驚，以爲漢皆已得趙王將矣[21]，兵遂亂，遁走，趙將雖斬之，不能禁也。於是漢兵夾擊，大破虜趙軍，斬成安君泜水上[22]，禽趙王歇。

注　釋

① 閒(jiàn)視：秘密偵察。

② 遂：徑直。

③ 止舍：停下來住宿。　舍：軍隊住一宿。《左傳・莊公三年》："凡師一宿爲舍，再宿爲信，過信爲次。"

④ 傳發：傳令出發。　輕騎(jì)：輕裝的騎兵。

⑤ 萆(bì)山：在山上隱蔽。　萆：隱蔽。

⑥ 走：逃跑。　空壁：使壁空。意思是軍營都空了，傾巢而出。　壁：營壘。　逐：追趕。

⑦ 若：你們。　疾：急速。　立：建，插上。

⑧ 裨(pí)將：副將。　傳：送，分發。　飧(cān)：通"湌"(餐)。《史記・淮陰侯列傳》集解引如淳曰："小飯曰湌。"意謂非正餐，只進點小吃。

⑨ 會食：〔正式〕聚餐。

⑩ 莫：否定副詞。不。　詳：通"佯"。

⑪ 軍吏：部下的執勤軍官。

⑫ 據便地：佔據有利地形。

⑬ 前行(háng)：先頭部隊。

⑭ 出：指出井陘口。　背水陳(zhèn)：背向河水擺開陣勢。

⑮ 背水結陣，爲兵家所忌，故趙軍笑之。

⑯ 平旦：天亮。 鼓行：擂鼓而行。

⑰ 走水上軍：退逃至水邊的軍陣。

⑱ 開入之：指打開營門放他們進去。 疾：猛烈。

⑲ 殊死戰：拚命作戰。 殊死：用作狀語。

⑳ 逐利：争奪戰利品。

㉑ 得趙王將：俘獲趙王的將領。 得：俘獲。

㉒ 泜(chí)水：在井陘口附近。

信乃令軍中毋殺廣武君，有能生得者購千金①。於是有縛廣武君而致戲下者，信乃解其縛，東鄉坐，西鄉對，師事之②。

諸將效首虜，休，畢賀③，因問信曰："兵法'右倍山陵，前左水澤④'。今者將軍令臣等反背水陳⑤，曰'破趙會食'，臣等不服。然竟以勝，此何術也⑥？"信曰："此在兵法，顧諸君不察耳⑦。兵法不曰'陷之死地而後生，置之亡地而後存'⑧？且信非得素拊循士大夫也，此所謂'驅市人而戰之'⑨，其勢非置之死地，使人人自爲戰⑩；今予之生地，皆走，寧尚可得而用之乎⑪！"諸將皆服曰："善。非臣所及也。"

注　釋

① 生得：活捉。 購：懸賞徵求。

② 東鄉坐：〔讓廣武君〕面朝東坐。漢初以東向爲尊。 鄉：向。 西鄉對：〔韓信〕面向西對着。 師事之：像對待老師一様事奉他。 師：名詞用作狀語。

③ 效首虜：獻首級和俘虜。 休：結束。 畢賀：全都祝賀。

④ 右倍山陵：右面、背面要靠山。 倍：通"背"。背面。 前左水澤：前面、左面要靠水。《孫子兵法·行軍》杜牧注："太公曰：軍必左川澤而

右丘陵。”

⑤ 反:反而。

⑥ 以勝:以此取勝。　以:介詞。賓語省略。　術:戰術。

⑦ 顧:連詞。表示轉折。可譯爲“只是”。

⑧ 這兩句話見《孫子兵法·九地》。原文是:“投之亡地然後存,陷之死地然後生。”

⑨ 素:平日。　拊循:撫愛,撫慰。　士大夫:指衆將士。　市人:集市上的人。意謂烏合之衆。

⑩ 非:“非……不可”的意思。　自爲戰:爲自己〔的生存〕而戰。　自爲:介詞結構作狀語。自作介詞爲的賓語,前置。

⑪ 今:表示假設。　走:逃跑。　寧:難道。　尚:還。

於是信問廣武君曰:“僕欲北攻燕,東伐齊,何若而有功①?”廣武君辭謝曰②:“臣聞‘敗軍之將,不可以言勇;亡國之大夫,不可以圖存’。今臣敗亡之虜,何足以權大事乎③!”信曰:“僕聞之,百里奚居虞而虞亡,在秦而秦霸④,非愚於虞而智於秦也,用與不用,聽與不聽也。誠令成安君聽足下計,若信者亦已爲禽矣⑤。以不用足下,故信得侍耳⑥。”因固問曰⑦:“僕委心歸計,願足下勿辭⑧。”廣武君曰:“臣聞‘智者千慮,必有一失;愚者千慮,必有一得⑨。’故曰‘狂夫之言,聖人擇焉⑩’。顧恐臣計未必足用,願效愚忠。夫成安君有百戰百勝之計,一旦而失之,軍敗鄗下⑪,身死泜上。今將軍涉西河,虜魏王,禽夏説閼與,一舉而下井陘,不終朝破趙二十萬衆⑫,誅成安君。名聞海内,威震天下。農夫莫不輟耕釋耒,褕衣甘食,傾耳以待命者⑬。若此,將軍之所長也。然而衆勞卒罷,其實難用。今將軍欲舉倦獘之兵,頓之燕堅城之下⑭,欲戰恐久,力不能拔⑮,情見勢屈,曠日糧竭⑯,而弱燕不服,齊必距境以自彊也[17]。燕齊相持而不下,則劉項之權未有所分也[18]。若此者,將軍所短也。臣愚,竊以爲亦過矣[19]。故善用兵者不以短擊長,而以長擊短。"韓信曰:"然則何由[20]?"廣武君對曰:"方今爲將軍計,莫如案甲休兵,鎮趙,撫其孤[21],百里之内,牛酒日至,以饗士大夫醳兵[22]。北首燕路[23],而後遣辯士奉咫尺之書,暴其所長於燕[24],燕必不敢不聽從。燕已從,使諠言者東告齊[25],齊必從風而服,雖有智者,亦不知爲齊計矣。如是,則天下事皆可圖也。兵固有先聲而後實者[26],此之謂也。"韓信曰:"善。"從其策。發使使燕,燕從風而靡[27]。乃遣使報漢,因請立張耳爲趙王,以鎮撫其國。漢王許之,乃立張耳爲趙王。

注　釋

① 僕:謙詞。　燕:項羽封燕將臧荼爲燕王。都薊,在今北京市西南。齊:齊王田廣。都臨菑,今屬山東淄博市。　何若:何如,怎麽樣。

② 辭謝:表示謙讓。

③ 權:權衡。這裏是計量、策劃的意思。

④ 百里奚:春秋時楚國人,曾爲虞國大夫。晉滅虞,百里奚被俘,並且作爲陪嫁奴僕送往秦國。後來相秦穆公,七年而秦富强。

⑤ 若信者:像我韓信這樣的人。　爲禽:被擒。

⑥ 得侍:得以侍奉〔足下〕。指李左車被擒,韓信師事之。

⑦ 固:堅決。

⑧ 委心:把心交給你。即傾心。　歸計:聽從你的計謀。　歸:順從,依從。

⑨ 這是當時的成語。《晏子春秋·内篇雜下第六》也有類似的話。

⑩ 這是當時的成語。　狂夫:愚鈍之人。　擇:選擇。《漢書·鼂錯傳》作"傳曰:狂夫之言,而明主擇焉"。

⑪ 鄗(hào):地名。在今河北石家莊市高邑縣。

⑫ 不終朝:不到一個上午。

⑬ 農夫們没有誰不是停止耕作、放下農具、穿好的、吃好的、側耳静聽而等待命令的。意思是農夫們擔心戰亂臨頭，無心生産，只顧眼前享受，等待韓信的下一步行動。　輟(chuò)：停止。　釋耒：放下農具。　褕(yú)：美好。

⑭ 倦弊：疲倦，困乏。　頓之：使之(軍隊)困頓。　頓：用作使動。

⑮ 恐久：恐怕拖延時日。　拔：攻取。

⑯ 情見(xiàn)：真情暴露〔給敵方〕。　勢屈：意爲戰争的態勢不利於己。　屈：虧。　曠日：耗費時日。

⑰ 距境以自彊：拒守於邊境而使自己强盛。　距：通"拒"。　彊：後來多寫作"强"。

⑱ 下：投降。　權：秤錘。用權以知輕重，這裏指勝負。兩句意思是燕國、齊國長期跟韓信的軍隊相對抗而不投降，那劉邦和項羽之間的勝負是不能見分曉的。

⑲ 我雖愚昧，私下也認爲〔攻燕伐齊的計劃〕錯了。　過：錯。

⑳ 何由：該走哪條路。即該怎麽辦。

㉑ 案甲休兵：即按兵不動。　案：通"按"。　甲、兵：在這裏同義，都是指軍隊。　鎮趙：鎮守趙國。　撫其孤：撫恤趙國陣亡者的遺孤。

㉒ 饗士大夫：用酒食犒賞將士。　醳(yì)兵：給士卒飲酒，即犒賞士卒的意思。　醳：醇酒。名詞用作使動，醉酒的意思。

㉓ 首：向。這句意思是作出北向燕國的態勢。

㉔ 咫尺之書：一封書信。《漢書·韓信傳》顔師古注："八寸曰咫。咫尺者，言其簡牘或長咫，或長尺，喻輕率也。今俗言尺書，或言尺牘，蓋其遺語耳。"　暴(pù)其所長：顯示自己的長處。

㉕ 諠(xuān)言者：長於詭辯的人。　諠：通"諼"，詭詐。

㉖ 先聲而後實：先虚張聲勢而後採取行動。

㉗ 發使：派出使者。　使燕：出使燕國。　從風而靡：像隨着風一樣倒下。意思是很快就投降了。　靡：倒下。這裏是歸順、投降的意思。

汲　黯　《史　記》

【説明】汲黯(公元前？—前112年)是中國歷史上的名臣。

他的有名并不是因爲他有顯赫一時的政績，也不是因爲他有什麼高超的治國方略。他之所以名垂青史，是因爲他内行脩絜，剛正不阿。他不僅敢於和炙手可熱的大將軍亢禮，敢於痛罵舞文弄法的刀筆吏，也敢於面對漢武帝，揭露其"内多欲而外施仁義"。作爲一個封建官吏，的確難能而可貴。漢武帝雖不喜歡他的"戇"，也不得不肯定他近於"社稷之臣"。

汲黯對民間疾苦也頗爲同情。河南矯制，發粟振貧；替長安令受過，爲京城市民請命；反對因征匈奴而騷動天下；反對張湯等人所製造的種種冤獄。這些，都是一般官吏所做不到的。

漢武帝尊儒術，尚法制，而汲黯信奉黄老之言，這就注定了他在仕途上不可能尊顯益貴。而且汲黯心胸狹窄，對此頗有怨言，一直弄到"坐小法"而免官的地步。黄老之術對社會安定有一定作用，卻不能解決當時的内外矛盾，這是汲黯所認識不到的。

本文節自《汲鄭列傳》。

汲黯，字長孺，濮陽人也①。其先有寵於古之衞君②。至黯七世，世爲卿大夫。黯以父任，孝景時爲太子洗馬，以莊見憚③。孝景帝崩，太子即位，黯爲謁者④。東越相攻，上使黯往視之⑤。不至，至吴而還，報曰："越人相攻，固其俗然⑥，不足以辱天子之使。"河内失火⑦，延燒千餘家，上使黯往視之。還報曰："家人失火，屋比延燒⑧，不足憂也。臣過河南，河南貧人傷水旱萬餘家⑨，或父子相食，臣謹以便宜，持節發河南倉粟以振貧民⑩。臣請歸節，伏矯制之罪⑪。"上賢而釋之，遷爲滎陽令⑫。黯耻爲令，病歸田里⑬。上聞，乃召拜爲中大夫⑭。以數切諫，不得久留内，遷爲東海太守⑮。黯學黄老之言⑯，治官理民，好清静；

擇丞史而任之⑰。其治，責大指而已，不苛小⑱。黯多病，臥閨閤内不出⑲。歲餘，東海大治。稱之⑳。上聞，召以爲主爵都尉，列於九卿㉑。治務在無爲而已㉒，弘大體，不拘文法㉓。

注　釋

① 濮陽：春秋時衛地，漢代爲縣，在今河南濮陽市南。

② 古之衛君：指戰國時的衛國君主。當時衛國已淪爲附庸小國，故但稱“君”。

③ 以父任：因爲父親保舉。漢代有“任子”制度。《漢書・哀帝紀》：“除任子令。”注引應劭：“任子令者，《漢儀注》：吏二千石以上，視事滿三年，得任同産（同胞兄弟）若子一人爲郎。”任：保任，保舉。　孝景：漢景帝劉啟，漢武帝的父親，公元前156—前140年在位。漢代標榜以孝治天下，從惠帝開始，皇帝的謚號之前都冠以“孝”字。　太子洗馬：太子宫中的屬官，秩比謁者（六百石），太子出行，乘馬前驅。洗：又作“先”。《漢書・百官公卿表上》：“屬官有太子門大夫、庶子、先馬、舍人。”以莊見憚：因爲莊嚴，使人憚畏。

④ 太子：指漢武帝劉徹，公元前140年即位。　謁者：郎中令屬官，掌管接待賓客，通報請謁等事。

⑤ 東越：指當時的閩越（今福建）和甌越（今浙江）。　相攻：漢武帝建元三年（公元前138年），“閩越發兵圍東甌。東甌食盡，困，且降，乃使人告急天子。”（《史記・東越列傳》）　視：視察。

⑥ 本來他們的習俗是這樣的。　固：本來。　然：代詞。如此，這樣。

⑦ 河内：本指黄河北岸地區。漢代有河内郡，包括今河北省南部、山西省東部及河南省黄河以北地區。

⑧ 屋比：房屋比連。　比：舊讀 bì。

⑨ 河南：郡名。在今河南省西北部。從長安去河内，先經河南。　傷水旱：爲水災旱災所傷害。

⑩ 臣謹以便宜：大意是我乘便自作主張。　謹：表敬副詞。　便宜：指不待上奏，見機行事。　持節：憑着符節傳達皇帝的命令。　發：發放。　振：救濟。古書亦寫作“賑”。

⑪ 歸節：歸還符節。　伏：承認。　矯制：義同“矯詔”。指假傳皇帝的命令。　制：皇帝的命令。

⑫ 賢：用作意動，賓語“之”承下省略。賢之，認爲他有才能。　釋之：免他無罪。　遷：調任。　滎(xíng)陽：縣名。在今河南滎陽市東北。令：漢代萬户以上的大縣，其長官稱“令”，秩千石至六百石。

⑬ 耻：用作意動。認爲耻辱。　病：托病。　田里：家鄉。

⑭ 拜：授予官職。　中大夫：郎中令屬官，掌議論。後更名爲光禄大夫，秩比二千石。

⑮ 以數(shuò)切諫：因爲常常直言正諫。　數：屢次。　留内：指留在朝内做官。　東海：郡名。在今山東南部郯城縣和江蘇北部邳州市一帶。

⑯ 黄老之言：即道家學説。道家以黄帝、老子爲宗。

⑰ 治官：治理官府之事。　丞：郡丞，太守的副職。　史：指掾(yuàn)史，分曹治事的屬吏。　任之：把事情委托給他們辦理。

⑱ 其治：指汲黯治理郡政。　責大指：責求大的宗旨。　苛：苛責，苛求。

⑲ 閨閤：指内室。閨閤同義，原指宫中小門。《爾雅·釋宫》：“宫中之門謂之闈，其小者謂之閨，小閨謂之閤。”

⑳ 稱之：〔人們〕稱讚他。

㉑ 主爵都尉：秦代名主爵中尉，漢景帝改爲主爵都尉，掌管列侯之事，待遇與九卿同。汲黯於建元六年始任此職。　九卿：中央政府的九個主要部門，也是其長官名，即太常、郎中令、衛尉、太僕、廷尉、大行令(大鴻臚)、宗正、大農令(大司農)、少府。

㉒ 務：務求，力求。　無爲：這是道家的政治主張。提倡不擾民，任自然，無爲而治。

㉓ 弘：弘通，通達。　大體：事物的要點、全局。　文法：條文法令。

黯爲人性倨，少禮，面折①，不能容人之過。合己者善待之，不合己者不能忍見②，士亦以此不附焉。然好學，游俠③，任氣節④，内行脩絜，好直諫，數犯主之顔色⑤，常慕傅柏、袁盎之爲人也⑥。善灌夫、鄭當時及宗正劉弃⑦。亦以數直諫，不得久居位。

注　釋

① 倨：不謙遜，傲慢。　少禮：缺少禮節。　面折：當面指責〔別人的過錯〕。　面：名詞用作狀語。　折：責讓，指斥。

② 不能忍見：意思是連見一面也不能容忍。　忍：能願動詞。與“不”連用，表示不能容忍、不願意。

③ 這個句子有的本子標點爲“好學游俠”。《漢書·汲黯傳》作“好游俠”，無“學”字。　游俠：是説喜歡交遊、仗義。

④ 任氣節：以氣節自任，即崇尚氣節。

⑤ 内行：指操守、品行。　脩：通“修”。善，嚴正。　絜：通“潔”。純潔，廉潔。　數犯主之顔色：常常冒犯皇上的威嚴。　顔色：臉色。

⑥ 傅柏：梁人，爲漢文帝次子梁孝王劉武之將。　袁盎（àng）：楚人，文帝時爲中郎將，“亦以數直諫，不得久居中”。（《史記·袁盎列傳》）景帝時被梁孝王派刺客殺害。傅柏、袁盎均爲人伉直忼慨，故汲黯慕之。

⑦ 善：與……相好。　灌夫：灌孟之子，在削平吴楚叛亂時立有軍功，名聞天下，武帝時任淮陰太守。灌夫爲人剛直，好任俠，後因參與武安侯與魏其侯的矛盾鬭争，被處死罪。　鄭當時：字莊。武帝時任濟南太守、江都相、右内史等職。好黄老之言，以任俠自喜。　宗正：九卿之一，掌管皇室宗室事務。　劉弃（qì）：《漢書》作“劉棄疾”。弃是“棄”的異體字。

當是時，太后弟武安侯蚡爲丞相①，中二千石來拜謁，蚡不爲禮②。然黯見蚡未嘗拜，常揖之③。天子方招文學儒者④，上曰吾欲云云⑤。黯對曰：“陛下内多欲而外施仁義⑥，奈何欲效唐虞之治乎！”上默然，怒，變色而罷朝。公卿皆爲黯懼。上退，謂左右曰：“甚矣，汲黯之戆也⑦！”羣臣或數黯⑧。黯曰：“天子置公卿輔弼之臣，寧令從諛承意⑨，陷主於不義乎？且已在其位，縱愛身，奈辱朝廷何[10]！”

注　　釋

① 太后：指王太后。景帝之妻，武帝生母。　武安侯蚡：田蚡。其母臧兒先嫁給王仲爲妻，生兩女，一女卽王太后。王仲早死，臧兒改嫁田氏，生田蚡。景帝後三年（公元前141年），封田蚡爲武安侯，武帝建元六年（公元前135年），以田蚡爲丞相。

② 中（zhòng）二千石：《漢書・百官公卿表上》："自太常至執金吾，秩皆中二千石。"九卿都屬於中二千石。《漢書・宣帝紀》顔師古注："漢制，秩二千石者，一歲得一千四百四十石，實不滿二千石也。其云中二千石者，一歲得二千一百六十石，舉成數言之，故曰中二千石。中者，滿也。"　不爲禮：不行答拜之禮。

③ 汲黯謁見田蚡不曾行拜禮，只對他行拱手禮。汲黯當時任主爵都尉，屬中二千石。

④ 文學：指辭賦家，如司馬相如等人。　儒者：指儒家學派的人，如董仲舒等。

⑤ 云云：代詞性結構。意思是如此如此。《漢書・汲黯傳》顔師古注："云云，猶言如此如此也。史略其辭耳。"據荀悦《漢紀・孝武皇帝紀》載，漢武帝的原話是："吾欲興政治，法堯舜，何如？"

⑥ 陛下内心有很多的嗜欲而表面上卻要施行仁義。

⑦ 這是個主謂倒裝句。謂語"甚矣"前置，表示强調的語氣。　戇（zhuàng）：剛直。

⑧ 羣臣中有的人責備汲黯。　或：無定代詞。有人。　數（shǔ）：數説，責備。

⑨ 寧：難道。　令：動詞。後面賓語"之"省略。令之，意爲叫他們。從（sǒng）諛（yú）：慫恿奉承。　承意：迎合旨意。

⑩ 縱：卽使。　愛：愛惜。　奈……何：對……怎麽辦。　辱朝廷：玷辱朝廷。意爲在朝任職，而不能匡輔國君，這就是玷辱了朝廷。

黯多病，病且滿三月，上常賜告者數[1]，終不愈。最後病，莊助爲請告[2]。上曰："汲黯何如人哉？"助曰："使黯任職居官，無以踰人[③]。然至其輔少主守城，深堅[④]，招之不來，麾之不去，雖自謂賁育亦不能奪之矣[⑤]。”上曰：“然。古有社稷之臣[⑥]，至如黯，近之矣[⑦]。”

注　釋

① 且：將。　賜告：特許居家養病。按當時制度，官吏病滿三個月，應免官。經特許休養，可以不免官。《史記・高祖本紀》注：“漢律，吏二千石有予告、賜告。予告者，在官有功最，法所當得者也。賜告者，病滿三月當免，天子優賜，復其告，使得帶印紱，將官屬，歸家治疾也。”告：休假。　數：多次。

② 莊助：吴人，漢武帝時爲中大夫、會稽太守，後入侍宫中，因淮南王謀反，助受牽連，被殺。　爲請告：替汲黯請假。“爲”的賓語“之”省略。

③ 居官：擔任官職。　無以踰人：没有什麽地方能超過别人。　踰：踰越，超過。

④ 然而讓他輔佐年少的國君保守成業，却極其堅定。“城”字乃“成”之誤。《漢書・汲黯傳》正作“守成”。

⑤ 賁(bēn)育：孟賁、夏育，皆戰國時勇士。

⑥ 社稷之臣：一心爲國的忠臣。　社稷：國家的代稱。

⑦ 至如：連詞性結構。用於句首，表示轉折關係。相當於“至若”、“至於”。　近之：近乎社稷之臣。

大將軍青侍中，上踞廁而視之[①]。丞相弘燕見，上或時不冠[②]。至如黯見，上不冠不見也。上嘗坐武帳中，黯前奏事，上不冠，望見黯，避帳中，使人可其奏[③]。其見敬禮如此[④]。

注　釋

① 青：衛青，衛皇后的同母弟。　侍中：入侍宫中。　踞廁：坐在牀邊。

廁：通“側”。

② 丞相弘：即公孫弘。漢武帝元朔五年（公元前124年）爲丞相。 燕見：即“宴見”。皇帝在閒暇時召見臣下。 燕：通“宴”。 冠：用作動詞。戴帽子。

③ 武帳：設五兵（矛、戟、鉞、楯、弓矢）於帷帳四周以示威武，故名武帳。 可：許可，批准。

④ 見：表被動。可譯爲“被”、“受到”。

張湯方以更定律令爲廷尉，黯數質責湯於上前[①]，曰：“公爲正卿[②]，上不能褒先帝之功業，下不能抑天下之邪心，安國富民，使囹圄空虚[③]，二者無一焉。非苦就行，放析就功[④]，何乃取高皇帝約束紛更之爲？公以此無種矣[⑤]。”黯時與湯論議，湯辯常在文深小苛，黯伉厲守高不能屈[⑥]，忿發駡曰[⑦]：“天下謂刀筆吏不可以爲公卿[⑧]，果然。必湯也，令天下重足而立，側目而視矣！[⑨]”

注　　釋

① 張湯：漢武帝時著名酷吏。當過太中大夫、廷尉、御史大夫，後被人誣陷，自殺。 更（gēng）定律令：修改刑律法令。 廷尉：九卿之一，漢景帝時曾更名爲大理，武帝建元四年復名廷尉。張湯任太中大夫時，與趙禹共定諸律令，於元朔三年（公元前126年）任廷尉。 數（shuò）：屢次。 質責：質問、責備。

② 正卿：九卿均爲正卿。至於中尉、主爵都尉、内史等，雖位列九卿，但非正卿。

③ 囹圄（língyǔ）：監獄。

④ 非：詆毁。 苦：使人受苦。 放析：攪亂破壞。兩句大意是以詆毁折磨人成就你的行事，以散亂破析成法成就你的功名。

⑤ 爲什麽竟然把高祖的法制亂加更改呢？你將因此禍及子孫了。 何……爲：表反問的固定結構。可譯爲“爲什麽……呢”。 高皇帝：

漢高祖劉邦。　約束：指法令。　紛：紛亂。　更(gēng)：更改。　無種：絶後。意爲子孫也將被誅滅。

⑥ 文深小苛：文辭周密，小節苛細。　伉厲守高：伉直嚴峻，堅守大的原則。　不能屈：不能使張湯屈服。

⑦ 忿發：發怒。因爲張湯不屈服，所以汲黯發怒罵之。

⑧ 刀筆吏：指主管文案的官吏。　刀筆：本爲兩種書寫工具。

⑨ 必湯也：作後兩句的謂語，前置，有强調的意思。　重(chóng)足而立：兩足并立，不敢往前邁步。　側目而視：斜着眼睛看，不敢正視。

是時，漢方征匈奴，招懷四夷①。黯務少事，乘上閒，常言與胡和親，無起兵②。上方向儒術，尊公孫弘。及事益多，吏民巧弄③。上分别文法，湯等數奏決讞以幸④。而黯常毁儒，面觸弘等徒懷詐飾智以阿人主取容⑤，而刀筆吏專深文巧詆⑥，陷人於罪，使不得反其真，以勝爲功⑦。上愈益貴弘、湯，弘、湯深心疾黯⑧，唯天子亦不説也，欲誅之以事⑨。弘爲丞相，乃言上曰："右内史界部中多貴人宗室⑩，難治，非素重臣不能任⑪，請徙黯爲右内史。"爲右内史數歲，官事不廢⑫。

注　釋

① 征匈奴：匈奴是我國古代北方的少數民族之一，秦漢之際常爲患邊境。漢初主要是採取和親忍讓政策。漢武帝時，國力强盛，開始對匈奴用兵，先後派衛青、李廣、霍去病等進擊匈奴，經過三次大戰(公元前127年、前121年、前119年)，西北邊境基本安定下來。　招懷四夷：當指公元前138—前126年張騫第一次通西域，約大月氏夾擊匈奴，以及公元前130年派唐通、司馬相如通西南夷等而言。

② 務少事：力求少發生事端。　乘上閒：乘皇上有空隙的時候。　胡：

指匈奴。汲黯反對征匈奴,與他信奉黄老之言有關。

③ 事:事端。指權貴之間的傾軋及地方上的各種案件。　吏民:官吏和普通百姓。　巧弄:取巧弄法。

④ 分别文法:意思是根據法律條文來分别處理弄巧的吏民。　奏決讞(yàn):把罪案判決書報告〔漢武帝〕。　以幸:以求得寵幸。

⑤ 面觸:當面頂撞。這裏是當面指責的意思。　徒:副詞。只是。　懷詐飾智:心懷詐僞,外飾智巧。　阿(ē):迎合。　取容:取得國君的容納。意謂保住自己的官爵。

⑥ 專:副詞。專門。　深文巧詆:援引周密苛嚴的法律條文巧妙地詆毁人。

⑦ 反其真:恢復事情的真實面貌。意謂伸冤。　以勝爲功:以制服〔别人〕爲有功。

⑧ 深心疾黯:深深地在心中疾恨汲黯。

⑨ 唯:連詞。相當於"雖",可譯爲"就是"。　説(yuè):喜歡。在這個意義上後來寫作"悦"。　誅之以事:借故殺掉他。

⑩ 右内史:掌治京師的長官。景帝二年分置左内史,右内史。後來,武帝太初元年(公元前104年)改右内史爲京兆尹。　界部中:所管轄的地區之中。

⑪ 素:平素。　重臣:有威望的大臣。公孫弘企圖利用貴人宗室的勢力來陷害汲黯。

⑫ 據《漢書·百官公卿表》載:汲黯於元朔五年(公元前124年)由主爵都尉轉任右内史,任職五年。

大將軍青既益尊,姊爲皇后,然黯與亢禮①。人或説黯曰②:"自天子欲羣臣下大將軍,大將軍尊重益貴,君不可以不拜③。"黯曰:"夫以大將軍有揖客,反不重邪④?"大將軍聞,愈賢黯,數請問國家朝廷所疑,遇黯過於平生⑤。

淮南王謀反⑥,憚黯,曰:"好直諫,守節死義,難惑以非[7]。至如説丞相弘,如發蒙振落耳[8]。”

天子既數征匈奴有功,黯之言益不用。

始黯列爲九卿,而公孫弘、張湯爲小吏。及弘、湯稍益貴,與黯同位[9],黯又非毁弘、湯等[10]。已而弘至丞相,封爲侯[11];湯至御史大夫[12];故黯時丞相史皆與黯同列,或尊用過之[13]。黯褊心,不能無少望[14]。見上,前言曰:“陛下用羣臣如積薪耳,後來者居上。”上默然。有閒黯罷[15]。上曰:“人果不可以無學,觀黯之言也日益甚[16]。”

注　釋

① 亢禮:抗禮。平等相見,揖而不拜。

② 有人規勸汲黯説。　説(shuì):勸説。

③ 下:用作動詞。處在……之下。　拜:見面時行跪拜之禮。

④ 以大將軍之尊貴而有長揖不拜之客,反而不貴重嗎?意思是更貴重,因爲大將軍能禮賢,身價就更高了。　揖客:平揖(行拱手禮)不拜之客,與主人亢禮。

⑤ 所疑:疑難問題。　遇黯:對待汲黯。　平生:往常。

⑥ 淮南王:指劉安。文帝十六年襲父封爲淮南王,在位四十二年。漢武帝元狩元年(公元前122年)因謀反不遂,自殺。

⑦ 難惑以非:難以非惑之。意思是很難用錯誤的意見來誘惑他。

⑧ 發蒙:揭去蒙頭巾。《史記·淮南衡山列傳》:“而説丞相下之,如發蒙耳。”《集解》引韋昭曰:“如蒙巾,發之甚易。”　振落:摇落〔樹上的〕枯葉。亦極言其易的意思。

⑨ 稍:漸漸地。　同位:官品相同。

⑩ 非毁:非議批評。

⑪ 元朔五年(公元前124年)公孫弘爲丞相,封平津侯。

⑫ 御史大夫:協助丞相處理政務,並掌彈劾監察。張湯元狩二年(公元前121年)爲御史大夫。丞相和御史大夫都屬於三公之列。

⑬ 從前汲黯下面的丞和史一類屬官現在都與汲黯官位相等,有的人受到重用職位還超過了他。　丞相史:“相”字爲衍文,會注本亦無“相”

字。《漢書·汲黯傳》正作“丞史”。

⑭ 褊(biǎn)心:心地狹窄。　不能無少望:不能没有一點點怨氣。望:怨恨。

⑮ 有間(jiàn):不久,一會兒。　罷:退回去。

⑯ 一個人果真不可以没有學問,從汲黯的言論來看一天天更加不行了。學:漢武帝所説的“學”乃儒學,與汲黯道不同。

居無何,匈奴渾邪王率衆來降,漢發車二萬乘①。縣官無錢,從民貰馬②。民或匿馬,馬不具③。上怒,欲斬長安令④。黯曰:“長安令無罪,獨斬黯,民乃肯出馬⑤。且匈奴畔其主而降漢,漢徐以縣次傳之⑥,何至令天下騷動,罷獘中國而以事夷狄之人乎⑦!”上默然。及渾邪至,賈人與市者,坐當死者五百餘人⑧。黯請間,見高門⑨,曰:“夫匈奴攻當路塞,絶和親⑩,中國興兵誅之,死傷者不可勝計,而費以巨萬百數⑪。臣愚以爲陛下得胡人,皆以爲奴婢以賜從軍死事者家;所鹵獲,因予之⑫,以謝天下之苦,塞百姓之心⑬。今縱不能,渾邪率數萬之衆來降,虚府庫賞賜⑭,發良民侍養,譬若奉驕子;愚民安知市買長安中物而文吏繩以爲闌出財物於邊關乎⑮?陛下縱不能得匈奴之資以謝天下,又以微文殺無知者五百餘人⑯,是所謂‘庇其葉而傷其枝’者也⑰,臣竊爲陛下不取也。”上默然,不許,曰:“吾久不聞汲黯之言,今又復妄發矣⑱。”後數月,黯坐小法,會赦免官⑲。於是黯隱於田園。

注　釋

① 居無何:過了没有多久。　渾邪王:匈奴西部(今甘肅武威、張掖一帶)的首領,屢被霍去病擊敗,於元狩二年(公元前121年)率部投降。

漢王朝派二萬輛車去迎接。

② 縣官:當時稱天子爲縣官。這裏指國家。 貰(shì):賒購。

③ 匿:隱藏。 具:齊備。

④ 長安:今陝西西安市,當時是右内史所管轄的屬縣。徵調馬匹之事,長安縣首當其衝,因“馬不具”,故漢武帝發怒,要殺掉長安縣令。

⑤ 只要把我汲黯斬了,老百姓就會願意交出馬匹。 獨:副詞。只。汲黯時任右内史,故挺身而出爲長安令承擔責任。

⑥ 畔:通“叛”。 徐以縣次傳之:慢慢地由沿途各縣依次傳送匈奴降衆〔到京師〕。

⑦ 罷(pí)獘中國:使中國人疲勞困乏。 罷:通“疲”。 獘:通“弊”。 事:事奉。

⑧ 與:介詞。賓語“之”(指匈奴降衆)省略。 市:動詞。做買賣。 坐:獲罪。 當:判處。三句意思是等到渾邪率降衆到達京師之後,京城商人同匈奴做買賣的人,因買賣違禁品而判處死罪的有五百餘人。

⑨ 請間(jiàn):指請求拜見皇上的機會。 見高門:在未央宫的高門殿拜見〔漢武帝〕。

⑩ 攻當路塞:攻打當道的要塞。 絶和親:漢文帝、景帝、武帝初年,都曾與匈奴和親。從漢以馬邑城誘騙單于之計失敗,“自是之後,匈奴絶和親,攻當路塞。”(《史記·匈奴列傳》)

⑪ 勝(shēng):盡。 以巨萬百數(shǔ):用百萬萬來計算。《史記·司馬相如列傳》:“費以巨萬計。”《索隱》:“按:巨萬猶萬萬也。” 巨萬百:即百巨萬。 數:動詞。計算。

⑫ 擄獲的財物,也隨着分給從軍死者的家屬。 鹵:通“擄”。

⑬ 謝:酬謝。 塞:滿足。

⑭ 虚府庫:使府庫空虚。 賞賜:《漢書·食貨志》:“胡降者數萬人,皆得厚賞,衣食印給縣官。”

⑮ 市買長安中物:在長安城中買賣東西。 文吏:掌文案的法吏。 繩:用作動詞。根據法律處分。 闌出:未經允許擅自而出。 財

物：特指違禁物品。《漢書·汲黯傳》注引應劭曰："闌，妄也。《律》：胡市（跟胡人做生意），吏民不得持兵器及鐵出關，雖於京師市買，其法一也。"

⑯ 微文：微不足道的法律條文。

⑰ 庇其葉而傷其枝：保護樹葉却損傷樹枝。

⑱ 妄發：相當于"胡説"。

⑲ 坐小法：犯小法而獲罪。　會赦免官：正好遇着大赦，〔未治罪〕只免去本官。汲黯坐法免官在元狩四年（公元前119年）。

居數年，會更五銖錢①，民多盜鑄錢，楚地尤甚②。上以爲淮陽楚地之郊，乃召拜黯爲淮陽太守③。黯伏謝不受印，詔數彊予，然後奉詔④。詔召見黯，黯爲上泣曰⑤："臣自以爲填溝壑⑥，不復見陛下，不意陛下復收用之。臣常有狗馬病⑦，力不能任郡事，臣願爲中郎，出入禁闥，補過拾遺⑧，臣之願也。"上曰："君薄淮陽邪⑨？吾今召君矣⑩。顧淮陽吏民不相得⑪，吾徒得君之重，卧而治之⑫。"黯既辭行，過大行李息⑬，曰："黯弃居郡，不得與朝廷議也⑭。然御史大夫張湯智足以拒諫，詐足以飾非，務巧佞之語、辯數之辭⑮，非肯正爲天下言，專阿主意。主意所不欲，因而毁之；主意所欲，因而譽之。好興事，舞文法⑯，内懷詐以御主心，外挾賊吏以爲威重⑰。公列九卿，不早言之，公與之俱受其僇矣⑱。"息畏湯，終不敢言。黯居郡如故治，淮陽政清⑲。後張湯果敗，上聞黯與息言，抵息罪⑳。令黯以諸侯相秩居淮陽㉑。七歲而卒㉒。

注　釋

① 居數年：過了數年。此處當有誤。汲黯罷官在元狩四年，更鑄五銖錢

在元狩五年，“召拜黯爲淮陽太守”也在元狩五年。所謂“居數年”，與史實不符。　五銖錢：漢武帝時開始鑄造的一種銅幣，圓形方孔，重五銖(二十四銖爲一兩)，是歷史上數量多、流行久的一種銅幣。

② 盜鑄錢：私人偷偷地鑄錢。漢武帝時“盜鑄諸金錢，罪皆死，而吏民之犯者不可勝數。”(《漢書·食貨志下》)

③ 淮陽：國名。漢高祖十一年置，下設陳、苦、陽夏等九個縣。漢惠帝後，時爲國，時爲郡。汲黯既爲淮陽太守，此時當是郡名。其地在今河南省境内。　楚地之郊：楚地的交通要道。《漢書·汲黯傳》顏師古注：“郊，謂交道衝要之處也。”　召拜黯：召、拜兩個動詞共一個賓語，即召見黯並任命他。

④ 伏謝：拜伏辭謝。　彊(qiǎng)：强制，硬要。後來多寫作“强”。

⑤ 爲：介詞。向，對。

⑥ 填溝壑：死的婉辭，表自謙。意謂死無葬地，尸骨只能填在溝壑之中。

⑦ 狗馬病：謙詞。臣子對國君自謙爲狗馬。

⑧ 中郎：郎中令的屬官，在皇上身邊服務的近侍之臣。　禁闥(tà)：宫廷的門户。意謂在皇帝的左右。　補過拾遺：〔替皇上〕彌補過失糾正疏漏。

⑨ 薄：用作動詞。輕視。

⑩ 我不久就要召你回來。　今：在這裏表示時間不久。

⑪ 顧：連詞，表轉折。只是。　不相得：不和合，不融洽。意謂淮陽的地方官員與老百姓關係緊張。

⑫ 徒：只要。　得：得到。這裏是借重的意思。　重：指威望。　卧：靠在几案上。

⑬ 過：拜訪。　大行：九卿之一。後改爲大鴻臚，掌管少數民族及外交事務。　李息：郁郅(今甘肅慶陽縣)人。三次擔任將軍，皆無功，後來任大行。

⑭ 弃：意謂放逐。　與(yù)：參預。

⑮ 飾非：掩飾自己的過錯。　巧佞：取巧諂媚。　辯數(shǔ)：分辯數説。意思是不承認過錯，好自我分辯表白。

⑯ 好興事：喜歡製造事端。　舞文法：搬弄法律條文。

⑰ 御：迎合。　挾：挾持，利用。　賊吏：酷吏。

⑱ 僇(lù)：通"戮"。懲罰。

⑲ 如故治：跟從前的治理原則一樣。汲黯曾任東海太守、右内史等地方長官，都以"無爲"作爲施政原則。　政清：政治清平。

⑳ 抵：抵償，抵當。

㉑ 以諸侯相秩：拿諸侯國相的俸錢。諸侯國相的月俸爲二萬錢，郡太守月俸錢爲一萬六。汲黯以太守之職拿諸侯國相的俸錢，是特殊待遇。

㉒ 七歲：七年。汲黯從公元前 118 年任淮陽太守，至公元前 112 年去世，凡七年。

卒後，上以黯故，官其弟汲仁至九卿，子汲偃至諸侯相。黯姑姊子司馬安亦少與黯爲太子洗馬①。安文深巧善宦②，官四至九卿，以河南太守卒③。昆弟以安故，同時至二千石者十人。濮陽段宏始事蓋侯信，信任宏，宏亦再至九卿④。然衛人仕者皆嚴憚汲黯，出其下⑤。

注　釋

① 姑姊：父親的姐妹叫姑，比父親年長的叫姑姊。　少：年輕時。

② 文深巧：文辭周密工巧。　善宦：很會作官。

③ 以：介詞。表示人物所憑藉的身份。

④ 蓋侯信：王太后之兄王信，亦卽田蚡的同母兄。　蓋：縣名。在今山東沂水縣西北。　任：保舉。　再：兩次。

⑤ 嚴憚：敬畏。　出其下：出於汲黯之下。意思是不敢超過汲黯。

西門豹治鄴　《史　記》

【説明】西門豹是戰國初期魏國傑出的無神論者。他在任鄴縣令時,嚴懲了罪大惡極的老巫婆和鄉官、三老等人,揭穿了他們大搞迷信、殘害人民的騙人把戲。西門豹還徵發鄴縣羣衆,興修水利,發展了農業生産。他的治鄴顯示了他的魄力和政治才能。這篇文章言辭簡潔,情節生動,通過"送女河上"這一場面的刻畫,突出地表現了西門豹的深沉而機智的性格。

本篇選自《史記·滑稽列傳》褚少孫續補部分,題目是後加的。褚少孫,潁川(今河南禹州市)人。家住沛縣(今江蘇沛縣)。西漢元帝、成帝年間(公元前48—前7年)曾爲博士。他爲《史記》補寫了《孝武本紀》、《三王世家》、《日者列傳》、《龜策列傳》等篇,又爲《外戚世家》、《滑稽列傳》增補了一些内容。

魏文侯時,西門豹爲鄴令[①]。豹往到鄴,會長老[②],問之民所疾苦[③]。長老曰:"苦爲河伯娶婦,以故貧[④]。"豹問其故,對曰:"鄴三老、廷掾常歲賦斂百姓[⑤],收取其錢得數百萬,用其二三十萬爲河伯娶婦,與祝巫共分其餘錢持歸[⑥]。當其時,巫行視小家女好者[⑦],云'是當爲河伯婦[⑧]。'卽娉取[⑨]。洗沐之,爲治新繒綺縠衣[⑩],閒居齋戒[⑪];爲治齋宫河上[⑫],張緹絳帷[⑬],女居其中,爲具牛酒飯食,行十餘日[⑭]。共粉飾之,如嫁女床席[⑮],令女居其上,浮之河中。始浮,行數十里乃没。其人家有好女者,恐大巫祝爲河伯取之,以故多持女遠逃亡[⑯]。以故城中益空無人[⑰],又困貧,所從來久遠矣[⑱]。民人俗語曰:'卽不爲河伯娶婦,水來漂没,溺其人民'云[⑲]。"西門豹曰:"至爲河伯娶婦時,愿三老、巫祝、父老送女河上,幸來告語之[⑳],吾亦往送女。"皆曰:"諾[㉑]。"

注　釋

① 魏文侯(公元前445—前396年在位):名斯,戰國初期魏國的君主。先後任用李悝(kuī)爲相,吴起爲將,西門豹爲鄴令,奬勵耕戰,使魏國成爲戰國初期的强國。　鄴:今河北臨漳縣。　令:縣令,縣的長官。

② 會長老:會集長老。　長老:地方上年紀大的人。

③ 問他們關於老百姓痛苦的事情。　之:他們,指長老。　民所疾苦:老百姓痛苦的事情。這裏"之"和"民所疾苦"做"問"的雙賓語。

④ 河伯:迷信傳説中的水神名。　以故:因爲這個緣故。

⑤ 三老:古代的鄉官,掌管地方上的思想教育。　廷掾(yuàn):輔佐縣令的官。　歲:每年。賦斂百姓:向老百姓徵收賦税搜刮錢財。

⑥ 祝巫:舊時以裝神弄鬼搞迷信活動爲職業的人。　祝:替人告神求福的人。　巫:用舞蹈降神而替人祈禱的人。　持:拿着。

⑦ 當其時:當那個時候,指"爲河伯娶婦"的時候。　行視:巡行查看。小家女:小户人家的女子,即貧苦老百姓的女子。　好:漂亮。

⑧ 便説"這女子應當做河伯的妻子"。　是:指示代詞,指這個女子。

⑨ 馬上下聘娶去。娉(pìn):通"聘",下聘,舊時給女方送財禮表示訂婚。　取:"娶"的古體。

⑩ 洗沐之:給她洗澡洗頭。　沐:洗頭。　爲治新繒(zēng)綺(qǐ)縠(hú)衣:給她做新的絲綢花衣。　繒:綢子。　綺:有花紋的綢子。縠:有皺紋的紗。

⑪ 閒居:獨自居住。　閒(jiàn):隔離。　齋戒:一種迷信活動。指祭祀鬼神前,洗乾淨身子,穿整潔的衣服,以表示虔誠。

⑫ 齋宫:即供閒居齋戒用的屋子。　河上:河岸上。　河:指漳河。

⑬ 張掛起赤黄色和大紅色的綢帳。　緹(tí):赤黄色。　絳(jiàng):大紅色。　帷(wéi):圍在四周的帳幕。

⑭ 具:備辦。　牛酒:牛肉和酒。古代以牛爲三牲(牛羊猪)之首。行:經過。

⑮ 〔大家〕共同給它裝飾點綴,像嫁女兒一樣的床鋪枕席。　之:指嫁女

床席。

⑯ 以故多持女遠逃亡:因爲這個緣故大多帶着自己的女兒遠遠地逃走了。

⑰ 益:愈益,越來越……。

⑱ 所從來久遠矣:意思是,這種情況從開始以來已經很長久了。指"城中益空無人,又困貧"這種情況。 所:代詞,與"從來"構成名詞性詞組作"久遠"的主語。

⑲ 民人俗語:老百姓中間流傳的俗語。 即:假設連詞,倘若,假如。漂没:漂走沉没,指河水泛濫造成的災害。 溺(nì):淹死。 云:用在引文後邊的語氣詞,表示"據説如此"的意思。

⑳ 父老:古代的鄉官。下文"里父老"義同。 幸來告語之:意思是把這件事告訴我對我是有幸的。 幸:形容詞作狀語,有幸的意思,表示對對方的尊敬。 之:指"送女河上"的事。

㉑ 諾:答應的聲音,表示同意。

至其時,西門豹往會之河上①。三老、官屬、豪長者、里父老皆會②,以人民往觀之者三二千人③。其巫,老女子也,已年七十。從弟子女十人所,皆衣繒單衣④,立大巫後。西門豹曰:"呼河伯婦來,視其好醜。"即將女出帷中⑤,來至前。豹視之,顧謂三老、巫祝、父老曰⑥:"是女子不好,煩大巫嫗爲入報河伯⑦,得更求好女,後日送之⑧。"即使吏卒共抱大巫嫗投之河中。有頃⑨,曰:"巫嫗何久也?弟子趣之⑩!"復以弟子一人投河中。有頃,曰:"弟子何久也?復使一人趣之!"復投一弟子河中。凡投三弟子⑪。西門豹曰:"巫嫗、弟子、是女子也,不能白事⑫。煩三老爲入白之。"復投三老河中。西門豹簪筆磬折,嚮河立待良久⑬。長老、吏傍觀者皆驚恐。西門豹顧曰:"巫嫗、三老不來還,奈之何[14]?”欲復使廷掾與豪長者一人入趣之,皆叩頭,叩頭且破,額血流地,色如死灰[15]。西門豹曰:“諾,且留待之須臾[16]。”須臾,豹曰:“廷掾起矣。狀河伯留客之久,若皆罷去歸矣[17]。”鄴吏民大驚恐,從是以後,不敢復言爲河伯娶婦。

注　釋

① 之:指長老(地方上年紀大的人)。

② 官屬:官員一類,指廷掾等。　豪長者:指地方上有錢有勢的人。

③ 以:介詞,用。這裏是“以……身份”的意思。

④ 跟隨老巫婆的女徒弟有十來個人,都身穿絲綢的單衣。　弟子:徒弟。　所:表約數。如同説“左右”或“上下”。　衣:第一個“衣”字用作動詞,“穿”的意思。　繒單衣:絲綢的單衣。

⑤ 將:扶着。　出帷中:從帷帳中出來。

⑥ 顧:回過頭去看。

⑦ 煩:敬詞,表示請託。　大巫嫗(yù):大巫婆。　嫗:對老年婦女的稱呼。

⑧ 得:能願動詞,表示情況需要。　更(gèng):重新。　後日:遲幾天。

⑨ 有頃:過了一會兒。

⑩ 趣(cù):通“促”,催促。

⑪ 凡:總共。

⑫ 白事:説明事情。　白:陳述,説明。

⑬ 簪(zān)筆磬(qìng)折:插着筆,彎着腰。形容西門豹做出恭恭敬敬的樣子。　簪筆:把筆插在冠前的頭髮上。　簪:古代別住頭髮的一種首飾。這裏用如動詞,“插”的意思。　筆:簪子頭上裝上毛,像筆。不是真正用來書寫的。古代官吏,頭上戴上這種東西,只是表示聽從吩咐的一種禮節。　磬折:比喻像石磬一樣彎着。　磬:古代一種用玉或石做成的樂器,形狀像曲尺。　良久:很久。

⑭ 奈之何:古漢語中一種凝固結構,意思是“對(把)它怎麽辦(樣)”,可以直譯爲“怎麽辦”。

⑮ 且:連詞,而且。　色如死灰:臉色像死灰一樣。　色:臉上的氣色。

⑯ 須臾(yú):片刻,一會兒。

⑰ 廷掾可以站起來了!估量河伯留客時間的長久,你們都散了吧,離開這裏回家吧。　狀:用作動詞,“看……情況”的意思。　若:你們。罷去歸:是三個動詞連用。

西門豹卽發民鑿十二渠,引河水灌民田,田皆溉①。當其時,民治渠少煩苦,不欲也②。豹曰:“民可以樂成,不可與慮始③。今父老子弟雖患苦我,然百歲後期令父老子孫思我言④。”至今皆得水利,民人以給足富⑤。

注　釋

① 發:徵發。　鑿:開挖。　溉:灌溉。

② 少煩苦:稍微感到厭煩勞累。　少:稍微。　不欲:指不想幹。

③ 老百姓可以和他們共同爲成功而快樂,不能同他們一起考慮事情的開始。　以:介詞,同“與”。後面省略了“之”字。指人民。

④ 患苦我:以我爲禍患痛苦,卽因我而受害受苦。　患苦:意動用法。期:期望,預期。　令:使,讓。

⑤ 民人以給足富:老百姓因食用豐富充足而生活富裕起來。　給(jǐ):豐足。與“足”構成聯合詞組,作介詞“以”的賓語。

張　騫　傳(節録)　《漢　書》

【《漢書》介紹】《漢書》是我國第一部紀傳體斷代史,起於漢高祖元年(公元前 206 年),止於王莽地皇四年(公元 23 年),共二百二十九年。全書共有十二紀、八表、十志、七十傳,共一百篇。唐顔師古爲它作注時,又析爲一百二十卷。

《漢書》的主要作者是班固。班固(公元 32—92 年),字孟堅,扶風安陵(今陝西咸陽市東)人,東漢著名的史學家。明帝時任蘭臺令史，和帝時隨大將軍竇憲出征匈奴，爲中護軍。後竇憲謀反，事敗自殺；班固被牽連，死於獄中。

東漢初年，封建王朝的思想統治日益强化，封建皇帝大力提倡尊孔讀經，宣揚讖緯神學。班固的父親班彪就主張編寫歷史要“依五經之法言，同聖人之是非”，在這樣的指導思想下，他編寫了《史記後傳》六十五篇。班固在此基礎上，用了二十多年的工夫才把《漢書》的初稿編成，其中的《天文志》和八表是他死後由他的妹妹班昭補編的。

《漢書》强調帝王正統，宣揚“君權神授”，思想性遠不如《史記》。但是《漢書》在史料方面有相當大的價值，特别是其中的十志，對於我們研究漢代的政治、經濟、文化、地理、天文等方面的情况，是很重要的歷史文獻。

作爲傳記文學來説，《漢書》的成就也比《史記》大爲遜色。文筆不如《史記》奔放流暢，描寫人物也不如《史記》活潑生動。它的特色是行文整齊，記事周密。

【説明】本文記載了我國古代傑出的外交家張騫（qiān，公元前？—前 114 年）兩次出使西域的情况，爲我們研究西漢初年的民族問題以及中外關係問題，提供了珍貴的資料。

張騫通西域是我國和世界歷史上的一件大事。漢武帝時期，中國各民族的團結得到進一步加强，但我國北方的匈奴貴族經常進行破壞騷擾，張騫第一次出使西域的直接目的就是要聯合大月氏夾擊匈奴。雖然聯合的目的没有達到，但這次出使却溝通了西北邊境少數民族與中央王朝的聯繫，加强了各民族之間的友好團結，有利於漢王朝徹底打垮匈奴貴族武裝集團，鞏固統一的多民族的國家。

張騫通西域，還對後來形成的“絲綢之路”起了開創作用，發展了我國和中亞、西亞許多國家的友好關係，促進了東西方經濟文化的交流。這説明在兩千多年以前，中國人民就爲世界人民的團結合作做出了積極的貢獻。

本篇選自《漢書·張騫李廣利傳》。

張騫，漢中人也[①]。建元中爲郎[②]。時匈奴降者言匈奴破月氏王[③]，以其頭爲飲器[④]，月氏遁而怨匈奴，無與共擊之[⑤]。漢方欲事滅胡[⑥]，聞此言，欲通使，道必更匈奴中[⑦]，乃募能使者[⑧]。騫以郎應募，使月氏[⑨]。與堂邑氏奴甘父俱出隴西[⑩]。徑匈奴[⑪]，匈奴得之，傳詣單于[⑫]。單于曰："月氏在吾北，漢何以得往使[⑬]？吾欲使越[⑭]，漢肯聽我乎？"留騫十餘歲[⑮]，予妻，有子，然騫持漢節不失[⑯]。

注 釋

① 漢中：漢代郡名，郡治在南鄭（今陝西漢中市南鄭縣）。

② 建元：漢武帝（劉徹）的第一個年號（公元前 140－前 135 年）。 郎：官名，漢代屬光禄勛，負責宫廷侍衛，隨從皇帝出行。

③ 匈奴：我國古代北方的民族。 降者：投降過來的人。 月氏（zhī）：我國古代西部的兄弟民族。原住敦煌、祁連山一帶，漢文帝時被匈奴老上單于（chányú）擊敗西走，到達今阿姆河流域（今塔吉克斯坦和阿富汗境内一帶）建立王朝，稱大月氏。

④ 飲器：飲酒的器具。

⑤ 無與共擊之：没有人和他們（月氏）一起打匈奴。

⑥ 事：從事。 胡：指匈奴。

⑦ 道：道路。 更：經過。

⑧ 募：招募。

⑨ 使月氏：張騫出使月氏是在建元三年（公元前 138 年）。

⑩ 堂邑氏奴甘父：堂邑氏的奴僕名叫甘父的。 堂邑氏：漢人，姓堂邑。隴西：漢代郡名。郡治在狄道（今甘肅臨洮縣）。

⑪ 徑：途徑。用作動詞，“取道”的意思。

⑫ 傳（zhuàn）：傳車，古代在驛站上設有車馬，用來傳遞公文等，這裏是名詞用作狀語，“用傳車送”的意思。 詣（yì）：到。 單于：匈奴對君主的稱呼，這裏指軍臣單于（公元前160—前126年在位）。

⑬ 月氏在我的北邊，漢朝人怎麽能往那兒出使呢？ 按：月氏實際在匈奴西。

⑭ 越：指當時的南越（今五嶺以南）。秦末農民起義時，真定（今河北正定縣）人趙佗割據南海、桂林等地（包括今廣東、廣西等地）稱“南越武王”，漢高祖十一年（公元前196年）受封爲“南越王”。後來，漢武帝元鼎五年（公元前112年）南越相吕嘉叛亂，被武帝派兵平定，廢封國，設置郡縣。

⑮ 留騫：扣留了張騫。

⑯ 漢節：漢朝給予使臣的一種出使憑證，用竹做竿，上面飾以羽或毛。

居匈奴西，騫因與其屬亡鄉月氏[1]，西走數十日，至大宛[2]。大宛聞漢之饒財，欲通不得[3]，見騫，喜，問欲何之。騫曰：“爲漢使月氏，而爲匈奴所閉道[4]，今亡，唯王使人道送我[5]。誠得至，反漢[6]，漢之賂遺王財物，不可勝言[7]。”大宛以爲然，遣騫，爲發譯道[8]，抵康居[9]。康居傳致大月氏[10]。大月氏王已爲胡所殺，立其夫人爲王[11]。既臣大夏而君之[12]，地肥饒，少寇，志安樂[13]，又自以遠遠漢[14]，殊無報胡之心[15]。騫從月氏至大夏，竟不能得月氏要領[16]。留歲餘，還。並南山[17]，欲從羌中歸[18]，復爲匈奴所得。留歲餘，單于死，國内亂[19]，騫與胡妻及堂邑父俱亡歸漢。拜騫太中大夫[20]，堂邑父爲奉使君[21]。

騫爲人彊力[22],寬大信人[23],蠻夷愛之[24]。堂邑父,胡人,善射,窮急[25],射禽獸給食[26]。初[27],騫行時百餘人,去十三歲[28],唯二人得還。

注　釋

① 其屬:指張騫出使時帶領的人。　亡:逃亡。　鄉:"向"的古字。

② 大宛(yuān):古西域國名,在大月氏東北,今烏兹别克斯坦費爾干納盆地。

③ 饒:富饒、多。　通:交往,聯繫。

④ 閉道:封鎖道路,不讓通行。

⑤ 唯:句首語氣詞,表示希望、祈求的意思。　道:"引導"的"導",古代本作"道"。

⑥ 誠:果真,表未定事實的假設。　得至:能够達到〔大月氏〕。　反:後來寫作"返"。

⑦ 賂(lù):送人財物。　遺(wèi):送,贈給。　勝(shēng):盡。

⑧ 發:派遣。　譯道:翻譯和嚮導。

⑨ 康居(qú):古代中亞國名,在今哈薩克斯坦和烏兹别克斯坦境内。

⑩ 致:送到。

⑪ 立其夫人爲王:《史記·大宛列傳》作"立其太子爲王"。

⑫ 已經使大夏臣服而統治着它(大夏)。　臣:名詞用作使動,"使〔大夏〕臣服"的意思。　大夏:古西域國名,在大月氏南,今阿富汗境内。　君:名詞用作動詞,做君主的意思。　之:指大夏。

⑬ 寇:侵擾。　志:志趣,心意趨向。

⑭ 第一個"遠"字,"遥遠"的意思。第二個"遠"字舊讀(yuàn),"離開"的意思。

⑮ 全没有報復匈奴的意思。　殊無:全没有。

⑯ 竟:終,終於。　要領:問題的關鍵。這裏指明確的表示。

⑰ 並(bàng):通"傍",沿着。　南山:指昆侖山。

⑱ 羌中:我國古代西部羌族居住的地方,在今甘肅一帶。

⑲ 公元前126年,匈奴軍臣單于死,其弟左谷蠡(lùlí)王伊穉斜(公元前126—前114年在位)攻敗軍臣單于太子於單,自立爲單于。　内:作

狀語。

⑳ 拜：封建朝廷授予官職。　太中大夫：郎中令的屬官，主管議論政事。

㉑ 堂邑父：即上面所説“堂邑氏奴甘父”。　奉使君：堂邑父的官號。

㉒ 彊力：堅强而有毅力。　彊：後來多寫作“强”。

㉓ 寬大：度量寬大。　信人：對人誠實守信。

㉔ 蠻夷：我國古代對漢族以外的民族的一種稱呼。

㉕ 窮急：窮困，急迫。

㉖ 給：供給。

㉗ 初：當初。指張騫、堂邑父開始出發的時候。

㉘ 離開漢十三年。即公元前138—前126年。

騫身所至者[①]，大宛、大月氏、大夏、康居，而傳聞其旁大國五六[②]，具爲天子言其地形所有[③]。語皆在《西域傳》[④]。

騫曰[⑤]：“臣在大夏時，見邛竹杖、蜀布[⑥]，問安得此[⑦]，大夏國人曰：‘吾賈人往市之身毒國[⑧]。身毒國在大夏東南可數千里[⑨]。其俗土著[⑩]，與大夏同，而卑濕暑熱[⑪]，其民乘象以戰。其國臨大水焉[⑫]。’以騫度之[⑬]，大夏去漢萬二千里，居西南。今身毒又居大夏東南數千里，有蜀物，此其去蜀不遠矣[⑭]。今使大夏，從羌中，險，羌人惡之；少北，則爲匈奴所得[⑮]；從蜀，宜徑[⑯]，又無寇。”天子既聞大宛及大夏、安息之屬皆大國[⑰]，多奇物，土著，頗與中國同俗[⑱]，而兵弱，貴漢財物；其北則大月氏、康居之屬，兵彊，可以賂遺設利朝也[⑲]。誠得而以義屬之[⑳]，則廣地萬里，重九譯[㉑]，致殊俗[㉒]，威德徧於四海。天子欣欣以騫言爲然。乃令因蜀、犍爲發間使[㉓]，四道並出[㉔]：出駹，出莋，出徙、邛，出僰[㉕]，皆各行一二千里。其北方閉氐、莋，南方閉嶲、昆明[26]。昆明之屬無君長,善寇盜,輒殺略漢使[27],終莫得通。然聞其西可千餘里,有乘象國,名滇越[28],而蜀賈間出物者或至焉[29],於是漢以求大夏道始通滇國。初,漢欲通西南夷[30],費多,罷之。及騫言可以通大夏,及復事西南夷。

注 釋

① 身:親身。 所至者:所到的地方。

② 而傳聞其旁大國五六:並且聽説了這些國鄰近的五、六個大國的情況。 其旁:指大宛、大月氏、大夏、康居等國的鄰近。

③ 具:全。 所有:指物産。

④〔張騫當時對漢武帝所説的〕話都記載在《漢書·西域傳》(見《漢書》卷九十六)中。

⑤ 騫曰:張騫説。這段話是在漢武帝元狩元年(公元前122年)説的,見《漢書·西南夷傳》。

⑥ 邛(qióng)竹杖:邛崍山出産的竹杖。 邛:邛崍山,在今四川中部。蜀:漢代郡名,郡治在成都市。 蜀布:蜀地所産的布。

⑦ 安得此:從哪裏得到這些東西。

⑧ 賈(gǔ)人:商人。 市:買。 身毒(yuāndú):印度的古譯名。

⑨ 可:大約。

⑩ 土著:定土而居的意思。與遊牧民族相對而言。

⑪ 卑濕:地勢低濕。

⑫ 大水:指恒河。

⑬ 度(duó):忖度,推測。

⑭ 這就表明〔身毒〕大概離蜀地不遠了。 其:表推測的語氣詞。

⑮ 少:稍微。 得:得到,這裏是抓住的意思。

⑯ 宜:應當。 徑:形容詞,徑直,道路直而近。

⑰ 安息:亞洲西部的古國,在今伊朗和伊拉克一帶。 屬:類。

⑱ 頗:副詞,表程度較大,略等於"相當地"。

⑲ 可以賂遺設利朝也:可用贈送財物,施之以利的辦法,讓他們來朝見。設:施。 朝:使動用法,使……朝見。

⑳ 得：能够。 以義屬之：指不用武力而施用恩誼使之歸附於漢。屬：使動用法，使……歸附。 之：指上述大宛等國。

㉑ 重九譯：〔一直到達〕要經過多次輾轉的翻譯才能聽懂話的遠方。重：重疊。 九：表示多數。

㉒ 致殊俗：使不同習俗的人到來。 致：招引，使到來。

㉓ 因：由。 犍(qián)爲：漢代郡名，郡治在僰(bó)道(今四川宜賓市)。間使：秘密使者。

㉔ 四道：四條路線。 並出：一同出發。

㉕ 駹(máng)：冉駹，漢代我國西南氐族建立的政權。故地在今四川茂縣境。 莋(zuó)：莋都，漢代我國西南莋族建立的政權，在今四川漢源縣。 徙(xǐ)：漢代我國西南徙族建立的政權，在今四川雅安地區北部。 邛：邛都，漢代我國西南邛族建立的政權，故地在今四川西昌東南。 僰：先秦我國西南的白族建立的政權，故地在今以四川宜賓爲中心的川南和滇東一帶地方。

㉖ 其北方閉氐、莋：從北路去的使者被氐、莋阻攔住了。 氐(dǐ)：我國古代西部的民族。 巂(xī)：亦稱巂州夷，我國古代西南的民族，居住在今四川大渡河以南，金沙江以西，錦屏山、鹽井河以東地區。昆明：卽昆明夷，我國西南古民族，在巂州夷西南，居住在今四川涼山彝族自治州鹽源縣。

㉗ 輒：副詞，總是。 殺略：殺害和搶劫。

㉘ 滇(diān)越：古國名，卽滇國，故地在今雲南東部滇池附近地區。一説滇國在今雲南大理市，那是雲南西部。

㉙ 間出物：私自運出貨物。

㉚ 西南夷：我國古代對西南各民族的通稱。

騫以校尉從大將軍擊匈奴①，知水草處，軍得以不乏，乃封騫爲博望侯②。是歲，元朔六年也③。後二年，騫爲衛尉④，與李廣俱出右北平擊匈奴⑤。匈奴圍李將軍，軍失亡多，而騫後期，當斬⑥，贖爲庶人⑦。是歲驃騎將軍破匈奴西邊⑧，殺數萬人，至祁連山⑨。其秋，渾邪王率衆降漢⑩，而金城、河西並南山至鹽澤⑪，空，無匈奴⑫。匈奴時有候者到，而希矣[13]。後二年，漢擊走單于於幕北[14]。

注　釋

① 校尉：武官名，漢武帝設置，掌管屯兵。漢代大將軍下有五部，每部有一校尉。　大將軍：最高武官名，掌統兵征戰。這裏指衛青，他是漢武帝時擊敗匈奴的主將之一。

② 博望侯：張騫的封爵，博望在今河南南陽市東北。

③ 元朔六年：公元前123年。　元朔：漢武帝的年號。

④ 後二年：又過了兩年，即元狩二年（公元前121年）。　衛尉：負責宮廷守衛的官，秦時設置，漢代沿襲，爲九卿之一。

⑤ 李廣：漢代與匈奴作戰的名將，善射。公元前121年，李廣帶四千騎，張騫帶一萬騎異道出擊匈奴。　右北平：漢代郡名，郡治在平剛（今河北平泉縣）。　俱：偕，一同。

⑥ 後期：晚於約定的日期到達。　當：判罪。

⑦ 贖爲庶人：根據漢朝的法律，犯死罪的可以用錢贖罪免死，有爵位的可以削爵，免爲庶人，以此贖罪。

⑧ 驃(piào)騎將軍：漢代的將軍名號，位僅次於大將軍，這裏指霍去病。霍去病於公元前121年的春夏，兩次攻打匈奴，他是漢武帝時擊敗匈奴的又一主將。　匈奴西邊：指匈奴西部，今甘肅河西走廊一帶。

⑨ 祁連山：在今甘肅省西部。

⑩ 漢武帝元狩二年（公元前121年）秋天，匈奴單于因爲渾邪王和休屠(xiūchú)王戰事不利，被漢將霍去病殺虜了好幾萬人，很是憤怒，要把他們召去處死。渾邪王和休屠王就決定一同向漢投降。後來，渾邪王又殺了休屠王，帶領數萬人投降漢朝。　渾邪：是漢朝時匈奴西部的部落名，居住在今甘肅武威、張掖一帶。

⑪ 金城：漢代縣名，縣治在允吾(qiānyá，今甘肅皋蘭縣)。　河西：指黄河以西今甘肅省西北部一帶。後來漢武帝在這一帶設武威、酒泉、張掖、敦煌四個郡。　南山：指祁連山。　鹽澤：又名蒲昌海，也叫泑(yōu)澤，即今新疆的羅布泊。

⑫ 無匈奴：《漢書・匈奴傳上》："於是漢已得昆邪，則隴西、北地、河西益少胡寇。"

⑬ 候：斥候，偵察的人。　希：稀少。

⑭ 幕北：卽漠北。這裏是指陰山以北的沙漠。　幕：通“漠”。公元前119年，衛青、霍去病各帶騎兵五萬多，深入匈奴作戰，匈奴大敗，單于突圍遠遁，這是漢擊敗匈奴的一次決定性戰役。

天子數問騫大夏之屬①。騫既失侯，因曰：“臣居匈奴中，聞烏孫王號昆莫②。昆莫父難兜靡本與大月氏俱在祁連、焞煌間③，小國也。大月氏攻殺難兜靡，奪其地，人民亡走匈奴。子昆莫新生，傅父布就翎侯抱亡④，置草中，爲求食。還，見狼乳之⑤，又烏銜肉翔其旁⑥，以爲神。遂持歸匈奴，單于愛養之。及壯，以其父民衆與昆莫，使將兵⑦，數有功⑧。時，月氏已爲匈奴所破，西擊塞王⑨。塞王南走遠徙⑩，月氏居其地。昆莫既健，自請單于報父怨，遂西攻破大月氏。大月氏復西走，徙大夏地。昆莫略其衆，因留居，兵稍彊⑪。會單于死⑫，不肯復朝事匈奴⑬。匈奴遣兵擊之，不勝，益以爲神而遠之⑭。今單于新困於漢，而昆莫地空⑮。蠻夷戀故地，又貪漢物。誠以此時厚賂烏孫⑯，招以東居故地⑰，漢遣公主爲夫人，結昆弟⑱，其勢宜聽⑲，則是斷匈奴右臂也⑳。既連烏孫，自其西大夏之屬皆可招來而爲外臣㉑。”天子以爲然，拜騫爲中郎將㉒，將三百人，馬各二匹，牛羊以萬數，齎金幣帛直數千鉅萬㉓，多持節副使㉔，道可，便遣之旁國㉕。騫既至烏孫，致賜諭指㉖，未能得其決㉗。語在《西域傳》㉘。騫卽分遣副使使大宛、康居、月氏、大夏㉙。烏孫發譯道送騫，與烏孫使數十人，馬數十匹。報謝㉚，因令窺漢㉛，知其廣大。

騫還，拜爲大行㉜。歲餘，騫卒。後歲餘，其所遣副使通大夏之屬者皆頗與其人俱來㉝，於是西北國始通於漢矣[34]。然騫鑿空[35],諸後使往者皆稱博望侯,以爲質於外國[36],外國由是信之[37]。其後,烏孫竟與漢結婚[38]。

注　釋

① 數(shuò):屢次。

② 烏孫:我國古代的民族。開始居住在敦煌、祁連之間,因與大月氏征戰,於公元前161年左右遷移至今新疆伊犁河上游一帶。　昆莫:烏孫王的號,名獵驕靡,生於漢文帝時期,死於漢武帝元封年間。

③ 焞煌:即敦煌。漢代郡名,郡治在敦煌(今甘肅敦煌市)。　按:敦煌郡是渾邪王降漢後才設的,這裏是張騫事後的追述。

④ 傅父:負責教育和奉養王子的人。　布就翖(xī)侯:傅父的官號。"翖侯":是烏孫大臣的官號,"翖"同"翕"。"布就"是"翖侯"中職位的分别,就好像漢族的"將軍"有左右等分别一樣。

⑤ 還:回來。　乳之:給他[昆莫]吃奶。

⑥ 烏:烏鴉。　銜:叼。　翔:回旋地飛。　其:代詞,指昆莫。

⑦ 使將兵:叫昆莫帶兵。　將:統帥,帶領。

⑧ 數(shuò)有功:屢次有功勞。

⑨ 塞(sài):古族名,原居住在今伊犁河一帶。

⑩ 塞王向南逃跑,遷徙得很遠。據《漢書・西域傳》載,塞王南遷到了罽(jì)賓(古西域國名,在今阿富汗喀布爾河下游及克什米爾一帶)。

⑪ 稍:漸漸。

⑫ 單于:指老上單于。

⑬ 朝:朝拜。　事:侍奉,伺候。

⑭ 益以爲神而遠之:更以爲昆莫真有"神助",就遠遠地避開他。　益:更。　遠:形容詞用作動詞,遠離。

⑮ 單于:指伊穉斜單于。　昆莫地空:昆莫的父親時代,烏孫族本在祁連、敦煌間,後來其地爲月氏所奪,月氏又被匈奴擊破,祁連、敦煌一帶就爲匈奴所有。公元前121年,漢擊敗匈奴,匈奴渾邪王降漢,祁連、敦煌一帶爲漢中央政府所有,所以説:昆莫地(指烏孫故地)空。

⑯ 果真在這時以大量財物贈給烏孫。 誠:果真。 厚賂:大量饋贈財物。

⑰ 大意是用他們在東方居住過的老地方招引他們,即讓烏孫回到祁連、敦煌間。

⑱ 昆弟:兄弟。

⑲ 根據他們的形勢,應當聽從。

⑳ 這樣,就好像截斷了匈奴的右胳膊。

㉑ 外臣:古代士大夫對別國君主的自稱。這裏指没有正式的君臣關係,但臣服於漢朝。

㉒ 中郎將:官職名,位次於將軍。

㉓ 齎(jī):帶。 幣帛:古人用來贈送的禮品,如玉、帛、馬等都叫幣帛。直:通"值"。 鉅萬:等於説"萬萬",表示數目大。

㉔ 派許多持節副使。 持節:拿着使節(憑證)。表示有代表國家的權力。

㉕《史記·大宛列傳》作"道可使,使遣之他旁國"。大意是,如果道路可以通行,就派遣他的副使到附近的國家去。

㉖ 致賜:把漢武帝賞賜的東西交給烏孫王。 諭指:把漢武帝的意旨告訴烏孫王。 諭:告知。 指:意圖,多寫作"旨"。

㉗ 没能得到烏孫的決定(指是否東遷的決定)。

㉘《漢書·西域傳》載,烏孫離匈奴近,長期以來都服從匈奴,又不知漢之大小,烏孫大臣都不願遷回祁連、敦煌間。

㉙ 據《史記·大宛列傳》,張騫的副使還到了安息、身毒(印度)等地。

㉚ 烏孫王昆莫派遣翻譯和嚮導送張騫,同時派了烏孫使臣幾十人,獻馬幾十匹,跟着張騫到漢朝中央政府來答謝。 與:介詞,以及。 報:報聘,國與國之間交往表示回訪。

㉛ 因:乘機會。 令:昆莫命令他的使臣們。 窺:察看,私下探視。

㉜ 大行:即大行令,九卿之一,是負責掌管國内各兄弟民族事務和接待外賓的長官。

㉝ 其:前一"其"字指張騫。 其人:指大夏等國的人。

㉞ 從這時起,西北各國開始與漢朝相來往。

㉟ 鑿空:指張騫開闢了通西域的道路。　鑿:鑿開。　空:孔道。

㊱ 爲質:取信。　質:誠信。

㊲ 外國人因此信任他們。　之:指使者。

㊳《漢書·西域傳》載,烏孫使者隨張騫到漢,看到漢"人衆富厚"。回國後,烏孫"乃益重漢"。隨後漢中央政府與大宛、月氏的交往日益頻繁,匈奴又威脅着烏孫,烏孫王決定與漢通婚,元封年中,漢武帝以江都王劉建的女兒爲公主,嫁給烏孫王昆莫。　竟:終究。

華　佗　傳(節録)　《三國志》

【《三國志》介紹】《三國志》是一部記載魏、蜀、吴三國歷史的紀傳體史書,包括《魏書》三十卷,《蜀書》十五卷,《吴書》二十卷。原本各自成書,北宋時合成一書,定名《三國志》,共六十五卷。

《三國志》全書對史料考核比較嚴謹,記事翔實,能把魏、蜀、吴三國鼎立的錯綜複雜的歷史大致清楚地記載下來,對當時影響重大的政治家作了相當的肯定,如書中評曹操"擥申商之法術",是"超世之傑",評諸葛亮是"識治之良才,管、蕭之亞匹矣"。内容照顧的方面較廣,凡三國時期在政治、經濟、軍事上有影響的人物,以及學術思想、文學藝術、科學技術等方面有貢獻的人物,大多網羅其事跡,或立專傳,或用附見,寫在書中。文筆簡潔,無繁冗蕪雜之病。

但《三國志》在史料方面過於簡略,全書没有"志"、"表",是個很大的缺陷。

《三國志》作者陳壽(公元233—297年),字承祚,巴西安漢(今四川南充市)人,三國時在蜀國做觀(guàn)閣内史。由於不曲附宦人黄皓，故“屢被譴黜”。蜀亡後，做了晉朝的著作郎，又受到豪門權貴的排斥。這多少有助於他比較清醒地認識當時的社會現實。

陳壽死後，南朝宋文帝元嘉年間（公元 424—453 年），裴松之（公元 372—451 年）給《三國志》作了數倍於原著的注，他引用魏晉人的著作達二百多種（唐宋以後大都亡佚），爲研究三國時期的歷史保存了不少資料。

【説明】華佗是東漢末期一位傑出的醫學家。他行醫遍及今江蘇、安徽、河南、山東等地，和人民羣衆保持着廣泛的聯繫。他繼承、吸收了前人和當時民間的醫學成果，在長期醫療實踐中積累了豐富的經驗，在醫學上取得了光輝的成就。

華佗不僅精通内科、兒科、婦科，更擅長外科。他是世界上第一個進行剖腹手術的外科醫生，他發明的“麻沸散”是世界上最早的醫用全身麻醉藥，比歐洲早一千七百年。華佗在臨床實踐中，對症下藥，用針、用藥少而精。他强調運動對生命的意義，提倡健身防病，並創造了名爲“五禽戲”的古典體操。他的醫學思想，貫穿着樸素辯證法。他的成就，反映了我國漢末醫學的高度發展。

本篇節選自《三國志·魏書·方技傳》。

華佗字元化，沛國譙人也，一名旉①。游學徐土，兼通數經②。沛相陳珪舉孝廉，太尉黄琬辟，皆不就③。曉養性之術，時人以爲年且百歲而貌有壯容④。又精方藥⑤，其療疾，合湯不過數種⑥，心解分劑，不復稱量⑦，煮熟便飲，語其節度⑧，舍去輒愈⑨。若當灸，不過一兩處，每處不過七八壯，病亦應除⑩。若當針⑪，亦不過一兩處，下針言：“當引某許，若至，語人[12]”。病者言“已到”，應便拔針，病亦行差[13]。若病結積在内，針藥所不能及，當須刳割者[14]，便飲其麻沸散[15]，須臾便如醉死，無所知，因破取[16]。病若在腸中，便斷腸湔洗[17]，縫腹膏摩[18]，四五日，差，不痛，人亦不自寤[19]，一月之間，即平復矣[20]。

注　釋

① 沛(pèi)國：東漢分封的一個王國，以今安徽宿州市爲中心，包括今安徽省東北、江蘇省西北、河南省東南一帶，治所在今宿縣西北。譙(qiáo)：沛國的縣，在今安徽省亳(bó)州市。　旉(fū)：“敷”的古字。

② 游學：有一定學問後，到遠處去求學。　徐土：徐州地區。徐州，古九州之一，包括今江蘇省長江以北和山東省南部地區，漢末治所在下邳(pī，今江蘇邳州市東)。　兼通數經：通曉幾種經書。　經：指《詩》、《書》、《禮》、《易》、《春秋》等儒家“經典”。

③ 沛相：沛國的相。漢景帝平定“七國之亂”後，改封國的丞相爲相，由中央委派，掌握地方實權。　陳珪：字漢瑜。　太尉：漢朝掌管軍事的最高長官。　黄琬：字子琰(yǎn)，做過司徒、太尉等官，後被董卓部將李傕(jué)殺害。　辟：徵召任用。　不就：不去就任。

④ 養性之術：養生的方法。　且：將，將近。

⑤ 方藥：醫方藥物。

⑥ 合湯：配合湯藥。　數種：指所用的藥物。

⑦ 分：分量。　劑：指各種藥物配合的比例。兩句大意是，心裏掌握了藥物的分量、比例，用不着再稱量。

⑧ 語其節度：告訴病人服藥的禁忌或注意事項。

⑨〔華佗〕離開後，病就一定好了。　舍去：離開。　輒：副詞，就。愈：病好了。

⑩ 灸(jiǔ)：中醫治病的方法之一，用艾絨做成艾柱，點火燃燒，燻熨或温灼於患者的一定穴位。　壯：一灸叫做一壯。　應除：應手消除。

⑪ 針：動詞，扎針，中醫治病的方法之一。

⑫ 當引某許：〔針刺感應〕應當延伸到某處。　許：處。　語人：告訴人。

⑬ 行：行將，這裏是“很快”的意思。　差(chài)：通“瘥”，病癒。下文的

“差”都是這一意義。

⑭ 及:達到。 刳(kū)割:剖開割除。

⑮ 麻沸散:華佗發明使用的一種中藥麻醉劑,後失傳。

⑯ 須臾:一會兒。 因:於是。 破:指開刀。 取:指切除患處,取出結積物。

⑰ 斷腸:指割除腸子的患病部分。 湔(jiān)洗:指洗腸子的傷口及感染部分。 湔:本義是洗濯衣物的污垢處。

⑱ 膏摩:用藥膏敷上。 摩:塗抹。

⑲ 人亦不自寤(wù):病人自己也不覺得。 寤:醒,這裏指感覺到。

⑳ 平復:指傷口愈合復原。

府吏兒尋、李延共止[①],俱頭痛身熱,所苦正同[②]。佗曰:“尋當下之,延當發汗[③]。”或難其異[④]。佗曰:“尋外實,延内實,故治之宜殊[⑤]。”即各與藥,明旦並起[⑥]。……

注　釋

① 府吏:郡守府中的官吏。 兒:通“倪”(ní),姓。 共止:一起停止下來,指同時來就診。 止:站住,停下來。

② 所苦:痛苦的情況。

③ 下之:把它瀉下來。 下:中醫治病的四種方法(汗、吐、下、補)之一,即“瀉”。 之:指倪尋的病。

④ 或:無定代詞,有人,有的。 難(nàn):提出疑問。

⑤ 實:實證,中醫分析病症的八種基本類别(即“八綱”:陰陽、表裏、虚實、寒熱)之一。實證又分表(外)實證和裏(内)實證。表實證一般應當發汗,但需内亦實,才可發汗。裏實證一般應當用瀉的辦法,但需外亦實,才可以瀉。華佗是採用中醫反治的辦法,所以外實下之,内實發汗。據王陳梁依元刻本校訂的《類症普濟本事方》卷九《傷寒時疫下》引《華佗傳》作“尋内實,延外實”;乾隆時葉桂香的《本事方釋義》,這裏也作“尋内實,延外實”,那麽,華佗就是採用正治的辦法了。宜殊:應當不同。

⑥ 明旦:第二天早晨。 並起:一同起來,即都已病愈能行動自如了。

佗行道，見一人病咽塞，嗜食而不得下[1]，家人車載欲往就醫[2]。佗聞其呻吟，駐車往視[3]，語之曰："向來道邊有賣餅家[4]，蒜齏大酢[5]，從取三升飲之，病自當去。"即如佗言，立吐虵一枚[6]，縣車邊，欲造佗[7]。佗尚未還，小兒戲門前，逆見[8]，自相謂曰[9]："似逢我公，車邊病是也[10]。"疾者前入坐，見佗北壁縣此虵輩約以十數[11]。

注　釋

① 病咽塞：患咽喉堵塞的病。　病：動詞，患病。　嗜(shì)食：想吃食物。

② 車載：用車載着。　就醫：到醫生那裏去看病。　就：動詞，走向。

③ 駐車：把車停下來。

④ 向：剛才。

⑤ 蒜齏(jī)：蒜泥。　酢(cù)："醋"的本字。

⑥ 如：如同，像。　虵：即蛇。這裏指一種寄生蟲。

⑦ 縣："懸"的本字，掛着。　造佗：到華佗家裏去。　造：到……去。

⑧ 小兒：指華佗的小孩。《後漢書》作"時佗小兒戲於門中"。　戲門前：在門前遊戲。　逆見：迎面看見。

⑨ 自相謂：小兒自己互相對着講。

⑩ 像是遇到咱們父親了，車邊掛着的"病"就是證明啦！　公：指父親。病：指掛在車邊的寄生蟲。　是：指示代詞，用作謂語，"就是這個(證明)"的意思。

⑪ 前：動詞，向前。　虵輩：蛇類，這裏指同類的寄生蟲標本。輩，同等，同類。

廣陵太守陳登得病[1]，胸中煩懣[2]，面赤不食。佗脈之曰[3]："府君胃中有蟲數升，欲成內疽[4]，食腥物所爲也[5]。"即作湯二升，先服一升，斯須盡服之[6]。食頃，吐出三升許蟲，赤頭皆動，半身是生魚膾也[7]，所苦便愈。佗曰："此病後三期當發[8]，遇良醫乃可濟救[9]。”依期果發動，時佗不在，如言而死。……

注　　釋

① 廣陵：漢代郡名，郡治在今江蘇揚州市。　陳登：陳珪之子，字元龍，曹操令爲廣陵太守，後遷東城太守。

② 煩懣(mèn)：煩躁鬱悶。

③ 脈：用作動詞，切脈。　之：指陳登。

④ 府君：對太守的尊稱。　内疽(jū)：腹内一種腫脹堅硬的毒瘡。

⑤ 腥物：指生魚、生肉。　所爲：所造成的。

⑥ 湯：藥湯。　斯須：一會兒。　之：指藥湯。

⑦ 一頓飯的功夫，吐出了三升多小蟲，赤紅色的頭，都能活動，一半身體還是生魚膾(kuài)。這一記載部分失實，實際是陳登吐出來的寄生蟲的下半身很像生魚膾。這種寄生蟲當是赤蟲，即薑片蟲。　食頃：一頓飯的功夫。　許：表約數。　膾：切得很細的肉。

⑧ 三期(jī)：三年。周年叫“期”。下面的依期則是按照預定的時間，期限。

⑨ 濟救：指救活。

太祖聞而召佗[1]，佗常在左右。太祖苦頭風，每發，心亂目眩[2]。佗針鬲[3]，隨手而差。……

注　　釋

① 太祖：指曹操。曹操死後，他的兒子曹丕稱帝，追尊他爲武皇帝，孫子曹叡又定他的廟號爲太祖。

② 頭風：腦神經痛。　風：神經性的病痛。　眩(xuàn)：眼睛昏花，看不清楚。

③ 鬲(gé)：現在寫作“膈”，這裏指膈俞(shù)穴。穴位在第七胸椎下。

佗之絶技，凡此類也[1]。然本作士人，以醫見業，意常自悔[②]。後太祖親理，得病篤重，使佗專視[③]。佗曰："此近難濟，恆事攻治，可延歲月[④]。"佗久遠家思歸[⑤]，因曰："當得家書，方欲暫還耳[⑥]。"到家，辭以妻病，數乞期不反[⑦]。太祖累書呼，又敕郡縣發遣[⑧]。佗恃能厭食事，猶不上道[⑨]。太祖大怒，使人往檢[⑩]。若妻信病，賜小豆四十斛，寬假限日[⑪]；若其虛詐，便收送之[⑫]。於是傳付許獄，考驗首服[⑬]。荀彧請曰[⑭]："佗術實工，人命所縣，宜含宥之[⑮]。"太祖曰："不憂，天下當無此鼠輩耶[⑯]？"遂考竟佗[⑰]。佗臨死，出一卷書與獄吏，曰："此可以活人[⑱]。"吏畏法不受，佗亦不彊，索火燒之[⑲]。佗死後，太祖頭風未除。太祖曰："佗能愈此。小人養吾病，欲以自重[⑳]，然吾不殺此子，亦終當不爲我斷此根原耳。"及後愛子倉舒病困[㉑]，太祖歎曰："吾悔殺華佗，令此兒彊死也[㉒]。"……

注　釋

① 凡：範圍副詞，大都。

② 然而本是讀書人，〔卻〕被人看成用醫術爲職業的，心上常常懊悔。　見業：被看成職業。　業：名詞用如動詞，作爲職業。　悔：恨，懊悔。中國古代，醫生是所謂"方技"一類，被視爲"賤業"，因此，華佗有時"自悔"。

③ 親理：親自處理國事。　篤（dǔ）：沉重。　專視：指專門爲曹操個人看病。

④ 這病近乎難以治好，不斷地進行治療，可以延長一些年月（即壽命）。　恆：經常，不斷地。　事：從事，進行。　攻治：治理，這裏指醫療。

⑤ 遠家：遠離家鄉。

⑥ 當：適，剛才。　方：正。　暫：暫時。　耳：語氣詞，略等於而已，罷了。

⑦ 辭以妻病：拿妻子的病進行推託。　辭：推辭，推託。　數（shuò）乞

期:多次請求延長假期。　反:返回。

⑧ 累:多次。　書呼:用書信召喚。　敕(chì):原來官府的命令都叫“敕”,後專指皇帝的詔令。這裏用作動詞,下詔令。　發遣:徵發、遣送。

⑨ 恃能:倚仗才能。　厭食事:厭惡吃侍候人的飯。　事:侍奉,侍候人。　上道:上路,起程。

⑩ 檢:檢驗,查看。

⑪ 信:真的,確實。　斛(hú):古以十斗爲斛。宋代後以五斗爲斛。　寬假:放寬。

⑫ 收:逮捕。　送:指押送。　之:指華佗。

⑬ 傳:遞解。　付:交給。　許獄:許昌的監獄。公元196年以後,曹操將東漢的都城由洛陽遷到許昌(今河南許昌市)。　考驗:拷問、審究。　首服:招供,服罪。

⑭ 荀彧(yù):曹操的重要謀士。在破袁紹、伐劉表等統一戰争中積極謀劃,起過重大的作用。

⑮ 實工:確實高明。　工:精巧,技術高明。　人命所縣(xuán):關係着人們的生命的意思。這裏指華佗能救活病人。　縣:懸掛,繫着。含宥(yòu):包含,寬容。　宥:寬恕,赦免。

⑯ 不用担心,天下會没有這種無能鼠輩嗎?　耶:句末語氣詞,表示反問。

⑰ 考竟:拷問至死。

⑱ 活人:使人活,即救活人。

⑲ 不彊(qiǎng):不勉强。　索:討取。

⑳ 養:保養,保持。這裏指對病有意拖延,不加根治。　自重:抬高自己的地位。

㉑ 病困:病危。

㉒ 彊死:指活活地死去,意思是死於非命。

廣陵吴普、彭城樊阿皆從佗學[①]。普依準佗治,多所全濟[②]。佗語普曰:“人體欲得勞動,但不當使極爾[③]。動摇則穀氣得消[④],血脈流通,病不得生,譬猶户樞不朽是也[⑤]。是以古之仙者爲導引之事[⑥],熊頸鴟顧,引輓腰體,動諸關節⑦,以求難老⑧。吾有一術,名五禽之戲⑨,一曰虎,二曰鹿,三曰熊,四曰猨,五曰鳥,亦以除疾,並利蹄足,以當導引⑩。體中不快,起作一禽之戲,沾濡汗出,因上著粉⑪,身體輕便,腹中欲食。”普施行之,年九十餘,耳目聰明,齒牙完堅⑫。阿善針術。凡醫咸言背及胸藏之間不可妄針⑬,針之不過四分,而阿針背入一二寸,巨闕胸藏針下五六寸⑭,而病輒皆瘳⑮。阿從佗求可服食益於人者⑯,佗授以漆葉青黏散⑰。漆葉屑一升,青黏屑十四兩,以是爲率⑱,言久服去三蟲,利五藏,輕體⑲,使人頭不白。阿從其言,壽百餘歲。漆葉處所而有⑳,青黏生於豐、沛、彭城及朝歌云㉑。

注　釋

① 彭城:今江蘇徐州市附近。

② 吴普遵照華佗的醫術治病,許多人被治好救活。　依準:依據,按照。全:保全。　濟:指醫治好。

③ 勞動:活動,運動。　勞:體力活動。　極:極點,頂點。用作動詞,達到極點。　爾:句末語氣詞,而已,罷了。

④ 動搖:運動。　穀氣:中醫術語,又叫水穀之氣,指飲食中的精氣(養分)。　氣:中醫學中的氣,有多種含義,這裏指的是體内流動着的有營養的精微物質。

⑤ 户樞(shū):門户的轉軸。　是也:就是這樣。　是:指示代詞,用作謂語。

⑥ 仙者:迷信中稱有特殊能力,可以長生不死的人。　導引:現在叫“氣功”。既可鍛煉身體,又可作爲治病的體育療法,主要是講求呼吸吐納,運動關節。

⑦ 熊頸:應作“熊經”,模仿熊攀掛樹枝的動作。　經:懸掛。　鴟(chī)

顧:模仿鴟鷹回頭顧盼的動作。 顧:回頭看。 熊、鴟:都是名詞用作狀語。 引輓(wǎn):牽引,伸展。 動諸關節:使諸關節活動。 諸:指各部位。

⑧ 難老:不易衰老,長壽的意思。

⑨ 五禽:五種動物。 禽:禽獸,不是專指鳥類。 戲:遊戲,古代把有關文娱、體育的活動都稱做"戲"。這裏指模仿各種動物動作的體操。

⑩ 利蹏足:使腿脚輕便利索。 利:用作使動,使輕快。 以當導引:用來當作"導引"。

⑪ 不快:不舒服。 沾濡(rú):浸濕。這裏形容汗水浸濕衣服。 因上著粉:接着在上面搽上爽身粉。 因:接着。 著(zhuó):使附着在别的物體上。 粉:指爽身粉。

⑫ 完:完整,指牙齒没有掉落的。 堅:牢固。

⑬ 凡:所有。 醫:醫生。 咸言:都説。 藏(zàng):今作"臟",内臟。妄針:亂扎針。

⑭ 巨闕:穴位名,在臍上六寸。 下:指扎進去。

⑮ 輒:總是。 瘳(chōu):病癒。

⑯ 可服食益於人者:可以服用而對人身體有好處的東西(藥物)。

⑰ 漆葉青黏散:補藥。漆藥可以治虚勞病,又可以殺寄生蟲。青黏又名黄精,可以滋補身體,又可治風濕病。 散:粉末狀的成藥。

⑱ 以是爲率(lǜ):用這個做比例。 率:比例。

⑲ 三蟲:三種寄生蟲,即蛔蟲、赤蟲、蟯蟲。 五藏:心、肺、肝、脾、腎。輕體:使身體輕便。

⑳ 處所:處處,到處。

㉑ 豐:秦時是沛縣的一個邑(即鄉),漢初改爲縣。在今江蘇豐縣。沛:縣名,在今江蘇沛縣東。漢高祖劉邦生於沛縣豐邑,所以豐、沛連稱。 彭城:在今江蘇銅山縣境。 朝歌:在今河南湯陰縣西南。云:句末語氣詞,表示不確定的語氣,有"據説如此"的意思。

肥水之戰 《資治通鑑》

【《資治通鑑》介紹】《資治通鑑》是一部編年體通史。全書共二百九十四卷，上起周威烈王二十三年（公元前 403 年），下至後周世宗顯德六年（公元 959 年），系統地記載了我國封建社會前半期長達一千三百六十二年的歷史。

《資治通鑑》的主編是司馬光（公元 1019—1086 年），担任助編工作的有劉恕、劉攽、范祖禹等人，從宋英宗治平二年（公元 1065 年）開始編撰，到宋神宗元豐七年（公元 1084 年）成書，歷時十九年。這部史書受到封建最高統治者的重視，英宗下詔撰修，神宗親定書名。書名的意思就是對治理國家可提供幫助的歷史借鑒。

《資治通鑑》取材廣泛，結構謹嚴，文字簡潔，對錯綜複雜的歷史事件敍述比較清楚，是我國古代史學方面的重要著作。雖然作者“編集歷代君臣事迹”的目的是希望宋朝的統治者“鑒前世之興衰，考當今之得失”，爲鞏固封建統治服務，但我們仍能從《資治通鑑》所記載的豐富歷史資料中了解封建社會的政治、經濟狀況，從而得到寶貴的歷史經驗。

【説明】本篇選自《資治通鑑》第 104—105 卷。肥水之戰發生在東晉孝武帝太元八年（公元 383 年），是歷史上以少勝多，以弱勝强的著名戰役之一。

公元四世紀後期，前秦苻堅統治了中國的北方，勢力雖稱强盛，但民族之間的矛盾很深。苻堅不顧羣臣的勸阻，堅決要征服東晉，以爲擊晉“猶疾風之掃秋葉”，驕矜中已經藴伏着失敗的危機。在肥水之戰中，晉軍雖然兵少力弱，但能利用秦軍“數戰兵疲”的弱點，乘秦軍没有全部到達的時候，先主動以精鋭挫其前鋒，隨後又要求臨肥水陣的秦軍稍爲退却，以造成敵人的錯亂，而秦軍一退卽不可止；晉軍於是乘敵退却，渡水攻擊，大敗秦軍，保全了東晉王朝的半壁江山。

〔太元七年,〕冬,十月①,秦王堅會羣臣於太極殿②,議曰:"自吾承業,垂三十載③,四方略定,唯東南一隅未霑王化④。今略計吾士卒,可得九十七萬,吾欲自將以討之,何如?"秘書監朱肜曰⑤:"陛下恭行天罰,必有征無戰⑥,晉主不銜璧軍門,則走死江海⑦。陛下返中國士民,使復其桑梓⑧,然後回輿東巡,告成岱宗⑨,此千載一時也。"堅喜曰:"是吾志也。"

注 釋

① 指晉孝武帝太元七年(公元382年)十月。

② 秦王堅:秦王苻堅。東晉時,中國西部氐(dī)族人苻健在長安建立王朝,國號秦,史稱前秦。苻堅,苻健弟苻雄子,公元357年爲秦王,先後滅前燕、前凉和代,統治了中國北方。 太極殿:前秦長安宫殿的正殿。

③ 承業:指繼承王業。 垂:將,將近。苻堅自公元357年繼王位,到這一年已經二十六年。

④ 略定:平定。 東南一隅:指東晉。 未霑(zhān)王化:没有受到前秦的德化,也就是説還没有投降秦國。 霑:雨露濡濕。這裏比喻受到恩德。

⑤ 秘書監:秘書省(掌管文書的機關)的長官。 朱肜(róng):《晉書·載記》作朱彤(tóng)。

⑥ 陛(bì)下:對國王或皇帝的敬稱。 恭行天罰:意思是代替天執行討伐。《尚書·甘誓》説:"今予惟恭行天之罰。" 有征無戰:意思是説伐晉不用交戰就可以得勝。

⑦ 銜璧軍門:到軍門來投降。古書記載國君向敵國投降時,雙手反縛,口銜璧玉,奉爲禮物。 走死:連動結構,"走"指敗逃。

⑧ 返:回。這裏是歸返的意思。 中國士民:指西晉末年由中原南渡的士民。 復其桑梓(zǐ):回到他們的家鄉。《詩經·小雅·小弁》:"維桑與梓,必恭敬止。"桑樹和梓樹是古代家宅旁常栽的樹,後來用桑梓爲故鄉、故里的代稱。

⑨ 巡：天子出行巡視。東巡是爲了告成岱宗。 告成岱宗：是登泰山祭天，報告成功。 岱宗：即泰山。岱是泰山的别名。古代把泰山看做是四岳（泰山、衡山、華山、恒山）中最尊的，所以也稱爲岱宗。

尚書左僕射權翼曰①："昔紂爲無道，三仁在朝，武王猶爲之旋師②。今晉雖微弱，未有大惡，謝安、桓冲皆江表偉人③，君臣輯睦④，内外同心，以臣觀之，未可圖也⑤。"堅嘿然良久⑥，曰："諸君各言其志。"

注 釋

① 尚書僕射（yè）：官名。次于丞相。 權翼：洛陽人。

② 紂（zhòu）：商朝的末代君主。 三仁：三個賢人，指箕子、微子、比干。《論語·微子》："孔子曰：'殷有三仁焉。'" 猶：副詞，還。 旋師：退回軍隊。周武王曾舉兵東進攻紂，到孟津（今河南孟縣南），來會的諸侯有八百，都説應當討伐紂王，但武王認爲時機不到，退兵而回。後來比干被殺，箕子被囚，微子離去，武王才伐紂滅商。 旋：還。

③ 謝安：陽夏（今河南太康縣）人，字安石。晉孝武帝時任中書監，録尚書事（即宰相，録是總領的意思）。 桓冲：龍亢（今安徽懷遠縣）人，字幼子。當時以都督江荆諸州軍事領荆州刺史（領是兼任的意思）。 江表：長江以外，指江南。

④ 輯睦：和睦。 輯：和。

⑤ 圖：圖謀，指謀劃滅亡東晉。

⑥ 嘿（mò）：同"默"，閉口不説話。 良久：很久。

太子左衛率石越曰①："今歲鎮守斗，福德在吴，伐之必有天殃②。且彼據長江之險，民爲之用，殆未可伐也③。"堅曰："昔武王伐紂，逆歲違卜④。天道幽遠⑤，未易可知。夫差、孫皓皆保據江湖⑥，不免於亡。今以吾之衆，投鞭於江，足斷其流，又何險之足恃乎！"對曰："三國之君皆淫虐無道⑦,故敵國取之,易於拾遺⑧。今晉雖無德,未有大罪,願陛下且按兵積穀,以待其釁⑨。"於是羣臣各言利害,久之不決。堅曰:"此所謂築舍道傍,無時可成⑩。吾當内斷於心耳!"

注　釋

① 太子左衛率:官名,負責護衛太子的官。

② 歲鎮守斗:就是這一年歲鎮二星運行到了斗宿間。　歲:歲星,就是木星。　鎮:鎮星,就是土星。　斗:星宿(xiù)名,南斗。古人把若干恒星合在一起稱爲星宿。　福德在吴:古人把天上的星宿和地上的九州的區域相應,叫做分野。並迷信歲星運行到那一星宿的區域,和它相應的分野就有福。斗宿屬吴、越、揚州的分野,所以説"福德在吴"。　殃:災禍。

③ 民爲之用:人民願意爲它(晉)所用。　殆:副詞,大概。表示也許的意思。

④ 逆歲:《荀子·儒效》楊倞(liàng)注引《尸子》説:"武王伐紂,魚辛諫曰:'歲在北方,不〔可〕北征。'武王不從。"　逆:犯的意思。　違卜:《史記·齊世家》記載説,武王將伐紂,用龜占卜,得到的兆不吉,可是姜太公仍勸武王伐紂,於是出發。　違:違背。

⑤ 天道:古代迷信天意,認爲上天有自己的意志,支配着人事的成敗得失。　幽遠:渺茫深遠,難以捉摸。

⑥ 夫差:春秋時吴國的國君,公元前473年越王句踐伐吴,夫差兵敗自殺,吴亡。　孫皓(hào):孫權的孫子,三國時吴國的國君。公元279年晉武帝司馬炎出兵攻吴,第二年孫皓降,吴亡。　江湖:指江南一帶,這也是東晉所統治的地區。

⑦ 三國之君:指紂、夫差、孫皓。

⑧ 比拾起一件别人丢失的東西還容易。

⑨ 且:暫且。　按:止住。　釁(xìn):間隙。

⑩ 築舍道傍:《詩經·小雅·小旻(mín)》:"如彼築室于道謀,是用不潰于成。"意思是説,好像在路旁造房子,向過路人徵求意見,過路人意見各不相同,因此房子造不成。　傍:同"旁",側。

羣臣皆出，獨留陽平公融[①]，謂之曰："自古定大事者，不過一二臣而已。今衆言紛紛，徒亂人意，吾當與汝決之。"對曰："今伐晉有三難：天道不順[②]，一也；晉國無釁，二也；我數戰兵疲[③]，民有畏敵之心，三也。羣臣言晉不可伐者，皆忠臣也，願陛下聽之。"堅作色曰[④]："汝亦如此，吾復何望！吾強兵百萬，資仗如山[⑤]；吾雖未爲令主，亦非闇劣[⑥]。乘累捷之勢，擊垂亡之國，何患不克？豈可復留此殘寇，使長爲國家之憂哉！"融泣曰："晉未可滅，昭然甚明[⑦]。今勞師大舉，恐無萬全之功[⑧]。且臣之所憂，不止於此。陛下寵育鮮卑、羌、羯，布滿畿甸[⑨]，此屬皆我之深仇[⑩]。太子獨與弱卒數萬留守京師[⑪]，臣懼有不虞之變生於腹心肘掖，不可悔也[⑫]。臣之頑愚，誠不足采；王景略一時英傑，陛下常比之諸葛武侯[⑬]，獨不記其臨没之言乎[⑭]！"堅不聽。於是朝臣進諫者衆，堅曰："以吾擊晉，校其強弱之勢，猶疾風之掃秋葉[⑮]，而朝廷内外皆言不可，誠吾所不解也！"……

注　釋

① 陽平公融：苻堅的弟弟苻融，封陽平公。

② 天道不順：即指"歲鎮守斗"。

③ 數戰兵疲：苻堅于公元 376 年出兵滅前涼（今甘肅西部、北部一帶，國君張天錫），又滅代（今山西北部，國君什翼犍）。公元 378 年，苻堅又攻襄陽，379 年陷襄陽。連年又與晉軍戰於淮南一帶。

④ 作色：面色改變，這是不高興的表現。

⑤ 資：資用，資財。　仗：兵仗，兵器。

⑥ 令主：賢主。　令：善。　闇(àn)劣：昏庸無能。　闇：通"暗"。

⑦ 昭然：明白的樣子。

⑧ 萬全：萬無一失。

⑨ 寵：厚愛。 育：養育。 鮮卑、羌(qiāng)、羯(jié)：當時我國北方和西北方的少數民族。 畿甸：京城附近。

⑩ 深仇：仇怨很深的人。鮮卑族慕容皝(huǎng)建立前燕，後來前燕慕容暐(wěi)被苻堅所滅。苻堅把鮮卑族的王公貴族和四萬户百姓遷到長安。苻堅部下慕容垂就是慕容皝的兒子。苻堅還信用羌族姚萇(cháng)等。姚萇兄姚襄被苻堅斬殺。

⑪ 太子：指苻宏。 京師：京城。前秦都長安(今西安市)。

⑫ 不虞(yú)：料想不到。 腹心肘掖：指京師和附近的重要地區。 掖：通"腋"，腋下。 不可悔：來不及後悔。

⑬ 王景略：苻堅原來的丞相王猛，字景略。 諸葛武侯：諸葛亮。諸葛亮諡忠武侯。

⑭ 臨没之言：公元375年王猛臨終時勸告苻堅不要伐晉，而且要滅除鮮卑和西羌。 没：死。

⑮ 校(jiào)：比較。 猶：如同。

〔太元八年，秋，七月，〕秦王堅下詔大舉入寇①。民每十丁遣一兵②；其良家子年二十已下，有材勇者，皆拜羽林郎③。又曰："其以司馬昌明爲尚書左僕射，謝安爲吏部尚書，桓冲爲侍中④；勢還不遠，可先爲起第⑤。"良家子至者三萬餘騎，拜秦州主簿趙盛之爲少年都統⑥。是時朝臣皆不欲堅行，獨慕容垂、姚萇及良家子勸之⑦。陽平公融言於堅曰："鮮卑、羌虜，我之仇讎，常思風塵之變以逞其志⑧，所陳策畫，何可從也！良家少年皆富饒子弟，不閑軍旅，苟爲諂諛之言以會陛下之意⑨。今陛下信而用之，輕舉大事，臣恐功既不成，仍有後患⑩，悔無及也！"堅不聽。

注　釋

① 詔：皇帝的命令。 入寇：外敵來侵略。《資治通鑑》以東晉爲正統，

所以站在東晉方面來記事。

② 丁:成年男子。

③ 良家子:封建社會所謂身世清白人家的子弟。舊説指醫、巫、商賈、百工以外出身的子弟。　已下:卽"以下"。　材勇:才能勇氣。　羽林郎:禁衛軍的軍官。

④ 其:表示擬測語氣。　司馬昌明:卽晉孝武帝司馬曜,司馬曜字昌明。　吏部尚書:官名,吏部的長官。吏部是掌管官吏的選拔升降的中央機構。　侍中:官名。門下省的長官,管規諫獻納,糾正缺失。

⑤ 勢還不遠:意思是看形勢,滅晉還師的日期不遠。　先爲起第:先爲司馬昌明等人建起房子。　第:第宅。大房子有甲乙等第,所以稱"第"。

⑥ 秦州:今陝西西部和甘肅東部一帶,州治在今甘肅天水市。　主簿:主管文書簿籍的官。　少年都統:苻堅設的官號,統率良家子的長官。

⑦ 慕容垂:本鮮卑族前燕國主的兒子,因受讒逃奔苻堅,爲冠軍將軍,肥水之戰後,叛秦而稱燕王,史稱"後燕"。　姚萇:羌族的首領之一,其兄姚襄被苻堅殺了以後,姚萇投降苻堅,爲揚武將軍。肥水之戰後也叛秦自稱秦王,最後殺苻堅,在長安稱帝,國號大秦,史稱"後秦"。

⑧ 仇讎(qiúchóu):仇敵。　讎:相對,對頭。　風塵之變:兵亂。戰爭中兵馬所到,風起塵揚,所以這樣説。

⑨ 閑:熟習。　軍旅:軍隊。這裏指軍旅之事,卽軍事。　苟:苟且,隨便。　會:迎合。

⑩ 仍:副詞,表示更進一層的意思,並,更。

八月,戊午①,堅遣陽平公融督張蚝、慕容垂等步騎二十五萬爲前鋒②,以兖州刺史姚萇爲龍驤將軍,督益、梁州諸軍事③。堅謂萇曰:"昔朕以龍驤建業,未嘗輕以授人,卿其勉之④!"左將軍竇衝曰:"王者無戲言,此不祥之徵也⑤!"堅默然。

慕容楷、慕容紹言於慕容垂曰⑥:"主上驕矜已甚,叔父建中興之業,在此行也⑦!"垂曰:"然。非汝,誰與成之[8]！”

注釋

① 指太元八年（公元383年）八月初二。

② 督：率領，指揮。　張蚝（cì）：苻堅的前將軍。

③ 兖（yǎn）州：州治在今河南開封市東南滑縣東。　龍驤（xiāng）將軍：將軍的名號。　益：益州，今四川省的大部分。　梁：梁州，在今陝西省西南部。

④ 朕（zhèn）：我。自秦始皇起，專用作皇帝的自稱。　建業：建立帝業。苻健曾以苻堅爲龍驤將軍，苻堅就是在做龍驤將軍時奪取帝位的。卿：君對臣的客氣稱呼。　勉：努力。

⑤ 徵：徵兆，預兆。

⑥ 慕容楷、慕容紹：都是慕容垂的姪子。

⑦ 主上：封建時代指稱君主。　驕矜（jīn）：驕傲自大。　矜：自尊自大。建中興之業：指恢復鮮卑族建立的燕國。　中興：一度衰落又復興。此行：這一趟。

⑧ 誰與成之：和誰一起完成它呢。“誰”作介詞“與”的前置賓語。

甲子，堅發長安[1]，戎卒六十餘萬[2]，騎二十七萬，旗鼓相望，前後千里。九月，堅至項城[3]，涼州之兵始達咸陽[4]，蜀漢之兵方順流而下[5]，幽冀之兵至於彭城[6]，東西萬里，水陸齊進，運漕萬艘[7]。陽平公融等兵三十萬，先至潁口[8]。

詔以尚書僕射謝石爲征虜將軍、征討大都督[9]，以徐、兖二州刺史謝玄爲前鋒都督[10]，與輔國將軍謝琰、西中郎將桓伊等衆共八萬拒之[11]；使龍驤將軍胡彬以水軍五千援壽陽[12]。琰，安之子也。

是時秦兵既盛，都下震恐[13]。謝玄入，問計於謝安，安夷然[14]，答曰：“已別有旨[15]。”既而寂然[16]。玄不敢復言，乃令張玄重請[17]。安遂命駕出遊山墅[18]，親朋畢集，與玄圍棋賭墅[19]。安棋常劣於玄，是日，玄懼，便爲敵手而又不勝[20]。安遂遊陟[21]，至夜乃還。桓冲深以根本爲憂[22]，遣精鋭三千入衛京師；謝安固却之[23]，曰："朝廷處分已定，甲兵無闕[24]，西藩宜留以爲防[25]。"冲對佐吏歎曰[26]："謝安石有廟堂之量，不閑將略[27]。今大敵垂至，方遊談不暇[28]，遣諸不經事少年拒之[29]，衆又寡弱，天下事已可知，吾其左衽矣[30]！"

注　釋

① 甲子：這裏是八月初八日。　發：出發。

② 戎卒：步兵。

③ 項城：在今河南項城市附近。

④ 涼州：今甘肅黄河以西地區，治所在今甘肅武威市。　咸陽：今陝西咸陽市。

⑤ 蜀漢：今四川及陝南地區。　順流：指順着長江的水流。

⑥ 幽：幽州，今北京市、天津市、河北北部及遼寧大部地區，治所在今北京城西南。　冀：冀州，今河北中南部及山東、河南部分地區，治所在今河北高邑縣。

⑦ 運漕：指運糧船。利用水道轉運糧食叫漕。

⑧ 潁口：今安徽潁上縣附近，是潁水入淮河處。

⑨ 詔：指晉孝武帝下詔。　謝石：字石奴，謝安的弟弟。　征虜將軍：將軍的名號。

⑩ 徐、兗二州：指晉東渡後所置的南徐州（今江蘇鎮江市一帶）、南兗州（今江蘇江都市一帶）。　謝玄：謝安的姪子。

⑪ 輔國將軍：將軍的稱號。　謝琰（yǎn）：字瑗度。　桓伊：桓宣族子。當時爲豫州刺史（豫州乃南豫州，治所在今安徽當塗縣）。

⑫ 壽陽：今安徽壽縣。

⑬ 都下：都城下。指東晉首都建康（今南京市）。

⑭ 謝玄入:謝玄由刺史任所進入京都建康。 夷然:坦然,一點不着急的樣子。

⑮ 已經另有指示。 旨:意旨。

⑯ 隨後就没有什麽話了。 寂然:没有聲音。

⑰ 重(chóng)請:再一次請示。

⑱ 命駕:命令準備馬車。 墅(shù):别墅,供遊玩的園林建築。

⑲ 同謝玄下圍棋,以别墅賭輸贏。

⑳ 和謝安成了不相上下的對手,不能勝謝安。

㉑ 陟(zhì):登山。

㉒ 根本:指京城建康。

㉓ 固却:堅決不要。 却:不接受。

㉔ 處分:安排。 闕:通"缺"。

㉕ 西藩:西面的邊防,指荆州。當時桓冲爲荆州刺史,所以説西藩。藩:本義是籬笆,引申爲國家的屏障。

㉖ 佐吏:僚屬。

㉗ 廟堂之量:做宰相的度量。 廟堂:朝廷。 將略:用兵的謀略。

㉘ 正遊玩清談不停。 方:正。 暇:空閑。

㉙ 不經事少年:指謝玄、謝琰等年輕人。 不經事:没有實踐經驗。

㉚ 語出《論語·憲問》。左衽(rèn):古代少數民族衣襟開在左邊。衽:衣襟。這句話是説:我們將穿外族的服裝了,意思是晉要被苻堅滅亡了。

冬,十月,秦陽平公融等攻壽陽;癸酉,克之[①],執平虜將軍徐元喜等。融以其參軍河南郭褒爲淮南太守[②]。慕容垂拔鄖城[③]。胡彬聞壽陽陷,退保硤石[④],融進攻之。秦衛將軍梁成等帥衆五萬屯于洛澗[⑤],栅淮以遏東兵[⑥]。謝石、謝玄等去洛澗二十五里而軍,憚成不敢進。胡彬糧盡,潛遣使告石等曰[⑦]:"今賊盛糧盡,恐不復見大軍[⑧]!"秦人獲之，送於陽平公融。融馳使白秦王堅曰[9]："賊少易擒，但恐逃去，宜速赴之[10]！"堅乃留大軍於項城，引輕騎八千，兼道就融於壽陽[11]。遣尚書朱序來説謝石等[12]，以爲"強弱異勢[13]，不如速降。"序私謂石等曰："若秦百萬之衆盡至，誠難與爲敵。今乘諸軍未集，宜速擊之；若敗其前鋒，則彼已奪氣[14]，可遂破也。"

石聞堅在壽陽，甚懼，欲不戰以老秦師[15]。謝琰勸石從序言。十一月，謝玄遣廣陵相劉牢之帥精兵五千趣洛澗[16]，未至十里，梁成阻澗爲陳以待之[17]。牢之直前渡水，擊成，大破之，斬成及弋陽太守王詠[18]；又分兵斷其歸津[19]，秦步騎崩潰，争赴淮水，士卒死者萬五千人，執秦揚州刺史王顯等，盡收其器械軍實[20]。於是謝石等諸軍，水陸繼進。秦王堅與陽平公融登壽陽城望之，見晉兵部陣嚴整，又望八公山上草木皆以爲晉兵[21]，顧謂融曰："此亦勍敵[22]，何謂弱也！"憮然始有懼色[23]。

注　釋

① 癸酉：這裏是十月十八日。　克：攻下。

② 參軍：官名，是參謀軍事的屬員。　河南：指河南府，今河南洛陽市。郭褒的籍貫。　淮南：郡名，郡治在壽陽，苻融攻下壽陽，就以郭褒爲淮南太守。

③ 鄖（yún）城：今湖北安陸市附近。

④ 硤（xiá）石：地名，在今安徽壽縣西北鳳臺縣附近。

⑤ 洛澗：河名，在今安徽壽縣東，淮南市附近入淮。

⑥ 在淮水上設栅（zhà）欄以阻止從東面來的晉軍。　遏（è）：阻止。

⑦ 潛：秘密地，不聲張。

⑧ 現在敵人勢力很盛，我們的糧食没有了，恐怕不能再與大軍會合。

⑨ 馳使白：派使者飛馬去報告。　白：報告。

⑩ 赴：奔赴。

⑪ 引輕騎：率領輕裝的騎兵。　兼道：用加倍的速度趕路。　就：靠近。這裏指會合。

⑫ 朱序：原爲東晉梁州（州治在湖北襄陽）刺史，太元四年（公元 379 年）秦兵攻襄陽被俘，在秦做度支尚書（管賦税的官）。

⑬ 強弱異勢：意思是雙方的力量强弱不同，相差很遠。

⑭ 奪氣：喪失鋭氣。

⑮ 老秦師：消耗秦兵的鋭氣。軍隊疲憊失去戰鬬力叫"老"。

⑯ 廣陵相：廣陵國的相，廣陵在今江蘇揚州市。　劉牢之：彭城人，謝玄部下參軍，屢有戰功，後遷廣陵相。　趣（qū）：趨向。洛澗（jiàn）：水名，即今安徽淮南市東洛河，爲淮河支流。

⑰ 未至十里：未到達目的地，還差十里。　阻澗爲陳：以澗爲阻礙，擺開陣勢。陳："陣"的本字。

⑱ 弋（yì）陽：郡名，治所在今河南潢川縣。

⑲ 歸津：回去的渡口。

⑳ 揚州：西晉揚州轄今江蘇、浙江、福建、江西等地，治所在建業（今南京市），東晉轄地縮小。苻堅預先派定揚州刺史，意在滅晉後，置爲州郡。　軍實：軍需給養。

㉑ 八公山：在今安徽淮南市壽縣北面。

㉒ 勍（qíng）敵：強敵。

㉓ 憮（wǔ）然：失意的樣子。

秦兵逼肥水而陳①，晉兵不得渡。謝玄遣使謂陽平公融曰："君懸軍深入②，而置陳逼水，此乃持久之計，非欲速戰者也。若移陳少卻③，使晉兵得渡，以決勝負，不亦善乎！"秦諸將皆曰："我衆彼寡，不如遏之，使不得上，可以萬全。”堅曰：“但引兵少卻，使之半渡，我以鐵騎蹙而殺之，蔑不勝矣④！”融亦以爲然，遂麾兵使卻⑤。秦兵遂退，不可復止。謝玄、謝琰、桓伊等引兵渡水擊之。融馳騎略陳⑥，欲以帥退者，馬倒，爲晉兵所殺，秦兵遂潰。玄等乘勝追擊，至于青岡⑦；秦兵大敗，自相蹈藉而死者，蔽野塞川⑧。其走者聞風聲鶴唳，皆以爲晉兵且至⑨，晝夜不敢息，草行露宿，重以飢凍⑩，死者什七、八。初，秦兵少卻，朱序在陳後呼曰：“秦兵敗矣！”衆遂大奔。序因與張天錫、徐元喜皆來奔⑪。獲秦王堅所乘雲母車⑫。復取壽陽，執其淮南太守郭褒。

……

謝安得驛書⑬，知秦兵已敗，時方與客圍棋，攝書置牀上，了無喜色⑭，圍棋如故。客問之，徐答曰⑮：“小兒輩遂已破賊⑯。”既罷，還内⑰，過户限，不覺屐齒之折⑱。

注　釋

① 逼：靠近。　肥水：在安徽省，源出合肥，北流至壽縣北入淮。肥字也寫作“淝”。

② 懸軍深入：孤軍深入。　懸軍：孤懸在外的軍隊。

③ 少卻：稍向後退。

④ 鐵騎：指精鋭的騎兵。　蹙(cù)：逼迫。　蔑(miè)：没有。

⑤ 麾(huī)：指揮。

⑥ 苻融騎着馬在陣前飛跑巡行。　略：巡行，巡視。

⑦ 青岡：地名，在壽縣境内。

⑧ 蹈藉(dǎojiè)：踐踏。　藉：被踩在下面。　蔽野：遮蔽了田野。　塞川：填滿了河川。

⑨ 唳(lì):鳥鳴。　且:將。

⑩ 草行露宿:在草地穿行,在野外住宿。　草、露:名詞用作狀語。　重(chóng):加上。

⑪ 張天錫:曾據涼州等地,自稱涼王。後來投降苻堅。　來奔:指投向東晉。

⑫ 雲母車:用雲母裝飾的車。

⑬ 驛書:驛站傳送來的文書。

⑭ 攝:收起來。　了無:毫無。　了:完全。

⑮ 徐:慢慢地。

⑯ 遂:終,竟。

⑰ 還内:回到内室。

⑱ 户限:門檻(kǎn)。　屐(jī):木屐。一種木頭鞋,底下有兩齒。

《張中丞傳》後敘①　　韓　愈

【説明】唐玄宗天寶十四年(公元755年)冬,安禄山在范陽(今河北省)發動叛亂,第二年潼關失守,都城長安陷落,玄宗奔蜀。在這危急的形勢下,張巡、許遠力守睢陽,擋住叛軍南掠江、淮,使唐軍得有江、淮財賦接濟軍用,這對削平安禄山的叛亂,具有十分重要的意義。而這次死難的將領張巡、許遠當時却没有得到正確的評價,許遠甚至被誣陷爲降賊叛變。韓愈寫這篇《後敘》,對各種流言蜚語進行了嚴正的駁斥,贊揚了張、許死守睢陽的歷史功績。這不只是爲張、許個人辯誣的問題,對當時唐王朝削平藩鎮、維護統一也有直接意義。

這篇文章是書後體,採用了議論與敘事相結合的表達方式,推理嚴密,詳略得當,它所提供的某些資料,可補正史之不足。

元和二年四月十三日夜[②]，愈與吴郡張籍閲家中舊書[③]，得李翰所爲《張巡傳》[④]。翰以文章自名[⑤]，爲此傳頗詳密。然尚恨有闕者[⑥]，不爲許遠立傳[⑦]，又不載雷萬春事首尾[⑧]。

注　釋

① 張中丞：即張巡（公元 709—757 年）。中丞是他的官名。張巡是鄧州南陽（今河南鄧州市）人，一説蒲州河東（今山西永濟市）人，開元末年（約公元 741 年）進士，歷任清河（今河北清河縣）縣令和真源（今江蘇儀徵市）縣令。安禄山叛亂，張巡起兵討伐，打了幾個勝仗，率領隊伍到睢陽（今河南商丘市），和睢陽太守許遠共同守衛睢陽。至德二年（公元 757 年），詔拜張巡爲御史中丞。睢陽被圍數月，糧盡，羅雀掘鼠以食。當時賀蘭進明任河南節度使，屯兵臨淮（今江蘇盱眙縣），張巡派南霽雲赴臨淮告急，賀蘭進明妒忌張巡的聲威功勞，不肯救。睢陽城於是被安禄山的將領尹子琦攻陷，張巡被捕不屈，遂被殺。　後敍：放在書後面的序文。

② 元和二年：公元 807 年。　元和：唐憲宗的年號。

③ 張籍：字文昌，和州烏江（今安徽和縣）人。這裏説他是吴郡人，是指他的郡望（郡望：有名望的祖先原籍）。張籍曾從韓愈學習文章，貞元十五年（公元 799 年）進士。

④ 李翰：字子羽，趙州贊皇（今河北元氏縣）人，曾撰《張巡傳》，久已亡佚。

⑤ 以文章自名：以文章寫得好而自負。　自名：自許、自負的意思。

⑥ 然：但是。　尚：還（hái）。　恨：遺憾。　闕：缺欠，不足之處。

⑦ 許遠：杭州鹽官（今浙江海寧市）人，一説杭州新城（今浙江富陽市）人。安禄山叛亂，有人向玄宗推薦許遠懂軍事，玄宗召見，拜睢陽太守。

⑧ 雷萬春：張巡部下的偏將，勇敢善戰，與南霽雲齊名。按，韓愈此文没有敍述雷萬春事迹，“雷萬春”應是“南霽雲”之誤。

遠雖材若不及巡者[①]，開門納巡[②]，位本在巡上[③]，授之柄而處其下[④],無所疑忌[⑤],竟與巡俱守死[⑥],成功名[⑦]。城陷而虜[⑧]。與巡死先後異耳[⑨]。兩家子弟材智下,不能通知二父志[⑩],以爲巡死而遠就虜,疑畏死而辭服於賊[⑪]。遠誠畏死[⑫],何苦守尺寸之地[⑬],食其所愛之肉[⑭],以與賊抗而不降乎[⑮]?當其圍守時,外無蚍蜉蟻子之援[⑯],所欲忠者,國與主耳[⑰]。而賊語以國亡主滅[⑱]。遠見救援不至,而賊來益衆,必以其言爲信[⑲]。外無待而猶死守,人相食且盡,雖愚人亦能數日而知死處矣[⑳]。遠之不畏死亦明矣[㉑]。烏有城壞,其徒俱死,獨蒙愧恥求活[㉒]?雖至愚者不忍爲。嗚呼!而謂遠之賢而爲之邪[㉓]?

注　　釋

① 材:才能。　若……者:似乎……似的。

② 開門納巡:打開城門,接納張巡〔共守睢陽〕。

③ 許遠是州太守,張巡是縣令,許遠地位比張巡高。

④ 授之柄:把權柄交給他。　處其下:處在他的下面。據《新唐書·張巡傳》説,許遠自以爲才能比不上張巡,就請他負責軍事,自己受他指揮。張巡並不推辭。許遠就專管軍糧戰具。

⑤ 疑:猜疑。　忌:妒忌。

⑥ 俱守死:一起守城,一起死難。

⑦ 成功名:建立功勛和榮譽。

⑧ 由於城池淪陷而被俘虜。

⑨〔許遠〕與張巡所不同者,一個先死,一個後死罷了。　耳:語氣詞,罷了。據《新唐書·張巡傳》載,城陷後,尹子琦把許遠解送洛陽,到了偃師(今河南偃師縣),許遠不屈,也被殺。

⑩ 許、張兩家子弟才能智慧低下,他們不能徹底瞭解許遠、張巡的志氣。兩家子弟:這裏實際上指的是張巡的兒子張去疾。據《新唐書·許遠傳》載,大曆年間(公元 766—779 年),張去疾上書給唐代宗,説當時張巡與許遠各守城的一面,最後許遠所守的一面被敵人攻陷,張巡被

殺而許遠受虜不死,可見許遠蓄意降賊。張去疾請求追奪許遠的官爵,爲張巡洗刷寃恥。詔下尚書省,讓張去疾和許遠的兒子許峴(xiàn)與百官共同議論。大家認爲,先死後死不能證明誰忠誰不忠,不應該追奪許遠的官爵。　二父:指許遠和張巡。

⑪ 就虜:接受俘虜的待遇。　辭服:服罪,這裏是投降的意思。

⑫ 誠:假設副詞,果真,假如。

⑬ 尺寸之地:指小小的睢陽城。

⑭ 食其所愛之肉:據《新唐書》載,睢陽被圍,城中糧盡,張巡的士兵多餓死,生存的人也都受傷或疲憊不堪,張巡把他的愛妾送給戰士們殺了吃,許遠也殺了自己的奴僮給戰士們吃。

⑮ 賊:指叛軍尹子琦等。

⑯ 蚍蜉(pífú):大螞蟻。　蟻子:小螞蟻。兩者在這裏都是比喻極其弱小的援兵。

⑰ 忠:用作動詞,效忠。　國與主:國家和君主。

⑱ 敵人告訴許遠唐王朝已經亡了,君主唐玄宗已經死了。

⑲ 許遠看見救兵不來,而敵軍越來越多,他一定以爲敵人的話是真的。信:真實的。

⑳ 無待:無可等待。這是説不能指望救兵。　猶:尚且,還。　且:將要。　雖:即使是。　數(shǔ)日:計算日子。　死處:死的地方。這裏指死的日子。全句大意是,明知不會有救兵來,尚且死守城池,人吃人也快吃完了,即使是傻瓜也會數得出死亡的日子!

㉑ 許遠的不怕死也就很明白了。

㉒ 哪有城池失陷了,部下的戰士都死光了,〔許遠〕却獨自含羞忍辱、苟且偷生呢?　烏:何,哪。　壞:房屋倒塌,這裏指城池失陷。　徒:徒衆,指部隊。

㉓ 雖:即使是。　至愚者:極其不賢的人。　不忍爲:不肯做。　嗚呼:嘆詞。　邪(yé):疑問語氣詞,又寫作"耶"。

説者又謂遠與巡分城而守,城之陷自遠所分始,以此詬遠①。此又與兒童之見無異②。人之將死,其藏腑必有先受其病者③。引繩而絶之,其絶必有處④。觀者見其然,從而尤之,其亦不達於理矣⑤。小人之好議論,不樂成人之美如是哉⑥！如巡、遠之所成就，如此卓卓，猶不得免⑦，其他則又何説⑧！

注　釋

①説者又謂：談論的人又説。　分城而守：當時張巡守城東北，許遠守城西南。　遠所分：許遠分擔的一面。　始：開始。　以此：拿這個。　詬(gòu)：駡，辱駡。

②見：見識，見解。

③藏腑：泛稱人體内部器官。　其：前一個當"他的"講；後一個當"那個"講。

④引：拉。　絶：斷，拉斷。以上用人死繩斷比喻城被攻陷。

⑤觀察人死、繩斷的人見到情況是這樣，據此就責怪某一内臟和繩的某一段，也未免太不懂道理了。　然：這樣。　尤：責怪。　其：前一個指人死、繩斷；後一個是語氣詞，表示委婉語氣，含有"未免"的意思。　達：通達，懂。

⑥成人之美：成全人家的好事。這是説，人家做了一件好事，我們就該贊揚他，而不要吹毛求疵。　如是哉：竟然到了這個地步哇！

⑦成就：〔對國家〕作出貢獻。　卓卓：卓越。　猶不得免：還不免遭受指摘。

⑧别的事情還用説麽？這是替許遠抱不平。以上兩段是爲許遠辯誣。

當二公之初守也，寧能知人之卒不救，棄城而逆遁①！苟此不能守，雖避之他處何益②？及其無救而且窮也，將其創殘餓羸之餘，雖欲去必不達③。二公之賢，其講之精矣④。守一城，捍天下，以千百就盡之卒，戰百萬日滋之師⑤，蔽遮江淮，沮遏其勢⑥。天下之不亡，其誰之功也？當是時，棄城而圖存者，不可一二數，擅彊兵坐而觀者相環也⑦。不追議此，而責二公以死守，亦見其自比於逆亂，設淫辭而助之攻也⑧。愈嘗從事於汴、徐二府⑨，屢道於兩州間⑩,親祭於其所謂雙廟者⑪。其老人往往說巡、遠時事云⑫。

注 釋

① 二公:指張巡、許遠。……之……也:當……的時候。這種句式常用作時間狀語。 寧能:豈能,怎能。 卒:終於。 逆遁:預先退逃。全句大意是,當張、許二公初守睢陽的時候,怎能料到人家終於不來救援,因而拋棄睢陽,事先退走呢?當時有人責怪張巡、許遠不從睢陽撤退以保存實力,所以韓愈替張、許辯護。

② 苟:如果。 雖:即使。

③ 及:等到。 窮:窮盡,處於困難的環境。 將:率領。 創殘:受傷而殘廢。 羸(léi):瘦弱。 餘:剩餘,指剩的士卒。 去:離開〔睢陽〕。 這幾句大意是說,在起初的時候,張、許料不到始終沒有人來援救,所以不逃;到了後來,在十分困難的條件下,要撤退也不可能了。

④ 張、許二公這樣賢明,他們已經考慮得很周到了。 講:研究,考慮。精:周詳,周到。

⑤ 就盡:將要死亡。 日滋:一天比一天增多。 師:軍隊。

⑥〔睢陽是戰略要地,守住睢陽就能〕掩蔽江淮流域,從而阻遏敵人的兵勢。 沮(jǔ):止,阻止。

⑦ 當是時:在這個時候。不可一二數(shǔ):甚言其多。數:計算。擅:掌握。 坐而觀:指坐視不救。 相環:互相環繞,意思是說到處都是。全句是說,當時丟棄城池而考慮活路的不是少數幾個,掌握强兵、坐視不救的人到處都是。按,下文講到的賀蘭進明,就是其中之一。

⑧ 不追議此:你們不追議這些〔坐視不救的壞人〕。 責二公以死守:責怪張、許不該死守睢陽。 亦見:也就可見。 自比於逆亂:指爲叛逆說話,站在敵人一邊。 比:比同。 淫辭:邪說,不正確的言論。助之攻:幫助敵人向張、許進攻。

⑨ 從事:官名,州刺史的佐吏,這裏用作動詞。 汴:汴州,今河南開封市。 徐:徐州,今江蘇徐州市。 府:指幕府(軍政機關)。董晉任宣武軍節度使,鎮守汴州,聘韓愈爲觀察推官;張建封任武寧軍節度

使，鎮守徐州，聘韓愈爲節度推官。

⑩ 道：取道，經過。

⑪ 張、許死後，詔贈張巡爲揚州大都督，許遠爲荆州大都督，在睢陽立廟，歲時致祭，叫“雙廟”。按，從汴州到徐州，必須經過睢陽。

⑫ 其老人：睢陽的老年人。　巡、遠時事：張巡、許遠當時的事情。云：句末語氣詞，表示某人説了某話。

南霽雲之乞救於賀蘭也①，賀蘭嫉巡、遠之聲威功績出己上，不肯出師救②。愛霽雲之勇且壯，不聽其語，彊留之③。具食與樂，延霽雲坐④。霽雲慷慨語曰⑤：“雲來時，睢陽之人不食月餘日矣。雲雖欲獨食，義不忍⑥。雖食且不下咽⑦。”因拔所佩刀斷一指，血淋漓，以示賀蘭⑧。一座大驚，皆感激爲雲泣下⑨。雲知賀蘭終無爲雲出師意，卽馳去⑩。將出城，抽矢射佛寺浮圖⑪，矢著其上甎半箭⑫，曰：“吾歸破賊，必滅賀蘭⑬！此矢所以志也⑭。”愈貞元中過泗州，船上人猶指以相語⑮。城陷，賊以刃脅降巡⑯。巡不屈，卽牽去，將斬之⑰。又降霽雲⑱。雲未應⑲。巡呼雲曰：“南八，男兒死耳⑳，不可爲不義屈㉑！”雲笑曰：“欲將以有爲也㉒。公有言，雲敢不死㉓？”卽不屈㉔。

注　　釋

① 賀蘭：指賀蘭進明（賀蘭是複姓）。

② 嫉（jí）：妒忌。　出己上：超出自己之上，卽超過自己。　出師：出兵。

③ 不聽其語：指不聽他求救的話。　彊留之：硬要留他住下來，卽希望他爲賀蘭效勞。

④ 具：具備，陳設。　食與樂：酒肉和歌舞。　延：邀請。

⑤ 慷慨：情緒激昂，充滿正氣的樣子。

⑥ 雲：南霽雲自稱。　雖：卽使。　獨食：一個人吃。　義不忍：依照道

理不忍心這樣做。

⑦ 卽使吃也將咽不下去。

⑧ 因:於是。 所佩刀:佩帶的刀。 示:給……看。

⑨ 感激:感動,奮激。 泣:眼淚。

⑩ 卽:就。 馳:騎着馬快跑。 去:離開。

⑪ 將要出城的時候,抽出一支箭射向佛寺的高塔。 矢:箭。 浮圖:塔。

⑫ 那支箭射中了塔上的磚,一半箭頭射進了磚裏。 著(zhuó):附着。這裏指射中(zhòng)。今寫作"着"。 簇:指箭頭。

⑬ 我這次回去,如果打敗了叛賊,一定回來滅掉賀蘭!

⑭ 這一箭作爲我報仇的記號。 志:記號。這裏用作動詞。

⑮ 貞元中:貞元年間(公元 785—804 年)。 貞元:唐德宗的第三個年號。 泗州:今江蘇盱眙(xūyí)縣。泗州的治所就是賀蘭屯兵的臨淮。 相語:等於説"告訴我"。注意,這種"相"字只指單方面,不是"互相"的意思。

⑯ 睢陽城失陷時,叛賊用刀威脅張巡,要他投降。 降:使投降。

⑰ 牽去:拉走。

⑱ 又迫使南霽雲投降。

⑲ 南霽雲没有回答他們。這表示南霽雲正在躊躇。

⑳ 南八:南霽雲排行第八,所以叫南八。唐人習慣稱排行表示親熱。男兒:等於説"大丈夫"。

㉑ 不可以屈從不義的人們。 爲(wéi):被。

㉒ 我原想要有所作爲。意思是説,我原想要假投降,以便將來打擊叛賊。

㉓ 現在您説這話,我敢不死嗎?

㉔ 於是他就不屈服。這一段敍述南霽雲。

張籍曰:有于嵩者,少依於巡①;及巡起事,嵩嘗在圍中②。籍大曆中,於和州烏江縣見嵩③。嵩時年六十餘矣④。以巡初嘗得臨渙縣尉⑤,好學無所不讀⑥。籍時尚小,粗問巡、遠事,不能細也⑦。云巡長七尺餘,鬚髯若神[8]。嘗見嵩讀《漢書》，謂嵩曰："何爲久讀此[9]？"嵩曰："未熟也[10]。"巡曰："吾於書讀不過三徧，終身不忘也[11]。"因誦嵩所讀書，盡卷不錯一字[12]。嵩驚，以爲巡偶熟此卷[13]，因亂抽他帙以試。無不盡然[14]。嵩又取架上諸書，試以問巡[15]。巡應口誦無疑[16]。嵩從巡久，亦不見巡常讀書也[17]。爲文章，操紙筆立書，未嘗起草[18]。初守睢陽時，士卒僅萬人[19]。城中居人，户亦且數萬[20]。巡因一見問姓名，其後無不識者[21]。巡怒，鬚髯輒張[22]。及城陷，賊縛巡等數十人坐，且將戮[23]。巡起旋，其衆見巡起，或起或泣[24]。巡曰："汝勿怖，死，命也[25]。"衆泣不能仰視。巡就戮時，顔色不亂，陽陽如平常[26]。遠寬厚長者，貌如其心[27]。與巡同年生，月日後於巡，呼巡爲兄。死時年四十九。嵩貞元初死於亳、宋間[28]。或傳嵩有田在亳、宋間，武人奪而有之。嵩將詣州訟理，爲所殺[29]。嵩無子[30]。張籍云[31]

注　釋

① 有于嵩者：有一個名叫于嵩的人。　少（shào）：青年時代。　依於巡：依附張巡，就是幫張巡做事。

② 等到張巡起兵討伐叛亂以後，于嵩也曾在敵人圍困之中。

③ 大曆年間（公元 766—779 年），張籍在和州烏江縣看見過于嵩。按，張籍是和州烏江縣（今安徽和縣）人，當時大概是于嵩住在烏江。

④ 時：當時，那個時候。

⑤ 于嵩由於張巡的緣故，當初曾當上了臨涣縣的縣尉。　臨涣：縣名，在亳（bó）州（今安徽亳州市）。　縣尉：縣令的屬官，負責治安。

⑥ 喜歡學問，什麽書都讀。這裏指的是于嵩。

⑦ 粗：粗略。　細：詳細。

⑧ 云：説（這是于嵩説）。　若：像。　神：指神像。廟裏塑的神像總是一把大鬍子。張巡鬍子長得好，所以説他鬚髯（rán）若神。　髯：兩

頰上的鬍子。

⑨ 何爲:幹嗎。　久讀此:指用很多時間讀這一部書。

⑩ 我還没有讀熟呢。

⑪ 不過:不超過。

⑫ 因:於是。　誦:背誦。　盡卷:背誦完了一卷。

⑬ 驚:驚奇,驚怪。　偶:碰巧。

⑭ 他帙(zhì):其他各卷。　帙:卷。　盡然:都是這樣。

⑮ 諸:衆,那些。　以:拿來。

⑯ 應口:隨問隨答。　無疑:毫不躊躇。

⑰ 從巡久:跟隨張巡的日子很長。　亦不見:也没有看見過。

⑱ 操:拿起。　立書:立刻寫。　未嘗:不曾。　起草:起稿。

⑲ 僅:差不多達到。唐人語言,"僅"字放在數目字前,甚言其多,與現代"僅"字甚言其少正相反。

⑳ 居人:等於説"居民"。唐人避唐太宗李世民諱,常以"人"代"民"。　户:户口。　且:將近。

㉑ 因:由於。　其後:指問過姓名之後。　無不識者:没有不認得的。

㉒ 輒(zhé):總是,每次都是。　張:張開。

㉓ 及:到了……的時候。　且將:將要。　戮:殺掉。

㉔ 旋:小便。　或起或泣:有的站起來,有的掉眼淚。這是他們以爲敵人要把張巡拉去殺害。

㉕ 汝:你們。　勿怖:别害怕。　死,命也。張巡準備犧牲,以"命"安慰部下,表示他的滿懷悲憤。

㉖ 就戮:接受殺戮。這個"就"字與上文"就虜"的"就"同義。　顔色:臉色。注意,古代漢語所謂"顔色"不是色彩的意思。　陽陽:滿不在乎的樣子。

㉗ 許遠是寬厚的老成人,相貌也同他的心地一樣質樸。　長者:厚道人。

㉘ 貞元初:公元 785 年後的幾年内。　宋:宋州,今河南商丘市,州的治所就是睢陽。

㉙ 詣州:指去睢陽。　訟理:告狀。　爲所殺:被那個武人殺了。

㉚ 嵩無子:于嵩没有兒子。

㉛ 張籍云:以上是張籍説的。

古代漢語常識

（五）詞類的活用

漢語的詞類劃分，在上古就已奠定了基礎。實詞可以分成名詞、動詞、形容詞、數詞等類。某個詞屬於某一詞類比較固定，各類詞在句子中充當什麼成分也有一定的分工。比如名詞經常用作主語、賓語、定語，動詞經常用作謂語，形容詞經常用作定語、狀語和謂語，數詞經常用作定語，等等。這些基本功能是古今相同的。

但是，在古代漢語裏，某些詞可以按照一定的語言習慣靈活運用，在句中臨時改變它的基本功能。例如《荀子・勸學》："假舟楫者，非能水也，而絶江河。"句中的"水"字本是個名詞，這裏臨時充當動詞，作謂語。又如《史記・陳涉起義》："將軍身被堅執鋭。"其中"堅"和"鋭"原是形容詞，這裏臨時充當名詞，作賓語。這就叫做詞類的活用。現代漢語裏也有這種活用情況（如"鐵了心"、"豐富詞彙"），但是遠不及古代漢語，特別是上古漢語那樣普遍。

古代漢語詞類活用現象中最值得注意的是所謂使動用法和意動用法，此外，名詞用如動詞和用作狀語的現象也很常見。名詞用作狀語，不是詞類活用，但是在現代漢語中，名詞一般不用作狀語，古今不同，所以也附在這裏加以介紹。

一、使動用法

所謂使動用法，是指謂語動詞具有“使賓語怎麽樣”的意思。試比較《史記·孫臏》中的兩句話：

齊使田忌將而往。

齊威王欲將孫臏。

兩句中的“將”都用作動詞。前句“使田忌將”是所謂遞繫結構，句中“將”的前面還有一個動詞“使”，“使”的賓語“田忌”，兼作“將”的主語，形成兩次聯繫，這種結構在現代漢語中也很常見。後句“將孫臏”也是“使孫臏將”的意思，但用的不是遞繫結構，而是動詞的使動用法，謂語動詞“將”具有使賓語“孫臏”成爲“將”的意思。由此可見，所謂使動用法，就是以動賓結構的形式表達了遞繫結構的內容。這種用法，在現代早已被遞繫結構所替代，但在古代漢語中，遞繫結構比較少見，動賓結構的使動用法則很多。這是讀古文時所必須注意的。

使動用法中的謂語動詞有的本來就是動詞，有的是由形容詞、名詞變來的。由於原來的詞類不同，活用作使動的時候，它們所表示的語法意義也不完全相同。

1. 動詞的使動用法

在古代漢語裏，動詞的使動用法一般只限於不及物動詞。不及物動詞本來不帶賓語，用於使動時，後面就帶有賓語。例如：

焉用亡鄭以陪鄰？（《左傳·僖公三十年》）

項伯殺人，臣活之。（《史記·鴻門宴》）

廣故數言欲亡，忿恚尉。（《史記·陳涉起義》）

告之以直而不改，必痛之而後畏。（柳宗元《封建論》）

例一“亡”本是不及物動詞，這裏用作使動，“亡鄭”就是“使鄭亡”。例二“活之”、例三“忿恚尉”、例四“痛之”，也都可以分別換成遞繫結構“使之活”、“使尉忿恚”、“使之痛”。有的使動用法中的動詞，還可以擴展成動補結構，如例二的“活”就可以擴展成“救活”。上古漢語的遞繫結構和動補結構都比較少見，所以使動用法就成爲古代漢語的語法特點之一。

不及物動詞用作使動時，後面的賓語有時可以省略。例如：

> 養備而動時，則天不能病。……養略而動罕，則天不能使之全。（《荀子·天論》）
>
> 操軍方連船艦，首尾相接，可燒而走也。（《資治通鑑·赤壁之戰》）

例一“天不能病”和下文“天不能使之全”對比，就可以肯定“不能病”是“不能使之病”的使動用法。例二“燒而走”則是“燒而走之”的省略。這種賓語的省略，一般可以從上下文的意思看出來。

古代漢語及物動詞用作使動的情況比較少見。及物動詞本來就帶賓語，在形式上和使動用法没有區別，區别只在意義上。例如：

> 晉侯飲趙盾酒。（《左傳·宣公二年》）
>
> 止子路宿，殺鷄爲黍而食之，見其二子焉。（《論語·子路從而後》）
>
> （天漢）四年春正月，朝諸侯王於甘泉宫。（《漢書·武帝紀》）

例一説的不是晉侯飲趙盾的酒，而是晉侯給趙盾酒喝，即“使趙盾飲酒”。“飲”用作使動，讀 yìn。例二“食之”不是指“食鷄黍”，而是指“使之（子路）食”，“食”用作使動後要讀 sì。“見其二子”不是指“（子路）見其二子”，而是指“使其二子見（子路）”，用作使動要讀 xiàn。同樣，例三“朝諸侯王”是指“使諸侯王朝”。一些及物動詞如“飲”、“食”、“見”等用於使動時在中古以後改變了讀音，就與及物動詞的其他用法區别開來了。但并不是所有的及物動詞用於使動時都改變讀音，上舉“朝”的讀音就没有改變。分辨及物動詞是否使動用法，主要還得認真分析語言環境，根據上下文來確定，没有其他更簡便的辦法。

2. 形容詞的使動用法

在古代漢語裏，形容詞常常用作使動，它使賓語所代表的人或事物具有這個形容詞的性質或狀態。例如：

今媪尊長安君之位。(《戰國策·觸龍説趙太后》)

彊本而節用，則天不能貧。……本荒而用侈，則天不能使之富。(《荀子·天論》)

諸侯恐懼，會盟而謀弱秦。(賈誼《過秦論》)

至於殘害至親，傷恩薄厚。(《漢書·藝文志·諸子略》)

春風又緑江南岸。(王安石《泊船瓜州》)

例一形容詞"尊"用作使動，後面帶賓語"長安君之位"，意思是"使長安君之位尊"。例二"彊"和"貧"也都是形容詞用作使動，"彊本"、"不能貧"與下文"本荒"、"不能使之富"對比，就可以肯定"彊本"就是"使本彊"、"不能貧"就是"不能使之貧"。同樣，例三"弱秦"就是"使秦弱"，例四"薄厚"是"使厚者薄"，例五"又緑江南岸"就是"又使江南岸緑"。

3. 名詞的使動用法

古代漢語名詞也有用作使動的，它是使賓語所代表的人或事物成爲這個名詞所代表的人或事物。例如：

縱江東父兄憐而王我，我何面目見之？(《史記·項羽本紀》)

吾見申叔，夫子所謂生死而肉骨也。(《左傳·襄公二十二年》)

例一"王我"是"使我王"，即"使我成爲王"。例二是更典型的例子，句中"生死"和"肉骨"相對，兩者都不是並列結構，而是動賓結構。"生死"相當於遞繫結構"使死生"，即"使死者復生"；"肉骨"相當於遞繫結構"使骨肉"，即"使白骨生肉"，也就是"使死者復生"的意思。

作使動用的名詞後面也偶爾有省略賓語的。例如：

天子不得而臣也，諸侯不得而友也。(劉向《新序·節士》)

這裏"臣"和"友"是名詞用作使動，但後面省略了賓語，"不得而臣"相當於"不得而臣之"，"不得而友"相當於"不得而友之"，意思是"不得使之爲臣"、"不得使之爲友(即不能和他作朋友)"。這種省略賓語的現象雖然不多見,但也值得注意,一般只能從上下文意中去體會它的含意。

二、意動用法

所謂意動用法,是指謂語動詞具有"認爲(或以爲)賓語怎麼樣"的意思。這種意動用法只限於形容詞或名詞的活用,動詞本身没有意動用法。

使動用法是使賓語怎麼樣。意動用法則是認爲(或以爲)賓語怎麼樣,是主觀的看法,客觀不一定必然如此。下面兩個例子正可以看出使動和意動的不同作用:

君子之學也以美其身。(《荀子·勸學》)

吾妻之美我者,私我也;妾之美我者,畏我也;客之美我者,欲有求於我也。(《戰國策·齊策一》)

上例的"美其身"是使動用法,即"使其身美",是"使自己得到提高"的意思。下例的三個"美我"都是意動用法,是"以我爲美(認爲我美)",而不是"使我美"。

1. 形容詞的意動用法

形容詞用作意動,是主觀上認爲後面賓語具有這個形容詞的性質或狀態。例如:

登東山而小魯,登太山而小天下。(《孟子·盡心上》)

且夫我嘗聞少仲尼之聞,而輕伯夷之義者,始吾弗信。(《莊子·秋水》)

怪之可也,而畏之非也。(《荀子·天論》)

今之縣令,一日身死,子孫累世絜駕,故人重之。(《韓非子·五蠹》)

是故明君貴五穀而賤金玉。(鼂錯《論貴粟疏》)

漁人甚異之。(陶潛《桃花源記》)

例一"小魯"、"小天下"是"認爲魯國小"、"認爲天下小",顯然只是主觀看法而不是客觀事實,不是"使魯小"、"使天下小"的意思。例二的“少”、“輕”都是形容詞用作意動，是“認爲少”、“認爲輕”。例三“怪”也是形容詞用作意動，“怪之”是“認爲它奇怪”；而下文“畏”則是動詞，“畏之”只是一般的動賓結構。例四“重之”雖然大致可以相當於“看重它（指縣令的職位）”，但確切的意思應該是“認爲它重要”，“重”是形容詞用作意動。例五的“貴”、“賤”和例六的“異”也都是形容詞的意動用法。

2. 名詞的意動用法

名詞用作意動，是把它後面的賓語所代表的人或事物看作這個名詞所代表的人或事物。例如：

> 夫人之，我可以不夫人之乎？（《穀梁傳·僖公八年》）
>
> 令我百歲後，皆魚肉之矣。（《史記·魏其武安侯列傳》）
>
> 天下乖盭，無君君之心。（柳宗元《封建論》）

例一是說，“〔國君〕把她看作夫人，我可以不把她看作夫人嗎？”“夫人”是名詞用作意動，“夫人之”是動賓結構，意思與“以之爲夫人”相同。例二“魚肉之”是“以之（指田蚡）爲魚肉”，即把田蚡當作魚肉任意宰割。例三“無君君之心”是指不把國君當作國君。“君君”是動賓結構，但並不是一般的支配關係，前一個“君”字也不是用作使動，而是名詞的意動用法。

總之，對於意動用法，要把握住它所表示的“認爲”這個意義特點，這樣，就可以把它和表示“使令”意義的使動用法區別開來，也可以把它和表示一般支配關係的動賓結構區別開來。

三、名詞用如動詞

名詞的使動用法和意動用法實際上也都屬於名詞用如動詞，除這兩種用法外，名詞還可以在其他情況下用作謂語動詞，這時它並不起使動或意動的作用，但詞義一般也產生一些變化。

在古代漢語裏，名詞用作使動的比較少，用作意動的也不多，但用如一般動詞的則相當普遍。例如：

趙主之子孫侯者，其繼有在者乎？（《戰國策·觸龍説趙太后》）

范增數目項王。（《史記·鴻門宴》）

左右欲刃相如，相如張目叱之。（《史記·廉頗藺相如列傳》）

城朔方城。（《漢書·武帝紀》）

驢不勝怒，蹄之。（柳宗元《三戒》）

因面峰腋寺，作爲草堂。（白居易《廬山草堂記》）

例一"侯"本是名詞，這裏用如動詞，就成爲"做諸侯"的意思。例二的名詞"目"用作動詞後就變爲"以目示意"的意思。例三以下諸例中的名詞"刃"、"城"、"蹄"、"面"、"腋"等用作動詞後，詞義也都有所改變，在閱讀時只要仔細體會，是不難看出這種變化的。

古代漢語不僅普通名詞可以用作動詞，方位名詞也常常用作動詞。例如：

項王乃復引兵而東，至東城，乃有二十八騎。（《史記·項羽本紀》）

齊軍既已過而西矣。（《史記·孫臏》）

日漸暮，遂前其足，手向後據地，坐而下脱。（徐宏祖《遊天都》）

以上三例中的方位詞"東"、"西"、"前"都用作動詞，詞義分别變爲"往東"、"往西"和"向前(伸)"。

四、名詞用作狀語

現代漢語只有時間名詞才能用作狀語，普通名詞用作狀語的很少見。古代漢語中不但時間名詞，而且普通名詞也都可以用作狀語。這是古代漢語常見的現象，很值得我們注意。爲了敍述方便，我們把它放在詞類活用這一節裏來談（有的語法著作就把這種現象看作名詞用如副詞）。

普通名詞用作狀語，所起的作用是多種多樣的，有的還具有比較濃厚的修辭色彩。下面舉幾種比較常見的爲例。

1. 表示方位或處所。例如：

河渭不足，北飲大澤。(《山海經・夸父逐日》)

大月氏復西走。(《漢書・張騫傳》)

范雎至秦，王庭迎。(《戰國策・范雎說秦王》)

蜀太守以下郊迎。(《史記・司馬相如列傳》)

高祖以亭長爲縣送徒驪山，徒多道亡。(《漢書・高帝紀上》)

例一“北”、例二“西”表示方位，例三“庭”、例四“郊”、例五“道”表示處所。

2. 表示工具或依據。例如：

伍子胥橐載而出昭關。(《戰國策・范雎說秦王》)

箕畚運於渤海之尾。(《列子・湯問》)

太祖累書呼，又敕郡縣發遣。(《三國志・魏書・華佗傳》)

失期，法皆斬。(《史記・陳涉起義》)

例一“橐”、例二“箕畚”、例三“書”，都是名詞用作狀語，修飾它們後邊的動詞，表示行爲的工具或憑藉，相當於現代漢語的“用……”(如例二可以譯爲“用箕畚運於……”)。例四“法皆斬”，是“依照法律都要殺頭”的意思，名詞“法”作“皆斬”的狀語，表示依據。

3. 表示對人的態度。例如：

彼秦者……虜使其民。(《戰國策・趙策三》)

君爲我呼入，吾得兄事之。(《史記・鴻門宴》)

東鄉坐，西鄉對，師事之。(《史記・韓信破趙之戰》)

齊將田忌善而客待之。(《史記・孫臏》)

例一“虜使其民”是把秦國的人民當作俘虜(奴隸)來使用，例二“兄事之”是用對待兄長的態度去對待他，“虜”和“兄”都是名詞用作狀語。這種用法，是把動詞後的賓語所代表的人，當作這個用作狀語的名詞所代表的人或事物來對待。例三、例四可以類推。

4. 表示比喻。例如：

嫂蛇行匍伏。(《戰國策・秦策一》)

(子産)治鄭二十六年而死，丁壯號哭，老人兒啼。(《史記・循吏列傳》)

雁鶩行以進，平立。(韓愈《藍田縣丞廳壁記》)

羆之狀，被(披)髮人立，絶有力而甚害人焉。(柳宗元《羆説》)

少時，一狼逕去，其一犬坐於前。(《聊齋志異·狼》)

例一“蛇行”的意思是“像蛇一樣地爬行”，“蛇”是名詞作狀語，是用普通名詞所代表的事物的某些特徵作比喻來修飾動詞。例二“兒啼”是“像小孩一樣地啼哭”。例三“雁鶩行以進”是“像鵝和鴨子一樣大搖大擺地行走着向前進”。其餘類推。這種用法還留存在現代漢語的一些成語中，如“土崩瓦解”、“星羅棋布”等等。

普通名詞作狀語和一般主謂結構形式完全相同，但意思很不一樣。例如上舉的“蛇行”、“兒啼”，如果是主謂結構，意思就是“蛇爬行”、“小孩啼哭”。怎樣辨别一個名詞是用作狀語還是用作主語呢？就一般情況看，名詞作狀語的句子往往在這個名詞前面還另有主語，例如“嫂蛇行”、“老人兒啼”，既然已有“嫂”、“老人”作全句的主語，“蛇”、“兒”就不大可能再是主語，而只能是狀語了。如果句中是否有主語不容易確定，或根本就是無主語句，那就只能根據上下文意來判斷了。例如上舉最後一例“其一犬坐於前”，如果不結合上下文，就很難確定究竟是名詞用作狀語(意思是“其中之一像狗那樣坐在前面”)，還是主謂結構(意思是“其中的一條狗坐在前面”)。

五、詞類活用的條件

要鑑别一個詞是不是已經活用成另一類詞，主要是看它在句中所處的地位，前後有哪些詞類的詞和它相結合，構成什麼樣的句法關係，具備了哪些語法特點等等。名詞、形容詞的使動和意動用法，以及名詞用如動詞，都是名詞、形容詞活用爲動詞，這可以從它們語法條件的變化看出來。下面舉出名詞、形容詞活用爲動詞的一些比較重要的語法條件略作説明。

1. 兩個名詞連用。如果既不是並列結構，又不是偏正結構，則前一個名詞常常就活用爲動詞，後一個名詞做它的賓語。例如：

遂王天下。（《韓非子·五蠹》）

擅爵人，赦死罪。（賈誼《治安策》）

面山而居。（《列子·湯問》）

例一"王天下"不是"王和天下"，也不是"王的天下"，而是"統治天下（即當了天下的王）"。例二"爵人"是"拿爵位給人"，例三中名詞"面"作"面對"講，道理是一樣的。

兩個名詞連用，有時還可以是主謂結構，前一個名詞作主語，後一個名詞活用作謂語動詞。例如：

乃丹書帛曰："陳勝王。"（《史記·陳涉起義》）

子房前！（《史記·留侯世家》）

"陳勝王"是"陳勝爲王"；"子房前"是"子房向前"（這是劉邦呼叫張良的話），"前"是方位名詞活用作謂語動詞。

2. 名詞、形容詞放在"所"字後面，活用爲動詞。例如：

非博士官所職，天下敢有藏詩書百家語者，悉詣守尉雜燒之。（《史記·秦始皇本紀》）

乃丹書帛曰："陳勝王"，置人所罾魚腹中。（《史記·陳涉起義》）

世之所高，莫若黄帝。（《莊子·盜跖》）

故俗之所貴，主之所賤也；吏之所卑，法之所尊也。（鼂錯《論貴粟疏》）

"所"字是個輔助性代詞，經常放在動詞前面，指代某種動作的對象[①]。例如"所見"意思是"見到的（東西）"。名詞放在"所"字後邊也就活用作動詞，例一"職"本是"職務、職責"的意思，這裏變爲"掌管、負責"的意思，"所職"就是"所掌管的"。例二"罾"本是一種魚網，"所罾"就是"所網着的（或所捕捉的）"。同樣，"所"字後邊的形容詞也變爲動詞。例三"所高"指"所推崇的（人）"。例四的"貴"、"賤"、"卑"、"尊"也都是形容詞用在"所"字後活用爲動詞。

---

① 參看第十節"代詞"。

3. 名詞、形容詞放在“能”、“可”、“足”、“欲”等能願動詞後面，活用爲動詞。例如：

子謂公冶長：“可妻也……”。（《論語・公冶長》）

寡人欲相甘茂，可乎？（《史記・甘茂列傳》）

問其深，則其好遊者不能窮也。（王安石《遊褒禪山記》）

自上觀之，至於子胥比干，皆不足貴也。（《莊子・盜跖》）

厭其源，開其瀆，江河可竭。（厭：指堵塞。）（《荀子・脩身》）

能願動詞只修飾動詞，例一、例二中名詞“妻”、“相”受能願動詞的修飾，都活用爲動詞。例三、例四和例五中的“窮”“貴”、“竭”受能願動詞“足”、“可”修飾，是形容詞用作動詞。

4. 名詞放在副詞後面活用爲動詞。例如：

秦師遂東。（《左傳・僖公三十二年》）

從弟子女十人所，皆衣繒單衣。（《史記・西門豹治鄴》）

不足生於不農。（鼂錯《論貴粟疏》）

副詞在句中一般只作動詞或形容詞的修飾語。例一“遂”、例二“皆”、例三“不”是副詞，被它們修飾的名詞“東”、“衣”、“農”都活用爲動詞。

5. 名詞、形容詞放在“之”、“我”等代詞前面，活用爲動詞。例如：

高之，下之，小之，臣之，不外是矣。（《荀子・儒效》）

非能耕而食之，織而衣之也。（鼂錯《論貴粟疏》）

既臣大夏而君之。（《漢書・張騫傳》）

是欲臣妾我也，是欲劉豫我也。（胡銓《戊午上高宗封事》）

例一中的“高”、“下”、“小”，都是形容詞用在代詞“之”的前面，活用作動詞。“臣”是“巨”的錯字，也是形容詞活用作動詞。例二、例三和例四中的“衣”、“君”、“臣妾”、“劉豫”，都是名詞用在代詞“之”或“我”的前面，活用作動詞。這種活用常常是使動用法或意動用法。

6. 名詞後面用介詞結構作補語，這個名詞活用爲動詞。例如：

請句踐女女於王。(《國語・句踐滅吴》)

衛鞅復見孝公,公與語,不自知厀(膝)之前於席也。(《史記・商君列傳》)

例一"女於王"就是給王當婢妾,"於王"是介詞結構作補語,名詞"女"活用作動詞。例二方位名詞"前",用在介詞結構"於席"的前面,意思是"挪到席的前邊去",方位名詞"前"活用作動詞。

7. 名詞用"而"連結時,活用作動詞。例如:

君人者,隆禮尊賢而王。(《荀子・天論》)

漢敗楚,楚以故不能過滎陽而西。(《史記・項羽本紀》)

不耕而食,不蠶而衣。(《鹽鐵論・相刺》)

"而"是個連詞,經常用來連結動詞或動詞性詞組,也可以連結形容詞,但不能用來連結名詞。例一名詞"王",例二方位詞"西",都是用"而"同另一個動賓詞組相連結而活用爲動詞。例三用"而"連結的前後兩個名詞"蠶"和"衣",都活用爲動詞。"蠶"同時還受否定副詞"不"的修飾,兼有名詞活用爲動詞的兩個條件。

上述七項是名詞、形容詞活用作動詞的主要條件,還不能概括所有的情況。在閲讀古書時,對詞類活用要靈活掌握,根據各類詞的語法特點,聯繫上下文意去判斷,以達到正確理解古代漢語的目的。

最後應該指出,所謂詞類的活用,是説某詞本屬某一詞類,只是入句後臨時具有另一詞類的性質,不是説這個詞分屬於兩個詞類。例如,我們不能説"蠶"字既是名詞,又是動詞,也不能説"高"字既是形容詞,又是動詞。如果那樣理解,就不是"活用"而是"兼類"了。當然,古代漢語中詞的兼類現象也是不少的。

(六) 古代漢語的詞序

漢語詞在句中的次序比較固定,從古到今變化也比較小。主語在謂語之前，動詞在賓語之前，修飾語在被修飾語之前，古今都是一致的。但是，古代漢語也有少數特殊的詞序是現代漢語所没有的。這些特殊的詞序實際上只存在於先秦以前的上古漢語裏，到漢代就已經從口語中逐漸消失，但由於一些寫文章的人習慣於倣古，因此在歷代的古文中也常常出現，了解這些特殊詞序，對閲讀古文是有一定幫助的。

在先秦古籍中，最突出的特殊詞序是賓語在一定條件下要放在動詞之前。這種賓語前置并不是表達一定語氣的一般倒裝句（如《列子·湯問》“甚矣，汝之不惠”是“汝之不惠甚矣”的倒裝，目的是爲了加强語氣），而是有一定的語法條件的。遇有以下三種條件，賓語都要放在動詞的前面。

一、疑問代詞作賓語

上古漢語的疑問代詞“誰、何、奚、安”等作賓語時必須放在動詞的前面。例如：

臣實不才，又誰敢怨？（《左傳·成公三年》）
敢問何謂也？（《左傳·鄭伯克段於鄢》）
彼且奚適也？（《莊子·逍遥遊》）
方此時也，堯安在？（《韓非子·歷山之農者侵畔》）
吾誰欺？欺天乎！（《論語·子罕》）

“誰敢怨”就是“敢怨誰”，“何謂”就是“謂何”，“奚適”就是“適奚（去哪裏）”，“安在”就是“在安（在哪裏）”。最後一個例子很有啓發性，“誰”和“天”同是動詞“欺”的賓語，但“誰”是疑問代詞，放在“欺”的前面，“天”不是疑問代詞，放在“欺”的後面。

如果動詞前面有助動詞，賓語一般也要放在助動詞前面，上舉第一例“誰”就放在助動詞“敢”的前面。

疑問代詞做介詞的賓語時，也要放在介詞前面。例如：

先生何以幸教寡人？（《戰國策·范雎説秦王》）

吾誰與爲親？（《莊子·齊物論》）

“以”和“與”都是介詞，它們的賓語“何”和“誰”是疑問代詞，都要放在前面。“何以幸教寡人”就是“以何幸教寡人”，“誰與爲親”就是“與誰爲親”。其中“何以”逐漸成爲凝固形式，在古文中經常出現。現代漢語書面語言中，仍舊常用“何以”，但意思已不是“以何”，而是“爲什麼”了。

先秦這種疑問代詞賓語前置的格式，一直爲後來寫古文的人所遵守。例如：

如此卓卓，猶不得免，其他則又何説？（韓愈《張中丞傳後敍》）
而今安在哉？（蘇軾《前赤壁賦》）
噫！微斯人吾誰與歸？（范仲淹《岳陽樓記》）
吾何以傳女曹哉？（汪琬《傳是樓記》）

疑問代詞賓語前置的規則在上古漢語中是比較嚴格的，很少例外。只有“何如”也常説成“如何”，但這兩種格式在先秦就已經是凝固形式，意思已經不是“像什麼”，而是“怎麼樣”或“怎樣”了。例如：

吾聞北方之畏昭奚恤也，果誠何如？（《戰國策·楚策一》）
傷未及死，如何勿重？（《左傳·僖公二十二年》）
以五十步笑百步，則何如？（《孟子·梁惠王上》）
與不穀同好，如何？（《左傳·齊桓公伐楚》）

前兩例是詢問，後兩例是商量可否，都不是“像什麼”的意思。

古書上“如何”又可以説成“若何”、“奈何”。例如：

使歸就戮於秦，以逞寡君之志，若何？（《左傳·僖公三十三年》）
先生助之奈何？（《戰國策·趙策三》）

“如何”、“若何”、“奈何”的當中還可以插入代詞、名詞或其他詞語，成爲“如……何”等格式，意思是“對……怎麼樣”。例如：

以君之力，曾不能損魁父之丘，如太形王屋何？（《列子·湯問》）
晉侯謂慶鄭曰：“寇深矣，若之何？”（《左傳·僖公十五年》）
騅不逝兮可奈何？虞兮！虞兮！奈若何？（《史記·項羽本紀》）

二、否定句中代詞作賓語

這一類賓語前置實際包含兩個條件：第一，賓語必須是代詞。第二，全句必須是否定句，即必須有否定副詞“不、未、毋(無)”等或表示否定的無定代詞“莫(没有誰)”。代詞賓語一般要放在動詞之前和否定詞之後。例如：

吾愛之，不吾叛也。(《左傳·子産論尹何爲邑》)

鄰國未吾親也。(《國語·齊語》)

我無爾詐，爾無我虞。(《左傳·宣公十五年》)

雖使五尺之童適市，莫之或欺。(《孟子·許行》)

今鄭人貪賴其田，而不我與，我若求之，其與我乎？(《左傳·昭公十二年》)

“不吾叛”就是“不叛吾”，“未吾親”就是“未親吾”，其餘各例可以類推。最後一例最有啓發性，前一分句“不我與”有否定詞，因此代詞賓語“我”前置，後一分句“與我”没有否定詞，因此“我”放在“與”後邊。

如果賓語不是代詞，即使是否定句，也不用賓語前置這種格式。例如：

君子不重傷，不禽二毛。(《左傳·僖公二十二年》)

未絶鼓音。(《左傳·鞌之戰》)

宫婦左右莫不私王，朝廷之臣莫不畏王。(《戰國策·齊策一》)

值得注意的是下面這種情況：

若不許君，將焉用之。(《左傳·昭公四年》)

我非子，固不知子矣。(《莊子·秋水》)

“君”和“子”一類的詞雖然有一定的稱代作用，但并不是代詞，而是名詞，在否定句中是不能放在動詞之前的，古代漢語中是不能出現“不君許”、“不子知”之類的句子的。

用否定副詞“弗、勿”的否定句一般是不帶賓語的，但如果出現賓語，而且又是代詞，同樣要放在動詞之前。這種情況比較少見，如：

大國亦弗之從而愛利。(《墨子・非攻中》)

否定句代詞賓語前置的規律遠沒有疑問代詞賓語前置嚴格。在先秦古籍中，也可以找到不少否定句代詞賓語不前置的例子。例如：

有事而不告我。(《左傳・襄公二十八年》)

夫不惡女(汝)乎？(《左傳・襄公二十六年》)

九合諸侯，一匡天下，諸侯莫違我。(《管子・封禪》)

下面兩個例子都引自《詩經》，一個代詞賓語前置，一個代詞賓語後置，最能説明兩種情況並存的現象：

不我知者，謂我士也驕。(《詩經・魏風・園有桃》)

不知我者，謂我何求。(《詩經・王風・黍離》)

這可以説明從先秦時代起，否定句中的代詞賓語就已經開始從前置向後置發展，因此出現兩種情況並存的現象。秦以後這種發展實際上早已完成，但歷代古文仍舊是兩種情況並存。下面兩個例子都引自《漢書》，代詞賓語的位置就不相同：

匈奴必以我爲大軍之誘，不我擊。(《漢書・李廣傳》)

漢果不擊我矣。(《漢書・趙充國傳》)

可以這樣認爲，漢以後的文章中，否定句代詞賓語後置是反映了當時語言的實際情況。至於把代詞賓語仍舊放在動詞之前，則主要是爲了倣古。下面再舉幾個漢以後代詞賓語前置的例子：

民不足而可治者，自古及今未之嘗聞。(賈誼《論積貯疏》)

每自比於管仲樂毅，時人莫之許也。(《三國志・蜀書・諸葛亮傳》)

彼不我恩也。(柳宗元《童區寄傳》)

古之人不余欺也。(蘇軾《石鐘山記》)

這種代詞賓語前置的現象也殘存在現代漢語從古代所吸收的成語中，例如“時不我待”。

三、賓語用代詞複指

這一類賓語前置的特點是在賓語前置的同時，還要在賓語後

面用代詞"是"或"之"複指一下,"是"或"之"也要放在動詞的前面。例如:

秉國之均,四方是維。(《詩經·小雅·節南山》)

將虢是滅,何愛於虞。(《左傳·僖公五年》)

今吴是懼而城於郢。(《左傳·昭公二十三年》)

吾以子爲異之問,曾由與求之問。(《論語·先進》)

苟得聞子大夫之言,何後之有?(《國語·句踐滅吴》)

"四方是維"就是"維(保護)四方","將虢是滅"就是"將滅虢","今吴是懼"就是"今懼吴","異之問"、"由與求之問"就是"問異(問其他問題)"、"問由與求(仲由與冉求)","何後之有"就是"有何後"。這種賓語前置的格式實際上是起了强調賓語的作用。初學古代漢語的人往往看不出這種格式裏代詞的複指作用,誤以爲前置的賓語是全句的主語,代詞"是"或"之"是另有所代;還可能誤以爲"是"等於現代漢語的判斷詞"是","之"等於現代漢語的"的"。如果把"今吴是懼"解釋成"現在吴國懼怕這個"或"現在吴國是懼怕了",把"由與求之問"解釋成"仲由和冉求的提問",就完全錯了。這一點是要特别注意的。

在用這種賓語前置的格式時,還可以在賓語之前再加上"惟(唯)",構成"惟(唯)……是……"或"惟(唯)……之……"的格式,强調賓語的作用就更加明顯。例如:

率師以來,唯敵是求。(《左傳·宣公十二年》)

余雖與晉出入,余唯利是視。(《左傳·吕相絶秦》)

父母唯其疾之憂。(《論語·爲政》)

"唯敵是求"就是"求敵","唯利是視"就是"視利","唯其疾之憂"就是"憂其疾",用了"唯……是……"和"唯……之……"的格式,賓語在句中的作用就顯得比較突出。現代漢語從古代吸收的成語裏還有"唯命是聽"、"唯利是圖"等説法,就是這種語法格式的殘留。

如果賓語本身就是代詞,一種情況是仍舊用這種語法格式强調賓語，只是用來複指的代詞一般只用"之"，不用"是"。例如：

"我之懷矣，自詒伊慼"，其我之謂矣！（《左傳·宣公二年》）

語曰"脣亡則齒寒"，其斯之謂與？（《穀梁傳·僖公二年》）

古者民有三疾，今也或是之亡也。（《論語·陽貨》）

由這種格式形成的"是之謂"、"此之謂"已成爲一種凝固形式，在古文中很常見。例如：

上不失天時，下不失地利，中得人和，而百事不廢，是之謂政令行。（《荀子·王霸》）

太上有立德，其次有立功，其次有立言，雖久不廢，此之謂不朽。（《左傳·襄公二十四年》）

另一種情況是不用複指代詞，直接把代詞賓語放到動詞之前，這個代詞賓語一般只限於"是"，其他代詞不多見，例如：

維葉莫莫，是刈是濩。（《詩經·周南·葛覃》）

昭王南征而不復，寡人是問。（《左傳·齊桓公伐楚》）

"是刈是濩"就是"刈是濩是（割它煮它）"，"寡人是問"就是"寡人問是"。

爲了强調賓語，用代詞"是"或"之"複指把賓語提前，這是古代漢語比較常用的一種語法手段。把這種句式譯成現代漢語時，複指的代詞"是"或"之"就無法譯出來。至於賓語是否移到動詞之後，則要根據具體情況靈活處理。例如，"四方是維"既可以譯成"四方都受到保護"，也可以譯成"保護四方"；"將虢是滅"既可以譯成"將要把虢國滅掉"，也可以譯成"將要滅掉虢國"。

上文提到的"是之謂"和"此之謂"是古文中常見的凝固格式，雖然可以譯成"這就叫做"，但兩者的語法結構很不相同，"是之謂"和"此之謂"是"謂是"、"謂此"的賓語前置（如果直譯，就是"叫它"或"把它叫做"）。"此之謂"還可以不帶其他賓語單獨形成一個分句，例如：

吾聞之，禹稱善人，不善人遠，此之謂也夫。（《左傳·宣公十六年》）

詩云"殷鑒不遠,在夏后之世",此之謂也。(《孟子·離婁上》)

"此之謂也"是古文中很常見的表示判斷的分句,可以譯成"説的就是這個",這正可以證明"此之謂"是"謂此"的賓語前置形式,"此"并不是分句的主語。

* * *

以上三種賓語前置的句式都是現代漢語所没有的。除賓語前置外,古代漢語表示行爲數量的詞序也和現代漢語不同。

現代漢語表示行爲數量時,一般是把數詞和動量詞放在動詞之後(如"去三回"、"看兩遍"、"討論幾次")。古代漢語有兩點不同:一是一般不用動量詞,二是數詞一般要放在動詞之前。例如:

又與之遇,七遇皆北。(《左傳·文公十六年》)

公輸盤九設攻城之機變,子墨子九距之。(《墨子·公輸》)

寒暑易節,始一反焉。(《列子·湯問》)

"七遇皆北"可以譯爲"遇見七次都打敗了"、"九設"、"九距"和"一反"則可以譯成"設了九回"、"抵擋了九回"和"回去一次",不但數詞移到動詞之後,而且加上了動量詞。古代漢語這種詞序在現代漢語一些成語中還保存了下來,例如"一勞永逸"、"百戰百勝"、"千變萬化"等等,對這種古代漢語句式,我們理解起來並没有什麽困難。

從句子成分看,古代漢語放在動詞前面表示數量的數詞,是作爲狀語來修飾動詞的。在强調某一行爲的數量時,可以改變句式,把數詞從動詞前面移到句尾,並在這個數詞前面用代詞"者"字複指,使"者"字前面的詞語成爲全句的主語,移到句尾的數詞就成了全句的謂語。例如:

於是平原君欲封魯仲連,魯仲連辭讓者三,終不肯受。(《戰國策·趙策三》)

范增數目項王,舉所佩玉玦以示之者三。(《史記·鴻門宴》)

表示動量的數詞從動詞前面的狀語("三辭讓"、"三舉所佩玉玦以示之")變爲全句的謂語,自然就顯得突出而重要了。以上兩例譯成現代漢語可以是"魯仲連辭讓多次"、"舉起所佩帶的玉玦向項王示意好幾次"(兩句中的"三"都只表示多數,不是實數),語法結構就大不相同。現代漢語的動量詞一般是不能單獨作謂語的。

(七)古代漢語的判斷句

判斷句表示某種事物是什麽東西或不是什麽東西,某種事物屬於某一類或不屬于某一類。在現代漢語裏,像"北京是我國的首都"、"他不是北京人"一類句子,就是判斷句。判斷句中的"是",叫做判斷詞(也叫繫詞)。它是聯繫主語和謂語的,也幫助表示判斷。表示否定判斷,要在"是"前面加上否定副詞"不"。

古代漢語的判斷句和現代漢語很不相同,它不用判斷詞,而是在判斷句的謂語後面加語氣詞"也"幫助判斷。例如:

貢之不入,寡君之罪也。(《左傳·齊桓公伐楚》)

王,人君也;闔,人臣也。(《戰國策·齊策四》)

張騫,漢中人也。(《漢書·張騫傳》)

在主語後面,還可以加上代詞"者"複指,引出謂語,這是古漢語判斷句另一常見的形式。例如:

南冥者,天池也。(《莊子·逍遥遊》)

吾所欲者,土地也。(《韓非子·五蠹》)

陳勝者,陽城人也。(《史記·陳涉起義》)

有時候,"也"字可以不用。例如:

兵者,不祥之器。(《老子》)

陳軫者,游說之士。(《史記·張儀列傳》)

甚至"者"字、"也"字都不用,也可以形成判斷句。例如:

夫魯,齊、晉之脣。(《左傳·哀公八年》)

荀卿,趙人。(《史記·孟子荀卿列傳》)

古代漢語表示否定判斷，是在判斷句的謂語之前加上"非"字。例如：

楚雖大，非吾族也。(《左傳·成公四年》)

耕漁與陶，非舜官也。(《韓非子·歷山之農者侵畔》)

此庸夫之怒也，非士之怒也。(《戰國策·魏策四》)

此非所以跨海内、制諸侯之術也。(李斯《諫逐客書》)

這種"非"字雖然可以譯成現代漢語的"不是"，但它本身並不是判斷詞，而是副詞，這一點在後面副詞一節里還要談到。

判斷句的主語有時根本不出現，也有時可以承上文而省略。在這種情况下，句末的"也"字就是必不可少的了。例如：

明日，子路行，以告。子曰："隱者也。"(《論語·子路從而後》)

酣戰之時，司馬子反渴而求飲，豎穀陽操觴酒而進之。子反曰："嘻！退，酒也！"穀陽曰："非酒也。"(《韓非子·十過》)

項王按劍而跽曰："客何爲者？"張良曰："沛公之參乘樊噲者也。"(《史記·鴻門宴》)

前兩例的主語根本不出現，例三是承上文"客何爲者"的提問而把主語省略。這種情况最常出現在對話裏。

古代漢語也常常出現"是"字，但它往往不是判斷詞，而是指示代詞，作用和"此"一樣，常用來作判斷句的主語。例如：

公曰："是吾寶也。"(《左傳·僖公二年》)

是社稷之臣也。(《論語·季氏將伐顓臾》)

曰："是何也？"曰："無何也。是天地之變，陰陽之化，物之罕至者也。"(《荀子·天論》)

以上例句中的"是"都用作主語，和"此"的性質相同。

在先秦時代，"是"字不作判斷詞用。有時它在句中的地位很像判斷詞，但仔細分析一下，就能够發現它仍是指示代詞。下面舉幾個例子略做分析：

至攘人犬豕鷄豚者，其不義又甚入人園圃竊桃李。是何故也？(《墨子·非攻上》)

粗看起來，“是何故也”似乎可以理解爲“是什麽緣故呢”，其實“是”在這裏仍然是指示代詞，作句子的主語。“是何故也”等于“此何故也”。在《墨子·非攻》中，緊接着上引的幾句話，就說：“至入人欄廄取人馬牛者，其不義又甚攘人犬豕鷄豚。此何故也？”語法結構和上引幾句話完全相同，只是“是何故也”换成“此何故也”，這就是很好的證明。

> 日月星辰瑞曆，是禹、桀之所同也。（《荀子·天論》）

這個“是”所處的地位，也很像判斷詞。但它實際上仍然是指示代詞，用來複指“日月星辰瑞曆”。“是禹、桀之所同也”等于“此禹、桀之所同也”，意思是“這些都是禹、桀所共同的”。《荀子·天論》接着說：“繁啓蕃長於春夏，畜積收臧於秋冬，是又禹、桀之所同也。”“是又”等於“此又”，意思是“這些又”。如果“是”是判斷詞，就應該說成“又是”，而不能說成“是又”。

> 臣聞國之興也，視民如傷，是其福也；其亡也，以民爲土芥，是其禍也。（《左傳·哀公元年》）
>
> 國平養儒俠，難至用介士，所利非所用，所用非所利；是故服事者簡其業，而游學者日衆。是世之所以亂也。（《韓非子·五蠹》）

以上兩例都是在敍述一種情况之後，用“是”來複指，並以“是”作主語構成一個判斷句。這種用指示代詞“是”作主語來複指上文的句子，在古文中很常見，都是“此”的意思，不能理解爲判斷詞。

“是”作爲判斷詞來用，漢代肯定就有了。從漢語的發展來看，判斷詞“是”正是由上述的指示代詞“是”發展來的。用“是”作判斷詞的句子，《史記》中有好幾個例證，王充的《論衡》一書用得更多一些，魏晉以後用得就更多了。例如：

> 此必是豫讓也。（《史記·刺客列傳》）
>
> 余是所嫁婦人之父也。（《論衡·死僞》）
>
> 若枯即是榮，榮即是枯，則應榮時凋零，枯時結實。（范縝《神滅論》）

這些句子反映了當時口語中判斷句形式的新發展。但在基本上以先秦的作品爲準則的文言文中，這種“是”字作判斷詞的句式始終沒有被普遍採用，甚至到明清以至近代，文言文中的判斷句，絕大多數仍然採用先秦的形式。例如：

夫殷、周之不革者，是不得已也。（柳宗元《封建論》）

然則變化無窮者，地利也。（顧祖禹《讀史方輿紀要·總敍》）

例一“是不得已也”應該理解爲“此不得已也”，卽“這是不得已”。例二更是典型的先秦判斷句的形式。

在先秦時代的漢語裏究竟有没有判斷詞存在，這是目前還有爭論的問題。有人認爲，在先秦就有判斷詞，如“爲”字；有人認爲，“爲”字在先秦只是一般動詞，還不能算是判斷詞。我們認爲，在絕大多數情況下，先秦時代的“爲”字顯然不是判斷詞。有時“爲”字的作用很像現代漢語的判斷詞“是”。例如：

晉爲盟主，諸侯或相侵也，則討之。（《左傳·襄公二十六年》）

四體不勤，五穀不分，孰爲夫子？（《論語·子路從而後》）

但實際上這些“爲”字都是動詞，不是真正的判斷詞。例一“晉爲盟主”是“晉作爲盟主”的意思；例二“孰爲夫子”是“誰算作夫子”的意思。

只是在極少數句子中，“爲”才和現代漢語的判斷詞“是”相當。例如：

余爲伯儵，余而祖也。（《左傳·宣公三年》）

“余爲伯儵”的意思是“我是伯儵（人名）”，這個“爲”是判斷詞，顯然是從“晉爲盟主”的“爲”發展而來的，可是已經没有“作爲”的意思了。但這種用“爲”字表判斷的句式在先秦不多見。上例“余而祖也（我是你的祖先）”就没有説成“余爲而祖”。

古代漢語的判斷句中，在謂語前面可以加副詞“乃”、“卽”或語氣詞“維”、“惟”等。例如：

是乃狼也。（《左傳·宣公四年》）

梁父卽楚將項燕，爲秦將王翦所戮者也。（《史記·項羽本紀》）

我馬維騏。(《詩經·小雅·皇皇者華》)

爾惟舊人。(《尚書·大誥》)

加"乃"和"卽"的,先秦不太多,後代用得較多;加"維"和"惟"的,後代不多見,先秦却比較常見。

無論是"乃"、"卽",還是"維"、"惟",都不是判斷詞。"乃"和"卽"是副詞,用來加强肯定語氣,大致相當于現代漢語的"便(是)","就(是)",因此,到後代出現了判斷詞"是"以後,它們可以加在"是"前面,構成"乃是"、"卽是"。"維"和"惟"有時看去很像判斷詞,但實際上是放在句中的語氣詞,起引出謂語的作用,在多數情况下,它後面的謂語並不能和前面的主語發生判斷關係。例如:

百工惟時。(《尚書·臯陶謨》)

周雖舊邦,其命維新。(《詩經·大雅·文王》)

蚩尤惟始作亂。(《尚書·吕刑》)

關于"維"和"惟"的作用,在《語氣詞和詞頭、詞尾》一節中還會談到。

這些副詞和語氣詞還常常與否定副詞"非"配合起來使用。例如:

非其父兄,卽其子弟。(《左傳·襄公八年》)

黍稷非馨,明德惟馨。(《左傳·僖公五年》)

從這裏也可以看出,"非"的作用和"乃"、"卽"等相近,它是加在判斷句謂語之前的副詞,而不是判斷詞。

判斷句是表示判斷的,但無論是在現代漢語還是在古代漢語中,我們都會遇到一些並不表示判斷的判斷句,也就是説,它們的主語和謂語並不是同一事物或同一類别。例如:

君者,舟也;庶人者,水也。(《荀子·王制》)

曹公,豺虎也。(《資治通鑑·漢紀五十七》)

這是用判斷句的形式表示比喻的一種修辭手法,本節開頭所舉的"夫魯,齊晉之脣"也是屬於這一類。至於下面的句子,就更不能用判斷關係來解釋了：

夫戰，勇氣也。(《左傳·莊公十年》)

百乘，顯使也。(《戰國策·齊策四》)

朱紱皆大夫，紫綬悉將軍。(白居易《輕肥》)

例一的意思是"作戰是要靠勇氣的"，例二的意思是"帶着百輛車乘的是顯赫的使者"，例三的意思是"佩帶朱紱的都是大夫，佩帶紫綬的都是將軍"。這種用判斷句的形式表達較複雜内容的方法在古代漢語中很常見，必須靈活地去理解。

古代漢語判斷句還有一種常見的靈活用法，就是在表示因果關係的複句中，用帶"也"的判斷句放在表示結果的分句之後來説明原因。例如：

良庖歲更刀，割也；族庖月更刀，折也。(《莊子·養生主》)

輕辭天子，非高也，勢薄也；重争士橐，非下也，權重也。(《韓非子·五蠹》)

此其近者禍及身，遠者及其子孫。豈人主之子孫則必不善哉？位尊而無功，奉厚而無勞，而挾重器多也。(《戰國策·觸龍説趙太后》)

例一"割也"和"折也"是説明"良庖歲更刀"和"族庖月更刀"的原因。例二是從正反兩個方面説明"輕辭天子"和"重争士橐"的原因。例三比較複雜，但略加分析，就可以看出"位尊而無功"以下三句是解釋"近者禍及身，遠者及其子孫"的原因的。

現代漢語的判斷句也有種種靈活用法，但和古代漢語並不完全相同。例如，上舉在複句中直接用判斷句形式説明原因的用法，在現代漢語中就不常見。我們學習古代漢語的判斷句時，對現代漢語已經不用的靈活用法就應該特别注意。

(八) 古代漢語的被動表示法

古代漢語的被動表示法和現代漢語基本上是一致的。所謂被動，是指主語和謂語動詞之間的關係是被動關係，也就是説，主語是謂語動詞所表示的行爲的被動者、受事者，而不是主動者、施事者。例如：

蔓草猶不可除，況君之寵弟乎？（《左傳·鄭伯克段於鄢》）

鍥而不舍，金石可鏤。（《荀子·勸學》）

兵挫地削，亡其六郡。（《史記·屈原賈生列傳》）

從主語和動詞之間的關係來看，“蔓草”是被“除”的，“金石”是被“鏤”的，“兵”是被“挫”的，“地”是被“削”的，主語都是後面動詞所表示的行爲的被動者、受事者。下面兩個例子更能説明問題：

冀復得兔，兔不可復得。（《韓非子·五蠹》）

人固未易知，知人亦未易也。（《史記·范睢蔡澤列傳》）

例一“兔”在前一分句是動詞“得”的賓語，是受事者，在後一分句則是後面動詞“得”的主語，但表示被“得”，仍是受事者。例二“人”在前一分句是動詞“知”的主語，但表示被“知”，是受事者，在後一分句則是前面動詞“知”的賓語，仍是受事者。

這種被動表示法的特點是没有任何專門用來表示被動的詞語，主語的被動性質只能從意思上去理解，並没有形成真正表示被動的句式。這種被動表示法一直到現代漢語中還廣泛運用。例如“蔓草猶不可除”用現代漢語表達可以是“蔓延的野草尚且不能除去”，“兔不可復得”用現代漢語表達可以是“兔子再也得不到了”。主語“蔓延的野草”和“兔子”仍舊是動詞所表示行爲的被動者，在句子中間也並没有加上任何專門表示被動的詞語，我們理解起來並没有感到絲毫困難，在這點上古今是完全一致的。

用被動句式表示主語的被動性質是漢語常用的另一種被動表示法。所謂被動句式，是指從句子結構本身就能看出主語的被動性質，例如現代漢語“敵人被消滅了”、“困難被我們克服了”這樣的句式，從其中的“被”（或“被我們”）就可以確定主語是動詞所表示行爲的被動者，這是典型的被動句式。

漢語的被動句式在先秦時期已經形成，但使用遠沒有現代普遍。漢以後的文章被動句式有了一些新的發展，使用也逐漸普遍。

先秦時期比較常見的一種被動句式是在動詞後面用介詞“於”把行爲的主動者引進來，這樣，動詞前面的主語很明顯就具有了被動性質。例如：

郤克傷於矢，流血及屨。（《左傳・鞌之戰》）

夫惟無慮而易敵者，必擒於人。（《孫子兵法・行軍篇》）

閔王毁於五國，桓公劫於魯莊。（《荀子・王制》）

然而兵破於陳涉，地奪於劉氏者，何也？（《漢書・賈山傳》）

妻與子皆養於我者也。（韓愈《圬者王承福傳》）

“郤克”是被“矢”傷的，“無慮而易敵者”是一定被“人”擒的，“閔王”是被“五國”毁的，“桓公”是被“魯莊”刼的（實際是被魯莊公的臣子曹沫刼的）。第三例最能説明介詞“於”在被動句式中的作用，如果全句不出現“於”字，句子結構改變爲：

閔王毁於五國——→閔王毁五國

桓公刼於魯莊——→桓公刼魯莊

主語就由被動者、受事者轉變爲主動者、施事者，全句的意思也就完全相反了。古人在做正反兩方面情況的對比時，就常用這種方法。在這種對比的句子裏，一表示主動，一表示被動，非常清楚。例如：

通者常制人，窮者常制於人。（《荀子・榮辱》）

物物而不物於物，則胡可得而累邪！（《莊子・山木》）

先發制人，後發制於人。（《漢書・項籍傳》）

“通者”和“窮者”都是主語，但“通者”是“制人”的，是主動者，“窮者”是“被人制”的，是被動者。《孟子・滕文公上》“勞心者治人，勞力者治於人”用的也是這種句式。運用這種句式，主語並不一定要出現，如上舉第二例，“物物”是“支配事物”（第一個“物”字是名詞用作動詞），“物於物”是“被事物支配”，道理是一樣的。

在用“於”的被動句式中，並不是介詞“於”本身能表示被動，而是動詞已經用于被動的意義，由於用介詞“於”引進了行爲的主動者，全句的被動意義就更加明確了。我們還要注意，古代漢語這種被動句式的詞序和現代漢語不同。在現代漢語裏，被動句式中引進行爲主動者的介賓詞組是在動詞前面；在古代漢語裏，引進行爲主動者的“於”組成的介賓詞組則是在動詞後面。“郤克傷於矢”用現代漢語的被動句式來表達可以是“郤克被矢射傷”。

古代漢語另一種常見的被動句式是用介詞“爲(wéi)”放在動詞之前引進行爲的主動者，使主語的被動性質明顯地表現出來，“爲”在句子結構中的地位和作用很像現代漢語裏的“被”。例如：

止，將爲三軍獲。(《左傳·襄公十八年》)
道術將爲天下裂。(《莊子·天下》)
而身爲宋國笑。(《韓非子·五蠹》)
身死人手，爲天下笑者，何也？(賈誼《過秦論上》)
多多益善，何爲爲我禽？(《史記·淮陰侯列傳》)

“將爲三軍獲”就是“將被三軍獲”，在例句中主語雖然没有出現，它的被動性質是很明顯的，“三軍”才是動詞“獲”這一行爲的主動者。“道術將爲天下裂”就是“道術將被天下裂”，主語“道術”是動詞“裂”(割裂、分裂)的對象，是被動者、受事者，“裂”這個行爲的主動者則是“爲”所引進的“天下(指天下人)”。

“爲”字後面所引進的行爲主動者有時可以不出現，“爲”直接放在動詞前面，仍然形成被動句式。這點也是和現代漢語“被”完全相同的。例如：

父母宗族，皆爲戮没。(《戰國策·燕策三》)
誠令成安君聽足下計，若信者亦已爲禽矣。(《史記·韓信破趙之戰》)

“爲戮没”就是“被戮没”；“爲禽”就是“被擒”。以上各例“爲”後的行爲主動者都没有出現。

戰國末用"爲"的被動句式(爲天下笑)又發展成"爲……所"句式,行爲主動者放在"爲"和"所"之間,也就是説,除用"爲"引進行爲主動者外,還在動詞前加上"所"字。例如:

夫直議者,不爲人所容。(《韓非子·外儲説左下》)

梁父即楚將項燕,爲秦將王翦所戮者也。(《史記·項羽本紀》)

否,必爲二子所禽矣!(《史記·韓信破趙之戰》)

衛太子爲江充所敗。(《漢書·霍光傳》)

少北,則爲匈奴所得。(《漢書·張騫傳》)

亮與徐庶並從,爲曹公所追破。(《三國志·蜀書·諸葛亮傳》)

"爲……所"句式是古代漢語最常見的一種被動句式,並且一直沿用到現代的書面語裏(如"一切革命文藝都爲人民羣衆所歡迎"),因此我們掌握起來並没有什麽困難。但是,在古代漢語裏"爲"後的行爲主動者有時也可以不出現,"爲"和"所"連在了一起。例如:

不者,若屬皆且爲所虜。(《史記·鴻門宴》)

嵩將詣州訟理,爲所殺。(韓愈《張中丞傳後敍》)

"爲所虜"、"爲所殺"在"爲"後面都没有把行爲的主動者引進來,但動詞前的"所"仍保留,用現代書面語來表達只能是"被俘"、"被殺",否則就要把行爲的主動者補出來:"爲劉邦所俘"、"爲那武人所殺"。

除"爲"字外,古代漢語還常用"見"字放在動詞之前形成被動句式。例如:

故君子耻不修,不耻見汙;耻不信,不耻不見信;耻不能,不耻不見用。(《荀子·非十二子》)

厚者爲戮,薄者見疑。(《韓非子·説難》)

舉世皆濁我獨清,衆人皆醉我獨醒,是以見放。(《楚辭·漁父》)

臣聞武帝使中郎將蘇武使匈奴,見留二十年不降。(《漢書·燕剌王劉旦傳》)

才高見屈,遭時而然。(《論衡·自紀》)

"見汙"、"見信"、"見用"就是"被汙"、"被信"、"被用"的意思。

例二“爲戮”和“見疑”對舉，是“被戮”、“被疑”的意思，更能説明“爲”和“見”在被動句式中的作用相同。由以上各例中也可以看出，“見”的這種作用和現代漢語“被”也是基本相同的。

用“見”的被動句式有一個特點，就是不能直接由“見”引進行爲的主動者，這點是和“爲”很不相同的。如果需要引進行爲的主動者，只能在動詞後面另用“於”的被動句式配合，行爲的主動者出現在“於”的後面。例如：

吾長見笑於大方之家。(《莊子·秋水》)

先絶齊而後責地，則必見欺於張儀。(《史記·楚世家》)

臣誠恐見欺於王而負趙。(《史記·廉頗藺相如列傳》)

然而公不見信於人，私不見助於友。(韓愈《進學解》)

“見笑於大方之家”就是“被大方之家笑”，“見欺於張儀”就是“被張儀欺”，由於“見”不能直接引進行爲主動者(不能説“見大方之家笑”)，就只好在動詞後面另用“於”把行爲的主動者引進來。

現代漢語表示被動的“被”字句實際上在戰國末期就已經開始出現，但比較少見，到漢代纔出現多一些。例如：

今兄弟被侵，必攻者，廉也；知友被辱，隨仇者，貞也。(《韓非子·五蠹》)

國一日被攻，雖欲事秦，不可得也。(《戰國策·齊策一》)

信而見疑，忠而被謗，能無怨乎？(《史記·屈原賈生列傳》)

兄固被召詣校書郎。(《後漢書·班超傳》)

前三例“被”字都多少還有“遭受”、“蒙受”的意思，但它是後代被動句式的源頭。例三用“見”和“被”對舉，更可説明“被”的作用在當時已和“見”或“爲”相同了。但是，用“被”的被動句式在當時顯然遠不如用“見”和“爲”的被動句式常見。

“被”開始用於被動句式時，只直接加在動詞的前面，到漢末纔出現由“被”引進行爲主動者的句式，例如蔡邕《被收時表》：“今月十三日，臣被尚書召問。”這種句式當時一般還只在一些比較接近口語的文章中出現。唐以後，在比較接近口語的文章和詩詞中，"被"逐漸代替了其他表示被動的句式，但一般文言文仍然多沿用其他幾種被動句式。

（九）副　詞

副詞是一種半實半虛的詞。它們能表示行爲、動作、性質、狀態的程度、範圍、時間、可能性、情態和否定作用等，有一定的詞彙意義，能獨立作句中的次要成分，這是它近似實詞的一方面；但是，它不能單獨表示一種實物、一種實情或一種實事，同時又不能用作句子的主要成分：主語、謂語，也不能用作賓語、定語，這是它同其他各類虛詞相近的一方面。下面根據意義，將副詞分爲程度、範圍、時間、情態、否定和表敬六類，擇其值得注意的地方分別舉例加以説明。

一、程度副詞

古代漢語的一些常用的程度副詞如"最、太、至、尤、愈、略"等字從古到今變化不大。有少數程度副詞意義變化較大，讀古文時必須特别注意。例如："少"和"稍"就是如此。

現代漢語的"少"常用作形容詞，古代漢語"少"則常用作副詞，是"稍微、略微"的意思，相當於現代的"稍"；而古代的"稍"則是時間副詞，有"逐漸"的意思。先看"少"的例子：

輔之以晉，可以少安。（《左傳・僖公五年》）

太后之色少解。（《戰國策・觸龍説趙太后》）

可以少有補於秦，此臣之所大願也。（《戰國策・范睢説秦王》）

"少安"、"少解"、"少有補"是"略安"、"略解"、"稍有補"的意思，如果理解成"多少"的"少"就完全錯了。再看"稍"的例子：

子尾多受邑而稍致諸君。(《左傳·昭公十年》)

項羽乃疑范增與漢有私,稍奪其權。(《史記·項羽本紀》)

蔽林間窺之,稍出近之,慭慭然莫相知。(柳宗元《三戒·黔之驢》)

以上"稍"字都是"逐漸"的意思,不能理解爲"稍微"。

程度副詞"頗"在古代有兩種意思。一是程度偏高,略近"很、甚"。例如:

唯袁盎明絳侯無罪,絳侯得釋,盎頗有力。(《史記·袁盎鼂錯列傳》)

現代漢語書面語言還保存着這種用法,如"時間頗長"、"頗感興趣"。另一個意思是"稍、略"。例如:

臣願頗采古禮,與秦儀雜就之。(《史記·劉敬叔孫通列傳》)

至於序《尚書》則略,無年月;或頗有,然多闕。(《史記·三代世表序》)

一般説來,"頗"在古代多作"稍"、"略"講,如果都用現代書面語言常用的"頗"(很)的意思來理解,就不正確了。

二、範圍副詞

範圍副詞如"纔、皆、盡"等古今變化也不大,變化比較大的有"但"等。現代漢語"但"主要是表示轉折的連詞,古代漢語"但"則主要是表示範圍的副詞,和現代的"只"意思相當。例如:

匈奴匿其壯士肥牛馬,但見老弱及羸畜。(《史記·劉敬叔孫通列傳》)

人體欲得勞動,但不當使極爾。(《三國志·魏書·華佗傳》)

不聞爺娘喚女聲,但聞黄河流水鳴濺濺。(《樂府詩集·木蘭詩》)

死去原知萬事空,但悲不見九州同。(陸游《示兒》)

現代漢語的"不但"和"但願如此"等正保留了古代的這種用法。

除"但"以外,"徒"、"特"、"第"(弟)、"直"在古代漢語中也常用來表示"只"的意思。例如:

徒善不足爲政,徒法不能以自行。(《孟子·離婁上》)

然則人之所以爲人者,非特以二足而無毛也,以其有辨也。(《荀子·非相》)

君弟重射,臣能令君勝。(《史記·孫臏》)

不可,直不百步耳,是亦走也。(《孟子·梁惠王上》)

"獨"字原是"獨自"的意思,也可以引申爲"只"。例如:

臣之所恐者,獨恐臣死之後,天下見臣盡忠而身蹶也,是以杜口裹足,莫肯卽秦耳。(《戰國策·范雎説秦王》)

其人與骨皆已朽矣,獨其言在耳!(《史記·老子韓非列傳》)

但是在反問句中,"獨"字主要是表達反問語氣,不再有"獨自"或"只"的意思了。例如:

然則治天下,獨可耕且爲與?(《孟子·許行》)

相如雖駑,獨畏廉將軍哉?(《史記·廉頗藺相如列傳》)

這一類"獨"字表示反問語氣,屬于情態副詞,不能理解爲"獨自"或"只"。

範圍副詞"僅"從古到今意義也發生過較大的變化。"僅"表示"只"、"纔"、"剛够"的意思,這是古今一致的。例如:

齊王遁而走莒,僅以身免。(《史記·樂毅列傳》)

一旦臨小利害,僅如毛髮比,反眼若不相識。(韓愈《柳子厚墓志銘》)

"僅"的特點是言其少。但是,在唐代詩文中"僅"還可以言其多,有"幾乎"、"將近"、"差不多達到"的意思。例如:

初守睢陽時,士卒僅萬人,城中居人户亦且數萬。(韓愈《張中丞傳後敍》)

夾澗有古松老杉,大僅十人圍,高不知幾百尺。(白居易《廬山草堂記》)

江國踰千里,山城僅百層。(杜甫《泊岳陽城下》)

這類"僅"一般只用在數目字的前面,讀去聲 jìn。這種用法在宋代的作品中還偶爾出現,但只限于接近口語的宋人語録體中。例如:

學人自出家覽涅槃經僅十餘載,未明大意。(《景德傳燈録》卷五)

三、時間副詞

古代漢語時間副詞比較多,除“將、正、已、常”等和現代漢語中的意義基本相同外,也有一些意義差别較大。下面略舉數例。

“曾”在古代漢語作副詞用時,可以表示時間,意思相當於“曾經”,和現代漢語用法相同。例如:

梁王以此怨盎,曾使人刺盎。(《史記·袁盎鼂錯列傳》)

孟嘗君曾待客夜食。(《史記·孟嘗君列傳》)

但是,副詞“曾”在古代的主要作用並不是表示時間,而是表示情態,用來加强否定語氣,和現代的“居然”、“竟”的意思略微相近。例如:

誰謂河廣?曾不容刀。(《詩經·衛風·河廣》)

老臣病足,曾不能疾走。(《戰國策·觸龍説趙太后》)

生王之頭,曾不若死士之壟也。(《戰國策·齊策四》)

以上各例裏的“曾”就絶對不能理解爲“曾經”。

古代常用來表示“曾經”的時間副詞不是“曾”,而是“嘗”。例如:

俎豆之事,則嘗聞之矣;軍旅之事,未之學也。(《論語·衛靈公》)

公亦嘗聞天子之怒乎?(《戰國策·魏策四》)

吾嘗終日而思矣,不如須臾之所學也。(《荀子·勸學》)

古代“嘗”的這種用法還保存在現代漢語“未嘗”、“何嘗”等少數双音詞中,一般不能再單獨使用。

“再”和“復”在古代是表示動作重複出現的詞,詞類和意義都和現代漢語很不相同,也放在這裏討論。古代漢語的“再”是數量詞,一般專指兩次,如:

一鼓作氣,再而衰,三而竭。(《左傳·莊公十年》)

田忌一不勝而再勝。(《史記·孫臏》)

到了唐代,“再”可以專指“第二次”,如杜甫《後遊修覺寺》詩:“寺憶新遊處，橋憐再渡時。”但仍和現代意義不同。

現代漢語的“再”是副詞，常用來指“又一次”，一般不限于兩次，也不一定是第二次，如“再讀一遍”、“再去一次”。這個意義在古代漢語用“復”。例如：

有復言令長安君爲質者，老婦必唾其面。(《戰國策・觸龍説趙太后》)

晉侯復假道於虞以伐虢。(《左傳・僖公五年》)

不敢復讀天下之書，不敢復與天下之事。(《史記・范雎蔡澤列傳》)

於是遂誅高漸離，終身不復近諸侯之人。(《史記・刺客列傳》)

復投一弟子河中。(《史記・西門豹治鄴》)

古漢語的“再來”一般都應理解爲“來兩次”(或“第二次來”)，現代漢語的“再來”在古代要説成“復來”。“復”字在現代漢語基本上已不能單獨使用，古代“復”字的用法只保留在現代的成語和書面語言里，例如“死灰復燃”、“一去不復返”等。

古代表示不斷重複出現的副詞還有一個“仍”字。和現代意義差别較大。現代漢語書面語言所用“仍”字一般只是“仍舊”的意思，古代漢語“仍”用作副詞時，則主要是“頻繁、重複多次”的意思，不能理解爲“仍舊、仍然”。例如：

晉仍無道而鮮胄。(《國語・周語下》)

大將軍將六將軍仍再出擊胡。(《史記・平準書》)

吾仍見上，上甚聰明。(《後漢書・蓋勳傳》)

四、情態副詞

情態副詞放在動詞或形容詞之前表示一定的情態或語氣(有的語法著作把表示語氣的副詞另立一類，稱爲“語氣副詞”)，現代漢語“大概”、“未免”、“本來”、“偏偏”等都屬於情態副詞。古代漢語的情態副詞也比較豐富，下面只舉和現代意義差别較大的“且”、“固”、“蓋”等爲例。

“且”字在古代漢語常作連詞用，和現代漢語“而且”意義相當，此外，還常常用作副詞表示情態，有“姑且”、“尚且”的意思。例如：

先生且休矣，我將念之。(《史記·淮陰侯列傳》)

臣死且不避，卮酒安足辭。(《史記·鴻門宴》)

上例是“姑且”的意思，下例是“尚且”的意思。這兩種用法在現代書面語言中還偶爾出現。

古代“且”字除作情態副詞外，還可以作時間副詞用，略等於“將要”。例如：

斥鴳笑之曰：“彼且奚適也？”(《莊子·逍遥遊》)

若屬皆且爲所虜。(《史記·鴻門宴》)

伍奢有二子，皆賢，不誅，且爲楚憂。(《史記·伍子胥列傳》)

這種用法在現代是絶對不會出現的。

“固”作爲情態副詞，是“本來、當然”的意思，和現代漢語的“固然”意思完全不同。例如：

百工之事，固不可耕且爲也。(《孟子·許行》)

人固有一死，或重於泰山，或輕於鴻毛。(司馬遷《報任安書》)

例一、例二都是“本來”、“當然”的意思。如果把“人固有一死”理解爲“人固然有一死”，就錯了。

“固”可以和語氣詞“也”直接結合成“固也”，成爲一種凝固形式，在古代漢語中比較常見，意思大致相當于“本來如此”或“當然如此”，常用在對話時的應答。例如：

〔趙高曰：〕“臣欲諫，爲位賤，此真君侯之事。君何不諫？”李斯曰：“固也！吾欲言之久矣！”(《史記·李斯列傳》)

趙高慫恿李斯向秦二世進諫，本是假話，李斯信以爲真，回答“固也”，就是“當然如此”的意思。

“蓋”字是表示語氣的情態副詞，常放在句首表示提示和推測性論斷的語氣，起引出下文的作用。例如：

蓋均無貧，和無寡，安無傾。(《論語·季氏將伐顓臾》)

蓋天下萬物之萌生，靡不有死。（《史記·孝文本紀》）

例一的“蓋”提示出“均無貧、和無寡、安無傾”這樣一種社會理想，也是作出這樣一種推測性的論斷。例二“蓋”提示“天下萬物之萌生”這件事，引出“靡不有死”這一結論，同時也是對這種現象作出推論性的論斷。

“蓋”有時只表示不肯定的論斷語氣，不一定放在句首，有“大概”的意思。例如：

蓋有之矣，我未之見也。（《論語·里仁》）

余登箕山，其上蓋有許由塚云。（《史記·伯夷列傳》）

“蓋”除了表示語氣的作用，在句中同時還有連接作用；上文《季氏將伐顓臾》一例，就還有連接前面的“君子不患貧而患不均，不患寡而患不安”的作用。再如：

屈平之作《離騷》，蓋自怨生也。（《史記·屈原賈生列傳》）

然侍衛之臣不懈於內，忠志之士忘身於外者，蓋追先帝之殊遇，欲報之於陛下也。（諸葛亮《出師表》）

兩例的“蓋”字都是連接前後文句的，這是連接作用；同時“蓋”字後面的句子又是表示前面的句子的原因的，它仍然起着推測性論斷語氣的作用。副詞有連接作用，這是古今一致的。

五、否定副詞

古代漢語常用的否定副詞有“不”、“弗”、“毋”、“勿”、“未”、“非”、“否”。這幾個否定副詞意義都比較單純，但用法則比較複雜，下面作一些簡單的介紹。

“不”和“弗”都是表示一般的否定。古代“不”的用法基本和現代相同：既可以否定動詞，又可以否定形容詞；既可以否定及物動詞，又可以否定不及物動詞。例如：

昭王南征而不復，寡人是問。（《左傳·齊桓公伐楚》）

風之積也不厚，則其負大翼也無力。（《莊子·逍遥遊》）

緣木求魚,雖不得魚,無後災。(《孟子·齊桓晉文之事》)

鍥而舍之,朽木不折;鍥而不舍,金石可鏤。(《荀子·勸學》)

例一"不"否定不及物動詞"復"(回來),例二"不"否定形容詞"厚",例三"不"否定及物動詞,但例四"不折"是否定不及物動詞,"不舍"是否定及物動詞(賓語省略,可與前句"鍥而舍之"對比)。

在秦漢以前,"弗"字的使用範圍非常狹窄,一般説來,"弗"字後面的動詞只能是及物動詞,但動詞後面却不帶賓語。例如:

大司馬固諫曰:"天之棄商久矣,君將興之,弗可赦也已。"弗聽。(《左傳·僖公二十二年》)

若夫窮辱之事,死亡之患,臣弗敢畏也。(《戰國策·范睢説秦王》)

功成而弗居。(《老子》)

不知亂之所自起,則弗能治。(《墨子·兼愛上》)

上述各例"弗"後面的及物動詞按説都可以補出一個賓語"之",但由於前面用了"弗",後面的賓語"之"就不再出現。

"弗"字後面動詞帶賓語的例子,在先秦少見。例如:

雖與之俱學,弗若之矣。(《孟子·告子上》)

漢代以後,"弗"字的使用範圍逐漸放寬,偶爾也能否定形容詞,但仍不多見。例如:

今吕氏王,大臣弗平。(《史記·吕后本紀》)

由於用"弗"的地方都能用"不",在讀古書的時候,把"弗"理解爲"不",是不會有什麽錯誤的。

"毋"和"勿"意思相當於現代漢語的"不要"或"别",經常用於祈使句,表示禁止或勸阻。"毋"字在古書中還常常寫成"無"。這兩個字的情況很像"不"和"弗","毋(無)"的語法作用和"不"相當,"勿"的語法作用則和"弗"相當。"毋"的例子如:

大毋侵小。(《左傳·襄公十九年》)

王如知此,則無望民之多於鄰國也。(《孟子·梁惠王上》)

毋妄言,族矣!(《史記·項羽本紀》)

苟富贵,無相忘。(《史記·陳涉起義》)

“勿”的例子如：

莒人囚楚公子平。楚人曰：“勿殺，吾歸而俘。”莒人殺之。（《左傳·成公九年》）

急擊勿失。（《史記·鴻門宴》）

“勿”後的動詞按説都可以補出賓語“之”，由於前面用“勿”，賓語“之”就没有出現。

但是，“勿”後動詞不帶賓語的規則在先秦時期就已經不是很嚴格的了。例如：

百畝之田，勿奪其時。（《孟子·梁惠王上》）

約絶之後，雖勿與地，可。（《戰國策·楚策一》）

到漢魏以後，“勿”的使用範圍逐漸擴大，“毋”和“勿”的這種分别逐漸消失，“勿”漸漸代替了“毋”。

“毋”（無）、“勿”有時並不完全表示禁止，而是帶有勸勉或約束的意思。例如：

王請勿疑。（《孟子·梁惠王上》）

子無敢食我也。（《戰國策·楚策一》）

上例有勸勉的意思，下例有約束的意思，都不是一般的禁止。

除祈使句外，“毋”（無）、“勿”有時也用在陳述句中，這時意思就和“不”差不多，不再表示禁止了。例如：

欲無獲民，將焉避之。（《左傳·晏嬰論季世》）

文公非不欲得原也，以不信得原不若勿得也。（《吕氏春秋·爲欲》）

漢代以後，“毋”、“勿”的這種用法逐漸被“不”所代替，一般就只用在祈使句中了。

“未”字表示事情還没有實現，等於現代漢語動詞前的“没有”。例如：

宋人既成列，楚人未既濟。（《左傳·僖公二十二年》）

雖少，願及未填溝壑而託之。（《戰國策·觸龍説趙太后》）

讀其書未畢，齊軍萬弩俱發。（《史記·孫臏》）

“未嘗”是一個凝固的形式，表示“不曾”或“没有過”。例如：

臣未嘗聞也。(《戰國策·魏策四》)

而吾未嘗以此自多者,自以比形於天地而受氣於陰陽;吾在天地之間,猶小石小木之在大山也。(《莊子·秋水》)

"未"和"未嘗"的區别是很清楚的:"未聞"是"没有聽説",只指現在的情況,表示還没有實現,包含有將來實現的可能性;"未嘗聞"則是"没有聽説過",只是簡單地否定過去。

有時候,"未"字並不表示事情還没有實現,而只是一種委婉的否定。在這種情況下,"未"和"不"的意義就比較接近了。例如:

君未知戰。(《左傳·僖公二十二年》)

見兔而顧犬,未爲晚也;亡羊而補牢,未爲遲也。(《戰國策·楚策四》)

"非"字是一個用法特殊的否定副詞(在上古也可以寫成"匪"),它所否定的不只是後面的動詞,而是後面整個謂語。例如:

夫仁義辯智,非所以持國也。(《韓非子·五蠹》)

此庸夫之怒也,非士之怒也。(《戰國策·魏策四》)

使我兩君匪以玉帛相見而以興戎。(《左傳·僖公十五年》)

吾非至於子之門,則殆矣。(《莊子·秋水》)

假輿馬者,非利足也,而致千里;假舟楫者,非能水也,而絶江河。(《荀子·勸學》)

前兩例是否定判斷句裏謂語和主語的關係。後三例是否定敍述句中的謂語,表示對某一事實的否認,在這種情況下,往往具有撇開的作用。在下面的例子裏,則由撇開進一步引申有假設的意思,等於説"若非"或"若無":

非梧桐不止,非練實不食,非醴泉不飲。(《莊子·秋水》)

蟹六跪而二螯,非蛇蟺之穴無可寄托者,用心躁也。(《荀子·勸學》)

古代漢語的"非"字雖然一般都可以譯成現代漢語的"不是",但它並不是和判斷詞"是"相對的表示否定的判斷詞,而是一個簡單的否定副詞,它所否定的是整個謂語。

“否”字也是一個用法特殊的否定副詞，它和表肯定的應答之辭“然”對立，經常用於單詞句，相當於現代漢語的單詞句“不”或詞組“不是的”，有時還用於假設的否定。例如：

孟子曰：“許子必種粟而後食乎？”曰：“然。”“許子必織布而後衣乎？”曰：“否。許子衣褐。”（《孟子·許行》）

願君留意臣之計，否，必爲二子所禽矣！（《史記·韓信破趙之戰》）

“否”字還經常用在肯定否定迭用的句子裏，表示否定的一面。例如：

吾得見與否，在此歲也。（《左傳·襄公三十年》）

“得見”表示肯定，“否”表示否定，即“不得見”。現代漢語書面語言常用的“是否”、“能否”、“可否”等，其中“否”字正是這種用法。

除以上否定副詞之外，古代漢語又常用“微”字表示否定。例如：

微獨趙，諸侯有在者乎？（《戰國策·觸龍説趙太后》）

微禹，吾其魚乎！（《左傳·昭公元年》）

是日，微樊噲犇入營誰讓項羽，沛公事幾殆！（《史記·樊酈滕灌列傳》）

微斯人，吾誰與歸？（范仲淹《岳陽樓記》）

例一的“微”作用和“不”相同，但一般只用在“微獨”這種凝固結構中，相當於“不但”、“非但”。後三例的“微”和“非”的意思相近，但只用於事後的假設，大致相當於“如果不是”。

六、表敬副詞

表敬副詞主要是用來表示對人尊敬。這類副詞原來一般都有比較具體的意義，用作表敬副詞後，主要是向人表示尊敬，原來的具體意義就變得很不明顯甚至消失。試比較《史記·廉頗藺相如列傳》中的兩個例子：

寡人竊聞趙王好音，請奏瑟。

城不入,臣請完璧歸趙。

上句"請奏瑟",是請趙王奏瑟,"請"是"請求"的意思。下句"請完璧歸趙"的"請"則没有對任何人表示請求,只是起了向對話人表示敬意的作用。上句的"請"是一般動詞,下句的"請"就是表敬副詞。

表敬副詞可以分爲尊人和自謙兩類。尊人的表敬副詞除上述"請"字外,常用的還有"幸"、"謹"、"敬"、"惠"、"辱"等。下面各舉一例:

秦王跽曰:"先生不幸教寡人乎?"(《戰國策·范雎説秦王》)

誠若先生之言,謹奉社稷而以從。(《史記·平原君列傳》)

太后曰:"敬諾。年幾何矣?"(《戰國策·觸龍説趙太后》)

君惠吊亡臣,又重有命。(《國語·晉語二》)

子,一國太子,辱在此。(《史記·晉世家》)

自謙的表敬副詞常用的有"竊"、"忝"、"猥"等,也各舉一例:

臣聞吏議逐客,竊以爲過矣。(李斯《諫逐客書》)

太守忝荷重任,當選士報國。(《後漢書·史弼傳》)

猥以微賤,當侍東宫。(李密《陳情表》)

古代漢語的表敬副詞比較多,有的和封建等級制度有密切關係,例如臣子對皇帝上書就常用"伏"字表示自己對皇帝的敬意。例如:

臣伏計之,大王奉高帝宗廟最宜稱。(《史記·孝文本紀》)

古代表敬副詞到了現代,除"請"還出現於口語,"謹"和"敬"還出現於書面語言中之外,其餘都早已不用,在現代漢語裏就没有必要再專門分出一類表敬副詞了。

(十)代　詞

古代漢語代詞主要分爲以下三類:人稱代詞、指示代詞和疑問代詞。除此之外,還有兩類比較特殊的代詞:一是無定代詞"或"和

"莫";一是輔助性代詞"者"和"所"。

一、人稱代詞

第一人稱代詞有"吾、我、予(余)"等。例如:

他日我曰:"子爲鄭國,我爲吾家,以庇焉,其可也。"(《左傳·子産論尹何爲邑》)

夫上黨之國,我攻而勝之,吾不能居其地,不能乘其車。(《戰國策·句踐滅吴》)

居,予語汝!(《莊子·達生》)

曰:"余病矣。"(《左傳·鞌之戰》)

值得注意的是,在魏晉以前,"吾"字很少放在動詞和介詞後面作賓語用(《莊子·齊物論》"今者吾喪我",就是一個典型的例子,不能换成"今者吾喪吾"或"今者我喪吾")。但是在否定句裏,賓語放在動詞的前面,就又可以用"吾"字了。例如:

居則曰:"不吾知也。"(《論語·子路曾晳冉有公西華侍坐》)

到魏晉以後,"吾"字才可以放在動詞和介詞後面。例如:

今人歸吾,吾何忍棄去?(《三國志·蜀書·先主傳》)

與吾居十二年者,今其室十無四五焉。(柳宗元《捕蛇者説》)

第一人稱還有"朕"字。秦始皇統一天下後,規定只有皇帝自稱才能用"朕",歷代封建帝王都沿襲這種用法。但在秦以前,一般人自稱也可以用"朕"。例如:

臯陶曰:朕言惠。(《尚書·臯陶謨》)

朕皇考曰伯庸。(屈原《離騷》)

臯陶(舜的大臣)和屈原都不是帝王,都可以自稱爲"朕",這種用法只在《書經》、《離騷》等少數先秦作品中出現。

第二人稱有"女(汝)、爾、若、而、乃"等,可以分爲兩類。一類是"女(汝)、爾、若",可以用作主語、賓語和定語。例如:

五侯九伯,女實征之,以夾輔周室。(《左傳·齊桓公伐楚》)

吾將殘汝社稷,滅汝宗廟。(《國語·句踐滅吴》)

我無爾詐,爾無我虞。(《左傳·宣公十五年》)

若爲庸耕,何富貴也。(《史記·陳涉起義》)

吾語若。(《莊子·人間世》)

另一類是"而、乃",一般只用作定語。例如:

吾乃與而君言,汝何爲者哉?(《史記·平原君列傳》)

必欲烹乃翁,幸分我一杯羹。(《漢書·項籍傳》)

"而、乃"偶爾可以用作主語,但絶對不能用作賓語。

嚴格説來,先秦是没有真正的第三人稱代詞的,本來是指示代詞的"其"、"之"可以起第三人稱代詞的作用。在閱讀時,不妨把某些"其"、"之"當作第三人稱代詞來理解。"其"只用作定語,"之"只用作賓語。例如:

公室將卑,其宗族枝葉先落,則公從之。(《左傳·晏嬰論季世》)

下視其轍,登軾而望之。(《左傳·莊公十年》)

例一"其"指公室,用作定語,可以譯作"它的";"之"指宗族,用作賓語,可以譯作"他們"。例二的情況相同。"其"的作用相當於名詞後面加"之"。例如:

北冥有魚,其名爲鯤。(《莊子·逍遥遊》)

"其名爲鯤"就是"魚之名爲鯤"的意思,有了代詞"其",用現代漢語來表達,就是"它的名字是鯤"了。下面的例子名詞加"之"和後面的"其"在意義上相等,正可以對比。

吾見師之出而不見其入也。(《左傳·僖公三十二年》)

且夫水之積也不厚,則其負大舟也無力。(《莊子·逍遥遊》)

這些地方的"之"字,不必譯成現代漢語的"的"。同樣,這些地方的"其",也不必譯成"他的",只須譯成"他"就行了。但是,從語法結構上看,這些地方的"其"必須認爲是定語,不能認爲是主語,正如"之"前面的名詞只能是定語而不是主語一樣。"其入"即"師之入","其負大舟"即"水之負大舟","其"與後面的謂詞性成分組成名詞性詞組,成爲全句的賓語和主語,"其"是"入"或"負大舟"的定語，而不是主語。上舉例一譯成現代漢語應該是“我看見軍隊出去而看不見它回來”，“軍隊”和“它”就成了“出去”和“回來”的主語。這是古今語法不同的一個重要方面。

魏晉以後，才偶爾出現“其”字用作主語的例子，但始終没有被普遍使用。“彼”字雖然有時能用作主語，但它的指示代詞的性質比“之”“其”更明確（詳見下文“指示代詞”）。“他”字在上古的意義是“其他”、“别的”（如《詩經·小雅·鶴鳴》“他山之石，可以攻玉”）。從唐代開始，“他”才發展成爲第三人稱代詞，但也只出現在接近口語的詩詞和其他作品中，一般古文很少使用。

現代漢語用第三人稱作主語的地方，古代有兩種表達方法：一種是重複前面出現的名詞，如《左傳·襄公十五年》：“宋人或得玉，獻諸子罕，子罕弗受。”另一種是省略主語，如《論語·子路從而後》“使子路反見之。［子路］至，則［丈人］行矣。”（方括號内是省略的主語。）這兩種表達方法都是很常見的。

現代漢語人稱代詞的複數加“們”字，如“我們”、“你們”、“他們”。古代人稱代詞没有單複數的分别，人稱代詞代表單數還是複數，要根據上下文才能決定。下面各例中的人稱代詞都表示複數：

齊師伐我。（《左傳·莊公十年》）

吾與汝畢力平險。（《列子·湯問》）

若皆罷去歸矣！（《史記·西門豹治鄴》）

第一、第二人稱代詞後面可以加“儕”、“屬”、“曹”等字，表示不只一個人。例如：

吾儕何知焉？（《左傳·昭公二十四年》）

若屬皆且爲所虜。（《史記·鴻門宴》）

欲使汝曹不忘之耳。（《後漢書·馬援傳》）

吾何以傳女曹哉？（汪琬《傳是樓記》）

“儕”、“屬”、“曹”意義比較具體，“吾儕”、“若屬”、“汝曹”大致相當於現代漢語的“我們這班人”、“你們這些人”等，和“我們”、“你們”

不但結構不同,意思也有差異。

古人還常用謙稱代替第一人稱代詞,尊稱代替第二人稱代詞。謙稱和尊稱都是名詞,不是代詞,所以它不受代詞規律的制約(在否定句中不放在動詞前面);但是,從意思上説,它們却代表了"我"和"你"。謙稱的例子如:

昭王南征而不復,寡人是問。(《左傳·齊桓公伐楚》)

是臣之大榮也,臣又何耻乎?(《戰國策·范雎説秦王》)

妾父爲吏,齊中皆稱其廉平。(《史記·孝文本紀》)

僕非敢如此也。(司馬遷《報任安書》)

愚謂大計不如迎之。(《三國志·吴書·周瑜傳》)

尊稱的例子如:

子將若何?(《左傳·晏嬰論季世》)

君美甚,徐公何能及公也!(《戰國策·齊策一》)

先生奈何而言若此!(《戰國策·范雎説秦王》)

足下事皆成。(《史記·陳涉起義》)

大王嘗聞布衣之怒乎?(《戰國策·魏策四》)

此外,自稱其名也是一種謙稱,稱人之字也是一種尊稱。自稱其名的例子如:

文(孟嘗君名)倦於事,憒於憂,而性懧愚,沉於國家之事,開罪於先生。(《戰國策·齊策四》)

夫以秦王之威,而相如廷叱之。(《史記·廉頗藺相如列傳》)

稱人之字的例子如:

今少卿抱不測之罪。(司馬遷《報任安書》)

東野之役於江南也,有若不釋然者。(韓愈《送孟東野序》)

總的來看,古代漢語人稱代詞比現代用得少些,這主要有兩個原因:一是古代漢語省略主語的地方較多,而且没有用作主語的第三人稱代詞;二是謙稱和尊稱較多,代替了人稱代詞。

二、指示代詞

現代漢語指示代詞有"這"、"那"。"這"是近指,"那"是遠指。

古代漢語指示代詞有"此、是、斯、兹、彼"等。就一般説,"此"、"是"、"斯"、"兹"是近指,"彼"是遠指。例如:

以此攻城,何城不克?(《左傳·齊桓公伐楚》)

是鳥也,海運則將徙於南冥。(《莊子·逍遥遊》)

逝者如斯夫,不舍晝夜。(《論語·子罕》)

挹彼注兹。(《詩經·大雅·泂酌》)

彼一時,此一時也。(《孟子·公孫丑下》)

"此"、"是"、"彼"可以指人,略等於説"這人"、"那人"。例如:

此誰也?(《戰國策·齊策四》)

是良史也。(《左傳·昭公十二年》)

或問子產。子曰:"惠人也。"問子西。曰:"彼哉! 彼哉!"(《論語·憲問》)

最後一例"彼哉! 彼哉"等於説"那人哪! 那人哪(不予評論的意思)!""彼"字有時帶有人稱代詞的性質,可以譯作"他"或"他們"等。例如:

彼,丈夫也;我,丈夫也。吾何畏彼哉!(《孟子·滕文公上》)

彼且奚適也?(《莊子·逍遥遊》)

但是,"彼"字始終没有完全喪失它的指示性。由於它表示遠指,所以指人時常常帶有輕視的意味,如"彼哉,彼哉"。它到底不是正式的人稱代詞,所以古代漢語裏一般很少用它來表示"他"或"他們"。

"之"、"其"本是指示代詞,都不用作主語。"之"表示泛指,用作定語或賓語。例如:

之子於歸,遠送於野。(《詩經·邶風·燕燕》)

姜氏欲之,焉辟害?(《左傳·鄭伯克段於鄢》)

"其"表示特指,即用來指示一定的人或物,大致和現代漢語"那個"、"那種"相當,用作定語。例如:

晏子立於崔氏之門外,其人曰:"死乎?"(《左傳·襄公二十五年》)

至其時,西門豹往會之河上。(《史記·西門豹治鄴》)

"夫(fú)"字也是一個指示代詞,表示遠指,但是指示性較輕,在譯成現代漢語時往往不必譯出。例如：

食夫稻，衣夫錦。（《論語·陽貨》）

則夫二人者，魯國社稷之臣也。（《左傳·成公十六年》）

使夫往而學焉，夫亦愈知治矣。（《左傳·子産論尹何爲邑》）

“夫”字有時還放在結構比較複雜的賓語之前，仍是指示代詞。例如：

吾思夫使我至此極者而弗得也。（《莊子·大宗師》）

乃歌夫“長鋏歸來”者也。（《戰國策·齊策四》）

指示代詞還有“若”、“然”、“爾”。“若”常用於定語，“然”、“爾”常用作謂語，略等於現代漢語的“如此”、“這樣”或“那樣”。例如：

君子哉若人！尚德哉若人！（《論語·憲問》）

聞若言，莫不揮泣奮臂而欲戰。（《戰國策·齊策六》）

河東凶亦然。（《孟子·梁惠王上》）

木莖非能長也，所立者然也。（《荀子·勸學》）

相去萬餘里，故人心尚爾。（《古詩十九首》）

汝我家出，亦敢爾邪？（《後漢書·鄧禹傳》）

“焉”是一個特殊的指示代詞，它既是指示代詞，又同時具有語氣詞的性質。它不僅用來指代某一範圍或方面，還經常用於敍述句的句尾表示停頓，後面一般不加别的語氣詞。“焉”字所指代的範圍或方面，常與人物或處所有關。例如：

三人行，必有我師焉。（《論語·述而》）

陳相見許行而大悦，盡棄其學而學焉。（《孟子·許行》）

積土成山，風雨興焉；積水成淵，蛟龍生焉。（《荀子·勸學》）

自此，冀之南，漢之陰，無隴斷焉。（《列子·湯問》）

這種“焉”字相當於“於是”。“必有我師焉”相當於“必有我師於是（“是”指“三人”）”；“風雨興焉”相當於“風雨興於是（“是”指“山”）”。“焉”字一般只用在不及物動詞之後，這點和“之”正相反。“之”的主要作用就是放在及物動詞之後作賓語。古代漢語裏只有“知之”、“殺之”，没有“知焉”、“殺焉”。同一動詞，加“之”和加

“焉”，意義也不同。試比較下面兩例：

君何懼焉。(《左傳·襄公十八年》)

奈何以死懼之。(《老子》)

上例“懼”是不及物動詞，“焉”相當於“於是”；下例“懼”是使動用法，“之”作賓語，意思是“使之懼”。

“焉”字由於經常放在句尾，逐漸具有了語氣詞的性質。在有的句子裏，甚至完全失去了指代作用，成爲純粹的語氣詞，帶有指點引人注意的語氣。例如：

夫子言之，於我心有戚戚焉。(《孟子·齊桓晉文之事》)

南方有鳥焉，名曰蒙鳩。(《荀子·勸學》)

君以爲易，其難也將至矣；君以爲難，其易也將至焉。(《國語·晉語四》)

最後一例很有啓發性。這是平行的句法，上句用“矣”，下句用“焉”，“焉”字顯然不再具備指代的性質。這種單純的語氣詞“焉”字和兼有語氣詞性質的代詞“焉”字界限並不是十分清楚的。我們學習古代漢語時，需要注意，不要輕易把“焉”字看成單純語氣詞。

“諸”字是代詞“之”和“於”(或“乎”)的合音。“之於”(或“之乎”)合音爲“諸”，在古代漢語裏很常見。“諸”等於“之於”的例子如：

禹疏九河，瀹濟漯，而注諸海。(《孟子·許行》)

宋人或得玉，獻諸子罕。(《左傳·襄公十五年》)

“諸”等於“之乎”的例子如：

文王之囿，方七十里，有諸？(《孟子·梁惠王下》)

人孰敢不聽而化諸？(《莊子·應帝王》)

上句是一般疑問句，下句是反問句。“諸”字用於句尾等於“之乎”時，一般只出現於這兩種句子中。

三、疑問代詞

古代漢語疑問代詞大致可以分爲指人、指事物和指處所三類。

三類之間是有交叉的。

指人的疑問代詞有"誰"、"孰"。"誰"的用法和現代漢語完全相同,不必舉例。"孰"主要用於選擇問句,但不能出現於賓語位置。例如:

父與夫孰親?(《左傳·桓公十五年》)

吾子與子路孰賢?(《孟子·公孫丑上》)

"孰"也可以指事物,仍是表示選擇。例如:

膾炙與羊棗孰美?(《孟子·盡心下》)

天下之害孰爲大?(《墨子·兼愛下》)

兩者孰足爲也?(《荀子·强國》)

"孰"用來指人時,也有不表示選擇的,這就和"誰"用法相同了。例如:

孰可以代之?(《左傳·襄公三年》)

孰爲夫子?(《論語·子路從而後》)

但是"吾誰欺"不能説成"吾孰欺",這是因爲"誰"字處於賓語位置,而"孰"字不能用作賓語。

古書中常常見到"孰與"兩字連用,"孰與"是一種凝固形式,同"何如"的意思相近,用來比較人物的高下或事情的得失。例如:

公之視廉將軍孰與秦王?(《史記·廉頗藺相如列傳》)

從天而頌之,孰與制天命而用之?(《荀子·天論》)

指事物的疑問代詞主要有"何、胡、曷、奚",相當於現代漢語的"什麽"。其中"何"最常見,例如:

星隊,木鳴,國人皆恐。曰:是何也?曰:無何也。(《荀子·天論》)

以此攻城,何城不克?(《左傳·齊桓公伐楚》)

例一"是何也","何"用作謂語,"無何"的"何"用作賓語,例二"何"用作定語。"何"還可以用作狀語,表示"爲什麽"、"怎麽"的意思。例如:

夫子何哂由也?(《論語·子路曾皙冉有公西華侍坐》)

先生坐,何至於此?(《戰國策·魏策四》)

弟子何久也？(《史記・西門豹治鄴》)

"胡"、"曷"、"奚"的使用範圍比"何"狹窄，一般常用作狀語，表示"爲什麽"、"怎麽"。例如：

胡不見我於王？(《墨子・公輸》)

曷足以美七尺之軀哉？(《荀子・勸學》)

子奚哭之悲也？(《韓非子・和氏》)

"奚"用於賓語，表示事物或處所。例如：

"許子冠乎？"曰："冠。"曰："奚冠？"曰："冠素。"(《孟子・許行》)

彼且奚適也？(《莊子・逍遥遊》)

"胡"、"曷"用於賓語，主要見於"胡爲"、"曷爲"，和"爲"連起來，仍是表示"爲什麽"。例如：

胡爲至今不朝也？(《戰國策・齊策四》)

曷爲久居此圍城之中而不去？(《史記・魯仲連鄒陽列傳》)

指處所的疑問代詞主要有"安、惡、焉"，相當於現代漢語的"哪裏"，一般常用於狀語，表示反問。例如：

臣死且不避，卮酒安足辭？(《史記・鴻門宴》)

視弟子與臣若其身，惡施不慈！(《墨子・兼愛上》)

且焉置土石？(《列子・湯問》)

用於賓語的情況比較少一些。例如：

泰山其頹，則吾將安仰？(《禮記・檀弓上》)

彼且惡乎待哉？(《莊子・逍遥遊》)

天下之父歸之，其子焉往？(《孟子・離婁上》)

四、"或"和"莫"

"或"和"莫"是古代漢語特有的無定代詞。現代漢語没有這一類代詞，所以值得特别注意。

"或"字是肯定性無定代詞，一般指人，相當於現代漢語的"有人"、"有的人"或"某人"，只用作主語。例如：

或勞心，或勞力。(《孟子・許行》)

今或聞無罪,二世殺之。(《史記·陳涉起義》)

有時候"或"字前面出現先行詞,"或"字指代其中的某些人或某一個人。例如:

宋人或得玉。(《左傳·襄公十五年》)

曹人或夢衆君子立於社宫而謀亡曹。(《左傳·哀公七年》)

"或"字還常常前後呼應,表示列舉不同的情況。這時"或"仍然是無定代詞,它既可以指人(譯爲"有人"),又可以指物(譯爲"有的")。例如:

或百步而後止,或五十步而後止。(《孟子·梁惠王上》)

夫物之不齊,物之情也。或相倍蓰,或相什伯,或相千萬。(《孟子·許行》)

這種用法的"或"字不是表示選擇的連詞,不能理解成"或者",這是應當特别注意的。

"莫"字是否定性無定代詞,相當於現代漢語的"没有誰"或"没有什麽東西(事情)"。"莫"字所否定的可以有範圍,也可以没有範圍,或不指出範圍。例如:

羣臣莫對。(《戰國策·楚策一》)

殺臣,宋莫能守,乃可攻也。(《墨子·公輸》)

天下之水,莫大於海。(《莊子·秋水》)

虎負嵎,莫之敢攖。(《孟子·盡心下》)

吾楯之堅,物莫能陷也。(《韓非子·歷山之農者侵畔》)

前三例是一定範圍的否定。"羣臣"、"宋"、"天下之水"是"莫"所否定的範圍。後兩例没有指出範圍,是最廣泛的否定。

"莫"字在先秦作品中,大致都可以解釋爲無定代詞。漢以後,"莫"字逐漸産生了新的用法,成爲否定副詞,常用於祈使句表示禁止,相當於"勿(不要)"。例如:

秦惠王車裂商君以徇曰:"莫如商鞅反者。"(《史記·商君列傳》)

有時也用於陳述句中,相當於"不"。例如:

諸將皆莫信。(《史記·韓信破趙之戰》)

五、“者”和“所”

“者”和“所”是兩個起輔助作用的代詞。它們都稱代一定的人或事物，但是却不能獨立作句子成分用，必須放在其他詞和詞組的後面或前面，構成“者”字結構和“所”字結構，使整個結構成爲句子的一個成分。有的語法著作稱它們爲“助詞”。

“者”字作爲輔助性代詞，有兩種作用。一是放在動詞和形容詞（或動詞性和形容詞性詞組）之後構成“者”字結構，使整個結構具有名詞性。它的作用很像現代漢語的“的”。例如：

> 庸者笑而應曰。（《史記·陳涉起義》）
> 大者王，小者侯。（《漢書·高帝紀下》）
> 先破秦入咸陽者王之。（《史記·鴻門宴》）
> 王莽徵天下能爲兵法者六十三家數百人。（《後漢書·光武帝紀上》）
> 夫物不産於秦，可寶者多？（李斯《諫逐客書》）

以上各例加着重號的都是“者”字結構，其中“者”字都可斟酌情況譯爲現代漢語的“的”、“的人”、“的東西”等。這種用法一直保留到現在，例如“勞動者”，只是“者”的輔助性更加突出，有時已接近詞尾性質了，例如“作者”。

“者”的另一種用法是放在數詞或時間詞之後表示一定的範圍或種類。放在數詞之後的如：

> 必不得已而去，於斯三者何先？（《論語·顏淵》）
> 二者皆譏，而學士多稱於世云。《史記·游俠列傳》）

放在時間詞之後的如：

> 古者丈夫不耕，草木之實足食也。（《韓非子·五蠹》）
> 今者將軍令臣等反背水陳。（《史記·韓信破趙之戰》）

數詞之後的“者”可以譯爲“樣”、“種”、“類”、“方面”等，“二者”、“三者”在現代書面語言中還常常運用。時間詞之後的“者”則無法譯出，現代也再没有這種用法了。

“者”還可以用來複指主語，引出謂語（如《史記·陳涉起義》“陳勝者，陽城人也”），這在《古代漢語的詞序》和《古代漢語的判斷句》兩節都曾經談到，這裏不再重複。

“所”字作爲輔助性代詞，所代的是某種動作的對象。它位於動詞或動詞性詞組之前，和動詞或動詞性詞組結合成“所”字結構，使整個結構具有名詞性。例如：

衣食所安，弗敢專也。（《左傳·莊公十年》）

民無所依。（《左傳·晏嬰論季世》）

君子於其所不知，蓋闕如也。（《論語·子路》）

財物無所取，婦女無所幸。（《史記·鴻門宴》）

“所安”是指“安身的東西”，“所依”是指“依靠的人”，“所不知”是指“不知道的事情”，“所取”是指“取的財物”，“所幸”是指“寵幸的婦女”。

就一般説，“所”字後面必須是及物動詞。如果是形容詞或不及物動詞，它們也都變得具有及物動詞的性質，如上舉例一“所安”的“安”是形容詞，這裏有“所”作爲賓語，因而帶有及物動詞的性質。

我們要注意和及物動詞結合以後“所”和“者”的分别。“所食”指代“食”的對象，即“吃的〔東西〕”；“食者”指代行爲的主動者，即“吃東西的人”。試比較下列兩例：

始臣之解牛之時，所見無非牛者。（《莊子·養生主》）

見者驚猶鬼神。（《莊子·達生》）

上句“所見”指“看見的〔東西〕”，下句“見者”則指“看見東西的人”。

古代漢語還常出現“所……者”的格式，它的作用和“所……”相同，仍是指代行爲的對象。“所食者”等於“所食”，指“吃的〔東西〕”，而不等於“食者”。例如：

所愛者，撓法活之；所憎者，曲法誅滅之。（《史記·酷吏列傳》）

孟嘗君曰：“視吾家所寡有者。”（《戰國策·齊策四》）

“所愛者”、“所憎者”指“被愛的人”、“被憎的人”，“所寡有者”指“寡有的東西”，而不是“寡有的人”。

“所”字結構(包括“所……者”)的前面還可以用行爲主動者作定語來修飾它，一般在定語之後要用“之”字。“所食”可以擴展成爲“民之所食”，“民”是“食”的行爲主動者，同時又是“所食”的定語。例如：

商之所長也。(《莊子・列禦寇》)

是又禹桀之所同也。(《荀子・天論》)

奪其所憎而與其所愛。(《戰國策・趙策三》)

最後一例“其”字代替名詞加“之”(見前“人稱代詞”一節)，因此在定語之後没有出現“之”字。行爲主動者修飾“所……者”的例子如：

臣之所好者道也。(《莊子・養生主》)

其所善者，吾則行之；其所惡者，吾則改之。(《左傳・襄公三十一年》)

“所”字結構雖然指代行爲的對象，但是不能具體表示是什麽人或什麽事物。因此，還可以在“所”字之後再加上名詞，舉出人或事物的名稱，“所”字結構放在前面作定語修飾它。“所食”可以擴展成“所食之粟”，“民之所食”可以説成“民所食之粟”。例如：

仲子所居之室，伯夷之所築與？抑亦盜跖之所築與？(《孟子・滕文公下》)

光不敢以圖國事，所善荆卿可使也。(《史記・刺客列傳》)

獨籍所殺漢軍數百人。(《史記・項羽本紀》)

例一“仲子所居”是“室”的定語，兩者所指相同；例二“所善”是“荆卿”的定語，“所善”就是指“荆卿”；例三實際是“籍之所殺之漢軍”，只是兩個“之”字都没有出現，修飾關係就不那麽明顯。

“所”字結構的作用比較複雜，以上舉出的只是常見用法，概括起來就是這四種：第一，“所食”；第二，“所食者”；第三，“民之所食”

(或"民之所食者");第四,"所食之粟"(或"民所食之粟")。

前面已經提到,"所"字以後必須是及物動詞,但這及物動詞又不能帶賓語,因爲"所"字已經起了賓語的作用了。如果"所"是"所由"、"所以"一類的意思,不再作爲代詞替代動作的對象,它後面的動詞自然就不一定必須是及物動詞;如果是及物動詞,也可以另帶賓語。例如:

夙興夜寐,無忝爾所生。(《詩經·小雅·小宛》)

所愛其母者,非愛其形也。(《莊子·德充符》)

"爾所生"的意思是"爾所由生",指"生爾者",即父母;"所愛其母"的意思是"所以愛其母",指"愛母"的原因。

此外,在"所謂"這類凝固格式的後面,也可以另帶賓語。例如:

所謂故國者,非謂有喬木之謂也。(《孟子·梁惠王下》)

此所謂戰勝於朝廷。(《戰國策·齊策一》)

"所以"也是一種很常見的凝固格式。在這裏,"所"字後面跟着的不是動詞,而是介詞"以"。古代漢語裏的"所以"主要有兩種意義。第一種意義比較具體,大致和現代漢語的"用來……的方法","憑它來……的"等相當,説明"怎樣"。例如:

吾知所以距子矣。(《墨子·公輸》)

彼兵者,所以禁暴除害也,非争奪也。(《荀子·議兵》)

師者,所以傳道受業解惑也。(韓愈《師説》)

例一"所以距子"的意思是"用來抵抗你的方法";例二"所以禁暴除害"的意思是"用來禁暴除害的工具";例三"所以傳道受業解惑"的意思是"憑它來傳道受業解惑"。

"所以"的第二種意義比較抽象,用來表示原因,大致和現代漢語的"導致……的原因"相當,説明"爲什麽"。例如:

吾所以爲此者,以先國家之急而後私讎也。(《史記·廉頗藺相如列傳》)

君不此問而問舜冠，所以不對也。(《荀子·哀公》)

儒以文亂法，俠以武犯禁，而人主兼禮之，此所以亂也。(《韓非子·五蠹》)

例一是先説結果，後説原因，"吾所以爲此"的意思是"導致我這樣做的原因"，"所以"之前還可以加上"之"字，如果説成"吾之所以爲此者"，意思完全相同。後兩例是先説原因，後説結果。例二"所以不對也"的意思是"〔這〕就是導致〔我〕不對答的原因"；例三"此所以亂也"的意思是"這就是導致亂的原因"。

用"所以"來表示原因，現代漢語還一直沿用，但一般只限於先説結果，後説原因，而且一般只用"之所以"來表示，例如"精衛之所以銜西山之木石去填東海，是由於它有堅强不屈的鬭争精神"。

除沿用古代漢語的這種用法外，現代漢語的"所以"已經發展成爲一個連詞，而不再是代詞加介詞。這點必須特别注意。古代漢語的"所以"是不能解釋成現代漢語的"因此"的。下面的例子就很容易弄錯：

故君子居必擇鄉，遊必就士，所以防邪僻而近中正也。(《荀子·勸學》)

最後一個分句的意思是"〔這是〕用來防邪僻而近中正的方法"，如果把"所以"理解成現代漢語的"因此"，就錯了。即使像前面所舉的"君不此問而問舜冠，所以不對也"，其中的"所以"也不能理解爲"因此"，而應理解爲"導致我不對答的原因"。如果補出一個"我"字，也只能説"我所以不對也"，不能像現代漢語那樣説成"所以我不對答"。這是古今語法不同的一個方面。

"所"字後面加介詞，除"所以"外，還有"所從"、"所由"、"所與"、"所爲"等，用法都遠没有"所以"複雜。下面各舉一例：

是吾劍之所從墜。(《吕氏春秋·察今》)

是亂之所由作也。(《荀子·正論》)

其妻問其所與飲食者，則盡富貴也。(《孟子·離婁下》)

所爲見將軍者,欲以助趙也。(《戰國策·趙策三》)

最後,古代漢語被動句式也常常用"所"字,如"爲人所笑"。這種"所"字已經虚化,失去了代詞的性質,在上文"古代漢語的被動表示法"一節中已經講過,這裏不再贅述。

(十一) 介詞、連詞

介詞和連詞在句子中都是起聯結作用的,但是它們所起的聯結作用不同,因此分别稱爲介詞和連詞。

一、介詞

介詞經常用在名詞、代詞或名詞性詞組的前面,組成介詞結構,作動詞或形容詞的狀語或補語,以表示時間、處所、目的、原因、方式、對象等等。古代漢語常用的介詞有"于(於、乎)、以、爲、由、自、從、嚮、在、用、被"等,這些介詞的常見用法大部分都保存在現代漢語裏,掌握起來並不困難。下面舉出用法比較複雜的"于(於、乎)"、"以"、"爲"爲例做一些簡單的介紹。

1.于(於、乎)

"于"和"於"在上古並不同音,但作爲介詞,它們之間的差别主要在書寫形式。甲骨文中只用"于"不用"於",先秦一些古籍如《左傳》、《荀子》等"于"、"於"並用,戰國以後的古書則多寫作"於"。漢字簡化後,"於"又簡化爲"于"。"乎"字的上古音與"于"相近,除經常作爲語氣詞外,還常作介詞用,用法基本上和"于"一致。

"于"的用法主要有四種。

第一種用法是表示處所和時間。例如:

宋公及楚人戰于泓。(《左傳·僖公二十二年》)

越王句踐棲於會稽之上。(《國語·句踐滅吴》)

虎兕出於柙，龜玉毁於櫝中。(《論語·季氏將伐顓臾》)

顔成子游立侍乎前。(《莊子·齊物論》)

以上表示處所。

自朝至于日中昃不遑暇食。(《尚書·無逸》)

是干戚用於古，不用於今也。(《韓非子·五蠹》)

有志乎古者希矣。(韓愈《答李翊書》)

以上表示時間。

這種表示處所和時間的"于"，相當於現代漢語的介詞"在"、"到"、"從"等，除"乎"字外，現代漢語書面語言還一直沿用，如"写于北京"、"成立于一九四九年"。但在古代漢語裏，表示處所的"于"字有時可以不出現，讓處所名詞直接用在謂語動詞或動賓詞組之後作補語，這是現代漢語書面語言很少用的。例如：

吾聞秦軍圍趙王鉅鹿。(《史記·項羽本紀》)

令女居其上，浮之河中。(《史記·西門豹治鄴》)

第二種用法是介紹涉及的對象。例如：

先民有言："詢于芻蕘。"言博問也。(《荀子·大略》)

潁考叔爲潁谷封人，聞之，有獻於公。(《左傳·鄭伯克段於鄢》)

利澤施乎萬世。(《莊子·大宗師》)

這種用來介紹對象的"于"，相當於現代漢語的"向"、"給"、"對(對於)"等。這種用法除"乎"字外也常見於現代漢語書面語言裏，如"献身于革命事业"、"有利于各国人民"。

第三種用法是表示比較。例如：

青，取之於藍而青於藍；冰，水爲之而寒於水。(《荀子·勸學》)

老臣竊以爲媪之愛燕后，賢於長安君。(《戰國策·觸龍説趙太后》)

其聞道也，固先乎吾。(韓愈《師説》)

這種表示比較的用法在古書中一般只用"於"和"乎"，很少用"于"。由於表示比較，一般只放在形容詞謂語的後面。它的意義相當於現代漢語的"比"，但在句中的位置不一樣，"比"和它的賓語要放在形容詞謂語的前面作狀語，"寒於水"如果譯成現代漢語就是"比水寒”。“於”的這種用法在現代漢語書面語言中有時也使用,例如:“人民的利益高於一切。”

第四種用法是用在表被動的句中。這在《古代漢語的被動表示法》一節中已經介紹過,這裏不再重複,只補充一個用“乎”引進行爲主動者的例句:

刑賞已諾,信乎天下矣。(《荀子·王霸》)

“信乎天下”就是“信於天下”,即“被天下信”。在古書中用“乎”表示被動是比較少見的。

2. 以

介詞“以”的用法比較複雜,最常見的有以下四種:

第一種用法是表示動作行爲以某物爲工具或憑藉,相當於現代漢語的“用”或“拿”。“以”的賓語所表示的事物,可以是具體的,也可以是比較抽象的。例如:

蛇出於其下,以肱擊之。(《左傳·鞌之戰》)

以羽爲巢,而編之以髮。(《荀子·勸學》)

儒以文亂法,俠以武犯禁。(《韓非子·五蠹》)

第二種用法是表示憑着某種資格、身份或地位。例如:

至其時,西門豹往會之河上,……以人民往觀之者三二千人。(《史記·西門豹治鄴》)

騫以郎應募使月氏。(《漢書·張騫傳》)

有時是表示率領或依照的意思。例如:

項梁乃以八千人渡江而西。(《史記·項羽本紀》)

餘船以次俱進。(《資治通鑑·漢紀五十七》)

第三種用法是表示原因,相當於“因”、“因爲”、“由於”。例如:

夫韓魏滅亡,而安陵以五十里之地存者,徒以有先生也。(《戰國策·魏策四》)

扶蘇以數諫故,上使外將兵。(《史記·陳涉起義》)

所謂華山洞者,以其乃華山之陽名之也。(王安石《遊褒禪山記》)

第四種用法是表示時間,相當於“于”、“在”。例如:

文(指田文,即孟嘗君)以五月五日生。(《史記·孟嘗君列傳》)

(韓説(yuè))以太初三年爲游擊將軍。(《史記·衛將軍驃騎列傳》)

子厚以元和十四年十一月八日卒。(韓愈《柳子厚墓志銘》)

以上四種用法關係非常密切,實際上後三種用法都是從第一種用法表示"憑藉"的意義引申出來的。因此,各用法之間的界限有時就不很明顯,例如"以捕蛇獨存"(柳宗元《捕蛇者説》),可以理解爲第一種用法"依靠着捕蛇獨自生存下來",也可以理解爲第三種用法"由於捕蛇獨自生存下來",但意思基本上是一致的。現代漢語裏"以"字的用法也相當複雜,表示"憑藉"的意義仍很常用,但像表示時間的用法就不存在了。

"以"字的用法還有兩點值得注意。一是它在句中的位置。"以"可以用在謂語動詞之前,也可以用在謂語動詞之後,上邊舉的《荀子·勸學》"以羽爲巢,而編之以髪"一例,兩個"以"字的位置就不同。但在表示時間時,就只能放在謂語動詞之前。二是它的賓語的位置。爲了强調"以"的賓語,可以把這個賓語放到"以"的前面。例如:

楚國方城以爲城,漢水以爲池。(《左傳·齊桓公伐楚》)

一以當十。(《史記·項羽本紀》)

如果"以"的賓語在上文已經出現過,這個賓語有時還可以省略。例如:

小人有母,皆嘗小人之食矣,未嘗君之羹。請以遺之。(《左傳·鄭伯克段於鄢》)

舉熙熙然迴巧獻技,以效茲丘之下。(柳宗元《鈷鉧潭西小丘記》)

上例"以"後省略"君之羹";下例"以"後省略"此","此"指上文所敍述的事實。

"無以(亡以)"是一個凝固結構,"以"字後面也不帶賓語。"無以"是没有什麽可以拿來的意思。例如:

故不積蹞步,無以至千里;不積小流,無以成江海。(《荀子·勸學》)

河曲智叟亡以應。(《列子·湯問》)

"以"字還可以用作連詞,它的作用略同於"而"。例如:

齊因乘勝盡破其軍,虜魏太子申以歸。(《史記·孫臏》)

酌貪泉而覺爽,處涸轍以猶歡。(王勃《滕王閣序》)

夫夷以近,則遊者衆;險以遠,則至者少。(王安石《遊褒禪山記》)

例一"以"字連接兩種行爲動作("虜太子申"和"歸"),表示它們在時間上一先一後的聯繫。例二"以"和"而"並用,都是連接兩種在意義上相對的行爲,更能説明"以"的作用和"而"相似。例三"以"字連接兩個形容詞,表示兩種性質的聯繫("夷"和"近","險"和"遠")。

3. 爲

介詞"爲"讀 wèi,經常和它後面的賓語一起放在謂語動詞前面作狀語,表示對象、目的、原因等關係。例如:

爲長安君約車百乘。(《戰國策·觸龍説趙太后》)

苦爲河伯娶婦。(《史記·西門豹治鄴》)

天行有常,不爲堯存,不爲桀亡。(《荀子·天論》)

漢卒十餘萬人皆入睢水,睢水爲之不流。(《史記·項羽本紀》)

例一和例二表示對象或目的,"爲"字略等於現代的"替"、"給";例三和例四表示原因,"爲"字可譯爲"因爲"、"因"。

介詞"爲"後面的賓語,有時也可以省略。例如:

禹之時,十年九潦,而水弗爲加益;湯之時,八年七旱,而崖不爲加損。(《莊子·秋水》)

居輜車中,坐爲計謀。(《史記·孫臏》)

煩大巫嫗爲入報河伯。(《史記·西門豹治鄴》)

這種省略了的賓語,從上下文看,常常是"之"、"我"、"此"之類的代詞。

介詞"爲"還可以表示被動,讀 wéi,這在《古代漢語的被動表示法》一節裏已經介紹過,不再重複。

二、連詞

連詞是連接詞、詞組或句子的虚詞。古代漢語常用的連詞有“與、及、而、則、且、況、但、抑、雖、然、故、苟、倘、令、第令、藉使、之”等等，其中有不少在現代漢語書面語言裏還常常使用。下面討論幾個比較重要的連詞。

1.與

“與”字和現代漢語的“和(跟、同)”一樣，分屬兩種詞類：一是連詞，一是介詞。連詞“與”一般用來連接並列的名詞、代詞或名詞性詞組。例如：

蜩與學鳩笑之。(《莊子·逍遥遊》)

畦留夷與揭車兮，雜杜衡與芳芷。(屈原《離騷》)

吾與女(汝)同好棄惡，復脩舊德，以追念前勳。(《左傳·吕相絶秦》)

凡有爵者與七十者與未齔者，皆不爲奴。(《漢書·刑法志》)

例四“與”字連接三個名詞性詞組，即“有爵者”、“七十者(上了七十歲的老人)”和“未齔者(還没有换牙的兒童)”，“與”用了兩次。現代漢語連詞“和”如果連接三個以上的並列成分，一般只在末一項前面用一次。

“與”字用作介詞，它前後的成分不是並列的，而是和它後面的賓語組成介詞結構，在句中作狀語。例如：

公與之乘，戰於長勺。(《左傳·莊公十年》)

夸父與日逐走。(《山海經·夸父逐日》)

君安與項伯有故？(《史記·鴻門宴》)

上面三個例句中，“公”、“夸父”、“君”在句中作主語，“與”和它後邊的名詞組成介詞結構，在句中作狀語，例三“與”字前邊還有“安”作狀語，更表明它只能是介詞，因爲這樣“君”和“項伯”不能再是並列關係。

介詞“與”的賓語也可以省略。例如：

獨守丞與戰譙門中。(《史記・陳涉起義》)

萬峯無不下伏,獨蓮花與抗耳。(徐宏祖《遊天都》)

兩例"與"字後都省略了代詞"之"。上例指陳涉率領的起義軍,下例指天都峰。

2. 而

連詞"而"的用法主要有三種。

第一,用在聯合結構裏,連接形容詞、動詞或形容詞性、動詞性的詞組,表示兩種性質或行爲的聯繫。例如:

美而艷。(《左傳・桓公元年》)

敏於事而慎於言。(《論語・學而》)

以上是兩種性質的聯繫。

入而徐趨,至而自謝。(《戰國策・觸龍説趙太后》)

執其手而與之謀。(《國語・句踐滅吴》)

以上是兩種行爲的聯繫。

"而"字還可以連接兩個主謂結構,表示兩件事情的聯繫。例如:

任重而道遠。(《論語・泰伯》)

故令尹誅而楚姦不上聞,仲尼賞而魯民易降北。(《韓非子・五蠹》)

臣死而秦治,賢於生也。(《戰國策・范雎説秦王》)

在古代漢語裏,"而"字一般不連接名詞或名詞性詞組。《荀子・勸學》"蟹六跪而二螯","而"字所以能連接"六跪"和"二螯",是因爲它們在這裏用作謂語而帶有描寫的性質。

從上下文看,"而"字可以用於順接,也可以用於逆接。所謂順接,是指相連接的兩項在意思上是並列的,或者是相承的,中間没有轉折。例如:

女娃遊於東海,溺而不返。(《山海經・精衛填海》)

學而時習之,不亦説乎?(《論語・學而》)

因釋其耒而守株,冀復得兔。(《韓非子・五蠹》)

吾聞沛公慢而易人。(《史記・酈生陸賈列傳》)

這種順接的“而”字的作用大致相當於現代漢語的“而且”、“就”等。

所謂逆接，是指相連接的兩項在意思上是相對的或相反的，即含有轉折的意思。例如：

不戰而屈人之兵，善之善者也。（《孫子兵法·謀攻》）

水淺而舟大也。（《莊子·逍遥遊》）

舟已行矣，而劍不行，求劍若此，不亦惑乎？（《吕氏春秋·察今》）

日增千金而愈不可得。（柳宗元《鈷鉧潭西小丘記》）

這種逆接的“而”字的作用大致相當於現代漢語的“但是”、“却”等。

所謂順接和逆接，只是從具體的上下文意來看的，並不是説“而”字本身有這兩種性質。例如《論語·公冶長》：“始吾於人也，聽其言而信其行；今吾於人也，聽其言而觀其行。”第一個“而”字是順接，第二個“而”字是逆接。但是從語法作用看，這兩個“而”字都是表示兩種行爲的聯繫，在性質上是毫無分别的。

第二，“而”字用在偏正結構裏，連接狀語和謂語動詞，在意思上往往是一種順接，前後語意相承，但不是並列的，也没有轉折的意思。例如：

一鼓作氣，再而衰，三而竭。（《左傳·莊公十年》）

吾嘗終日而思矣，不如須臾之所學也。（《荀子·勸學》）

太后盛氣而揖之。（《戰國策·觸龍説趙太后》）

未至，道渴而死。（《山海經·夸父逐日》）

爲壇而盟，祭以尉首。（《史記·陳涉起義》）

吾恂恂而起，視其缶，而吾蛇尚存，則弛然而卧。（柳宗元《捕蛇者説》）

這種“而”字，在現代漢語裏没有和它相當的虚詞，譯法比較靈活。

第三，“而”字用在主謂結構裏，連接主語和謂語，在意思上是一種逆接。有時候表示似乎不應有而有的事。例如：

先生獨未見夫僕乎？十人而從一人者，寧力不勝，智不若耶？畏之也。（《戰國策·趙策三》）

“十人而從一人者”，是説本來十個人不應該服從一個人，而現在却服從一個人。句中“而”字含有轉折的意味。

“而”字放在主語謂語之間,有時含有假設的意思。例如:

子產而死,誰其嗣之?(《左傳·襄公三十年》)

意而安之,願假冠以見;意如不安,願無變國俗。(《說苑·奉使》)

這種“而”字相當於“如果”、“假如”。例一“子產而死”,意思是“子產如果死了”。例二“而”和“如”並用,“而”字的假設意味尤爲明顯。

“而”是古代漢語裏用得很頻繁的一個虛詞,它的各種用法在現代書面語言裏仍然廣泛地沿用着。例如“高而陡”,“緊張而有秩序”,“源源而來”,“背道而馳”,“民族戰爭而不依靠人民大衆,毫無疑義將不能取得勝利”,等等。

3. 則,然則

連詞“則”的用法主要有以下四種。

第一,表示兩事在時間上相承,有“就”或“便”的意思。例如:

戰則請從。(《左傳·莊公十年》)

聞令下,則各以其學議之。(《史記·秦始皇本紀》)

人情一日不食則饑,終歲不製衣則寒。(鼂錯《論貴粟疏》)

第二,表示因果或情理上的聯繫,有“那麽”或“那麽就”的意思。例如:

風之積也不厚,則其負大翼也無力。(《莊子·逍遥遊》)

民貧則奸邪生。(鼂錯《論貴粟疏》)

日與水居,則十五而得其道;生不識水,則雖壯,見舟而畏之。(蘇軾《日喻》)

這種“則”字,如果用於平行的兩個分句,那就形成對比。例如:

應之以治則吉,應之以亂則凶。(《荀子·天論》)

是故無事則國富,有事則兵强。(《韓非子·五蠹》)

入則心非,出則巷議。(《史記·秦始皇本紀》)

第三,表示假設,有“如果”、“假如”的意思。例如:

時則不至,而控於地而已矣。(《莊子·逍遥遊》)

項王乃謂海春侯大司馬曹咎等曰："謹守成皋！則漢欲挑戰，慎勿與戰！……"（《史記・項羽本紀》）

第四，表示發現，有"原來已經"的意思。例如：

公使陽處父追之，及諸河，則在舟中矣。（《左傳・僖公三十三年》）

使子路反見之。至則行矣。（《論語・子路從而後》）

這種"則"字多用在有兩個以上分句的複句中（兩例都是三個分句），前面的分句表示的事情發生在後，後面的分句表示的事情發生在前。"則"字用在後面的分句裏表示發現了早已發生的事情。

此外，"則"還可以表示讓步，有"雖然"、"倒是"的意思。例如：

其室則邇，其人甚遠。（《詩經・鄭風・東門之墠》）

善則善矣，未可以戰也。（《國語・吴語》）

這種"則"字，有的語法書認爲是副詞，其實它用來表示讓步時，仍然起連接作用，跟一般副詞的作用是不同的。

"然則"，本來是指示代詞"然"和連詞"則"的連用，意思是"這樣就"或"既然如此，那麽"，多用於對話。用"然則"的句子往往是順着上文的語意，申説應有的後果。例如：

今有搆木鑽燧於夏后氏之世者，必爲鯀禹笑矣……然則今有美堯、舜、湯、武、禹之道於當今之世者，必爲新聖笑矣。（《韓非子・五蠹》）

今取人則不然，不問可否，不論曲直，非秦者去，爲客者逐；然則所重者在乎色樂珠玉，而所輕者在乎人民也。（李斯《諫逐客書》）

後來"然則"變爲凝固的形式，可以認爲是一個詞，相當於"那麽"。例如：

是進亦憂，退亦憂，然則何時而樂耶？（范仲淹《岳陽樓記》）

吾方以此爲鑑。然則吾何以傳女曹哉？（汪琬《傳是樓記》）

4.雖，雖然

連詞"雖"一般表示讓步，相當於現代漢語的"雖然"。例如：

十五歲矣，雖少，願及未填溝壑而託之。（《戰國策・觸龍説趙太后》）

諺曰："桃李不言，下自成蹊。"此言雖小，可以喻大也。（《史記・李

將軍列傳》)

在古代漢語裏,“雖”字有時還可以兼有“假使”的意思,是假設的讓步,作用和“縱”、“縱然”、“卽使”相同。例如:

雖有槁暴,不復挺者,輮使之然也。(《荀子·勸學》)

雖九死其猶未悔。(屈原《離騷》)

雖我之死,有子存焉。(《列子·湯問》)

苟此不能守,雖避之他處何益!(韓愈《張中丞傳後敍》)

現代漢語用“雖然”的地方,古代漢語裏只用一個“雖”字。古代也有“雖然”,但那是連詞“雖”和指示代詞“然”的連用,是“雖然如此”的意思。例如:

滕君,則誠賢君也;雖然,未聞道也。(《孟子·許行》)

雖然,猶有未樹也。(《莊子·逍遥遊》)

兩例中的“雖然”,都是“雖然如此”的意思,都自成一個分句,不能理解爲現代漢語的連詞“雖然”,在書面上它後面都必須用逗號隔開。

5.然,然而

“然”字作爲連詞,表示轉折,相當於現代漢語的“可是”、“但是”或“然而”。例如:

自始合,苟有險,余必下推車。子豈識之,然子病矣。(《左傳·鞌之戰》)

周勃厚重少文,然安劉氏者必勃也。(《史記·高祖本紀》)

古代也有“然而”,但一般是指示代詞“然”和連詞“而”的連用,是“如此,而”或“雖然如此,但是”的意思。例如:

夫環而攻之,必有得天時者矣;然而不勝者,是天時不如地利也。(《孟子·公孫丑下》)

汝潁以爲險,江漢以爲池,限之以鄧林,緣之以方城,然而秦師至而鄢郢舉,若振槁然。(《荀子·議兵》)

兩例中的“然”字都是用來肯定上文的事實,後面用“而”字轉折,引出下文的結論或另一事實。後來,“然而”成爲凝固形式,逐漸變爲一個詞了。例如：

布履星羅，四周於天下，輪運而輻集；合爲朝覲會同，離爲守臣扞城。然而降於夷王，害禮傷尊，下堂而迎覲者。（柳宗元《封建論》）

這裏的"然而"就和現代漢語一樣，只有"可是"或"但是"的意思了。但是，歷代寫古文的人常常是兩種"然而"並用的，因此，讀古文時要注意這兩種"然而"的分别。

6.之

"之"字分屬兩個詞類：一是代詞，一是連詞。代詞"之"已在"代詞"一節裏介紹過了，這裏只談連詞"之"。

連詞"之"的作用主要有兩種。第一，連接定語和中心語，表示領屬關係或修飾關係。例如：

是炎帝之少女。（《山海經·精衞填海》）

往古之時，四極廢，九州裂。（《淮南子·女媧補天》）

足下上畏太后之嚴，下惑奸臣之態，居深宫之中，不離保傅之手。（《戰國策·范雎説秦王》）

今欲以先王之政治當世之民，皆守株之類也。（《韓非子·五蠹》）

這種"之"字一般都可以譯成現代漢語的"的"字，但是二者詞類不同。"的"字在現代漢語是結構助詞，它和前邊的詞或詞組結合成名詞性詞組（例如"我的"、"紅的"、"寫的"、"人民的"、"羣衆擁護的"），可以作句中的各種成分用，并不限於定語。古代漢語"之"則只能和它前面的詞或詞組一起作定語用，"之"的後面必須有中心語，"之"所起的是連接定語和中心語的作用，因此是連詞。

"之"字的第二種用法是插在主謂結構中間，使這個主謂結構變爲名詞性的偏正結構，用來充當句子的主語、賓語或狀語。例如：

貢之不入，寡君之罪也。（《左傳·齊桓公伐楚》）

湯之問棘也是已。（《莊子·逍遥遊》）

甚矣，汝之不惠！（《列子·湯問》）

以上用作主語。

不虞君之涉吾地也。(《左傳·齊桓公伐楚》)

不登高山,不知天之高也;不臨深谿,不知地之厚也。(《荀子·勸學》)

而恐太后玉體之有所郄也。(《戰國策·觸龍説趙太后》)

以上用作賓語。

鵬之徙於南冥也,水擊三千里。(《莊子·逍遥遊》)

大道之行也,天下爲公。(《禮記·禮運》)

南霽雲之乞救於賀蘭也,賀蘭嫉巡、遠之聲威功績出己上,不肯出師救。(韓愈《張中丞傳後敍》)

以上用作狀語。

這種"之"字在現代漢語裏没有相當的詞對譯,這正反映了古今語法在句法上的差别。在古代漢語裏,"之"的這種用法很常見,我們學習的時候應該注意。

"之"字的第二種作用實際上也是連接定語和中心語,只不過在没有出現"之"時,這定語和中心語之間是主語和謂語的關係而已。有的著作認爲"之"的作用是把定語介紹給中心語,因此把"之"歸入介詞。

(十二) 語氣詞和詞頭、詞尾

一、語氣詞

語氣詞不能充當句子的成分,也不能表示句子成分之間的關係。它的作用就是表達各種不同的語氣,如:提頓、陳述、祈使、疑問、感嘆等。從語氣詞在句中的位置來看,可分爲句首、句中、句尾三類。句首和句中語氣詞在現代漢語中已不存在,句尾語氣詞從古到今也發生了很大的變化。下面先談句尾語氣詞。

(1) 句尾語氣詞

古代漢語常見的句尾語氣詞有"也"、"矣"、"乎"、"哉"等,這些語氣詞放在全句的最後,分别表達全句各種不同的語氣。古代漢語和現代漢語一樣,語氣詞的數目是有限的,句子所能表達的語氣是多種多樣的,一個語氣詞除了它的基本用法之外,在不同類型的句子中所表達的語氣也往往有所不同。我們既要了解它們的基本用法,又要結合具體句子了解它們在不同語句中語氣上的差異。做到前一點比較容易,要做到後一點就比較困難。但不能辨别它們在具體句子中所表達的具體語氣,往往就不能準確地理解整個句子的思想内容和感情色彩。因此,我們有必要對幾個常用的語氣詞進行逐個的分析。

1. 也

"也"字位於句尾時,主要出現在判斷句中,幫助謂語進行判斷,這是"也"字的基本用法,這一點在《古代漢語的判斷句》一節中已經講過。除判斷句外,"也"字也出現在其他類型的句子之後,它所表達的語氣也相應地産生一些變化。

在複句中,"也"字常常用於最後一個分句的句尾,表示對前面論斷的肯定和確認,加强全句的語氣。例如:

> 如必自爲而後用之,是率天下而路也。(《孟子·許行》)
> 雖殺臣,不能絶也。(《墨子·公輸》)
> 禹以治,桀以亂,治亂非天也。(《荀子·天論》)

例一"如必自爲而後用之"是先假設,"是率天下而路也"是對這種假設所産生的結果的肯定論斷。例二"雖殺臣"是先讓步,"不能絶也"是在這種讓步條件下對事情結果的肯定判斷。例三的前兩分句是陳述客觀事實,"治亂非天也"是對事實的結果做出論斷。

在因果複句中,"也"字的作用最值得注意。試比較下列兩例:

> 賞罰不信,故士民不死也。(《韓非子·初見秦》)

蚓無爪牙之利，筋骨之强，上食埃土，下飲黄泉，用心一也。(《荀子·勸學》)

上例是肯定結果，下例是肯定原因。結果和原因看來相反，但都帶有肯定和確認的語氣，因此最後都能用“也”字煞句(參看《古代漢語的判斷句》一節)。

由以上各例可以看出，用於複句句尾的“也”字都帶有肯定、確認或深信不疑的語氣，和它表示判斷語氣的基本用法密切相關，是從它的基本用法引申發展來的。

古代漢語表示命令或疑問的句子也往往用“也”字煞尾。表示命令的如：

不及黄泉，無相見也！(《左傳·鄭伯克段於鄢》)

欲呼張良與俱去，曰：“毋從俱死也！”(《史記·鴻門宴》)

表示命令的句子加上“也”字就有了確定的語氣，不再是單純地表示命令。“也”字的這種用法，和前面的用法仍然是相通的。

表示疑問的如：

南冠而縶者，誰也？(《左傳·成公九年》)

不識臣之力也，君之力也？(《韓非子·難二》)

例一是特指問，例二是選擇問。這兩種疑問句本身疑問性都很强：特指問句有疑問代詞；選擇問句是列舉出可能的回答，要求回答問題的人作出抉擇。“也”字用於疑問句句尾時，主要就只出現在這兩種疑問句中，它所表示的主要仍是肯定、判斷語氣，和純粹表示疑問語氣的“邪”所起的作用顯然很不一樣。以上兩例，如果把“也”换成“邪”，疑問語氣就顯然加强，而不再帶有一點肯定、判斷的語氣了。

2. 矣

“矣”字也是古代漢語常用的一個語氣詞，它和“也”的區别是：“也”字表静態，“矣”字表動態。“也”字的基本作用是把對事物進行的判斷告訴别人，現代漢語没有和它相當的語氣詞；“矣”字的基本作用則是把事物發展的現階段作爲新情況告訴别人，現代漢語語氣詞“了”的作用大致和它相當。例如：

雞既鳴矣。(《詩經・齊風・雞鳴》)
(原來没有鳴，現在鳴了。)

余病矣。(《左傳・鞌之戰》)
(原來没病，現在病了。)

此迫矣！臣請入，與之同命。(《史記・鴻門宴》)
(原來不緊迫，現在緊迫了。)

以上三例都表示已然，即事情已經發生。“矣”有時候還可以表示將然，即預料將要發生某些情況，把它當作新情況告訴别人。例如：

有吴則無越，有越則無吴矣。(《國語・勾踐滅吴》)

吾屬今爲之虜矣。(《史記・鴻門宴》)

上舉兩例都是還没有發生的事情，只是説話人把它作爲必將出現的新情況提示出來。用“矣”表示將然，在表示假設和條件的複句中看得最清楚。例如：

君能補過，衮不廢矣。(《左傳・宣公二年》)

天下必以王爲能市馬，馬今至矣。(《戰國策・燕昭王求士》)

嚮吾不爲斯役，則久已病矣。(柳宗元《捕蛇者説》)

上舉三例情況相同，前面的分句表示假設或條件，後面的分句表示在這種假設或條件下一定要發生某種情況，用“矣”煞尾，就强調了它的將然性質。

以形容詞爲謂語的描寫句同樣可以用“矣”字，因爲描寫句同樣可以報導新的情況。例如：

吾君已老矣，已昏矣。(《穀梁傳・僖公十年》)

王之蔽甚矣。(《戰國策・齊策一》)

天下苦秦久矣。(《史記・陳涉起義》)

“矣”字用於描寫句時，往往使全句語氣略帶感嘆意味。有時把這種帶“矣”的謂語提前，這種感嘆語氣就更爲明顯。例如：

甚矣,汝之不惠。(《列子·湯問》)

遠矣,全德之君子。(《莊子·田子方》)

祈使句也可以用"矣"字。例如:

善哉,吾請無攻宋矣!(《墨子·公輸》)

諾。先生休矣!(《戰國策·齊策四》)

若皆罷去歸矣。(《史記·西門豹治鄴》)

這一般是説話人希望實現某種行爲或完成某種事情,和"矣"表示將然的作用仍是息息相通的。

"矣"字還可以用於疑問句,這種疑問句中必然還另有專門表示疑問的詞。例如:

危而不持,顛而不扶,則將焉用彼相矣?(《論語·季氏將伐顓臾》)

年幾何矣?(《戰國策·觸龍説趙太后》)

在這種疑問句中,起疑問作用的主要仍然是專門表示疑問的詞,"矣"雖然也幫助表示疑問語氣,但主要作用仍是表示某一情況將要如此或已經如此。

和"矣"作用相似的語氣詞還有"已"字。例如:

吾生也有涯,而知也無涯。以有涯隨無涯,殆已。(《莊子·養生主》)

夫神農以前,吾不知已。(《史記·貨殖列傳》)

"已"字放在句尾時,雖然同"矣"都是表示陳述語氣,但"已"不是報導新情況,而是偏重限制的語氣。

3. 乎,與(歟),邪(耶)

"乎"、"與(歟)"、"邪(耶)"都經常用於疑問句的句尾表示疑問語氣。其中"乎"的疑問語氣最強,用得也最普遍。

在是非問句裏,發問者把一件有疑問的事情全部説出來,要求對方作肯定或否定的答復,往往用語氣詞"乎"。這種"乎"相當於現代漢語的"嗎"。例如:

丈夫亦愛憐其少子乎?(《戰國策·觸龍説趙太后》)

樂正夔一足,信乎?(《呂氏春秋·察傳》)

等死，死國可乎？（《史記·陳涉起義》）

在選擇問句裏，發問者把兩種或更多的回答列舉出來，讓對方從中選擇一種，也往往用語氣詞"乎"。這種"乎"則相當於現代漢語的"呢"。例如：

此龜者，寧其死爲留骨而貴乎？寧其生而曳尾於塗中乎？（《莊子·秋水》）

子以秦爲將救韓乎？其不乎？（《戰國策·韓策二》）

夫古之爲臣者，於此乎？於彼乎？（黄宗羲《原臣》）

在用了疑問代詞的所謂特指問句裏，先秦時代很少用"乎"字（表示反問語氣除外）。秦漢以後，特指問句用"乎"字才漸漸多起來。例如：

軫不之楚，何歸乎？（《史記·陳軫列傳》）

將軍迎操，欲安所歸乎？（《資治通鑑·漢紀五十七》）

"乎"字還可以表示反問語氣，但前面必須有疑問代詞、否定詞或"豈"字、"寧"字、"況"字等相呼應。例如：

若使天下兼相愛，愛人若愛其身，猶有不孝者乎？（《墨子·兼愛上》）

況日不悛，其能久乎？（《左傳·晏嬰論季世》）

子隨我後，觀百獸之見我而敢不走乎？（《戰國策·楚策一》）

趙豈敢留璧而得罪於大王乎？（《史記·廉頗藺相如列傳》）

王侯將相，寧有種乎？（《史記·陳涉起義》）

反問句只是用問句的形式表示肯定或否定，并不一定要求回答。反問句中的"乎"字，跟疑問代詞相呼應，可以譯成現代漢語的"呢"，其餘的除和"況"呼應時也可譯成"呢"外，一般都要譯成"嗎"。

"乎"和否定副詞"不"還可以構成一種常見的反問格式"不亦……乎"。例如：

爲子君者，不亦難乎？（《左傳·僖公十年》）

學而時習之，不亦説乎？（《論語·學而》）

衆人匹之，不亦悲乎？（《莊子·逍遥遊》）

這是古代一種比較委婉的反問句,“乎”也可以譯成“嗎”。

“乎”字還可以和句首、句中語氣詞“其”以及詞組“得無(該不會)”、“無乃(恐怕)”等相呼應,表示委婉推測的語氣,和現代漢語的“吧”大致相當。例如:

大義滅親,其是之謂乎?(《左傳·隱公四年》)

日食飲得無衰乎?(《戰國策·觸龍説趙太后》)

出三日而五災至,無乃不可乎?(《荀子·儒效》)

“乎”字除了表示疑問語氣,還可以用在感嘆句的句尾。例如:

善哉,技蓋至此乎!(《莊子·養生主》)

天乎!吾無罪!(《史記·秦始皇本紀》)

表疑問的句尾語氣詞,除“乎”以外,常見的還有“與(歟)”和“邪(耶)”。“與”、“邪”的語法作用相同。在先秦,有的古書如《論語》、《孟子》只用“與”,不用“邪”,而《莊子》則是用“邪”的次數大大超過用“與”的次數。這兩個字古音很相近,它們的分别大約是方言不同的關係。

在選擇問句和有疑問代詞的特指問句中,“與”、“邪”的作用基本上和“乎”相同。例如:

此天下之害與?天下之利與?即必曰:“天下之利也。”(《墨子·兼愛下》)

天之蒼蒼,其正色邪?其遠而無所至極邪?(《莊子·逍遥遊》)

是誰之過與?(《論語·季氏將伐顓臾》)

子何爲者邪?(《莊子·外物》)

前兩例是選擇問句,後兩例是有疑問代詞的特指問句,疑問語氣都比較強。

在多數情況下,“與”、“邪”的疑問語氣并没有這樣強,而只表示説話人猜想大約是這樣,但還不能深信不疑,要求對方加以證實。例如:

商君曰:“子不説吾治秦與?”(《史記·商君列傳》)

寡人所與庶人共者邪?(宋玉《風賦》)

上例中的“與”和“邪”都帶有探詢的語氣，如果改爲“乎”，就是直截了當的提問，語氣也没有這麽平緩。

“與”、“邪”也都能用於反問句。例如：

然則治天下，獨可耕且爲與？（《孟子·許行》）

趙王豈以一璧之故欺秦邪？（《史記·廉頗藺相如列傳》）

“何以……爲”或“何……爲”是古代表示反問的一種習慣説法，其中“爲”字已經虚化爲語氣詞，也附在這裏介紹一下。

“何以……爲”意思是“爲什麽用得着……呢”，是無疑而問，例如：

是社稷之臣也，何以伐爲？（《論語·季氏將伐顓臾》）

君子質而已矣，何以文爲？（《論語·顔淵》）

在“何以……爲”這個格式裏，“何”可以换成别的疑問代詞如“奚”、“惡”，“以”也可以换成“用”。例如：

奚以之九萬里而南爲？（《莊子·逍遥遊》）

惡用是鶂鶂者爲哉？（《孟子·滕文公下》）

4.哉

“哉”字所表示的語氣比較單純，它的基本作用是表示感嘆，而且是比較强烈的感嘆，和現代漢語“啊”的作用大致相當。例如：

楚國若有大事，子其危哉！（《左傳·昭公二十七年》）

小人之好議論，不樂成人之美如是哉！（韓愈《張中丞傳後敍》）

快哉此風！（宋玉《風賦》）

大哉！堯之爲君！（《孟子·許行》）

後兩例中的“哉”字和它前面的形容詞謂語提到了句首，感嘆語氣更爲强烈。

“哉”字也常用於反問句中，這時一般需要疑問代詞或“豈”字和它呼應。例如：

由此觀之，客何負於秦哉？（李斯《諫逐客書》）

彼且惡乎待哉？（《莊子·逍遥遊》）

燕雀安知鴻鵠之志哉？（《史記·陳涉起義》）

豈人主之子孫則必不善哉?(《戰國策·觸龍説趙太后》)

在這種反問句中,反問語氣主要是由"何"、"惡"、"安"等疑問代詞和"豈"發出來的,"哉"的主要作用還是表示感嘆語氣。

古代漢語常用來表示感嘆語氣的還有"夫"。例如:

逝者如斯夫!不舍晝夜。(《論語·子罕》)

今若是焉,悲夫!(柳宗元《三戒》)

和"哉"比較起來,"夫"字的感嘆語氣要低沉一些。

5.句尾語氣詞的連用

古代漢語的句尾語氣詞可以連用,最常見的是"乎""哉"放在其他語氣詞後面。例如:

位其不可不慎也乎!(《左傳·成公二年》)

何可勝道也哉!(王安石《遊褒禪山記》)

女爲周南、召南矣乎?(《論語·陽貨》)

豈特攫其腓而噬之耳哉[①]!(《戰國策·齊策六》)

"乎"和"哉"也常運用,"哉"只能放在"乎"的後面。例如:

善敗由己,而由人乎哉?(《左傳·僖公二十年》)

若寡人者,可以保民乎哉?(《孟子·梁惠王上》)

連用的語氣詞,仍然保留各自表達的語氣。不過語氣的重點一般落在最後一個語氣詞上,最後是"乎"的句子重點在詢問,最後是"哉"的句子重點在感嘆。

除"乎"、"哉"外,"矣"、"已"、"與"、"邪"、"夫"等也可以放在其他語氣詞的後面。例如:

代翕代張,代存代亡,相爲雌雄耳矣!(《荀子·議兵》)

就有道而正焉,可謂好學也已!(《論語·學而》)

唯求則非邦也與?(《論語·子路曾皙冉有公西華侍坐》)

何愚也耶!(李清照《金石録後序》)

此是命矣夫!(趙壹《刺世疾邪賦》)

---

① 這裏的"耳"是表示限止的語氣詞,相當於現代漢語的"而已"。

三個語氣詞有時也可以連起來用，最常見的是“哉”放在另外兩個語氣詞之後。例如：

吾罪也乎哉！（《左傳·襄公二十五年》）

鄙夫可與事君也與哉！（《論語·陽貨》）

三個語氣詞連用，感情色彩一般都比較強烈，各語氣詞都仍然保留各自表達的語氣，但放在後面的一般要比前面的語氣重一些。

(2) 句首和句中語氣詞

最常見的句首和句中語氣詞有“夫”、“唯”、“其”三個字，“也”字也可以作句中語氣詞用。現代漢語没有句首語氣詞，語氣詞放在句中的性質也和古代漢語不同，一般無法直接對譯。下面對這三個語氣詞做一些簡單的介紹。

1. 夫

“夫(fú)”字作爲句首語氣詞是從指示代詞“夫”虛化而來的。它經常放在句首表示要發議論，起引出下文的作用。古代稱之爲“發語詞”，現代有的語法書稱之爲“提頓語氣詞”。例如：

夫將者，國之輔也。（《孫子·謀攻》）

夫寒之於衣，不待輕暖；饑之於食，不待甘旨。（鼂錯《論貴粟疏》）

以上兩例中的“夫”都不能譯出，但它們表提示的語氣作用是非常明顯的。

“夫”還可以和“且”、“故”、“若”、“今”相結合，成爲“且夫”、“故夫”、“若夫”、“今夫”，用於句首。“且夫”、“故夫”大致等於“且”、“故”，增加了“夫”字，就加强了要發議論的語氣。例如：

且夫水之積也不厚，則其負大舟也無力。（《莊子·逍遥遊》）

故夫作法術之人，立取舍之行，别辭争之論，而莫爲之正。（《韓非子·問辯》）

“若夫”略等於“若”，有“像”的意思，大致相當於“至於説到”。例如：

若夫乘天地之正，而御六氣之辯，以遊無窮者，彼且惡乎待哉？（《莊

子·逍遥遊》)

若夫霪雨霏霏,連月不開……(范仲淹《岳陽樓記》)

例二的"若夫"用在一個大自然段的開頭,表示意思上的大轉折。

"今夫"的"今"字已經虛化,并不代表具體的時間,而是表示另起一端的議論,略有"現在説到"的意思。例如:

今夫螟、螣、蚼蠋,春生秋死,一出而民數年不食。(《商君書·農戰》)

今夫封建者,繼世而理;繼世而理者,上果賢乎?下果不肖乎?(柳宗元《封建論》)

2. 惟(維,唯)

"惟"字用作句首、句中語氣詞時,可以寫作"維"、"唯"。用於句首時,有兩種作用。一種作用是提示、引出主語或年月。例如:

惟辟(國君)作福,惟辟作威。(《尚書·洪範》)

唯赤則非邦也與?(《論語·子路曾皙冉有公西華侍坐》)

惟十有三年春,大會於孟津。(《尚書·泰誓上》)

惟十有三祀(年),王訪於箕子。(《尚書·洪範》)

前兩例是引出主語,後兩例是引出年月。這種用法多見於《尚書》和《詩經》,後代只是在仿古時才用。例如:

維禹浚川,九州攸寧。(《史記·太史公自序》)

維治平四年七月日。(歐陽修《祭石曼卿文》)

上例是仿古用"維"引出主語;下例是仿古用"維"引出年月,在祭文的開頭比較常見。

另一種作用是表示期望的語氣。例如:

闕秦以利晉,唯君圖之。(《左傳·僖公三十年》)

故敢略陳其愚,唯君子察焉。(楊惲《報孫會宗書》)

這種語氣一般都寫作"唯",不寫作"維",寫作"惟"的也比較少。

"惟"字用作句中語氣詞,主要起引出謂語的作用,在《尚書》和

《詩經》中比較常見。例如：

蚩尤惟始作亂。(《尚書・吕刑》)

周雖舊邦,其命維新。(《詩經・大雅・文王》)

厥土惟白壤。(《尚書・禹貢》)

例一是敘述句,例二是描寫句,例三是判斷句,用“惟”字都是用來引出謂語,加强肯定的語氣。後代只在有意模仿上古文風時才偶爾一用。

3.其

語氣詞“其”用於句首或句中,一般表示推測、擬議,有“大概”、“恐怕”等意思。例如：

齊其爲陳氏矣。(《左傳・晏嬰論季世》)

天之蒼蒼,其正色邪?(《莊子・逍遥遊》)

嗚呼! 其信然耶? 其夢耶? 其傳之非其真耶?(韓愈《祭十二郎文》)

但在祈使句中,“其”則起加强祈使語氣的作用,有勸勉、期望、命令等意思。例如：

昭王之不復,君其問諸水濱。(《左傳・齊桓公伐楚》)

吾子其無廢先王之功!(《左傳・隱公三年》)

“其”字還可以用於反問句中,加强反問語氣,和“豈”、“難道”的語氣相似。有的語法著作就把它和“豈”等歸爲一類,算作反詰副詞。例如：

若火之燎於原,不可嚮邇,其猶可撲滅?(《尚書・盤庚上》)

若闕地及泉,隧而相見,其誰曰不然?(《左傳・鄭伯克段於鄢》)

雖如是,其敢自謂幾於成乎?(韓愈《答李翊書》)

4.也

語氣詞“也”字的基本作用是放在句尾表示判斷肯定的語氣；但有時也用於句中,表示停頓語氣。例如：

丘也聞有國有家者,不患寡而患不均,不患貧而患不安。(《論語・季氏將伐顓臾》)

大隧之中，其樂也融融！（《左傳·鄭伯克段於鄢》）

風之積也不厚，則其負大翼也無力。（《莊子·逍遥遊》）

也可以用在複句中前一分句之後，表示分句之間的停頓。例如：

左右以君賤之也，食以草具。（《戰國策·齊策四》）

操蛇之神聞之，懼其不已也，告之於帝。（《列子·湯問》）

在句中語氣詞"也"之前如果是比較簡單的主謂結構，就常常在主語和謂語之間加上"之"字，把它變爲偏正結構。（參看《介詞，連詞》一節。）例如：

臣之壯也，猶不如人；今老矣，無能爲也矣。（《左傳·僖公三十年》）

禹之王天下也，身執耒臿以爲民先。（《韓非子·五蠹》）

世言晉王之將終也，以三矢賜莊宗而告之。（歐陽修《新五代史·伶官傳序》）

在一個分句的主語和謂語之間用"之"字，取消它獨立做句子的資格，本來就表示語意未完，後面加上句中語氣詞"也"，就更增加了停頓和引起下文的語氣。

句中"也"字還常和"者"字相結合，位於主語之後，起提示謂語的作用。例如：

君子也者，道法之摠要也。（《荀子·致士》）

竽也者，五聲之長者也，故竽先則鍾瑟皆隨。（《韓非子·解老》）

句中語氣詞"也"乍一看去似乎是可有可無的，但仔細體會一下，"也"字的有無，帶來語氣上的差異是很明顯的，有了"也"字，全句的語氣就舒緩得多，更能引起對"也"字後面内容的注意。總起來説，句中語氣詞"也"和現代漢語"啊"的作用大致相當，但感情色彩遠没有"啊"强烈。

上古漢語的句首、句中語氣詞還有"繄"、"伊"、"思"等，秦漢以後一般不再使用，這裏就不一一介紹了。

二、詞頭，詞尾

古代漢語有些虛字，古人一般把它叫作“發語詞”或“發聲詞”，現代有的語法著作把它叫作“語首助詞”、“語中助詞”，有的語法著作把它叫作“詞頭”、“詞尾”。這些虛字的情况很複雜，有待進一步研究。

可以肯定的詞頭主要是一個“有”字，可以肯定的詞尾是“然”、“如”、“爾”、“若”。還有“其”、“言”、“於”、“薄”四字，在《詩經》中用例很多，散文中却很少看到，也被看作詞頭，暫難作出定論。下面分别作些介紹：

1.有

“有”字作爲詞頭，最常用於專有名詞的前面。常見的有上古的朝代名、國名、部族名。例如：

我不可不監於有夏，亦不可不監於有殷。（《尚書·召誥》）

禹攻有扈。（《莊子·人間世》）

號之曰有巢氏。（《韓非子·五蠹》）

朝代名詞前面加“有”，一直沿用到後代，如“有唐”、“有明”等。

“有”又用於某些名詞前面。例如：

予欲左右有民。（《尚書·臯陶謨》）

豺虎不食，投畀有北；有北不受，投畀有昊。（《詩經·小雅·巷伯》）

還可以用於某些形容詞前面。例如：

不我以歸，憂心有忡。（《詩經·邶風·擊鼓》）

2.其

“其”字用作詞頭，一般用於不及物動詞和形容詞前面。例如：

既見君子，雲何其憂？（《詩經·唐風·揚之水》）

北風其凉，雨雪其雱（páng，雪盛的樣子）。（《詩經·邶風·北風》）

3.言，於，薄

“言”、“於”、“薄”用作詞頭時性質相同，都只能放在動詞前面。

例如：

言告師氏，言告言歸。(《詩經·周南·葛覃》)

陟彼南山，言采其薇。(《詩經·召南·草蟲》)

之子於歸，宜其室家。(《詩經·周南·桃夭》)

君子於役，不知其期。(《詩經·王風·君子於役》)

薄污我私，薄澣我衣。(《詩經·周南·葛覃》)

4.然，如，爾，若

“然”、“如”、“爾”、“若”主要放在形容詞之後，與形容詞結合在一起充當句子的狀語(有時也用作謂語)。此外還有“焉”、“乎”兩個字，作用同前四字相同。“如”、“爾”、“若”可以認爲是“然”的變形。下面各舉一例：

填然鼓之。(《孟子·梁惠王上》)

天下晏如也。(《史記·司馬相如列傳》)

子路率爾而對。(《論語·子路曾皙冉有公西華侍坐》)

桑之未落，其葉沃若。(《詩經·衛風·氓》)

潸(shān)焉出涕。(《詩經·小雅·大東》)

恢恢乎其於遊刃必有餘地矣。(《莊子·養生主》)

形容詞後面加上這些詞尾，能增加形象化的色彩，一般都可以解釋爲“……的樣子”(古人解釋爲“……貌”)。在翻譯成現代漢語的時候，如果用作狀語，一般情況可以譯爲“……地”，如“雜然”可譯爲“紛紛地”，“率爾”可譯爲“不假思索地”，但有時就不能這樣譯，如“潸焉”是“流泪的樣子”，就不能譯爲“流泪地”。至於用作謂語(如“天下晏如也”，“其葉沃若”)，自然就更不能譯成“……地”了。

詞義分析舉例

（二）詞的本義探求例

表　策　端　綱　更　構　管　獲　及　集　監　來　臨
零　佞　趣　然　受　叔　歲　探　題　天　田　行　脩
引　造　旨　質　誅　主　字

【表】

《説文》:"表,上衣也。从衣从毛,會意。"所謂"上衣"就是加在上面的衣服,卽外衣。許愼把"上衣"當作"表"的本義,這是不對的。"表"的本義指裘的有毛的這一面。古人穿皮衣服,皮子有毛的一面在外,所以"表"字在篆文中從毛,作。《禮記·玉藻》:"～裘不入公門。"所謂"表裘",就是皮子有毛的一面在外邊,正是"表"的本義。後來引申爲凡"上衣"(卽外衣)都可以叫做"表"。《莊子·讓王》:"子貢乘大馬,中紺而～素。""表素"就是穿上素色外衣。由外衣又引申爲泛指外表、外面,與"裏"相對。《左傳·僖公二十八年》:"～裏山河(指晉國外河而内山),必無害也。"《尚書·立政》:"至於海～。"這個意思仍保留在現代漢語"表面"、"外表"等詞中。

【策】

“策”的本義是馬鞭。《説文》:“策,馬箠也。从竹朿聲。”《左傳・文公十三年》:“繞朝(人名)贈之以策。”賈誼《過秦論》:“振長～而御宇内。”也可以用作動詞。《左傳・哀公十一年》:“抽矢～其馬。”現在“鞭策”一詞還保存了這個意義。

上古“策”還指計數或卜筮用的蓍草。《老子》二十七章:“善數,不用籌～。”《楚辭・卜居》:“詹尹乃端～拂龜。”(端策:把蓍草擺端正,準備卜筮。)後來的“策劃”、“策略”等意義都是從這個意義引申來的。

古代“策”還有簡策的意義,與“册”通。杜預《春秋經傳集解序》:“大事書之於～,小事簡牘而已。”孔穎達疏:“單執一札謂之爲簡,連編諸簡乃名爲策。”

【端】

“端”字從立,耑聲,本義應該是“站得直”(端正地立着),但古書中保存的例證較少。《莊子・山木》:“顔回～拱還目而窺之。”成玄英疏:“顔生既見仲尼擊木而歌,於是正身回目而視。”由專指站得直,進而表示一般的“端正”,再引申爲“正直”。《墨子・非儒下》:“席不～,弗坐。”《孟子・離婁下》:“尹公之他(人名),～人也,其取友必～矣。”

“端”字在古代還有“事物的一頭”、“發端”等意義,這些意義本應寫作“耑”,但古書中常假借“端”字來表示。《荀子・王制》:“若環之無～也。”《莊子・知北遊》:“今於道,秋豪之～,萬分未得處一焉。”《荀子・君道》:“法者,治之～也。”後來這就成爲“端”字的常用意義了。

【綱】

“綱”字的本義是“提網的總繩”。從字形看，“綱”字從糸(mì)，岡聲。綱繩是用絲麻做的，所以從糸。《尚書·盤庚上》：“若網在～，有條而不紊。”《墨子·尚同中》：“譬之若絲縷之有紀，而罔罟之有～也。”(紀：整理絲縷。)現代成語“～舉目張”(目：網眼)，用的正是本義。

綱繩對於網來説非常重要，因而引申爲事物的主要部分(多指文件或言論)。《文心雕龍·鎔裁》：“鎔則～領昭暢。”(昭暢：明白通暢。)現代“綱領”、“大綱”、“提綱”、“綱目”等用的都是這個意思。抓住綱繩整個網就不會紊亂，因此又引申爲秩序、法紀。《左傳·哀公六年》：“亂其紀～。”《史記·淮陰侯列傳》：“～絶而維弛。”這個意義現在已經不常用了。

【更】

“更”字在古代有好幾種常用意義，根據字形，它的本義應該是改變、更换。“更”字小篆作，金文作，《説文》：“更，改也。从攴(pū)，丙聲。”楷書把它簡化爲“更”，就完全看不出它原來的形體結構了。“攴”就是“撲”字，“又”即右手；以“攴”作形旁的字常常表示和手有關的行爲或動作，如“改、救、收、攻、牧”，只是楷書把“攴”簡化爲“攵”了。古書中“更”指“改變”、“更换”的例子是很多的。《左傳·昭公三年》：“景公欲～晏子之宅。”《莊子·養生主》：“良庖歲～刀，割也。”《吕氏春秋·仲春紀》：“用圭璧，～皮幣。”《論語·子張》：“君子之過也，如日月之食焉。過也，人皆見之；～也，人皆仰之。”現代漢語“更改”、“更换”、“變更”等詞仍保存這本義。

“更”字用作“經歷”的意思，最早見於西漢。《史記·大宛列傳》：“因欲通使，道必～匈奴中。”《索隱》：“更，經也。”朱駿聲認爲這是假借“更”爲“經”。“更”還有“續”的意思。《國語·晉語四》：“姓利相～。”注：“更，續也。”朱駿聲認爲這是假借“更”爲“庚”（“庚”有“續”的意思）。《左傳·僖公五年》：“在此行也，晉不～舉矣。”“更舉”有繼續舉兵的意思，這裏“更”字用作狀語，已經向副詞“再、又”的意義虚化了。至於“五更”的“更”則是“改變”一義的引申。漢代宫中派人值夜，分五個班次，按時更换，因此叫“五更”。

“更”字在中古以後分成了平、去兩聲，但聲調和意義的配合，與今天并不一致。《玉篇》：“更：古猛切，歷也；又古衡切，代也，改也，復也。”可見“復也”（再，又）一義當時還是讀平聲，今天則讀成去聲了。

【構】

“構”的本義是架屋。《尚書·大誥》：“厥子弗肯堂，矧肯～。”集傳：“其子不肯爲堂之基，況肯爲之造屋乎？”《淮南子·氾論訓》：“築土～木，以爲宫室。”高誘注：“構，架也。謂材木相乘架也。”所謂材木相乘架，就是架屋用的建築木料交互連結在一起。“構”字的形體從木從冓。“冓”，篆文作冓。許慎説：“交積材也，象對交之形。”朱駿聲解釋爲“以木相架也”，并認爲“構”當爲“冓”的或體，這是對的。“構”由“架屋”引申爲泛指交結會合之意。《詩經·小雅·四月》：“我日～禍，曷云能穀。”其他如“構怨”、“構仇”、“構和”之類的“構”也都是“結成”的意思。

【管】

“管”原指竹管或竹管製成的物品。《莊子·秋水》：“是直用～窺天，用錐指地也，不亦小乎？”《詩經·邶風·静女》：“貽我彤～。”“彤管”是指染成紅色的竹管製成的筆。但在古代，“管”字最常用的意義是指用竹管製成的一種樂器。《詩經·周頌·有瞽》：“簫～

備舉。”《孟子·梁惠王下》:“百姓聞王鐘鼓之聲,～籥之音。”也用來泛指竹管製成的各種樂器。《漢書·張禹傳》:“後堂理絲竹筦弦。”“筦”即“管”,這裏并不是專指一種樂器,而是包括簫、笙、竽、笛等。現代漢語還有“管弦樂”一詞,但現代管樂所包括的就不限於竹質,也有銅質的了。

古代“管”字也常用來專指鑰匙。《周禮·地官·司門》:“掌授～鍵,以啟閉國門。”《左傳·僖公三十二年》:“鄭人使我掌其北門之～。”《禮記·月令》:“修鍵閉,慎～籥。”孔穎達疏:“以鐵爲之,似樂器之管籥,搢於鎖内,以搏取其鍵也。”“籥”又作“鑰”,現在簡化爲“鑰”。“管”字現代已没有鑰匙的意思,但“主管”、“管理”、“管制”這些詞的意義很明顯是與管籥有關的。

【獲】

獲,甲骨文作(隻),從隹從又,象捕鳥在手之形。它的本義是獵獲。《詩經·小雅·巧言》:“躍躍毚兔(狡兔),遇犬～之。”《周易》:“九二,田,～三狐。”《左傳·襄公三十一年》:“譬如田獵,射御貫,則能～禽。”《説文》:“獲,獵所得也。”這是把“獲”當作名詞。《周易》:“九四,隨有～。”司馬相如《子虛賦》:“‘～多乎?’曰:‘少。’”這兩例中的“獲”字都是指打獵所得到的東西。

在上古漢語中,“獲”不等於“穫”。“穫”是指收割。《詩經·豳風·七月》:“八月其穫。”又:“十月～稻。”從語言的角度來看,兩者應是同源詞;但從文字的角度來看,在古書中是有分别的。現在,“獲”、“穫”都簡化爲“获”了。

【及】

及,甲骨文作,金文作。它的形體由兩部分組成。表示一個人。表示“手”,象一隻手把人抓住。《左傳·鞌之戰》:“故不

能推車而～。”“及”就是被追上抓住。《左傳·定公四年》:“楚人爲食,吴人～之。”“及之”就是追上了楚軍。“追趕上”就是“及”的本義。由“追趕上”引申爲“跟着”。《楚辭·離騷》:“～前王之踵武。”還引申爲“够得上”、“比得上”。《戰國策·齊策一》:“君美甚,徐公何能～公也。”

【集】

“集”字古今都有一個常用的意義,即“聚合”。《孟子·梁惠王上》:“海内之地,方千里者九,齊～有其一。”賈誼《過秦論上》:“天下雲～響應。”但這不是它的本義。“集”字本作“雧”,它的本義是“鳥羣停在樹上。”《説文解字》:“雧,羣鳥在木上也,从雥(zá)木。”這是個會意字,“雥”指鳥羣,由三個隹(zhuī,短尾巴的鳥)組成。古書中“集”字用作本義的不多。《詩經·唐風·鴇羽》:“肅肅鴇羽,～於苞栩。”(鴇:鳥名。苞:叢生的。栩:木名。)一隻鳥停在樹上有時也可以用“集”。《莊子·山木》:“覩一異鵲自南方來者,翼廣七尺,目大運寸,感周之顙而～於栗林。”(運:徑。感:觸。周:莊子名。顙:sǎng,額頭。)由一羣鳥聚合在樹上引申爲一般事物的聚合,又引申爲詩文的彙集。曹丕《與吴質書》:“頃撰其遺文,都爲一～。”引申義廣泛使用,本義反而湮没不用了。

【監】

監,甲骨文作,金文作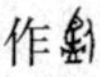。它的形體由兩部分組成。表示一個人睁着眼往下看,是一個器皿,金文中器皿上有一點,表示水。古人以水爲鏡,“監”就是一個人彎着腰,睁大眼,從器皿的水裏照看自己的面影。《尚書·酒誥》:“古人有言曰:人無於水～,當於民～。”“水監”,正是“監”字的本義。隨着青銅器的發展,産生了銅鏡,因此,“監”字又寫作“鑒”。《詩經·邶風·柏舟》:“我心匪

鑒，不可以茹。"毛傳："鑒，所以察形也。"《周禮·秋官·司烜氏》："以鑒取明水於月。"鄭注："鑒，鏡屬。""鏡"是後起字。"監"由"水監"引申爲監視、監督等意思。《詩經·大雅·烝民》："天～有周。"《國語·周語》："使～謗者。""監"的這些意義在現代漢語中作爲雙音詞的詞素保存了下來。"監"的本義用了後起字"鑑(鑒)"，而原字反而只用於引申義了。

【來】

"來"字是一個象形字，小篆作，甲骨文作、。象麥莖，象麥穗，象下披的葉，象根。本義是"麥"。《詩經·周頌·思文》："貽我～牟。"《説文》也認爲"來"象"來麰"之形。又《詩經·周頌·臣工》："於皇～牟。"後來寫作"秾"。《廣雅》："秾，小麥也。"

"來"字在甲骨文中就已假借作"來往"的"來"，古書中一般也都用它的假借義。"麥"字在甲骨文中也已經多次出現，作、，多爲地名。這是個形聲字，從夊(zhǐ)，來聲。《説文》："夊，從後至也。"朱駿聲在《説文通訓定聲》中説："往來之來正字是麥，菽麥之麥正字是來。"就像"酢"(zuò，《説文》："醶也。"本是"醋"字)和"醋"(《説文》："客酌主人。"本是"酢"字)用顛倒了一樣，這種情況一直承襲下來。這種看法是有一定根據的。從語音來看，"來"和"麥"上古音很接近，"麥"的聲符正是"來"，兩字相混的可能性確實是很大的。

【臨】

"臨"字金文作、，象一個人往下俯視的樣子，是聲符，卽落細雨的零(霝)。《詩經·小雅·小旻》："如～深淵。"《莊子·田子方》："～百仞之淵。"由俯視引申爲"照臨"。《詩經·邶風·日月》："日居月諸，照～下土。"《左傳·昭公三年》："徼福於太公丁

公，照～敝邑。”又引申爲上級面對下級。《墨子·尚賢下》：“逮至其～衆發政而治民。”《論語·爲政》：“～之以莊，則敬。”“臨”還有“遇見、碰到”的意思，也是由上述意義引申來的。《禮記·曲禮上》：“～財毋苟得，～難毋苟免。”

“臨”在古代還有哭的意思。《左傳·宣公十二年》：“卜～於太宫。”杜預注：“臨，哭也。”《漢書·高帝紀上》：“袒而大哭，哀～三日。”顔師古注：“衆哭曰臨。”這一意義的“臨”讀去聲 lìn 。

【零】

“零”字從雨令聲，本義指落細雨，比較大的雨就不能用“零”。《詩經·豳風·東山》：“～雨其濛。”（濛：雨點細小的樣子。）又《鄘風·定之方中》：“靈雨既～。”（靈：好。）也指落露水，落泪。《詩經·鄭風·野有蔓草》：“野有蔓草，～露漙兮。”（漙 tuán：露水多的樣子。）又《詩經·小雅·小明》：“涕～如雨。”（涕：眼泪。）《古詩十九首》：“泣涕～如雨。”

在上古時“零”已從上述意義引申爲草木花葉枯萎下落。《楚辭·離騷》：“惟草木之～落兮。”這個意義後來成爲古代“零”字的常用意義。張衡《西京賦》：“百卉俱～。”范縝《神滅論》：“則應榮時彫～，枯時結實。”庾信《哀江南賦》：“將軍一去，大樹飄～。”

“零”字的古代意義到現代只保存在雙音詞“零落”、“彫零”、“飄零”和熟語“感激涕零”等裏面。至於現代“零”的常用意義“零數”、“零碎”以及數學上的“零”等，在古代則是很少見的。

【佞】

“佞”字從女，仁聲，本義是善於用花言巧語諂媚人。舊社會輕視婦女，從文字上留下了許多侮辱女性的痕跡，如“姦、奸、妒、嫉、嬖、妄、婪、妖、婾（偷）、嬾（懶）”等，“佞”字也是這種情況。《論語·

先進》:“是故惡乎～者。”《穀梁傳·莊公十七年》:“鄭詹,鄭之～人也。”《莊子·漁父》:“莫之顧而進之謂之～。”《鹽鐵論·刺議》:“以邪導人謂之～。”由善於諂媚人引申爲有口才。《論語·雍也》:“不有祝鮀之～,而有宋朝之美。”皇侃疏:“佞,口才也。”再引申爲一般的有才智。《左傳·成公十六年》:“君幼,諸臣不～,何以及此,君其戒之!”

【趣】

“趣”的本義是督促,音 cù。《説文》:“趣,疾也,從走,取聲。”可見,“趣”有催促快做的意思。《禮記·月令》:“乃命有司,～民收斂。”《史記·項羽本紀》:“數使使～齊兵,欲與俱西。”《漢書·成帝紀》:“遣丞相長史御史中丞,持節督～逐捕。”顔師古注:“趣讀曰促。”《漢書·翟方進傳》:“議者以爲丞相掾不宜移書督～司隸。”後兩例中的“督趣”都是“督促”的意思。朱駿聲認爲“促”字“與趣略同”,他的意見是對的。“趣”有時用作副詞,意義着重於快速、趕快。《漢書·周勃傳》:“～爲我語。”

“趣”在古代和“趨”音義相通,音 qū。《詩經·大雅·棫樸》:“濟濟辟王,左右～之。”毛傳:“趣,趨也。”《史記·欒布列傳》:“～亨(烹)之。方提～湯,布顧曰:願一言而死。”前一“趣”字,《史記索隱》“音促”,是快速的意思;後一“趣”字,《史記索隱》“音趨”,是趨向的意思。“旨趣”以及後來的“樂趣”、“興趣”等意義,又是由趨向的意思引申來的。

【然】

“然”字,從火,肰(yàn)聲,本義是“引火點着”、“燃燒”。《墨子·備蛾傳》:“兩載之間一火,皆立而待鼓音而～。”《孟子·公孫丑上》:“若火之始～,泉之始達。”賈誼《治安策·序》:“火未及～。”

假借作代詞,這樣,那樣。《荀子·勸學》:“生而同聲,長而異俗,教使之～也。”又假借作形容詞,對,是的。《戰國策·觸龍説趙太后》:“太后曰:‘～。’”這些假借義比本義更常用,後來用作本義時就再加火旁作“燃”,義符“火”就變得重複了。

【受】

上古漢語“受”字大多用作“接受”的意思。《穀梁傳·僖公二年》:“必不敢～吾幣。”《論語·鄉黨》:“康子饋藥,拜而～之。”《史記·鴻門宴》:“項王則～璧,置之坐上。”“受”字還有“遭受”、“禁受”等意義,顯然是“接受”一義的引申。

與“受”字相對,還有一個“授”字,“授”是“給予”的意思。《左傳·僖公二十八年》:“獻俘授馘。”(馘:guó,割取所殺敵人耳朵。)甲骨文只有“受”字,没有“授”字。“受”字作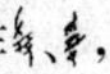,畫的是兩隻手,中間一個舟,舟是聲符,兩隻手表示兩人傳遞物件。“授”是在已有兩隻手的基礎上再加一個“手”旁,來表示“給予”,顯然是后起的分化字。《莊子·大宗師》:“夫道,有情有信,無爲無形,可傳而不可～,可得而不可見。”這裏的“受”字包括“給予”和“接受”兩個方面,用的正是“受”的本義。

“受”和“授”在上古可能同音。到中古時兩字讀音分化,“受”讀上聲,“授”讀去聲。用聲調變化分辨不同意義是中古的一種構詞方式,這也反映出“受”、“授”是同源字。到了現代,這兩個字又變成同音了。

【叔】

“叔”字是形聲字,原是拾取的意思。“尗”(shū)是它的聲旁;“又”象手形,是它的形旁。《詩經·豳風·七月》:“九月～苴。”(苴 jū:麻的種子。)這裏用的就是它的本義。

“叔”的本義在古書中很少見。從上古起，“叔”字就用作叔父的假借字。《孟子・告子上》：“敬～父乎？”婦女稱丈夫的弟弟爲“叔”，也是從上古就有的。《爾雅・釋親》：“夫之弟爲叔。”古代“叔”字都有年少，排行在末的意思。古人的表字常用“叔”字，表示他在兄弟間最小（如“叔齊”）。“伯、仲、叔、季”是古人的排行，“叔”可以是最末的，但如果有“季”，就不是最末的了。

【歲】

“歲”本來是星名，卽木星。古人認爲歲星由西向東運行，十二年繞天一周，每年經過一個星次。所以歲字的形體從步，戌聲。步有越歷的意思，表歲星運行之意。古人用歲星所在的星次紀年，稱爲歲星紀年法。《國語・晉語四》：“君之行也，～在大火。”《左傳・襄公三十年》：“於是～在降婁。”二例中的“歲”就是指歲星。“大火”、“降婁”都是十二星次中的名稱。歲星用來紀年，於是歲字產生“年”的意思。《莊子・逍遥遊》：“楚之南有冥靈者，以五百～爲春，五百～爲秋。”《詩經・衛風・氓》：“三～爲婦，靡室勞矣。”所説“三歲爲婦”就是爲婦三年，並不是年齡三歲就當媳婦。

【探】

“探”字從扌（手），罙（深）聲，本義是“探取”，卽把手深深地伸進去摸取東西，一般指從隱蔽或深遠的地方探取。《莊子・胠篋》：“將爲胠篋～囊發匱之盜。”《論語・季氏》：“見不善如～湯。”《墨子・非儒下》：“挑鼠穴，～滌器。”由用手摸取的具體動作，引申爲尋求隱藏的抽象事物或情況。《穀梁傳・隱公元年》：“已～先君之邪志。”《周易・繫辭上》：“～賾（zé）索隱。”孔穎達疏：“探謂闚探求取，賾謂幽深難見。”現代漢語的“試探”、“刺探”、“探望”等複音詞都是由此引申來的。

【題】

“題”字的本義是頭額,從頁,是聲。聲旁“是”在上古和“題”聲音相近。形旁“頁”(xié)篆文作,象人的頭形(下面表示身體,上面是頭),“頭、額、顱、顔、頂、顛”等字也都是以“頁”爲形旁的。

古書中“題”作頭額講的例子並不很多。《楚辭·招魂》:“雕~黑齒。”(額上雕花紋和染黑牙齒,古代南方少數民族的風俗習慣。)《山海經·北山經》:“有獸焉,其狀如豹,而文~白身,名曰孟極。”(文:同紋。)從上古開始,“題”就由頭額引申爲事物的前端。《孟子·盡心下》:“堂高數仞,榱~數尺。”(榱題:屋簷的椽頭;榱:cuī,椽子。)從這個意義又進一步引申爲“題詞”、“題目”等現代常用的意義,則是中古時期的事了。

【天】

“天”字一般容易把它的本義理解爲“天地”的“天”。上古的文獻也大多是用的這個意義。《説文》:“天,顛也,至高無上,从一大。”在這裏,許慎把話説得很含混,他先用聲訓,似乎是解釋爲“頭頂”;但又説“至高無上”,又像是指與“地”相對的“天”。至於字形,許慎毫無疑問是分析錯了。“天”字甲骨文作,金文作,下面是一個正面的人形,上面是人的頭(甲骨文因在龜甲獸骨上刻寫圓筆困難,刻成了方形)。殷人是泛神論,宇宙的主宰是“帝”而不是“天”,當時的“天”字顯然没有“自然界主宰者”的意義,而是“大”或者“首”,“天邑商”即“大邑商”或“首邑商”的意思。可見“天”的本義並不是與“地”相對的“天”。“天”指“頭頂”,在上古文獻裏還可以找到相關的例證。《周易·睽》:“其人~且劓(yì)。”(天:一種剠鑿頭頂的刑罰。劓:一種割鼻的刑罰。)《山海經·海外西經》:“形(刑)~與帝至此争神,帝斷其首,葬之常羊之山,乃以乳爲目,以臍爲口,操干戚以舞。"《山海經》這則神話,起源可能很早。敢於反抗上帝的這位英雄,因爲"帝斷其首",所以叫做"刑天"。"天"和"顛"古韻同部,聲音很相近,二者是同源詞,"天"也就是"顛"。"顛"的本義是頭頂,"天"的本義也應該是頭頂。由人體的最高部位引申爲"至高無上"的天地的"天",引申義被廣泛使用,本義反而消失了。

【田】

"田"字在上古的常用意義和現代一樣,也是農田。《韓非子·五蠹》:"宋人有耕者,～中有株,兔走觸株,折頸而死。"《孟子·齊桓晉文之事》:"百畝之～,勿奪其時。"上古"田"字還有一個常用意義是打獵。《左傳·宣公二年》:"宣子～於首山。"在甲骨文中,這兩個意義就已經都存在,"王大令衆人嘖(協,耦耕)～"是農田;"王其～於畫,禽大豚"是指打獵。但大多數卜辭中的"田"字指農田。《説文》:"田,陳也。樹穀曰田。囗(wéi)十,千百(阡陌)之制也。"這是認爲農田是本義。從現存文獻看,根據字形和字義的分析,很難説"田"的本義不是農田。

但是,人類社會生產是從採集時代到漁獵時代,再經過畜牧時代才到農耕時代的。殷代已經是以農業爲主的社會,在此以前很長時期的生產是以漁獵爲主的。從這個角度看,"田"的最早意義應該是田獵,由漁獵時代田獵的"田"轉爲農業時代農田的"田"。如果"田"這個字到農業時代才創造出來,象畫分了區域的農田,許慎所分析的字的本義,意見就不算錯(認爲字中的"十"是表示阡陌,則不確切)。但要探求語言中"田"這個詞的本義,聯繫社會的發展來分析,"田"的最早意義還是田獵。

【行】

“行”字在甲骨文作、,象十字路口,它的本義是“道路”。《詩經·豳風·七月》:“遵彼微～。”(微行:小路。)又《詩經·周南·卷耳》:“寘彼周～。”(周行:大路。)《戰國策·魏策四》:“今者臣來,見人於大～,方北面而持其駕。”《孫臏兵法·積疏》:“徑勝～,疾勝徐。”(徑:小路。)後來詞義轉移,走路的動作也可以叫“行”,逐漸成爲古今常用的意義,而且引申義越來越多,用得越來越廣泛,它的本義“道路”反而在語言中消失了。

許慎在《説文解字》中説:“行,人之步趨也。从彳(chì)亍(chù)。”他認爲“彳”象人的下肢腿、脛、脚三部分相連,“亍”是反彳。“步”指慢步,“趨”指快走。他把“行”看成是會意字,並且認爲“走路”是它的本義。從甲骨文和先秦文獻來看,這種看法顯然是不正確的。

【脩】

“脩”字從月(肉)攸聲,本義是乾肉,古人用來送禮。《左傳·莊公二十四年》:“女贄不過榛、栗、棗、～。”(女贄:婦女送的禮物。)《論語·述而》:“自行束～以上,吾未嘗無誨焉。”(束脩:十條乾肉成爲一束。)引申爲乾。《詩經·王風·中谷有蓷》:“中谷有蓷,暵其～矣。”(蓷:tuī,草名。暵:hàn,蔫,憔悴。)

“脩”是乾肉,“修”是修飾(引申爲改進、美、長等義),意義差别很大,但由於兩字音同形近,在古書中常常通用。凡是用“修”的地方一般都可以寫作“脩”。如《左傳·宣公十二年》:“鄭人～城。”又《左傳·桓公元年》:“～好於鄭。”《楚辭·離騷》:“恐～名之不立。”(脩名:美名。)《戰國策·齊策一》:“鄒忌～八尺有餘。”(脩八尺:長八尺。)但“脩”的本義“乾肉”則没有寫作“修”的。如“束脩”、“脩金”，不寫作“修”。

【引】

《説文》：“引，開弓也，从弓丨。”“引”字由“弓”和“丨”組合而成，“丨”就是箭，“開弓”正是它的本義。朱駿聲説：“矢括檃絃，開之由漸而滿曰引。”這就是説，把箭搭上絃，慢慢把弓向後拉開叫作“引”。《孟子·盡心下》：“君子～而不發。”（發：把箭射出。）《莊子·田子方》：“列禦寇爲伯昏無人射，～之盈貫，措盃水其肘上，發之。”（盈貫：滿絃。）這都是用的本義。

“引”字在古代還有一些常用意義。《詩經·大雅·行葦》：“黄耇臺背，以～以翼。”這是“引導”的意思。《詩經·小雅·楚茨》：“子子孫孫，勿替（不廢）～之。”這是“延長”的意思。《戰國策·趙策三》：“秦軍～而去。”這是後退的意思。這些意義都是從本義“開弓”發展出來的。

【造】

“造”的本義是“前往，到”。《左傳·成公十六年》：“使行人執榼承飲，～於子重。”（行人：使者。子重：人名。）又《哀公八年》：“景伯負載，～於萊門。”常用來指到尊貴者的地方去。《孟子·公孫丑下》：“不幸而有疾，不能～朝。”《戰國策·齊策四》：“先生王斗，～門而欲見齊宣王。”引申爲達到某一境界。《孟子·離婁下》：“君子深～之以道。”現代有成語“登峰～極”。現代的雙音詞“造詣”、“造就”在古代也常用來指謁見尊貴者。《晉書·陶潛傳》：“酣醉便反，未嘗有所～詣。”駱賓王《與陳將軍書》：“禁門清切，～就無緣。”現代引申爲成就，原來意義就不使用了。

從字形看，“造”字從辵，告聲。辵（chuò）有行走的意思，隸書和楷書簡化爲辶，用它作形旁的字如“追、返、進、退、逃、避”等都和走的動作有關。

現代“造”的常用意義“製作、做”在上古就已經存在。《詩經·鄭風·緇衣》:“緇衣之好兮,敝予又改～兮。”《禮記·玉藻》:“大夫不得～車馬。”《莊子·盜跖》:“使爲將軍～大城數百里。”過去這個意義讀 zào,前一個意義讀 cào,音義都不同。現在一律讀 zào。

【旨】

“旨”字的本義是“味美、好吃”。《詩經·小雅·魚麗》:“君子有酒,～且多。”《禮記·學記》:“雖有嘉餚,弗食,不知其～也。”《孟子·離婁下》:“禹惡～酒而好善言。”也指美味的食物。《論語·陽貨》:“食～不甘,聞樂不樂。”

甲骨文和金文“旨”字作、等,上面“匕”象匙形,下面是口,以匙入口,表示味美。《説文》:“旨,美也,从甘,匕聲。”許慎的釋義是正確的,但字形解釋錯了。

“旨”字的另一個意義是“意、意思”。《禮記·王制》:“有～無簡,不聽。”(簡:誠。)沈約《謝靈運傳論》:“妙達此～,始可言文。”特指皇帝的命令。《後漢書·蔡邕傳》:“臣伏讀聖～。”杜甫《入奏行》:“密奉聖～恩宜殊。”這個意義的“旨”可能是“指”的假借字,一直沿用到現在,如“宗旨”、“主旨”等。

【質】

“質”字的本義是抵押品。古代常用人身當抵押品。如《左傳·隱公三年》:“故周鄭交～。王子狐爲～於鄭,鄭公子忽爲～於周。”《戰國策·觸龍説趙太后》:“有復言令長安君爲～者,老婦必唾其面。”出土資料《侯馬盟書》中有“自～於君所”的誓言,就是自願用身子當抵押品而“委質”於“君所”。在盟誓時,爲了取信於鬼神,也用物爲抵押。《國語·晉語四》:“所不與舅氏同心者,有如河水。沉璧以～。”

“質”是個形聲字。“貝”是它的形旁,上古用貝殼作貨幣,以“貝”爲形旁的字如“財、貨、購、資”等,都與財物有關。“斦”是“質”的聲旁,朱駿聲認爲“斦”就是“椹櫍”(砧板)的“櫍”,與“質”同音。

在上古時,“質”就已經有了“本質”和“樸實”的意義,前者如《荀子·勸學》的“其～非不美也”,後者如《論語·雍也》的“～勝文則野”。但這些意義並不是“質”字的本義。

【誅】

“誅”字從言,朱聲。形旁是“言”,本義是譴責、聲討。《論語·公冶長》:“於予與何～?”(予:宰予,人名。)《周禮·大宰》:“七曰廢,以馭其罪;八曰～,以馭其過。”現代成語有“口～筆伐”。引申爲罰、懲處。《禮記·雜記下》:“不敢辟～。”(辟:後來寫作“避”。)也指強求、索取。《左傳·襄公三十一年》:“～求無時。”又《莊公八年》:“傷足,喪屨。反,～屨於徒人費。”(費:人名。)

殺戮惡人也叫“誅”。《荀子·正論》:“～紂,斷其首。”引申爲鏟除。《楚辭·卜居》:“寧～鋤草茅以力耕乎?”這兩個意義顯然都是由譴責一義引申來的。

譴責和殺戮是程度的不同,究竟指的是哪一種意義,常常要根據上下文才能確定。例如,《孟子·萬章上》:“舜流共工於幽州,放驩兜於崇山,……～不仁也。”既然只是“流”和“放”,顯然是譴責或懲處的意思。《莊子·至樂》:“將子有亡國之事、斧鉞之～而爲此乎?”這自然是殺戮的意思了。

【主】

“主”字在上古常用作名詞,一般是“主人”的意思。《尚書·武成》:“爲天下逋逃～。”《左傳·宣公二年》:“賊民之～不忠。”也常用作動詞,一般是“主張”、“主持”的意思。《左傳・隱公三年》:“使～社稷。”《孟子・萬章上》:“使之～事而事治。”有時也用作“主要的”、“最基本的”意思。《莊子・漁父》:“忠貞以功爲～,飲酒以樂爲～,處喪以哀爲～,事親以適爲～。”

從字形來看,以上意義都不是“主”字的本義。《説文解字》:“主,鐙中火主也。𡈼象形。从丶,丶亦聲。”許慎在解釋“主”字時,不拘泥於上古文獻中的字義,能從字形來推究“主”字的本義,這是頗有見地的。但是,由於當時條件的限制,他的分析仍有不够確切的地方。因爲更古的時代並沒有燈,而只有火把。“主”也許就是“炷”的本字,發展成小篆時,字形要求匀圓整齊,就寫成了主,看不出原來火把的形狀了。

遠古時期,火在人類生活中意義非常重大,夜晚一個火把往往是團聚人們的核心,由此引申爲“主人”、“君主”等意義,又進一步引申爲“主持”、“主要的”等意義,成爲“主”字的常用義。對本義“火把”,就另造一個“炷”字來表示,“主”字也就不再有“火把”的意思了。

【字】

“字”字的本義是生孩子。《説文》:“字,乳也。从子在宀(mián)下,子亦聲。”這裏的“乳”是生子的意思。《周易・屯卦》:“女子貞不～。”《山海經・中山經》:“其實如蘭,服之不～。”《論衡・氣壽》:“婦人疏～者子活,數(shuò)乳者子死。”引申爲“撫育”、“撫養”。《尚書・康誥》:“父不能～厥子。”《左傳・成公十一年》:“又不能～人之孤而殺之。”

秦以前,文字只稱“文”或“書”,不叫做“字”。秦刻石才開始把“文字”連用。許慎在《説文解字・敍》中説:“蓋依類象形,故謂之文;其後形聲相益,即謂之字。”這是説,獨體爲文,合體爲字。又説:“字者,言滋乳而浸多也。”意思是“字”是由“文”滋生出來的。但漢代“文”和“字”在一般用法上就已經不再有分別了。《漢書·藝文志》:“説五～之文,至於二三萬言。”

練　習　二

一　下列各組句子中加△的詞哪一個是本義，哪一個不是？請説明理由。

1. 肉食者鄙，未能遠謀。（《左傳·曹劌論戰》）

既而大叔命西鄙北鄙貳於己。（《左傳·鄭伯克段於鄢》）

2. 爾貢包茅不入，王祭不共。（《左傳·齊桓公伐楚》）

備欲呼魯肅等共會語。（《資治通鑑·漢紀五十七》）

3. 故不能推車而及。（《左傳·鞌之戰》）

郤克傷於矢，流血及屨。（《左傳·鞌之戰》）

4. 君不若引兵疾走大梁。（《史記·孫臏》）

其療疾，合湯不過數種。（《三國志·魏書·華佗傳》）

5. 其鄉人曰："肉食者謀之，又何間焉？"（《左傳·莊公十年》）

騫因與其屬亡鄉月氏。（《漢書·張騫傳》）

二　什麽叫詞類活用？使動用法和意動用法有什麽區别？舉例説明。

三　舉例説明古代漢語的幾種被動句式。

四　古代漢語判斷句中的"乃"、"即"、"維"、"惟"、"非"是不是判斷詞，爲什麽？

五　指出下面的句子，哪些是被動句，哪些不是被動句，被動句有什麽不同形式：

1. 蔓草猶不可除，況君之寵弟乎？（《左傳·鄭伯克段於鄢》）

2. 臣誠恐見欺於王而負趙。(《史記·廉頗藺相如列傳》)

3. 今單於新困於漢,而昆莫地空。(《漢書·張騫傳》)

4. 不者,若屬皆且爲所虜。(《史記·鴻門宴》)

5. 城陷而虜,與巡死先後異耳。(韓愈《張中丞傳後敍》)

6. 爲漢使月氏,而爲匈奴所閉道。(《漢書·張騫傳》)

7. 才高見屈,遭時而然。(《論衡·自紀》)

8. 勞心者治人,勞力者治於人。(《孟子·許行》)

六　下列句子哪些是賓語前置?哪些不是?説明句中"之"的意義和用法:

1. 雖梁王兎苑,想之不如也。(《洛陽伽藍記·王子坊》)

2. 姜氏何厭之有?(《左傳·鄭伯克段於鄢》)

3. 貢之不入,寡君之罪也。(《左傳·齊桓公伐楚》)

4. 豈不穀是爲?先君之好是繼。(《左傳·齊桓公伐楚》)

5. 子路有聞,未之能行,唯恐有聞。(《論語·公冶長》)

6. 守之之難不若讀之之難。(汪琬《傳是樓記》)

7. 奚以之九萬里而南爲?(《莊子·逍遥遊》)

七　指出下列各句中的詞序和現代漢語有什麽不同:

1. 子欲居九夷,或曰:"陋,如之何?"子曰:"君子居之,何陋之有?"(《論語·子罕》)

2. 子思曰:"如伋(子思的名)去,君誰與守?"(《孟子·離婁下》)

3. 我未見力不足者,蓋有之矣,我未之見也。(《論語·里仁》)

4. 古者天下散亂,莫之能一。(《史記·秦始皇本紀》)

5. 古之人不余欺也。(蘇軾《石鐘山記》)

6. 君奚爲不見孟軻也?(《孟子·梁惠王下》)

7. 然民雖有聖知,弗敢我謀;勇力,弗敢我殺。(《商君書·畫策》)

8. 荀偃令曰:“雞鳴而駕,塞井夷竈,唯余馬首是瞻。”(《左傳・襄公十四年》)

9. 聖王有百,吾孰法焉?(《荀子・非相》)

10. 敢問夫子惡乎長?(《孟子・公孫丑上》)

八　指出下列各句中的詞類活用現象,并説明是屬於哪類活用(包括名詞用作狀語):

1. 今棄是州也,農夫漁父過而陋之。(柳宗元《鈷鉧潭西小丘記》)

2. 殺雞爲黍而食之,見其二子焉。(《論語・子路從而後》)

3. 欲辟土地,朝秦楚,莅中國而撫四夷也。(《孟子・齊桓晉文之事》)

4. 遠人不服,而不能來也。(《論語・季氏將伐顓臾》)

5. 城陷,賊以刃脅降巡。(韓愈《張中丞傳後敍》)

6. 諸侯恐懼,會盟而謀弱秦。(賈誼《過秦論》)

7. 齊景公問政於孔子,孔子對曰:“君君、臣臣、父父、子子。”(《論語・顔淵》)

8. 齊將田忌善而客待之。(《史記・孫臏》)

9. 假舟檝者,非能水也,而絶江河。(《荀子・勸學》)

10. 天下雲集而響應,贏糧而景從。(賈誼《過秦論》)

九　下列句子中加△的詞或詞組,在古代漢語和現代漢語中詞性、意義和用法有什麽不同?

1. 兒能騎羊引弓射鳥鼠,少長則射狐菟。(《漢書・匈奴傳》)

2. 子尾多受邑而稍致諸君。(《左傳・昭公十年》)

3. 紂貴爲天子,死曾不若匹夫。(《史記・淮南王傳》)

4. 不可,直不百步耳。(《孟子・梁惠王上》)

5. 齊因乘勝盡破其軍。(《史記・孫臏》)

6. 騫從月氏至大夏,竟不能得月氏要領。(《漢書·張騫傳》)

7. 匈奴匿其壯士肥牛馬,但見老弱及羸畜。(《史記·劉敬傳》)

8. 獻公説,曰:"璧則猶是也。雖然,馬齒亦益長矣。"(《韓非子·十過》)

十 閱讀下面一段短文,説明文中"以"字的詞性、意義和用法:

秦既解邯鄲圍,而趙王入朝,使趙郝約事於秦,割六縣而媾。虞卿謂趙王曰:"秦之攻王也,倦而歸乎?王以其力尚能進,愛王而弗攻乎?"王曰:"秦之攻我也,不遺餘力矣,必以倦而歸也。"虞卿曰:"秦以其力攻其所不能取,倦而歸,王又以其力之所不能取以送之,是助秦自攻也。來年秦復攻王,王無救矣。"王以虞卿之言告趙郝。趙郝曰:"虞卿誠能盡秦力之所至乎?誠知秦力之所不能進,此彈丸之地弗予,令秦來年復攻王,王得無割其内而媾乎?"(《史記·平原君虞卿列傳》)

十一 説明下列各句中加△號的代詞的用法:

1. 吾嘗終日而思矣,不如須臾之所學也。(《荀子·勸學》)

2. 禹疏九河,瀹濟漯,而注諸海。(《孟子·許行》)

3. 或謂孔子曰:"子奚不爲政?"(《論語·爲政》)

4. 五畝之宅,樹之以桑,五十者可以衣帛矣。(《孟子·齊桓晉文之事》)

5. "斯道也,何道也?"曰:"斯吾所謂道也。"(韓愈《原道》)

6. 下視其轍,登軾而望之。(《左傳·莊公十年》)

十二 把下面的短文加上標點並翻譯成現代漢語:

陳康肅公堯咨善射當世無雙公亦以此自矜嘗射於家圃有賣油翁釋擔而立睨之久而不去見其發矢十中八九但微頷之康肅問曰汝

亦知射乎吾射不亦精乎翁曰無他但手熟爾康肅忿然曰爾安敢輕吾射翁曰以我酌油知之乃取一葫蘆置於地以錢覆其口徐以杓酌油瀝之自錢孔入而錢不濕因曰我亦無他惟手熟爾康肅笑而遣之(歐陽修《賣油翁》)

平公射鴳不死使豎襄搏之失公怒拘將殺之叔向聞之夕君告之叔向曰君必殺之昔吾先君唐叔射兕於徒林殪以爲大甲以封於晉今君嗣吾先君唐叔射鴳不死搏之不得是揚吾君之恥者也君其必速殺之勿令遠聞君忸怩乃趣赦之(《國語・晉語八》)

後特徵爲洛陽令時湖陽公主蒼頭白日殺人因匿主家吏不能得及主出行而以奴驂乘宣於夏門亭候之乃駐車叩馬以刀畫地大言數主之失叱奴下車因格殺之主卽還宮訴帝帝大怒召宣欲箠殺之宣叩頭曰願乞一言而死帝曰欲何言宣曰陛下聖德中興而縱奴殺良人將何以理天下乎臣不須箠請得自殺卽以頭擊楹流血被面帝令小黃門持之使宣叩頭謝主宣不從彊使頓之宣兩手據地終不肯俯主曰文叔爲白衣時臧亡匿死吏不敢至門今爲天子威不能行一令乎帝笑曰天子不與白衣同因勑彊項令出賜錢三十萬宣悉以班諸吏由是搏擊豪彊莫不震慄京師號爲臥虎歌之曰枹鼓不鳴董少平(《後漢書・酷吏列傳》)

文　選

諫逐客書　　李　斯

【作者介紹】李斯(公元前？—前 208 年)，楚國上蔡(今河南上蔡縣)人。曾受學於荀子。秦王政元年(公元前 246 年)入秦，曾任長史、客卿、廷尉等官，協助秦王政(始皇)制定統一中國的戰略策略，爲統一中國作出了一定的貢獻。秦統一全國後任丞相，又協助秦始皇推行"車同軌、書同文"等有利社會發展的措施。秦二世即位後，李斯被趙高陷害而死。

【説明】秦王政初年，韓國爲了減輕强秦對自己的威脅，派了一個名叫鄭國的人幫助秦國修渠，企圖通過修渠來消耗秦國的人力物力。這件事被發覺後，秦國一些目光短淺的貴族、大臣就認爲所有别的諸侯國的人，在秦國做官都不是真心爲秦國，應該統統趕走。秦王政接受了他們的建議，在秦王政十年(公元前 237 年)下令逐客。李斯當時在秦任客卿，也在被逐之列，於是寫了這封信給秦王政。秦王政後來收回了逐客令，恢復了李斯的官職。

李斯在這篇文章中，用大量的事實説明：秦國之所以日益强大，是因爲接納了天下的賢士；秦國之所以日益富足，是因爲搜羅了四方的珍寶。而那種“不問可否，不論曲直，非秦者去，爲客者逐”的愚蠢做法，只能使自己削弱。文章論述透闢，比喻深刻，用了很多排比和對偶的句子，增强了表達力量。

本文最早見於《史記·李斯列傳》，題目是後加的。

臣聞吏議逐客，竊以爲過矣①。昔繆公求士②，西取由余於戎③，東得百里奚於宛④，迎蹇叔於宋⑤，來丕豹、公孫支於晉⑥。此五子者，不産於秦⑦，而繆公用之，併國二十，遂霸西戎⑧。孝公用商鞅之法，移風易俗⑨，民以殷盛，國以富彊，百姓樂用，諸侯親服⑩，獲楚魏之師，舉地千里，至今治彊⑪。惠王用張儀之計，拔三川之地⑫，西併巴蜀⑬，北收上郡⑭，南取漢中⑮，包九夷，制鄢郢⑯，東據成皋之險⑰，割膏腴之壤，遂散六國之從⑱，使之西面事秦，功施到今⑲。昭王得范雎⑳，廢穰侯，逐華陽㉑，彊公室，杜私門㉒，蠶食諸侯㉓，使秦成帝業。此四君者，皆以客之功㉔。由此觀之，客何負於秦哉㉕！向使四君卻客而不内，疏士而不用㉖，是使國無富利之實，而秦無彊大之名也㉗。

注　釋

① 吏：官吏，在先秦和西漢，大小官員都可以稱爲“吏”。

② 繆（mù）公：指秦繆公（公元前659—前621年在位），通常寫作“秦穆公”。是春秋時秦國國君，春秋五霸之一。　士：春秋戰國時用自己的知識技能爲統治階級服務的一個階層，包括文士和武士。

③ 由余：晉國人，先在西戎任職，後來投奔秦國，幫助秦穆公統一了西戎各部落。　戎：古代對我國西部少數民族的泛稱。

④ 百里奚：楚國宛（今河南南陽市）人。曾爲虞國的大夫，晉滅虞后，被

作爲陪嫁的奴僕送往秦國，後來又逃到宛。秦穆公用五張黑羊皮把他贖回來，任爲大夫。他對秦穆公的稱霸起了相當大的作用。

⑤ 蹇(jiǎn)叔：岐(今陝西岐山東北)人。岐地當時在西戎區域。蹇叔曾遊於宋。受百里奚的推薦，被穆公聘爲上大夫。

⑥ 來：使動用法，使……來。　丕(pī)豹：晉國人，晉國大夫丕鄭的兒子。因其父被殺，逃到秦國。　公孫支：岐人。曾遊晉，後歸秦，任爲大夫。

⑦ 産：生，出生。

⑧ 併國二十：指兼并了西戎各部落建立的二十個國家。

⑨ 孝公：指秦孝公(公元前 361—前 338 年在位)。　商鞅(公元前？—前 338 年)：衛國人，姓公孫，名鞅，幫助秦孝公變法，對秦國的富强起了很大的作用。因封爲商君，故稱商鞅。

⑩ 殷盛：殷實興旺。　彊："强"的本字。　樂用：樂於效力。

⑪ 獲：俘獲。公元前 340 年，商鞅用計大敗魏軍，虜魏公子卬。同年，秦國攻打楚國。　治彊：太平而强盛。　治：治理得好，與"亂"相對。

⑫ 惠王：指秦惠文王(公元前 337—前 311 年在位)，是秦孝公的兒子。張儀(公元前？—前 309 年)：魏國人，著名的縱横家。秦惠王任他爲相，他主張秦國採用"連横"(秦分别和其餘六國結盟，對六國各個擊破)的辦法來打破"合縱"(六國聯合起來共同對付秦國)，對秦最後兼併六國起了相當大的作用。　拔：攻取。三川之地：在今河南洛陽一帶。當時是周王室所在地。　三川：指黄河、洛水、伊水。張儀曾建議秦惠王出兵三川。實際上到秦武王時才拔三川之地。

⑬ 巴、蜀：都是古國名。巴在今四川重慶北，蜀在今四川成都一帶。按：據《華陽國志》記載，張儀和司馬錯率軍滅巴蜀，而《史記》只説司馬錯伐蜀。

⑭ 上郡：戰國魏地，在今陝西榆林地區。魏屢敗於秦，公元前 328 年，張儀使計説魏王，魏王納上郡十五個縣給秦。

⑮ 漢中：戰國楚地，在今陝西漢中一帶。公元前 313 年張儀誘騙楚懷王與齊絶交，次年打敗楚國，取漢中六百里之地。

⑯ 包：囊括。　九夷：原指我國東部的各個少數民族，這里指散居在楚國境内的若干少數民族。　制：控制。　鄢(yān)、郢(yǐng)：是楚國

先後建都的地方，鄢在今湖北宜城，郢在今湖北江陵。這里以鄢郢代表楚國。

⑰ 成皋(gāo)：戰國時的軍事要地，在今河南滎陽。

⑱ 六國之從(zòng)：指秦以外六國的聯盟。從："縱"的本字。指合縱，戰國時六國共同抗秦的聯盟形式。

⑲ 施(yì)：延續。

⑳ 昭王：指秦昭襄王(公元前 306—前 251 年在位)，秦惠王之子。　范睢(suī)：魏國人，後來入秦，做秦昭王的相。

㉑ 穰(ráng)侯：秦昭王養母宣太后的異父弟魏冉的封號。　華陽：指華陽君，宣太后同父弟羋(mǐ)戎的封號。穰侯和華陽君二人都專橫跋扈，"私家富重於公室"，而秦昭王大權旁落。范睢説服秦昭王，奪取了他們的權力。

㉒ 公室：王室。　杜：杜絶。　私門：貴族勢力。這裏指穰侯、華陽君等家族的勢力。

㉓ 蠶食：像蠶吃桑葉一樣地逐步兼并。"蠶"是名詞作狀語。

㉔ 四君：指上述繆公、孝公、惠王、昭王。　以客之功：憑藉别的諸侯國在秦國做官的人所做的事情。　功：事。

㉕ 負：辜負，對不起。

㉖ 向使：假使。　卻：拒絶。　内(nà)：容納。後來寫作"納"。

㉗ 實：指實際情況，與"名"相對。

今陛下致昆山之玉，有隨和之寶①，垂明月之珠，服太阿之劍②，乘纖離之馬，建翠鳳之旗，樹靈鼉之鼓③。此數寶者，秦不生一焉，而陛下説之，何也？必秦國之所生然後可，則是夜光之璧不飾朝廷④，犀象之器不爲玩好⑤，鄭衛之女不充後宫⑥，而駿馬駃騠不實外廄⑦，江南金錫不爲用，西蜀丹青不爲采⑧。所以飾後宫、充下陳、娱心意、説耳目者⑨，必出於秦然後可，則是宛珠之簪、傅璣之珥、阿縞之衣、錦繡之飾不進於前⑩，而隨俗雅化佳冶窈窕趙女不立於側也[11]。夫擊甕叩缶，彈箏搏髀而歌呼嗚嗚快耳者，真秦之聲也[12]；鄭衛桑間、韶虞武象者，異國之樂也[13]。今棄擊甕叩缶而就鄭衛，退彈箏而取韶虞，若是者何也？快意當前，適觀而已矣[14]。今取人則不然，不問可否，不論曲直，非秦者去，爲客者逐；然則是所重者在乎色樂珠玉，而所輕者在乎人民也。此非所以跨海內、制諸侯之術也[15]。

注　釋

① 昆山：古代傳説中産玉之山。　隨和之寶：指隨侯珠、和氏璧，都是著名的寶物。據説春秋時代隨國國君曾救活一條受了重傷的大蛇，後來大蛇從江中銜來一顆明珠報答他，於是被後人稱作隨侯珠或隨珠。事見《淮南子·覽冥訓》。　又：春秋時代楚國人卞和在山中得了一塊璞（未雕琢的玉石），獻給楚厲王。厲王交玉工辨識，説是石頭，於是厲王下令砍斷卞和的右脚。楚武王即位，卞和又獻璞，武王也以爲是石頭，又砍斷他的左脚。到楚文王即位，卞和抱着璞哭于荆山之下。文王派人問他，他説："我不是因爲雙脚被砍掉而悲傷，而是因爲寶石被看成石頭而難過。"文王使人治璞，果然得了寶玉，因此稱爲和氏璧。事見《韓非子·和氏》。

② 垂：垂掛。　明月之珠：指大而亮的珍珠。　服：佩。　太阿（ē）之劍：傳説中吴國著名冶匠干將鑄造的寶劍。

③ 纖離：古代駿馬名。　建：竪起來。　翠鳳之旗：用翠鳥的羽毛裝飾的旗。　樹：指設置。　靈鼉（tuó）之鼓：用鼉皮蒙的鼓。鼉：鰐魚一類的動物。古代把它視爲神物，所以稱"靈鼉"。

④ 璧：一種中間有孔的圓形玉器。　飾：裝飾。

⑤ 犀象之器：犀牛角和象牙製作的器物。

⑥ 鄭衛之女：鄭國和衛國的女子。春秋戰國時鄭衛的民間歌舞很著名，鄭衛之女大多能歌善舞。　充：充實，充滿。

⑦ 駃騠（juétí）：駿馬名。　廄（jiù）：養馬的棚。

⑧ 丹青:丹砂和青雘(huò),古代用作顔料。　不爲采:不作爲采飾。
⑨ 下陳:堂下。是侍妾站立或歌舞的地方。
⑩ 宛珠之簪(zān):用宛珠鑲嵌的簪。宛珠:宛地出産的明珠。　傅璣之珥(ěr):鑲着珠子的耳環。傅:附着。璣:不圓的珠子。這裏泛指珠子。珥:耳環。　阿縞(ēgǎo):齊國東阿(今山東陽谷縣東北)出産的縞。縞:白色的絲織品。
⑪ 隨俗雅化:隨着時俗的好尚善於改變自己的服飾打扮。　佳冶(yě)窈窕(yǎotiǎo):都是形容女子美貌。"隨俗雅化、佳冶窈窕"都是"趙女"的修飾語。　趙女:趙國的女子。當時認爲趙國多美女。
⑫ 甕(wèng):一種樂器,形制像陶制的盛水器。　缶(fǒu):一種樂器,形制像瓦罐。秦國用敲擊甕缶來表示音樂的節奏。　筝(zhēng):一種絃樂器。　搏髀(bì):拍着大腿打拍子。搏:拍。髀:大腿。　嗚嗚:形容秦國人唱歌的聲音。
⑬ 桑間:衛國地名,在今河南濮陽一帶。當時青年男女常在這裏歡聚歌唱。這裏的"桑間"即指"桑間之音",是鄭衛的民歌。　韶虞:指簫韶,相傳是虞舜時的音樂。　武象:周武王時的一種歌舞,其樂曲稱"武",舞蹈稱"象"。
⑭ 適觀:看起來舒適。
⑮ 跨:指占領,據有。

臣聞地廣者粟多,國大者人衆,兵彊則士勇①。是以太山不讓土壤,故能成其大②;河海不擇細流,故能就其深③;王者不却衆庶,故能明其德④。是以地無四方,民無異國,四時充美,鬼神降福,此五帝三王之所以無敵也⑤。今乃棄黔首以資敵國,却賓客以業諸侯⑥,使天下之士,退而不敢西向,裹足不入秦,此所謂"藉寇兵而齎盜糧"者也⑦。

注　釋

① 兵:軍隊。

② 讓：辭讓，拒絶。

③ 不擇細流：指對大小水流不加區别一概容納。擇：區别。 就：成就，造成。

④ 却：推辭，不接納。 衆庶：百姓。 明其德：使其德望昭著。

⑤ 四時：四季。 充美：指富足豐盛。 五帝三王：關於"五帝"和"三王"的説法不一，這裏泛指上古的著名帝王。

⑥ 黔(qián)首：秦國稱百姓爲黔首。 資：助。 業諸侯：使諸侯成就功業。"業"是名詞用作使動。

⑦ 藉(jiè)寇兵而齎(jī)盜糧：借給暴徒兵器，送給盜賊乾糧。藉：借。寇：殺人搶劫的暴徒。齎：給人財物。盜：偷盜者。糧：乾糧。

夫物不産於秦，可寶者多，士不産於秦，而願忠者衆。今逐客以資敵國，損民以益讎[①]，内自虚而外樹怨於諸侯[②]，求國無危，不可得也。

注　　釋

① 益讎：使仇敵得到好處。

② 自虚：使自己虚弱。 樹怨：樹立仇恨。

論貴粟疏　　鼂錯

【作者介紹】鼂錯(公元前200年—前154年)，西漢潁川(今河南禹縣一帶)人。文、景時代的政治家。年輕時跟張恢學申商之學(申不害、商鞅的法家學説)，後又跟伏生學《尚書》。孝文帝時，爲太子舍人、家令，人稱爲"智囊"。景帝卽位，以錯爲内史、御史大夫，法令多所更定，并建議削减諸侯王的封地和權力，加强中央王朝的統治。因此，諸侯王都很痛恨鼂錯。後來吴王劉濞以"請誅鼂錯，以清君側”爲名，發動叛亂，政敵袁盎、竇嬰等乘機進讒言，景帝竟然不分是非，斬鼂錯于東市。

【説明】本文選自《漢書·食貨志》。漢文帝時，由於社會比較安定，商品經濟得到一定的發展，因此出現了商人兼并農人，農人不地著而流亡的現象。爲了解決這個矛盾，鼂錯於公元前 168 年向漢文帝提出了“貴粟”的主張。鼂錯認爲：無論是爲了減輕農民的負擔，提高農民的生活水平，還是爲了備戰備荒，都需要發展農業生産。如何刺激糧食生産的發展呢？鼂錯提出：“貴粟之道，在於使民以粟爲賞罰。”這就是要把糧食轉换爲商品。老百姓可以把糧食轉换爲金錢，也可以買到爵位，還可以用來贖罪。漢文帝採納了鼂錯的建議，促進了當時農業生産的發展。

本文説理透徹，立論都有事實爲據，對於我們了解、認識當時的社會矛盾，也很有價值。

聖王在上而民不凍飢者，非能耕而食之，織而衣之也①，爲開其資財之道也②。故堯禹有九年之水，湯有七年之旱，而國亡捐瘠者，以畜積多而備先具也③。今海内爲一，土地人民之衆不避湯禹④，加以亡天災數年之水旱，而畜積未及者，何也？地有遺利⑤，民有餘力，生穀之土未盡墾，山澤之利未盡出也，游食之民未盡歸農也⑥。

注　釋

① 耕：指聖王親自耕種。　食（sì）之：給他們（民）吃。　衣（yì）之：給他們穿。

② 爲：因爲。　開其資財之道：給他們開闢積聚財物的道路。資：積蓄。

③ 亡（wú）：通“無”。下文“亡”字同此。　捐：捐棄。指無人照顧。

瘠:瘦病。　畜:積蓄。這個意義後來寫作“蓄”。　備:用作名詞。指備荒的物資。　具:具備,準備。

④ 不避:不讓,不亞于。

⑤ 遺利:餘利,指還没有利用起來的潛力。

⑥ 游食之民:不以農業爲生的人。《商君書·農戰》:“學者成俗,則民舍農,從事於談説,高言僞議,舍農游食,而以言相高也。”　歸農:歸向農業生産。

民貧則姦邪生。貧生於不足,不足生於不農,不農則不地著①,不地著則離鄉輕家,民如鳥獸②,雖有高城深池,嚴法重刑,猶不能禁也③。夫寒之於衣,不待輕煖;飢之於食,不待甘旨④;飢寒至身,不顧廉耻。人情一日不再食則飢,終歲不製衣則寒⑤。夫腹飢不得食,膚寒不得衣,雖慈母不能保其子,君安能以有其民哉⑥!明主知其然也,故務民於農桑⑦,薄賦斂,廣畜積,以實倉廩,備水旱⑧,故民可得而有也。

注　釋

① 不農:不從事農業生産。農:用作動詞。　不地著(zhuó):不土著,即不在一定的地方定居。著:附著,固定。

② 民如鳥獸:老百姓像鳥獸那樣〔高飛遠走〕。

③ 雖……,猶……:表示讓步關係的固定格式。可譯爲“即使……,還是……。”　池:護城河。

④ 寒冷的時候對於衣服,不等待又輕又暖的;飢餓的時候對於食物,不等待味道美好的。即寒不擇衣,即飢不擇食。煖:字亦作“暖”。　甘旨:美味。

⑤ 再食:吃兩餐飯。　終歲:整年。

⑥ 以:連詞,連接狀語和中心語。　有其民:擁有自己的老百姓。封建時代把人民看作君主的私有財産。

⑦ 務民:使民從事。 桑:指種桑養蠶。

⑧ 薄、廣、實:都是形容詞用作使動。

民者,在上所以牧之①。趨利如水走下,四方亡擇也②。夫珠玉金銀,飢不可食,寒不可衣,然而衆貴之者,以上用之故也③。其爲物輕微易臧,在於把握④,可以周海内而亡飢寒之患⑤。此令臣輕背其主,而民易去其鄉,盗賊有所勸,亡逃者得輕資也⑥。粟米布帛生於地,長於時,聚於力,非可一日成也⑦。數石之重,中人弗勝⑧,不爲姦邪所利⑨,一日弗得而飢寒至⑩,是故明君貴五穀而賤金玉⑪。

注 釋

① 老百姓〔的趨向〕,全在於國君用來統治他們的方法。 上:指國君。所以牧之:用來統治老百姓的方法。 牧:養。這裏是管理統治的意思。

② 老百姓趨向財利就好比水往低處流,不會選擇方向。 亡:通"無"。下文"亡飢寒"的"亡"與此同。

③ 貴之:以之爲貴。貴:形容詞用作意動。 以:連詞,因爲。

④ 其爲物:珠玉金銀之作爲物品。 臧:保藏。這個意義多寫作"藏"。在於把握:意思是可以拿在手裏。把握:用作名詞。

⑤ 周海内:走遍全國。

⑥ 令:使。 輕:輕易。 去:離開。 有所勸:有誘惑的東西。意謂珠玉金銀有誘惑力。 勸:這裏是誘惑的意思。 輕資:輕便的物資。指珠玉金銀。

⑦ 粟米:泛指糧食。 布帛:古代麻織品叫"布",絲織品叫"帛"。這裏泛指布匹。 長於時:按一定的時節生長起來。 聚於力:靠一定的人力集聚在一起。

⑧ 幾石重的糧食或者布帛，中等力氣的人都擔不動。 石（shí，又音dàn）：重量單位，古代一百二十斤爲一石（當時一斤約爲今之半斤）。勝（舊讀 shēng）：勝任，擔負。

⑨ 不會被姦邪的人利用。

⑩ 一天得不到糧食、布匹，就要挨餓受凍。

⑪ 五穀：在這裏泛指糧食。

今農夫五口之家，其服役者不下二人①，其能耕者不過百畮，百畮之收不過百石②。春耕夏耘，秋穫冬臧③，伐薪樵，治官府，給繇役④。春不得避風塵，夏不得避暑熱，秋不得避陰雨，冬不得避寒凍，四時之間，亡日休息。又私自送往迎來，弔死問疾，養孤長幼在其中⑤。勤苦如此，尚復被水旱之災⑥，急政暴虐⑦，賦斂不時，朝令而暮改⑧。當具有者半賈而賣⑨，亡者取倍稱之息⑩。於是有賣田宅、鬻子孫以償責者矣⑪。而商賈大者積貯倍息，小者坐列販賣⑫，操其奇赢，日游都市⑬，乘上之急，所賣必倍⑭。故其男不耕耘，女不蠶織⑮，衣必文采，食必粱肉⑯，亡農夫之苦，有仟伯之得⑰。因其富厚，交通王侯⑱，力過吏勢，以利相傾⑲；千里游敖，冠蓋相望⑳，乘堅策肥，履絲曳縞㉑。此商人所以兼并農人，農人所以流亡者也。今法律賤商人㉒，商人已富貴矣；尊農夫，農夫已貧賤矣。故俗之所貴，主之所賤也㉓；吏之所卑，法之所尊也㉔。上下相反，好惡乖迕㉕，而欲國富法立，不可得也。

注　釋

① 服役者：爲國家服勞役盡義務的人。

② 晦："畝"的古字。　石：這裏指容量單位，一石約相當於今之二斗。

③ 耘：除草。　臧(cáng)：收藏。

④ 薪樵：柴。　治官府：修治官家的建築物。　給(jǐ)繇(yáo)役：供應官差。給：供給，供應。繇：通"徭"。

⑤ 私自：私人，自己。　往：指離去的客人。　來：指來的客人。　問疾：慰問有疾病的人。　養孤：供養孤老。　長幼：養大幼童。　長：用作動詞。　在其中：〔以上各種費用〕都在百畝收入之中開銷。

⑥ 被：遭受。

⑦ 急政：急迫地征收賦税。政：通"征"。征税。

⑧ 徵收賦税並没有一定的時候，早上下命令晚上就改了。　賦斂：賦本指徵收田賦，斂本指徵集税款。二字同義連用，泛指徵收各種賦税。

⑨ 碰到有糧食的人，按半價賣掉糧食來納税。　賈(jià)：價錢。這個意義後來寫作"價"。漢初各種賦税都折合成錢繳納。由于徵收無定期，農民只好半價出賣糧食。這句話中的"其"字，有的本子作"具"。標點爲"當具，有者半賈而賣"。

⑩ 亡(wú)者：指没有糧食的人。　取倍稱(chèn)之息：〔向人借貸〕任人收取加倍的利息。《漢書·食貨志》如淳注："取一償二爲倍稱。"

⑪ 鬻(yù)：賣。　責(zhài)：債錢。這個意義後來寫作"債"。

⑫ 商賈(gǔ)：行商坐賈，這裏泛指商人。　積貯倍息：囤積貨物，獲取加倍的利息。　坐列販賣：擺攤設市，販賣貨物。

⑬ 操其奇(jī)贏：拿着他的餘資。奇：餘物。　日游都市：天天在都市轉悠。意思是了解市場信息、行情。

⑭ 乘着朝廷的急需，賣出的商品價格提高一倍。

⑮ 蠶織：養蠶織布。蠶：名詞用作動詞。

⑯ 文采：指華美的衣服。　粱：上等米。

⑰ 有仟伯之得：有比農夫多仟倍伯倍的收入。有的本子"仟伯"作"阡陌"。"有阡陌之得"，即享受田裏的收成。一説"仟伯"通"阡陌"。

⑱ 依靠他們的財富，結交王公貴族。因：憑藉。

⑲ 〔他們的〕力量超過了官吏的勢力，用財富互相傾軋。

⑳ 敖：通"遨"。　冠蓋：指冠服和車蓋。　相望：相向。這句的意思是説商人們冠服乘車往來不絶。

㉑ 乘堅車，策肥馬，穿着絲鞋，披着綢衣。　堅、肥：形容詞用作名詞，指堅車肥馬。　策：動詞，用鞭打馬。　履：動詞，穿着。　曳（yè）：拖着。　縞（gǎo）：白色的絲織品，這裏指絲綢衣服。以上四句極寫商人之逸樂，與農夫的終身辛勤勞苦形成鮮明對比。

㉒ 法律賤商人：漢代本來實行重農抑商政策，商人的社會地位不高。

㉓ 所貴，所賤：指所尊重的人，所輕視的人。均指商人。

㉔ 所卑，所尊：指所鄙視的人，所尊重的人。均指農夫。

㉕ 迕（wǔ）：迕逆，違背。

方今之務，莫若使民務農而已矣①。欲民務農，在於貴粟。貴粟之道，在於使民以粟爲賞罰②。今募天下入粟縣官③，得以拜爵，得以除罪④。如此，富人有爵，農民有錢，粟有所渫⑤。夫能入粟以受爵，皆有餘者也。取於有餘，以供上用，則貧民之賦可損⑥，所謂損有餘，補不足，令出而民利者也⑦。順於民心，所補者三⑧：一曰主用足，二曰民賦少，三曰勸農功⑨。今令⑩："民有車騎馬一匹者，復卒三人⑪。"車騎者，天下武備也，故爲復卒⑫。神農之教曰⑬："有石城十仞，湯池百步，帶甲百萬⑭，而亡粟，弗能守也。"以是觀之⑮，粟者，王者大用，政之本務⑯。令民入粟受爵，至五大夫以上，迺復一人耳⑰，此其與騎馬之功相去遠矣⑱。爵者，上之所擅，出於口而亡窮⑲；粟者，民之所種，生於地而不乏。夫得高爵與免罪，人之所甚欲也。使天下人入粟於邊，以受爵免罪，不過三歲，塞下之粟必多矣⑳。

注　釋

① 莫若：莫如。意謂没有什麽能比得上。在這裏可譯爲"不如"。　而

已：罷了。

② 以粟爲賞罰：意思是用糧食來獲賞免罰。

③ 募(mù)：招募。這裏是號召的意思。　入：交納。　縣官：朝廷，官府。

④ 拜爵：封爵位。　除罪：免罪。

⑤ 糧食有流通的地方。　渫(xiè)：疏散，泄散。

⑥ 上：指皇上，這裏指國家。　損：減少。

⑦ 令出而民利：法令一施行老百姓就可獲利。

⑧ 所補者：有補益的地方，即益處，好處。

⑨ 勸農功：鼓勵農業生産。

⑩ 今令：現在的法令〔規定〕。

⑪ 車騎馬：用于車騎的戰馬。　復卒三人：可以免除三個人的兵役。復：免除。卒：指兵役。

⑫ 武備：軍事裝備。　爲復卒：爲[之]復卒。介詞"爲"的賓語"之"省略。"之"指上文出車騎馬一匹的人。

⑬ 神農：古代傳説中的部落領袖，教民種植，發明農具，故名"神農"。下面的話當是戰國時農家學派假托神農之言。

⑭ 石城：石頭砌起的城牆。　仞：七尺或八尺。　湯池：貯滿開水的護城河。　步：六尺爲一步。　帶甲：穿甲的人，指軍隊。

⑮ 以是：由此。是：指神農之言。

⑯ 大用：大有用處的東西。　本務：最根本的任務。

⑰ 五大(dà)夫：漢代第九等爵位。　迺復一人：才復卒一人，即免除一個人的兵役。迺：通"乃"。

⑱ 騎馬之功：指出車騎馬一匹的功用。　相去遠矣：相差太遠了。意謂入粟多而復卒少，入馬少而復卒多，二者相去甚遠，可見以粟爲賞罰，對國家來説是非常合算的。

⑲ 擅：專有。　出於口而亡窮：只要皇上一開口就可以無窮無盡地封爵。

⑳ 塞下：邊塞，即上文所説的"邊"。

報任安書

司馬遷

【説明】任安是司馬遷的朋友，字少卿，西漢滎陽人。年輕時比較貧困，後來做大將軍衛青的舍人，由於衛青的薦舉，當了郎中，後遷爲益州刺史。征和二年(公元前91年)，戾太子發兵殺江充等，當時任安担任北軍使者護軍(監理京城禁衛軍北軍的官)，曾接受戾太子要他發兵的命令，但按兵未動。戾太子事件平定後，任安也被判腰斬。任安生前曾寫信給司馬遷，希望他"盡推賢進士之義"。司馬遷没有立即答復，直到任安臨刑前，才寫了這封著名的回信。在這封信中，司馬遷以無比憤激的心情，叙述了自己蒙受的耻辱，傾吐了他内心的痛苦和不滿，説明了自己"隱忍苟活"的原因，表達了他"就極刑而無愠色"、堅持完成《史記》一書的決心，同時也反映了他的文學觀和生死觀。文章思路縱横開闊，氣勢起伏跌宕，言辭真切感人。

這封信見於《漢書·司馬遷傳》及《文選》卷四十一。兩種本子文字略有出入。這裏以《昭明文選》李善注本爲底本，並參以五臣注本及《漢書》。

太史公牛馬走司馬遷再拜言[①]。少卿足下，曩者辱賜書，教以慎於接物、推賢進士爲務[②]。意氣懃懃懇懇，若望僕不相師，而用流俗人之言[③]。僕非敢如此也。僕雖罷駑，亦嘗側聞長者之遺風矣[④]。顧自以爲身殘處穢，動而見尤[⑤]，欲益反損，是以獨鬱悒而誰與語[⑥]！諺曰："誰爲爲之？孰令聽之[⑦]？"蓋鍾子期死，伯牙終身不復鼓琴[⑧]。何則？士爲知己者用，女爲説己者容[9]。若僕大質已虧缺矣[10]，雖才懷隨和，行若由夷[11]，終不可以爲榮，適足以見笑而自點耳[12]。

注　釋

① 太史公：司馬遷自稱官名。　牛馬走：像牛馬一樣被役使的僕人。這是謙詞。走：指供奔走的僕人。

② 曩(nǎng)者：從前，過去。　慎：《文選》作"順"，今從《漢書》。　接物：與外界交接，指交際。　推賢進士：向朝廷推薦賢能的人士。爲務：當作自己的工作。當時司馬遷任中書令，總管宫廷書記並負責推選人才，所以任安這樣説。

③ 意氣：指情意。　望：怨。　師：這裏用作動詞，效法或遵從的意思。意思是，來信的情意十分誠懇，好像抱怨我不遵從你〔的話〕，而採用了世俗庸人的意見。

④ 罷(pí)駑：比喻才能低下。罷：通"疲"。　駑：劣馬，引申爲低能。側聞：在一旁聽到。這是謙詞。　長者：指品德高尚，爲衆人所愛戴的人。

⑤ 顧：但，只是。　身殘：指身受宫刑。　處穢：指處在汙穢受辱的地位。　見尤：被指責。尤：過錯，這裏用作動詞，指責、責備的意思。

⑥ 鬱悒(yì)：雙聲聯綿詞，憂愁苦悶的樣子。　誰與語：《漢書》作"無誰語"，《文選》李善本作"與誰語"，今從《文選》五臣本。

⑦ 爲：前一個是介詞，音 wèi，後一個是動詞，音 wéi。司馬遷引用這句諺語的意思是，即使想要有所作爲(包括推賢進士)，但是缺乏知音，没有誰能聽自己的。這兩個反問句都是疑問代詞作賓語，放在介詞或動詞的前面。

⑧ 鍾子期、伯牙：都是春秋時代楚國人。伯牙善鼓琴，而鍾子期是最能欣賞、理解他的琴音的人，兩人成了知己。後來鍾子期死了，伯牙認爲世上再没有知音，於是破琴絶絃，終身不再鼓琴。事見《吕氏春秋·本味》和《列子·湯問》。

⑨ 説(yuè)："悦"的古體，喜悦，指寵愛。　容：容貌，這裏用作動詞，裝

飾、打扮的意思。

⑩ 大質已虧缺:指身體已遭受宫刑。大質:指身體。

⑪ 隨和:隨侯珠與和氏璧,都是春秋時代特别貴重的寶物,後來常用以比喻人的才能。　由夷:許由和伯夷。許由是傳説中的人物。相傳堯曾把君位讓給他,他逃到箕山下種田自食。後來堯又請他做九州的長官,他却跑到潁水邊去洗耳,表示不願聽從。伯夷是商末孤竹君的長子,曾和他的弟弟叔齊互相推讓國君的繼承權,逃離孤竹。後來周武王討伐暴虐的商紂王,伯夷又反對,認爲臣下不該攻殺君上。武王滅商後,他們逃到首陽山,不食周粟而死。古人認爲許由和伯夷不貪富貴,品德高尚。

⑫ 自點:自取污辱。點:黑點,這裏用作動詞,玷污。

書辭宜答,會東從上來①,又迫賤事,相見日淺,卒卒無須臾之閒得竭指意②。今少卿抱不測之罪,涉旬月,迫季冬③,僕又薄從上雍,恐卒然不可爲諱④。是僕終已不得舒憤懣以曉左右,則長逝者魂魄私恨無窮⑤。請略陳固陋⑥。闕然久不報,幸勿爲過⑦。

注　　釋

① 書辭:指任安的來信。　會:適逢,碰巧。　上:皇上,指漢武帝。這裏指征和二年(公元前 91 年)七月戾太子舉兵後,武帝自甘泉宫(在今陝西淳化縣西北)回到長安。

② 賤事:指自己的事務、工作。賤:謙詞。　日淺:指時間短。　卒卒(cùcù):通"猝猝",倉猝急迫的樣子。　閒(xián):空閑。　得竭指意:能够竭盡自己的心意。指回信。　指:通"旨",意旨。《文選》李善本作"志",今從《漢書》。

③ 不測之罪:指被判腰斬。不測:指難以預測。　涉旬月:過一個月。旬月:滿一月。旬:滿,周匝。　迫:靠近。　季冬:冬天的第三個月,即夏曆十二月。漢代法律規定,十二月處決犯人。

④ 我又即將隨從皇上到雍去，擔心你突然死去。　薄：迫，指接近去雍的日子。　雍：地名，在今陝西鳳翔縣南。那里築有祭五帝的壇，漢武帝常去祭祀。據《漢書·武帝紀》記載，征和三年（公元前 90 年）春正月武帝到雍。　不可爲諱：《漢書》作“不可諱”，不能避忌，指任安死。這是委婉的説法。

⑤ 終已：即終於。　舒：伸展，抒發。　懣：煩悶。　曉：使知道，告知。左右：指任安。不直稱對方，而稱對方左右的人，表示尊敬。　長逝者：死去的人，指任安。

⑥ 固陋：鄙陋，形容詞用作名詞，鄙陋之見。這是謙詞。

⑦ 闕然：指時間隔了很久。　報：回答。　幸勿爲過：《漢書》作“幸勿過”，希望不要怪罪於我。幸：敬詞。過：過責，責怪。

僕聞之：脩身者，智之符也[①]；愛施者，仁之端也[②]；取與者，義之表也[③]；恥辱者，勇之決也[④]；立名者，行之極也[⑤]。士有此五者，然後可以託於世[⑥]，而列於君子之林矣。故禍莫憯於欲利，悲莫痛於傷心；行莫醜於辱先，詬莫大於宫刑[⑦]。刑餘之人，無所比數[⑧]，非一世也，所從來遠矣。昔衛靈公與雍渠同載，孔子適陳[⑨]；商鞅因景監見，趙良寒心[⑩]；同子參乘，袁絲變色[⑪]：自古而恥之。夫以中才之人，事有關於宦豎，莫不傷氣，而況於慷慨之士乎[⑫]？如今朝廷雖乏人，奈何令刀鋸之餘薦天下豪俊哉[⑬]！僕賴先人緒業，得待罪輦轂下，二十餘年矣[⑭]。所以自惟[⑮]：上之不能納忠效信，有奇策才力之譽，自結明主[⑯]；次之又不能拾遺補闕，招賢進能，顯巖穴之士[⑰]；外之又不能備行伍，攻城野戰，有斬將搴旗之功[⑱]；下之不能積日累勞，取尊官厚禄，以爲宗族交遊光寵[⑲]。四者無一遂，苟合取容，無所短長之效，可見於此矣[⑳]。鄉者，僕常厠下大夫之列，陪外廷末議[21]，不以此時引綱維[22]，盡思慮，今已虧形爲掃除之隸，在闒茸之中[23]，乃欲仰首伸眉，論列是非[24]，不亦輕朝廷，羞當世之士邪？嗟乎！嗟乎！如僕尚何言哉！尚何言哉！

注釋

① 符：符信，憑證。

② 愛：愛憐，同情。　施：施捨。　端：開端，起點。

③ 表：表現，標誌。

④ 決：決斷。這句意思是，看一個人對待恥辱的態度，可以判斷他是不是勇敢。

⑤ 立名：樹立好的名聲。　行（舊讀 xìng）：品行。　極：指最高的準則。

⑥ 託：寄託，生存。

⑦ 憯（cǎn）：通“慘”，慘痛。　欲利：貪圖私利。　辱先：汙辱祖先。詬（gòu）：恥辱。

⑧ 受過刑的人，没有放在一起（即同類中）來計算的。　刑餘之人：受刑後獲得餘生的人，這裏指宦者。　比（舊讀 bì）：並列，放在一起。數（shǔ）：計算。

⑨ 載：乘。據《史記·孔子世家》記載，孔子到衛國後，有一天，衛靈公和他的夫人同車出遊，讓宦者雍渠參乘，孔子爲次乘，招摇過市。孔子感到很恥辱，説：“我没見過像好色那樣好德的。”於是離開了衛國。李善注引《孔子家語》，意思基本相同。

⑩ 商鞅依靠宦官景監得見秦孝公〔而做了官〕，趙良感到寒心。事見《史記·商君列傳》。　趙良：當時秦國的賢士。

⑪ 同子：指趙談，漢文帝的宦官。“子”是尊稱。司馬遷爲避父諱，改稱“同子”。　袁絲：即袁盎，“絲”是他的字。漢文帝時任郎中官。一天，文帝坐車去朝見母親，趙談參乘，袁盎伏在車前諫阻説：“臣聞天子所與共六尺輿者，皆天下豪英，今漢雖乏人，陛下獨奈何與刀鋸餘人（指宦官）載？”於是文帝笑令趙談下車。事見《史記·袁盎鼂錯列傳》。　參乘：陪坐在車的右邊。　變色：變了臉色，指發怒。

⑫ 宦豎:即指宦官。豎:宫廷裏供役使的小臣,後引申爲泛指卑賤者。傷氣:挫傷了志氣,指感到恥辱。

⑬ 刀鋸之餘:指受過刑的人。刀鋸:古代的刑具。

⑭ 緒業:遺業。這裏指繼承司馬談任太史令。 待罪:謙詞,指做官。輦(niǎn)轂(gǔ)下:指代京城。輦:皇帝乘坐的車子。

⑮ 自惟:自思。

⑯ 納忠:進納忠言。 效信:獻出誠實的心意。效:貢獻。 結:結識,這裏指取得信任。

⑰ 拾遺補闕:拾取皇上遺忘的事情,彌補皇上欠缺的工作。指進諫。後來唐代用"拾遺""補闕"作爲官職的名稱。 巖穴之士:居住在山巖洞穴中的人。指隱士。

⑱ 備行伍:指供職軍隊。行伍:古代軍隊的編制。五人爲伍,二十五人爲行。 搴(qiān)旗:拔取〔敵人的〕旗幟。

⑲ 交遊:指朋友。

⑳ 無一遂:没有一件做成功。遂:成。 苟合:無原則地附合。這里指勉强附合皇帝的心意。 取容:即取悦,指取得〔皇帝的〕喜歡。 無所短長:等於説無所長,即没有什麽成就。"短長",在這裏是用作偏義複詞。 效:效果。 於:《文選》作"如",今從《漢書》。

㉑ 常:通"嘗",曾經。 厠(cè):参與,夾雜在裏面。謙詞。 下大夫:指太史令職。漢代太史令官禄六百石,相當於周代的下大夫。這裏是謙詞。 外廷:外朝。漢代把朝廷裏的官員分爲中朝和外朝,太史令屬外朝。 末議:微不足道的議論。 這些話都是謙詞。

㉒ 綱維:指國家的法制。綱:網上的總繩。 維:繫物的大繩。

㉓ 掃除之隸:打掃汙穢的僕役,謙詞。 闒茸(tàróng):聯綿詞。卑賤,指地位卑賤的人。

㉔ 列:陳,陳述。

且事本末未易明也①。僕少負不羈之才,長無鄉曲之譽②。主上幸以先人之故,使得奏薄技,出入周衛之中③。僕以爲戴盆何以望天,故絶賓客之知④,忘室家之業,日夜思竭其不肖之才力，務一心營職，以求親媚於主上⑤。而事乃有大謬不然者⑥！夫僕與李陵俱居門下⑦，素非能相善也。趣舍異路，未嘗銜杯酒接慇懃之餘歡⑧。然僕觀其爲人，自守奇士⑨：事親孝，與士信，臨財廉，取與義，分別有讓，恭儉下人⑩，常思奮不顧身，以徇國家之急⑪。其素所蓄積也，僕以爲有國士之風⑫。夫人臣出萬死不顧一生之計，赴公家之難，斯以奇矣⑬。今舉事一不當，而全軀保妻子之臣，隨而媒孽其短，僕誠私心痛之⑭。且李陵提步卒不滿五千，深踐戎馬之地，足歷王庭，垂餌虎口，横挑彊胡⑮，仰億萬之師，與單于連戰十有餘日，所殺過當⑯。虜救死扶傷不給，旃裘之君長咸震怖⑰，乃悉徵其左右賢王，舉引弓之民，一國共攻而圍之⑱。轉鬬千里，矢盡道窮，救兵不至，士卒死傷如積⑲。然陵一呼勞軍⑳，士無不起，躬自流涕，沬血飲泣，更張空弮，冒白刃，北嚮爭死敵者㉑。陵未没時，使有來報，漢公卿王侯皆奉觴上壽㉒。後數日，陵敗書聞，主上爲之食不甘味，聽朝不怡㉓。大臣憂懼，不知所出㉔。僕竊不自料其卑賤，見主上慘愴怛悼，誠欲效其款款之愚㉕，以爲李陵素與士大夫絶甘分少，能得人之死力㉖，雖古之名將，不能過也。身雖陷敗，彼觀其意，且欲得其當而報於漢㉗。事已無可奈何，其所摧敗，功亦足以暴於天下矣㉘。僕懷欲陳之，而未有路，適會召問，卽以此指推言陵之功㉙，欲以廣主上之意，塞睚眦之辭㉚。未能盡明，明主不曉，以爲僕沮貳師㉛，而爲李陵游説，遂下於理㉜。拳拳之忠，終不能自列㉝，因爲誣上，卒從吏議㉞。家貧，貨賂不足以自贖㉟；交遊莫救，左右親近不爲一言㊱。

身非木石,獨與法吏爲伍,深幽囹圄之中,誰可告愬者[37]!此正少卿所親見,僕行事豈不然乎?李陵既生降,隤其家聲[38],而僕又佴之蠶室,重爲天下觀笑[39]。悲夫!悲夫!事未易一二爲俗人言也[40]。

注　釋

① 本末:指從頭到尾的經過。

② 負:恃(依王先謙説)。　不羈,不受約束,指才質高遠不可羈縶。羈:馬籠頭,引申爲"約束",動詞。　鄉曲:鄉里。

③ 奏:進,奉獻。《漢書》本傳作"奉"。　周衛:周密地警衛。本是動詞性詞組,這裏用作名詞,警衛周密的地方,指皇帝的宫禁。

④ 戴盆何以望天:這話可能是當時的諺語。意思是戴着盆子和望天不可能同時做到。比喻自己一心營職,無暇他顧。　絶賓客之知:指和朋友斷絶往來。知:了解,引申爲交往。

⑤ 親媚:親近、喜愛。

⑥ 乃:竟然。　不然者:不是〔自己所想象〕這樣的。

⑦ 李陵:西漢名將李廣的孫子,善騎射,拜爲騎都尉。天漢二年(公元前99年)秋,貳師將軍李廣利出擊匈奴,使李陵率兵五千别道而入,以分匈奴兵。李陵後被匈奴包圍,糧盡援絶,投降了匈奴。事詳《史記·李將軍列傳》和《漢書·李陵傳》。　俱居門下:李陵曾任侍中,司馬遷初任郎中,後任太史令,都是"侍中曹"(官署名)的官員,所以説"俱居門下"。(西晉後改"侍中曹"爲"門下省",名稱卽本此。)

⑧ 趣(qū)舍異路:進取或退止有不同的道路。比喻各人志向不同。趣:通"趨",趨向,進取。舍:止。　銜杯酒:指飲酒很少。　慇懃:情意深厚懇切的樣子。　餘歡:與"杯酒"一樣,都是形容其少。

⑨ 自守:指自己能守住節操。在這裏,"自守"作"奇士"的定語。

⑩ 分别有讓:指能分别尊卑長幼,具有知禮謙讓的態度。　恭儉下人:謙遜不放縱,屈己尊人。下人:下於人,卽對人謙卑。

⑪ 徇:通"殉",爲達到某種目的而獻身。

⑫ 國士:全國傑出的人物。

⑬ 以:通“已”,副詞。《漢書》作“已”。

⑭ 舉事:行事,做事。 全軀:使軀全,卽明哲保身的意思。 媒孽其短:指把李陵的過失釀成大罪。媒:通“酶”,麴餅,用以釀酒的酵母。孽:通“糵”,酒麯。“媒孽”在這裏用作動詞,釀的意思。

⑮ 戎馬之地:卽戰場,特指匈奴。 王庭:指匈奴單于居住的地方。横(hèng)挑:意外地挑戰,指出奇兵誘敵作戰。 胡:指匈奴。

⑯ 仰:指仰攻。據顔師古注:“漢軍北嚮,匈奴南下,北方地高。” 所殺過當:指所殺敵人超過漢軍的人數。 當(dàng):相當,用作名詞,相等的。

⑰ 不給(jǐ):指顧不上,來不及。 旃(zhān)裘:匈奴人穿的衣服,這裏指匈奴。旃:《文選》作“氈”,毛織品。今從《漢書》。

⑱ 左右賢王:左賢王,右賢王,都是匈奴最高官位。“賢王”是漢語譯名,匈奴語謂“賢”爲“屠耆”。匈奴常以其太子爲左屠耆王。最高的左屠耆王能統領萬餘騎兵。 舉:發動。 引弓之民:拉弓射箭的人。民:《文選》作“人”,今從《漢書》。

⑲ 積:積聚,堆積。

⑳ 勞軍:慰勞軍隊。

㉑ 沬(huì)血:用血洗臉,意思是血流滿面。沬:同“頮(huì)”,原義爲以手掬水洗臉。 弮(quān):弩弓。 死敵:爲抗拒敵人而死。“死敵”結構同“死國”。 者:代詞,與上文“無不”相應。

㉒ 没:指軍隊覆没。 使有來報:據《漢書·李陵傳》記載,李陵出兵後,“舉圖所過山川地形,使麾下騎(騎士)陳步樂還以聞,步樂召見,道陵將率(帥)得士死力,上甚説,拜步樂爲郎。”“使有來報”當指此事。奉觴:舉杯。觴:盛了酒的杯子。 上壽:獻祝壽之辭。這裏指祝捷。

㉓ 陵敗書聞:李陵戰敗的報告被主上知道了。 聞:這裏用作被動,特指被皇帝知道。 聽朝:聽於朝,卽上朝聽政。

㉔ 所出:指提出的辦法。

㉕ 慘愴(chuàng)怛(dá)悼:都是悲傷的意思。 款款:懇切忠實的樣子。

㉖ 絶甘:自己不吃甘美的東西。 分少:指分東西的時候,讓給大家,自己少分。 死力,拚死出力。

㉗ 彼:指李陵。 當:適當,指適當的時機。

㉘ 摧敗:指擊破匈奴軍。 暴:暴露,表現。

㉙ 指:通"旨",意。 推言:推論,闡述。

㉚ 睚眦(yázì)之辭:指怨恨者的話。睚眦:瞪眼睛,怒目而視。

㉛ 沮(jǔ):敗壞,毀壞。 貳師:指貳師將軍李廣利。其妹是漢武帝的寵妃。"貳師"本是當時大宛國的地名。太初元年(公元前104年),武帝派李廣利到貳師奪取良馬,因而以該地名作爲廣利的稱號。天漢二年(公元前99年),武帝派李廣利率主力征匈奴,令李陵爲偏師。李廣利出兵祁連山,李陵率五千步卒出居延北。結果李陵遇到了匈奴的主力,被圍,李廣利却按兵不動。這次武帝本想借出征以提拔李廣利,司馬遷極力替李陵表功,因而武帝懷疑他存心詆毀貳師。

㉜ 理:指大理,卽廷尉,九卿之一,掌訴訟刑獄的官。此官在秦代稱廷尉,景帝時改稱大理,武帝時又改爲廷尉。這裏用的是舊名。

㉝ 拳拳:忠誠恭謹的樣子。 列:陳述,指分辯。

㉞ 誣:欺騙。 吏議:獄吏的判決。這句意思是,獄吏因而把司馬遷定爲欺騙皇上的罪,武帝最後聽從了獄吏的判決,處以宫刑。

㉟ 貨賂:財貨。依漢律可用錢贖罪。

㊱ 左右親近:指皇帝身邊親近的臣子。

㊲ 伍:本指同夥,這裏指接觸、面對的人。 幽:隱秘,這裏用作動詞,幽禁、囚禁的意思。 囹圄(língyǔ):監獄。 愬:同"訴"。

㊳ 隤(tuí):墮落,敗壞。

㊴ 佴(èr):相次,等於説編次、排列。 蠶室:宫刑獄室。受過宫刑的人怕風寒,所居之室必須嚴實温暖,如同養蠶的屋子一樣,所以稱蠶室。重(zhòng):作狀語,指深深地。

㊵ 事情不容易逐一爲俗人述説。這是説,如果把自己的情况和想法全説出來,決不會被世人所了解。

僕之先非有剖符丹書之功①;文史星歷近乎卜祝之間②,固主上所戲弄,倡優畜之,流俗之所輕也③。假令僕伏法受誅,若九牛亡一毛,與螻蟻何以異?而世又不與能死節者比④,特以爲智窮罪極,不能自免,卒就死耳。何也？素所自樹立使然也[5]。人固有一死，或重於泰山，或輕於鴻毛，用之所趨異也[6]。太上不辱先，其次不辱身，其次不辱理色[7]，其次不辱辭令，其次詘體受辱，其次易服受辱[8]，其次關木索、被箠楚受辱[9]，其次剔毛髮、嬰金鐵受辱，其次毀肌膚、斷支體受辱，最下腐刑極矣[10]。傳曰："刑不上大夫[11]。"此言士節不可不勉勵也[12]。猛虎在深山，百獸震恐，及在檻穽之中，摇尾而求食，積威約之漸也[13]。故士有畫地爲牢，勢不可入，削木爲吏，議不可對，定計於鮮也[14]。今交手足，受木索，暴肌膚，受榜箠，幽於圜牆之中[15]。當此之時，見獄吏則頭槍地，視徒隸則心惕息[16]。何者？積威約之勢也。及以至是，言不辱者，所謂强顔耳[17]，曷足貴乎？且西伯，伯也，拘於羑里[18]；李斯，相也，具於五刑[19]；淮陰，王也，受械於陳[20]；彭越、張敖，南面稱孤，繫獄抵罪[21]；絳侯誅諸吕，權傾五伯，囚於請室[22]；魏其，大將也，衣赭衣，關三木[23]；季布爲朱家鉗奴[24]；灌夫受辱於居室[25]。此人皆身至王侯將相，聲聞鄰國，及罪至罔加，不能引決自裁[26]。在塵埃之中，古今一體，安在其不辱也[27]？由此言之，勇怯，勢也；强弱，形也[28]。審矣[29]，何足怪乎？夫人不能早自裁繩墨之外，以稍陵遲[30]，至於鞭箠之間，乃欲引節，斯不亦遠乎[31]！古人所以重施刑於大夫者，殆爲此也[32]。夫人情莫不貪生惡死，念父母，顧妻子。至激於義理者不然，乃有所不得已也[33]。今僕不幸，早失父母，無兄弟之親，獨身孤立，少卿視僕於妻子何如哉[34]？且勇者不必死節，怯夫慕義，何處不勉焉[35]？僕雖怯懦，欲苟活，亦頗識去就之分矣，何至自沉溺縲紲之辱哉[36]！且夫臧獲婢妾，猶能引決，況僕之不得已乎[37]？所以隱忍苟活，幽於糞土之中而不辭者[38]，恨私心有所不盡，鄙陋没世[39]，而文采不表於後世也。

注　釋

① 先：先人。　剖符丹書：漢代皇帝賜給功臣的特殊待遇。剖符：符是竹製的契約，分剖爲二，皇帝和受賜大臣各執其一，上邊寫着同樣的誓詞，意思是永遠信任他不改變他的爵位。丹書：用鐵製成券契，用硃砂寫上誓詞，作爲後代子孫免罪的憑信。又稱“丹書鐵券”。

② 文史星歷：文獻、史籍、天文、律歷。這都是太史令所掌管的事。星：指天文。　卜：占卜官。　祝：祭祀時贊辭的人。

③ 倡優畜之：《文選》作“倡優所畜”，今從《漢書》。倡：樂人。優：伶人，演員。在封建社會裏倡優的地位低下。在這句話裏，“倡優”是名詞用作狀語。畜（xù）：養。

④《文選》李善本無“比”字。五臣本作“而世俗又不能與死節者次比”。今從《漢書》。　比（舊讀 bì）：並列。

⑤ 所自樹立：自己用來立身的。司馬遷指自己“近乎卜祝”的工作和職業。

⑥ 用之所趨：應用死的地方。之：指死。所趨：奔向的地方。

⑦ 太上：最上等的。　理色：指臉面。　理：肌理。色：臉上的神色。

⑧ 詘（qū）體：指被縲系。詘：通“屈”。　易服：指換上赭（zhě，紅褐）色的囚服。

⑨ 關木索：帶上刑具。關：貫，指帶上。木：指枷。索：繩。　被箠楚：遭受杖刑。箠：同“棰”，杖。楚：荆條。

⑩ 剔毛髮：剃光頭髮，即所謂“髡（kūn）刑”。剔：通“剃”。　嬰金鐵：脖子上帶着鐵鍊。即所謂“鉗刑”。嬰：繞。　毁肌膚、斷支體：指遭受黥、劓（yì）、刖等殘酷肉刑。　腐刑：即宫刑。

⑪ 語出《禮記·曲禮上》。

⑫ 士節：士大夫的氣節。　勵：《漢書》作“厲”。

⑬ 檻：關野獸的木籠。　穽：同“阱”，捕獸的陷阱。　積威約之漸

(jiān):指經過長時間的威力制約使猛虎逐漸馴服下來。漸:浸漬,引申爲漸進。這裏用作名詞,指逐漸受威力制約的結果。

⑭ 削木:削製個木頭人。 吏:指獄吏。 議不可對:與"勢不可入"一樣,都指即使是象徵性的刑罰也不能接受。議:指吏議,法官的審訊和判決。對:指犯人回答法官的審訊。 定計於鮮:指打算在受恥辱以前就自殺。鮮:不以壽終爲鮮(見《左傳》昭公五年杜預注)。

⑮ 暴肌膚:指受刑時剥去衣服。 榜:棰擊,打。 圜(yuán)牆:指牢獄。

⑯ 槍:觸、碰撞。 徒隸:服勞役的罪犯,這裏指獄中負責犯人部分管理工作的罪犯。 心惕息:心驚膽戰的意思。《文選》"心"作"正",今從《漢書》。惕息:恐懼的樣子。

⑰ 以:通"已"。 强(qiǎng)顏:勉强做出〔笑容〕,即厚着臉皮的意思。

⑱ 西伯:指周文王姬昌。伯:方伯,一方諸侯之長。殷末周文王是西方諸侯之長。 羑(yǒu)里:殷紂王囚禁周文王的地方,在今河南湯陰縣境内。

⑲ 李斯:參看本書《諫逐客書》的"作者介紹"。《文選》李善注引《史記·李斯列傳》説:"秦卒用其計,二十餘年竟并天下,以斯爲丞相。二世立,以郎中趙高之譖,乃具斯五刑,腰斬咸陽。" 具於五刑:最殘忍的刑罰。《漢書·刑法志》:"漢興之初,……然其大辟(死刑)尚有夷三族之令。令曰:'當三族者,皆先黥劓,斬左右止(趾),笞殺之,梟其首,菹(zū,即醢 hǎi,剁成肉醬)其骨肉於市。其誹謗詈(lì)詛者,又先斷舌。'故謂之具五刑。"漢初承秦制,秦時的五刑也當如此。 具:具備。

⑳ 淮陰:指韓信。劉邦曾封他爲楚王,都下邳(今江蘇邳縣)。有人誣告他謀反,劉邦用陳平計,南遊至陳(今河南淮陽),韓信來見,劉邦命武士將他捆綁起來,解送洛陽,降爲淮陰侯。參看《史記·淮陰侯列傳》。械:枷和鐐銬之類的刑具,這裏用作動詞,戴上脚鐐手銬。

㉑ 彭越:昌邑(今山東金鄉縣西北)人,字仲,初事項羽,不久降劉邦,封爲梁王。後來被人誣告謀反,夷三族。參看《史記·彭越列傳》。 張敖:張耳的兒子,繼承他父親趙王的爵位(張耳的事迹參看《史記·淮陰侯列傳》)。後來因被人誣告謀反而被捕下獄。 抵:抵當。

㉒ 絳侯:即周勃,漢初功臣。劉邦死,吕后擅權,重用其家族,諸吕(吕產、吕禄等)準備顛覆漢朝,吕后死,周勃與陳平定計誅滅諸吕,迎立

代王劉恒爲文帝。後來被人誣告謀反,被囚下獄。　權傾五伯(bà):這是説周勃擁有立新皇帝的權力,權力之大陵駕春秋時代的五霸。傾:陵,壓過。　請室:官署名。皇帝出,請室令在前先驅。請室有特設的監獄。

㉓ 魏其:即竇嬰,景帝時爲大將軍,封魏其侯。武帝時因救灌夫事下獄判死罪。事見《史記·魏其武安侯列傳》。　赭(zhě)衣:罪犯的衣服。赭:紅褐色。　三木:加在頸手足三處的刑具,即枷及桎梏。

㉔ 季布:楚人,初爲項羽部下將軍,曾數次困辱劉邦。項羽敗滅後,劉邦懸重金購求季布。季布於是剃髮帶鉗,變姓名,賣身給魯人朱家爲奴。後來朱家通過汝陰侯夏侯嬰勸説劉邦赦免了季布。季布後官至河東太守。事見《史記·季布列傳》。　鉗:以鐵束頸。

㉕ 灌夫:潁陰(今河南許昌市)人。景帝時爲郎中將,武帝時官太僕。與竇嬰相善。因得罪丞相田蚡(fén),被囚禁。事見《史記·魏其武安侯列傳》。　居室:官署名,屬少府,後改名保宫。

㉖ 罔加:指刑法施加於身。罔:羅網,指法網,刑法。這一意義後來寫作"網"。　引決:下決心。　自裁:指自殺。裁:制裁。

㉗ 塵埃之中:指屈辱的境地。下文"糞土之中"義同。

㉘ 形:義同"勢"。這句意思是:勇怯、强弱都是形勢所決定的。

㉙ 審:明白。

㉚ 繩墨之外:指被法律制裁之前。繩墨:比喻法律。　以:因(此)。稍:逐漸。　陵遲:衰頹,指受挫折。

㉛ 引節:等於説死節,即死於名節。

㉜ 重:慎重,指不輕易。　殆:副詞,大概。

㉝ 激:激動。　不然:指不那樣顧念父母妻子。　不得已:指"激於義理"與"顧念父母妻子"二者不能兼顧。

㉞ 於妻子何如哉:對於妻子又怎樣呢? 意思是自己並不顧念妻子和兒女。

㉟ 何處不勉:指隨時隨地都可勉勵自己不要受辱。

㊱ 去就:指去生就死,即捨生就義。　沉溺:指陷入不良境地,不能自拔。　縲紲(léixiè):捆綁犯人的繩索,這裏指被囚下獄。

㊲ 臧獲:古時對奴婢的賤稱。揚雄《方言》卷三:"荆淮海岱雜齊之間,駡奴曰臧,駡婢曰獲。齊之北鄙,燕之北郊,凡民男而壻婢謂之臧,女而

婦奴謂之獲;亡奴謂之臧,亡婢謂之獲。皆異方罵奴婢之醜稱也。”猶:《文選》作“由”,今從《漢書》。 引決:承上文“引決自裁”,等於説“自裁”。後代因此以“引決”表示“自裁”(自殺)。

㊳ 幽:幽禁,指埋没。

㊴ 鄙陋:卑賤無知。 没世:終了一生,指死。《論語·衛靈公》:“子曰:‘君子疾没世而名不稱焉。’”

古者富貴而名摩滅,不可勝記,唯倜儻非常之人稱焉①。蓋文王拘而演《周易》②;仲尼戹而作《春秋》③;屈原放逐,乃賦《離騷》④;左丘失明,厥有《國語》⑤;孫子臏脚,《兵法》脩列⑥;不韋遷蜀,世傳《吕覽》⑦;韓非囚秦,《説難》《孤憤》⑧;《詩》三百篇,大底聖賢發憤之所爲作也⑨。此人皆意有所鬱結,不得通其道,故述往事,思來者⑩。乃如左丘無目,孫子斷足,終不可用,退而論書策,以舒其憤,思垂空文以自見⑪。僕竊不遜,近自託於無能之辭,網羅天下放失舊聞,略考其行事,綜其終始,稽其成敗興壞之紀⑫,上計軒轅,下至于兹⑬,爲十表,本紀十二,書八章,世家三十,列傳七十,凡百三十篇。亦欲以究天人之際,通古今之變⑭,成一家之言。草創未就,會遭此禍。惜其不成,是以就極刑而無愠色⑮。僕誠以著此書,藏之名山,傳之其人,通邑大都⑯,則僕償前辱之責,雖萬被戮,豈有悔哉⑰!然此可爲智者道,難爲俗人言也!

注 釋

① 摩:通“磨”。 倜儻(tìtǎng):雙聲聯綿詞,卓越的樣子。

② 相傳周文王被紂王拘禁在羑里以後,推演《易》的八卦爲六十四卦,即

《周易》。　演：推演，發展。

③ 孔子周遊各國，在陳、蔡曾遭到圍攻和絶糧的困阨，後回到魯國，寫作《春秋》。事見《史記·孔子世家》。　戹：同"厄"，受困。

④ 賦：朗誦(詩)，創作(詩)。

⑤ 左丘：即左丘明，春秋時魯國史官。　失明：失去視力。　厥：句首語氣詞。　左丘明失明後著《國語》一事，僅見於此文，不見於他書。

⑥ 孫子：指孫臏，戰國時大軍事家。因爲他受過臏刑，後世就稱爲孫臏。臏：砍去膝蓋骨。事見本書上册《孫臏》一文。

⑦ 不韋：卽吕不韋。　《吕覽》：卽《吕氏春秋》。據《史記·吕不韋列傳》載，此書是吕不韋任秦丞相時使他的門客們編寫的，並不是他因罪免職被遷到蜀之後才寫的。

⑧ 韓非：戰國末韓國的公子。曾多次上書諫韓王，不能用，於是著作《説難》《孤憤》等篇十餘萬言。其文傳到秦國，秦始皇十分欣賞，因而急攻韓，韓於是派韓非出使秦國。至秦，爲李斯所誣陷，下獄死。韓非的著作，大多非"囚秦"後所作。

⑨ 大底：大抵，大都。　發憤：抒發憤懣。

⑩ 通：行。　思來者：想念未來的人，卽讓未來的人了解自己的思想。

⑪ 乃如：至於。　論書策：論述自己的見解於書册。　舒：伸展，抒發。垂：流傳。　空文：尚未實行的文章。這是與具體的功業相對而説的。　見(xiàn)："現"的古體，表現。

⑫ 放失：散失。　行事：行爲，指做過的事情。　稽：考察。　紀：綱紀，指規律。

⑬ 軒轅：卽黄帝，傳説中我國遠古的君王，姓公孫，因居於軒轅丘，故稱"軒轅"。　兹：此。指司馬遷生活的時代(漢武帝時)。

⑭ 究：窮，徹底推求。　天人之際：指天與人的關係。　通：通曉，了解。

⑮ 極刑：指腐刑。　愠(yùn)色：忿怒的表情。

⑯ 其人，指與自己志同道合的人。　通邑：大邑，與"大都"義同。

⑰ 前辱之責：指因李陵事下獄受腐刑。責："債"的古體。

且負下未易居，下流多謗議①。僕以口語遇此禍，重爲鄉黨所笑[②]，以汙辱先人，亦何面目復上父母丘墓乎？雖累百世，垢彌甚耳[③]！是以腸一日而九迴，居則忽忽若有所亡，出則不知其所往[④]。每念斯恥，汗未嘗不發背沾衣也！身直爲閨閤之臣，寧得自引深藏於巖穴邪[⑤]？故且從俗浮沉，與時俯仰，以通其狂惑[⑥]。今少卿乃教以推賢進士，無乃與僕私心剌謬乎[⑦]？今雖欲自雕琢，曼辭以自飾，無益，於俗不信，適足取辱耳[⑧]。要之，死日然後是非乃定[⑨]。書不能悉意，略陳固陋。謹再拜[⑩]。

注　釋

① 負下：指負罪受辱的情況下。　居：處。　下流：指處於卑賤的地位。《論語·子張》："紂之不善，不如是之甚也。是以君子惡居下流，天下之惡皆歸焉。"

② 口語：指爲李陵辯護。　鄉黨：上古萬二千五百家爲一鄉，五百家爲一黨。這裏指鄉里、同鄉。

③ 累：積。　垢：恥辱。　彌：更加。

④ 腸一日而九迴：比喻心思重重，痛苦不堪。　忽忽：等於説恍恍惚惚。亡：失。

⑤ 直：只，僅僅。　閨閤（gé）之臣：指宦官。閨閤：都是宫中的小門，二字連用指宫禁。閤：通"閣"。　自引：指自己引身而退。　深藏於巖穴：指過山居穴處的隱士生活。《文選》作"自引於深藏巖穴"，今從《漢書》。

⑥ 從俗浮沉：指隨着一般人行事，自己無所作爲。　與時俯仰：指跟着形勢走。意思同"從俗浮沉"。　以通其狂惑：指用以抒發自己的悲憤。　通：達，指抒發。狂惑：指内心的悲憤。據李善引《鬻子》説："知善不行者謂之狂，知惡不改者謂之惑。"

⑦ 無乃：表示委婉語氣，含有"恐怕"或"未免"的意思。　剌（là）謬：違背，相反。剌：乖戾。

⑧ 自雕琢：義同"自飾"，自我裝飾，指用推賢進士的行爲來掩蓋自己的

恥辱。曼辭:動聽的話。曼:美。　於俗不信:不見信於俗,即不被人相信。

⑨ 要之:總之。

⑩ 謹再拜:這是舊時書信末尾的客套話。

出　師　表①　　諸葛亮

【作者介紹】諸葛亮(公元 181—234 年),字孔明,琅邪陽都(今山東沂南縣)人,三國時著名的政治家和軍事家。

東漢末諸葛亮避亂荆州,隱居隆中(今湖北襄樊市西郊二十里),經劉備"三顧茅廬",出來輔佐劉備聯吴抗曹,在公元 221 年建立了蜀漢政權,諸葛亮擔任丞相。公元 223 年劉備死後,諸葛亮受遺詔輔佐後主劉禪,全面主持蜀國的軍政。他東和孫吴,南服孟獲,整頓吏治,革除弊政,重視發展生産,注意訓練軍隊,實行屯田,多次北伐曹魏,争取統一中國。諸葛亮爲蜀漢的鞏固和發展奮鬬終生,最後死在北伐軍中(魏境五丈原,今陝西眉縣)。謚忠武,有《諸葛武侯集》。

【説明】本文選自《三國志·蜀書·諸葛亮傳》。

公元 227 年諸葛亮撫定西南少數民族地區以後,駐軍漢中,準備伐魏,奪取中原。出發前他給劉禪寫了這篇奏章,要劉禪廣開言路,接納忠諫,嚴明賞罰,任用賢良,使蜀國政治清明,根基鞏固,以免除北伐後顧之憂,得能完成統一全國的大業。文章情詞懇切,闡述明白曉暢,質樸無華,文字簡要,是章表中一篇突出的代表作。

先帝創業未半,而中道崩殂②,今天下三分,益州疲敝③，此誠危急存亡之秋也④。然侍衛之臣不懈於内，忠志之士忘身於外者⑤，蓋追先帝之殊遇，欲報之於陛下也⑥。誠宜開張聖聽⑦，以光先帝遺德，恢弘志士之氣⑧，不宜妄自菲薄，引喻失義⑨，以塞忠諫之路也。宫中府中，俱爲一體⑩，陟罰臧否，不宜異同⑪。若有作姦犯科及爲忠善者，宜付有司，論其刑賞⑫，以昭陛下平明之理⑬，不宜偏私，使内外異法也⑭。

注　釋

① 表：封建時代臣子寫給君主的奏章。

② 先帝：指劉備（公元221—223年在位）。　創業未半：創立〔統一天下的〕大業還没完成一半。　中道：中途。　崩殂（cú）：封建社會把皇帝死稱做"崩"，又叫"殂"。

③ 三分：指魏、蜀、吴三國鼎立。　益州：漢代州名。包括四川、貴州、雲南的大部及甘肅、陝西的一部分。當時蜀漢的疆域基本上是漢的益州，因此稱蜀漢爲益州。　疲敝：困乏。

④ 秋：時候的意思。

⑤ 侍衛之臣：指朝廷上的官員。　内：指朝廷上。　忠志之士：指軍中將士和地方官。　忘身於外：在外面捨身忘死。

⑥ 蓋：副詞，連接前後文，論斷原因。　追：追念，懷念。　殊遇：特殊的待遇。　報之：指報答先帝的恩典。　陛下：指劉禪。

⑦ 開張聖聽：擴大皇帝的聽聞。意思是要劉禪廣開言路，聽取意見。

⑧ 光：發揚光大。　遺德：遺留下來的美德。　恢弘：擴大、振奮。

⑨ 妄自菲薄：隨便地看輕自己。　引喻失義：説話違背道義。引喻：稱引和比喻。義：合宜的道理。

⑩ 宫中：指皇帝宫中。　府中：指丞相府中。　俱爲一體：全是一個整體，意思是内廷外廷要協同一致。

⑪ 陟（zhì）：陞遷。　罰：處罰。　臧（zāng）：善。　否（pǐ）：惡。"臧""否"在這裏都用作動詞，意思是贊揚和批評。　異同：偏義複詞，重

在"異",即"不一致"。

⑫ 作姦:幹壞事。　犯科:違犯法律。科:指法律條文。　有司:負責專職的官員。

⑬ 昭:顯明。用作使動,使……顯明。　平明之理:公正清明的治理。

⑭ 内外異法:指宫内和外廷的賞罰不同。

侍中、侍郎郭攸之、費禕、董允等①,此皆良實,志慮忠純②,是以先帝簡拔以遺陛下③。愚以爲宫中之事④,事無大小悉以咨之⑤,然後施行,必能裨補闕漏,有所廣益⑥。將軍向寵,性行淑均⑦,曉暢軍事,試用於昔日,先帝稱之曰能⑧,是以衆議舉寵爲督⑨。愚以爲營中之事⑩,悉以咨之,必能使行陳和睦,優劣得所⑪。親賢臣,遠小人,此先漢所以興隆也⑫;親小人,遠賢臣,此後漢所以傾頽也⑬。先帝在時,每與臣論此事⑭,未嘗不嘆息痛恨於桓、靈也⑮。侍中、尚書、長史、參軍,此悉貞良死節之臣⑯,願陛下親之信之,則漢室之隆,可計日而待也⑰。

注　釋

① 侍中:皇帝的近侍官,掌應對顧問。無定員。　侍郎:這裏指給事黄門侍郎,與侍中同爲近侍官。　郭攸之:字演長,南陽人,當時任侍中。　費禕(yī):字文偉,江夏(今湖北省黄岡市)人,當時任侍中。　董允:字休昭,南郡枝江(今湖北枝江縣)人,當時任黄門侍郎。

② 良實:賢良、誠實。　志慮:志向思慮。　忠純:忠誠純正。

③ 簡拔:選拔。劉備立劉禪爲太子時,以費禕、董允任舍人,同爲太子屬官。

④ 愚:謙詞,這裏是諸葛亮自稱。

⑤ 咨:詢問。

⑥ 裨(bì):增益。　闕(quē):通"缺",缺點。　漏:疏漏,過失。　有所

廣益：有啓發和幫助。

⑦ 向寵：襄陽宜城（今湖北宜城縣）人。劉備時任牙門將，劉禪時任中部督。　性行：性格品行。　淑：善。　均：公正。

⑧ 曉暢：精通。　稱之曰能：劉備攻打孫吴失敗，只有向寵的部隊損失很小，劉備曾稱贊他能幹。

⑨ 督：指中部督，禁衛軍的統帥。

⑩ 營：三國時禁衛軍的建制以營爲單位。這裏指禁衛軍。

⑪ 行陳（zhèn）：軍隊的行列，這裏指部隊。"陳"的這個意義先秦以後多寫作"陣"。　優劣得所：才能高的和才能低的都得到合理的安排。

⑫ 先漢：西漢。　興隆：興盛。

⑬ 後漢：東漢。　傾頹：衰敗。

⑭ 此事：指西漢"興隆"、東漢"傾頹"的事。

⑮ 痛恨：感到痛心和遺憾。恨：遺憾，不滿意。　桓、靈：指東漢末年的桓帝劉志（公元 147—167 年在位）和靈帝劉宏（公元 167—189 年在位）。他們在位時寵幸宦官，政治腐敗。

⑯ 尚書：主管朝廷政事的高級官員，指陳震。震字孝起，南陽（今湖北襄陽）人。　長史：丞相府主管文書、簿籍的官，指張裔。諸葛亮出征，張裔任留府長史，統管丞相府事。　参軍：丞相府中的屬官，指蔣琬。琬字公琰，零陵湘鄉（今湖南湘鄉市）人。他在諸葛亮出征時和長史張裔一起管理留府事。　貞：正直。　死節：死於節義，指能以死報國。節：節義，節操。

⑰ 漢室：漢王朝，指蜀漢。　可計日：可以計算日子，就是説時間不長。

臣本布衣，躬耕於南陽[①]，苟全性命於亂世，不求聞達於諸侯[②]。先帝不以臣卑鄙[③]，猥自枉屈，三顧臣於草廬之中[④]，諮臣以當世之事[⑤]，由是感激，遂許先帝以驅馳[⑥]。後值傾覆，受任於敗軍之際，奉命於危難之間[⑦]。爾來二十有一年矣[⑧]。先帝知臣謹慎，故臨崩寄臣以大事也[⑨]。受命以來，夙夜憂嘆[⑩]，恐託付不效，以傷先帝之明[⑪]，故五月渡瀘,深入不毛[12]。今南方已定,兵甲已足[13],當獎率三軍,北定中原[14]。庶竭駑鈍,攘除姦凶[15],興復漢室,還於舊都[16]。此臣所以報先帝而忠陛下之職分也。至於斟酌損益[17],進盡忠言,則攸之、禕、允之任也。

注　釋

① 布衣:平民的代稱。　躬耕:親自耕種,實指隱居農村。　南陽:郡名,現在湖北省襄樊市一帶。

② 苟全:馬馬虎虎地保全。　聞(舊讀 wèn):名聲,出名。　達:顯達,顯貴。　諸侯:指東漢末割據一方的軍閥和州郡長官。

③ 卑鄙:卑賤淺陋。與現在的卑鄙(言語行爲惡劣、不道德)意義有别。

④ 猥(wěi):苟且,辱。敬詞。　枉屈:委屈,等於説"屈駕"。　三顧:三次拜訪。公元 207 年劉備駐軍新野(今河南新野縣),曾三次親自前往諸葛亮隱居的隆中拜訪,請他出來幫助出謀劃策。

⑤ 諮:詢問。

⑥ 感激:感動奮發。　驅馳:趕着馬快跑。表示爲别人奔走效勞。

⑦ 傾覆:指兵敗。漢獻帝建安十三年(公元 208 年)曹操追擊劉備,在當陽長坂大敗劉軍;諸葛亮奉命出使東吴,聯合孫權打敗曹操於赤壁,才得轉危爲安。

⑧ 爾來:從此以來。　二十有一年:從劉備訪諸葛亮於隆中到此次出師北伐已經二十一年。

⑨ 臨崩:臨死時。　寄:委托,托付。　大事:指國家大事。公元 223 年劉備病重時把國家大事托付給諸葛亮,並對劉禪説:"汝與丞相從事,事之如父。"

⑩ 夙(sù)夜:早晚,日日夜夜。

⑪ 效:奏效。　明:明察。

⑫ 瀘:水名,即現在的金沙江。　不毛:不生草木,指不長糧食的荒涼地方。毛:指草木,用作動詞。當時西南少數民族地區經濟、文化還很落後,因此説"深入不毛"。建興三年(公元 225 年)諸葛亮率軍南征,曾到瀘水。

⑬ 兵甲：軍備。

⑭ 獎：勉勵。　率：率領。　中原：黄河中下游地區，當時是魏的疆域。

⑮ 庶：副詞，庶幾；表示願望。　竭：盡，用盡。　駑(nú)鈍：才能低下，用作名詞。駑：下等的劣馬，比喻才能低下。鈍：刀刃不鋒利。　攘(rǎng)除：排除。　姦凶：指魏明帝曹叡(ruì)等。

⑯ 舊都：原來的都城，指東漢的都城洛陽。

⑰ 斟酌：反復推敲。指權衡利弊，考慮得失。　損益：减少和增加。指採取適當的措施。

願陛下託臣以討賊興復之效，不效則治臣之罪，以告先帝之靈。若無興德之言，則責攸之、禕、允等之慢①，以彰其咎②。陛下亦宜自謀③，以諮諏善道，察納雅言④，深追先帝遺詔⑤。臣不勝受恩感激，今當遠離，臨表涕零，不知所言⑥。

注　釋

① 興德之言：使〔皇帝〕盛德發揚的意見。德：指帝德。　慢：怠慢，指不盡職。

② 彰其咎：顯示他們的過失。彰：明顯。用作使動，"使……明顯"。

③ 自謀：自己籌劃。

④ 諮諏(zōu)：詢問。　善道：好辦法。　察納：審察並採納。　雅言：正言，合理的意見。

⑤ 深追：深切地追念。　先帝遺詔：指劉備臨死時留下的詔書。在詔書中，劉備告誡劉禪："勿以惡小而爲之，勿以善小而不爲。惟賢惟德，能服於人。"

⑥ 臨表：面對着奏章(即《出師表》)。　涕零：眼淚滴落。零：落下。不知所言：不知説的什麽。這是表示自己可能失言。謙詞。

答李翊書[①]　韓　愈

【説明】這封信是韓愈在文學理論方面一篇具有代表性的作品。他在介紹自己學習古文的經驗中,闡述了創作中的若干重要問題。第一,他提出了“氣盛言宜”的文氣説,强調文章的形式取決於内容,而内容又取決於作家的思想修養。第二,他提出了“惟陳言之務去”的主張,在語言運用上力求獨創、新穎。這正是韓愈古文理論的兩個方面:前者是韓愈的文學創作觀,主張文道兼備而以道爲主;後者是韓愈的文體改革論,力求創造一種融化古人語言材料而又適合反映現實、表達思想的新文學語言。這種主張對於古文運動的發展,對於反對六朝以來的形式主義的綺靡文風,是具有重要作用的。

六月二十六日,愈白[②]。李生足下[③]:生之書辭甚高,而其問何下而恭也[④]。能如是,誰不欲告生以其道[⑤]?道德之歸也有日矣,況其外之文乎[⑥]?抑愈所謂望孔子之門牆而不入於其宫者[⑦],焉足以知是且非邪[⑧]?雖然,不可不爲生言之。

注　釋

① 李翊(yì):中唐時人,唐德宗貞元十八年(公元802年)中進士。

② 六月二十六:指貞元十七年(公元801年)六月二十六日。　白:禀告,陳述。這裏用作謙詞。

③ 生:前輩對年青讀書人的稱呼。

④ 辭甚高:文辭很好。　其問:指信中向韓愈請教問題的態度。　下:

謙下，這裏指李翊來信中言辭謙虛。

⑤ 其道：指"文以明道"的"道"，即儒家的仁義之道。

⑥ 有日：有確定的日期，意思是時間不長了。　其外之文："其"指道德。韓愈認爲文章是道德的表現，所以說"其外之文"。

⑦ 抑：連詞，表示輕微的轉折。　望孔子之門牆而不入於其宮：意思是對孔子的學説造詣還不深。語出《論語·子張》："譬之宫牆，……夫子之牆數仞，不得其門而入，不見宗廟之美，百官之富。"宫：室，房屋。這句"愈"是主語，後面的"者"字結構作判斷句的謂語。

⑧ 且：連詞，或，還是。

生所謂"立言"者，是也①；生所爲者與所期者，甚似而幾矣②。抑不知生之志，蘄勝於人而取於人邪③？將蘄至於古之立言者邪？蘄勝於人而取於人，則固勝於人而可取於人矣！將蘄至於古之立言者，則無望其速成，無誘於勢利，養其根而竢其實，加其膏而希其光④。根之茂者其實遂，膏之沃者其光曄⑤。仁義之人，其言藹如也⑥。

注　釋

① 你所説的"立言"這句話，是對的。立言：指人的言語文辭能够留傳後代。《左傳·襄公二十四年》："大上有立德，其次有立功，其次有立言。"

② 所爲者：所做的事情，指寫的文章。　所期者：希望達到的目的，指立言。　幾(jī)：近，接近。

③ 蘄(qí)：通"祈"，求。　勝於人：勝過人。　取於人：被人取用。

④ 竢(sì)：同"俟"，等待。　實：果實。　膏：脂肪，油。古人用來點燈。希：希望，盼望。　光：光亮。

⑤ 遂：成，順利成熟。　沃：肥美。這裏指油脂多而好。　曄(yè)：火光很盛的樣子。

⑥ 藹(ǎi)如:和順的様子。

抑又有難者。愈之所爲,不自知其至猶未也[①];雖然,學之二十餘年矣。始者,非三代兩漢之書不敢觀,非聖人之志不敢存[②]。處若忘,行若遺[③],儼乎其若思,茫乎其若迷[④]。當其取於心而注於手也[⑤],惟陳言之務去,戛戛乎其難哉[⑥]!其觀於人,不知其非笑之爲非笑也[⑦]。如是者亦有年,猶不改[⑧]。然後識古書之正僞,與雖正而不至焉者,昭昭然白黑分矣[⑨],而務去之,乃徐有得也[⑩]。當其取於心而注於手也,汩汩然來矣[⑪]。其觀於人也,笑之則以爲喜,譽之則以爲憂,以其猶有人之説者存也[⑫]。如是者亦有年,然後浩乎其沛然矣[⑬]。吾又懼其雜也,迎而距之,平心而察之[⑭],其皆醇也,然後肆焉[⑮]。雖然,不可以不養也,行之乎仁義之途,游之乎詩書之源[⑯],無迷其途,無絶其源,終吾身而已矣。

注　釋

① 至:指達到"古之立言者"的境界。

② 三代:指夏、商、周。　聖人之志:指儒家思想,孔孟之道。　存:存留,保存。

③ 呆着的時候好像忘掉了什麽,行走的時候好像丢失了什麽。處(chǔ):居住。

④ 儼(yǎn)乎:莊重的様子。乎:形容詞詞尾,用法同"然"。　茫乎:不清楚的様子。　迷:迷惑。以上四個分句形容學習時冥思苦想、專心致志的様子。

⑤ 意思是當自己把心中的思想寫出來的時候。　注:灌注。這裏是傳寫的意思。

⑥ 陳言:指世人慣用的言詞,即陳詞濫調。 務:必,力求做到。 戛戛(jiájiá)乎:困難的樣子。

⑦ 觀於人:指文章被人看。 非:非難。 笑:譏笑。這句意思是説,不怕别人非難譏笑自己的文章不合時俗。

⑧ 有年:有不少年頭。 不改:指不改上述學習的方法和對非笑所抱的態度。

⑨ 正僞:指與"聖人之志"相合的和不相合的。 不至:指没有達到頂點。 昭昭然:清楚明白的樣子。

⑩ 去之:指去掉"僞"和"雖正而不至焉者"。 徐:慢慢地。

⑪ 汩汩(gǔgǔ)然:水流急速的樣子,這裏形容文思敏捷。

⑫ 這是因爲自己的文章中還有世人的見解存在。 説:言論,見解。

⑬ 浩乎:水勢廣大的樣子。 沛然:水勢洶湧的樣子。這句比喻文章的思路寬廣奔放。

⑭ 迎而距之:迎着水勢去阻擋它。比喻不要讓文思過於洶湧。距:通"拒"。這句的意思是説,在寫作時對於思想和文辭兩方面還要反復推敲。

⑮ 醇(chún):純正。 肆:放縱,指放手去寫。

⑯ 詩書:《詩經》和《尚書》。這裏泛指古代儒家經典。

氣,水也①;言,浮物也。水大而物之浮者大小畢浮②。氣之與言猶是也,氣盛則言之短長與聲之高下者皆宜③。雖如是,其敢自謂幾於成乎?雖幾於成,其用於人也奚取焉④?雖然,待用於人者,其肖於器邪⑤?用與舍屬諸人⑥。君子則不然。處心有道,行己有方⑦,用則施諸人,舍則傳諸其徒⑧,垂諸文而爲後世法⑨。如是者,其亦足樂乎?其無足樂也?

注釋

① 氣:指文章的氣勢,這與作家的思想修養有關。《孟子·公孫丑上》:

"我善養吾浩然之氣。"

② 畢:盡,完全。

③ 言之短長:語句的長短。　聲之高下:聲調的抑揚。這句意思是説氣盛了就能駕馭語言,運用自如。

④ 即使接近於成功,那被人用時又有什麽可取的呢?

⑤ 其:語氣詞,表示反詰。　肖:像。　器:器物。

⑥ 用與不用都决定於别人。屬:歸屬,指取决。

⑦ 這兩句意思是,使自己的思想不離於道,使自己的行動合乎原則。

⑧ 被用時就〔把自己的道德學問〕在世人之間施行開來,不被用時就把它傳授給自己的弟子。

⑨ 垂諸文:把它表現於文章而留傳下去。垂:傳下去。　法:效法。

有志乎古者希矣,志乎古必遺乎今[①]。吾誠樂而悲之[②]。亟稱其人,所以勸之[③],非敢褒其可褒而貶其可貶也[④]。問於愈者多矣,念生之言不志乎利,聊相爲言之[⑤]。愈白。

注　釋

① 遺乎今:被今人所遺棄。

② 我確實爲此而高興,也爲此而悲憤。

③ 〔我〕屢次稱贊那種〔志於古的〕人,是要以此勉勵他們。亟〔qì〕:屢次。勸:勉勵。

④ 意思是不敢有所褒貶。

⑤ 姑且爲你講這些。聊:姑且。相爲:指爲李翊。

同學一首别子固[①]　王安石

【作者介紹】王安石(公元 1021—1086 年),字介甫,江西臨川

(今江西臨川市)人。北宋著名的政治家、文學家。宋神宗熙寧年間(公元1068—1077年)曾兩次任宰相,進行了著名的變法革新運動。他制訂並推行了農田水利、青苗、均輸、保甲、免役、市易、保馬等新法,目的是爲了興利除弊,增强國力。新法推行之後確實也收到了一些好的效果,但因用人不當,並受到反對派的攻擊而失敗。元祐元年(公元1086年)宋哲宗卽位,太后親政,司馬光任宰相,盡廢新法,王安石憂憤而死。

王安石在文學方面也有很高的成就。他是"唐宋八大家"之一。他的散文峭厲精悍,雄健剛直,具有獨特的風格。他的詩歌在宋代詩壇上也有很大的影響。有《王臨川集》。

【說明】這是王安石二十三歲時寫給友人曾鞏的一篇贈序。本文的主要意思是勉勵對方以聖人爲目標,不斷加强道德學問的修養。但文章却從對兩個友人的比較寫起,說他們都是賢人,而他們相似、相信的緣故,就是因爲都學習聖人。這種寫法,使文章委婉曲折、别具情趣。本文還抒發了對友人的愛慕和懷念之情,感情真摯,筆調淡雅,是一篇寓議論於抒情的佳作。

江之南有賢人焉②,字子固,非今所謂賢人者,予慕而友之。淮之南有賢人焉,字正之③,非今所謂賢人者,予慕而友之。二賢人者,足未嘗相過也,口未嘗相語也,辭幣未嘗相接也④。其師若友⑤,豈盡同哉?予考其言行,其不相似者何其少也。曰:學聖人而已矣。學聖人,則其師若友必學聖人者。聖人之言行,豈有二哉?其相似也適然⑥。予在淮南,爲正之道子固,正之不予疑也⑦。還江南,爲子固道正之,子固亦以爲然。予又知所謂賢人者,既相似又相信不疑也[⑧]。

注　釋

① 同學：共同學習。　一首：古代詩文一篇都叫“一首”。　子固：曾鞏的字。曾鞏（公元1019—1083年），南豐（今江西南豐縣）人，是宋代著名的古文家。他和王安石年輕時就是朋友。

② 江之南：指當時的江南西路（今江西省）。曾鞏的家鄉南豐在江南西路。

③ 正之：孫侔的字。王安石年輕時的朋友，曾客居江淮間，立志不仕。

④ 過：過訪，過從。辭：言辭，這裏指書信。　幣：幣帛。古人互相贈送的禮品。

⑤ 若：和，與。

⑥ 適然：合適，適宜。

⑦ 不予疑：“予”是賓語前置。

⑧ 相信：互相信任。

子固作《懷友》一首遺予，其大略欲相扳以至乎中庸而後已[①]。正之蓋亦嘗云爾[②]。夫安驅徐行，轥中庸之庭而造於其堂[③]，舍二賢人者而誰哉[④]？予昔非敢自必其有至也[⑤]，亦願從事於左右焉爾，輔而進之其可也[⑥]。

噫！官有守，私有繫[⑦]，會合不可以常也。作《同學》一首別子固，以相警[⑧]，且相慰云。

注　釋

① 遺（wèi）：贈。扳（bān）：拉，援引。　中庸：儒家推崇的一種道德，既不過分，也無不及。

② 爾：指示代詞，此。

③ 轥（lìn）：車輪輾過。這裏指經過。　庭：堂前的院子。　造於其堂：

指造詣深，得到聖人中庸學説的主旨。造：達到。《論語·先進》："由也，升堂矣，未入於室也。"後來常用"升堂入室"來比喻學習達到了相當深入的程度。

④ 舍（shě）：舍棄。這個意義後來寫作"捨"。

⑤ 必：動詞，必定，一定能做到的意思。　至：指造於中庸之堂。

⑥ 從事於左右：指跟隨子固、正之二人學習聖人之道。　輔而進之：輔佐二賢人而使他們進於聖人中庸之堂。

⑦ 官有守：在官府有職守。　私有繫：在私事方面有牽累。

⑧ 警：指提醒、勉勵。

戊午上高宗封事①　　胡　銓

【作者介紹】胡銓（公元 1102—1180 年），字邦衡，號澹庵，廬陵（今江西吉水縣）人。南宋高宗建炎二年（公元 1128 年）舉進士，紹興五年（公元 1135 年）任樞密院編修官。紹興八年（公元 1138 年）因上書高宗，反對向金人屈膝求和，請斬秦檜等人，被流配到廣西、廣東，交地方官監管，歷時二十多年。至宋孝宗即位（公元 1163 年），才被起用。後官至工部侍郎，資政殿學士。胡銓一生反對和議，力主修武備，蓄兵力，以收復失地，著有《澹庵文集》，共一百卷。

【説明】這篇文章就是紹興八年胡銓寫給宋高宗的那篇有名的奏疏。選自《宋史》卷三七四《胡銓列傳》。紹興八年，金人廢僞齊皇帝劉豫，引誘南宋向金投降，宋高宗苟且偷安，違反民意，派賣國賊秦檜主持和議。紹興八年，金人以"詔諭江南"爲名派使臣到宋，要宋高宗拜接"國書"。當時朝野震駭，羣情激憤，於是胡銓以大無畏的精神寫了這篇"封事"。文中極言不可對金人屈膝，痛斥秦檜、王倫、孫近等投降賣國、甘心事仇的罪惡，揭露他們對內榨取人民膏血、偷安享樂，對外屈辱求和、認賊作父的可耻行徑，主張堅決抗敵，表現了崇高的民族氣節，在一定程度上反映了南宋廣大人民的願望。這篇文章義正辭嚴，議論中肯，文筆犀利。

臣謹案[②]：王倫本一狎邪小人，市井無賴[③]，頃緣宰相無識，遂舉以使虜[④]。專務詐誕，欺罔天聽[⑤]，驟得美官[⑥]，天下之人切齒唾駡。今者無故誘致虜使，以詔諭江南爲名[⑦]，是欲臣妾我也，是欲劉豫我也[⑧]！劉豫臣事醜虜，南面稱王[⑨]，自以爲子孫帝王萬世不拔之業，一旦豺狼改慮，捽而縛之，父子爲虜[⑩]。商鑑不遠，而倫又欲陛下効之[⑪]。夫天下者，祖宗之天下也，陛下所居之位，祖宗之位也[⑫]。奈何以祖宗之天下爲金虜之天下，以祖宗之位爲金虜藩臣之位[⑬]！陛下一屈膝，則祖宗廟社之靈盡污夷狄[⑭]，祖宗數百年之赤子盡爲左衽[⑮]。朝廷宰執盡爲陪臣[⑯]，天下士大夫皆當裂冠毀冕，變爲胡服[⑰]，異時豺狼無厭之求，安知不加我以無禮如劉豫也哉！夫三尺童子至無識也，指犬豕而使之拜，則怫然怒[⑱]。今醜虜則犬豕也，堂堂大國，相率而拜犬豕，曾童孺之所羞[⑲]，而陛下忍爲之耶？

注　釋

① 戊午：戊午年，指宋高宗紹興八年。　封事：古時臣下上書奏事，防有泄露，用袋封緘，稱爲封事。

② 案：考察。

③ 王倫：字正道，莘縣(今山東莘縣)人。出身破落官僚家庭，行爲鄙薄不端，屢作無賴犯法之事。北宋末，金人陷汴京(今河南開封市)，宋

欽宗封他爲兵部侍郎。南宋高宗紹興初,屢次使金議和,促成了紹興十一年(公元1141年)屈辱的和約。後被金人所縊殺。 狎(xiá)邪:行爲輕薄放蕩。

④ 頃:不久以前。 緣:因爲。 宰相:指秦檜。 舉以使虜:推舉他出使金國。虜:對敵人的蔑稱,這裏指金。

⑤ 詐誕:弄虛作假。詐:欺騙。誕:虛妄,説大話。 欺罔:欺騙。 天聽:皇帝的聽聞。這是封建社會臣下恭維皇帝的用語。

⑥ 驟:迅速,突然。 得美官:王倫因使金議和,帶回金人許和條款,於紹興七年冬至八年秋(公元1137—1138年)升任徽猷閣直學士、端明殿學士等職。

⑦ 高宗紹興八年(公元1138年)王倫使金,金派簽書宣徽院事蕭哲、左司郎中張通古爲"江南詔諭使",同王倫到南宋談判,明目張膽地把宋作爲藩屬臣下看待。 致:使……到來。 虜使:指金的使臣。 詔諭:皇帝對臣下發的指示、命令。這裏用作動詞,發命令指示的意思。

⑧ 臣妾我:把我當作臣妾。臣妾:古代奴僕男稱臣,女稱妾。這裏是名詞用作使動。 劉豫我:把我當作劉豫對待,意思是要宋朝像劉豫一樣作臣屬於金的傀儡皇帝。"劉豫"在這裏是專用名用作使動。 劉豫:字彦游,阜城(今河北阜城縣)人。徽宗宣和年間任河北提點刑獄公事(提刑),高宗建炎二年(公元1128年)調任濟南(今山東濟南市)知府,金人攻濟南時降金。建炎四年(公元1130年)金立劉豫爲皇帝,國號大齊,建都大名府(今河北大名縣)。紹興三年(公元1132年)遷都汴京(今河南開封市)。他當傀儡皇帝八年,屢次配合金兵攻打南宋,都遭到失敗,後爲金廢除。

⑨ 醜虜:指金人。 南面:古代以面向南爲尊,帝王的座位面向南,故稱居帝位爲南面。

⑩ 豺狼:指金人。 捽(zuó):揪,抓。 縛:捆綁。 爲虜:做了俘虜。紹興七年(公元1137年)十一月,金將完顔兀术(wùzhú)入汴京,虜劉豫及其子劉麟,囚於金明池(今河南開封市西)。金廢劉豫後,又將其父子送往臨潢(今内蒙古林西縣)囚禁。

⑪ 商鑒不遠:《詩經·大雅·蕩》:"殷鑒不遠,在夏后之世。"意思是殷人滅夏,殷王的後代應以夏的滅亡爲戒鑒。後來把殷鑒用作有先例可鑒

之意。宋人避宋太祖趙匡胤父趙弘殷的諱,改“殷”爲“商”,胡銓引《詩經》改“殷鑒”爲“商鑒”。　效:倣效,效法。

⑫ 這是封建王朝“家天下”的歷史觀,宋朝的官吏常以此向皇帝進諫,包含着反對投降的思想。

⑬ 藩臣:附屬國國王對宗主國皇帝的自稱。

⑭ 盡污夷狄:指都將被金人所玷污。

⑮ 赤子:初生的嬰兒,這裏用來比喻人民。　左衽:衣衿向左。古代漢族衣著是右衽,少數民族是左衽。這句意思是漢族老百姓要改變風俗,即爲金人所統治。

⑯ 宰執:指執政大臣。　陪臣:古代諸侯對天子稱臣,諸侯的大夫對天子稱陪臣。

⑰ 裂冠毁冕(miǎn):指廢棄漢族的禮服。冠是帽子,冕是古代帝王、諸侯及卿大夫所戴的禮帽,這裏泛指禮服。

⑱ 怫(fú)然:憤怒的樣子。

⑲ 曾:副詞,加强肯定的語氣,略等於“乃”。

倫之議乃曰①:“我一屈膝,則梓宫可還,太后可復,淵聖可歸,中原可得②。”嗚呼!自變故以來,主和議者,誰不以此說啗陛下哉③?然而卒無一驗,則虜之情僞已可知矣④。而陛下尚不覺悟,竭民膏血而不恤⑤,忘國大仇而不報,含垢忍恥,舉天下而臣之甘心焉⑥。就令虜決可和,盡如倫議,天下後世謂陛下何如主⑦?況醜虜變詐百出,而倫又以姦邪濟之⑧,則梓宫決不可還,太后決不可復,淵聖決不可歸,中原決不可得。而此膝一屈,不可復伸,國勢陵夷,不可復振⑨,可爲痛哭流涕長太息矣。

注　釋

① 議:言論,意見。

② 梓宫：用梓木做的皇帝的棺材。指宋徽宗的靈柩。宋徽宗被金虜去，囚於五國城(今吉林扶余市境)，死於紹興五年(公元 1135 年)四月。太后：指宋高宗的母親韋賢妃。她與宋徽宗、欽宗同時被擄，後來回到宋朝。 復：返回。 淵聖：指宋欽宗趙桓。高宗即位後給欽宗遥上尊號，稱他爲"孝慈淵聖皇帝"。 中原：指黄河中下游地區，當時被金軍佔領。

③ 變故：指靖康元年(公元 1126 年)汴京淪陷，北宋滅亡的事情。 啗(dàn)：同"啖"，拿東西給别人吃，引申爲利誘。

④ 卒：終。 驗：應驗。 情僞：真假。

⑤ 恤(xù)：顧惜。

⑥ 舉天下而臣之：拿天下來臣事金人。 臣：用作動詞。

⑦ 就令：即令，即使。 決：一定。 何如主：什麽樣的君主。

⑧ 濟：幫助，助成。

⑨ 陵夷：聯綿詞，衰微。

向者陛下間關海道[①]，危如累卵，當時尚不忍北面臣敵，况今國勢稍張[②]，諸將盡鋭，士卒思奮[③]。只如頃者醜虜陸梁，僞豫入寇[④]，固嘗敗之於襄陽，敗之於淮上[⑤]，敗之於渦口，敗之於淮陰[⑥]，較之往時蹈海之危，固已萬萬[⑦]。儻不得已而至於用兵，則我豈遽出虜人下哉[⑧]？今無故而反臣之，欲屈萬乘之尊，下穹廬之拜[⑨]，三軍之士不戰而氣已索[⑩]，此魯仲連所以義不帝秦[⑪]，非惜夫帝秦之虚名[⑫]，惜夫天下大勢有所不可也。今内而百官，外而軍民，萬口一談，皆欲食倫之肉。謗議洶洶，陛下不聞，正恐一旦變作，禍且不測。臣竊謂不斬王倫，國之存亡未可知也。

注 釋

① 向者：過去。 間關海道：高宗建炎三年(公元 1129 年)十二月，金將

兀术攻臨安府(今杭州市),高宗乘樓船航海,南至定海(今浙江舟山市),又轉移到温州、台州(今浙江臨海市)。四年正月,乘船停海中。二月又返回温州,四月到越州(今浙江紹興市)。間關:聯綿詞。形容道路艱險,等於説崎嶇輾轉。這裏用作動詞。

② 稍:逐漸。　稍張:逐漸伸張,指形勢好轉。

③ 盡:竭盡的意思。　鋭:鋭氣。　思奮:渴望奮起〔抗敵〕。

④ 頃者:最近,前不久。　陸梁:雙聲聯綿詞,跳躍行走無拘無束的樣子。這里形容金人的勢力到各處侵擾。　僞豫入寇:劉豫多次配合金人進攻南宋。

⑤ 紹興四年(公元1134年)五月,岳飛擊潰劉豫的大將李成,收復襄陽等地;十月金人與劉豫合兵分道入侵,韓世忠擊敗金兵於淮水上。

⑥ 紹興六年(公元1136年),劉豫發兵三十萬,命其子劉麟進軍合肥,命其姪劉猊(ní)出渦口(渦河入淮河處,今安徽懷遠縣東);楊存中在渦口打敗劉猊,韓世忠引兵在淮陰(今江蘇淮陰市)擊敗劉豫軍。

⑦ 蹈海:即指上文所説的"間關海道"。　固已萬萬:當然已經好到萬萬倍。

⑧ 儻:同"倘",假使。　豈遽(jù):難道就。這里"遽"有"遂"的意思。

⑨ 臣之:臣服於金人。　萬乘:據周制,天子地方千里,能出兵車萬輛。後因以"萬乘"指皇帝。　穹(qióng)廬:北方少數民族住的帳篷。這里用穹廬代表金人。

⑩ 索:盡,完。

⑪ 魯仲連:戰國時齊人,遊於趙。公元前258年秦軍圍困趙國的都城邯鄲,魏王派使者辛垣衍勸趙王尊秦昭王爲帝。魯仲連去見辛垣衍,表示堅決反對,説:"秦王即使稱帝,甚至統治天下,我只有蹈東海而死,決不甘心做他統治下的人民。"辛垣衍被説服了。秦國知道後,把軍隊後撤了五十里。　所以:代詞加介詞的固定結構,用來表示原因,與現代漢語的連詞"所以"不同。　義:名詞用作狀語,根據道義。　不帝秦:不尊秦爲帝。帝:用作使動,尊……爲帝。

⑫ 惜:顧惜、捨不得。　夫:指示代詞,那,那個。

雖然,倫不足道也,秦檜以心腹大臣而亦爲之[1]。陛下有堯、舜之資，檜不能致君如唐、虞，而欲導陛下爲石晉②。近者禮部侍郎曾開等引古誼以折之③，檜乃厲聲責曰："侍郎知故事④，我獨不知！"則檜之遂非愎諫⑤，已自可見。而乃建白⑥，令臺諫侍臣僉議可否⑦，是蓋畏天下議己，而令臺諫侍臣共分謗耳。有識之士，皆以爲朝廷無人，吁，可惜哉！孔子曰："微管仲，吾其被髮左衽矣⑧。"夫管仲，霸者之佐耳⑨，尚能變左衽之區而爲衣裳之會⑩。秦檜，大國之相也，反驅衣冠之俗而爲左衽之鄉⑪。則檜也不唯陛下之罪人，實管仲之罪人矣。孫近傅會檜議，遂得參知政事⑫。天下望治有如饑渴，而近伴食中書，漫不敢可否事⑬。檜曰虜可和，近亦曰可和；檜曰天子當拜，近亦曰當拜。臣嘗至政事堂⑭，三發問而近不答，但曰"已令臺諫侍從議矣"。嗚呼！參贊大政徒取容充位如此⑮，有如虜騎長驅，尚能折衝禦侮耶⑯？臣竊謂秦檜、孫近亦可斬也。

注　釋

① 秦檜：字會之，江寧（今江蘇南京市）人。北宋末與宋徽宗等被金人擄去，後放回南宋，充當内奸。紹興年間兩次任宰相，極力主張議和，向金人稱臣納幣。後世把他作爲賣國賊的典型。

② 石晉：指五代時後晉石敬瑭。石敬瑭，沙陀族人，先仕於後唐。公元936年勾引契丹兵滅後唐，被契丹立爲晉皇帝，建都於汴。石敬瑭於是割燕雲十六州給契丹，并尊契丹主爲"父皇帝"，自稱"兒皇帝"。至其子石重貴立，失好契丹，爲契丹所滅。

③ 曾開：字天游，祖籍江西贛州，後居洛陽，曾任禮部侍郎兼侍讀官。後因反對議和，觸犯了秦檜，被貶爲徽州太守。　古誼：古人所説的道理。誼：通"義"。　折：駁斥的意思。

④ 故事：先例，舊日的典章制度。

⑤ 遂非：明知錯了還任憑它錯到底。　愎(bì)諫：固執而不聽别人的勸告。

⑥ 建白：陳述己見，有所建議。

⑦ 臺諫侍臣：指御史臺、諫院和左右侍從官。　僉(qiān)：皆、共同。

⑧ 語見《論語·憲問》。意思是如果没有管仲，我們大概就要披着頭髮，衣衽向左，按外族的風俗習慣生活了。　微：無，没有。　管仲：名夷吾，字仲；春秋時齊國潁上(今安徽潁上縣)人，輔佐齊桓公稱霸諸侯，維護周王朝，擊敗戎人、狄人對中原地區的侵擾。　被(pī)：披着，這個意義秦以後一般寫作"披"。

⑨ 霸者：稱霸的君主，指齊桓公。　佐：輔佐，助手。

⑩ 衣裳之會：指實行漢族禮俗的都會。　會：都會。這句是説管仲能使戎狄等少數民族地區臣服，遵從周王朝的禮制。

⑪ 衣冠：古代士以上的服裝，這裏指漢族地區的物質文明。

⑫ 孫近：字叔諸，無錫人。初爲翰林學士，紹興八年(公元1138年)因贊助秦檜的賣國求和政策，被提升爲參知政事兼知樞密院。　傅會：隨聲附和。

⑬ 伴食：《舊唐書·盧懷慎傳》："懷慎與紫微令姚崇對掌樞密。懷慎自以爲吏道不及崇，每事皆推讓之。時人謂之'伴食宰相'。"唐宋時期，宰相可以在辦公處享用由内廷供給的公饍，任職宰相却不主事，因此説"伴食"。後指任職不作主張只是吃白飯的官僚。　中書：宋代在禁中(内廷)設中書，又叫政事堂，與樞密院合稱二府，分掌文武二柄，是宋代中央的決策機構。　漫：完全。　可否：贊成或反對。

⑭ 政事堂：即中書，宰相近臣辦公的處所。

⑮ 參贊大政：參預決定國家的大事。　徒取容充位：意思是只求討人喜歡，爲人所容，空占官位。《宋史》此處缺"容"字，由編注者所補。

⑯ 有如：如果。　虜騎(舊讀jì)：敵人的騎兵。　折衝：抗拒敵人。

臣備員樞屬①，義不與檜等共戴天。區區之心，願斷三人頭，竿之藁街②。然後羈留虜使③，責以無禮，徐興問罪之師，則三軍之士不戰而氣自倍。不然，臣有赴東海而死爾④，寧能處小朝廷求活邪！

注　　釋

① 備員樞屬：充當樞密院一名屬員。備員：謙詞，意思是充數。胡銓當時任樞密院編修官。宋代"中書省"與"樞密院"爲"二府"，中書省掌文，樞密院掌武。

② 竿之：把它懸掛在竹竿上。"竿"用作動詞。　藁(gǎo)街：漢朝長安的一條街，是來自邊疆各族和外國人的居住區。"懸首藁街"是使外族人都知道通敵辱國的人已受刑戮。

③ 羈留：拘留。

④ 這裏是用魯仲連的話，表示自己反對投降的決心。

藝文志·諸子略①(節録)　《漢　書》

【説明】"藝文志"是《漢書》十志中的一志，是關於書籍的記載。西漢末，劉向、劉歆父子領校羣書，劉歆作《七略》，除"輯略"爲羣書之總要外，分爲"六藝"、"諸子"、"詩賦"、"兵書"、"術數"、"方技"六略，這是我國最早的書目。《七略》今已亡佚。班固作《漢書》，據《七略》而成《藝文志》，《諸子略》爲其中的一部分。《漢書·藝文志·諸子略》將諸子分爲十家，每一家首列書目，然後有一段小序，敍述各家的學術源流，並評論諸家之優劣得失，最後有一段總序。這對我們了解古代學術的發展是有幫助的。但作者認爲各學派均出於王官，這種觀點未免絶對化了。節録時删去書目，只保留其評論部分。

儒家者流②，蓋出於司徒之官③。助人君順陰陽、明教化者也[4]。游文於六經之中[5]，留意於仁義之際[6]。祖述堯舜，憲章文武[7]，宗師仲尼[8]，以重其言[9]，於道最爲高。孔子曰："如有所譽，其有所試[10]。"唐虞之隆，殷周之盛，仲尼之業，已試之效者也[11]。然惑者既失精微[12]，而辟者又隨時抑揚[13]，違離道本[14]，苟以譁衆取寵[15]。後進循之，是以五經乖析[16]，儒學寖衰[17]，此辟儒之患。

注　釋

① 藝文：指書籍。　略：概要。"藝文志"爲《漢書》所首創，在以後的史書中，或稱"藝文志"（如《新唐書·藝文志》），或稱"經籍志"（如《隋書·經籍志》），都是關於歷代著述目録的記載。

② 流：流派。　按《漢書·藝文志·諸子略》中儒家類所列的書包括《晏子》、《子思》、《孟子》、《荀子》等。《論語》歸《六藝略》。

③ 司徒：官名。先秦時掌教化之事。

④ 陰陽：中國古代的哲學概念，原指化生萬物的陰陽二氣。《周易·繫辭下》："乾，陽物也。坤，陰物也。陰陽合德，而剛柔有體，以體天地之撰。"後來也用於社會政治方面，君臣和諧，刑德適宜，則謂之陰陽和調。所以，掌教化也就是調陰陽。《漢書·丙吉傳》："三公典（主管）調和陰陽。"

⑤ 游文：等於説"習文"。　六經：儒家的六種經典：《詩》、《書》、《禮》、《樂》、《易》、《春秋》。　這句是説研習六經。

⑥ 留意：等於説"着意"、"用心"。這句是説崇尚仁義。

⑦ 祖述：尊崇奉行。　憲章：法制，用作動詞，是守其法制的意思。　文武：指周文王，周武王。　語出《禮記·中庸》："仲尼祖述堯舜，憲章文武。"兩句的意思是説尊奉帝堯、帝舜的主張，謹守文王、武王的法制。

⑧ 宗師仲尼：尊敬仲尼，以之爲師。宗：尊崇。

⑨ 以重其言：以此來使自己（儒家）的言論顯得重要。

⑩ 兩句見《論語·衛靈公》。原文作"如有所譽者，其有所試矣"。大意是説：如果我對某人有所稱譽，那是因爲我試用過他。

⑪ 這幾句是説：唐堯虞舜殷周時的太平盛世和孔子的業績，就是儒家學説經過試用而表現出來的成效。

⑫ 惑者：指儒家中惑於正道的人。　精微：指儒家學説中的精粹微妙之處。

⑬ 辟(pì)者：邪僻不正的人。“辟”後來寫作“僻”。　隨時抑揚：指對儒家學説任意增損竄改。

⑭ 道本：指儒家學説中的根本。

⑮ 苟：苟且，隨意地。　譁：諠譁。　寵：尊榮。　譁衆取寵：使衆人諠譁(轟動)以取得尊榮。

⑯ 乖(guāi)：違背，背離。　析：分離。　這句是説五經被弄得背離原意，支離破碎。

⑰ 寖：通“浸”，逐漸。

道家者流，蓋出於史官①。歷記成敗、存亡、禍福、古今之道，然後知秉要執本②，清虛以自守③，卑弱以自持④，此君人南面之術也⑤。合於堯之克攘⑥，《易》之嗛嗛⑦，一謙而四益⑧。此其所長也。及放者爲之⑨，則欲絶去禮學，兼棄仁義⑩；曰：獨任清虛，可以爲治。

注　　釋

① 史官：古代史官負責記言和記事。《禮記·玉藻》：“動則左史書之，言則右史書之。”

② 秉、執：都是掌握的意思。　要、本：都是根本的意思。這幾句是説史官因爲了解歷史發展的情況和規律，因而知道治國的根本。

③ 清虛：清静虚無。　自守：指保住自己。下句“自持”同。道家主張“清静爲天下正”，“致虚極，守静篤”，“不欲以静，天下將自定”(俱見《老子》)。

④ 道家認爲柔弱勝剛強，卑下勝高貴。“強大處下，柔弱處上”，“貴以賤爲本，高以下爲基”，“江海所以能爲百谷王者，以其善下之，故能爲百

谷王”(俱見《老子》)。

⑤ 君人:做百姓的君主。君:用如動詞。　南面:面朝南方。古以坐北朝南爲尊。泛指統治人。

⑥ 克:能。　攘:通“讓”,謙讓。《尚書·堯典》稱堯之德爲“允恭克讓”。(允:確實。)

⑦ 嗛:通“謙”,謙虚。《周易·謙卦》:“謙謙君子。”

⑧ 四益:指在天、地、鬼神、人道四方面都有益。《周易·謙卦》:“天道虧盈而益謙,地道變盈而流謙,鬼神害盈而福謙,人道惡盈而好謙。”(上天的規律必然虧損滿盈的而增益謙虚的,大地的規律必然變動滿盈的而流入謙下的,鬼神的道理必然損害滿盈的而福佑謙讓的,人的心理必然厭惡滿盈的而愛好謙恭的。)

⑨ 放:放縱,指過分。

⑩ 禮:指禮法。道家主張抛棄禮法和知識,反對仁義。“絶聖棄智,民利百倍;絶仁棄義,民復孝慈”(見《老子》)。按:這是道家一貫的主張,並非只有“放者”如此。

陰陽家者流①,蓋出於羲和之官②。敬順昊天,歷象日月星辰,敬授民時③,此其所長也。及拘者爲之④,則牽於禁忌,泥於小數⑤,舍人事而任鬼神⑥。

注　釋

① 陰陽家:研究陰陽消長、四時變化的一個學派。

② 羲和:羲氏、和氏。相傳爲帝堯時掌天地四時的官。

③ 昊(hào)天:即天。昊:大。　歷:後來寫作“曆”,記載曆法的書。象:觀測天文的儀器。這裏“歷”、“象”都用作動詞,指推曆觀象。星辰:星指五星(金木水火土),辰指二十八宿。但渾言無别。　敬授民時:這是一個雙賓語句。“民”是間接賓語,“時”是直接賓語。時:天時,包括年、月、日、晦、朔、望、四季、節氣等。上古時每年由朝廷頒布曆法。這幾句出自《尚書·堯典》:“乃命羲和,欽若昊天,曆象日月星辰,敬授民時。”《尚書》中的“欽若”,就是“敬順”之義。

④ 拘：拘泥。

⑤ 牽：指拘束。　禁忌：有關凶吉的忌諱。　泥(nì)：拘泥。　數：術數。　這兩句指漢代的陰陽家有很多煩瑣的避忌，如喪葬、洗沐、建宅、裁衣、學書等都有時日的忌諱，見《論衡·譋時》和《譏日》。

⑥ 舍：放棄。　任：聽憑。

法家者流，蓋出於理官①。信賞必罰，以輔禮制②。《易》曰："先王以明罰飭法③。"此其所長也。及刻者爲之④，則無教化，去仁愛，專任刑法而欲以致治，至於殘害至親，傷恩薄厚⑤。

注　　釋

① 理官：審理獄訟的官，即法官。也可以單稱爲"理"。如《管子·小匡》："弦子旗爲理。"

② 信：誠信。與下面的"必"都用作動詞。　必：必定。這裏認爲賞罰是用以輔助禮制的，這是作者的觀點，也是從儒家的角度立論的。《禮記·樂記》："禮樂刑政，其極一也。"而在法家看來，"禮"和"法"是對立的。

③ 飭(chì)：整頓。這句話見於《周易·噬嗑(shìhé)卦》，但"飭"作"勑"。

④ 刻：苛刻，刻薄。

⑤ 傷恩：傷害親屬間的恩愛關係。　薄厚：使厚者薄，變關係深厚的爲疏遠的。儒家是主張"親親"的，父親犯了法，兒子要爲他隱瞞。法家則主張"不分親疏，不殊貴賤，一斷於法"。

名家者流①，蓋出於禮官②。古者名位不同，禮亦異數③。孔子曰："必也正名乎！名不正則言不順，言不順則事不成④。"此其所長也。及警者爲之⑤，則苟鉤鈲析亂而已⑥。

注　釋

① 名家:戰國時一個研究"名"、"實"關係的學派。他們在邏輯的研究方面有貢獻,但也有詭辯的傾向。

② 禮官:古代掌禮儀的官。

③ 異數:指等次、品級不同。語出《左傳·莊公十七年》:"王命諸侯,名位不同,禮亦異數。"

④ 見《論語·子路》。孔子認爲春秋時禮崩樂壞,原因是名分不正,所以主張首先要正名。

⑤ 警(jiào):顔師古注引晉灼:"警,訐也。"指在辯論中挑對方的毛病。

⑥ 苟:隨便地。　鉤:取。　鈲(pī):破,指詭怪而破壞名實的道理。析:剖析。　亂:淆亂,指糾纏不清、混亂名實的道理。　這句是説警者隨意地鉤稽剖析,離開了正道,陷入詭辯,反而破壞、混淆了名實關係。

墨家者流,蓋出於清廟之守①。茅屋采椽,是以貴儉②;養三老五更,是以兼愛③;選士大射,是以上賢④;宗祀嚴父,是以右鬼⑤;順四時而行,是以非命⑥;以孝視天下,是以上同⑦。此其所長也。及蔽者爲之⑧,見儉之利,因以非禮⑨,推兼愛之意,而不知别親疏⑩。

注　釋

① 墨家:墨翟開創的學派。　清廟:宗廟。宗廟肅然清静,故稱。　守:是"官"的誤字(依余嘉錫説)。

② 采:通"棌",木名,即櫟木。是一種粗劣的木材。　椽(chuán):放在檩上架着屋頂的木條。　語出《左傳·桓公二年》:"是以清廟茅屋,……昭其儉也。"意思是君主以清廟茅屋來顯示其節儉。這裏是説墨家出於清廟之官,因此墨家的學説"貴儉"。《墨子》有《節用》、《節葬》等篇。

③ 三老五更:據説古代天子以父兄之禮養三老、五更各一人。見《禮記·

文王世子》。"更"當作"叟"。《釋文》:"更,蔡作叟。" 兼愛:《墨子》有《兼愛》,主張天下的人"兼相愛"。

④ 選士:《禮記·王制》:"命鄉論秀士,升之司徒,曰選士。" 大射:天子爲祭祀而舉行的射禮,羣臣射箭屢中者得參與祭祀。 上賢:"上"通"尚"。《墨子》有《尚賢》,主張不分貴賤遠近親疏,"賢者舉而尚之,不肖者抑而廢之。"

⑤ 宗祀:廟祭。 右鬼:尊敬鬼。右:古以右爲尊。《墨子》有《明鬼》,認爲如果天下之人都相信鬼神能賞善罰暴,則天下大治。

⑥ 非命:反對天命之説。《墨子》有《非命》,認爲國家的治亂安危,個人的貧富榮辱都取決於人事,而不能迷信命運。

⑦ 視:通"示",昭示。 上同:是非善惡均與在上者同。《墨子》有《尚同》,主張百姓同於鄉長,同於國君,同於天子,最後同於天,然後天下大治。

⑧ 蔽:蔽塞。指蔽於一曲而闇於大理,即所謂"一葉障目不見泰山"。

⑨ 非禮:《墨子》有《節用》、《節葬》、《非樂》、《非儒》等篇,主張節儉,反對儒家的繁文縟禮、厚葬久喪等禮樂制度。

⑩ 墨子主張"兼"而反對"别"(對自己的親屬和他人加以區别)。而儒家主張"親親"而後"仁民",認爲"墨氏兼愛,是無父也"(見《孟子·滕文公下》)。

從横家者流,蓋出於行人之官①。孔子曰:"誦《詩》三百,使於四方。不能專對,雖多,亦奚以爲②!"又曰:"使乎!使乎③!"言其當權事制宜④,受命而不受辭⑤。此其所長也。及邪人爲之,則上詐諼而棄其信⑥。

注　釋

① 從(zònɡ)横家:戰國時的策辯之士。 縱横:合縱和連横。 行人:官名。《周禮》有大行人、小行人,掌朝覲宗廟會同之禮儀,也充當外交使節。

② 見《論語·子路》。原文於"誦詩三百"後尚有"授之以政,不達"。　專對:獨自應對。　奚以爲:有什麽用。　這幾句是説:如果出使時不能隨機應變獨自應對,背誦的《詩》再多也無用。古代在外交場合,使者常要引用《詩經》的句子來表達自己的意思,所以這樣説。

③ 使乎:意思是説"真是一個使者呀!"語出《論語·憲問》。

④ 權事制宜:權衡事勢而作出合適的對策。

⑤ 意思是:從國君那裏接受使命而不接受應對的具體言辭。《公羊傳·莊公十九年》:"聘禮,大夫受命不受辭。"

⑥ 上:通"尚"。　諼(xuān):詐。

雜家者流,蓋出於議官①。兼儒墨,合名法,知國體之有此②,見王治之無不貫③。此其所長也。及盪者爲之④,則漫羡而無所歸心⑤。

注　釋

① 雜家:雜採諸家之説的一個學派。　議官:諫議之官。

② 國體:治國之法。　此:指儒、墨、名、法諸家學説。

③ 意思是説:有了雜家,可以表現出明主之治能兼容諸家之説,無不貫通。

④ 盪:通"蕩"。指學識浮泛。

⑤ 漫羡(yǎn):即"漫衍",水溢出横流的樣子。　無所歸心:心没有歸宿。　這句指雜家博採衆説而没有自己獨立的見解。

農家者流,蓋出於農稷之官①。播百穀,勸耕桑,以足衣食。故八政一曰食,二曰貨②。孔子曰:"所重民食③。"此其所長也,及鄙者爲之④,以爲無所事聖王,欲使君臣竝耕⑤,誖上下之序⑥。

注　釋

① 農家:先秦的一個學派。主張人人都要從事農業生産。　農稷之官:

稷，農官名。《左傳·昭公二十九年》："稷，田正也。有烈山氏之子曰柱，爲稷，自夏以上祀之，周棄亦爲稷，自商以來祀之。"

② 八政：《尚書·洪範》中提到君主應施行的八種政事：食、貨、祀、司空、司徒、司寇、賓、師。　食：教民勤於農耕。　貨：教民寶用財貨。八政中"食"列第一，表明農事的重要。

③ 見《論語·堯曰》。意思是：所重的是民和食。本書引用這句話，是説孔子也重視"食"。

④ 鄙：鄙野，鄙陋。

⑤ 事：動詞，從事。　竝：同"並"。　兩句意思是君主不用做聖王治天下之事，要使君主和臣民一起耕種。這種主張見於《孟子·滕文公上》所載的許行之言。

⑥ 誖（bèi）：擾亂。

小説家者流[①]，蓋出於稗官[②]。街談巷語、道聽塗説者之所造也。孔子曰："雖小道[③]，必有可觀者焉。致遠恐泥[④]，是以君子弗爲也[⑤]。"然亦弗滅也。閭里小知者之所及，亦使綴而不忘[⑥]，如或一言可采，此亦芻蕘狂夫之議也[⑦]。

注　釋

① 小説：古代所説的"小説"，指的是雜記文字，和現代所説的小説涵義不同。

② 稗（bài）官：負責記載閭巷風俗的官。稗：稗草，比喻微小或非正式的。

③ 小道：小技藝。

④ 泥（nì）：阻滯。　這句的意思是要憑小道來達到遠大的目標，恐怕就阻塞難通了。

⑤ 見《論語·子張》。但今本《論語》作"子夏曰"，"弗爲"作"不爲"。

⑥ 閭里小知者：指百姓中知識淺薄的人。　所及：指智力之所及，即能想到的東西。　綴：聯綴。這裏指聯綴詞句，即寫文章。

⑦ 芻蕘狂夫之議：指一般平民的議論。芻蕘：割草打柴，這裏指割草打柴的人。狂夫：狂愚之人。《詩經·大雅·板》："先民有言，詢於芻蕘。"《漢書·鼂錯傳》："傳曰：狂夫之言，而明主擇焉。"兩句暗用《詩》、傳的意思。

凡諸子百八十九家，四千三百二十四篇。

諸子十家，其可觀者九家而已①。皆起於王道既微，諸侯力政②，時君世主，好惡殊方。是以九家之説，蠭出並作③，各引一端，崇其所善，以此馳説，取合諸侯。其言雖殊，辟猶水火④，相滅亦相生也；仁之與義，敬之與和，相反而皆相成也。《易》曰："天下同歸而殊塗，一致而百慮⑤。"今異家者，各推所長，窮知究慮，以明其指⑥，雖有蔽短，合其要歸⑦，亦六經之支與流裔⑧。使其人遭明王聖主，得其所折中⑨，皆股肱之材已⑩。仲尼有言："禮失而求諸野⑪。"方今去聖久遠，道術缺廢，無所更索⑫，彼九家者不猶瘉於野乎⑬？若能修六藝之術⑭，而觀此九家之言，舍短取長，則可以通萬方之略矣⑮。

注　釋

① 九家：指除小説家以外的九家。因爲小説家不是一個學派。

② 力政：以武力相征伐。政：通"征"。

③ 蠭出：像蜂羣紛飛似地出現。"蠭"亦作"蜂"。　作：起。

④ 辟(pì)：比喻。這個意義後來寫作"譬"。

⑤ 見《周易·繫辭下》。　致：致極，目標。　慮：考慮。

⑥ 窮知(zhì)究慮：用盡心思的意思。窮、究：都是窮盡。知、慮都指思慮。知：後來寫作"智"。　指：意圖。這個意義後來也寫作"旨"。

⑦ 蔽短：指片面之處和不足之處。　要：要義。　歸：指歸。

⑧ 支：分支。　與：從屬。　流：支派。　裔：衣邊，引申爲邊裔。這兩

句是説:如果合諸子之要義指歸而觀之,那麽它們也可以説是六經衍變而成的。

⑨ 折中:調節偏頗之處使合乎正道。

⑩ 股:大腿。 肱(gōng):上胳膊。 股肱之材:指輔佐之臣。

⑪ 野:指民間。

⑫ 更(gēng)索:重新求索。

⑬ 瘉:通"愈",勝。

⑭ 修:修習。 六藝:這裏指六經。

⑮ 通:通曉。 萬方:指天下。 略:道術。

知實(節録) 王充

【作者介紹】王充,字仲任,東漢會稽上虞(今浙江上虞縣)人,生於公元27年,卒於漢和帝永元年間(公元1世紀末),曾做過幾任州郡的屬官。他好學不倦,努力著述,是漢代傑出的唯物主義思想家。在漢代,董仲舒所發揮的儒學成了佔統治地位的官方哲學;它大肆宣揚"天人感應"、讖緯迷信的宗教神學思想,宣揚唯心的先驗論。王充以大無畏的精神,"問孔"、"刺孟",對"儒書"(主要是指讖緯)"道家"(方士神仙術)的種種謬論以及日常生活中的各種迷信行爲,作了全面的批判。他反對天人感應論,認爲天是無意志的自然的物質實體;又反對鬼神迷信,認爲人的精神不能脱離形體,人死無鬼。他的思想對後來的唯物主義思想家有很大影響。但是,由於時代的局限,王充不可能正確地理解複雜的社會現象。他在反對用天的意志來解釋人事的同時,却不免陷入了宿命論的泥坑。

王充的主要著作是《論衡》。《論衡》共八十五篇,其中《招致》一篇文缺,實存八十四篇。清以前,《論衡》不受重視,很少人整理,没有好的校註本,近人劉盼遂的《論衡集解》和黄暉的《論衡校釋》可以參考。

【説明】王充在這篇文章裏,從樸素唯物主義的認識論出發,强調人不通過感覺器官的直接觀察就不能認識事物,不經過效果的檢驗就是不可靠的空話。在漢代"罷黜百家,獨尊儒術"的情況下,他舉了很多事例,以形式邏輯爲武器,揭示了孔子并不是什麽"生而知之"的"先知先覺",有力地抨擊了唯心主義的先驗論。

凡論事者,違實不引效驗,則雖甘義繁説①,衆不見信②。論聖人不能神而先知,先知之間,不能獨見③,非徒空説虚言,直以才智准況之工也④。事有證驗,以效實然⑤。

注　釋

① 效驗:實效驗證。　甘義:漂亮的道理。　繁説:長篇大論。

② 衆不見信:羣衆不相信。見信:略等於"相信","見"不表被動意義。

③ 説聖人不能够神明地有先驗的知識,在先知的人中間,也不能有獨見。　按:這是批駁班固的。班固《白虎通義·聖人》:"聖人所以能獨見前睹,與神通精者,蓋皆天所生也。"

④ 直:獨,僅。　准況:推測比擬,揣測。　工:巧妙。　全句大意是,這不是憑空而論,僅僅憑藉才智來進行巧妙的揣測。

⑤ 效:證實。　實然:確實是這様,指聖人不能先知獨見。　全句大意是,聖人不能先知獨見是有證據的,可以用來證明確實如此。

何以明之①?

孔子問公叔文子於公明賈曰②:"信乎③?夫子不言,不笑,不取,有諸④?"對曰:"以告者過也⑤,夫子時然後言[⑥]，人不厭其言；樂然後笑，人不厭其笑；義然後取[⑦]，人不厭其取。”孔子曰：“豈其然乎？豈其然乎[⑧]？”天下之人有如伯夷之廉，不取一芥於人；未有不言不笑者也[⑨]。孔子既不能如心揣度，以決然否[⑩]，心怪不信[⑪]，又不能達視遥見，以審其實[⑫]。問公明賈乃知其情[⑬]。孔子不能先知，一也。

注　釋

① 這是自問自答。“何以明之”是問；下面“一也”、“二也”各段都是答。

② 語見《論語·憲問》，文字稍有出入。　公叔文子：衛國大夫。　公明賈(jiǎ)：衛國人，姓公明，名賈。

③ 信乎：真的嗎。

④ 夫子：指公叔文子。　有諸：等于“有之乎”。《論語》“取”下有“乎”字，無“有諸”二字。

⑤ 拿這話告訴您的人是弄錯了。　以：後面省略“之”字。

⑥ 時：合時，在適當的時候。

⑦ 義：合理。　取：指取財物。

⑧《論語》作：“其然？豈其然乎？”　豈：反詰副詞，難道。其：句中語氣詞，加强反詰語氣。

⑨ 世界上只有像伯夷那樣廉潔的人才能不取别人一點東西，但没有不言不笑的人。　芥：小草，比喻細微的事物。

⑩ 如心：趁心，隨心所欲。　決然否：判斷是和不是。

⑪ 心裏奇怪，不能相信。

⑫ 達視：順利地看，指從魯國向衛國看。　遥見：遠遠地看見。　審：攷察。　全句大意是，孔子又不能從魯國看到衛國，遠遠地看清楚，來攷察公叔文子是否不言不笑不取。

⑬ 情：真情。

陳子禽問子貢曰[①]：“夫子至於是邦也，必聞其政。

求之與？抑與之與[②]？”子貢曰：“夫子温良恭儉讓以得之[③]。”温良恭儉讓，尊行也[④]。有尊行於人，人親附之[⑤]。人親附之，則人告語之矣。然則孔子聞政以人言，不神而自知之也。齊景公問子貢曰：“夫子賢乎？”子貢對曰：“夫子乃聖，豈徒賢哉[⑥]？”景公不知孔子聖，子貢正其名。子禽亦不知孔子所以聞政[⑦]，子貢定其實。對景公云：“夫子聖，豈徒賢哉？”則其對子禽亦當云：“神而自知之，不聞人言[⑧]。”以子貢對子禽言之，聖人不能先知，二也。

注　釋

① 語見《論語·學而》。　陳子禽：姓陳，名亢，字子禽。《論語》原文無“陳”字。

② 求：指向人打聽。　與之：指人家主動把政情告訴他。之：指“其政”。

③ 温：和善。　良：平易。　恭：有禮貌。　儉：有節制。　讓：謙遜。

④ 尊行：高尚的品德。

⑤ 親附：親熱並且接近。

⑥ 聖：聖人。下文的“聖”是形容詞，“聖哲”的意思。　賢：賢明，有才能有見識。

⑦ 所以聞政：用來知道該國政治的依據。

⑧ 這裏是從駁斥對方出發，假定聖人先知，則子貢對子禽應該説這話。實際上子貢并没有這樣説。

顔淵炊飯，塵落甑中。欲置之則不清[①]，投地則棄飯[②]。掇而食之[③]。孔子望見，以爲竊食。聖人不能先知，三也。

注　釋

① 想不管它,又怕飯不乾净。　置:放置,不處理。　清:清潔。

② 想要〔把沾塵的飯〕扔在地上,又〔怕〕把飯糟蹋了。

③ 掇(duō):拾起來。

塗有狂夫,投刃而候[①];澤有猛虎,厲牙而望[②]。知見之者,不敢前進。如不知見,則遭狂夫之刃,犯猛虎之牙矣。匡人之圍孔子[③],孔子如審先知,當早易道,以違其害[④]。不知而觸之,故遇其患。以孔子圍言之[⑤],聖人不能先知,四也。

注　釋

① 塗:通"途",道路。　投刃:這裏指拿着刀。　候:等候。

② 澤:這裏指深山大澤。　厲:通"礪"。磨。

③ 匡:宋邑,在今河南長垣縣西南。據《史記》載,孔子離開衛國,將要到陳國去,路過匡邑。匡人包圍了孔子。

④ 審:確實。　易道:改變道路,指不經過匡。　違:避,躲開。

⑤ 圍:這裏用於被動意義,指被圍。

子畏於匡,顔淵後[①]。孔子曰:"吾以汝爲死矣[②]。"如孔子先知,當知顔淵必不觸害[③],匡人必不加悖[④]。見顔淵之來,乃知不死;未來之時,謂以爲死。聖人不能先知,五也。

注　釋

① 畏:受到威脅的意思。　後:動詞,後到的意思。

② 語見《論語·先進》。　以:認爲。　“汝”,《論語》原文作“女”。

③ 觸害:遇害。

④ 加悖:指加害。加:施加。悖(bèi):違背事理。

陽貨欲見孔子[①]。孔子不見。饋孔子豚[②]。孔子時其亡也[③],而往拜之[④],遇諸塗[⑤]。孔子不欲見。既往候[⑥],時其亡,是勢必不欲見也。反遇於路。以孔子遇陽虎言之,聖人不能先知,六也。

注　釋

① 事見《論語·陽貨》。　陽貨:又叫陽虎,季氏的家臣。　欲見(xiàn)孔子:想讓孔子謁見他。見:用作使動,使謁見。

② 饋(kuì):贈,送禮。　豚(tún):小豬,這裏指蒸熟了的小豬。

③ 時:伺,窺探。　亡:不在家。

④ 拜:拜謝。

⑤ 在路上遇見了他。　諸:“之于”的合音。

⑥ 候:問候,拜候。

長沮桀溺耦而耕,孔子過之,使子路問津焉[①]。如孔子知津,不當更問[②]。論者曰[③]:欲觀隱者之操[④]。則孔子先知,當自知之,無爲觀也[⑤]。如不知而問之,是不能先知,七也。

注　釋

① 事見《論語·微子》。　長沮、桀溺:都是人名。　耦:一種耕種方法,兩人並耕。　津:渡口。

② 更問:再問。

③ 論者:談論這件事的人。

④ 隱者：隱居不仕的人。　操：操守。　全句意思是説，孔子並非不知道渡口，只是想看一看隱者（長沮和桀溺）的操守如何（看他們怎樣回答問題，對周遊列國的孔子採取什麽態度）。

⑤ 那末，孔子既是先知的人，應該連隱者的操守如何也都知道了，用不着試探了。　無爲觀：用不着觀看。

孔子母死，不知其父墓，殯於五甫之衢①。人見之者，以爲葬也②。蓋以無所合葬③，殯之謹，故人以爲葬也④。鄹人鄹曼甫之母告之，然後得合葬於防⑤。有塋自在防⑥，殯於衢路，聖人不能先知，八也。

注　釋

① 事見《禮記·檀弓上》。"母死"，《檀弓》作"少孤"。"不知其父墓"，《檀弓》無"父"字。　殯：暫時停柩或暫埋。這裏指殯其母。　五甫：《檀弓》作"五父"。"五父"是衢名。　衢(qú)：四通八達的道路。依當時禮制，父母應該合葬，孔子因不知父墓，只好殯其母於五父之衢，以待將來合葬。

②《檀弓》原文作"人之見之者，皆以爲葬也"。意思是，看見的不知是殯，以爲是葬。

③《檀弓》原文無此六字。　無所合葬：没有合葬的地方。

④《檀弓》原文作："其慎也，蓋殯也。"《論衡》這裏説成"殯之謹，故人以爲葬也"。意思是説殯得很慎重（隆重），所以人們以爲是葬。《檀弓》無"故人以爲葬也"六字。

⑤ 鄹人鄹曼甫之母告訴他父親的葬地。《檀弓》作"問於郰(zōu)曼父之母"防：地名。

⑥ 塋(yíng)：墳墓，指孔子之父叔梁紇的墳墓。　自：本來。

既得合葬，孔子反，門人後①。雨甚②。至③。孔子問曰："何遲也④？"曰："防墓崩⑤。"孔子不應⑥。三⑦。孔子泫然流涕曰[⑧]："吾聞之[⑨]，古不修墓[⑩]。"如孔子先知，當先知防墓崩。比門人至，宜流涕以俟之[⑪]。人至乃知之，聖人不能先知，九也。

注　釋

① 事見《禮記·檀弓上》。文字有出入，有删節。合葬完畢，孔子先回，弟子們後到。

② 雨下得很大。這是説：孔子離開葬地的時候還没有下雨，後來下起大雨來了。

③ 這是説，大雨過後，弟子們也來了。

④ 爲什麽來得這麽晚呢？《檀弓》作"爾來何遲也"。

⑤ 防地的墳墓被大雨冲塌了，〔我們爲了把墓修好，所以到這時才回來。〕

⑥ 孔子没有言語。

⑦ 弟子們反復幾次告訴他。　三：再三，多次。

⑧ 泫(xuàn)然：淚珠下滴的樣子。　涕：眼淚。

⑨ 吾聞之：我聽説。這是古代的一句熟語，在援引古人的話時先説"吾聞之"。

⑩ 這句意思不大好懂。《檀弓》在上文還有一段話，説古人"墓而不墳"(墓是平的，墳是堆高起來的)，而孔子想要做成墳，以便辨認，於是"封之"(即做成墳)。有人説，孔子若不做成墳，大雨也不至於冲塌，因而也不必修墓了。

⑪ 比(舊讀 bì)：及、等到。　俟(sì)：等候。

子入太廟，每事問[①]。不知故問，爲人法也[②]。孔子未嘗入廟，廟中禮器衆多非一[③]，孔子雖聖，何能知之？以嘗見實已知，而復問，爲人法[④]。孔子曰："疑思問。"疑乃當問邪？實已知，當復問，爲人法[⑤]。孔子知五經，門人從之學，當復行問以爲人法，何故專口授弟子乎[⑥]？不以已知五經復問爲人法,獨以已知太廟復問爲人法,聖人用心,何其不一也⑦! 以孔子入太廟言之,聖人不能先知,十也。

注釋

① 事見《論語·八佾》。 太廟:開國之君的廟。

② 意思是不知道所以就問,是爲了作人們的榜樣。

③ 非一:不止一件。

④ 這是作者引述别人的意見。有人認爲,孔子對太廟的禮器,都曾見過,都已知道,故意再問,給人做個守禮的榜樣。

⑤ 這是作者再重復别人的意見作爲批駁的對象:〔如果〕孔子實在已經知道,但是認爲應當再問,讓人效法。

⑥ 這是王充駁斥别人的錯誤看法。〔那麽〕孔子懂五經,弟子們跟他學五經,〔若依"實知復問"的説法,〕孔子應當仍舊問人,讓人效法,爲什麽他偏要口授五經給弟子們呢? 五經:指《詩》、《書》、《易》、《禮》、《春秋》。

⑦ 這是作者從駁斥對象的意見中推論出來的。指孔子自相矛盾。

典論·論文　　曹丕

【作者介紹】曹丕(公元187—226年),字子桓,曹操次子。曹操死後襲封魏王。公元220年代漢稱帝,建立魏朝。死後謚文帝。他愛好文學,著有《典論》及詩賦百餘篇(現存四十餘篇)。又喜歡和當時的文人交結,當時著名的文人如陳琳、王粲、徐幹、劉楨等都集中在曹氏父子所在的鄴下,形成鄴下文人集團,對於文學的發展起了推動作用。曹丕的作品後人輯爲《魏文帝集》。

【説明】《典論》一書,是曹丕未稱帝時所作,據《隋書·經籍志》

著録爲五卷。大約在宋代以後亡佚。《論文》是《典論》中的一篇，是我國最早的論文的專篇。文中談到了文學的地位與作用，文體的區分及其特點，作家的氣質與作品的風格，以及文學批評的態度等問題，雖然都談得比較簡略，但在文學批評史上却是有重要意義的。在《典論·論文》以後，出現了陸機《文賦》，以及劉勰《文心雕龍》、鍾嶸《詩品》等文學理論、文學批評等名著，這充分説明魏晉南北朝是我國古代文學走向"自覺"的時代。

文人相輕，自古而然。傅毅之於班固，伯仲之間耳[①]，而固小之[②]，與弟超書曰[③]："武仲以能屬文爲蘭臺令史[④]，下筆不能自休。"夫人善於自見[⑤]，而文非一體，鮮能備善，是以各以所長，相輕所短。里語曰[⑥]："家有敝帚，享之千金[⑦]。"斯不自見之患也。

注　釋

① 傅毅（公元？—90年），字武仲，東漢辭賦家。　班固（公元32—92年），字孟堅，《漢書》的作者。漢章帝時，傅毅與班固共爲蘭臺令史（蘭臺爲漢宫廷藏書處，蘭臺令史掌書籍校理及書奏）。　伯仲之間：意思是不相上下。排行老大叫"伯"，老二叫"仲"。

② 小：輕視。　之：指傅毅。

③ 超：班超（公元33—103年），字仲升，班固的弟弟。漢明帝時出使西域，封定遠侯。

④ 屬（zhǔ）文：寫文章。

⑤ 自見：指自見其長。下文"自見"指自見其短。

⑥ 里語：俗語。

⑦ 享之千金：把它看得和千金一樣。享：當。

今之文人，魯國孔融文舉[①]，廣陵陳琳孔璋[②]，山陽王粲仲宣[③],北海徐幹偉長[④],陳留阮瑀元瑜[⑤],汝南應瑒德璉[⑥],東平劉楨公幹[⑦]。斯七子者,於學無所遺[⑧],於辭無所假[⑨],咸以自騁驥騄於千里,仰齊足而並馳[⑩]。以此相服,亦良難矣。蓋君子審己以度人,故能免於斯累[⑪],而作《論文》。

注　　釋

① 魯國:漢代的封國,在今山東曲阜市。孔融(公元153—208年),字文舉,曾任北海相,後爲曹操所殺。有《孔北海集》。把名和字連起來稱呼是表示尊敬,先秦是先字後名,漢代以後是先名後字。

② 廣陵:漢代郡名,在今江蘇江都縣。陳琳(公元?—217年),字孔璋,曾爲曹操記室。有《陳記室集》。

③ 山陽:漢代郡名,在今山東金鄉縣。王粲(公元177—217年),字仲宣,曾任魏國侍中,有《王侍中集》。

④ 北海:漢代郡名,在今山東壽光縣一帶。徐幹(公元171—218年),字偉長。著有《中論》。有《徐偉長集》。

⑤ 陳留:漢代郡名,在今河南開封市東南。　阮瑀(公元?—212年),字元瑜,曾爲曹操的司空軍謀祭酒。有《阮元瑜集》。

⑥ 汝南:漢代郡名,在今河南汝南縣。　應瑒(公元?—217年),字德璉,曾爲曹操丞相掾屬。有《應德璉集》。

⑦ 東平:漢代郡名,在今山東東平縣。　劉楨(公元?—217年),字公幹,曾爲曹操丞相掾屬。有《劉公幹集》。

⑧ 斯七子:這七個人。子:男子的尊稱。孔融等七人被後人合稱爲建安七子。　遺:遺漏。

⑨ 意思是寫文章能自出新意,不因襲或模仿。　假:借。

⑩ 騁:馳騁,跑馬。　驥騄(lù):良馬。　仰:依仗。　兩句意思是:他們都各自像馳騁着駿馬,在文壇上并駕齊驅。

⑪ 斯累:指文人相輕之累。　累:病累。

王粲長於辭賦。徐幹時有齊氣[①],然粲之匹也。如粲之《初征》、《登樓》、《槐賦》、《征思》[②],幹之《玄猿》、《漏巵》、《圓扇》、《橘賦》[③]。雖張蔡不過也[④]。然於他文,未能稱是[⑤]。琳瑀之章表書記,今之雋也[⑥]。應瑒和而不壯,劉楨壯而不密[⑦]。孔融體氣高妙[⑧],有過人者,然不能持論,理不勝辭[⑨],以至乎雜以嘲戲[⑩]。及其所善,揚班儔也[⑪]。

注　釋

① 齊氣:指舒緩之氣。李善注:"言齊俗文體舒緩。"《論衡·率性》:"楚越之人處莊嶽(齊的里名)之間,經歷歲月,變爲舒緩,風俗移也。故曰齊舒緩。""氣"指作家的氣質,表現於文學作品就是作品的風格。曹丕以遒勁之氣爲長,以舒緩之氣爲短。

②《初征賦》、《槐賦》見於嚴可均輯《全後漢文》,《登樓賦》見《文選》。《征思賦》已佚。

③《圓扇賦》見《全後漢文》。《玄猿賦》、《漏巵賦》、《橘賦》已佚。

④ 張蔡:指張衡、蔡邕,他們都是東漢的辭賦家。

⑤ 他文:其他的文體。　稱是:和辭賦相稱。是:指辭賦。

⑥ 琳瑀:指陳琳、阮瑀。　章表書記:四種文體。　雋(jùn):通"俊",才智出衆。曹丕《與吴質書》:"孔璋章表殊健,微爲繁富。""元瑜書記翩翩,致足樂也。"

⑦ 和而不壯:指文章風格柔和而不雄壯。　壯而不密:指文章氣勢雄壯而有些粗疏。

⑧ 體氣:指天性、才氣。　體:生性。

⑨ 持論:等於説立論,指説理。　理不勝辭:指文辭優美,而説理較弱。

⑩ 雜以嘲戲:夾雜着嘲謔之辭。

⑪ 揚班:指揚雄、班固。　儔:輩。

常人貴遠賤近,向聲背實[①],又患闇於自見[②],謂己爲賢。

夫文本同而末異[3]，蓋奏議宜雅[4]書論宜理[5]，銘誄尚實[6]，詩賦欲麗[7]。此四科不同，故能之者偏也，唯通才能備其體。

注　釋

① 遠：指古人。　近：指今人。　向聲背實：指相信作家的名聲，不重視作品實際的好壞。

② 闇於自見：看不清自己。闇：昏暗、糊塗。

③ 本同而末異：指文章都有共同的特點，但不同文體又各有不同。

④ 奏：給君主的奏章。　議：一種文體，用以回答君主的諮詢。　雅：典雅。

⑤ 書：書信。特指用以說理的書信。　論：論說文。　理：指說理透徹。

⑥ 銘：銘文。特指記功的銘文。　誄(lěi)：叙述死者生前事蹟，表示哀悼的一種文體。　實：平實，不虛夸。

⑦ 麗：指有文采。

文以氣爲主[1]，氣之清濁有體[2]，不可力强而致[3]。譬諸音樂，曲度雖均，節奏同檢[4]，至於引氣不齊，巧拙有素[5]，雖在父兄，不能以移子弟[6]。

注　釋

① 氣：指貫串於文章中的氣韻。

② 清：指陰柔之美。　濁：指陽剛之美。　有體：等於說"有素"。　這句意思是說，文章中的清濁之氣是由作家的氣質決定的。

③ 力强：用人力加以勉强。　致：招致，使之出現。　這句意思是說：不能勉强地形成。

④ 曲度：曲調。　檢：法度。

⑤ 引氣：運氣。指用氣去吹簫管之類的樂器。　不齊：不一樣。　有素：有本色，指有天賦、原本的氣質。

⑥ 移：由此至彼，指傳給。　這幾句是以音樂來比喻爲文。說明作家的

氣質不同，寫出來的文章好壞也就不同，而且這種氣質，父兄也不能傳給子弟。

蓋文章，經國之大業，不朽之盛事[①]。年壽有時而盡，榮樂止乎其身[②]，二者必至之常期[③]，未若文章之無窮。是以古之作者寄身於翰墨，見意於篇籍[④]，不假良史之辭，不託飛馳之勢[⑤]，而聲名自傳於後。故西伯幽而演《易》[⑥]，周旦顯而制《禮》[⑦]，不以隱約而弗務，不以康樂而加思[⑧]。夫然[⑨]，則古人賤尺璧而重寸陰[⑩]，懼乎時之過已[⑪]。而人多不强力[⑫]，貧賤則懾於飢寒，富貴則流於逸樂[⑬]，遂營目前之務[⑭]，而遺千載之功。日月逝於上，體貌衰於下[⑮]，忽然與萬物遷化[⑯]，斯志士之大痛也。

融等已逝，唯幹著論，成一家言[⑰]。

注　釋

① 經國：治國。　不朽：《左傳·襄公二十四年》："大上有立德，其次有立功，其次有立言，雖久不廢，此之謂不朽。"文章是"立言"，所以這樣説。

② 榮樂：指榮華和享樂。　止於其身：只有活着時才能具有。

③ 意思是説年壽和榮樂都有必然到來的期限。

④ 寄身：託身。　翰墨：筆墨，指寫文章。　見意：表達思想。　篇籍：指寫成的文章。

⑤ 託：依託，憑藉。　飛馳之勢：指顯貴者的位勢。　兩句意思是：不借助於良史來立傳，不依靠高官顯貴來宣揚。

⑥ 西伯：指周文王，在商朝時爲西伯（西方諸侯之長）。　幽：拘禁。指周文王被紂拘囚在羑里。　演《易》：據説周文王把《易》從八卦推演爲六十四卦。

⑦ 周旦：周公旦。　顯：顯貴。　周公輔成王，爲攝政。據説周公作《周禮》六篇。

⑧ 隱約：指困窮。這句承上“西伯”而言。　加思：指改變著述的想法。加：移（據呂延濟說）。這句承上“周旦”而言。

⑨ 夫然：正因爲如此。

⑩ 尺璧：直徑一尺的璧。　寸陰：指片刻光陰。《淮南子·原道》：“故聖人不貴尺之璧，而重寸之陰，時難得而易失也。”

⑪ 已：句末語氣詞。《孔叢子》：“不讀《易》，則不知聖人之心必不使時過已也。”

⑫ 强力：奮發努力。

⑬ 慴（shè）：害怕。　流：放縱。

⑭ 營：料理。

⑮ 日月：比喻時間。　體貌：身體和容貌。

⑯ 遷化：遷移變化，指死亡。

⑰ 融等已逝：曹丕《與吳質書》：“昔年疾疫，親故多離其災，徐、陳、應、劉，一時俱逝。”又“偉長……著《中論》二十餘篇，成一家之言，辭義典雅，足傳於後，此子爲不朽矣。”

神滅論（節録）　　范縝

【作者介紹】范縝，字子真，南北朝時南鄉舞陰（今河南泌陽縣）人，生於劉宋，死於梁朝，約當公元 5 世紀後半期至 6 世紀初期。在齊朝曾任尚書殿中郎、宜都太守。在梁朝曾任晉安太守、尚書左丞、中書郎。

范縝是我國古代一位傑出的無神論者。南北朝時佛教盛行，統治階級的上層人物，從皇帝、權貴到世家豪族大都是佛教的提倡者或支持者。范縝不顧個人利害，對佛教造成的危害進行了堅決的鬭争。佛教認爲人死後靈魂不滅，這是因果報應等迷信説教的基礎。范縝針對這一關鍵問題提出了“神滅”的理論，論證了精神依賴於物質，人死以後精神就不再存在的道理。他同當時宣揚佛教的王公貴族和僧侣進行了兩次大論戰。第一次是南齊時,當時擔任南齊王朝宰相的竟陵王蕭子良親自同范縝辯論,并發動僧侣圍攻范縝的無神論,最後又以官位引誘他放棄自己的主張。范縝堅決拒絶,聲明他決不"賣論取官"。第二次是在梁朝,梁武帝蕭衍把佛教定爲國教,在天監年間(公元502—519年)親自發動朝臣、僧侣對范縝的神滅論思想進行圍攻。范縝英勇論戰,始終不屈。

范縝的著作大部散佚,現存的主要著作有《神滅論》和《答曹舍人》兩篇文章,後者也是闡述神滅論的思想的。

【説明】這篇文章大概是范縝在梁武帝對他的神滅論思想發動圍攻的情況下寫成的。文章採用"自設賓主"的體裁。"問曰"代表反方的意見,"答曰"代表作者正面的主張。范縝以前的唯物主義思想家大都把精神看成一種特殊的精細的物質。范縝用刃和利的關係比喻形和神的關係,明確説明精神只是物質的一種作用。這是我國唯物主義思想史上的一個巨大進步。范縝在本文中還揭露了佛教對社會的危害。

《神滅論》保存在《弘明集》和《梁書·范縝傳》中。選文基本上根據《弘明集》,少數顯然有誤的地方據《梁書》校改。

問曰:"子云神滅,何以知其滅邪?"答曰:"神卽形也,形卽神也①。是以形存則神存,形謝則神滅也②。"

問曰:"形者無知之稱,神者有知之名。知與無知,卽事有異③;神之與形,理不容一。形神相卽④,非所聞也。"答曰:"形者神之質,神者形之用⑤,是則形稱其質,神言其用⑥,形之與神,不得相異也。"

問曰:"神故非質⑦,形故非用,不得爲異,其義安在?"

答曰:“名殊而體一也。”

問曰:“名既已殊,體何得一?”答曰:“神之於質,猶利之於刃;形之於用,猶刃之於利。利之名非刃也,刃之名非利也。然而捨利無刃,捨刃無利。未聞刃没而利存,豈容形亡而神在?”

注釋

① 這兩句的意思是説,精神和形骸是兩位一體不可分離的。 卽:就是。

② 謝:衰亡。

③ 知和無知,就是事物有區别。

④ 相卽:相結合、相統一的意思。這個“卽”字是“神卽形也,形卽神也”的“卽”字的活用。

⑤ 質:物質實體。 用:作用。 范縝認爲,形體是精神的物質基礎,精神只是形體的作用。

⑥ 這就是形骸稱説它的物質實體,精神表示它的作用。 稱:稱説。

⑦ 故:本來。

問曰:“刃之與利,或如來説①;形之與神,其義不然。何以言之?木之質無知也,人之質有知也。人既有如木之質,而有異木之知,豈非木有其一,人有其二邪②?”答曰:“異哉言乎!人若有如木之質以爲形,又有異木之知以爲神,則可如來論也。今人之質,質有知也;木之質,質無知也。人之質,非木質也;木之質,非人質也。安有如木之質而復有異木之知哉?”

問曰:“人之質所以異木質者,以其有知耳。人而無知,與木何異?”答曰:“人無無知之質,猶木無有知之形。”

問曰:“死者之形骸,豈非無知之質邪?”答曰:“是無知之質也。”

問曰:“若然者,人果有如木之質,而有異木之知矣。”答曰:“死者有如木之質,而無異木之知;生者有異木之知,而無如木之質。”

問曰:“死者之骨骼,非生者之形骸邪?”答曰:“生形之非死形,死形之非生形,區已革矣[③]。安有生人之形骸而有死人之骨骼哉?”

問曰:“若生者之形骸非死者之骨骼,死者之骨骼則應不由生者之形骸。不由生者之形骸,則此骨骼從何而至?”答曰:“是生者之形骸變爲死者之骨骼也。”

問曰:“生者之形骸雖變爲死者之骨骼,豈不因生而有死[④]?則知死體猶生體也。”答曰:“如因榮木變爲枯木[⑤],枯木之質寧是榮木之體?”

問曰:“榮體變爲枯體,枯體卽是榮體。如絲體變爲縷體[⑥],縷體卽是絲體。有何別焉?”答曰:“若枯卽是榮,榮卽是枯,則應榮時凋零,枯時結實。又榮木不應變爲枯木,以榮卽是枯,無所復變也。又榮枯是一,何不先枯後榮,要先榮後枯何也[⑦]?絲縷同時,不得爲喻[⑧]。”

問曰:“生形之謝,便應豁然都盡[⑨]。何故方受死形,綿歷未已邪[⑩]?”答曰:“生滅之體,要有其次故也[⑪]。夫欻而生者必欻而滅[⑫],漸而生者必漸而滅。欻而生者,飄驟是也[⑬];漸而生者,動植是也[⑭]。有欻有漸,物之理也。”……

注 釋

① 來説:指對方所説的話。下文"來論"義同。

② 其一:指質,也就是形。 其二:指質和知,也就是形和神。

③ 已:通"以",在這里作用與"而"略同。 革:變革,改易。 這句的意思是説區别極爲顯著。

④ 因:由,從。

⑤ 榮木:指生長着的樹木。榮:草木茂盛。

⑥ 縷:線。

⑦ 要:表示總是那樣,没有例外。

⑧ 這兩句的意思是説,絲做成縷後,絲的本質并未改變,絲和縷是同時存在的。這跟生體變爲死體後生體已不存在的情况不一樣,不能拿來做比喻。

⑨ 意思是説,就應該一下子全完。

⑩ 方:將。 綿歷:綿延不盡,經歷長久的時間。"綿"亦作"緜"。

⑪ 要有其次:總有個程序。

⑫ 歘(xū):忽然。

⑬ 飄驟:飄風驟雨,即暴風雨。

⑭ 動植:動物植物。

問曰:"知此神滅,有何利用[①]?"答曰:"浮屠害政,桑門蠹俗[②],風驚霧起,馳蕩不休[③]。吾哀其弊,思拯其溺[④]。夫竭財以趣僧,破産以趨佛[⑤],而不恤親戚,不憐窮匱者何?良由厚我之情深,濟物之意淺[⑥]。是以圭撮涉於貧友,吝情動於顔色[⑦];千鍾委於富僧,歡懷暢於容髮[⑧]。豈不以僧有多稌之期,友無遺秉之報[⑨],務施不關周急,立德必於在己[⑩]!又惑以茫昧之言,懼以阿鼻之苦[⑪],誘以虚誕之辭,欣以兜率之樂[⑫]。故捨逢掖,襲横衣[⑬];廢俎豆,列瓶鉢[⑭];家家棄其親愛,人人絶其嗣續[15]。至使兵挫於行間,吏空於官府[16];粟罄於惰遊,貨殫於土木[17]。所以姦宄弗勝,頌聲尚擁[18]。惟此之故,其流莫已,其病無垠[19]。若知陶甄稟於自然,森羅均於獨化[20],忽焉自有,怳爾而無[21];來也不禦,去也不追[22],乘夫天理[23],各安其性。小人甘其壟畝,君子保其恬素[24]。耕而食,食不可窮也;蠶以衣,衣不可盡也。下有餘以奉其上,上無爲以待其下。可以全生,可以養親,可以爲己,可以爲人,可以匡國,可以霸君[25],用此道也[26]。"

注　　釋

① 利用:用處。

② 浮屠:指佛教。音譯詞,又譯成佛陀,簡稱爲"佛"。　害政:妨害政治。　桑門:指僧尼。音譯詞,又譯成沙門。　蠹俗:敗壞風俗。

③ 這兩句比喻佛教影響之大。

④ 溺:比喻佛教造成的危害。《孟子·離婁》:"天下溺,援之以道。"

⑤ 這兩句説人們用大量的錢財去奉僧、奉佛。　趣:赴,與"趨"義近。

⑥ 濟物:救濟别人,與上句的"厚我"相對。

⑦ 圭撮:圭和撮都是升、合以下很小的容量單位(一般認爲四圭爲撮,百撮爲合)。這裏與下文的"千鍾"相對,指少量穀物。　顔色:指面部的表情。顔:兩眉之間。色:臉上的氣色。

⑧ 鍾:古代的容量單位,六斛四斗。　委:捨棄。　容髮:也指面部的表情。容:面容。

⑨ 稌(tú):稻。《詩經·周頌·豐年》:"豐年多黍多稌。"這裏以多稌比喻很大的好處。　期:約。　遺秉:指收穫時遺下的禾把。　秉:禾把。《詩經·小雅·大田》:"彼有遺秉。"這裏以遺秉比喻很小的好處。

⑩ 周:接濟。　德:功德。　這兩句的意思是説,施捨不是爲了救濟貧困,做好事全爲自己得到好的報應。

⑪ 阿(ā)鼻:阿鼻地獄,佛教所説的最苦的地獄。阿鼻是音譯,本來的意思是無間(指受苦無間斷)。

⑫ 兜率(shuò):兜率天,佛教所説的有情欲的世界中較高的一種境界,這個“天”的人都能知足快樂。兜率是音譯,義譯爲知足、妙足等。

⑬ 逢掖:儒者的衣服。 襲:披。 横衣:指僧侶披的袈裟(jiāshā)。

⑭ 俎(zǔ)豆:古代盛食物的器具。俎似几,放大塊肉;豆似高脚盤,放肉醬等物。 瓶鉢(bō):僧侶用來飲食的器具。

⑮ 意思是説,很多人抛棄親人,不要後代,而去做和尚、尼姑。 嗣續:後嗣,後代。

⑯ 行(háng)間:行伍之間。 兩句意思是説,由於很多人去當僧侶,以致軍隊人數不够而遭挫敗,官府裏也缺乏官吏。

⑰ 罄(qìng):罄竭。 惰遊:僧侶一般不從事農業生産,專門唸經拜佛,靠化緣等爲生,故稱之爲惰遊。 殫(dān):竭盡。 土木:指佛寺的建築。

⑱ 姦宄(guǐ):犯法作亂的人。 弗勝(舊讀 shēng):不能禁止。 頌聲尚擁:歌頌的聲音不能發出。指政治不够好。擁:阻塞。

⑲ 垠(yín):界限。

⑳ 陶甄(zhēn):製造陶器。這裏指天地萬物。 禀:承受。 森羅:形容宇宙間事物現象的衆多,這裏就指萬物。 均:一律,没有例外。獨化:獨自變化。

㉑ 怳(huǎng)爾:恍然,不自覺知的樣子。“怳”同“恍”。 這兩句的意思是説,萬物一下子發生一下子消滅,都是自然過程。

㉒ 來:指生。 去:指死。 這兩句的意思是説,對生死採取聽其自然的態度。

㉓ 乘:依靠,就着。 夫:指示代詞,那。 天理:自然規律。

㉔ 甘:用作意動,認作美好,即“樂意”的意思。 壟畝:指農業勞動。恬(tián)素:安静朴素,指不慕名利。

㉕ 匡:正。 霸君:使君霸。

㉖ 此道:指上文“陶甄禀於自然”以下所講的道理。

送孟東野序 韓愈

【説明】孟東野(公元 751—814 年),名郊,唐代著名詩人,湖州武康(今浙江德清縣)人。早年屢試不第,四十六歲才考中進士,五十歲出任溧陽(今江蘇溧陽縣)縣尉。他一生窮困潦倒,詩作多傾訴個人愁苦,感嘆懷才不遇。韓愈與他是至交,很同情他的命運。這篇序是韓愈特爲送孟郊赴任而寫的。贈序是唐初形成的一種文體,卽贈言。

文章闡明兩層意思:一是文學與學術的發展跟時代有着密切聯繫。不同時代產生不同的文學和學術思想。文中列舉從上古到魏晉南北朝文學和學術現象,論述了歷代不朽的文學家、思想家之所以流傳百世,正是因爲他們的作品表現了時代精神。二是提出了“不平則鳴”的觀點,論述了作者同時代環境關係的深淺決定着他們成就的高低。也就是説,作家和思想家必須關注民生疾苦,具有真情實感,才能創作出優秀的作品來。全文始終抓住一个“鳴”字,由物及人,由遠及近,層層深入,議論透闢。

大凡物不得其平則鳴①。草木之無聲,風撓之鳴②。水之無聲,風蕩之鳴③,其躍也,或激之④;其趨也,或梗之⑤;其沸也,或炙之⑥。金石之無聲,或擊之鳴。人之於言也亦然,有不得已者而後言,其歌也有思,其哭也有懷⑦。凡出乎口而爲聲者,其皆有弗平者乎⑧!

注　釋

① 不得其平則鳴:受到不公正的待遇就要發出不滿的呼聲。成語“不平則鳴”出此。

② 之:前句中的“之”是連詞,用在主謂結構(草木無聲)之間,取消句子的獨立性。本文這種句式很多。後一句中的“之”字是指示代詞,指草木,用作兼語式中的兼語。　撓(náo):攪,攪動。

③ 蕩:摇動。

④ 其：指代水。 躍：跳，指水勢奔騰。 或：無定代詞，有的。 激：指設置阻礙使水勢激揚。

⑤ 趨：快走。這裏指水流得很快。 梗：塞。這裏指阻塞水流，以增强水勢，使流得更快。

⑥ 炙(zhì)：烤，燒。

⑦ 思：思念，思慕。 懷：懷念，留戀。

⑧ 其：語氣詞，表示推測、委婉語氣。相當於“大概”的意思。 弗：不。

樂也者，鬱於中而泄於外者也，擇其善鳴者而假之鳴[①]。金石絲竹匏土革木八者[②]，物之善鳴者也。維天之於時也亦然[③]，擇其善鳴者而假之鳴。是故以鳥鳴春，以雷鳴夏，以蟲鳴秋，以風鳴冬。四時之相推敚[④]，其必有不得其平者乎？其於人也亦然，人聲之精者爲言，文辭之於言，又其精也[⑤]，尤擇其善鳴者而假之鳴。

注　釋

① 樂(yuè)：音樂。 鬱：鬱結。 泄：發泄。 假：借助，憑藉。 之：指代善鳴者。

② 金石絲竹匏土革木：上古八種樂器。 金：指鐘鎛(bó)。 石：指磬。絲：指琴瑟。 竹：指管簫。 匏：指笙竽。 土：指塤(xūn)，一種用陶土燒製的樂器。 革：鼓一類的樂器。 木：指柷敔(zhùyǔ)，一種打擊樂器。

③ 維：句首語氣詞。 天：指自然界。 時：指四時。

④ 推敚(duó)：推奪，即推移、變化的意思。敚：同“奪”。

⑤ 精：精華，精粹。

其在唐虞，咎陶、禹其善鳴者也，而假以鳴[①]。夔弗能以文辭鳴，又自假於韶以鳴[②]。夏之時，五子以其歌鳴[③]。

伊尹鳴殷,周公鳴周[④]。凡載於《詩》《書》六藝[⑤],皆鳴之善者也。周之衰,孔子之徒鳴之[⑥],其聲大而遠。傳曰:“天將以夫子爲木鐸[⑦],”其弗信矣乎!其末也,莊周以其荒唐之辭鳴[⑧]。楚,大國也;其亡也,以屈原鳴[⑨]。臧孫辰、孟軻、荀卿,以道鳴者也[⑩]。楊朱、墨翟、管夷吾、晏嬰、老聃、申不害、韓非、昚到、田駢、鄒衍、尸佼、孫武、張儀、蘇秦之屬,皆以其術鳴[⑪]。秦之興,李斯鳴之[⑫]。漢之時,司馬遷、相如、揚雄,最其善鳴者也[⑬]。其下魏晉氏,鳴者不及於古,然亦未嘗絶也。就其善鳴者,其聲清以浮,其節數以急,其辭淫以哀,其志弛以肆[⑭];其爲言也,亂雜而無章。將天醜其德莫之顧邪[⑮]?何爲乎不鳴其善鳴者也[⑯]?

注 釋

① 咎陶(gāoyáo):又作“皋陶”或“咎繇”,傳説是虞舜的大臣,掌管司法刑獄。《尚書》有《皋陶謨》,善鳴指此。　禹:夏禹。僞古文《尚書》有《大禹謨》。

② 夔(kuí):傳説是虞舜時的樂官。　韶:傳説爲虞舜時的樂曲名。

③ 五子:指夏王太康的五個兄弟。太康沉溺於遊樂,引起百姓的不滿,後來被有窮國后羿放逐。五子怨太康失國,作歌追述夏禹的訓誡。後人相沿就用“五子之歌”作臣子勸誡之辭。《五子之歌》現已亡佚。今僞古文《尚書》有《五子之歌》,係後人僞託。

④ 伊尹:名摯,殷商的賢臣。曾助湯滅桀。湯死,連佐外丙、中壬、太甲三朝。被稱爲“阿衡”。據傳伊尹曾作《汝鳩》《汝方》《咸有一德》《伊訓》《肆命》《徂后》《太甲》等文,但都已亡佚。今僞古文《尚書》中有《伊訓》《太甲》《咸有一德》,均係後人僞託。　周公:姬旦,周文王的第四子,一稱叔旦,因封邑在周(今陝西岐山北),故稱周公。據説他曾作《大誥》《嘉禾》《康誥》等文,今僞古文《尚書》有《大誥》《康誥》等篇。

⑤ 六藝:這裏指六經,即《詩》《書》《易》《禮》《樂》《春秋》。

⑥ 孔子之徒:孔子等人。徒:同類的人。　鳴之:爲之鳴。之:指周之衰。

⑦ 木鐸:以木爲舌的大鈴。鐸:古樂器,形似大鈴。古代發佈新政令的時候,振鐸來召集百姓。文事用木鐸,武事用金鐸。語出《論語·八佾(yì)》。意思是孔子不被諸侯所用,上天也會發揮他的作用的(指著書立説)。

⑧ 荒唐之辭:《莊子·天下篇》説,莊子的學説是一種"荒唐之言,無端崖之辭"。這是説莊子的文章氣勢奔放,汪洋無涯。荒唐:疊韻聯綿詞,廣大無邊的樣子。不同於現代意義的"荒唐"。

⑨ 以屈原鳴:指屈原著《離騷》《九歌》《九章》等。

⑩ 臧孫辰:春秋時魯國大夫,姓氏臧孫,名辰;謚文仲,後人因稱臧文仲。臧文仲的言行見於《左傳》莊公十一年、文公二年、襄公二十四年及《論語》"衛靈公""公冶長"等篇。　孟軻、荀卿:見本書下册 627 頁,644 頁。　道:這裏指儒家學説。

⑪ 楊朱:字子居,戰國時衛國人。他的著作已失傳,他的思想學説散見於《孟子》《列子》等書中。　管夷吾:即管仲,一字敬仲,輔佐齊桓公成爲春秋時期的第一個霸主。後人將他的言論編入《管子》一書。　晏嬰:春秋後期齊國大夫,字仲,謚平,史稱晏平仲,後人記敍其言行爲《晏子春秋》。　申不害:戰國時鄭國人,法家。韓滅鄭後,任韓昭侯之相,著有《申子》。書已早佚,現存輯録《大體》一篇。　眘(shèn)到:即慎到("眘"是古慎字),法家,戰國時趙國人,著《慎子》二十四篇(據《漢書·藝文志》),今僅存七篇。　田駢:又稱陳駢,道家,戰國時齊國人,與慎到齊名。《漢書·藝文志》著録《田子》二十五篇,已失傳。　鄒衍:陰陽家,戰國末期齊國人。　尸佼:法家,戰國時晉國人(一説魯國人),曾爲秦相商鞅門客,著有《尸子》,早佚,清人有輯佚本。　張儀:戰國時縱横家,魏國人,遊説入秦,爲秦惠王之相,倡連横之説。　蘇秦:字季子,戰國縱横家,東周洛陽人,爲六國之相,倡合縱之説。著有《蘇子》,早佚。長沙出土帛書《戰國策》殘卷中存有他的遊説辭和書信十六篇。　墨翟、老聃、孫武:見本書下册 612 頁,604 頁和 608 頁。　術:指諸子百家的學説。

⑫ 李斯:見本書385頁。　鳴之:指爲秦之興而鳴。

⑬ 司馬遷:見本書181頁。　相如:即司馬相如(公元前179—前117年),西漢著名辭賦家,字長卿,蜀郡成都人。著有《子虛》《上林》《大人》等賦。　揚雄(公元前53—公元18年):字子雲,西漢著名辭賦家、哲學家、語言學家。蜀郡成都人,著有《甘泉》《羽獵》《長楊》等賦和《法言》《太玄》《方言》等著作。　最:副詞,作判斷句中名詞謂語的狀語,表示是善鳴中最突出的。

⑭ 就其善鳴者:就以那些善鳴者來論。　其聲:指他們的文辭。　清以浮:清麗而浮華。　節:節拍。　數(shuò):頻繁,細密。　淫:淫靡,放蕩。　弛:鬆弛,懈怠。　肆:放縱。

⑮ 也許是上天認爲他們的德行醜惡而没有誰去顧念他們吧!　將:副詞,或者,也許。　醜:形容詞用作意動。　莫之顧:莫顧之。這是仿古的否定句式。

⑯ 爲什麽不讓那些善鳴的人來鳴呢?　何爲乎:介賓的固定結構接語氣詞,表示反問。在這裏作"不鳴其善鳴者也"的狀語。前一個"鳴"字,用作使動。

唐之有天下,陳子昂、蘇源明、元結、李白、杜甫、李觀,皆以其所能鳴[①]。其存而在下者,孟郊東野,始以其詩鳴[②]。其高出魏晉,不懈而及於古[③];其他浸淫乎漢氏矣[④]。從吾遊者,李翺、張籍其尤也[⑤]。三子者之鳴信善矣[⑥]。抑不知天將和其聲而使鳴國家之盛邪[⑦]?抑將窮餓其身、思愁其心腸而使自鳴其不幸邪[⑧]?三子者之命則懸乎天矣[⑨]。其在上也奚以喜?其在下也奚以悲[⑩]?東野之役於江南也,有若不釋然者,故吾道其命於天者以解之[⑪]。

注　釋

① 陳子昂(公元661—702年),字伯玉,梓州射洪(今四川射洪縣)人,初

唐著名詩人。有《陳拾遺集》。 蘇源明：初名預，字弱夫，京兆武功（今陝西武功縣）人，唐代文學家。有集三十卷。 元結（公元 719—772 年）：字次山，汝州魯山（今河南魯山縣）人，唐代文學家，有《元次山集》。 李觀：字元賓，趙州贊皇（今河北贊皇縣南）人，唐代文學家，有《李元賓文編》。

② 其存而在下者：指那些還生活在世上而地位低下的人。

③ 這句的大意是，孟東野的詩超過魏晉時代，其中高超的達到了上古詩歌的水平。 不懈：這裏是無懈可擊的意思，指作品高超。

④ 浸淫：疊韻聯綿詞，逐漸滲透。這裏比喻接近。

⑤ 從吾遊者：跟我一起交遊的人。 李翺（公元 772—841 年）：字習之，隴西成紀（今甘肅秦安縣東）人，一說趙郡（今河北趙縣）人，唐代散文家、哲學家，有《李文公集》。 張籍（約公元 767—約 830 年）：字文昌，原籍吴郡（今江蘇蘇州市），少時移居和州烏江（今安徽和縣），唐代詩人，有《張司業集》。 尤：特出。

⑥ 信：誠，確實。

⑦ 抑：連詞。表示輕微的轉折，“然而”的意思。 和其聲：使他們的聲音和諧。“和”字用作使動。

⑧ 抑：連詞。語法意義與上句“抑”字不同，表示選擇，“還是”“或是”的意思。 窮、餓、思、愁：四個動詞都用作使動。

⑨ 懸乎天：指決定於上天。

⑩ 其在上也：指身居高位，即“鳴國家之盛”者。 奚：疑問代詞，何。 其在下也：指身居下位或被貶、革職，即“自鳴其不幸”者。

⑪ 役於江南：指孟東野貞元十六年（公元 800 年）出任溧陽縣尉事。溧陽在唐代屬江南道。 役：服役，供職。 不釋：指心放不開，即鬱鬱不樂的意思。 道：說，講。 其命於天者：那些命運取決於上天的。 解：解開，解勸，寬慰。

封建論①

柳宗元

【說明】秦始皇統一中國後，廢除了周代分封諸侯的制度，設置郡縣，進行一系列改革，建立了封建的中央集權制，把中國社會推進了一步。但是，封建的中央集權和地方分權的鬬爭并未停止，直到唐代仍有人主張“封國土，建諸侯”，用來作爲藩鎮割據的理論根據。柳宗元在反對藩鎮、維護統一的鬬爭中，寫了這篇有名的論文。他根據各個時期的歷史事實，從理論上闡明了“郡縣制”比“封建制”優越，抨擊了君權神授、“聖人”意志決定一切等唯心史觀。文章具有高屋建瓴之勢，論辯雄俊，邏輯嚴密，富有戰鬬性。當然，作者甚至把封建的“郡縣制”看成不可變革的最好制度，以爲只要封建君主治理得好就可以永保太平。這仍然是歷史唯心主義的觀點。

天地果無初乎？吾不得而知之也。生人果有初乎②？吾不得而知之也。然則孰爲近③？曰：有初爲近。孰明之④？由封建而明之也。彼封建者，更古聖王堯、舜、禹、湯、文、武而莫能去之⑤。蓋非不欲去之也，勢不可也⑥。勢之來，其生人之初乎⑦？不初，無以有封建⑧。封建，非聖人意也。

注　釋

① 封建：指周代“封國土，建諸侯”的貴族領主制，與現在所説的“封建社會”含義有别。

② 生人：即“生民”，指人類。唐人避唐太宗李世民的諱，一般用“人”代替“民”。下面還有很多是這種情況。但柳宗元的文章避諱并不嚴格，例如本文就有兩個“民”字。

③ 孰爲近：哪種説法（指有原始階段和没有原始階段）是接近〔事實〕的。

④ 怎麼知道這個呢？

⑤ 更：經歷。　莫能去之：没有誰能把它（指封建制）廢除掉。

⑥ 不是不想把它廢除掉，而是事物發展的必然結果不允許。 蓋：語氣副詞，表示推測語氣，并起承接上文的作用。 勢：趨勢。

⑦ 這種形勢的產生，大概是人類的原始階段吧？

⑧ 意思是，不是人類的原始階段，沒有可能產生封建制。

彼其初與萬物皆生[①]，草木榛榛，鹿豕狉狉[②]，人不能搏噬[③]，而且無毛羽，莫克自奉自衛[④]。荀卿有言"必將假物以爲用"者也[⑤]。夫假物者必爭，爭而不已，必就其能斷曲直者而聽命焉[⑥]。其智而明者，所伏必衆，告之以直而不改，必痛之而後畏[⑦]，由是君長刑政生焉[⑧]。故近者聚而爲羣，羣之分，其爭必大，大而後有兵有德[⑨]。又有大者，衆羣之長又就而聽命焉，以安其屬[⑩]。於是有諸侯之列[⑪]，則其爭又有大者焉。德又大者，諸侯之列又就而聽命焉，以安其封[⑫]。於是有方伯、連帥之類[⑬]，則其爭又有大者焉。德又大者，方伯、連帥之類又就而聽命焉，以安其人[⑭]，然後天下會於一[⑮]。是故有里胥而後有縣大夫[⑯]，有縣大夫而後有諸侯，有諸侯而後有方伯、連帥，有方伯、連帥而後有天子。自天子至於里胥，其德在人者，死必求其嗣而奉之[⑰]。故封建非聖人意也，勢也。

注 釋

① 彼：指人類。 其：他的。 這句意思是，人類在他的原始階段跟萬物都在自然狀態下生活。

② 榛榛(zhēnzhēn)：草木雜亂叢生的樣子。 狉狉(pīpī)：獸類成羣奔走的樣子。

③ 搏：指禽獸的抓撲動作。 噬(shì)：咬。

④ 莫克：不能够。莫：否定副詞。 奉：供養。

⑤ 這是概括《荀子·勸學》中"君子生非異也,善假於物也"一段的意思。

⑥ 一定會去找那能够判斷是非的人而聽從他的命令。　就:走近,走向。

⑦ 痛之:使他痛,指懲罰理屈而不改的一方。

⑧ 按:原始社會氏族酋長是由氏族全體成員推選的。至於後來君長刑政的產生則是階級分化、階級鬬爭的結果。柳宗元由於歷史條件的限制是看不到這一點的,他是從周代的史籍記載來推斷原始社會的。

⑨ 兵:武力,軍隊。　德:恩德,威望。

⑩ 以安其屬:來安定他的部屬。

⑪ 於是產生一大批諸侯。　列:行列。

⑫ 封:封疆,封地。

⑬《禮記·王制》:"千里之外設方伯。五國以爲屬,屬有長。十國以爲連,連有帥。三十國以爲卒,卒有正。二百一十國以爲州,州有伯。"據此"方伯"是一方諸侯的頭,"連帥"是十國諸侯的頭,但無史實可證。

⑭ 人:卽"民",百姓。

⑮ 會於一:指權力集中於天子。

⑯ 里胥:古代的基層官吏,有里正、閭胥等名目,相當於後代的鄉長、保長。　縣大夫:指縣長。

⑰ 其德在人者:那些對人民有恩德的人。　嗣:後代、子孫。

夫堯、舜、禹、湯之事遠矣,及有周而甚詳①。周有天下,裂土田而瓜分之,設五等,邦羣后②。布履星羅,四周于天下③,輪運而輻集④;合爲朝覲會同,離爲守臣扞城⑤。然而降于夷王,害禮傷尊,下堂而迎覲者⑥。歷于宣王,挾中興復古之德,雄南征北伐之威⑦,卒不能定魯侯之嗣⑧。陵夷迄于幽、厲,王室東徙⑨,而自列爲諸侯矣⑩。厥後問鼎之輕重者有之⑪,射王中肩者有之⑫,伐凡伯、誅萇弘者有之⑬,天下乖盭,無君君之心⑭。余以爲周之喪久矣,徒建空名於公侯之上耳。得非諸侯之盛强，末大不掉之咎歟⑮？遂判爲十二，合爲七國⑯，威分于陪臣之邦⑰，國殄於後封之秦⑱，則周之敗端，其在乎此矣。

注　釋

① 有周：周朝。有：詞頭。

② 五等：周朝把諸侯分爲公、侯、伯、子、男五等，按爵位來定封地的大小。　邦：國。用作動詞，建立國家，即"分封"的意思。　后：君主，指諸侯。

③ 布履：分布足迹。指諸侯管轄的疆域。　星羅：比喻像星星一樣地羅列着。"星"和下文的"輪"、"輻"都是名詞用作狀語。　兩句意思是，諸侯國像繁星似地羅列，四面遍布在大地上。

④ 輪運：像車輪一樣圍繞着中心運轉。　輻集：像輻條集中在轂上。這句是比喻周初諸侯團結在周王的周圍，服從統帥、指揮。

⑤ 朝覲(jìn)：諸侯朝見天子。指定期的朝見。據《周禮》，春天叫朝，秋天叫覲。　會同：指諸侯非定期去朝見天子。據《周禮》，隨時去叫會，一同去叫同。　守臣：守衛疆土的臣子。　扞(gān)城：即"干城"，捍衛者。扞：通"干"，盾。

⑥ 夷王：周朝第九代君主，公元前869—前858年在位。　下堂而迎覲者：周禮規定，諸侯來朝見時，周王在堂上接見。此時周王室衰落，夷王只得親自下堂去迎接朝見的諸侯。

⑦ 宣王：周朝第十一代君主，公元前827—前782年在位。　挾：倚仗。中興：復興。　復古：指周宣王恢復周初的强盛狀況。　雄：强有力的，用作動詞，有"奮發"的意思。　南征北伐：指周宣王同南北各部族的戰爭。公元前827年周宣王即位後，把進逼中原的西北和北方的部族西戎和玁狁(xiǎnyǔn)驅逐出國境，第二年又開始向南方和東南方進軍，經過長期戰爭，先後征服了荆蠻、淮夷、徐夷等部族。

⑧ 事見《國語》。公元前817年魯武公帶着兒子括和戲去朝見周宣王，宣王立年紀較小的戲作武公的繼承人。公元前816年武公死，公子戲繼位，即魯懿公，公元前807年，魯人殺了懿公，另立公子括的兒子

伯御爲國君。

⑨ 陵夷：聯綿詞，日漸衰落。　幽：指周幽王，周朝第十二代君主，公元前781年繼承王位，公元前771年被周朝西方的一個部族犬戎殺死在驪山（在今陝西臨潼縣）下。　厲：指周厲王，周朝第十代君主，公元前857年繼承王位，公元前842年因國人暴動，逃亡到彘（zhì，今山西霍縣）。　幽、厲都是周朝荒淫暴虐的君主。宋人引這篇文章時，有將"幽厲"作"幽平"的，比較合理。"平"指周平王，幽王的兒子，公元前770—前720年在位。　東徙（xǐ）：幽王被犬戎殺死後，諸侯擁立周平王。爲了避免犬戎等部族的威脅，公元前770年周平王把國都從鎬（hào，今陝西西安市西南）東遷到雒（luò）邑（今河南洛陽市），歷史上叫東周。

⑩ 這句是説周王朝已喪失了號召全國的威望，把自己排列在諸侯同等地位上去了。

⑪ 厥後：其後，從此以後。　問鼎之輕重：公元前606年楚莊王攻打居住在今河南嵩縣東北的一個叫作陸渾之戎的部族，路過周都雒邑，在東周的疆土上舉行軍事檢閱，炫耀武力。周定王派王孫滿去勞軍，楚莊王就詢問他周朝宗廟陳列的九鼎的大小輕重，這是表示有滅周的企圖。事見《左傳·宣公三年》。鼎：指九鼎。相傳爲夏朝禹王所鑄，是夏、商、周三代的傳國之寶。

⑫ 公元前707年周桓王帶領蔡、衛、陳三國諸侯攻打鄭國，鄭莊公出兵反擊，周兵大敗，桓王肩膀也被箭射傷。事見《左傳·桓公五年》。

⑬ 伐凡伯：公元前716年周桓王派卿士（相當於宰相）凡伯出使魯國，回去的路上在楚丘（今山東曹縣東南）遭到戎人的攻打，被綁架而去。事見《左傳·隱公七年》。　誅萇（cháng）弘：公元前492年晉國大臣趙鞅不滿周朝大夫萇弘曾幫助晉國另一大臣范吉射與之爭權，因而責問周朝，周敬王被迫殺萇弘。事見《左傳·哀公三年》。

⑭ 天下大亂，再沒有把天子看作天子的了。　乖盭（lì）：不順，反常。盭：同"戾"。　君君：第一個"君"字用作意動，是"當作君主"的意思。

⑮ 末大不掉：即尾大不掉。比喻部下的勢力强大，無法指揮調度。《左傳·昭公十一年》："末大必折，尾大不掉，君所知也。"　掉：摇。

⑯ 判爲十二：指周王朝的權勢在春秋時代前期被魯、齊、晉、秦、楚、宋、

衛、陳、蔡、曹、鄭、燕等十二個諸侯國所瓜分。　合：合併，指戰國時大國吞併小國。　七國：指戰國時代秦、楚、燕、齊、韓、魏、趙等七個强國。

⑰ 陪臣：諸侯的大夫對周王的自稱。　陪臣之邦：指齊、韓、魏、趙。齊原是姜太公的封國，公元前 386 年齊的大臣田和奪取了君位，自立爲齊侯。韓、魏、趙的祖先原是晉國的大臣，公元前 403 年韓虔、魏斯、趙籍瓜分了晉國，自立爲諸侯。

⑱ 殄（tiǎn）：絶，滅亡。　後封之秦：周朝的諸侯，多是周初封的。秦國原是西周的附庸，周平王東遷以後，才被封爲諸侯。

秦有天下，裂都會而爲之郡邑，廢侯衛而爲之守宰①，據天下之雄圖，都六合之上游②，攝制四海，運於掌握之内③，此其所以爲得也④。不數載而天下大壞，其有由矣⑤：亟役萬人，暴其威刑，竭其貨賄⑥，負鋤梃謫戍之徒⑦，圜視而合從，大呼而成羣⑧，時則有叛人而無叛吏⑨，人怨於下而吏畏於上，天下相合，殺守劫令而並起。咎在人怨，非郡邑之制失也。

漢有天下，矯秦之枉，徇周之制⑩，剖海内而立宗子，封功臣⑪。數年之間，奔命扶傷之不暇⑫，困平城⑬，病流矢⑭，陵遲不救者三代⑮。後乃謀臣獻畫，而離削自守矣⑯。然而封建之始，郡國居半⑰，時則有叛國而無叛郡，秦制之得亦以明矣⑱。繼漢而帝者，雖百代可知也⑲。

唐興，制州邑，立守宰，此其所以爲宜也。然猶桀猾時起，虐害方域者⑳，失不在於州而在於兵㉑，時則有叛將而無叛州。州縣之設，固不可革也。

注　釋

① 秦始皇統一全國（公元前 221 年）後，剖分諸侯國而設置郡縣，廢除諸

侯而委派郡縣長官。　都會:指諸侯的都城。　爲之郡邑:秦始皇廢除封建制,把全國分爲三十六郡,郡下設縣。　侯衞:即“諸侯”。　守宰:主管地方的長官。秦制,郡設郡守、郡尉、監御史;縣,萬户以上的稱令,不滿萬户的稱長。周代有邑宰,相當於後來的縣令,這裏用宰指縣令。

② 雄圖:指形勢險要的地方。　都:動詞,建都。　六合:上、下和東、南、西、北四方稱做“六合”。它與“天下”、“四海”都指全國。　上游:秦建都咸陽(今陝西咸陽市),位於中國的西北方,地勢居高臨下,所以稱上游。

③ 攝制:控制。　運於掌握之内:形容能控制局勢,隨意指揮。

④ 這是它的做得對的地方。　其:指秦。　得:合宜。

⑤ 不數載(zǎi):表示時間不長。從秦始皇公元前221年統一中國到公元前209年陳勝、吴廣起義共十二年。　壞:敗壞,混亂。　由:原因。

⑥ 亟(qì)役萬人:秦始皇和秦二世多次征發大批人民從事築長城、造墳墓、修宫殿等勞役。亟:多次。　暴:用作使動,使嚴厲與殘暴。竭:用作使動,使竭,耗盡。

⑦ 負鋤梃:扛着鋤頭木棍。　謫戍:責罰防守邊境。　這句是指陳勝、吴廣等起義農民。

⑧ 圜(huán)視:互相顧看。　合從:原指東方六國從南到北聯合起來對抗秦國。　兩句指各處的人們聯合起來,奮起反秦。

⑨ 叛人:即“叛民”,造反的老百姓。下文的“人怨”也就是“民怨”。　叛吏:反叛的官吏。

⑩ 矯:糾正。　枉:彎曲,引申爲錯誤。　徇:從,沿襲。

⑪ 立宗子:指漢高祖劉邦統一全國後,分封自己的兒子、兄弟、侄兒等爲王。宗子:嫡長子。這裏泛指同族子弟。　封功臣:指劉邦分封異姓功臣韓信、英布、彭越等爲王。

⑫ 奔命:聞命奔赴。這句是説漢初諸侯不斷反叛,朝廷只得緊急調動增援部隊去鎮壓,弄得手忙脚亂。

⑬ 公元前200年韓王信勾結匈奴攻漢,劉邦起兵討伐,追至平城,被匈奴軍隊圍困了七天。平城:今山西大同市。

⑭ 公元前196年淮南王英布反，劉邦前往鎮壓，被流矢射中，第二年因傷病死。 流矢：没有一定目標，意外飛來的箭。

⑮ 陵遲：即“陵夷”。 三代：指漢高祖以後的漢惠帝、漢文帝和漢景帝，漢朝在這三世不時有諸侯謀反。唐以前，世代稱“世”不稱“代”，唐人避李世民的諱，改稱爲“代”，後世沿用。

⑯ 謀臣：指賈誼、鼂（cháo）錯、主父偃等。 獻畫：賈誼向漢文帝建議，把一個諸侯之國劃分成幾個小國，分給最初受封人的子孫；鼂錯向漢景帝獻策削減吴、楚等七國的封地；主父偃向漢武帝獻策，使諸侯王分封自己的子弟。他們的目的都是削弱、分散諸侯各國的勢力。 畫：計策。 離：離析。 削：指削減諸侯的封地。 自守：指由朝廷派官吏管理諸侯國的政務。《漢書·百官公卿表上》：“景帝中五年，令諸侯王不得復治國，天子爲置吏。”

⑰ 國：指諸侯王國。 居半：漢初的疆域一半分給諸侯王國，一半仍實行郡縣制度，直接由朝廷管轄。

⑱ 以：通“已”。

⑲ 語出《論語·爲政》：“雖百世可知也。”因避諱改“世”爲“代”。 帝：用作動詞，做皇帝。

⑳ 桀猾：凶暴狡猾的人。指中唐時强悍不服從王朝命令的藩鎮（地方軍閥）。 虐害：殘害，指反叛的藩鎮侵州奪縣。 方域：地方，指州、縣。

㉑ 州：地方行政區劃名，指郡縣制。 兵：指擁有重兵並控制地方大權的節度使制度。

或者曰：“封建者，必私其土，子其人①，適其俗，修其理②，施化易也。守宰者，苟其心，思遷其秩而已③，何能理乎？”余又非之④。

周之事跡，斷可見矣⑤：列侯驕盈，黷貨事戎⑥，大凡亂國多，理國寡。侯伯不得變其政，天子不得變其君⑦，私土子人者，百不有一。失在於制，不在於政，周事然也。

秦之事跡,亦斷可見矣:有理人之制,而不委郡邑,是矣[⑧]。有理人之臣,而不使守宰[⑨],是矣。郡邑不得正其制,守宰不得行其理[⑩]。酷刑苦役,而萬人側目[⑪]。失在於政,不在於制,秦事然也。

漢興,天子之政行於郡,不行於國,制其守宰,不制其侯王,侯王雖亂,不可變也,國人雖病[⑫],不可除也;及夫大逆不道[⑬],然後掩捕而遷之,勒兵而夷之耳[⑭]。大逆未彰,姦利浚財,怙勢作威,大刻于民者[⑮],無如之何[⑯]!及夫郡邑,可謂理且安矣[⑰]。何以言之?且漢知孟舒於田叔[⑱],得魏尚於馮唐[⑲],聞黄霸之明審[⑳],覩汲黯之簡靖[㉑],拜之可也,復其位可也,卧而委之以輯一方可也[㉒]。有罪得以黜[㉓],有能得以賞。朝拜而不道,夕斥之矣;夕受而不法,朝斥之矣。設使漢室盡城邑而侯王之[㉔],縱令其亂人,戚之而已[㉕]。孟舒、魏尚之術莫得而施,黄霸、汲黯之化莫得而行;明譴而導之,拜受而退已違矣[㉖];下令而削之,締交合從之謀周於同列,則相顧裂眦,勃然而起[㉗];幸而不起,則削其半,削其半,民猶瘁矣[㉘],曷若舉而移之以全其人乎[㉙]?漢事然也。

今國家盡制郡邑,連置守宰[㉚],其不可變也固矣。善制兵,謹擇守,則理平矣[㉛]。

注　釋

① 私:用作意動,當作自己的東西。　子:用作動詞,看作兒女。

② 理:即"治",指政治。唐人避高宗李治的諱,改"治"爲"理"。下文"理"字都應作"治"字解。

③ 苟：苟且，得過且過。用作使動，使……得過且過。 遷：升遷。秩：官的品級。

④ 非：用作意動，認爲……不對。 之：指上面"或者"的說法。

⑤ 斷可見矣：毫無疑問地可以看清楚。斷：斷然，毫無疑問地。

⑥ 黷(dú)貨：貪財。黷：隨隨便便，濫行無度。 事戎：從事戰爭，指好戰。

⑦ 侯伯：諸侯的霸主。 其政：指亂國的政治措施。 變其君：指撤换不稱職的諸侯國的君主。

⑧ 制：指中央集權制度。 委：託付，委託。 這句是說，朝廷有治理百姓的制度，而不讓郡縣專權，這是正確的。

⑨ 理人之臣：指王朝中央管理政務的大臣。 不使守宰：是說不讓地方官自行其是。

⑩ 郡縣不能正確發揮郡縣制的作用，郡守、縣令不能很好地治理人民。

⑪ 側目：斜着眼睛看，怨恨、惱怒的樣子。

⑫ 國人：指侯王各國的人。 病：指受侯王亂政的禍害。

⑬ 大逆不道：指侯王反叛朝廷。

⑭ 掩捕：逮捕。 遷：移徙，貶謫。 勒：統御。 夷：夷平、消滅。

⑮ 姦利：非法取利。 浚(jùn)：挖取，搜刮。 怙(hù)：依靠，仗恃。刻：苛刻，傷害。

⑯ 不能對他怎麼樣。

⑰ 理：即"治"，治理得好。

⑱《漢書·田叔傳》記載，漢高祖時孟舒曾做過雲中郡(郡治在今內蒙古托克托)太守，因匈奴侵入雲中，被免官。漢文帝繼位，召見漢中郡(郡治在今陝西漢中市)太守田叔，聽到田叔的推薦，又起用孟舒爲雲中太守。

⑲《漢書·馮唐傳》記載，漢文帝時魏尚做雲中太守，防御匈奴有功，但由於有一次上報戰功，多報了六個殺敵數字，因而被免官處罪；後來馮唐在文帝面前爲他辨明了功過，得到赦免，恢復原職。

⑳ 黄霸：漢宣帝時任潁川郡(郡治在今河南禹州市)太守，朝廷認爲他治理得好，調任京兆(今陝西西安市)尹，後官至丞相。 明審：明察慎重。

㉑ 汲黯(àn):尊尚黄老思想,政治上主張清静無爲。漢武帝時任東海郡(郡治在今山東郯城縣)太守,武帝認爲他治理得好,提升他爲主爵都尉(主管封賞的長官),位列九卿(朝廷各部門長官)之一。　簡靖:簡約清静。

㉒ 卧而委之:汲黯晚年,漢武帝要他出任淮陽郡(郡治在今河南淮陽縣)太守,他因病不肯,武帝一定要他去。上任前武帝對他説道:"淮陽地方官民關係不好,我只是要借用你的威望,你可以躺着治理淮陽。"輯:和睦。用作使動,使和睦。

㉓ 黜(chù):罷免,貶斥。

㉔ 盡城邑而侯王之:把城邑全部都分封給侯王。侯王:用作動詞,分封侯王的意思。

㉕ 即使他們危害人民,也只好對着它發愁罷了。　其:指侯王。　亂:擾亂,危害。　戚:憂愁。　之:指侯王亂民的情況。

㉖ 意思是,公開譴責並勸導他們,他們當面接受,但轉過身去就違反了。

㉗ 這幾句是説諸侯王聯合起來,舉兵反叛朝廷。指公元前154年漢景帝用鼂錯計削減諸侯封地,吴、楚等七國諸侯聯合起來反叛的事。周:遍及。　裂眦(zì):眼眶裂開,形容盛怒的樣子。

㉘ 瘁:病,勞累。指受苦。

㉙ 曷若:何如。　舉而移之:指把諸侯完全廢除掉。　全其人:保全那裏的人民。

㉚ 連:繼續不斷地。

㉛ 善制兵:好好地控制軍隊。　理平:即"治平",政局安定。

或者又曰:"夏、商、周、漢封建而延①,秦郡邑而促。"尤非所謂知理者也。

魏之承漢也,封爵猶建;晉之承魏也,因循不革;而二姓陵替,不聞延祚②。今矯而變之,垂二百祀③,大業彌固,何繫於諸侯哉④?

注　釋

① 延：長久。

② 二姓：指魏和晉。三國時魏國的皇帝姓曹，晉的皇帝姓司馬。　陵替：即“陵夷”。　祚(zuò)：帝位、王位。　兩句是説魏晉統治時間都不長。魏只傳了五代，共四十六年；司馬氏的西晉也只傳了四代五十二年。

③ 垂：將近。　祀：年。

④ 大業：指唐王朝的統治。　彌固：更加鞏固。　何繫：有什麽關係。

或者又以爲：“殷、周，聖王也，而不革其制，固不當復議也。”是大不然。

夫殷、周之不革者，是不得已也。蓋以諸侯歸殷者三千焉，資以黜夏，湯不得而廢；歸周者八百焉，資以勝殷，武王不得而易。徇之以爲安，仍之以爲俗①，湯、武之所不得已也。夫不得已，非公之大者也，私其力於己也，私其衛於子孫也②。秦之所以革之者，其爲制，公之大者也③；其情，私也④，私其一己之威也，私其盡臣畜於我也⑤。然而公天下之端自秦始。

夫天下之道，理安斯得人者也⑥。使賢者居上，不肖者居下，而後可以理安。今夫封建者，繼世而理⑦；繼世而理者，上果賢乎？下果不肖乎？則生人之理亂未可知也。將欲利其社稷以一其人之視聽⑧，則又有世大夫世食禄邑，以盡其封略⑨，聖賢生于其時，亦無以立於天下，封建者爲之也。豈聖人之制使至於是乎？吾固曰⑩：“非聖人之意也，勢也。”

注　釋

① 沿用它(指封建制)來求得安定,因襲它來作爲習俗。　仍:因襲。

② 私:用作動詞,“從私心出發”,“爲私”的意思。　其:指諸侯。　力于己:給自己出力。　衛於子孫:保衛子孫。

③ 這句是説,秦朝廢除分封諸侯的辦法,作爲制度,是最大的公。　按:秦朝廢除封建,設郡縣,不過是以封建的中央集權制代替封建的地方分權制,適應社會發展而已。

④ 他的動機是爲私的。　情:情感,内心的想法。

⑤ 是私心於那獨自的權威,是私心於那〔所有人〕全都臣服於自己。　臣:臣服。　畜(xù):這裏是“馴服”的意思。古代統治者輕視人民,把人民看作他畜養的。

⑥ 至於天下的常理,是治理得好、政局安定,這才能得到人民〔的擁護〕。　理安:即“治安”。理:指治理得好。安:指政局安定。　斯:連詞,這就。

⑦ 一代繼承一代地統治下去。

⑧ 如果要對國家有利而統一人民的思想。　一:動詞,統一。　視聽:指思想。

⑨ 那末又有世襲大夫世世代代統治〔他們的〕封地,佔盡了諸侯國的全部國土。　世大夫:西周貴族是世襲的,大夫也父子相承,稱爲世大夫。　禄邑:世襲大夫食禄的封地。　其:指諸侯。　封略:疆界,指國土。

⑩ 固:通“故”,因此。

留侯論　　蘇　軾

【作者介紹】蘇軾(公元1037—1101年),字子瞻,號東坡居士,眉州眉山(今四川眉山縣)人,北宋時著名文學家。

蘇軾在宋仁宗嘉祐二年(公元1057年)中進士,曾任鳳翔府簽判、開封府推官等職，因與王安石政見不合，出任杭州、密州、徐州、湖州等地的地方官。後又因在詩文中"譏切時政"，而被御史彈劾入獄，出獄後貶爲黄州團練副使。神宗死後，司馬光執政，蘇軾被召到朝廷，歷任翰林學士、翰林侍讀學士等職。哲宗親政後，又被遠貶到惠州（今廣東惠州市）、儋州（今海南儋州市）等地。徽宗即位後遇赦内遷，途中死於常州。

蘇軾的一生是在激烈的政治鬭争中度過的。對於王安石變法，他總的傾向是反對的，爲此一再被貶甚至入獄。但當舊黨得勢後，他對司馬光等人不問新法利弊一概排斥的做法也不贊同，爲此又和舊黨發生矛盾。這種政治鬭争中的遭遇和長期做地方官的經歷，使他對社會和人民生活加深了了解，對他的文學創作是有幫助的。在思想上，他既受儒家傳統思想的影響，又受了不少老莊和佛教思想的影響，這些在他的作品中都有反映。

蘇軾在文學藝術上的成就是多方面的。他的散文、詩詞、賦，語言流暢，感情奔放，不依傍前人，有獨創的風格，對後來的文學創作影響很大。特别是他改變了五代以來綺靡的詞風，開拓了詞的境界，在詞的發展上起了重要作用。他的作品現存有《東坡全集》、《東坡志林》等。

【説明】留侯就是輔佐劉邦建立了漢朝的張良。據《史記》記載，張良年輕時行刺秦始皇未成，亡匿下邳。一次在橋上碰到一個老人，老人要張良爲他穿鞋，又幾番折辱他，最後授予他一部兵書。後來張良熟讀兵書，終於輔佐劉邦成帝業。蘇軾對此事提出了一種完全不同的見解，認爲老人折辱張良是爲了教會他"忍"，並進而論證了只有"忍"才能成大事。文章寫得不落俗套，富有新意。

古之所謂豪傑之士者，必有過人之節[①]。人情有所不能忍者[②]，匹夫見辱，拔劍而起，挺身而鬬，此不足爲勇也。天下有大勇者，卒然臨之而不驚[③]，無故加之而不怒，此其所挾持者甚大[④]，而其志甚遠也。

注　釋

① 節：節操，品德。

② 人情：指普通人的心理。　這句意思是：對於普通人來説，有些事情是不能忍受的。

③ 卒(cù)然：突然。　臨之：指侮辱加到他頭上。之：指大勇者。

④ 所挾持者：指個人的抱負。

夫子房之受書於圯上之老人也，其事甚怪[①]。然亦安知其非秦之世有隱君子者出而試之？觀其所以微見其意者[②]，皆聖賢相與警戒之義，而世不察，以爲鬼物[③]，亦已過矣。且其意不在書。當韓之亡，秦之方盛也，以刀鋸鼎鑊待天下之士[④]，其平居無罪夷滅者，不可勝數。雖有賁育[⑤]，無所復施。夫持法太急者，其鋒不可犯[⑥]，而其勢未可乘。子房不忍忿忿之心，以匹夫之力，而逞於一擊之間[⑦]，當此之時，子房之不死者，其間不能容髮，蓋亦已危矣。千金之子不死於盜賊[⑧]，何者？其身之可愛，而盜賊之不足以死也[⑨]。子房以蓋世之才，不爲伊尹、太公之謀[⑩]，而特出於荆軻、聶政之計[⑪]，以僥倖於不死，此圯上之老人所爲深惜者也。是故倨傲鮮腆而深折之[⑫]，彼其能有所忍也，然後可以就大事，故曰，"孺子可教也[⑬]。"

注　釋

① 子房：張良字子房。　圯(yí)：橋。　其事甚怪：據《史記·留侯世家》

載，張良刺殺秦始皇未成，亡匿下邳。有一次在橋上碰到一個老人，老人故意把鞋掉在橋下，讓張良替他取鞋，取來後又讓張良替他穿上。張良一一照辦了。老人説："孺子可教矣。"並約後五日一早和他相會。張良兩次前往，老人都嫌他到得太晚。第三次張良半夜前往，老人授給他一部兵書。

② 微見其意：隱約地顯示出他的意圖。見(xiàn)：顯示。

③ 鬼物：據《史記·留侯世家》載：老人授予張良兵書後，告訴張良：十三年後到濟北穀城山下見到一塊黄石，那就是我。十三年後張良果然在穀城山下見到一塊黄石。

④ 刀鋸鼎鑊：指酷刑。刀鋸用以割截人的肢體，鼎鑊用來烹人。

⑤ 賁(bēn)育：孟賁、夏育。都是戰國時著名的勇士。

⑥ 鋒：鋒芒，指鋭氣。

⑦ 一擊：指張良在博浪沙(今河南原陽縣東南)找了一個力士，在秦始皇巡行途中用錘狙擊秦始皇，誤中副車。

⑧ 千金之子：指富貴人家的子弟。

⑨ 兩句意思是説，自己的生命應該珍惜，不值得爲盜賊而死。

⑩ 伊尹：湯的大臣，輔佐湯滅夏建立商朝。　太公：即吕尚，輔佐武王伐紂，建立周朝。

⑪ 荆軻：戰國時衛人，爲燕太子丹刺殺秦始皇。　聶政：戰國時韓人，爲韓卿嚴仲子刺殺韓相韓傀。

⑫ 倨(jù)傲：傲慢。　鮮(xiǎn)腆(tiǎn)：指説話不禮貌。鮮：少。腆：善。　折：挫折。指折其過於剛勇急躁之氣。

⑬ 孺子：小孩子。指張良。這是圯上老人對張良説的話，參見注①。

楚莊王伐鄭，鄭伯肉袒牽羊以逆①。莊王曰："其君能下人，必能信用其民矣。"遂舍之。勾踐之困於會稽，而歸臣妾於吴者，三年而不倦②。且夫有報人之志，而不能下人者，是匹夫之剛也。夫老人者，以爲子房才有餘而憂其度量之不足，故深折其少年剛鋭之氣，使之忍小忿而就大謀。何則？非有平生之素③，卒然相遇於草野之間，而命以僕妾之役④，油然而不怪者⑤，此固秦皇之所不能驚，而項籍之所不能怒也⑥。

注　釋

①《左傳·宣公十二年》載：楚國圍鄭三月，破城而入，鄭伯投降。　肉袒：袒露上身。肉袒牽羊表示自己是臣僕的身份。

② 參見本書上册《國語·勾踐滅吴》。

③ 平生之素：指平生的交情。

④ 僕妾之役：僕妾所執的賤役。指爲老人穿鞋。

⑤ 油然：感到自然的樣子。

⑥“驚”、“怒”都用作使動。使之驚，使之怒。

觀夫高祖之所以勝，項籍之所以敗者，在能忍與不能忍之間而已矣。項籍唯不能忍，是以百戰百勝而輕用其鋒。高祖忍之，養其全鋒而待其弊，此子房教之也。當淮陰破齊而欲自王，高祖發怒，見於詞色①。由是觀之，猶有剛强不忍之氣，非子房其誰全之？

注　釋

① 淮陰：指淮陰侯韓信。　詞色：言辭臉色。據《史記·淮陰侯列傳》載：漢四年，韓信擊破齊王田廣，派人送信給劉邦，要求立爲假齊王（代理齊王）。當時劉邦正被項羽困在滎陽，得信後大怒，破口而罵。張良陳平踩劉邦的脚，對劉邦耳語：如果禁止韓信爲王，要生變故。劉邦醒悟，接着説：“大丈夫定諸侯，即爲真王耳，何以假爲？”並立即派張良封韓信爲齊王。

太史公疑子房以爲魁梧奇偉，而其狀貌乃如婦人女子，不稱其志氣[1]。嗚呼！此其所以爲子房歟！

注　　釋

① 稱(chèn)：相稱。《史記·留侯世家》："太史公曰：……余以爲其人計魁梧奇偉，至見其圖，狀貌如婦人好女。"

《讀史方輿紀要》總敘[1]　　顧祖禹

【作者介紹】顧祖禹(公元1631—1692年)，字景范，自署爲常熟人(因從母氏里)，實則世居無錫宛溪，故自號宛溪，人亦稱之爲宛溪先生，明末清初地理學家。明亡後，隨其父顧柔謙移家常熟，隱居不仕，順治十年又遷居無錫。晚年一度與閻若璩等參加過《大清一統志》的編修工作，但書未成即退出。他憤恨明末官吏無能，有"關河天險"而不能守，於是在十分貧困的生活條件下，繼承顧柔謙的遺志，用了二十一年時間(29歲—50歲)寫成《讀史方輿紀要》一百三十卷。這部書對我國疆域沿革、歷代郡縣的變遷和各地的山川險要、戰守形勢，作了比較全面、系統的敘述，是研究我國歷史地理和古代軍事史的重要參考文獻。清人許鴻磐作《方輿考證》一百卷，對顧書有所補訂。

【説明】《讀史方輿紀要》的總敘共分三篇。這裏選了第二、第三兩篇。

作者指出，地形在軍事上很重要；同時也强調，地形本身並不能決定戰爭的勝負，同一地形在不同情況下會起不同的作用。他還指出用兵貴在隨機應變，不能受地理書的束縛；但要真正做到善於用兵，必須預先對地理情況有全面的了解，書本的作用也不能輕視。這些見解是可取的。

客謂顧子曰:"子所著《方輿紀要》一書,集百代之成言,考諸家之緒論[②]。窮年累月,矻矻不休[③]。至於舟車所經,亦必覽城郭,按山川,稽里道,問關津[④],以及商旅之子、征戍之夫[⑤],或與從容談論,考核異同。子于是書,可謂好之勤,思之篤矣[⑥]!後有起者,考求險要,辨別攻守[⑦],遠而周知天下之故[⑧],近而都邑之間,非子之書,何所適從焉?"

注　釋

① 方輿:地的别名。宋玉《大言賦》:"方地爲輿,圓天爲蓋。"這裏指地理。

② 成言:指前人的現成話,即已成定論的話。　緒論:遺留下來的言論。

③ 矻矻(kūkū):勤勞不懈的樣子。

④ 按:考察。　稽:考核,考查。　關津:關卡渡口,指水陸要道。

⑤ 商旅之子:指行商。　征戍之夫:指戍邊守土的軍士。

⑥ 好(hào)之勤,思之篤:指對這部書下了苦功夫,考慮得很深入。篤:厚實,指深入。

⑦ 起者:興起的人。可能暗指反清復明之士。

⑧ 故:事。

余曰:"否,否,不然!古人有言:'尺有所短,寸有所長[①]。'明於匠石之任者,或昧於雕鏤之細[②]。予也未嘗泝江河,登恆岱[③],南窮嶺海,北上燕然[④]。間有涉歷,或拘於往返之程,或困於羈旅之次,不獲放曠優游,博觀廣詢[⑤]。間嘗按之圖畫,索之典籍,亦舉一而廢百耳[⑥]。又或了了於胸中,而身至其地,反若聵聵焉[⑦]。所謂'所見異辭,所聞異辭,所傳聞又異辭'者[⑧],不可勝數也。予之書,其足據乎[9]？且孫子有言：'不知山林險阻沮澤之形者，不能行軍。不用鄉導者，不能得地利[10]。'夫論兵之妙，莫如孫子；而論地利之妙，亦莫如孫子。使信余之書而不取信於鄉導，譬之掩耳而求聞，閉目而求見，所悞必多矣[11]！

注　　釋

① 這是古代的俗語。見於《楚辭·卜居》和《史記·白起王翦列傳》等文。意思是説，量有的東西尺還嫌短，量有的東西寸還有餘。也就是説，事物各有其特性和優缺點，不同的東西適合於不同的用途。

② 匠石：古代傳説中一個技藝高超的名叫石的木匠。　匠：木匠。《莊子·徐無鬼》："郢人堊(è)漫其鼻端，若蠅翼，使匠石斲之。匠石運斤成風，聽而斲之，盡堊而鼻不傷，郢人立不失容。"（堊：白土。　聽：聽任。）兩句意思是説，很高明的木工可能不精於雕鏤的技藝。寓意與上句相同。

③ 泝(sù)：同"溯"，逆着水流方向走。這裏有探尋水源的意思。　恆：恆山。漢代以來的恆山在今河北曲陽縣西北（又名大茂山），明代改定山西渾源縣東南的玄岳爲恆山。　岱(dài)：岱山，卽泰山。古以恆山爲北岳，泰山爲東岳。這裏恆岱代表全國名山。

④ 嶺海：五嶺、南海之地，主要指今廣東、廣西一帶。　燕然：古代北方山名。東漢竇憲破匈奴，登燕然山，刻石紀功。昭明《文選》有班固《封燕然山銘》記其事。

⑤ 涉歷：指親自遊歷過。　羈旅：長久地旅居在外。　次：停留、止宿的處所。　放曠：心情放縱開闊，不受拘束。　優游：閑暇自得的樣子。

⑥ 按：查考。　圖畫：指地圖。　索：搜尋，尋找。

⑦ 了了：明白，懂得。　瞶瞶(kuìkuì)：不明白的樣子。

⑧ 語見《公羊傳·隱公元年》（"所傳聞"下原文無"又"字）。作者引用這幾句話，意思是説傳聞所知常常與實際情況有出入。

⑨ 其：語氣詞，表示反問語氣。　據：依據，憑藉。

⑩ 語見《孫子兵法·軍爭》篇。　沮(jù)澤：沼澤之地。　鄉導：指熟悉當

地情況的帶路人。又寫作“向導”。

⑪ 悮:同“誤”。

“且夫地利亦何常之有哉[①]？函關、劍閣，天下之險也[②]。秦人用函關，卻六國而有餘[③]；迨其末也，拒羣盜而不足[④]。諸葛武侯出劍閣，震秦隴，規三輔[⑤]；劉禪有劍閣，而成都不能保也[⑥]。故金城湯池，不得其人以守之，曾不及培塿之丘、汎濫之水[⑦]。得其人，即枯木朽株，皆可以爲敵難[⑧]。是故九折之阪、羊腸之徑，不在邛崍之道、太行之山；無景之谿、千尋之壑，不在岷江之峽、洞庭之津[⑨]。及肩之牆，有時百仞之城不能過也[⑩]。漸車之澮，有時天塹之險不能及也[⑪]。知求地利於崇山深谷、名城大都，而不知地利即在指掌之際，烏足與言地利哉！善乎，孫子之言曰：‘我不欲戰，雖畫地而守之，敵不能與我戰。我欲戰，敵雖高壘深溝，不得不與我戰[⑫]。’然則變化無窮者，地利也。地利之微[⑬]，圖不能載，論不能詳，而變化於神明不測之心；所謂可以意會，不可以言傳者乎？故曰：方圓奇偶，千秋不易也[⑭]，伏羲以之畫八卦，大禹以之演九疇[⑮]。伍兩卒旅，千秋不易也[⑯]，武侯以之列八陣，李靖以之變六花[⑰]。城郭山川，千秋不易也，起於西北者可以并東南，而起於東南者又未嘗不可以并西北。故曰：不變之體，而爲至變之用；一定之形，而爲無定之準[⑱]。陰陽無常位，寒暑無常時，險易無常處[⑲]。知此義者，而後可與論方輿。使銖銖而度之，寸寸而比之，所失必多矣[⑳]。吾嘗考蒙古之用兵，奇變恍惚[㉑]，其所出之道，皆師心獨往，所向無前[㉒]。故其武略比往古爲最高[23]。彼豈嘗求之於山海之圖、里道之志哉？然則求地利於吾書，無乃猶是刻舟之見乎[24]？吾慮舉足動步，或將有礙焉者也。客其益廣所聞，無過恃吾之書也已[25]。”

注　　釋

① 何常之有：有什麼經久不變的，即没有什麼不起變化的。這是個反問句，“何常”是動詞“有”的前置賓語。“之”是複指代詞。

② 函關：即函谷關。戰國時函谷關在今河南靈寶縣南，形勢極爲險要，是秦國東邊的要塞。　劍閣：指劍山的要隘。四川劍閣縣北有大劍山、小劍山，山勢極險。三國時蜀漢在山上架飛閣（用木支架而成的道路），因此有劍閣之名。

③ 指戰國時秦國曾利用函谷關的險勢打退東方六國的進攻。　却：使……退却。

④ 迨（dài）：等到。　羣盜：指秦末的農民起義軍和其他反秦力量。

⑤ 諸葛武侯：即諸葛亮，三國時蜀漢的丞相，封武鄉侯，死後謚爲忠武侯。武侯是忠武侯的簡稱。　秦隴：指今陝西省和甘肅省東部一帶。因此地有秦嶺隴山而得名。　規：謀劃，謀取。　三輔：漢代京兆（長安一帶）、左馮翊（píngyì，在京兆以東）、右扶風（在京兆以西）三地區的總稱，相當今陝西省中部地區。諸葛亮曾屯兵漢中，屢次以祁山（在今甘肅禮縣東）、斜谷關（在今陝西郿縣西南）等道出兵進攻曹魏。

⑥ 劉禪：劉備的兒子，繼劉備爲蜀帝，歷史上稱後主。　成都：蜀漢都城，即今四川成都市。劉禪在位的第四十一年（公元 263 年），蜀漢爲魏所滅。

⑦ 金城湯池：鐵打的城牆，滚燙的護城河。比喻防御工事的堅固可靠。培塿（pǒulǒu）：小土山。　汎濫之水：這裏指地面上的淺水。汎濫：今寫作“泛濫”。

⑧ 漢武帝好田獵，司馬相如上書勸諫。書中説萬一在田獵時突然遇到猛獸，回車不及，“枯木朽株盡爲難矣”。作者在這裏是活用了這個典故。

⑨ 九折之阪(bǎn):曲折很多的坡道。　羊腸之徑:狹窄而曲折猶如羊腸的山道。　邛崍(qiónglái):山名,在四川滎經縣西,山勢險要。　無景之谿:日光照不到的深谷。景:日光。谿:有水的山谷。　壑:山溝。　津:涯,水邊。

⑩ 及肩之牆:才够得着肩膀的矮牆。語出《論語·子張》。原文是:"譬之宫牆,賜(端木賜,字子貢)之牆也及肩,……夫子之牆數仞。"

⑪ 漸車之澮(kuài):指車能通過的小水溝。漸(jiān):浸濕。《詩經·衛風·氓》:"淇水湯湯,漸車帷裳(帷裳:車上的帷幔)。"澮:水溝。　天塹:指深廣險要的江河。

⑫ 語出《孫子兵法·虚實》,但引文與原文出入較大。原文是:"故我欲戰,敵雖高壘深溝,不得不與我戰者,攻其所必救也。我不欲戰,雖畫地而守之,敵不得與我戰者,乖其所之也。"

⑬ 微:精深微妙。

⑭ 方圓奇偶:指數。《周髀算經》卷上:"商高(周初數學家)曰:數之法出於圓方。"趙爽注:"圓方者,天地之形,陰陽之數。然則周公之所問天地也,是以商高陳圓方之形,以見其象,因奇耦(偶)之數,以制其法。"

⑮ 八卦:我國古代的一套有象征意義的符號。它用"—"代表陽和奇數,用"--"代表陰和偶數,按三的數目配合排列成八種形式,即:☰(乾,qián)☷(坤)☳(震)☶(艮,gèn)☲(離)☵(坎)☱(兑,duì)☴(巽,xùn)。每一卦形代表一定的事物。相傳八卦是上古帝王伏羲氏所造。古人多用來占卜吉凶,認爲它包含天地萬物的道理,這當然是不可信的。不過,八卦本身的確也反映了古代的哲學思想,後來曾有不少哲學家企圖通過八卦來説明宇宙的發展規律。　九疇:傳説是大禹用來治理天下的九種大法,見於《尚書·洪範》。疇:類。相傳大禹治水成功後,有神龜出於洛水,背上有由一至九這九個數,排成縱橫各三列的方形。各列三個數字相加都是十五,兩條對角線上三個數字相加也是十五,即數學上所謂幻方。大禹由此悟出了九疇的道理。這是古人根據幻方的原理附會出來的説法。

⑯ 伍、兩、卒、旅:都是古代軍隊編制的單位。據《周禮》,五人爲伍,二十五人爲兩,百人爲卒,五百人爲旅。

⑰ 八陣:古代打仗調動隊伍的一種陣法,據説縱橫都是八列。相傳黄帝

創八陣法以破蚩尤。後來吕尚、孫武、韓信等都用過，諸葛亮曾加以改進。　六花：唐初李靖創造的一種陣法。據説陣形像六瓣的花，故名“六花”。

⑱ 準：法則。

⑲ 陰陽無常位：指萬物不斷變化。古代哲學家認爲陰陽的矛盾是萬物發展變化的根源。　易：平易，平坦。與“險”相對。

⑳ 這句意思是，如果一銖一銖地稱量東西，一寸一寸地比量東西，最後一定會造成很大的差誤。比喻不能拘泥於一般原則。枚乘《上書諫吴王》：“夫銖銖而稱之，至石必差；寸寸而度之，至丈必過。”

㉑ 恍惚：雙聲聯綿詞，不可捉摸的樣子。

㉒ 師心：以心爲師，指能靈活運用，不拘泥於成法。《關尹子·五鑑篇》：“善弓者師弓不師羿（yì，古代傳説中善射者）；善舟者師舟不師奡（ào，古代傳説中能陸地行舟者）；善心者師心不師聖。”　所向無前：所向無敵的意思。“無前”是説前面没有誰能擋得住。

㉓ 略：謀略。

㉔ 無乃……乎：一種固定句式，表示委婉的測度語氣，有“恐怕（只怕）……吧”的意思。　刻舟之見：比喻拘泥成法而不講實際。《吕氏春秋·察今》載：楚國有個人乘船過江，把劍掉在水中了，他馬上在船邊刻了個記號，等船停了，再從刻了記號的地方下水去找劍。

㉕ 其：語氣詞，表示祈使語氣。　恃：依賴。

或曰：“審如子言，則鄉導之於地利重矣①。然則子之書其可廢乎？”

曰：“何可廢也！孫子言不用鄉導者不能得地利。然不得吾書，亦不可以用鄉導。夫南行之不可以北轅也，東泛之不可以西檝也②，此易知也。西北多山，而未嘗無沮洳之地③；東南多水，而未嘗無險仄之鄉④。此易知而不易知者也。且夫一指蔽前，則泰山不見；十步易轍，則日景不分⑤。使其惘惘焉左陷大澤而不知⑥，前入深谷而不悟，乃欲執途之人而求其爲鄉導，鄉導其可恃乎哉？何也？鄉導用之於臨時者也，地利知之於平日者也。平日未嘗於九州之形勝、四方之險易，一一辨其大綱，識其條貫[7]，而欲取信於臨時之鄉導，安在不爲敵所愚也？是故先知馬陵之險，而後可以定入魏之謀[8]；先知井陘之陿，而後可以決勝趙之計[9]。不然，曹瞞之智，猶惕息於陽平[10]；武侯之明，尚遲回於子午[11]。乃謂求地利於臨時，而不求地利於平日，豈通論哉！是故途有所必由，城有所必攻，此知之於平日者也。欲出此途而不徑出此途者，乃善於出此途者也；欲攻此城而不卽攻此城者，乃善於攻此城者也。此知之於平日，而不得不資於臨時者也[12]。攻則攻敵之所不能守，守則守敵之所不能攻；辨要害之處，審緩急之機；奇正斷於胸中[13]，死生變於掌上，因地利之所在而爲權衡焉。此固大將之任，而非可問之於鄉導者也。凡吾所以用多用少、用分用合、用實用虛之處，既已灼然知之，而後博求之於鄉導，從其可信，缺其可疑，以善吾地利之用，豈徒寄耳目於僕夫云爾哉[14]！此吾書所以必不可廢也。

注　釋

① 審：副詞，果然，的確。　重：重要。

② 北轅：向北駕轅。轅：車前駕牲畜的直木。這裏用作動詞。　泛：指泛舟。　西檝(jí)：向西划船。檝：同“楫”，船槳。這裏用作動詞。

③ 沮洳(jùrù)：泥潭，沼澤。

④ 仄：傾，不平。

⑤ 十步易轍：指經常改變車道。　日景(yǐng)不分：指方向分不清楚。根據太陽的影子可以辨別方向。景：影的古體。

⑥ 惘惘焉:没有主意的樣子。焉:形容詞詞尾。下文"惘然"義同。 左陷大澤:據《史記·項羽本紀》記載,項羽從垓下突圍後,"至陰陵,迷失道,問一田父,田父紿(dài,欺騙)曰:'左!'左,乃陷大澤中。以故漢追及之。"

⑦ 形勝:地形優越的地方。 大綱:主要内容,基本情況。 條貫:條理。

⑧ 指戰國時代孫臏攻魏敗龐涓於馬陵之事,見本書上册《孫臏》。

⑨ 指楚漢戰争時期劉邦大將韓信於井陘(xíng)口擊破趙國的戰役。見本書上册《韓信破趙之戰》。 井陘:關隘名,在今河北井陘縣,古代是溝通太行山東西兩側的要道。 陿(xiá):同"陜"(不同於"陝")。"陜"是"狹"的本字。

⑩ 曹瞞:即曹操。操小字阿瞞。 惕息:恐懼的樣子。 陽平:陽平關,在今陝西勉縣西北。漢獻帝建安二十四年(公元195年),曹操攻劉備,至陽平。劉備憑險拒守,曹操不能取勝,引兵還。

⑪ 遲回:徘徊。 子午:子午谷,在今陝西長安縣南,是古代長安和漢中之間的要道。諸葛亮屯兵漢中,多次出兵攻魏,想奪取長安等地,但一直没有成功。

⑫ 資:資助,借助。

⑬ 奇正:特殊的和正常的。這裏用作名詞,指用兵的特例和正例。

⑭ 善:完善。這裏用作使動。 僕夫:古代御車、掌馬的人稱僕夫,這裏指向導。

"且不獨行軍之一端也①。天子内撫萬國,外蒞四夷②,枝幹强弱之分,邊腹重輕之勢③,不可以不知也。宰相佐天子以經邦,凡邊方利病之處,兵戎措置之宜④,皆不可以不知也。百司庶府爲天子綜理民物⑤,則財賦之所出,軍國之所資,皆不可以不知也。監司守令受天子民社之寄⑥,則疆域之盤錯、山澤之藪慝,與夫畊桑水泉之利、民情風俗之理⑦,皆不可以不知也。四民行役往來,凡水陸之所經、險夷趨避之實[8]，皆不可以不知也。世亂則由此而佐折衝，鋤强暴[9]；時平則以此而經邦國，理人民：皆將於吾書有取焉耳。"

注 釋

① 行軍：等於説用兵。《孫子兵法》有"行軍篇"。曹操注云："擇便利而行也。"宋人王晳注云："行軍當據地便察敵情也。"

② 撫：安撫。　萬國：指諸侯國。　涖(lì)：同"莅"。臨，監臨，視察。

③ 枝幹：比喻國家的地方和中央的關係。"强幹弱枝"是封建時代鞏固統治的一種政策。　邊腹：邊疆和内地。

④ 經邦：治理國家。　病：害。　措置：放置，安排。　宜：適當。

⑤ 百司庶府：指朝廷管理各種事務的官府。庶：衆。　民物：人民萬物。

⑥ 監司守令：各級地方官。"監司"指監督府縣的官。"守"指府的長官。"令"指縣的長官。　民社：指鄉社，即老百姓。　寄：寄託。

⑦ 盤錯：盤曲交錯。本指樹根或樹枝，這裏比喻各行政區域之間疆界的錯綜複雜。　藪(sǒu)慝(tè)：指山澤中物産豐富的地方和生長惡物的地方。《風俗通·山澤》："藪之爲言厚也，草木魚鱉，所以厚養人君與百姓也。"《周禮·地官·土訓》有"地慝"，指地所生惡物。　畊(gēng)：同"耕"。

⑧ 四民：指士農工商。　行役：本指爲服兵役跋涉在路上。《詩經·魏風·陟岵》："父曰：嗟！予子行役，夙夜無已。"這裏指因事旅行。　夷：平坦。　趨避：疾行和回避。

⑨ 折衝：制敵取勝。《韓詩外傳》："不出俎豆之間，折衝千里。"

"然則孫子之説固未當乎？"

曰："非也。孫子之言，固以地利者行軍之本，而鄉導者地利之助也。先知地利，而後可以行軍。以地利行軍，而復取資於鄉導，夫然後可以動無不勝。凡吾所以爲此書者，亦重望夫世之先知之也[1]。不先知之，而以惘然無所適從者任天下之事，舉宗廟社稷之重，一旦束手而畀之他人②，此先君子所爲憤痛呼號扼腕，以至於死也③。予小子既已奉遺命④，採舊聞，旁搜記載，規之正史，稍成一家之言⑤。合爲一十八部，分爲百三十卷。藏之家塾，以俟來者⑥。"

注釋

① 重望：特别希望。 先知之：預先了解地利。之：指代地利。

② 舉：把……端出來。 重：重要的東西。 束手：捆住手，比喻没有辦法。 畀(bì)：給與。

③ 先君子：作者稱自己死去的父親，指顧柔謙。 所爲：義同"所以"，……的原因。爲：介詞，因。 扼腕：抓住自己的手腕。這是表示悲憤的一種動作。

④ 予小子：作者對其亡父的自稱。 奉遺命：據"總敘(一)"所記顧祖禹編寫《讀史方輿紀要》是實現他父親的遺囑，所以説是"奉遺命"。

⑤ 規：規範，指證實。 稍：逐漸。

⑥ 家塾(shú)：家中設立的教學的地方。 俟：等待。 來者：指今後能了解自己的(或能有作爲的)人。

原　臣①　　黄宗羲

【作者介紹】黄宗羲(公元1610—1695年)，字太冲，號南雷，浙江餘姚(今浙江餘姚市)人，世稱"梨洲先生"。他早年曾和明末宦黨魏忠賢集團的餘孽阮大鋮等作鬬争，中年時組織義軍，在四明山結寨抗清。明亡後，堅決不作清朝的官，集中力量於學術著作。他的重要著作有《明夷待訪録》和《明儒學案》。

黄宗羲生活在我國封建社會日趨没落的時期，親身經歷了明末農民大起義和明王朝的覆滅，對封建君主制度的腐朽有較深刻的認識。在他的名著《明夷待訪録》中，對封建君主制度提出了尖鋭的批判，同時，在社會經濟、政治諸方面提出了一些有民主思想的主張。

【説明】本篇選自《明夷待訪録》。作者論述了君、臣、民三者的關係，認爲君應該是爲萬民治理天下的，臣也應該爲萬民而不爲一姓，這對視國家爲"家天下"的封建專制制度是一種大膽的否定。當然，作者對於國家是階級統治的工具，對於"君"、"臣"和百姓之間的階級對立，没有看到，也是根本不可能認識到的。

有人焉，視於無形，聽於無聲，以事其君②，可謂之臣乎？曰：否。殺其身以事其君，可謂之臣乎？曰：否。夫視於無形，聽於無聲，資於事父也③；殺其身者，無私之極則也。而猶不足以當之，則臣道如何而後可？曰：緣夫天下之大，非一人之所能治，而分治之以羣工④。故我之出而仕也，爲天下，非爲君也；爲萬民，非爲一姓也。吾以天下萬民起見⑤，非其道，卽君以形聲强我，未之敢從也⑥，況於無形無聲乎？非其道，卽立身於其朝，未之敢許也，況於殺其身乎⑦？不然，而以君之一身一姓起見，君有無形無聲之嗜慾，吾從而視之聽之，此宦官宫妾之心也。君爲己死而爲己亡，吾從而死之亡之，此其私暱者之事也⑧。是乃臣不臣之辨也⑨。

注　釋

① 原臣：從根本上推論關於臣的道理。原：推論其本原。

② “視於無形”兩句：語出《禮記·曲禮上》。意思是兒子應當善於體察父母的心意，即使父母的心意不通過言語或容色表達出來，也能够體會到。這裏是説臣善於體察君的心意。

③ 資於事父：即“資於事父以事君”，語出《禮記·喪服四制》，又見《孝經》。意思是用事父之道以事君。資：憑藉。

④ 羣工：指羣臣，百官。

⑤ 以……起見：爲……着想。

⑥ 非其道：指不合乎爲君之道。其：指合適的。　即：即使。　以形聲强我：意思是有明確的表示强制我去做某事。

⑦ 這三句是説，即使在朝廷上做官，也不敢答應，何況是爲君而死呢？許：答應。

⑧ 這幾句用晏子的意思。《左傳·襄公二十五年》載：齊莊公爲大夫崔杼所殺，有人問晏嬰，是爲君而死，還是離開齊國。晏嬰回答説：“君民者，豈以陵民，社稷是主。臣君者，豈爲其口實（難道是爲了吃飯），社稷是養。故君爲社稷死，則死之；爲社稷亡，則亡之。若爲己死而爲己亡，非其私暱，誰敢任之（担當此禍）。”　私暱：君主所寵信親近的人，指宦官宫妾等。

⑨ 這就是臣和不是臣（而是宦官宫妾）的區别。

世之爲臣者昧於此義，以爲臣爲君而設者也；君分吾以天下而後治之，君授吾以人民而後牧之①，視天下人民爲人君橐中之私物②。今以四方之勞擾，民生之憔悴，足以危吾君也，不得不講治之牧之之術③；苟無係於社稷之存亡④，則四方之勞擾，民生之憔悴，雖有誠臣，亦以爲纖芥之疾也⑤。夫古之爲臣者，於此乎，彼乎⑥？

注　釋

① 牧：古代統治者把統治人民比作牧人牧養牲畜。

② 橐(tuó)：一種口袋。

③ 講：研究。　之：前兩個"之"字是代詞，指人民，第三個"之"字是連詞。

④ 係：關聯。　社稷之存亡：指王朝的存亡。

⑤ 誠臣：指忠於自己職責的臣。　纖芥：形容細微。

⑥ 這三句意思是説，古代的臣之所以爲臣，是在於這樣（只關心君的存亡）呢？還是在於那樣（首先關心人民的憂樂）呢？

蓋天下之治亂，不在一姓之興亡，而在萬民之憂樂。是故桀紂之亡，乃所以爲治也[①]，秦政、蒙古之興[②]，乃所以爲亂也；晉、宋、齊、梁之興亡，無與於治亂者也[③]。爲臣者輕視斯民之水火[④]，即能輔君而興，從君而亡，其於臣道固未嘗不背也。夫治天下猶曳大木然，前者唱邪，後者唱許[⑤]。君與臣，共曳木之人也；若手不執紼[⑥]，足不履地，曳木者唯娱笑於曳木者之前[⑦]，從曳木者以爲良[⑧]，而曳木之職荒矣。

注　釋

① 是天下成爲治的原因。

② 秦政：秦始皇，姓嬴名政。　蒙古：指元朝。

③ 與（yù）：關係。

④ 水火：比喻極端的痛苦。《孟子·梁惠王下》："今燕虐其民，王往而征之，民以爲將拯己於水火之中也。"

⑤《淮南子·道應訓》："今夫舉大木者，前呼邪許，後亦應之，此舉重勸力之歌也。""邪（yé）"和"許（hǔ）"都是象聲詞。

⑥ 紼（fú）：大繩子。

⑦ 前一個"曳木者"比喻臣，後一個"曳木者"比喻君。

⑧ 從（zòng）：縱，縱使，即使。

嗟乎！後世驕君自恣[①]，不以天下萬民事事。其所求乎草野者[②]，不過欲得奔走服役之人。乃使草野之應於上者[③]，亦不出夫奔走服役。一時免於寒餓，遂感在上之知遇，不復計其禮之備與不備，躋之僕妾之間而以爲當然[④]。萬曆初，神宗之待張居正，其禮稍優[⑤]。比於古之師傅未能百一，當時論者駭然居正之受無人臣禮[⑥]。夫居正之罪，正坐不能以師傅自待，聽指使於僕妾[⑦]。而責之反是[⑧]，何也？是則耳目浸淫於流俗之所謂臣者以爲鵠矣[⑨]，又豈知臣之與君，名異而實同耶[⑩]？

注　　釋

① 自恣：放縱自己。

② 草野：指民間。

③ 應於上：指應皇帝之命出來做官。

④ 躋(jī)：升。這裏是“使進入……的行列”的意思。

⑤ 萬曆：明神宗朱翊鈞的年號(公元1573—1620年)。　張居正：萬曆時的内閣首輔，其職位、權限相當於宰相。

⑥ 師傅：指古代太師、太傅、太保一類的官，是最高的官位，即所謂的“帝王之師”。　受：指接受神宗的禮遇。

⑦ 坐：因。　聽指使於僕妾：指張居正聽命於皇帝親信的太監馮保。明神宗即位時，張居正曾與馮保密謀排斥執政的大學士高拱；後來張居正又迎合馮保，貶謫了上疏請治宦官的給事中趙參魯，斥退了馮保所不悦的内侍。

⑧ 反是：與此(不能以師傅自待)相反。

⑨ 浸淫：逐漸受影響。　鵠(gǔ)：箭靶的中心。這裏引申爲準則、標準。

⑩ 實同：指都是共治天下的。

或曰：臣不與子並稱乎[①]？曰：非也。父子一氣，子分父之身而爲身。故孝子雖異身，而能日近其氣，久之無不通矣；不孝之子，分身而後，日遠日疏，久之而氣不相似矣。君臣之名，從天下而有之者也②。吾無天下之責，則吾在君爲路人。出而仕於君也，不以天下爲事，則君之僕妾也；以天下爲事，則君之師友也。夫然，謂之臣，其名累變③，夫父子固不可變者也。

注　釋

① 在以宗法制度爲基礎的封建社會中，統治階級把父子君臣的關係都説成是絶對服從的關係。在這段文章中，黄宗羲否認君臣關係猶如父子，這是有進步意義的。

② 君臣的名分，是根據天下而產生的。

③ 這樣説來，所謂臣，他的名分有多種變化。卽有的是君之路人，有的是君之僕妾，有的是君之師友。

古代漢語常識

（十三）古代的姓氏和名號

我國古代人的姓氏和名號比現在複雜。秦漢以前，同一個人可以有好幾種稱呼的辦法；到戰國時期，才逐漸固定下來；秦漢以後，就基本和現在一致了。下面先談姓氏的起源和變化。

姓究竟起源於什麽時代呢？從不少古姓以女字作偏旁來看，大概在母系社會就已經有姓的分别了。爲什麽需要有姓的區别呢？班固在《白虎通義》中作了一個回答，他説："人所以有姓者何？所以崇恩愛，厚親親，遠禽獸，别婚姻也。故紀世别類，使生相愛，死相哀，同姓不得相娶者，皆爲重人倫也。"班固的話可以歸結爲三點：

第一，姓是"紀世别類"的，也就是説，早期的姓是一種族號。它不是個别人、也不是個别家族的稱號，而是整個氏族的稱號。在我國遠古社會傳説的氏族，如：黄帝，姬姓；炎帝，姜姓；少皞，嬴姓；太皞，風姓。在氏族社會中，原本存在許多不同的氏族。"百姓"這個詞語，最早很可能就是指的衆多的氏族。顧炎武説："言姓者本於五帝，見於春秋者，得二十有二。"[①]這二十二個姓是：嬀、姒、子、

① 顧炎武《日知録》卷二十三。

姬、風、嬴、己、任、姞、祁、芈(mǐ)、曹、董、姜、偃、歸、曼、熊、隗、漆、妘、允。見於春秋時代的二十二個姓也就是遠古二十二個氏族延續到春秋時期的後代。

第二,姓有“别婚姻”的作用。在氏族社會中,同姓不婚,實質上就是同一氏族内部的人不得通婚。恩格斯説:“氏族的任何成員都不得在氏族内部通婚。這是氏族的根本規則,維繫氏族的紐帶;這是極其肯定的血緣親屬關係的否定表現,賴有這種血緣親屬關係,它所聯合起來的個人才成爲一個氏族。摩爾根由於發現了這個簡單的事實,就第一次闡明了氏族的本質。”[①]恩格斯高度肯定了氏族内部不得通婚的作用,可見作爲氏族稱號的姓在我國遠古社會中具有何等重大的意義。我們的古人早已指出:“男女同姓,其生不蕃。”[②]他們已經知道近血緣婚姻對後代遺傳不利,因此同姓不婚的規定一直爲我國歷代所遵守。我們今天同姓可以結婚,是因爲現在的姓與遠古時代的姓已經大不一樣了。現在同姓的人有的雖有血緣關係,但已經非常遥遠,有的根本就不存在什麽血緣關係了。而血緣關係很近的男女,現在也仍然是不應該通婚的。

第三,姓有“崇恩愛,厚親親”的作用。什麽叫“崇恩愛,厚親親”呢?這不單是指人倫關係、思想感情的親疏厚薄問題,更重要的牽涉到政治權利、物質利益的問題。恩格斯説:“氏族的名稱一開始就同氏族的權利密切聯繫在一起。”[③]因此,在氏族社會中,同氏族的成員平等地享有氏族内部的各種權利。到了奴隸社會,“百姓”指的就是貴族,而奴隸是没有姓的。即使到了春秋戰國時期,一般平民也還是没有姓。如《左傳》中的鉏麑、靈輒,《莊子》中的庖

---

① 見《馬克思恩格斯選集》第四卷 82 頁。
② 見《左傳·僖公二十三年》。
③ 見《馬克思恩格斯選集》第四卷 83 頁。

丁、匠石等，都是有名無姓。貴族有姓，平民無姓，因此姓也成了區分社會地位的一個標誌。

我國上古時期，不僅有姓，而且有氏。氏和姓既有聯繫，又有分别。姓是一種族號，氏是姓的分支。《左傳·隱公八年》："因生以賜姓。胙(zuò，賜)之土而命之氏。"孔穎達疏："姓者，生也，以此爲祖，令之相生，雖下及百世，而此姓不改。族者，屬也，與其子孫共相連屬，其旁支别屬則各自立氏。"這就是説，姓是舊的族號，氏是後來子孫繁衍、各個分支的特有稱號。例如：子是殷人的姓，姓子的下面又分華氏、向氏、樂氏、魚氏等；姬是周人的姓，姓姬的下面又分孟氏、季氏、孫氏、游氏等；姜是齊人的姓，姓姜的下面又分申氏、吕氏、許氏、紀氏、崔氏、馬氏等。姓是不變的。而氏的變化很大。顧炎武説："氏一再傳而可變，姓千萬年而不變。"例如，周人以姬爲姓，據傳是從黄帝時延續下來的。陳人以嬀爲姓，據傳是從虞舜時代延續下來的。儘管這不是有史可查的記載，但一定經過了千百年没有變化，這是可以肯定的。而氏呢？往往隔一兩代就可能發生變化。例如，春秋末年楚國的伍子胥，本以伍爲氏，他在吴國被殺後，兒子逃到齊國避難，改爲王孫氏(見《左傳·哀公十一年》)；晉國的荀氏由於荀林父將中行，荀林父的後代就爲中行氏；荀林父的弟弟荀首爲下軍大夫，他的采邑在知這個地方，於是荀首的後代就以知爲氏。也有本人就改變氏的。例如，陳完，本以陳爲氏，由於陳國發生内亂，他出奔到齊國，於是就改爲田氏。

以上情況都説明姓是不能變的，而氏則可以自立。自立有種種複雜的情況，比較常見的有：

以受封的邑名爲氏，如：

知罃　羊舌肸　解狐　臼季

以所居住的地名爲氏，如：

西門豹　北郭騷　南宫适(kuò)　百里奚

以官名爲氏，如：

卜偃　史墨　司馬穰苴　樂正克

以祖先的字或謚號爲氏，如：

孔丘（宋公孫嘉之後，嘉字孔父）

莊蹻（楚莊王之後，“莊”是謚號）

諸侯的兒子稱公子，公子的兒子稱公孫，公孫的兒子往往以其祖父（即公子）的字爲氏，例如宋桓公的兒子公子目夷，字子魚，孫子公孫友，公孫友的兒子就以其祖父公子目夷的字（子魚）爲氏，稱魚莒、魚石。魯桓公的三個兒子公子慶父字仲，公子牙字叔，公子友字季，他們的後代分别以仲孫（後改孟孫）、叔孫、季孫爲氏，成爲魯國掌握實際政權的三大家族，世稱“三桓”。

戰國以後，人們往往以氏爲姓，姓氏逐漸合而爲一，到了漢代，通稱爲姓，而且自天子以至於一般平民就都可以有姓了。

上文已經説過，上古同姓不婚，姓是用來别婚姻的；因此在戰國以前，男子只稱氏，不稱姓。顧炎武説：“考之於傳，二百五十五年之間，有男子而稱姓者乎？無有也。”（《日知録》卷二十三）而女子却必須稱姓。顧炎武説：“姓焉者，所以爲女坊也。”（同上）這是對的。爲了“别婚姻”，貴族婦女的姓比名更爲重要，待嫁的女子如果要加以區别，則在姓上冠以孟（伯）仲叔季，表示排行。例如：

孟姜　伯姬　仲子　叔姬　季芈

出嫁以後如果要加以區别，就採用下列幾種方法：

1. 在姓上冠以所自出的國名或氏。例如：

齊姜　晉姬　鄭姬　秦嬴　陳嬀

國姜（國，氏）

2. 嫁給别國的國君，在姓上冠以配偶受封的國名，例如：

秦姬　芮姜　息嬀　江芈

3. 嫁給别國的卿大夫，在姓上冠以配偶的氏或邑名，例如：

趙姬(趙衰妻)　　孔姬(孔圉妻)

秦姬(秦遄妻)　　棠姜(棠公妻;棠,邑名)

4. 死後在姓上冠以配偶或本人的諡號。例如:

武姜(鄭武公妻)　　穆姬(秦穆公妻)

文嬴(晉文公妻)　　文姜(魯桓公妻)

如果不需要區别時,可以在姓下加"氏"字的辦法稱呼婦女。例如武姜被稱爲姜氏,敬嬴(魯文公妃)被稱爲嬴氏,驪姬(晉獻公妃)被稱爲姬氏,等等。這種辦法在封建時期一直被沿用,有的婦女連名號都没有,只能稱爲某某氏,在解放前的農村里,也還普遍存在這種現象。

下面談古人的名號。

古人有名有字,舊説上古嬰兒出生三個月後由父親命名。男子二十歲成人舉行冠禮(結髮加冠)時取字,女子十五歲許嫁舉行笄(jī)禮(結髮加笄)時取字。名和字之間往往有意義上的聯繫。例如宰予,字子我;端木賜,字子貢;冉耕,字伯牛;屈原,名平,字原(《爾雅·釋地》:"廣平曰原。")。名和字甚至可以是一對反義詞,例如曾點,字皙。(《説文》:"點,小黑也";"皙,人色白也"。)

由於詞義的變遷,有的名和字在今天已經不容易看出它們之間意義的聯繫。例如顔回,字子淵。(《説文》:"淵,回水也。"回水指旋轉的水。)樊須,字子遲。(古代"須"和"遲"都有待的意思。)有時名和字之間只是一種偶然的聯繫,就更不容易看出它們之間的關係了。例如孔子,名丘,字仲尼。據《史記·孔子世家》記載,孔子父叔梁紇和母顔氏"禱於尼丘(山名)",遂生孔子,因此名丘,字仲尼。從這個傳説可以看出,古人的名和字之間可以有各種各樣的聯繫,其中有一些聯繫,是我們今天完全無法看出來的。

周代貴族男子字的前面常常加"伯、仲、叔、季"表示排行,字的後面有時加“父”或“甫”表示性别，用這種辦法構成的男子字的全稱共三個字。例如：

伯禽父　仲山甫　仲尼父　叔興父

比較常見的情況是省去“父”(甫)字，例如：

伯禽　仲尼　叔向　季路

有時也可以省去排行，例如：

禽父　尼父　羽父

也有只以排行爲字的，例如管夷吾字仲，范雎字叔，魯公子友字季，不過這種情況比較少見。

春秋時男子取字最普通的方式之一是加“子”字，這是因爲“子”是男子的尊稱。例如：

子産(公孫僑)　子犯(狐偃)　子胥(伍員)

子淵(顔回)　子有(冉求)　子牛(司馬耕)

這個“子”字有時可以省去，如顔回、冉求、司馬耕可以直接稱爲顔淵、冉有、司馬牛。

上古時期，名和字連着説的時候，通常是先稱字，後稱名，例如季(字)友(名)、孟明(字)視(名)、白乙(字)丙(名)、孔父(字)嘉(名)、叔梁(字)紇(名)等等。漢代以後，則往往先名後字，例如：曹丕《典論·論文》：“今之文人，魯國孔融(名)文舉(字)、廣陵陳琳(名)孔璋(字)、山陽王粲(名)仲宣(字)、北海徐幹(名)偉長(字)、陳留阮瑀(名)元瑜(字)、汝南應瑒(名)德璉(字)、東平劉楨(名)公幹(字)。”王安石《遊褒禪山記》：“四人者，廬陵蕭君圭(名)君玉(字)、長樂王回(名)深父(字)、余弟安國(名)平父(字)、安上(名)純父(字)。”

上古尊卑等級森嚴，尊對卑稱名，卑自稱也稱名；對平輩或尊輩則不能稱名，只能稱字，甚至連字都不能稱(例如對父母)。這種稱名、稱字表現尊卑關係的辦法一直沿用到後代。試以《論語》爲

例。孔子自稱丘,這是謙稱。孔子對弟子稱名,例如:

賜也,始可與言詩已矣。(《學而》)〔端木賜,字子貢〕

求,爾何如?(《學而》)〔冉求,字子有〕

弟子自稱也稱名。例如:

顏淵曰:"回雖不敏,請事斯語矣。"(《顏淵》)〔顏回,字子淵〕

子路曰:"昔者由也聞諸夫子曰……"(《陽貨》)〔仲由,字子路〕

弟子當着老師稱呼其他弟子也稱名,例如:

子貢問:"師與商也孰賢?"(《先進》)〔顓孫師,字子張。卜商,字子夏〕

(曾晳)曰:"夫子何哂由也?"(《先進》)〔仲由,字子路〕

記録《論語》的人對孔門弟子一般都稱字,例如:

顏淵、季路侍。(《公冶長》)〔季路,即子路〕

樊遲請學稼。(《子路》)〔樊須,字子遲〕

只有對曾參稱"曾子"不稱字,對有若也有三次稱"有子"不稱字,所以有人推想《論語》是曾參和有若的門人所記的。

除名和字外,還有别號(别字)。字是成年時由尊輩代取的,别號往往是自取的。别號可以是三個字或三個字以上,例如葛洪自號抱朴子,陶潛自號五柳先生,李白自號青蓮居士,白居易自號香山居士,蘇軾自號東坡居士。但常見的别號也是兩個字,例如王安石,字介甫,别號半山;陸游,字務觀,别號放翁;辛棄疾,字幼安,别號稼軒。三個字以上的别號有時候也可以壓縮爲兩個字,例如白香山、蘇東坡。兩個字的别號和字在應用上没有什麽顯著區别,有的人甚至以稱號爲常,不大被人稱字,例如,白居易字樂天,蘇軾字子瞻,陸游字務觀;但經常被人稱爲白香山、蘇東坡、陸放翁。

對人稱字或稱號本是表示尊敬,有人認爲這樣還不够,於是就稱官爵,稱地望(出生地或住地),例如杜甫被稱爲杜工部(杜甫曾任檢校工部員外郎),王安石被稱爲王臨川(王安石是江西臨川人)。有的甚至以姓的郡望作爲專稱,例如韓愈被稱爲韓昌黎,只是因爲昌黎韓氏是望族，實際上韓愈並不是昌黎人。

附帶提一下，唐代詩文還常常見到以排行相稱，或以排行和官職連稱的情況。例如白居易被稱爲白二十二，元稹被稱爲元九，李紳被稱爲李二十侍郎。這種排行是按照同曾祖兄弟的長幼次序來排算的，並不是同父兄弟的排行。

古代帝王、諸侯、高官大臣死後，朝廷按照封建社會的道德標準，根據他們的生平行爲給予一個稱號，稱爲諡或諡號。諡號是固定的一些字，根據死者生前事跡選用其中某一兩個字作爲死者的諡號，以褒貶其善惡。用作諡號的字大致可分爲三類：一是帶褒義的，如"文、武、昭、景、惠、穆"等；二是帶貶義的，如"靈、厲、幽、煬"等；三是表同情的，如"哀、懷、愍、悼"等。上古諡號多用一個字，但也有用兩三個字的，例如：

周平王　齊桓公　秦穆公　晉文公

楚考烈王　趙孝成王　睿聖武公（衛武公）

後世諡號除皇帝外，大多用兩個字，例如：

文成侯（張良）　忠武侯（諸葛亮）

昭明太子（蕭統）　武穆王（岳飛）

諡號按説應該是死者生前事跡和品德的概括，但選用的諡號實際是根據封建統治集團的需要決定的，因此往往不符事實，甚至是完全虛僞的，例如秦檜死後竟被宋高宗諡爲"忠獻"（到宋寧宗時才改諡爲"繆醜"）。

除朝廷加諡以外，還有私諡。這是有名望的學者死後其親友門人所加的諡號。例如東漢陳寔死後，去弔唁的據説有三萬多人，諡爲文範先生；晉陶潛死後，顏延年爲他作誄，諡爲靖節徵士；宋黄庭堅死後，門人諡爲文節先生。

稱諡號也是一種表示尊敬的辦法，有些人的諡號經常被後人稱呼，幾乎成爲别名了，例如岳武穆、昭明太子、陶靖節，等等。

最後簡單談談避諱的問題。

所謂避諱,就是不直稱君主或尊長的名字。凡是遇到和君主、尊長的名字相同的字,用改字或缺筆的辦法來迴避。這樣做的結果往往造成語文上的一些混亂,試舉一些例子:

秦莊襄王名子楚,秦朝把"楚"改爲"荆"。《史記·秦始皇本紀》:"二十三年,秦王復召王翦,彊起之,使將擊荆。""荆"就是"楚"。

漢高祖名邦,"邦"改"國"。《論語·微子》"何必去父母之邦",漢石經殘碑作"何必去父母之國"。

漢文帝名恒,"恒"改爲"常",在《史記》中,恒山被改爲常山。

隋煬帝名廣,"廣"改爲"博",隋曹憲爲《廣雅》作音釋時,把書名改爲《博雅》。

唐太宗名世民,"世"改爲"代"或"系","民"改爲"人",柳宗元《封建論》把"三世"改稱"三代",把"生民"改稱"生人",《捕蛇者説》把"民風"改爲"人風";《世本》一書改名爲《系本》。

唐高宗名治,"治"改爲"理",或"持",或"化"。柳宗元《封建論》"繼世而治"寫成"繼世而理"。李賢把《後漢書·曹襃傳》"治慶氏禮"改成"持慶氏禮",把《後漢書·王符傳》"治國之日舒以長"改成"化國之日舒以長"。

清聖祖(康熙)名玄燁,"玄"改爲"元","燁"改爲"煜"。清人著作或清刻古書中,許多應該是"玄"字的,如"玄鳥、玄武、玄黄"等,都寫成了"元"。

以上是避君諱的例子。避家諱的例子,如:

淮南王劉安的父親名長,"長"改爲"脩"。《老子》:"長短相形",《淮南子·齊俗訓》引作"短脩相形"。

蘇軾的祖父名序,蘇洵文章改"序"作"引",蘇軾爲人作序又改用"敍"字。

三國以後,不但要避諱和君主或尊長名字相同的字,連音同或音近似的字也要避諱。隋文帝的父親名忠,因爲“忠”、“中”同音,於是連帶避“中”字,“中”改爲“内”,官名“中書”改爲“内史”。李賀的父親名晉肅,因爲“晉”和“進”同音,竟因此不能舉進士,韓愈專門爲此事寫了一篇《諱辯》爲李賀辯解。

除避諱改字外,還有避諱缺筆,這是到唐代才開始有的。例如唐代避唐太宗李世民諱,“世”字作“卅”;宋代避宋真宗趙恒諱,“恒”字寫作“恒”;清代避清世宗胤禛諱,“胤”字作“肖”,避清宣宗旻寧諱,“寧”字作“寍”;唐以後,避孔子諱,“丘”字作“𠀉”;等等。

(十四)古代的職官

我國古代的職官制度,歷代都有所不同,甚至在一個朝代之内,也常有種種變化,情況相當複雜,這裏不可能全面加以論述。秦漢以前,我國還缺乏完整的記載官制的資料,從一些文獻中可以看出,當時我國還没有形成全國統一的官制。例如春秋戰國時期各國官制就不相同,楚國的最高文官稱爲令尹,次於令尹的是武官上柱國。這就和其他各國不同。秦始皇統一中國以後,建立起中央集權的統一官制,把官吏分爲中央和地方兩類。漢代基本沿襲秦制,以後歷代雖然有種種變化,但兩千年來大致是以秦漢官制作爲基礎發展演變的。從《漢書·百官公卿表》開始,歷代史書對各代官制都有專門的記載,爲我們保留了一大批比較完整的官制資料。下面分爲中央官制和地方官制兩部分,以秦漢官制爲主,對古代的職官做一些簡要介紹。

一、中央官制

秦始皇統一中國以後,設三公九卿,組成中樞機構。三公即丞相、太尉和御史大夫，是中央最高軍政長官。丞相位最尊，禀承皇帝意旨佐理國政；太尉協助皇帝掌管全國軍事；御史大夫是皇帝的秘書長，負責監察，並幫助丞相處理事務。三者在權力上有分工，又能起某種相互制約的作用。漢初沿襲秦制。漢武帝時廢去太尉一職，改爲大司馬，由皇帝寵信的外戚近臣担任，逐漸成爲事實上的執政，丞相地位雖尊，權力却逐漸縮小，例如霍光以大司馬大將軍輔助國政，其權勢就遠在丞相之上。西漢末年又把丞相改稱大司徒，御史大夫改稱大司空，與大司馬仍合稱"三公"（又稱三司），都是宰相。（司徒、司空和司馬是從西周就開始設置的官職，當時司徒掌管教化，司空掌管工程，司馬掌管軍隊，和漢代並不相同。）

九卿是秦漢時期中央行政機關的長官，卽：(1)奉常，掌宗廟禮儀。漢景帝時改稱太常。(2)郎中令，管宮廷侍衛。漢武帝時改稱光禄勳。(3)衛尉，管宮門近衛軍。漢景帝時一度改稱中大夫令。(4)太僕，管皇帝車馬。(5)廷尉，掌刑法，是最高法官。有時改稱大理。(6)典客，管理各少數民族和外國來朝事宜。漢景帝時改稱大行令，漢武帝時又改稱大鴻臚。(7)宗正，管理皇族事務。(8)治粟内史，管理租税賦役。漢景帝時改稱大農令，漢武帝時又改稱大司農。(9)少府，管宮廷總務。九卿之中，廷尉、典客和治粟内史管的是政務，其餘六卿管的是皇帝宮廷的事務。由此可以看出，在秦漢官制中，宮廷服務的重要性是非常突出的。負責宮廷事務的官吏由於能够接近皇帝，對決定政事常常能起很大作用。

九卿之外，還有一些比較重要的中央行政長官，如中尉，掌管京師治安（漢武帝時改稱執金吾）；將作少府，掌管營建宮室（漢景帝時改稱將作大匠）；等等。

以九卿爲主的各中央行政長官都各有屬官。有一些屬官由於能接近皇帝，官階雖然不高，但職位相當重要。例如郎中令（光禄勳）的屬官有大夫和郎，都能接近皇帝。

大夫“掌論議”,有太中大夫、中大夫(漢武帝時改稱光禄大夫)等,雖是散官性質,但能接近皇帝,提出意見,諫大夫則是專職諫官。

郎是皇帝侍衛官的通稱,有議郎、中郎、侍郎、郎中。除議郎掌顧問應對以外,其他諸郎都是“掌守門户,出充車騎”。漢武帝時又增置期門、羽林,都是郎一類的屬官,因此又稱爲期門郎、羽林郎。

漢代還有所謂加官,是本官之外另加的官職。大臣得到加官,就可以出入宫廷,經常接近皇帝。漢代的加官有侍中、左右曹、諸吏、散騎、常侍、給事中等。加侍中就能出入宫禁,成爲皇帝的親信;加左右曹就能處理皇帝的文書;加諸吏就能對宫廷官員進行監察和彈劾。散騎是皇帝的騎從,常侍是皇帝的侍從(東漢時改由宦官專任),給事中就是在内廷行走的意思,可以備皇帝顧問應對。漢以後各代多仍有給事中官職,但不再是加官,而是正員了。在各種加官中,侍中最貴,左右曹和諸吏最有權。

西漢時期,“三公”的權力是比較大的。到東漢時,“雖置三公,事歸臺閣”(《後漢書·仲長統傳》),三公已經没有實權,變成只處理例行公事的高級官吏,臺閣反而成爲實際上的宰相府了。

所謂臺閣,原指尚書機構尚書臺,是宫廷中的辦事處。尚書本是九卿中少府的屬官,漢初時職位並不高,只是在皇帝左右處理文書,是一般秘書性的工作。由於事務逐漸增多,發展爲尚書臺,首長是尚書令,副職是尚書僕射,分曹辦事,每曹設尚書一人,權力也逐步擴大集中,成爲掌握國家實際權力的機構了。

魏文帝時,鑒於東漢尚書臺的權勢太大,把它改爲外圍的執行機構,另外設置以中書監和中書令爲首長的中書省,參掌中樞機密。南北朝時,鑒於中書省的權勢日大,又設置以侍中爲首長的門下省,對中書省加以限制,這樣,就形成了皇朝中央尚書、中書、門下三省分職的制度:中書省取旨,門下省審核,尚書省執行。中書令、侍中、尚書令分別代表三省，共同幫助皇帝處理政事，只要被皇帝倚重，就可以算是宰相，這種三省分職的制度，是隋唐時期中央官制的基礎。

唐代因爲唐太宗曾任尚書令，以後就不再以此官授人，而以左右僕射爲尚書省的首長。唐太宗又認爲中書令和侍中的官位太高，不輕易授人，常委派其他官員加上“參議朝政”、“參議得失”、“參知政事”之類的名義掌宰相之職。高宗以後執行宰相職務的稱爲“同中書門下三品”、“同中書門下平章事”。這些官員成爲實際上的宰相，而三省的首長則没有實際權力，徒具虚名了。同平章事常常不只一人，人多的時候就輪流處理日常事務，遇到重大行政事務就共同見皇帝研究處理。

宋代中央由中書和樞密院分掌文武二柄，號稱二府。樞密院類似秦代的太尉府，正副首長是樞密使和副使。元代以尚書省、中書省爲宰相府，以尚書令、左右丞相、平章政事爲宰相。後廢尚書省，歸併於中書。明代廢中書省，皇帝親理國政，以翰林院官員加龍圖閣大學士等銜草擬詔諭。後來大學士逐漸參與大政，成了實際上的宰相。清沿明制，到雍正時成立軍機處協助皇帝處理政事，大學士就没有什麽職權了。

下面説到六部。

從東漢到隋唐，尚書省(或尚書臺)是行政的總負責機構。由於事務繁多，尚書省内分曹辦事，每曹設尚書一人，這是後世中央各部的前身。隋以前分曹没有一定的制度，到隋代才定爲吏、民、禮、兵、刑、工六部，屬於尚書省。唐避太宗諱，改民部爲户部。此後歷代相承，作爲中央行政機構的六部制一直沿襲到清代，基本未變。

六部的職責分工大致是：

(1) 吏部：掌官吏的任免、銓敍、考績、升降等。

(2) 户部：掌土地、户口、賦税、財政等。

（3）禮部：掌典禮、科舉、學校等。

（4）兵部：掌全國軍政。

（5）刑部：掌刑法、獄訟等。

（6）工部：掌工程、營造、屯田、水利等。

各部的首長稱爲尚書，副首長稱爲侍郎。部下設司，司的首長稱爲郎中，副首長稱爲員外郎。屬官有都事、主事等。這些官名一直沿用到清代。

自從六部成立以後，諸卿的職權逐漸變小，有的卿由於職務併入有關部司，後來就裁撤了。

歷代的中央機構還有監察官和諫官。監察官對百官進行糾察彈劾，諫官對皇帝進行規諫。監察機構稱御史臺，首長是御史大夫或御史中丞，屬官有侍御史、治書侍御史、殿中侍御史等。監察官統稱臺官，和諫官合稱爲臺諫。諫官稱爲諫大夫或諫議大夫。唐代除諫議大夫外，又增設補闕、拾遺，三者各分左右，分屬門下和中書二省。和諫官同居門下省的有給事中，負責審閱各部奏章和封駁中書省所擬的詔旨。明代給事中負責稽查六部，並兼任前代諫議、補闕、拾遺的職務，所以後來俗稱給事中爲給諫。清雍正時給事中和御史同屬都察院，這樣，御史也就稱爲臺諫了。

我國古代在中央還有一些不屬於一般行政系統的官職。例如翰林待詔或翰林學士，是皇帝的文學侍從性質，常應詔代皇帝草擬詔令、應和文章。侍讀學士或侍講學士是侍奉皇帝讀書的文人。我國歷代都有史官，秦漢稱爲太史，魏晉稱爲著作郎，唐宋以後稱爲修撰、編修等。掌管圖書典籍的官員歷代有蘭臺令史、祕書郎、校書郎等。此外，古代還有博士、助教等官，秦漢時博士掌通古今，備顧問，比較重要，魏晉以後則是國子監和太學的教官，助教是其副職。

這一類官職大都與文化有關，其中翰林學士比較重要。翰林學士是唐玄宗時開始設置的，起初只是等待皇帝宣詔起草文件，到唐德宗以後，逐漸參與皇帝的機密詔令，成爲皇帝的顧問和幕賓，常常可以由此升爲宰相。明清兩代的翰林則是參加殿試、考中進士以後所授的官職，已經不直接參與政事。但歷代都認爲翰林官比較清高尊貴，做宰相的如果不是翰林出身就不够光彩，從唐代到清代風氣一直是如此。

二、地方官制

春秋戰國時期，郡縣兩級的地方行政單位就已經初步形成。秦始皇統一中國後，把天下分爲三十六郡（後增至四十郡），郡下設縣。郡和縣的長官都由朝廷任命，可以隨時調動。此後各代的地方行政單位都是以秦代的郡縣制爲基礎的。

兩千年來，我國地方行政的基層單位始終是縣。秦漢時一縣大致方一百里。人口稠密的地方，面積就小一些；人口稀少的地方，面積就大一些。一縣之內，以十里爲一亭，亭有亭長，掌捕盗賊；十亭爲一鄉，鄉官有三老、嗇夫、游徼，三老掌教化，嗇夫掌獄訟、賦税，游徼掌捕盗賊。萬户以上的縣，長官稱令，不及萬户的縣，長官稱長；另有縣丞助理縣政，縣尉掌管治安。隋唐縣的長官統稱令。唐代中葉以後直到五代，形成藩鎮割據，各地縣令都由地方勢力所把持。宋代開國以後，爲了恢復朝廷對縣一級政權的控制，由中央派官員出掌縣政，稱爲“知某縣事”，簡稱知縣。元代稱爲縣尹。明清兩代又沿用了知縣的名稱。歷代在縣的長官之下都有各種屬官，各有不同職掌。

秦漢縣以上的行政單位是郡。秦代郡的行政長官是郡守，掌軍事的是尉，掌監察的是監御史，簡稱監。三者分工和中央的丞相、太尉、御史大夫完全相同。漢代郡守改稱太守，後因兼領軍事，所以有郡將之稱。郡的屬官中比較重要的是督郵，負責考察所屬各縣官吏的功罪善惡，並督治地方豪强姦惡，權力比較大，到唐以後才廢去。

漢代和郡平行的還有“國”，這是皇帝子弟和功臣的封地，所以也稱“諸侯王國”。漢初諸侯王國設官全仿中央，吴楚七國之亂以後，爲了削弱諸侯王國的勢力，把諸侯王國的職官加以裁削，由中央派“相”處理行政。相的地位和郡太守相當，俸禄都是二千石，所以漢代往往用二千石作爲“郡國守相”的代稱。

漢武帝時，爲了加强中央的統治力量，把全國分爲十幾個監察區，稱爲州或部，每州設刺史一人（後有時稱爲牧），監察所屬郡國。京師所在的州置司隸校尉，略如刺史。刺史的屬官有别駕從事史、治中從事史等。别駕隨刺史出巡，治中主管文書。東漢戰争頻仍，刺史（或州牧）都掌兵權。魏晉南北朝刺史多帶將軍稱號，並允許成立軍府，自置僚屬，權勢很大。這樣，刺史就有兩套屬官，一套是屬於監察系統的别駕、治中等，一套是屬於軍事系統的長史、司馬、參軍等。

南北朝時地方官制最爲紊亂，爲了安置官吏，濫立許多州郡縣名目。南朝由於是從北方遷到南方偏安的，還有不少沿用北方原有名稱的所謂僑州郡縣。隋文帝統一中國後，廢郡一級的官，只存州縣兩級，唐代因之，縣以上的行政單位或稱州，或稱郡。稱州時長官是刺史，稱郡時長官是太守。唐代刺史是州的行政長官，實際上等於太守，和漢代刺史的職權很不相同。南北朝時代刺史的兩套屬官也就參用爲行政系統的官號了。唐太宗時把各州的治中改爲司馬，别駕改爲長史，就是合併了兩套屬官的名稱。了解這一點，就可以明白柳宗元貶爲永州司馬、白居易貶爲江州司馬，都是不掌武事的，實際上貶謫的司馬是任何實權也没有的。

唐代中央對地方的監察起初是派員出巡各州，稱爲黜陟使，有權罷免或提升地方官吏。唐太宗時把全國分爲十道（玄宗時增爲十五道），每道由中央派官吏一人巡察所屬州縣，先後稱爲巡察使、按察使、採訪處置使、觀察使，職權和漢代的州刺史相似。唐代還聚邊境數州爲一鎮，設節度使，兼度支、營田、觀察等使，總攬一方軍政、民政、財政和監察大權。原意是防外族侵略，只設於邊防重鎮，後來内地也普遍設置節度使，逐漸形成了藩鎮割據的局面。宋代廢藩鎮制度，節度使只是優寵將帥大臣和宗室勳戚的虚銜。元代連這個虚銜也廢去了。

宋代縣以上的行政單位是州，州政由中央派員前往管理，稱爲"知某州軍州事"（"軍"指地方軍隊，"州"指民政），簡稱知州。州還有通判，有權和知州共同處理州事，並監督知州的行動，又稱監州，也由中央直接派遣。州的屬官重要的有判官和推官，判官管行政，推官管司法。和州平行的還有府、軍、監，設官和州大致相同。宋代仿效唐代在州上設道的辦法，把全國分爲十五路，各路設轉運使等官，主要掌所屬州郡的水陸轉運和財賦，後來權力擴大，有時也兼管刑法和民事。

元代地方最高行政機構是行中書省，體制類似中央，也有丞相、參知政事等官。明初沿襲元制，後來改稱承宣布政使司，簡稱布政司，但習慣上仍稱爲"省"，長官爲左右布政使，負責一省的政務。有戰事時，派朝臣出巡地方，處理軍務，稱爲巡撫。如果戰事牽連數省，巡撫不能解決，則派總督處理。總督和巡撫都是臨時性的，不算正式地方官。到了清代，總督和巡撫才成爲固定的"封疆大吏"。巡撫是省級的最高長官，比較偏重民政；總督則總攬一省或兩三省的軍民要政，比較偏重軍政。一省可以只有巡撫而無總督，也可以由總督兼管巡撫事，並無嚴格的規定。布政使則成爲他們的屬員，只管財政和人事，通稱藩臺。另有按察使主管一省的刑事案件，通稱臬臺。

明清一省分爲數道，道有道員，稱分守道、分巡道。（管理全省某一特定職務的官吏也稱“道”,如糧儲道、兵備道等。)道下有府,府的長官稱爲知府,屬員有同知、通判等。府下一般都有州,州的長官稱知州,屬官有州同(同知)、州判等。州下有縣,長官即知縣。但是,有的州相當於府,直隸州是京都所在,它的地位就略等於府。也有一些散州,雖然隸屬於府,但實際地位和縣相當。

三、品階勳爵

古代把職官分爲若干等級,通稱爲“品”。漢代根據禄石的多少定官位的高低,例如九卿是中(zhòng,滿)二千石,刺史、太守等是二千石,縣令是六百石到千石,禄石不同,月俸收入不同。曹魏時職官分爲九品,一品最高,九品最低,以後各代基本因之,只是有時分得更細一些,例如明清兩代,九品各分正從,共十八級。隋唐時九品以内的職官稱爲流内,九品以外的稱爲流外。清代不列入九品之内的官稱爲未入流。

隋唐時期把有職務的官稱爲職事官,没有職務的官稱爲散官,散官也有品級,作爲標志官員身份級别的稱號,稱爲“階”,通稱爲階官。以後各代都有階官,只是名稱和品級不盡相同而已。唐宋時一個人的階官品級和他所擔任的職事官品級不一定相同。階官高於職事官,則在職事官上加“行”字;階官低於職事官,則在職事官上加“守”字;階官比職事官低二品,則加“試”字。

從唐代開始,又採取前代某些散官官號略加補充作爲酬賞軍功的勳號,稱爲“勳”,通稱爲勳官。勳官也分級,如唐代有上柱國、柱國、上護軍、護軍、上輕車都尉、輕車都尉、上騎都尉、騎都尉、驍騎尉、飛騎尉、雲騎尉、武騎尉等十二級。明代文官也有勳號。清代勳和爵就合而爲一了。

我國歷代都有封爵的制度。舊説周代封爵分爲公侯伯子男五等。漢代封爵只有王侯兩等,漢初異姓也可以封王,後來封王只限於皇帝同姓。三國以後,歷代封爵制度雖然不盡相同,但是同姓封王基本一致,異姓除少數例外,一般只封爲公侯伯子男。至於各代封爵的差别,就不一一列舉了。

以上簡略地介紹了我國古代中央和地方官制的一些情況。最後應該指出的是,古人提到官名時,有時喜歡襲用前代舊稱。例如中央的六部,和《周禮》所載的六官大致相當:吏部相當於天官大宰(冢宰),户部相當於地官大司徒,禮部相當於春官大宗伯,兵部相當於夏官大司馬,刑部相當於秋官大司寇,工部相當於冬官大司空。於是古人就常以《周禮》六官的名稱作爲六部尚書的代稱,如吏部尚書稱爲冢宰,户部尚書稱爲大司徒,禮部尚書稱爲大宗伯等等。(清代的户部掌漕糧田賦,所以户部尚書又稱爲大司農,這是沿用漢代的名稱。)

了解到這種情況,在讀古文時,就可以避免對古代官名產生誤解。例如柳宗元《永州韋使君新堂記》最後一句説:"編以爲二千石楷法。"這裏二千石是襲用漢代郡國守相的稱呼,其實是指當時州的行政長官刺史説的,這句話的意思是説:編寫出來作爲刺史的楷模。又如歐陽修《醉翁亭記》中屢次提到太守,最後説:"太守謂誰?廬陵歐陽修也。"實際上宋代並没有太守,歐陽修當時知滁州事,即滁州的知州,太守是沿用漢唐州郡行政長官的舊稱。

(十五) 古代的地理

古代的地理是一門專門的學問,在這裏不可能詳述。本節只介紹古代地理的概況和讀古書應注意的一些問題。

古代有所謂"九州"的説法。這是傳説中的上古時期我國中原的行政區域。九州的名稱,各書並不一致,據《尚書·禹貢》,"九州"是冀州、兖(yǎn)州、青州、徐州、揚州、荆州、豫州、梁州、雍州。它們的大致位置如下圖：

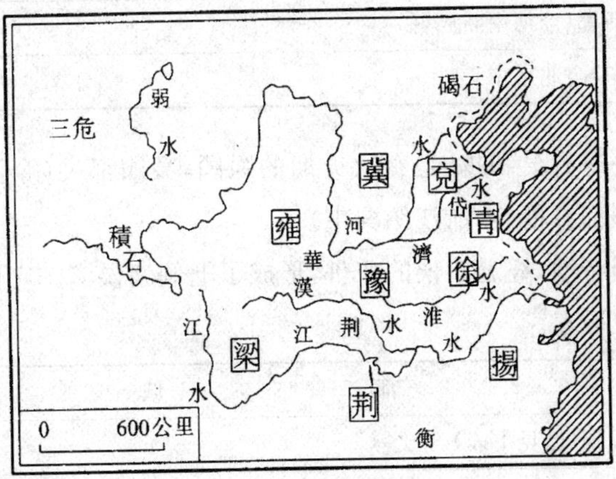

周代實行分封，建立了許多諸侯國。據《史記·十二諸侯年表》，春秋時十二個主要的諸侯國及其都城如下：

國名	都城
魯	曲阜（今山東曲阜市）
齊	薄姑（今山東博興縣東北），後遷臨淄（今山東淄博市北）
晉	唐（今山西臨汾市西），又都絳（今山西翼城縣東南），晉景公遷至新田，仍稱絳（今山西曲沃縣西南）
秦	原居雍（今陝西鳳翔縣），獻公遷至櫟陽（今陝西高陵縣東北），孝公遷咸陽（今陝西咸陽市東）
楚	丹陽（今湖北秭歸縣），楚武王遷至郢（今湖北江陵縣北）
宋	商丘（今河南商丘市）
衛	朝歌（今河南淇縣），後遷楚丘（今河南滑縣東）、帝丘（今河南濮陽縣西南）
陳	宛丘（今河南淮陽縣）
蔡	汝南（今河南上蔡縣西），後遷州來（今安徽鳳臺縣），以州來爲下蔡，汝南爲上蔡
曹	曹（今山東定陶縣）

續表

鄭	新鄭(今河南新鄭縣)
燕	薊(今北京市)

此外還有吴和越,是春秋後期的强國,吴國都吴(今江蘇蘇州市),越國都會稽(今浙江紹興市)。

戰國時期,經過諸侯的兼併,形成了七個諸侯國。它們的國名和都城見下表。

國名	都城
秦	咸陽(已見上表)
魏	安邑(山西翼城縣附近),遷大梁(今河南開封市),遷都後魏國又稱梁
韓	平陽(今山西臨汾市西),景侯遷至陽翟(今河南禹州市),哀侯遷至新鄭(已見上表)
趙	晉陽(今山西太原市西南),後遷邯鄲(今河北邯鄲市)
楚	郢(已見上表)
燕	薊(已見上表)
齊	臨淄(已見上表)

秦始皇統一中國後,設立郡、縣兩級的行政區劃。這種體制,後來一直爲歷代所沿用。秦初定三十六郡。後來逐漸增至四十餘郡。三十六郡的郡名,各家説法不盡相同。

漢承秦制,行政區劃主要是郡縣兩級。但與郡平行的還有"國"。國是漢代諸侯王的封地,地方大小不一。漢景帝以後爲了削弱諸侯王的力量,逐漸把國分得越來越小,一般國的區域略等於郡,所以"郡國"連稱。漢武帝時,爲了加强中央集權,除京師附近七郡外,分全國爲十三個監察區,各置刺史一人,是監察官,巡察所屬郡國，稱爲"十三刺史部"，簡稱"十三部"或"十三州"，其名稱爲：豫、兖、青、徐、冀、幽、并、涼、益、荆、揚、交趾、朔方。後來又在京師附近七郡設"司隸校尉部"，性質同十三部。東漢時朔方併入并州，"交趾"改稱"交州"，加上司隸校尉部仍是十三部或十三州，但性質已逐漸變成郡上面的一級行政區劃。

南北朝時行政區劃仍有州、郡、縣三級。西晉分全國爲十九州。後來形成南北對峙的局面，南朝和北朝各自的版圖都縮小了，而州却不斷增多，"梁武帝……以舊州遐闊，多有析置"(《隋書·地理志》)，到陳末有五十七個州。因此，州和郡的轄境就變得差不多了。

隋統一全國後，廢郡，而以州縣爲兩級行政區劃。隋煬帝時，改州爲郡。到唐朝，州郡迭改。宋朝廢郡稱州。以後各朝一直是以州統縣。

唐代也設置監察區，稱"道"，略等於漢代的州。貞觀時全國分爲十道，即：關内道(治鳳翔)、河南道(治洛陽)、河東道(治太原)、河北道(治魏州，今河北大名)、山南道(治襄州，今湖北襄樊市)、隴右道(治鄯州，今青海樂都)、淮南道(治揚州)、江南道(治蘇州)、劍南道(治成都)、嶺南道(治廣州)。開元年間又分爲十五道，這是從關内道分出京畿道(治長安)，從河南道分出一個都畿道(治洛陽)，再把山南道分爲山南東道和山南西道，把江南道分爲江南東道、江南西道和黔中道。

宋朝没有"道"而有"路"。路最初是爲征收賦税轉運漕糧而分的區域，後來逐漸帶有行政區劃和軍區的性質。最初全國分爲十五路，後來又分爲十八路、二十三路。二十三路的區域和今天的省大致相當，名稱也有不少相同。

唐宋時和州、郡平行的行政單位還有"府"。大州叫府。如唐代的鳳翔府、興元府等，都是曾經做過陪都的。宋代有開封府、大名府等。開封府是東京,大名府是北京。

元朝的行政區劃比較複雜,有省、道、路、州(府)、縣五級。“省”是“行中書省”的簡稱,意思是中書省的行署。本來是臨時設置的,後來成爲固定的行政區劃。當時山東山西及河北由中書省直轄,稱爲“腹裏”,其餘地方分爲十一行中書省,簡稱十一行省。元朝的“道”相當於宋朝的路,元朝的路與後來明清的“府”相近。有的省下没有道,直接領路。路下是州(府),州(府)轄縣。

明朝把“省”改爲“布政使司”,全國各地除直轄京師和南京的地方外,分爲十三布政使司,俗稱“十三省”,習慣上把兩京也算在裏面,合稱“十五省”,其名稱爲:山東、山西、河南、陝西、四川、湖廣(今湖南湖北)、浙江、江西、福建、廣東、廣西、雲南、貴州、北直隸、南直隸。省以下的行政區劃是府。明代改州爲府,只有少數直隸州直轄於省,其餘的散州和縣平行,隸屬於府。

清朝的體制大致和明朝相同,只是把“布政使司”又改爲省。清初把北直隸改爲直隸省,把南直隸改爲江南省,後來又把江南分爲江蘇、安徽,把陝西分爲陝西、甘肅,把湖廣分爲湖南、湖北,這樣,省的名稱和現在就基本一致了。省下轄的行政單位,清朝和明朝一樣,也是府和州、縣兩級。

上面我們介紹了歷代行政區劃變化的概況。從中可以看出,從秦到清的兩千年間,除了“縣”作爲基層的行政單位没有改變以外,其他一些行政單位歷代有很大的變化。例如“州”,漢代的州和唐宋的州、明清的州都很不一樣。漢代的州轄境很大,唐宋的州相當於漢代的郡,明清的州則相當於縣了。這些情況,是我們在讀古書時必須注意的。

其次介紹一下歷代的首都。

商代的都城屢次遷徙,自盤庚始遷都至殷(今河南安陽市西),以後直至商朝滅亡未變。西周都鎬京(今陝西西安市西南),東周都洛邑（也寫作雒邑，即今河南洛陽市），秦都咸陽（今陝西咸陽市附近），西漢都長安（今陝西西安市附近），東漢都洛陽。魏和西晉均都洛陽。東晉都建業（後改名建康，在今江蘇南京市）。南朝均建都於此。隋都大興（今陝西西安市），唐都長安。宋都東京（今河南開封市）。元都大都（今北京市）。明清均以順天府（今北京市）爲京師。

有的朝代還有陪都，例如唐有“五京”：京兆府爲中京，鳳翔府爲西京，成都府爲南京，河南府爲東京，太原府爲北京[①]。宋以開封府爲東京，河南府爲西京，應天府（今河南商丘市）爲南京，大名府（今河北大名）爲北京。

我國還有一些名山大川，在古書上也常常提到。最著名的大河當然是黄河和長江了。上古“河”一般專指黄河，“江”一般專指長江。淮河和濟水也是著名的大河，江、河、淮、濟合稱“四瀆”。濟水也寫作“泲水”，發源於今河南濟源縣，流經今山東境内入渤海。後來其下游爲黄河所奪。大澤有雲夢，在今湖北省長江南北，本爲兩澤，江北爲雲，江南爲夢。後來淤爲陸地，今洪湖等是雲夢的遺跡。此外還有洞庭、彭蠡（即今鄱陽湖）、具區（又名震澤，即今太湖）。《史記·河渠書》索隱以具區、洮（Yáo）滆（Gé）（即洮湖和滆湖，都在太湖附近）、彭蠡、青草（在洞庭湖的東南，北有沙洲與洞庭湖相隔，水漲時即與洞庭湖相連）、洞庭爲“五湖”[②]。名山有“五嶽”，即東嶽泰山（也叫太山、岱山），西嶽華山（也叫太華），南嶽衡山，北嶽恒山，中嶽嵩山。最早只有“四嶽”的説法，如《左傳·昭公四年》：“四嶽三塗。”後來又加上中嶽嵩山，稱爲“五嶽”（見《周禮·春官·大宗伯》和《爾雅·釋山》）。

---

① 這是唐肅宗至德二年所定。在此前後情況都有所變化。

② “五湖”的所指歷來説法不一。有時“五湖”專指太湖。

古代地理還有一些習慣的稱呼。如"關内"、"關外"或"關東"、"關西"。"關"指函谷關。春秋戰國以及漢朝初年的函谷關在今河南靈寶縣,到漢武帝時改爲今河南新安縣。"山東",一般指崤山以東,泛指戰國時六國;因爲秦在崤山西面,六國在崤山之東。賈誼《過秦論》上:"山東豪俊遂並起而亡秦族矣。""江東"或"江左"指長江下游的現在江蘇南部一帶,與此相對,"江西"或"江右"指長江下游現在安徽省中部地區。這是由於長江流到今九江後,折向東北,因此以這段江流爲界,來區分東西或左右。古代還有"河東"、"河西"、"河内"、"河外"等説法,所説的"河"都是指黄河。黄河在流經今山西和陕西的那一段,自北而南,這段河的西部地區叫河西,東部地區叫河東。黄河流到潼關以後轉而向東,流經今河南省境,在這段河的北部地區叫"河内",南部地區叫"河外"。這些在古書中都是很常見的。

閲讀古書時,對於古代的地理有兩個問題要注意。

一是同名異地和異名同地。同名異地如:北京,在唐五代指今山西太原,宋代指今河北大名,金指今遼寧凌源。南京,唐指今四川成都,宋指今河南商丘,遼指今北京市,金指今河南開封。絳,在春秋時指今山西翼城東南,從晉景公起到西漢,指今山西曲沃,隋代指今山西新絳。丹陽,春秋時楚始封於丹陽,即今湖北秭歸;後來楚文王遷都至今湖北枝江縣西,仍稱丹陽;戰國時秦敗楚師於丹陽,指丹水之陽,即今河南淅川附近;秦時始皇由丹陽至錢塘,丹陽即今安徽當塗縣附近;唐代改曲阿爲丹陽縣,即今江蘇丹陽市。輪臺,在漢朝是指今新疆的輪臺縣,在南疆;而唐詩中經常提到的輪臺却是現在的烏魯木齊市,在北疆。山河、湖澤也有這問題。如恒山,主峰在今河北曲陽縣附近,但今山西渾源縣附近也有恒山;秦漢以來都以曲陽縣附近的恒山爲北嶽,明代則以渾源縣附近的恒山爲北嶽。北海,《孟子》"挾泰山以超北海",指今渤海;而漢代蘇武牧羊的北海則是前蘇聯境内的貝加爾湖。山東,上面説過,一般指崤山以東,但也有指太行山以東的,如《史記·晉世家》"(文公四年)十二月,晉兵先下山東",即出太行山以東去攻曹。

同名異地還有一種情況:郡名和縣名相同。例如會稽,是秦漢時的郡名,轄境最大的時候包括今江蘇省長江以南,浙江省大部以及福建全省。秦和西漢時郡治在吴(今江蘇蘇州),東漢移治山陰(今浙江紹興)。在隋朝時"會稽"是縣名,分山陰縣置,在今浙江紹興。"會稽"又是山名,主峰在今浙江嵊縣北。越王勾踐"棲於會稽",指的是會稽山。又如丹陽,除了前述地名外,漢至隋又是郡名。西漢時治所在宛陵(今安徽宣州市),三國吴移治建業(今江蘇南京)。郢,作爲古都名在今湖北江陵(楚國曾多次遷都,所遷的都、鄀等地當時也稱"郢",這裏不細述);作爲州名,南北朝時的郢州治所在汝南(治夏口城,即今湖北武昌),唐宋時的郢州治所在今湖北鍾祥。同一個郡或州,其轄境和治所也是經常變化的,這一點也需要注意。

異名同地的如:現在的北京,春秋戰國直至南北朝都叫薊。金叫中都,又叫大興。元叫大都。現在的南京,在戰國時爲楚國的金陵,秦改爲秣陵,三國吴始建都於此,改爲建業,晉改名建康,隋廢都,改爲丹陽郡,唐置江寧郡,後改爲昇州。北宋稱江寧府,南宋稱建康府,明稱應天府,後又稱南京。清代稱江寧府。今廣州市,秦、西漢、三國、西晉都是南海郡地,三國吴和唐代、宋代、元代改南海郡爲廣州。南海郡的治所在番禺,隋朝改番禺爲南海縣。唐朝又析置番禺縣。元以後,南海、番禺兩縣併爲廣州路或府的治所[①]。這是由於歷代地名變化而形成的,這種情況不難理解。

① 這裏説的也只是概況。同一個朝代,地名也常有更改。如江寧郡,唐代初年曾稱爲揚州和蔣州。廣州,唐代也曾一度改稱南海郡。

要注意的第二點是古稱和别稱。有些地方,當時已不叫這名稱了,但文人喜歡古雅,仍用它的古稱。如李白《送孟浩然之廣陵》詩:“故人西辭黄鶴樓,煙花三月下揚州。”“揚州”是當時的名稱,“廣陵”則是古稱,漢代稱廣陵。又如柳永《觀海潮》“錢塘自古繁華”,説的是今浙江杭州。在北宋時稱杭州爲餘杭郡,錢塘是秦時的稱呼。姑蘇是蘇州的别稱。如張繼《楓橋夜泊》詩:“姑蘇城外寒山寺,夜半鐘聲到客船。”因爲蘇州城西南有姑蘇山而得名。成都又稱“錦官城”或“錦城”,如杜甫《春夜喜雨》詩:“曉看紅濕處,花重錦官城。”李白《蜀道難》詩:“錦城雖云樂,不如早還家。”這是因爲古代曾在成都設置“錦官”(主管織錦的機構)。“維揚”是揚州的别稱。劉希夷《江南曲》:“潮平見楚甸,天際望維揚。”這是因爲《尚書·禹貢》上有“淮海惟揚州”的話,後來文人就截取“維揚”二字(“維”通“惟”),作爲揚州的代稱。這些在讀古書時都是應該注意的。

(十六) 古代的曆法

古代的曆法,起於商代以前,後來逐步改進。經過天文學家祖沖之、僧一行、郭守敬等人的研究,到了清代,中國的曆法已經到了完善的地步。這裏簡單地介紹中國古代的曆法①。由於曆法和天文有密切關係,同時我們也講一些中國古代天文學的常識。

一、年,歲

年和歲是不同的兩個概念②。

---

① 主要參攷書:秦蕙田《觀象授時》(《皇清經解》第三十五種)。

② 年和歲,混用則不别。《爾雅》云:“夏曰歲,商曰祀,周曰年,唐虞曰載。”

十二個月爲一年。閏年有十三個月。平年有354日(包括六個大月、六個小月),閏年有383日。

太陽一周天爲一歲。所謂太陽一周天,是設想太陽過春分點,循黄道東行①,復回到春分點的時間。實際上就是地球公轉的一周期。古人所謂歲,也就是現代天文學所謂的回歸年,又叫太陽年。這樣,一歲就是365 $\frac{1}{4}$日(實際上是365.24199日)。《尚書·堯典》上説:"朞三百有六旬有六日。""朞"是一周歲的意思,三百有六旬有六日是説一個整數。這實際上是陽曆的年,中國曆法上叫做"歲實"。

年是陰曆,歲是陽曆,所以説中國古代曆法是陰陽合曆。中國的節氣是陽曆(參看下文)。中國的閏月是用來解决陰陽曆的矛盾的(見下文)。

歲的意義來源於歲星,歲星就是木星。歲星約十二年一周天。古人把黄道附近一周天由西向東分爲十二個星次,歲星每年行一個星次。十二次的名稱是星紀、玄枵(xiāo)、諏訾(zōuzǐ)、降婁、大梁、實沈、鶉(chún)首,鶉火、鶉尾、壽星、大火、析木。《左傳·襄公二十八年》有"歲在星紀",《襄公三十年》有"歲在降婁",《國語·晉語四》有"歲在大火",都是以歲星紀年。這是最早的紀年法。後人寫文章,爲了仿古,也采用這種紀年法,例如潘岳《西征賦》有"歲在玄枵"。

由于歲星是逆時針由西向東運行,歲星紀年法在實際應用中並不方便。爲此,古人設想一個假歲星,叫做"太歲",讓它由東向西與真歲星"背道而馳",把黄道附近由東向西分爲十二等份,叫做十二辰,即子丑寅卯辰巳午未申酉戌亥,這樣就和十二辰的方向順

① 黄道是古人想象的太陽周年運行的軌道,即太陽周年視運動的軌道。

序相一致。這就是"太歲紀年法"。歲星紀年與太歲紀年圖如下：

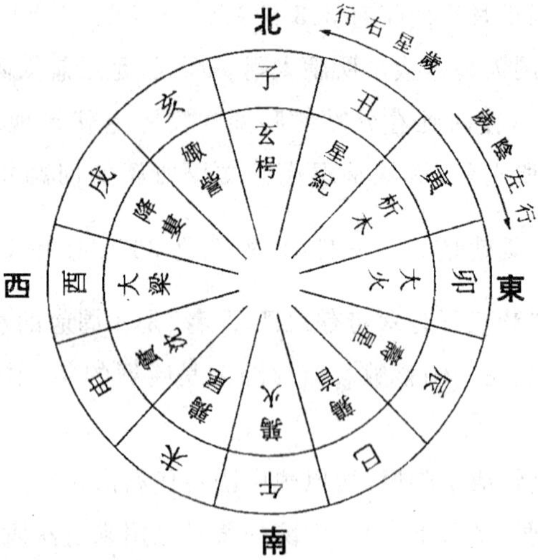

根據《漢書·天文志》所載戰國時代的天象紀録，某年歲星在星紀，太歲便在析木（寅），這一年是"太歲在寅"；第二年歲星運行到玄枵，太歲便運行到大火（卯），這一年就是"太歲在卯"。其餘由此類推。此外，古人又爲十二辰造了一些别名，即攝提格（寅）、單閼（shàn'è，卯）、執徐（辰）、大荒落（巳）、敦牂（zāng，午）、協洽（未）、涒（tún）灘（申）、作噩（è，酉）、閹茂（戌）、大淵獻（亥）、困敦（子）、赤奮若（丑）。《楚辭·離騷》："攝提貞於孟陬兮，惟庚寅吾以降。"這是説，屈原生於寅年寅月寅日[①]。

據《爾雅》所載，攝提格等十二辰叫歲陰，另有紀年的十干叫歲陽。歲陽的名稱是閼逢（甲）、旃（zhān）蒙（乙）、柔兆（丙）、强圉（yǔ，丁）、著雍（戊）、屠維（己）、上章（庚）、重光（辛）、玄黓（yì，壬）、昭陽（癸）。甲子紀年起於東漢，較早的紀年法是以歲陽和歲陰相配，《史記·曆書》有"焉逢攝提格太初元年（甲寅）"、"端蒙單閼二年

① 最近林庚先生説，屈原並非生於寅年寅月。

(乙卯)”、“游兆執徐三年(丙辰)”、“彊梧大荒落四年(丁巳)”[①]等等。後人仿古,也有採用太歲紀年法的,例如司馬光的《資治通鑑》。

木星繞天一周,實際上不是十二年,而是 11.86 年。所以每隔八十三年就會有一個星次的誤差,叫做“超辰”或“超次”。(漢代劉歆已經發現了超辰,但他説一百四十四年超一辰。)由於超辰的關係,漢以後的歲星紀年法漸漸與實際情況不合,誤差越來越大。所以司馬光《資治通鑑》的歲星紀年,實際上只等於甲子紀年。

二、月

月球運行到太陽和地球之間,跟太陽同時出沒,古人認爲是日月相會,叫做嚳(也寫作辰),也叫做合朔。月球自合朔繞地球一周再回到合朔,所走的時間是 $29\frac{499}{940}$ 日(實際上是 29.53059 日),叫做一個月。這個數目不够 30 日,又多於 29 日,所以陰曆有月大月小。月大 30 日,月小 29 日,大月和小月相間,也就差不多了。還差一點,所以有時候接連兩個月都是大月。

古人有所謂月建,把一年十二個月和天上的十二辰聯繫起來。依夏曆:斗柄(北斗的柄)指寅,叫做正月(一月),斗柄指卯,叫做二月,辰是三月,巳是四月,午是五月,未是六月,申是七月,酉是八月,戌是九月,亥是十月,子是十一月,丑是十二月。但是,依殷曆,則丑是正月,依周曆,則子是正月。三代的曆法不同。《詩經·豳風·七月》是夏曆和周曆並用,其中所謂“四月”、“七月”等,是指夏曆,所謂“一之日(一月)”、“二之日(二月)”等,指的是周曆。從漢武帝太初元年(公元前 104 年)直到清代末年,我國一直沿用夏曆,

① 焉逢即閼逢,端蒙即旃蒙,游兆即柔兆,强梧即强圉。

以建寅之月爲歲首。今天所謂舊曆、農曆,也都指夏曆。

三、晦,朔,望,朏(fěi),弦

每月的最後一日叫做晦,最初一日叫做朔。朔就是日月合朔的日子。古人很重視朔,因爲朔的日子定錯了,時序就亂了。天子告朔於諸侯,諸侯告朔於廟。史官紀事,遇事件發生在朔日,必須寫明。《尚書·舜典》:"十有一月朔巡守。"《詩經·小雅·十月之交》:"十月之交,朔日辛卯,日有食之。"《左傳·僖公五年》:"春,王正月辛亥朔,日南至,公既視朔,遂登觀臺以望。"後代史書紀事,都沿用此法。

古代以干支紀日,史書上不紀月之第幾日,而紀干支,所以我們必須查明該月朔日的干支,然後按干支紀日法(下文談到)順推知道是月之第幾日。可查杜預《春秋長曆》和陳垣《二十二史朔閏表》。

每月十五日(有時是十六日,偶或是十七日)叫做望。這時地球運行到月亮和太陽的中間。由於太陽和月亮此升彼落,一東一西,遥遥相望,所以叫做望。《釋名·釋天》:"望,月滿之名也。月大十六日,小十五日,日在東,月在西,遥相望。"後人以十五日爲望,十六日爲既望。蘇軾《赤壁賦》:"壬戌之秋,七月既望[①],蘇子與客泛舟,遊於赤壁之下。"《後赤壁賦》:"是歲十月之望,步自雪堂,將歸於臨皋。"

每月初三叫做朏。《説文》:"朏,月未盛之明也,从月出。""朏"是月亮出來了,但是還不十分明亮的意思。

月亮和太陽成九十度角,叫做弦。《釋名·釋天》:"弦,月半之

---

① 一般注本都説《赤壁賦》的"既望"指的是七月十六日,其實是七月十七日,因爲那年壬戌七月是大月。

名也,其形一旁曲,一旁直,若張弓施弦也。”有上弦下弦之分。上弦指初七或初八,下弦指二十二日或二十三日。

商周時代,一個月分爲四部分。第一部分叫初吉,指初一到初七或初八,即朔日到上弦的一段時間。金文《郝敦》:“惟二年正月初吉,王在周邵宫。”第二部分叫既生魄(也寫作霸),指初八或初九到十四日或十五日,即上弦到望日的一段時間。《尚書·武成》:“既生魄,庶邦冢君暨百工受命于周。”第三部分叫既望,指十五日或十六日到二十二日或二十三日,即望日到下弦的一段時間[1]。《尚書·召誥》:“惟二月既望,越六日乙未,王朝步自周,則至于豐。”第四部分叫既死魄,指二十三日到二十九日或三十日,即下弦到晦日的一段時間。金文《兮伯吉父盤》:“唯五年三月既死霸庚寅。”又有哉生魄,指初二或初三。《尚書·康誥》:“惟三月哉生魄,周公初基,作新大邑于東國洛。”旁死魄,指二十五日[2]。《尚書·武成》:“惟一月壬辰旁死魄,越翼日癸巳,王朝步自周,于征伐商。”

一個月又分爲三部分,叫做旬(甲骨文已有“旬”字)。十天爲一旬,又叫“浹日”[3]。《國語·楚語下》:“近不過浹日。”十二日爲“浹辰”。《左傳·成公九年》:“浹辰之間。”

四、日,時,刻,分,秒

地球自轉一周的時間叫做一日。古人以一晝夜爲一日。一日分爲十二時(時辰)[4],一百刻。

① 這裏所謂“既望”與後代所謂“既望”(十六日)不同。

② 關於“初吉”、“生魄”、“死魄”、“既望”這些名稱,有各種不同的解説,今依王國維説。

③ 古代以甲子紀日,稱自甲至癸一次周轉的十日爲“浹日”。

④ 現在我們依照國際習慣,一日分爲二十四小時。小時只有時辰的一半,所以稱爲“小時”。

古人以十二辰紀時，所以後人又叫做“時辰”。從半夜算起，叫做子時。“子夜”就是半夜的意思。今人以夜裏十一點到一點的時間爲子時，一點到三點爲丑時，三點到五點爲寅時，五點到七點爲卯時，七點到九點爲辰時，九點到十一點爲巳時，十一點到下午一點爲午時，下午一點到三點爲未時，三點到五點爲申時，五點到七點爲酉時，七點到九點爲戌時，九點到十一點爲亥時。這是符合古制的。

古代計時，用銅壺滴漏法，受水壺裏有立箭，箭上畫分一百刻，所以叫做“刻”。古代所謂“刻”，與今人所謂“刻”稍有不同。現在一晝夜分爲九十六刻，而古人一晝夜分爲一百刻①。

晝夜長短，隨着時節而不同。依《後漢書》，夏至晝六十五刻，夜三十五刻。冬至晝四十五刻，夜五十五刻。春分晝五十五刻八分，夜四十四刻二分。秋分晝五十五刻二分，夜四十四刻八分。這只是就中原地區來説，至於其他各地，晝夜長短是不同的②。

遠在商代以前，古人就用干支紀日。以十干配十二支，得六十“甲子”。如下表：

甲子	乙丑	丙寅	丁卯	戊辰
己巳	庚午	辛未	壬申	癸酉
甲戌	乙亥	丙子	丁丑	戊寅
己卯	庚辰	辛巳	壬午	癸未
甲申	乙酉	丙戌	丁亥	戊子

① 梁天監年間，曾一度改爲九十六刻，但不久又改過來了。銅壺滴漏法每刻有十分；用鐘表計時後，每刻是十五分，每分有六十秒。

② 據清代《協紀辨方書》，夏至晝五十九刻五分，夜三十六刻十分，冬至晝三十六刻十分，夜五十九刻五分；春分、秋分，晝夜各四十八刻。每日是九十六刻。這是按鐘錶計時核算的，與《後漢書》稍有不同。

己丑	庚寅	辛卯	壬辰	癸巳
甲午	乙未	丙申	丁酉	戊戌
己亥	庚子	辛丑	壬寅	癸卯
甲辰	乙巳	丙午	丁未	戊申
己酉	庚戌	辛亥	壬子	癸丑
甲寅	乙卯	丙辰	丁巳	戊午
己未	庚申	辛酉	壬戌	癸亥

前邊已經談到,先秦兩漢,關於每月的日期,都不説初一、初二、初三等,而是用干支紀日。例如《左傳·僖公三十二年》:"冬,晉文公卒,庚辰,將殯於曲沃。"據後人考證,這個庚辰是魯僖公三十二年十二月十日,後來曾用初一、初二、初三等紀日法,但歷史學家仍用干支紀日法。

六十甲子大致相當於兩個月,但是由於大月小月合起來只有五十九日,所以每月的干支和日期的對應常常是不一樣的。假定正月初一是甲子,則三月初一是癸亥,等等。

五、四時,節,候

一年分爲四時,近代叫做四季。正月、二月、三月爲春,四月、五月、六月爲夏,七月、八月、九月爲秋,十月、十一月、十二月爲冬①。

一年分爲二十四個節氣,古代叫做"節",或叫做"氣"。每月有兩個節氣,在前者叫做節氣,在後者叫做中氣。在正常的時候,二十四個節氣和四時十二個月的配合如下表②:

---

① 周曆以子月爲正月,所以四時都比夏曆早兩個月。《孟子·滕文公上》:"秋陽以暴之。""秋陽"指的是夏曆五、六月的太陽。

② 農曆每年的節氣,日期并不完全固定。

(一)春季

正　月(孟春)	立春	雨水
二　月(仲春)	驚蟄	春分
三　月(季春)	清明	穀雨

(二)夏季

四　月(孟夏)	立夏	小滿
五　月(仲夏)	芒種	夏至
六　月(季夏)	小暑	大暑

(三)秋季

七　月(孟秋)	立秋	處暑
八　月(仲秋)	白露	秋分
九　月(季秋)	寒露	霜降

(四)冬季

十　月(孟冬)	立冬	小雪
十一月(仲冬)	大雪	冬至
十二月(季冬)	小寒	大寒

最初的時候,大約只規定了四個節氣,即春分、夏至、秋分、冬至。簡稱“分至”[①]。在《尚書·堯典》裏,叫做仲春、仲夏、仲秋、仲冬(見下文)。後來,增加到八個節氣,即《左傳·僖公五年》所謂“分至啓閉”。“分”指春分、秋分;“至”指夏至、冬至;“啓”指立春、立夏;“閉”指立秋、立冬。最後規定爲二十四個節氣,在《淮南子》中,二十四個節氣已經具備。

二十四個節氣是一個太陽年的二十四等分,所以按陽曆節氣是固定的。一個太陽年共約 $365\frac{1}{4}$ 日,因此,每一個節氣是 15.2

① “分”是晝夜平分的意思,“至”是極、最的意思。夏至日最長,日行最北,日影最短;冬至日最短,日行最南,日影最長。

日有奇[1]。因此,一般陽曆上半年每月六日、二十一日是節氣,下半年是每月八日和二十三日。

比節更小的單位是“候”。每一個節氣有三個候。一個候是五日有奇。古人所謂“時候”,就是指時令和節候。梁簡文帝《與劉孝綽書》:“玉霜夜下,旅雁晨飛,想涼燠得宜,時候無爽。”古人所謂“歲候”,也是指時令和節候。《文選》顏延之《夏夜呈從兄散騎車長沙》詩:“歲候初過半,荃蕙豈久芬!”

講到這裏,我們可以總結一下。所謂歲實,是一歲(一個太陽年)實行之數。八等分爲八節(分至啓閉),二十四等分爲節氣、中氣,七十二等分爲候。

古人憑什麼規定節氣呢?憑天文。具體的辦法是:晝測日影,夜考中星。

古人用土圭測日影。夏至日影一尺五寸,影最短;冬至日影一丈三尺,影最長。其餘節氣由此類推。詳見《後漢書·律曆志·曆法》。

所謂夜考中星,是觀察初昏時刻的中天星座。白天見日不見星,所以要在初昏觀星。《尚書·堯典》説:

> 日中星鳥,以殷仲春;
> 日永星火,以正仲夏;
> 宵中星虛,以殷仲秋;
> 日短星昴,以正仲冬。

仲春、仲秋,指春分、秋分。中,指晝夜平分。日指晝,宵指夜。晝夜平分,則“日中”、“宵中”是一樣的。仲夏、仲冬,指夏至、冬至。日永指夏至晝長;日短,指冬至晝短。仲春日中星鳥,是説春分初昏中星爲鶉鳥(即二十八宿中的星宿);仲夏日永星火,是説夏至初

---

① 這裏是所謂恒氣,但實際規定的節氣不是二十四等分。日行有遲有速,冬至日行最速,春分前三日已行天一個象限(九十度),等等。後人曆法精密,以日行天的度數規定節氣,叫做定氣,與恒氣稍有出入。參看下文《贏,縮》。

昏中星爲大火(即心宿);仲秋宵中星虚,是説秋分初昏中星爲虚宿;仲冬日短星昴,是説冬至初昏中星爲昴宿。

古人觀測日月五星的運行是以恒星爲背景的,他們選擇了黄道赤道附近的二十八個星宿作爲坐標[①];日躔(chán,太陽經過的星座)在二十八宿中。二十八宿是:

東方蒼龍七宿,角亢氐房心尾箕;

北方玄武七宿,斗牛女虚危室壁;

西方白虎七宿,奎婁胃昴畢觜參;

南方朱雀七宿,井鬼柳星張翼軫。

我們觀測到了初昏中星,也就可以推知日躔所在,同時也可以推知時令節氣。例如《堯典》初昏中星是星宿,那麽日躔在胃,這是當時春分的季節。這裏不作詳細介紹。

六、贏,縮

《史記·天官書》:"歲星贏縮。……其趨舍而前曰贏,退舍曰縮。"後來天文學家以贏縮指視太陽在黄道上運行的速度,也寫作"盈縮"。由於地球繞太陽的軌道是橢圓的,視太陽在黄道上運行的速度有快有慢,快的時候叫做贏,慢的時候叫做縮。夏天時速度慢,從春分到秋分,要走 186 天多;冬天時速度快,從秋分到春分,只須走 179 天多。如果按節氣的平均天數來計算,從冬至到春分有六個節氣,實際上不到 90 天,所以曆法上規定的春分並不在晝夜平分的那一天,而是在春分前三天就晝夜平分了;同樣道理,從夏至到秋分有六個節氣,實際上超過 90 天,所以曆法上規定的秋分也不在晝夜平分的那一天,而是在秋分後三天才能晝夜平分。

---

① 這裏所説的赤道不是地球赤道,而是天球赤道,即地球赤道在天球上的投影。

七、定朔，定氣

古人發現日有贏縮之後，知道一年大月小月相間，每年規定爲三百五十四日的曆法是不够精密的。日行有贏縮，月行有遲疾，所以朔日必須依贏縮遲疾來規定，容許有一連兩個月大或一連兩個月小。這種辦法叫做“定朔”（古法叫做“經朔”）。古代有個朓（tiǎo）字，指的是“晦而月見西方”。自從有了定朔之後，“朓”的現象就不再出現了。

古人發現日有贏縮之後，知道一歲爲二十四等分以定二十四節氣的曆法是不够精密的。有些節氣的距離要遠些，有些要近些。古法叫做“恒氣”，新法叫做“定氣”（可參閱胡繼勤編著的《時間和曆法》44頁）。有了定氣，閏月無中氣的規定也不是完全正確的了[①]。

八、閏月

置閏，是爲了解決陰陽曆的矛盾。上文説過，二十四節氣是太陽年的二十四等分，那是陽曆。歲實一年 $365\frac{1}{4}$ 日，而陰曆每年只有 354 日，這樣，每年剩餘 $11\frac{1}{4}$ 日。因此，三年之内，須增加一個月，叫做閏月。閏月一般是 29 日。三年置閏後，還不足三年的歲實，差 $4\frac{3}{4}$ 日，所以第五年又要置閏，《周易·繫辭上》説“五歲再閏”，就是這個道理。但是五歲再閏，曆法還不够精密，因爲五年置閏兩次，却又多出了 $1\frac{3}{4}$ 日。所以後人又規定十九年七閏。大約每三十二個月有一個閏月。

---

① 例如：清咸豐元年八月没有中氣，置閏；次年二月没有中氣，不置閏。

《尚書·堯典》説:“以閏月定四時成歲。”爲什麽要有閏月才能定四時,才能成歲呢?這是因爲周天三百六十度,日行一度時,月行 $13\frac{7}{19}$度,如果没有閏月,則三年差一個月,九年差三個月,卽會以春爲夏;十七年差六個月,則會四時相反。

商周時代,曆法未密,閏月都在歲末。秦代以十月爲歲首,所以閏月稱爲後九月。漢初還沿用秦舊法,直到漢武帝太初元年改曆以後,才改爲以無中氣的月份爲閏月。爲什麽要以無中氣的月份爲閏月呢?這是由於陰陽曆的矛盾使節氣常常落在月份的後面。中氣本該在月之十六日,逐漸移到晦日(二十九日或三十日)。這樣陰陽曆矛盾到了極點,就要在這裏安置一個閏月。閏月的節氣在月之十五日,那麽這個節氣後面的中氣應在下月朔日,所以説“閏月無中氣”[①]。

九、歲差

由於太陽和月亮的引力對於地球的作用,使地軸在黄道軸的周圍作圓錐形的運動,慢慢地向西移動,這就使春分點以每年約五十秒的速度向西移行[②],這種現象叫歲差。

首先發現歲差的是晉代天文家虞喜,後來南朝宋何承天、南齊祖沖之、隋劉焯、唐僧一行沿用其法,而使其更加精密。

古人發現歲差,是由於觀測到節氣的日躔和中星隨時代而不同。《尚書·堯典》説:“日短星昴,以正仲冬。”《禮記·月令》説:“仲冬之月,昏東壁中。”究竟是誰對呢?兩種説法都對。因爲《堯典》講的是殷末周初的曆法。《月令》講的是周代的曆法,相距數百年,冬至的中星自然不同了。據《協紀辨方書》,清代冬至的中星又移

① 這是一般的情況。閏月也可能有中氣,那是例外。

② 周天 360 度,每度 60 分,每分 60 秒。

到危宿。這都證明了歲差。殷時春分日躔在昴，清代春分日躔在室，相距三千多年，日躔變化自然也很大。

懂得歲差，對閱讀古書的幫助很大。《尚書·堯典》："日中星鳥，以殷仲春"；"日永星火，以正仲夏"；"宵中星虛，以殷仲秋"；"日短星昴，以正仲冬"。僞孔傳的作者不懂歲差，只能含糊地解釋說："鳥，南方朱鳥七宿，殷，正也，春分之昏，鳥星畢見"；"火，蒼龍之中星，舉中則七星見可知"；"虛，玄武之中星，亦言七星皆以秋分日見"；"昴，白虎之中星，亦以七星並見，以正冬之三節。"孔穎達沿用這種錯誤的解釋。惟有馬融、鄭玄認爲"春分之昏七星中，仲夏之昏心星中，秋分之昏虛星中，冬至之昏昴星中"，才是得其正解。宋蔡沈《書集傳》引用唐僧一行的歲差説，證明堯時以鶉火爲春分昏之中星，大火爲夏至昏之中星，虛宿爲秋分昏之中星，昴宿爲冬至昏之中星。科學進步，解決了古書中的一些疑難問題。

《夏小正》所講的中星，和《堯典》所講的中星相似。有人根據《夏小正》和《堯典》所講的中星去解釋《詩經》的中星，則又陷於錯誤。《詩經·豳風·七月》："七月流火，九月授衣。"有人解釋說："火，或稱大火，星名，即心宿。每年夏曆五月，黄昏的時候，這星當正南方，也就是正中和最高的位置。過了六月就偏而向下了。這就叫做流。"這是根據《夏小正》和《堯典》來解釋的。《夏小正》說："五月初昏大火中。"《堯典》說："日永星火，以正仲夏。"但這種解釋是錯誤的，因爲周代的中星已經不再是夏代的中星了。戴震說："據周時季夏昏火中，故孟秋之月初昏已過中，但見其西流耳。若《堯典》之'日永星火，以正仲夏'，《夏小正》之'五月初昏大火中'，則流火自六月矣。此虞夏至周。歲差不同也"[①]。

① 見戴震《詩補傳》。

中國天文學家發現歲差,比西洋爲早,這是中國古代燦爛文化之一證。我們研究古代漢語,同時要研究古代曆法,而研究古代曆法,同時要研究天文。這是對研究古代漢語的人較高的要求。

(十七)古漢語常用工具書

我們在閱讀古漢語作品時,常常會遇到一些疑難問題,需要借助於工具書。我國從漢代起,就已經開始編纂工具書,經過歷代的編纂,名目相當繁雜,數量也很多。在本書上册"怎樣使用字典和辭書"一節里,已經談到了一些常用的字典和辭書,這裏再進一步把閱讀古漢語作品常用的其他工具書作一些簡單的介紹,主要是與查閱古代字詞、典故、人名、地名、書名、年代有關的常用工具書,其他就不一一羅列了。

1. 説文解字

東漢許慎編,東漢和帝永元十二年(公元 100 年)寫成初稿,到安帝建光元年(公元 121 年)才定稿獻上。這部書是我國第一部系統比較完備的字典,共收字九千三百五十三個,另有重文一千一百六十三個。

許慎是當時的著名古文學家。東漢時一些今文學家對儒家經書隨意解説,并且把隸書看成是"古帝先王之書",不能改易。許慎爲了反對這種錯誤傾向,就搜羅小篆和各種古文字,編成《説文解字》,説明漢字的結構和發展的情况。雖然今天看起來,在他的説解中也有一些錯誤的地方,但是總起來看,他是尊重漢字發展的客觀規律和事實的,治學態度也是嚴謹的,他對漢字的説解,大部分是可信的。

《説文解字》收録了漢代能見到的古文字,是研究古漢語和古文字學極爲重要的資料。書中所收的字都是先列小篆形體,然後進行説解，每字先説字義，後釋形體。例如：

（气）：雲气也。象形。凡气之屬皆从气。

（男）：丈夫也。从田从力，言男用力於田也。凡男之屬皆从男。

（誅）：討也。从言朱聲。

（奉）：承也。从手廾丰聲。

“气”和“男”在《説文解字》中都是部首，凡是部首的字最後都注明“凡某之屬皆从某”。由於許慎的收集和整理，使得一大批篆文形體能够有系統地保存下來，使我們能够了解到漢字形體演變和古今字義變化的基本情況，這是許慎在歷史上的一大功績。

許慎所説解的字義，實際上就是他認爲的本義。他根據篆文的字形説解，大部分是可靠的。但由於時代的限制和古文字材料不足，也有一些錯誤的地方。例如“爲”字，甲骨文和金文都是象手牽着一頭象，本義應該是勞作，引申爲“作爲”的“爲”。許慎没有見到甲骨文和金文，只根據小篆把“爲”字解釋爲“母猴，從爪”等等，就是完全錯誤的。

許慎對篆文的形體構造加以分析和歸類，從中概括出五百四十個偏旁作爲部首，把《説文解字》所收的九千多字分別列入五百四十個部首中去，這也是他的一大創造，對後世的檢字法有深遠的影響。由於是首創的工作，對部首前後次序的排列以及同部首的字前後次序的排列還不可能有統一的標準。大致説來，《説文》部首的排列是盡量把篆文形體相近或相關的部首放在一起，如“人、匕、从、比、北”；同部首的字是盡量把意義相近的字放在一起，如“言”部的“訕、譏、誣、誹、謗”。這種排列方法本來就很難貫徹到底，何況許慎也並没有嚴格遵守這種辦法。因此，和後世工具書比較起來，從《説文解字》中檢字，是非常困難的，如果不熟悉篆文形體和五百四十部首，可以説是無從下手。清代一些研究説文的人爲了便於查檢，就根據《康熙字典》二百一十四部首按楷書形體把《説文解字》所收的九千多字重新加以排列，注明見於《説文解字》何部首第幾字。其中比較通行的是黎永椿《説文通檢》。近幾十年影印出版的《説文解字》大都附有《説文通檢》或另編索引，這對我們查檢《説文解字》就方便多了。

清代研究《説文解字》之風盛行，給這部書作注疏的人很多。有的着重於研究字的形體，有的着重於研究字的意義。比較重要的有段玉裁《説文解字注》、朱駿聲《説文通訓定聲》、桂馥《説文義證》和王筠《説文句讀》四家，其中以段、朱兩家影響最大。段注引證古書，從字形和字義兩方面對《説文》所收的每一個字都加以詮釋，對我們了解字義的來源很有幫助。初讀《説文》的人更可以憑藉段注讀懂原文。朱書對《説文》每一個字字義的來源和發展都有較細緻的分析，引用了大批古書中的材料，實際上可以作爲一部字典來使用。但朱書根據他所研究的上古韻部將每一個字重新分類排列，不再採取部首排列的辦法，如果不懂古韻，檢查起來，就更加不便了。我們查閲《説文解字》時，應該學會使用這兩種注本。

2. 經籍籑詁

清阮元主編，書成於嘉慶三年（公元 1798 年）。這是一部專門收集唐代以前各種古書注解的字典，每字之下，羅列唐以前個别唐以後各種古書注解和文字學專著對這個字的解釋，解釋相同或相近的放在一起。我們閲讀唐以前的古書，想要知道唐以前對某一個字有哪些不同解釋，研究其得失，使用《經籍籑詁》最爲方便。下面以“誅”字爲例介紹該書的體例（圖版見下頁）：

唐以前各種古書注解中對“誅”的解釋基本都收羅在這裏，不同的解釋分項用圓圈隔開。每項下先引解釋，然後列舉出處。例如“誅，責也”，這項解釋見於《左傳·莊公八年》“誅屨於徒人費”一句下的杜預注等等。原書爲了簡省篇幅，對各家注解都用了簡稱，如《左傳》的注即指晉杜預所做的注，詳見原書凡例，這裏不再一一列舉。

誅丨責也左氏莊八年傳丨屨於徒人費注襄卅一
年傳丨求無厭注定十年傳有司若丨之注又論
語公冶長於予與何丨集解引孔注又皇疏又國語
周語翟人來丨殺譚伯注晉語臣丨於揚干注吳語
無有丨焉注又漢書董仲舒傳集注又後漢獻帝紀
注孔僖傳注又管子大匡反丨屨於徒人費注○丨丨
責也廣雅釋詁一○丨猶責也白虎通誅伐○丨丨
責也周禮司救掌萬民之衺惡過失而丨讓之注○
丨責讓也周禮大宰八日丨以馭其過注○丨治也
淮南時則阿上亂法者丨注○丨罰也禮記曲禮上

經籍籑詁　卷七　七虞　誅蛛洙　十三

齒路馬有丨注○丨猶罰也禮記雜記不敢辟丨注
○丨傷也易雜卦傳明夷丨也注又釋文引陸注○
丨殺也廣雅釋詁一又國策秦策使復姚賈而丨韓
非注○丨戮國策秦策曲撓而丨注○丨者討伐殺
戮之名荀子仲尼文王丨四注○丨除也國語晉語
故以惠丨患注○丨滅也易雜卦傳釋文引荀注○
罪及餘人曰丨丨株也如株木
根枝葉盡落也釋名釋喪制

由上舉例就可以看出，《經籍籑詁》只是把唐以前注解羅列出來，並不根據自己的見解有所取舍，因此引用材料比較豐富全面，這是它的主要優點。但是材料繁雜，精蕪並存，主次不分，也給使用者帶來很大的不便。唐以前的注解並不一定就正確，通過《經籍籑詁》可以把各種解釋放在一起比較，就容易判斷各家的得失。通過比較，有時還可以看出古代詞義演變的線索。例如“誅”字，唐以前注解主要注爲“責也”、“治也”、“罰也”，注爲“殺也”、“戮也”的比較少，這可以説明“誅”字在上古主要是“責罰”的意思，“殺戮”可能是比較後起的意思，到現在則已成爲“誅”的主要意思了。

《經籍籑詁》不但收古書的注解，也收古代典籍中直接對字所做的解釋。例如“誅”字第二項“責也”，引自《廣雅·釋詁一》：“數、諑、讁……誅、過、訟，責也”。“天”字條下，羅列了許多古人對“天”的解釋，如《荀子·儒效》“至高謂之天”；《莊子·天地》“無爲爲之之謂天”；王充《論衡·談天》“清者爲天”。這些都不是古書的注解，但對我們了解古代的詞義同樣有很大的幫助。

《經籍籑詁》在編排上是按平水韻一百零六韻編次被釋的字，查檢非常不方便。近年影印本《經籍籑詁》的前面附有筆畫索引，可以用它來查閱。

《經籍籑詁》只收唐以前的訓詁文獻，資料不全。現在武漢大學古籍研究所的《故訓匯纂》已經出版。它引用的典籍從先秦直至晚清，比《經籍籑詁》長達一千多年，篇幅大出三四倍。尤其是吸取了現代的學術營養，因而編得更完備，也更便於查檢，是提供訓詁資料的重要新著。

3. 佩文韻府

清張玉書等編，康熙五十年（公元 1711 年）成書。這是一部按韻編排的比較大的古代辭書。正集 444 卷，拾遺 112 卷。這部書是清朝皇帝康熙決定編纂的，因此能集中大批的人力物力，只用了七年時間就完成了。“佩文”就是清朝皇帝的書齋名。

《佩文韻府》主要用元明時代流傳的《韻府羣玉》、《五車韻瑞》等書爲底本加以修訂增補而成。所收詞語以兩字、三字的爲主（也收入了少數四字詞語），根據“平水韻”一百零六韻分類，按詞語末一字歸韻。先列單字，略加注音釋義，然後列舉兩字詞語、三字詞語和四字詞語，注明出處，用雙行小字列在各條詞語之下。例如卷一上平聲一東韻的第一字是“東”字，先略釋“東”字音義，然後列舉“南東、自東、在東、徂東……澗瀍東、首陽東……宿西食東、有文者東”等詞語，共計三百多條。每條之下一般只列出處，不另加解釋。如東韻“東”字下第一個詞語“南東”：

南東 [詩]～～其畝[李孝先詩]余其歸老兮沂之～～[邵寶詩]楚帆連日阻～～

原書直行，引用時改爲橫行。原書用“|”號表示被引詞語，引用時改爲“～”號。

各韻每字之下分爲“韻藻”和“增”兩類。“韻藻”所收詞語是《韻府羣玉》、《五車韻瑞》等書原有的，“增”所收詞語是《佩文韻府》新增的。實際上“增”的内容往往比“韻藻”還要多，例如“東”字條下，“韻藻”所收詞語不到一百條，“增”所收則有二百多條。除“韻藻”和“增”外，每字最後還附有“對語”和“摘句”。如“東”字的對語有“渭北——江東、日下——天東……星橋外——斗柄東”等三十餘對；“摘句”有“力障百川東、農作正宜東……象牀豹枕畫廊東”等五十多句。這些都是專爲當時人們作詩填詞時參考襲用的。

《佩文韻府》所收的詞語較多，材料比較豐富，對我們今天查閱詞語典故的出處有一定的用處，《辭源》、《辭海》没有收入的詞語典故，有不少就可以從《佩文韻府》中找到。但當時參加編纂《佩文韻府》的人中專門學者很少，成書又較倉促，引用資料大都是輾轉抄襲的，錯誤很多。在使用時只能憑藉它尋找有關資料的線索，對它所引證的材料不可輕易相信，利用時應該尋找原始材料核對。《佩文韻府》引書一般不列篇名，引詩一般不標題目，又增加了核對的困難。例如上引“南東”一例，没有標出“南東其畝”出自《詩經》哪一篇，没有指明李孝先詩和邵寶詩的題目，查找原文核對，也是要費去不少精力的。

《佩文韻府》是根據平水韻一百零六韻分類的，對不熟悉平水韻的人，查檢很困難。卽使是熟悉平水韻的人，由於每字之下詞語次序的安排缺乏嚴密的規律性，想要找到查檢的詞語，也是不容易的。商務印書館“萬有文庫”影印本《佩文韻府》最後附有一册四角號碼索引，把《佩文韻府》所收的全部詞語按現在一般詞典先取首字、次取第二字的辦法編排，另附首字部首索引，查檢起來就方便多了。1983 年上海書店又據萬有文庫本影印出版。

4. 十三經索引

葉紹鈞(聖陶)編，1934 年開明書店出版，1957 年和 1959 年中華書局利用原紙型重印。1983 年中華書局參考《十三經注疏》做了一些補訂工作，出版了重訂本。這是一部專爲查檢十三經語句出處而編的索引。我國從宋代開始，就有了“十三經”的名稱，是指《周易》、《尚書》、《毛詩》(卽《詩經》)、《周禮》、《儀禮》、《禮記》、《春秋左傳》、《春秋公羊傳》、《春秋穀梁傳》、《論語》、《孝經》、《爾雅》、《孟子》這十三部“經書”，它們的内容經常被人所引用。由於十三經卷帙浩繁，查檢語句出處困難很大。這部《十三經索引》就是爲了解決這個困難而編纂的。

這部索引把十三經的每一句話都摘引出來，按照每句話首字的筆畫順序排列，首字相同的再按第二字筆畫順序排列，以下依此類推。每句話之下注明見於十三經何書何處，使用非常方便。例如，前面介紹《佩文韻府》時曾引《詩經》“南東其畝”，但没有注明篇名。我們就可以從《十三經索引》九畫“南”字下查到這句話：

南東其畝 [詩]小谷信·[左]成二3

原書爲了節省篇幅，語句出處都用的是篇目簡稱。書前附有“篇目簡稱表”,從中可以查出“詩小谷信”是指《詩經·小雅·谷風之什·信南山》,“左成二 3”是指《左傳·成公二年》第三節,也就是説,“南東其畝”這句話見於十三經中以上兩處。

[附]《周易引得》等

《十三經索引》只摘録句子,是一種句的索引,比句的索引更詳細的是字的索引,也就是説,一部書中的每一個字都做出索引。過去燕京大學引得編纂處在這方面做過一些工作,十三經已經分書編成《周易引得》、《尚書通檢》、《毛詩引得》等共十三部,除此之外,還編成《荀子引得》、《莊子引得》、《墨子引得》和《杜詩引得》等。這些引得(即索引)都是按字編成索引的。例如上引《詩經》“南東其畝”一句,在《毛詩引得》中就要出現四次,分别在“南”“東”“其”“畝”四字之下。這種引得除可以幫助我們查檢詞句出處外,對研究古代詞義和語法也是很有用處的。

5. 中國人名大辭典

商務印書館編印,1921 年初版,1940 年第八版。這是一部專門查檢我國歷史人名的工具書,幾十年來流傳較廣。這部書以“經書”中的重要人名和二十四史中有傳的人名爲主,參考其他著作出現的人名,共收我國歷史人名四萬多。從遠古神話中的人名開始,直到清代末年的著名人物,不管歷史評價如何,一般都加以收録。每個人名之下先標朝代,次注籍貫,然後簡單介紹主要事跡,這對我們初步了解一個歷史人物,確實很方便。例如上文介紹《佩文韻府》舉“南東”爲例時,曾有李孝先和邵寶的兩句詩,這兩個人物我們可能比較生疏,就可以利用《中國人名大辭典》查檢,不但可以查檢到這兩個人的時代和大致事跡,而且可以知道他們的主要著作。如果有必要,正可以由這個線索查對《佩文韻府》所收的兩句詩是否正確無誤。

我國古代同姓名的人很多,如果不注意,常常會出現張冠李戴的錯誤。唐司馬貞《史記索隱》中就曾把孔子的弟子公孫龍和名家學派的公孫龍誤爲一人。這方面的問題古人就已經注意到,梁元帝蕭繹曾編有《古今同姓名録》,以後歷代均有所補充。《中國人名大辭典》在同姓名的人名之下分項介紹人物,可以使我們避免産生這方面的錯誤。

《中國人名大辭典》是六十多年前編成的,立場觀點和對人物的評價都有不少錯誤。例如,書中對歷代農民起義領袖大都污蔑爲"盗""賊",因此,我們在使用時必須特别注意。這部書的另一個缺點是没有注明材料的來源,不能直接爲我們提供進一步研究的線索,它所介紹的人物事跡是否準確精當,也不易核對。

這部辭典書後附有"四角號碼索引"、"姓氏考略"和"異名表"。"姓氏考略"考證姓氏的來源。"異名表"列舉一些古代重要人物常用的字、號和謚法等,注出原名,共收五千多條,有一定的參考價值。例如,在"子犯"條下,可以查出是春秋晉國狐偃的字。又"少陵"是杜甫號,"荆公"是王安石的封號。

[附]二十五史人名索引

開明書店編印,1935 年出版,1956 年中華書局重印。這部索引把二十五史(二十四史加《新元史》)裏有傳記的人名全部收入,按四角號碼排列(書後附筆畫索引),每個人名之下標明見於何史書第幾卷,並指出在開明書店版二十五史的第幾頁。在我們想要詳細了解一個歷史人物的事跡時,這部索引是非常方便的,但只限於二十五史有傳記的人,不見於二十五史的人名則不收録。如果我們只想簡略了解一個人的時代和大致事跡,則不如查檢《中國人名大辭典》簡便。

6. 歷代人物年里碑傳綜表

姜亮夫編,1959 年中華書局出版。這部書是根據作者 1937 年所編《歷代名人年里碑傳總表》補充而成的。我國專門考訂古人生卒年月的著作自清錢大昕《疑年録》開始，以後不斷有人續訂。這部書就是綜合過去研究成果並加以補充修訂而成的。所收人物自孔丘開始(孔丘生年爲公元前551年)，至卒年爲公元1919年的人物爲止，共收人物約一萬二千人。每人列出字號、籍貫、歲數、生年、卒年，並附有“備考”以介紹材料主要來源和存在問題。

考定古人的生卒年月，本是一件非常細緻繁瑣的工作，本書繼承前人的研究成果並加以補充修訂，態度比較嚴謹，成果比較可信。尤其是列出備考一欄，告訴我們材料的來源，可以使我們找尋到原始材料，不但可以用來核訂本書考訂的得失，還可以進一步了解人物的詳細事跡。以書中所收第一條孔丘爲例，從表中可以查出：孔丘，字仲尼，魯人，73歲，生於周靈王二十一年(庚戌，公元前551年)，卒於周敬王四十一年(壬戌，公元前479年)；“備考”一欄簡單指明材料來源於《史記·孔子世家》等，並指出孔丘生年有兩説(一爲周靈王二十一年，一爲周靈王二十年)，各有何人主張。這爲我們進一步研究孔丘的生卒年月提供了必要的綫索。

這部書所收的人物是按生年先後排列的，如果不知道人物的生年，直接從表中查檢是比較困難的。書後附有人名筆畫索引，人名之下列出他的生年公元，生年不詳的列出卒年公元。(生年在公元之後加短横，如897-；卒年在公元之前加短横，如-897。)從筆畫索引中查到人物的生年或卒年，就很容易從表中找到所要查檢的人物了。

7. 中國古今地名大辭典

商務印書館編印，1931年初版。我國從《漢書》開始，歷代史書都有地理志，爲我國地理沿革積累了無數寶貴的資料。歷代也有許多研究地理沿革的專著，如顧祖禹《讀史方輿紀要》，就是一部很有價值的著作。但這些著作或是只列郡縣設置情況，或是專門研究疆域沿革變化，對我們查檢古代地名，並不方便。《中國古今地名大辭典》是專爲查檢地名編纂的一部工具書，共收古今地名約四萬條，每一地名扼要指出它的地理位置和大致沿革，對我們初步了解古地名的基本情況，比較方便有用。

古今地名的變化很大，在查檢地名時，對古有今無的地名，由於地名生疏，一般都會主動利用工具書查檢的。值得注意的是古今所指並不相同的地名，由於地名熟悉，往往容易被忽略，以致產生錯誤。《中國古今地名大辭典》把地名古今的變化分項列舉出來，對我們幫助很大。例如“南京”條下就分項列舉歷代南京所指內容的變化，從中可以看出，南京在唐代一度指四川成都，在宋代指河南商丘，到明代才指現在的南京(清和民國初年稱江寧)。

《中國古今地名大辭典》編成距今已五十多年，它所説的“今”，往往和今天的地名有很大的差别。因此，最好是和現在新出版的各種《中華人民共和國地圖集》配合使用。

8. 兩千年中西曆對照表

薛仲三、歐陽頤編。1956 年三聯書店出版。我國古代以陰曆計算年月，讀古書遇到所記的年月日時，往往需要推算成陽曆的年月日。推算陰陽曆日期的專著有陳垣《中西回史日曆》和《二十史朔閏表》，但都比較專門，推算方法也比較複雜。《兩千年中西曆對照表》則編排比較簡明，使用也比較方便，是用來推算陰曆和陽曆日期的常用工具書。

這部書所收日期自公元元年(漢平帝元始元年)起到公元 2000 年止，以陰曆爲綱，陰曆一年列一表，寫明帝王年號和公元年序，表左直列陰曆月序，表上横列陰曆日序，表中排列陽曆月日，排列方法和現在通行的月曆相似。陰曆每月一横行，每日一直行，月序横行和日序直行的相交點就是陽曆的月日。例如，我們讀韓愈《柳子厚墓誌銘》，其中説到“子厚以元和十四年十一月八日卒”，由這句話就可以推算出柳宗元死去的公元和日期。先從書中所附

“歷代年號”中查出唐元和元年是公元 806 年,則元和十四年就應該是公元 819 年,再從正表中找到這一年的對照表,表的左側寫明“元和十四年,己亥,819—20”。下面截取該表中的一小部分(左下角),以柳宗元的卒年爲例説明它的用法:

	1	2	3	4	5	6	7	8	9	10	11	12	13	14	15	……
10	23	24	25	26	27	28	29	30	31	N1	2	3	4	5	6	……
11	21	22	23	24	25	26	27	28	29	30	D1	2	3	4	5	……
12	21	22	23	24	25	26	27	28	29	30	31	I1	2	3	4	……

我們已知柳宗元是這年陰曆十一月初八日死去的,先取表左陰曆月序 11 向右横數,再取表上陰曆日序 8 向下直數,表左陰曆十一月横行和表上初八日直行的相交點是表中的陽曆 28 日,再由二十八日向前倒數確定陽曆月數,遇到粗體字 N,即陽曆十一月。(表中陽曆月份用粗體字排在每月一日之前,如 1_1,2_1。由於 10,11,12 三個月是兩位數,不好排,改用英語這三個月的第一字母 O、N、D 表示。)這樣,我們就推算出柳宗元是在公元 819 年 11 月 28 日死去的。由陽曆推算陰曆的道理相同。例如,想知道公元 820 年元旦是陰曆哪一天,就先從表中找到 1 月 1 日;和這一天同横行的是 12,即陰曆十二月;和這一天同直行的也是 12,即陰曆十二日,由此可知公元 820 年 1 月 1 日是陰曆己亥年十二月十二日。

這部書的每一個表還附有供推算干支和星期的數字,可以用來推算每一天的干支和星期,這里就不詳細介紹了。

9. 四庫全書總目

清紀昀主編,成書於乾隆四十六年(公元 1781 年)。這部書是清乾隆時編纂的《四庫全書》的書目和提要。《四庫全書》從乾隆三十七年(公元 1772 年)開始編纂,集中了大批的人力和物力,用了十年左右的時間才纂修成功。這是一部規模龐大的叢書,按“經、史、子、集”四部分類,基本包括了乾隆以前屬於四部範圍以内的我國古代重要著作。在編纂的過程中,對收入《四庫全書》的圖書和只抄存書目的圖書都曾編寫了内容提要,放在書前。後來,又把這些内容提要分類編排,單獨匯集成書,成爲這部《四庫全書總目》,又稱《四庫全書總目提要》,簡稱《四庫提要》。

《四庫全書總目》共200卷,共收書目10254種,其中收入《四庫全書》的3461種,存目的6793種。每一種都做了提要,介紹作者和著作的大致内容,對著作的優缺點以及歷代流傳的情況也都做出簡要的説明。全書分“經、史、子、集”四大類,每類下又分若干小類;每大類和小類之前都有小序,説明這一類著作的源流以及所以分出這一類的理由,每類之後附有“存目”,即没有收入《四庫全書》的書目,存目除介紹内容和作者等等以外,還説明没有被收入《四庫全書》的原因,大都是因爲著作本身價值不高,但也有一些是因爲和當時的封建正統思想有抵牾才没有被收入的。至於當時認爲没有資格歸入“經、史、子、集”四部的書,如宋元以來大量的戲曲小説,就連“存目”的資格也没有了。(原書小類中有“小説家”一類,内容和今天所説的小説不同。)原書的分類辦法很不便於查檢,1965年中華書局影印本後面附有書名和作者索引,查檢起來就方便多了。

這部書編寫比較認真,態度比較謹嚴,是一部内容充實、較有系統的古代書目工具書,對我們了解乾隆以前古書的大致内容和源流,很有幫助。但是對書籍所做的評價,編者則是完全站在當時統治者的立場上的。例如,明李贄《藏書》曾經抨擊過封建正統思想,《四庫全書總目》就把它放在“存目”一類,並且這樣評價:“此書排擊孔子,别立褒貶,凡千古相傳之善惡,無不顛倒易位,尤爲罪不容誅。其書可燬,其名亦不足以污簡牘。……特存其目,以深暴其罪焉。"從這一段評論正可以充分看出編者是怎樣維護封建正統思想的。

《四庫全書總目》完成的第二年,即乾隆四十七年(公元1782年),又編成《四庫全書簡明目録》,共20卷,除存目全部未收録外,對提要本身也做了不少删節。由於簡明扼要,更便於一般人使用。1957年古典文學出版社出版的《四庫全書簡明目録》後面附有書名和作者索引,更便於查檢。

詞義分析舉例

（三）引申義分析例(上)

報　北　被　布　裁　長　采　承　誠　錯　達　當　道　豆
都　發　封　奉　復　概　干　顧　官　果　好　和　機　即
極　間　將　脚　節　介　金　居　舉　絶　狂　理　立　利
流　廉　慢　明

【報】

“報”字從㚔(niè,犯罪),從𠬝(fǔ,服罪),本義是斷獄,判決罪人。《韓非子·五蠹》:“～而罪之。”

假借爲報答。特指受了別人的東西以後,還送給他東西以爲回答。《詩經·衛風·木瓜》:“投我以木瓜,～之以瓊琚。”(瓊:玉之美者。琚 jū:佩玉。)引申指回報別人的恩惠或仇恨,即報恩或報仇。《左傳·成公三年》:“無怨無德,不知所～。”《論語·憲問》:“以直～怨,以德～德。”《史記·淮陰侯列傳》:“吾必有以重～母。”又引申爲天對人的善惡的回報(迷信)。《荀子·宥坐》:“爲善者天～之以福,爲不善者天～之以禍。”今有雙音詞“～應”。

由報答又引申爲回報,告訴。《戰國策·齊策四》:“廟成,還～

孟嘗君曰。”司馬遷《報任安書》:“使有來～。”由回報再引申爲給回信,答復。司馬遷《報任安書》:“闕然久不～,幸勿爲過。”王安石《答司馬諫議書》:“故略上～。”

【北】

“北”本是個象形字。甲骨文作,金文作,象背對着背的兩個人。《説文》:“北,乖也。从二人相背。”“二人相背”就是二人相背離,所以北又引申爲分别的意思。《尚書·舜典》:“分～三苗。”鄭注:“猶别也。”集傳:“北,猶背也。其善者留,其不善者竄徙之,使分背而去也。”“分背”也就是“分别”的意思。

又引申爲背棄、背叛的意思。《戰國策·齊策六》:“食人炊骨,士無反～之心。”“反北”就是“反背”。

由背離又引申爲敗北、逃跑的意思。《左傳·桓公九年》:“以戰而～。”《韓非子·五蠹》:“魯人從君戰,三戰三～。”又用作名詞,指逃跑者。賈誼《過秦論上》:“追亡逐～。”《漢書·高帝紀》:“沛公項羽追～。”

假借爲方位名詞。北方。《列子·湯問》:“懲山～之塞、出入之迂也。”又:“投諸渤海之尾、隱土之～。”也可用作動詞,向北。《吕氏春秋·孟春紀》:“獺祭魚,候雁～。”

【被】

《説文》:“被,寢衣,長一身有半。”“寢衣”就是被子。《楚辭·招魂》:“翡翠珠～。”被子是加蓋在身上的,所以用作動詞就有覆蓋的意義。《楚辭·招魂》:“皋蘭～徑兮斯路漸。”又爲披在身上或穿在身上。《孟子·盡心下》:“及其爲天子也,～袗(zhěn)衣。”(袗衣:麻布單衣。)屈原《國殤》:“操吴戈兮～犀甲。”這個意義後來寫作“披”,讀 pī。

被的加蓋義又引申爲施加、施及。《尚書·禹貢》:"西～於流沙。"又《堯典》:"光～四表。"這個施加的意義進一步引申爲蒙受,遭受。《孟子·離婁上》:"而民不～其澤。"賈誼《論積貯疏》:"世之有饑穰,天之行也,禹湯～之矣。"又爲使蒙受。《楚辭·哀郢》:"～以不慈之僞名。"這種蒙受意義的"被"字放在另一及物動詞前就表示被動。這在戰國末期就産生了。《韓非子·五蠹》:"今兄弟～侵必攻者,廉也;知友～辱隨仇者,貞也。"這種"被"字的語法作用及其發展情況,我們在前面已經專門介紹過了。這里不再重複。

【布】

布的本義只指麻布。古代布帛並稱,絲織品稱帛,麻織品稱布。《孟子·許行》:"～帛長短同,則賈相若。"後來引申爲用棉、麻等織成的織物的通稱。〔布衣〕指庶人、平民。《戰國策·魏策四》:"大王嘗聞～衣之怒乎?"《史記·李斯列傳》:"夫斯乃上蔡～衣,閭巷之黔首。"後代又以"布衣"指稱未中功名的士人。杜甫《赴奉先縣詠懷》詩:"杜陵有～衣,老大意轉拙。"

在没有貨幣的時代,古人以物易物,又以布爲交換的媒介。《詩經·衛風·氓》:"抱～貿絲。"後來貨幣也因此稱布。《周禮·天官·外府》:"外府掌邦～之入出。"《漢書·食貨志下》:"(王莽作)大～、次～、弟～、壯～、中～、差～、厚～、幼～、么～、小～。小～長寸五分,重十五銖,文曰小～一百。自小～以上,各相長一分,相重一銖,文各爲其～名,直各加一百,上至大～,長二寸四分,重一兩,而直千錢矣,是爲～貨十品。"

布是可以鋪開的,所以它又引申出陳列、展開的意義。《戰國策·秦策二》:"妾以無燭,故常先至,掃室～席。"《文心雕龍·鎔裁》:"然後舒華～實。"這個意義在近代又寫作"佈"。漢字簡化後,仍寫作"布"。又爲陳述。《國語·晉語四》:"敢私～於吏?唯君圖之!"

由此又引申出公布、宣布的意義。《漢書·高帝紀》:“～告天下,使明知朕意。”

【裁】

裁字從衣,本義是裁衣。《古詩爲焦仲卿妻作》:“十三能織素,十四學～衣。”杜甫《白絲行》:“～縫滅盡針綫跡。”詞義擴大,用於别的事物,是“剪裁,删減”的意思。《漢書·食貨志上》:“而～其賈以招民。”《後漢書·鄭玄傳論》:“删～繁蕪。”《文心雕龍·鎔裁》:“剪截浮詞謂之～。”今有熟語“～員”、“～軍”。又引申爲裁斷,判決。《戰國策·秦策一》:“臣願悉言所聞,大王～其罪。”又爲制裁,制服。賈誼《惜誓》:“爲螻蟻之所～。”〔自裁〕表示自殺。司馬遷《報任安書》:“不能引決自～。”《漢書·賈誼傳》:“跪而自～。”

裁字還有“衡量,識别”的意思,這也是剪裁的意義引申來的,例如《淮南子·主術訓》:“取民,則不～其力。”《新唐書·韋陟傳》:“陟於鑒～尤長。”又用作名詞,是體制、風格的意思。張衡《西京賦》:“取殊～於八都。”《北齊書·李義深傳》:“幼有風～。”雙音詞有“體～”。

裁又假借爲“才(纔)”,僅僅的意思。《漢書·功臣表》:“～什二三。”

【長】

長,甲骨文作,象人披着長頭髮。表示長短的長。《詩經·秦風·蒹葭》:“道阻且～。”引申爲時間久遠。《老子》七章:“天～地久。”用作狀語,即有“長遠地、經常地”的意思。《庄子·秋水》:“吾～見笑於大方之家。”白居易《南山路有感》詩:“萬里路～在,六年今始歸。”用作動詞,則引申爲“擅長”的意思。《孟子·公孫丑上》:“敢問夫子惡乎～?”《晉書·樂廣傳》:“論人,先稱其所～。”用作名

詞，指“長處”、“優點”。《戰國策·齊策三》：“誦足下之～。”

長字又讀 zhǎng，由長遠的“長”引申爲滋生、滋長。《孟子·公孫丑上》：“予助苗～矣。”用作使動，有“養育”的意思。《詩經·小雅·蓼莪》：“～我育我。”再引申爲人的成長、成年。《論語·憲問》：“幼而不孫弟，～而無述焉，老而不死，是爲賊。”（孫：遜。弟：悌。）又引申爲年紀大的或輩分高的。與“幼”相對。《論語·子路從而後》：“～幼之節，不可廢也。”《管子·五輔》：“養～老，慈幼孤。”用於抽象的意義引申爲崇尚、推崇。《漢書·杜欽傳》：“廢奢～儉。”又官長、首長的意義也是由長幼的長引申來的。《尚書·益稷》：“外薄四海，咸建五～。”（五長：衆官之長。）《吕氏春秋·諭大》：“萬夫之～。”又特指小縣的長官。《三國志·吴書·周瑜傳》：“瑜觀術終無所成，求爲居巢～。”

長又舊讀 zhàng，剩余的意思。“長物”常連用，指多餘的東西。《世説新語·别無長物》：“（王恭）對曰：‘丈人不悉恭，恭作人無～物。’”白居易《無長物》詩：“只緣無～物，始得作閑人。”

【采】

“采”的本義是用手采摘植物的葉、莖。《詩經》有“～桑”、“～葛”、“～艾”、“～葑”、“～苦”等。

引申爲采取、采集，用於較抽象的意義。《史記·太史公自序》：“～儒墨之善，撮名法之要。”《漢書·藝文志》：“古有～詩之官。”上述意義的“采”後來寫作“採”，現在又簡化爲“采”。

依段玉裁等人的意見，“五采”、“文采”的“采”也是由采取引申而來。“木成文，人所取也。此采爲“五采”字，而毛詩屢言‘采采’與？”“采采”，“謂可采者衆也。凡文采之義本此”（《説文》六篇上“采”字段注）。《尚書·益稷》：“以五～彰施於五色。”蔡傳：“采者，青黄赤白黑也。”《荀子·王制》：“使雕琢文～不敢專造於家。”又用於較抽象的意義，指文章的“文采”。《荀子·賦篇》：“此夫文而不～者與？”《文心雕龍·情采》：“聖賢書辭，總稱文章，非～而何？”這一意義的“采”，後來寫作“彩”。

由采取還引申爲名詞。“采(cài)地”。《公羊傳·襄公十五年》注：“所謂～者，不得有其土地、人民，采取其租税耳。字亦作寀。”《漢書·王莽傳》：“以武功縣爲安漢公～地。”

【承】

承，甲骨作，金文作，本義是雙手捧着。《尚書·顧命》：“太保～介圭。”(介圭：大珪。)《左傳·襄公二十五年》：“～飲而進獻。”(承飲：等於説捧着酒杯。)引申爲雙手接受。《周易·歸妹》：“女～筐無實。”用於抽象的意義，多表示在下者接受在上者的命令、恩惠等。《左傳·成公十年》：“～寡君之命以請。”賈誼《吊屈原賦》：“恭～嘉惠兮，俟罪長沙。”又爲承受、承擔。《禮記·孔子閒居》：“弟子敢不～乎？”〔承乏〕意思是暫時承擔無適當人選的職務。這是舊時在任官吏常用的謙詞。《左傳·鞌之戰》：“敢告不敏，攝官～乏。”《舊唐書·百官志》：“殿中～乏。”

由承受義又引申出繼承、繼續的意義。《國語·晉語三》：“虢射爲右以～公。”《三國志·吴書·魯肅傳》：“孤～父兄餘業。”

承又假借爲“丞”，輔助的意思。《左傳·哀公十八年》：“楚右司馬子回使帥師而行，請～。”

【誠】

“誠”的本義是心意真誠。《周易·乾卦》：“修辭立其～。”《後漢書·馬援傳》：“開心見～，無所隱伏。”由真誠引申爲忠實。《管子·乘馬》：“是故非～賈不得食於賈，非～工不得食於工，非～農不得食於農。”所謂“誠賈”、“誠工”、“誠農”的“誠”，都是指對國家忠實的意思。由忠實又引申爲説到做到的意思,常常"誠必"連用。《荀子·致士》:"人主之患,不在乎不言用賢,而在乎不～必用賢。"《淮南子·兵略訓》:"將不～必,則卒不勇敢。"賈誼《新書·道術》:"伏義～必謂之節,反節爲罷。"又:"志操精果謂之～。"

又引申爲副詞,果真,的確。《史記·留侯世家》:"沛公～欲倍項羽邪?"由此義再引申爲表假設的意思。假如真的。《史記·高祖本紀》:"～如父言,不敢忘德。"《史記·張耳陳餘列傳》:"～聽臣之計,可不攻而降城。"

【錯】

"錯"的本義是鑲嵌。《漢書·王莽傳》:"～刀以黄金～其文。"在身體上刻畫也叫"錯"。《史記·趙世家》:"翦髮文身,～臂左衽。"索隱:"錯臂亦文身,謂以丹青錯畫其臂。"引申爲交錯。《詩經·周南·漢廣》:"翹翹～新。"又引申爲交互、更迭。《禮記·中庸》:"譬如四時之～行。"從交錯又引申爲抵牾、不合。《漢書·五行志上》:"劉向治穀梁春秋,與仲舒～。"又引申爲差錯、錯誤。杜甫《釋悶》詩:"江邊老翁～料事,眼暗不見風塵清。""錯誤"的意義出現得較晚,大約是在六朝。

"錯"字又有磨石(用以磨玉、磨刀的石頭)的意義。《詩經·小雅·鶴鳴》:"他山之石,可以爲～。"這和表"鑲嵌"義的"錯"應該認爲是兩個詞,只是用同一個漢字來表達罷了。有人認爲這個意義的"錯"是"厝"字的假借,其實"厝"字比"錯"出現得晚,是爲了區别"錯"的"磨石"義而造的一個字。

"錯"字假借爲"措"。"措"有放置、施行、廢棄等意義,因而"錯"也有這些意義。《論語·顔淵》:"舉直～諸枉,能使枉者直。"這是"放置"義。《周易·序卦》:"禮義有所～。"這是"施行"義。《史記·周本紀》:"刑～四十餘年。"這是"棄置不用"之義。

【達】

“達”的本義是道路暢通。《爾雅·釋宫》:“一～謂之道”,“四～謂之衢”。引申爲一般的暢通。《吕氏春秋·重己》:“理塞則氣不～。”由暢通引申爲到達。《列子·湯問》:“指通豫南,～於漢陰。”又用作使動,使……到達。《國語·吴語》:“寡人其～王於甬、句東。”注:“達,致也。”

由通暢又引申爲通達事理。《論語·雍也》:“賜也～。”又引申爲表達。《史記·滑稽列傳》,“《書》以道事,《詩》以～意。”

“達”和“窮”是一對反義詞。作爲具體意義,“達”是道路暢通,“窮”是道路不通。作爲抽象意義,“達”指顯貴、顯達,“窮”指窘困。《孟子·盡心上》:“窮則獨善其身,～則兼善天下。”顯達的意義是從道路暢通引申來的。由此又引申爲動詞,表示“使顯達”。《漢書·張安世傳》:“以爲舉賢～能。”

由“通達”之義又引申爲“共同的”。《禮記·中庸》:“天下～道五。”又爲副詞,“普遍地”。《尚書·召誥》:“～觀於新邑營。”又爲副詞“都”。《禮記·禮器》:“君子～亹亹(wěiwěi,勤勉的樣子)焉。”注:“達,猶皆也。”

【當】

“當”的本義是兩兩相當。《公羊傳·莊公十三年》:“然則君請～其君,臣請～其臣。”所謂“門當户對”的“當”,也是這個意思。

由此而引申出幾種意義:(一)面對着(人和物相對)。《禮記·曲禮上》:“～食不歎。”由此又引申爲阻擋。《莊子·天地》:“猶螳螂之怒臂以～車轍。”這個意義後來寫作“擋”。又引申爲抽象的面臨。《論語·衛靈公》:“～仁不讓於師。”(二)處於某時某地。《禮記·曲禮下》:“天子～宁而立。”《孟子·許行》:“～堯之時,天下猶未平。""當道"、"當路"表示居於要職之義，而"當"的意義仍是處於某地位。《孟子·公孫丑上》："夫子～路於齊。"（三）合宜（事和理相當）。讀 dàng。《吕氏春秋·大樂》："莫不咸～。"又引申爲副詞，應當。《史記·齊悼惠王世家》："～斷不斷，反受其亂。"

判罪叫"當"。《史記·蒙恬列傳》："～高（趙高）罪死。"抵押叫"當"（dàng）。《後漢書·劉虞傳》："虞所賚賞，典～胡夷。"這些意義也都是由"兩兩相當"引申出來的。

從"兩兩相當"的意義又引申爲"當作"。《戰國策·齊策四》："晚食以～肉，安步以～車。"

"當"還有一個意義是器物的底，讀 dàng。《韓非子·外儲説右上》："今有千金之玉巵，通而無～，可以盛水乎？"

【道】

"道"字從辵（chuò），首聲，本義是路。《論語·泰伯》："任重而～遠。"《史記·孫臏》："馬陵～陜（狹）。"本指人走的路，引申爲水流通行的途徑。《史記·河渠書》："通九～，陂九澤。"又引申爲量詞。《法顯傳》："小夫人卽以兩手搆兩乳，乳各作五百～，墮千子口中。"熟語有"萬～霞光"。

"道"字又用於抽象意義，表示完成某一行動或達到某一目的的途徑、方法。《孟子·梁惠王上》："交鄰國有～乎？"《莊子·達生》："請問蹈水有～乎？"再引申爲道理、規律。《莊子·養生主》："臣之所好者，～也。"《禮記·禮運》："大～之行也，天下爲公。"由道理、規律再引申出兩個意義。一是封建社會所謂的好的政治措施和政治局面。《論語·衛靈公》："邦有～則仕，邦無～則隱。"二是學術或宗教的思想體系，卽思想、學説。這是體現一定道理的主張。《論語·里仁》："吾～一以貫之。"《孟子·許行》："從許子之～，則市賈不貳，國中無僞。"《後漢書·皇甫嵩朱儁列傳》："鉅鹿張角自稱大賢良師，奉事黄老～。”

“道”字有引導的意思,這也是從本義道路引申出來的。道路是名詞,用作使動,使人在道路上行走,即引導,並用於抽象意義。《論語·學而》:“～之以政。”又轉爲疏通。《左傳·襄公三十一年》:“不如小決使～。”這個意義後來寫作“導”。《孟子·離婁下》:“則君使人導之出疆。”

“道”字還有述説一義。走在道路上是一個行走的過程,而述説是一個説話的過程,與引導的意思有類似之處。《莊子·天下》:“《詩》以～志,《書》以～事,《禮》以～行,《樂》以～和,《易》以～陰陽,《春秋》以～名分。”又:“百家之學,時或稱而～之。”前六個“道”字很接近引導的意思,後一個“道”字就完全只能作述説解釋了。

按:舊時“道”字用作名詞時,即引導以上各義,讀上聲;用作動詞時,即引導和述説兩義,讀去聲。

【豆】

豆字,甲骨文作或,形似高足盤,或有蓋,是用以盛食物的。據攷古發掘,新石器時代晚期就有了陶豆,商周時代有木製塗漆豆,西周晚期已有青銅豆。《詩經·大雅·生民》:“卬盛於～。”(卬:我。)《國語·吴語》:“觴酒,～肉,簞食。”又爲古代的量器。《左傳·昭公三年》:“齊舊四量:～、區、釜、鍾。四升爲～。”後又用爲重量單位。《説苑·辨物》:“十六黍爲一～,六～爲一銖。”

豆自秦漢開始又用爲豆類植物的總名。《戰國策·韓策一》:“民之所食,大抵～飯藿羹。一歲不收,民不饜糟糠。”這本是豆的假借義,後來在口語里完全代替了“尗”,成爲最基本的意義。《漢書·楊惲傳》:“種一頃～,落而爲萁。”曹植《七步》詩:“煮～然～萁,～在釜中泣。”豆子的顆粒小,故常用以比喻微小。徐陵《諫仁山深法師罷道書》:“嗚呼桂樹遂爲～火所焚,可惜明珠乃受淤泥埋没。”

荆浩《畫山水賦》:“丈山尺樹,寸馬～人。”

【都】

“都”的本義是大城邑。《穀梁傳·僖公十六年》:“民所聚曰～。”《左傳·鄭伯克段於鄢》:“大～不過參國之一。”這里所説的“都”是城邑,“國”才是國都。到後代,“都”才指國都。《史記·秦始皇本紀》:“吾聞周文王都豐,武王都鎬,豐鎬之間,帝王之～也。”“都豐”“都鎬”的“都”用作動詞,建立國都的意思。

“都”是人所聚會之處,由此引申爲動詞“聚集”。《文選·張衡·東京賦》:“其西則有平樂～場。”薛綜注:“都,謂聚會也。”“都場”就是衆人聚會的場所。《管子·水地》:“卑也者,道之室,王者之器也。而水以爲～居。”“都居”即“聚居”。又引申爲“總”。曹丕《與吴質書》:“頃撰其遺文,～爲一集。”現代漢語中副詞“都”由此發展而來。

“都”的另一個意義是文雅、美好。《詩經·鄭風·有女同車》:“洵美且～。”

【發】

發,本義是把箭發射出去。《詩經·召南·騶虞》:“壹～五豝。”(豝 bā,母豬。)《孟子·公孫丑上》:“射者正己而後～。”《史記·孫臏》:“齊軍萬弩俱～。”現代“發炮”的發和量詞“發”(五十發子彈)都是由發射箭這個本義直接引申出來的。

發是個很活躍的多義詞,它的引申義比較多,但基本的有以下幾個方面。

(一)發出,發生。《禮記·月令》:“仲春之月……雷乃～聲。”用於植物,指發芽出穗。《詩經·大雅·生民》:“實～實秀。”又特指開花。庾肩吾《摘梅花》詩:“臈梅朝始～。”用於顔色,是顯現、發揚。

《左傳·昭公元年》:"～爲五色。"《吕氏春秋·過理》:"容貌充滿,顔色～揚。"用於氣味,是散發。《素問·四氣調神大論》:"惡氣不～。"用於語言,是表達、發佈。《詩經·小雅·小旻》:"～言盈庭,誰敢執其咎。"《尚書·冏命》:"～號施令,罔有不臧。"

(二)出,出發。《莊子·秋水》:"夫鵷鶵(yuānchú,鳳類)～於南海,而飛於北海。"《楚辭·哀郢》:"～郢都而去閭兮。"成語有"朝～夕至"。又引申爲起,興起。《孟子·告子下》:"舜～於畎畝之中。"《韓非子·顯學》:"猛將必～於卒伍。"

(三)派出,派遣。《戰國策·齊策一》:"王何不～將而擊之?"《史記·淮陰侯列傳》:"～使使燕。"現代有雙音詞"打～"。又引申爲處置。如"～落"。

(四)開,啓封。《莊子·胠篋》:"將爲胠篋、探囊、～匱之盜而爲守備。"《史記·刺客列傳》:"秦王～圖,圖窮而匕首見。"又特指開糧倉賑濟災民。《尚書·武成》:"散鹿臺之財,～鉅橋之粟,大賚於四海,而萬姓悦服。"《孟子·梁惠王上》:"塗有餓莩而不知～。"又引申爲掀開。《史記·項羽本紀》:"於是大風從西北而起,折木～屋。"用於抽象意義,表示啓發,開導。《論語·述而》:"不憤不啓,不悱不～。"(悱 fěi:口欲言而未能。)又如"～蒙"。又引申爲暴露,揭露。《漢書·趙廣漢傳》:"其～奸擿伏如神。"(擿 tì,挑發。)又爲闡發。如"～凡"、"～揮"。

以上發字的各項引申義都是由它的本義直接或間接發展出來的。宋元以後,發字又産生出一些新的意義。如"～怒"的發是流露的意思;"～麻"的發是感到的意思等等。這是現代漢語的内容了。

【封】

封,金文作、,它的本義當是給樹木培土,即聚土培植的意思。《左傳·昭公二年》:"宿(魯季武子)敢不～殖(植)此樹。"引申爲堆土築墳。《禮記·樂記》:"～王子比干之墓。"又《王制》:"庶人縣封,葬不爲雨止,不～不樹。"鄭玄注:"封謂聚土爲墳,不封之,不樹之,義爲至卑無飾也。"原來"封樹"只是古代士人以上的葬禮,老百姓死了是不築墳的。

聚土培植或堆土爲墳,結果都使土加厚,故封字又引申出厚的意義來。《國語·楚語上》:"是聚民利以自～而瘠(使貧瘠)民也。""自封"指自己豐厚,即肥了自己。豐厚就是豐裕、豐碩,所以封又引申出大的意義。《左傳·定公四年》:"吴爲～豕長蛇,以薦食上國。"《山海經·中山經》:"游戲之山……多～石。"

古代帝王在泰山上築壇祭天也叫"封"。《大戴禮記·保傅》:"是以～泰山而禪(shàn)梁甫。"(在泰山旁的梁甫山築壇祭地叫禪。)"封禪"即祭天地。《漢書·郊祀志上》:"齊桓公既霸,會諸侯於葵丘,而欲～禪。"

封字在古代還有一個常用意義,就是指帝王把土地賜給親屬或人臣作爲領地或食邑。《孟子·告子下》:"周公之～於魯。"《史記·周本紀》:"～尚父於營丘,曰齊。"引申爲給予封號或官爵。《史記·魏公子列傳》:"安釐王即位,～公子爲信陵君。"《史記·衛將軍列傳》:"貴人也,官至～侯。"又用作名詞,指所封的領地。《荀子·彊國》:"土地之大,～内千里。"引申爲疆界,界域。《左傳·僖公三十年》:"既東封鄭,又欲肆其西～。"《淮南子·主術訓》:"四海之雲至,而修～疆。"

封字在現代的常用意義是封合,封閉。這在先秦也已産生。《戰國策·齊策四》:"～書謝孟嘗君曰。"《淮南子·時則訓》:"慎管籥,固～璽。"這個意義也是由本義"聚土堆封"引申出來的。

【奉】

“奉”的本義是“捧”。《左傳·鞌之戰》:“～觴加璧以進。”《禮記·内則》:“少者～槃,長者～水。”“捧”字是後起的。引申爲“進獻”。《周禮·大司徒》:“祀五帝,～牛牲。”又引申爲“送”。《吕氏春秋·懷寵》:“得民虜,～而題歸之。”又引申爲“給與”。《左傳·僖公三十二年》:“天～我也。”

由進獻又引申爲供養。《史記·孟嘗君列傳》:“邑入不足以～客。”又引申爲名詞,俸禄。《史記·孔子世家》:“～粟六萬。”這個意義後來寫作“俸”。

由捧持的意義又引申爲遵守(奉而不失)。《左傳·哀公六年》:“吾子～義而行者也。”又引申爲尊奉,奉戴。《左傳·隱公三年》:“請子～之以主社稷。”又引申爲奉事。《左傳·庄公五年》:“管夷吾、召忽～公子糾來奔。”從尊奉之義引申爲敬辭,如“奉讀”、“奉陪”等。

由捧持的意義又引申爲承受。《論衡·率性》:“～制稱蕃。”

【復】

“復”字從彳(chì,小步),复聲,本義是往而復來。《周易·泰卦》:“无往不～。”《左傳·齊桓公伐楚》:“昭王南征而不～。”

引申爲反復。《詩經·小雅·蓼莪》:“顧我～我。”孔疏:“復,反也。故爲反覆,謂小者就所養之處,迴轉反覆之也。”用於抽象意義,爲恢復,報復。《左傳·定公四年》:“謂申包胥曰:‘我必～楚國。’”《孟子·滕文公下》:“爲匹夫匹婦～讎也。”

又引申爲做一件事情再重復一次。《孟子·滕文公下》:“或以告王良。良曰:‘請～之。’”

也引申爲還原。《僞古文尚書·咸有一德》:“伊尹既～政厥辟。”(厥辟:他的君主,指太甲。)後代有“～辟”、“～位”。

還引申指言語的反復,即回答,回報。《孟子·齊桓晉文之事》:“有～於王者曰。”

以上四個引申義,仍是動詞。同時還虛化爲副詞,再,又。《左傳·僖公五年》:“晉侯～假道於虞以伐虢。”《公羊傳·襄公三十年》:“死者不可～生。”注意:古代漢語在這個意義上説“復”,不説“再”。

【概】

“概”又寫作“槩”。本義是量穀物時刮平斗斛用的刮板。《禮記·月令》:“正權～。”“權”是秤,和“概”同樣是量器,所以“權概”並提。《楚辭·懷沙》:“同糅玉石兮,一～而相量。”洪興祖注:“概,平斗斛木。”現代漢語中表示“一律”之義的“一概”,即由此引申而來。

引申爲刮平斗斛的動作。《管子·樞言》:“釜鼓滿則人～之,人滿則天～之,故先王不滿也。”由此引申爲抑制、阻難。《韓非子·説難》:“彼自多其力,則無以其難～之也。”

由量器的意義又引申爲度量。《禮記·曲禮上》:“食饗不爲～。”“不爲概”等於説“不限量”。這是具體的量。《漢書·楊惲傳》:“漂然有節～。”注:“概,度量也。”這是抽象的量,“節概”等於説“節操”。

“概”的作用是使穀物與斗斛的量相等,由此又引申爲“稱”、“合”之意。《史記·范睢列傳》:“臣愚而不～於王心耶?”

又虛化爲副詞,大略,大概。《史記·伯夷列傳》:“其文辭不少～見。”

【干】

干,甲骨作,它的本義是盾牌。《僞古文尚書·大禹謨》:“舞～羽於兩階。”《方言》卷九:“盾,自關而東或謂之～。”“干戈”二

字連用往往表示兵事、戰爭。《論語·季氏將伐顓臾》:“而謀動～戈於邦内。”《史記·五帝本紀》:“軒轅乃用～戈,以征不享。”盾牌是防衛的武器,所以干字又有防衛、捍衛的意思。《詩經·周南·兔罝》:“赳赳武夫,公侯～城。”“干”、“城”都是用以捍衛的,所以用來比喻捍衛者。又如《孔叢子·居衛》:“今君處戰國之世,選爪牙之士,而以二卵焉棄～城之將,此不可使聞於鄰國者也。”“干城之將”指保衛國家的大將。

干字在先秦還有一個基本意義,卽犯,冒犯。例如《左傳·襄公二十三年》:“～國之紀。”《國語·晉語五》:“趙孟使人以其乘車～行。”引申爲求取,追求。《僞古文尚書·大禹謨》:“罔違道以～百姓之譽,罔咈(fú,逆)百姓以從己之欲。”又引申爲向統治者獻策以求禄位。《列子·説符》:“好學者以術～齊侯。”《史記·淮陰侯列傳》:“(韓信)數以策～項羽。”又“～禄”、“～世”、“～名”、“～時”、“～謁”等語詞中的干也都是追求的意思。

中古以後,干的冒犯義又引申出向上沖的意思。孔稚珪《北山移文》:“～青雲而直上。”李白《古風》五十九首:“鼻息～虹蜺,行人皆怵惕。”又爲干預,事不關己而强預其事。《後漢書·東夷傳》:“不得妄相～涉。”《晉書·王衍傳》:“衍妻郭氏,賈后之親,藉宮中之勢,聚斂無厭,好～預人事。”由此又引申爲關涉、發生關係。《南唐書·馮延巳傳》:“吹皺一池春水,～卿何事?”李清照《鳳凰臺上憶吹簫》詞:“非～病酒,不是悲秋。”

干字還有幾種假借義:(一)通“岸”。《詩經·魏風·伐檀》:“寘之河之～兮。”杜甫《有客》詩:“謾勞車馬駐江～。”(二)通“乾(gān)”。《庄子·田子方》:“方將被髮而～。”《釋名·釋飲食》:“～飯,飯而暴～之也。”(三)通“幹”(榦)。如“～支”(榦枝),卽天～地支。但“干支”的干仍念 gān。(四)〔若～〕、〔如～〕,指不定數目。《禮記·曲禮下》:“始服衣若～尺矣。”任昉《王文憲集序》:“是用綴緝遺文……爲如～帙，如～卷。”

【顧】

顧的本義是轉過頭看。《詩經·檜風·匪風》：“～瞻周道，中心怛兮。”（怛 dá：憂傷。）《楚辭·哀郢》：“過夏口而西浮兮，～龍門而不見。”《莊子·養生主》：“提刀而立，爲之四～。”引申爲照顧，關心。《詩經·魏風·碩鼠》：“莫我肯～。”又爲眷顧，顧惜。司馬遷《報任安書》：“常思奮不～身，以徇國家之急。”又“念父母，～妻子。”

顧用在動詞前作副詞，含有“卻”、“反而”的意思。《大戴禮記·禮察》：“爾豈～不用哉！”《漢書·賈誼傳》：“足反居上，首～居下。”作連詞用在句首（偏正複句中正句的前頭），表示輕微的轉折，略等於“不過”，“但是”。《史記·越王句踐世家》：“彼非不愛其弟，～有所不能忍者也。”《後漢書·馬援傳》：“卿非刺客，～説客耳。”《史記·蕭相國世家》：“功臣皆曰：……‘今蕭何未嘗有汗馬之勞，徒持文墨議論，不戰，～反居臣等上，何也？’”

【官】

“官”的本義是官署，即政府收藏文書或辦事的地方。《荀子·彊國》：“及都邑～府，其百吏肅然。”《韓非子·難三》：“法者，編著之圖籍，設之於～府，而布之於百姓者也。”

由辦事的地方引申爲辦事的職稱，即官職。《左傳·鞌之戰》：“敢告不敏，攝～承乏。”《韓非子·外儲説左下》：“桓公謂管仲曰：‘～少而索者衆，……録功而與～，則莫敢索～。’”所謂“官少”，並非官吏少，而是官職少。

由職稱引申爲指辦事的人，即官吏。只有在這個意義上，官與吏才成爲同義詞。《韓非子·八説》：“明主之國，～不敢枉法，吏不敢爲私。”在這裏，“官”與“吏”對舉成文。

由職官引申爲特指人的器官。《孟子·告子上》:“心之～則思。”

由官府還引申爲官家,公家。《漢書·蓋寬饒傳》:“五帝～天下,三王家天下。”“官天下”是以天下爲公,“家天下”是以天下爲私。

【果】

“果”的本義指果實。《周易·説卦》:“爲木～。”引申爲像果實那樣飽滿的意思。《莊子·逍遥遊》:“三飡而反,腹猶～然。”“果腹”一詞由此而來。由果實又引申爲“成爲事實”。《論語·子路》:“言必信,行必～。”皇疏:“果,成也。”“行必果”,就是行事一定要實現(可參看朱駿聲《説文通訓定聲·隨部》“果”字注)。賈誼《新書·道術篇》:“期～言當謂之信。”這裏的“果”字也是成爲事實的意思。未果,就是没有成爲事實。陶淵明《桃花源記》:“未～,尋病終。”由成爲事實又虚化爲副詞,果然,終於。《史記·孫臏傳》:“龐涓～夜至斫木下,見白書,乃鑽火燭之。”《吕氏春秋·忠廉》:“吴王不能止,(要離)～伏劍而死。”

“果”用作副詞,還有表假設的意思。《史記·趙世家》:“是以聖人～可以利其國,不一其用;～可以便其事,不同其體。”兩“果”字都略等於“假如真的”。

假借爲“果敢”、“果決”的“果”。這個“果”字與“果實”的“果”不是一個詞,屬於同音假借。《荀子·大略》:“察辨而操辟,勇～而亡禮,君子之所憎惡也。”

【好】

“好”字的本義是貌美,特指女子的美。《戰國策·趙策三》:“鬼侯有子而～。”(鬼侯:紂時的諸侯。子:指女兒。)《史記·西門豹治鄰》:“巫行視小家女～者。”引申指一般事物的漂亮。《詩經·鄭風·緇衣》:“緇衣之～兮,敝,予又改造兮。”又引申爲良好,佳。跟“惡”(è)相對。《詩經·小雅·何人斯》:“作此～歌,以極反側。”《論語·子張》:“窺見室家之～。”

引申爲動詞。讀 hào。喜歡,愛好。跟“惡”(wù)相對。《論語·公冶長》:“敏而～學。”《莊子·盜跖》:“～面譽人者,亦～背而毁之。”

又引申爲和好,友愛。舊讀 hào。《左傳·成公三年》:“釋纍囚以成其～。”《孟子·告子下》:“言歸於～矣。”

【和】

“和”的本義是聲音相應和。《詩經·鄭風·蘀兮》:“倡,予～汝。”(倡:領唱。)在“一唱一和”這個成語中還保留這個本義。後來,按别人的詩題或韻脚做詩也叫“和”,如杜甫有《和賈至舍人早朝大明宫》詩。

由聲音相應和引申爲音樂聲音和諧。《禮記·檀弓》:“竽笙備而不～。”這個意義後來也寫作“龢”。又引申爲調味。《周禮·食醫》:“掌～王之六食。”又引申爲抽象的調和,和諧。《禮記·郊特牲》:“陰陽～而萬物得。”《史記·衞世家》:“百姓～集。”又引申爲停止戰争,和平。《戰國策·秦策一》:“與荆人～。”從調和又引申爲温和、温暖。《漢書·匡衡傳》:“寬柔～惠。”王逸《九思·傷時》:“風習習兮～暖。”

“和”作爲動詞,還有“連帶”的意義。杜荀鶴《山中寡婦》詩:“旋挑野菜～根煮。”“～衣而睡”的“和”也是這個意思。由此又虚化爲介詞,義同“連”。秦觀《阮郎歸》詞:“衡陽猶有雁傳書,郴陽～雁無。”又引申爲連詞,義同“與”。岳飛《滿江紅》詞:“三十功名塵與土,八千里路雲～月。”這是實詞虚化的一個很好的例子。

【機】

“機”的本義是弓弩上用來射箭的機關。《尚書·太甲》:“若虞～張,往省括於度,則釋。”僞孔傳:“～,弩牙也。”(全句的大意是:發射弩弓的時候,等弩牙扳開了,看箭對準了目標,就射出去。)引申爲其他器物上用於發動、轉動的部分。如户樞稱“樞機”,織布機也稱“機”。又引申爲凡是有機關的機械也叫“機”。《戰國策·宋衛策》:“公輸般爲楚設～。”這裏指的是攻城的雲梯。《後漢書·趙壹傳》:“畢網加上,～穽在下。”注:“～,捕獸機檻也。”

從“樞機”引申爲抽象名詞,指關鍵、要害。《戰國策·秦策三》:“存亡之～也。”也指重要的事情。如“日理萬機”的“機”,從“機關”引申出形容詞“機巧”的意思,如《列子·仲尼》:“大夫不聞齊魯之多～乎?”

“機”又假借爲“幾”。如《淮南子·原道訓》:“處高而不～。”注“～,危也。”

【卽】

“卽”字甲骨文作,象人靠近盛了食物的器皿,本義是就食(走近去吃東西)。《儀禮·公食禮》:“賓坐席末,取粱～稻。”

詞義擴大,泛指一般走近,靠近。《詩經·衛風·氓》:“來～我謀。”《論語·子張》:“～之也温。”(靠近他,〔覺得他〕温和。)今成語有“可望而不可～”。“卽位”意思是就位,走上位置。《儀禮·士冠禮》:“～位於門東,西面。”(西面:朝西。)特指登上君主的位。《左傳·鄭伯克段於鄢》:“及莊公～位。”

“卽”用於抽象意義,略等於接觸。《左傳·鞌之戰》:“擐甲執兵,固～死也。”《論語·子張》:“善人教兵七年,亦可以～戎矣。”(卽戎:指打仗。)今成語有“～景生情”。再進一步抽象化,意思是就在

〔當前的地點或時間〕。《史記·項羽本紀》:"～其帳中斬宋義頭。"又:"項王～日因留沛公與飲。"《漢書·蘇武傳》:"～時誅滅。"注意:這種"卽"字在當時仍是動詞,"卽日"、"卽時"還不能看成雙音詞。

由"就在"的意義再虛化爲副詞。就。《戰國策·楚策一》:"〔蘇秦〕～陰與燕王謀,破齊,共分其地。"用在判斷句裏,可以譯爲現代的"就是"。《左傳·襄公八年》:"非其父兄,～其子弟。"《史記·項羽本紀》:"梁父～楚將項燕。"

由副詞再虛化爲連詞,表假設,語法意義與"假若"相同。《戰國策·趙策三》:"～有所取者,是商賈之人也。"賈誼《論積貯疏》:"～不幸有方二三千里之旱,國胡以相恤?"

又,連詞,表轉折,語法意義與"則"相同。《戰國策·秦策四》:"王能使臣無拜,可矣。不～不見也。"《史記·項羽本紀》:"先～制人,後則爲人所制。"

【極】

《説文》:"極,棟也。"它的本義是房屋的正梁。《莊子·則陽》:"其鄰有夫妻臣妾登～者。"也用於井梁。枚乘《上書諫吳王》:"泰山之霤(liù,指往山下流的水)穿石,單～之綆(gěng,汲水的繩子)斷幹(單一的井梁上的繩子可以磨斷井梁)。"引申爲極點,最高點。《吕氏春秋·制樂》:"衆人焉知其～。"司馬遷《報任安書》:"立名者,行之～也。"成語有"登峰造～"。又爲極限,盡頭。《左傳·昭公十三年》:"貢獻無～。"特指帝王之位。如錢起《歸義寺題震上人壁》詩:"堯皇未登～,此地曾隱霧。"又特指北極星。《周禮·考工記·匠人》:"晝參諸日中之景,夜考之～星,以正朝夕。"張衡《西京賦》:"譬衆星之環～。"

極用作動詞,意義爲窮極,卽達到極點。枚乘《上書諫吳王》:"今欲～天命之上壽。"《淮南子·原道訓》:"然而大不可～,深不可測。”又爲至,達到。《詩經·大雅·崧高》:“崧高維嶽,駿～於天。”(崧:中嶽嵩山。駿:通“峻”。)《國語·魯語下》:“齊朝駕則夕～魯。”極用作形容詞,意義爲最高的,達到極點的。司馬遷《報任安書》:“是以就～刑而無慍色。”《後漢書·皇后紀·賈貴人》:“故貴人不登～位。”

極字又假借爲“亟”,急。《荀子·賦》:“出入甚～,莫知其門。”

【間】

“間”的本義是門縫。本寫作“閒”,是會意字,表示月光從門縫中照進來。《史記·管晏列傳》:“從門～而窺其夫。”“門間”就是門縫。引申爲其他東西的縫隙。《莊子·養生主》:“彼節者有～。”又引申爲中間。《禮記·樂記》:“天地之～也。”後來又引申爲表示房屋的量詞。陶淵明《歸田園居》五首之一:“草屋八九～。”

做兩件事情之間的間隙也叫間。《漢書·鄒陽傳》:“乘～而請。”注:“～謂空隙無事之時。”兩段時間之中也可以叫“間”。《孟子·離婁下》:“七八月之～雨集。”這是把“間”的意義由空間引申爲時間。又引申爲閑暇。《左傳·昭公五年》:“～而以師討焉。”杜預注:“間,暇也。”《孟子·公孫丑上》:“今國家～暇。”這個意義後來寫作“閑”。由此又引申爲安静。《楚辭·招魂》:“侍君之～些。”注:“間,静也。”又引申爲風度嫻雅。張衡《東京賦》:“既俗且～。”這個意義後來寫作“嫺”、“嫻”。

從縫隙的意義引申爲動詞,表示“介入其間”。《左傳·莊公十年》:“肉食者謀之,又何～焉?”又引申爲間隔,交替。《漢書·韋玄成傳》:“～歲而祫。”“間歲”就是隔一年。《尚書·益稷》:“笙鏞以～。”兩種顏色相間而成的顏色叫“間色”。《釋名·釋采帛》:“紫,～色之好者也。”

縫隙用於抽象意義,指關係上的裂縫、意見不和。《左傳·哀公三十七年》:“君臣多～。”注:“間,隙也。”引申爲動詞,挑撥離間,製造不和。《戰國策·燕策二》:“臣～離齊趙,齊趙已孤矣。”一般的批評、非難也叫“間”。《論語·先進》:“人不～於其父母兄弟之言。”

從縫隙的意義又引申爲窺伺(從縫隙中偷看)。《國語·魯語下》:“齊人～晉之禍。”又引申爲名詞,間諜。《孫子兵法·用間》:“必索敵人之～來～我者。”第一個“間”是名詞,間諜。第二個“間”是動詞,做間諜,刺探軍情。

“偷看”叫“間”,秘密地、偷偷地做事也叫“間”。《史記·陳涉起義》:“又～令吴廣之次所旁叢祠中。”“間道”指小道。《史記·韓信破趙之戰》:“從～道萆山而望趙軍。”從小道走也叫“間”。《史記·鴻門宴》:“從驪山下道芷陽～行。”

這個字的各種意義讀音不同。義爲閒暇、安静、嫻雅時讀xián,義爲中間和量詞時讀jiān,其餘都讀jiàn。

【將】

“將”的較早的意義是扶,扶助。《詩經·周南·樛木》:“福履～之。”(履:禄。)《史記·田叔列傳》:“少孤貧,爲人～車。”(將車:扶助着車子前進。)又爲扶送,護送。《詩經·召南·鵲巢》:“之子於歸,百兩～之。”《莊子·知北遊》:“無有所～,無有所迎。”引申爲奉,奉養。《詩經·周頌·我將》:“我～我享,維羊維牛。”《墨子·尚賢中》:“～養其萬民。”用於抽象的意義,就是奉承,秉承。《儀禮·聘禮》:“～命於朝。”又引申爲帶着。《漢書·霍光傳》:“迺～光西至長安。”《水經注·廬江水》:“吴猛～弟子登山。”又爲持,拿着。李白《俠客行》:“～炙啖朱亥,持觴勸侯嬴。”帶着的意義用於軍事,就引申爲領,率領。《史記·淮陰侯列傳》:“陛下不能～兵,而善～將。”用作名詞,又引申爲將領,將帥。《戰國策·趙策三》:“秦～聞之,爲卻軍五十里。”《史記·廉頗藺相如列傳》:“我爲趙～。”後來這種名詞“將”讀去聲。

“將”作虛詞，主要有三種用法。(一)用作副詞，基本意義是將要，快要。《尚書·金縢》：“公～不利於孺子。”《左傳·鄭伯克段於鄢》：“君～若之何？”引申爲將近，常指數目的接近。《孟子·滕文公上》：“今滕，絶長補短，～五十里也。”《宋書·謝靈運傳論》：“歷載～百。”

(二)用作連詞。表示選擇問，與“抑”略同。《孟子·滕文公上》：“夫滕壤地褊小，～爲君子焉？～爲野人焉？”又爲“且”、“又”。《詩經·小雅·谷風》：“～恐～懼。”李華《弔古戰場文》：“人或有言，～信～疑。”唐以後又表示“與”、“共”，常見於詩歌。李白《月下獨酌》詩：“暫伴月～影，行樂須及春。”這是由實詞“將”的“帶着”義引申來的。

(三)用作介詞，義同“把”，表處置。杜甫《寄李十二白》詩：“已用當時法，誰～此義陳？”這是由動詞“將”的“持、拿”義發展來的。

【脚】

《説文》：“脚，脛也。”脛即小腿。《墨子·明鬼下》：“羊起而觸之，折其～。”《莊子·徐无鬼》：“乳間股～。”股脚即大腿和小腿。《荀子·正論》：“詈侮捽搏，捶笞臏～。”“臏脚”就是斷足，砍去小腿以下部分。中古以後，脚的詞義引申轉移指踝骨以下部分，並在口語裏逐漸替代了“足”。《晉書·陶潛傳》：“素有～疾，向乘籃輿。”《爾雅·釋鳥》：“鳧鴈醜，其足蹼，其踵企。”郭璞注：“飛即伸其～跟企直。”邢昺疏：“踵，脚跟也。”又引申爲物體的最下部。張耒《宿樊溪》詩：“扁舟横江來，山～繫吾纜。”又指稱與體力搬運有關的。白居易《策林二十四·議罷漕運可否文》：“罷運穀而收～價。”《舊唐書·裴耀卿傳》：“充轉運使，語在《食貨志》。凡三年，運七百萬石，省～錢三十萬貫。”

【節】

“節”的本義是竹節。左思《吴都賦》:“苞筍抽～。”引申爲木節。《後漢書·虞詡傳》:“不遇槃根錯～,何以别利器乎?”又引申爲指動物的骨節、關節。《莊子·養生主》:“彼～者有間。”也指音樂的節奏、節拍。蔡琰《胡笳十八拍》:“十五拍兮～調促。”還指歲時的季節、節氣。《列子·湯問》:“寒暑易～,始一反焉。”《史記·太史公自序》:“夫陰陽四時、八位、十二度、二十四～各有教令。”進一步更用於抽象的事物,一是指法度(禮法方面的約束)。《禮記·曲禮上》:“禮不踰～。”二是指節操。文天祥《正氣歌》:“時窮～乃見。”

從“節”的本義又引申爲動詞“束縛”。《説文》:“節,竹約也。”段注:“約,纏束也。竹節如纏束之狀。”《墨子·節葬下》:“金玉珠璣比乎身,綸組～約,車馬藏乎壙。”在這句話中,“節”和“約”都是纏束之意。由此又引申爲節制。《吕氏春秋·大樂》:“必～嗜慾。”引申爲節省、節儉。《左傳·昭公十九年》:“～用於内,而樹德於外。”

此外,“節”還有符節的意義。古代的符節是君主給使臣的一種權力的象徵,使臣憑此可以節制諸事,是和“節制”義有聯繫的。《漢書·蘇武傳》:“持漢～不失。”

【介】

“介”字甲骨文作或,本義是“夾”。《左傳·襄公九年》:“天禍鄭國,使～居二大國之間。”“介居”就是夾居,指夾在晉楚中間。從兩邊來説是夾,從中間來説是間隔。所以“介”又有“間隔”義。漢荀悦《漢紀·宣帝紀論》:“道理遼遠,人物～絶。”從間隔的意義引申爲界綫。《詩經·周頌·思文》:“無此疆爾～。”這個意義後來寫作“界”。

從“夾”的意義引申爲輔助。《詩經·豳風·七月》:“以～眉壽。”古代貴族相見的時候,主人的助手叫“擯”,客人的助手叫“介”,這是從動詞引申爲名詞。《禮記·檀弓下》:“子服惠伯爲～。”外交副使也叫“介”。《左傳·昭公元年》:“楚公子圍聘於鄭……伍舉爲～。”從輔助義引申爲依靠,倚仗。《左傳·僖公七年》:“以求～於大國。”《漢書·南粤王傳》:“欲～使者權誅嘉等。”從賓介的意義又引申爲介紹。《禮記·聘義》:“～紹而傳命。”

從“夾”的意義又引申爲突出、獨特。《水經注·廬江水》:“又有孤石,～立大湖中。”《後漢書·朱暉傳》:“鄉黨譏其～。”由此又引申爲:(一)大。《國語·吴語》:“余一人兼受而～福。”(而:你)(二)有操守。《孟子·盡心上》:“不以三公易其～。”“一介”指“一個”,也是從“獨特”之義引申來的。《尚書·秦誓》:“如有一～臣。”馬融注:“一介,耿介一心端慤者。”

“介”假借爲“甲”,(“介”、“甲”雙聲。)《禮記·曲禮上》:“～者不拜。”“介者”就是穿鎧甲的人。《大戴禮記·易本命》:“～蟲三百六十,而龜爲之長。”“介蟲”就是甲蟲。又假借爲“芥”。《戰國策·齊策四》:“孟嘗君爲相數十年,無纖～之禍者,馮諼之計也。”

【金】

“金”本是金屬的總稱。《尚書·禹貢》:“厥貢惟～三品。”(三品:指金銀銅。)《史記·平準書》:“～有三等:黄～爲上,白～爲中,赤～爲下。”今有“五～”。又特指銅。張衡《西京賦》:“高門有閌,列坐～狄。”(閌 kāng:門檻。金狄:銅鑄的人像。)《後漢書·班固傳》:“擢雙立之～莖。”(金莖:銅柱。)又如“～文”。金屬製品也稱“金”。《左傳·僖公二十二年》:“～鼓以聲氣也。”(金:指鉦,一種金屬敲擊樂器。)揚雄《解嘲》:“天下已定,～革已平。”(金革:指甲兵。)又如成語“鳴～收兵”。由於金屬具有堅硬和貴重的特性,故常用以比喻堅固與珍貴。《後漢書·班彪傳上》:“建～城而萬雉。”揚雄《劇秦美新》:“懿律嘉量,～科玉條。”金又用來形容閃光的東西。如以“～波”、“～兔”指月亮，以“～烏”指太陽。

“金”在古代又用作貨幣。《漢書·食貨志上》：“及～刀龜貝。”引申指錢。《戰國策·秦策一》：“位尊而多～。”今有熟語“現～”、“獎～”、“助學～”等。又爲貨幣單位。秦以前以金一鎰（二十兩）爲一金。《莊子·逍遥遊》：“請買其方百～。”《戰國策·齊策一》：“使人操十～。”漢代以金一斤爲一金。近代以銀爲貨幣，又以銀一兩爲一金。方苞《獄中雜記》：“費亦數十～。”

【居】

“居”的本義是蹲坐，這一意義後來寫作“踞”。而“居”字在古書中卻借爲“凥”，“凥”字本身又廢而不用。

“居”假借爲凥，它的常用意義是居住的意思。《詩經·召南·鵲巢》：“維鵲有巢，維鳩～之。”《論語·學而》：“君子食無求飽，～無求安。”這一意義也用作使動。《左傳·昭公二十六年》：“萬民弗忍，～王於彘。”由居住引申爲名詞，居住的地方。《左傳·宣公二年》：“問其名～，不告而退。”今語詞有“舊～”、“故～”。

由居住還引申爲處在。《左傳·襄公十一年》：“書曰：‘～安思危。’”《史記·汲黯鄭當時列傳》：“陛下用羣臣，如積薪耳，後來者～上。”

由居住還引申爲停留。《周易·繫辭下》：“變動不～。”孔融《與曹公論盛孝章書》：“歲月不～，時節如流。”由停留又引申爲積聚、囤積。《史記·吕不韋列傳》：“此奇貨可～。”

“居”又有表時間的意思，平常、平時。《論語·子路曾皙冉有公西華侍坐》：“～則曰：不吾知也。”這一意義後來發展爲双音詞“平居”。柳宗元《答韋中立論師道書》：“平～望外遭齒舌不少。”由“平常”又引申爲過了一些時候。《戰國策·齊策四》：“～有頃，倚柱彈其劍。”《史記·曹相國世家》：“～無何，使者果召參。”

“居”又假借爲句尾語氣詞,表疑問,讀jī。《左傳·襄公二十三年》:“誰～?其孟椒乎!”杜注:“居,猶與(歟)也。”《禮記·檀弓上》:“檀弓曰:何～?我未之前聞也。”鄭注:“居,讀爲姬姓之姬,齊魯之間語助也。”

【舉】

“舉”的本義是用兩手舉東西。《韓非子·觀行》:“力有所不能～。”引申爲較爲抽象的意義“舉起”,與“措(錯)”義相反。《荀子·王制》:“～措應變而不窮。”

引申爲選舉、推舉。東漢童謡:“～秀才,不知書。”《後漢書·張衡傳》:“～孝廉,不行。”

引申爲舉動。《國語·魯語上》:“君～必書。”

又引申爲拔取,即占領的意思。《戰國策·齊策二》:“三十日而～燕國。”由拔取引申爲没收。《周禮·地官》:“凡財物犯禁者～之。”

由舉起還引申爲飛起,特指鳥飛。《論語·鄉黨》:“色斯～矣,翔而後集。”張衡《西京賦》:“鳥不暇～。”

又用作形容詞。全,皆。《楚辭·漁父》:“～世皆濁我獨清。”《左傳·宣公十七年》:“～言羣臣不信,諸侯皆有貳志。”

【絶】

“絶”的本義是把絲弄斷。《史記·滑稽列傳》:“淳于髡仰天大笑,冠纓索～。”引申爲其他東西的斷絶。《韓非子·内儲説上》:“～頭刳腹。”又引申爲抽象的斷絶。《戰國策·秦策四》:“必～其謀。”又引申爲抛棄。《老子》:“～聖棄智。”

由把東西從中間弄斷的意義,引申爲横渡,横穿。從道路、河流、雲氣横穿過去,都可以叫“絶”。《漢書·成帝紀》:“不敢～馳道。”《吕氏春秋·知度》:“～江者託於船。”《莊子·逍遥遊》:“～雲氣，負青天。”

“絶”還有達到極點之義。如“絶唱”、“絶技”等，“絶”都含有到此爲止、後來無過於此的意思，仍是從“斷絶”的意思引申而來的。“絶域”、“絶塞”言其遠，“絶”也含有到了盡頭的意思。由此又引申爲副詞，表示程度深，意義和“很”、“非常”相近，如“絶妙”、“絶美”等。《史記·伍子胥列傳》：“秦女～美，王可自取。”

【狂】

狂，從犬，本指狗發瘋。《晉書·五行志中》：“旱歲，犬多～死。”引申爲指人的精神失常、瘋癲、狂亂。《老子》：“馳騁田獵，令人心發～。”《史記·宋微子世家》：“（箕子）乃被髮詳（佯）～而爲奴。”又指一般生物失去常態。《素問·腹中論》：“芳草發～。”《淮南子·説林訓》：“～馬不觸木。”又引申爲猛烈的，聲勢大的，超出常度的。陸雲《南征賦》：“～飈起而妄駭。”梅堯臣《觀博陽山火》詩：“十月原野枯，連山起～燒。”蘇軾《次韻劉湜峽山寺見寄》詩：“～雷失晤語，過電不容目。”又用作名詞，指志向很高急於進取的人。《論語·子路》：“不得中行而與之，必也～狷（juān，性情狹窄）乎！～者進取，狷者有所不爲也。”

狂的狂亂義又引申爲放蕩、任性、不受拘束。《論語·微子》：“楚～接輿歌而過孔子曰：……”《史記·酈生陸賈列傳》：“臣里中有酈生，年六十餘，長八尺，人皆謂之～生。”又引申爲輕狂、浮誇、虚妄。《左傳·文公十二年》：“（趙穿）好勇而～。”《韓詩外傳》六：“威有三術：有道德之威者，有暴察之威者，有～妄之威者，此三威不可不審察也。”

【理】

“理”的本義是治玉，即順着玉的紋理把它從石中剖出來。《韓非子·和氏》:“王乃使玉人～其璞。”(璞:未剖分的玉石。)引申爲治理別的東西。如理絲。《晉書·左芬傳》:“修成蠶簇,分繭～絲。”又爲治水。《後漢書·王景傳》:“乃引見景,問以～水形便。”把事情搞好也叫“理”。《荀子·天論》:“舉錯不時,本事不～。”(“本事”指農業。)由此又引申爲天下太平,與“亂”相對。《後漢書·蔡邕傳》:“運極則化,～亂相承。”

決獄也可以叫“理”。《史記·平準書》:“以峻文決～爲廷尉。”由此引申爲法官(決獄的官吏)。《管子·小匡》:“弦子旗爲～。”

“理”又引申爲紋理。《淮南子·覽冥訓》:“璧襲無～。”指的是玉的紋理。《荀子·解蔽》:“足以見須眉而察～矣。”指的是肌膚的紋理。《周易·繫辭上》:“俯以察於地～。”疏:“地有山川原隰,各有條理,故稱理也。”由此引申爲抽象的條理。《荀子·儒效》:“井井其有～也。”又引申爲道理。《周易·繫辭上》:“易簡而天下之～得矣。”

由條理又引申爲通順,通達。《淮南子·時則訓》:“生氣乃～。”

【立】

“立”字篆文作,象人站在地面上,本義是站着。《論語·子路從而後》:“子路拱而～。”《莊子·養生主》:“提刀而～。”用來表抽象概念,引申爲站得住,指立身處世。《論語·爲政》:“三十而～。”《論語·雍也》:“己欲～而～人。”(立人:使別人在社會上站得住。)

由站立引申爲建立,設立,樹立。《戰國策·齊策四》:“～宗廟於薛。”《墨子·三辯》:“事成功～。”《荀子·王制》:“威彊之所以～也。”

又引申爲使登上某一地位。《左傳·襄公三年》:“將～之而卒。”《荀子·仲尼》:“遂～以爲仲父。”又特指登上帝王或諸侯的位置。《荀子·王制》:“明王始～而處國有制。”《墨子·尚同上》:“是故選天下之賢可者,～以爲天子。”

由站立虛化爲副詞。立刻,馬上。《荀子·非十二子》:“六說者～息，十二子者遷化。”《史記·鴻門宴》：“沛公至軍，～誅殺曹無傷。”今有双音詞“～卽”、“～刻”。

【利】

“利”的本義指刀刃鋒利。《墨子·非攻下》：“兵不～，教不習。”用作使動。使鋒利。《左傳·文公七年》：“訓卒～兵。”由鋒利引申爲敏捷、快。《淮南子·地形訓》：“輕土多～，重土多遲。”注：“利，疾也。”意思是輕土所生長的人多利速，重土所生長的人多遲緩（這是不科學的説法）。《荀子·非十二子》：“辯説譬喻，齊給便～。”《史記·仲尼弟子列傳》：“子貢～口巧辭。”這是口才敏捷，能言善辯的意思。

又引申爲順利。《史記·項羽本紀》：“力拔山兮氣蓋世，時不～兮騅不逝。”由順利引申爲利益。《墨子·節用上》：“是故用財不費，民德不勞，其興～多矣。”又：“聖王之道，天下之大～也。”這個意義也用作動詞。《墨子·兼愛中》：“～人者，人亦從而～之。”“利人”就是使人得利。

由利益引申爲財利、私利。《論語·里仁》：“君子喻於義，小人喻於～。”《莊子·駢拇》：“小人則以身殉～。”又特指利潤。《史記·越世家》：“逐什一之～。”

從利害的“利”引申爲要害的、重要的。《莊子·胠篋》：“國之～器不可以示人。彼聖人者，天下之～器也。”

【流】

“流”的本義是指水的流行。《詩經·大雅·常武》：“如川之～。”由水的流行引申爲一般意義的漂流。《孟子·盡心下》：“以至仁伐至不仁，而何其血之～杵也？”由漂流引申爲“流散”、“流傳”、“流放”等意義。《管子·侈靡》：“則民不～矣。”這是流散的意思。《孟子·公孫丑上》:"德之～行,速於置郵而傳命。"這是流傳的意思。《尚書·舜典》:"～共工於幽州。"這是流放的意思。由流傳引申爲"無根源的","没有根據的"。《荀子·致士》:"凡～言、～説、～事、～謀、～譽、～愬,不官而衡(通"横")至者,君子慎之。"例中的"流"字都是無根源的意思。

"流"由水的流行又引申爲名詞。流水。《孟子·梁惠王下》:"從～下而忘反謂之流,從～上而忘反謂之連。""從流下"、"從流上"的"流"都是指流水。"流"用作"流水"意義時,往往與"源"相反。《管子·牧民》:"下令於～水之原者,令順民心也。"同一源有不同的支流,因此,"流"又引申爲"流派"的意思。《漢書·藝文志》:"小説家者～,蓋出於稗官。"由流派引申爲"流品"。《通典·職官》:"隋置九品,品各有從,自四品以下,每品分爲上下,凡三十階,自太師始焉,謂之～内。"

"流"又特指邊遠地區。《禮記·王制》:"千里之内曰甸,千里之外曰采、曰～。"

【廉】

"廉"的本義是堂屋的側邊。《儀禮·鄉飲酒禮》:"設席於堂～東上。""～隅"本指邊角。古代算術開方"邊謂之～,角謂之隅"。舊時比喻品行端正,有操守。《漢書·元后傳》:"(王)禁有大志,不修～隅,好酒色。"成語有"～隅自守"。"廉"的這一意義引申爲廉潔、不貪。《孟子·離婁上》:"可以取,可以勿取,取傷～。"《荀子·君道》:"貪利者退,而～節者起。""孝～"漢代科舉制度中由郡國推薦的人材的一種,指所謂"既孝且廉的人"。《漢書·武帝紀》:"初令郡國舉孝～。"廉潔的"廉"又引申爲價錢低、便宜。王禹偁《黄州新建小竹樓記》:"是以價～而工省也。"這是唐宋以後産生的新義。

"廉"又有視察、考察的意思。《漢書·高帝紀下》:"且～問,有不如吾詔者，以重論之。”顔師古注：“廉，察也。廉字本作覝，其音同耳。”這是“廉”的假借義。

【慢】

“慢”的本義是懶惰。《周禮·肆師》：“誅其～怠者。”引申爲輕慢，不重視，不恭敬。《禮記·緇衣》：“可敬不可～。”《漢書·魏豹傳》：“今漢王～侮人，駡詈諸侯羣臣如奴耳。”又引申爲簡慢，疏略。《淮南子·時則訓》：“工事苦～，作爲淫巧，必行其罪。”（苦：粗糙。）又引申爲緩慢。《詩經·鄭風·大叔于田》：“叔馬～忌。”（忌：語氣詞。）“緩慢”是“慢”這個詞現代最常用的意義，但在古代一般説“緩”不説“慢”。

【明】

“明”的本義指日月的光亮。《周易·繫辭下》：“日月相推，而～生焉。”由光亮引申爲動詞，照亮。《左傳·昭公二十八年》：“照臨四方曰～。”王安石《遊褒禪山記》：“火尚足以～也。”引申爲形容詞，明亮。曹操《短歌行》：“月～星稀，烏鵲南飛。”又用於抽象意義，明白。《論語·顔淵》：“子張問～。子曰：浸潤之譖，膚受之愬，不行焉，可謂～也已矣。”在“明白”這個意義上，還可以用作動詞。《孟子·滕文公上》：“人倫～於上。”

明又指人的視力、目力，也是由光亮的意義引申而來。《孟子·齊桓晉文之事》：“～足以察秋毫之末。”引申爲看清楚。《論語·季氏》：“視思～。”《管子·宙合》：“見察謂之～。”又用於抽象意義。明察、明審。《史記·樂毅列傳》：“恐傷先帝之～，有害足下之義。”諸葛亮《出師表》：“恐託付不效，以傷先帝之～。”

練 習 三

一　古代的“姓”和“氏”、“名”和“字”，是什麽關係？

二　簡述歷代中樞機構的變化。

三　“州”這一級行政單位歷代有什麽變化？

四　古代有幾種主要的紀年法？

五　解釋下列名詞：

夏曆　　行中書省　　二千石　　謚號　　閏月　　知府

六　利用工具書查出柳宗元的字、籍貫、生卒年、曾任的官職以及他的文集的名稱和他的傳記資料。

七　利用工具書查出“五月金陵西，祖余白下亭”這兩句詩的作者，並説明“金陵”和“白下”是今天什麽地方，解釋“祖”的意義。

八　《史記·汲黯傳》：“上以爲淮陽楚地之郊，乃召拜黯爲淮陽太守。”請根據《説文解字》説明“郊”的本義，根據《經籍籑詁》説明“郊”的句中意義。

九　解釋下列各組中加△的詞的意義，並説明哪個是本義，哪個是引申義：

(A) 組

1. 素所自樹立使然也。（司馬遷《報任安書》）

2. 龐涓死於此樹之下。（《史記·孫臏》）

3. 后稷教民稼穡，樹藝五穀。(《孟子·許行》)

(B) 組

1. 不虞君之涉吾地也。(《左傳·齊桓公伐楚》)

2. 澭水暴益，荆人弗知，循表而夜涉。(《吕氏春秋·察今》)

3. 然後可以剛健强力，涉險而不傷。(蘇軾《教戰守策》)

(C) 組

1. 信言不美，美言不信。(《老子》八十一章)

2. 人謂子産不仁，吾不信也。(《左傳·襄公三十一年》)

3. 俄而謝玄淮上信至。(《世説新語·雅量》)

十　閲讀《史記·萬石張叔列傳》中的一段文字，説出萬石君的姓名，給文中加△的人名、地名、官名、年號作註，並把全文翻譯成現代漢語：

萬石君名奮，其父趙人也，姓石氏。趙亡，徙居温。高祖東擊項籍，過河内，時奮年十五，爲小吏，侍高祖。高祖與語，愛其恭敬，問曰："若何有？"對曰："奮獨有母，不幸失明。家貧。有姊，能鼓琴。"高祖曰："若能從我乎？"曰："願盡力。"於是高祖召其姊爲美人，以奮爲中涓，受書謁，徙其家長安中戚里，以姊爲美人故也。其官至孝文時，積功勞至大中大夫。無文學，恭謹無與比。文帝時，東陽侯張相如爲太子太傅。免。選可爲傅者，皆推奮，奮爲太子太傅。及孝景即位，以爲九卿；迫近，憚之，徙奮爲諸侯相。奮長子建，次子甲，次子乙，次子慶，皆以馴行孝謹，官皆至二千石。於是景帝曰："石君及四子皆二千石，人臣尊寵乃集其門。"號奮爲萬石君。……建元二年，郎中令王臧以文學獲罪。皇太后以爲儒者文多質少，今萬石君家不言而躬行，乃以長子建爲郎中令，少子慶爲内史。

十一　把下面一篇短文加上標點並譯成現代漢語。

越　巫

方孝孺

越巫自詭善驅鬼物人病立壇場鳴角振鈴跳擲叫呼爲胡旋舞禳之病幸已饌酒食持其貲去死則諉以它故終不自信其術之妄恆夸人曰我善治鬼鬼莫敢我抗惡少年慍其誕瞷其夜歸分五六人棲道旁木上相去各里所候巫過下砂石擊之巫以爲真鬼也即旋其角且角且走心大駭首岑岑加重行不知足所在稍前駭頗定木間砂亂下如初又旋而角角不能成音走愈急復至前復如初手慄氣懾不能角角墜振其鈴既而鈴墜惟大叫以行行聞履聲及葉鳴谷響亦皆以爲鬼號求救於人甚哀夜半抵家大哭叩門其妻問故舌縮不能言惟指床曰亟扶我寢我遇鬼今死矣扶至床膽裂死膚色如藍巫至死不知其非鬼